ŒUVRES COMPLÈTES

DE

VOLTAIRE

8

LA HENRIADE. — POËME DE FONTENOY
ODES ET STANCES, ETC.

ANCIENNE MAISON J. CLAYE

PARIS. — IMPRIMERIE A. QUANTIN ET C¹ᵉ

RUE SAINT-BENOIT

ŒUVRES COMPLÈTES
DE
VOLTAIRE

NOUVELLE ÉDITION

AVEC

NOTICES, PRÉFACES, VARIANTES, TABLE ANALYTIQUE

LES NOTES DE TOUS LES COMMENTATEURS ET DES NOTES NOUVELLES

Conforme pour le texte à l'édition de BEUCHOT

ENRICHIE DES DÉCOUVERTES LES PLUS RÉCENTES

ET MISE AU COURANT

DES TRAVAUX QUI ONT PARU JUSQU'A CE JOUR

PRÉCÉDÉE DE LA

VIE DE VOLTAIRE
PAR CONDORCET

ET D'AUTRES ÉTUDES BIOGRAPHIQUES

Ornée d'un portrait en pied d'après la statue du foyer de la Comédie-Française

---

LA HENRIADE. — POËME DE FONTENOY

ODES ET STANCES, ETC.

PARIS
GARNIER FRÈRES, LIBRAIRES-ÉDITEURS
6, RUE DES SAINTS-PÈRES, 6

1877

LA HENRIADE

POËME EN DIX CHANTS

AVERTISSEMENT

POUR LA PRÉSENTE ÉDITION.

L'Avertissement de Beuchot, la Préface de Marmontel et les autres préambules qu'on trouvera plus loin, donnent tous les renseignements que peut souhaiter le lecteur sur la composition, la publication de *la Henriade,* et sur l'accueil que ce poëme reçut en son temps. Nous n'avons donc que des particularités à y ajouter, ou des appréciations plus modernes à faire connaître.

Le dernier écrivain qui ait parlé de *la Henriade* avec quelque autorité et quelque étendue, M. Villemain, dans le *Tableau de la littérature française au XVIIIe siècle,* a su rendre justice à cette grande composition poétique, sans taire ce qui a manqué à l'auteur pour réaliser l'objet de son ambition.

« Lorsque j'entrepris cet ouvrage, dit Voltaire quelque part, je ne comptais pas le pouvoir finir, et je ne savais pas les règles du poëme épique. » — « J'ignore, reprend M. Villemain, s'il les apprit plus tard, et quelles sont ces règles. Qu'un poëme épique commence par le milieu, et que l'exposition vienne après, dans un récit,

> In medias res,
> Haud secus ac notas, auditorem rapit,

cet ordre peut plaire dans *l'Énéide;* mais ce n'est pas plus une règle que le songe ou le récit de nos tragédies. Voltaire, d'ailleurs, ne s'est que trop conformé à ces usages, à ces routines épiques dont il affecte l'ignorance. C'est le défaut même de *la Henriade* de ressembler à tout ce qui précédait, et surtout à *l'Énéide;* d'avoir une tempête, un récit, une Gabrielle quittée comme Didon, une descente aux enfers, un Élysée, une vue anticipée des grandeurs et des maux de la patrie, et même un *Tu Marcellus eris,* qui s'applique au Dauphin. La chose dont aurait dû s'inquiéter Voltaire, ce ne sont pas les règles prescrites à l'épopée, mais les conditions sociales qui lui permettent de naître...

« La philosophie répandue dans *la Henriade* est, au fond, la plus grande beauté de l'ouvrage. C'est la seule chose qui vienne naturellement au poëte, qu'il sente et qu'il croie. Tout le reste, voyages, batailles, combats singuliers, exploits de héros, est pour lui une sorte de cérémonial épique dont il s'ennuie, et qu'il abrége le plus qu'il peut. Mais, par cela même, il le rend d'un médiocre intérêt pour le lecteur ; tandis que la description précise du système planétaire jusqu'au vers admirable :

> Par delà tous les cieux le Dieu des cieux réside;

le tableau de la grandeur anglaise fondée sur la liberté, le commerce et les arts; la satire éloquente de Rome catholique, d'autres traits dans la manière de Tacite pour peindre une cour digne de Néron, voilà les grandes beautés poétiques de *la Henriade*... On y peut noter mille défauts cachés sous l'élégance, y relever des vers faibles, de nombreux plagiats de style, un chant d'amour sans passion, des personnages sans drame. Il n'importe : une part d'originalité est acquise à *la Henriade* et la conservera dans l'avenir...

« La Henriade, soutenue par le nom de Voltaire et de Henri, traversera les siècles. Elle n'a pas enrichi le trésor de l'imagination ; elle n'apporte pas avec elle quelques-unes de ces physionomies que le poëte ajoute à la liste des êtres qui ont vécu : une Béatrix, une Clorinde, une Armide, un Renaud, un Tancrède. Souvent même elle n'a pas égalé l'histoire ; elle est au-dessous des faits. L'ingénieuse élégance du xviii° siècle ne pouvait rendre, avec leur expressive rudesse, les mœurs de la Ligue, et Voltaire dédaigne et flétrit ces temps, plutôt qu'il ne les décrit, dans leur sanguinaire grandeur. Mais il a de beaux mouvements de poésie, et il est inspiré par un sincère amour de l'humanité. Son poëme est, après tout, une œuvre durable. Le feu du génie n'y brille que par intervalles; mais une civilisation élevée, un art ingénieux s'y fait partout sentir.

« Quelle beauté, quelle majesté triste et sévère dans ce début du troisième chant !

> Quand l'arrêt des destins eut, durant quelques jours,
> A tant de cruautés permis un libre cours,
> Et que des assassins, fatigués de leurs crimes,
> Les glaives émoussés manquèrent de victimes,
> Le peuple, dont la reine avait armé le bras,
> Ouvrit enfin les yeux, et vit ses attentats.

« Comme la pensée philosophique se mêle à l'intérêt du récit dans ce vers :

> Aisément sa pitié succède à sa furie !

« Quelle vérité de pensée et quel coloris dans la peinture un peu anticipée des Anglais !

> Ils sont craints sur la terre, ils sont rois sur les eaux;
> Leur flotte impérieuse, asservissant Neptune,
> Des bouts de l'univers appelle la fortune.
> Londres, jadis barbare, est le centre des arts,
> Le magasin du monde, et le temple de Mars.
> Aux murs de Westminster on voit paraître ensemble
> Trois pouvoirs étonnés du nœud qui les rassemble.

AVERTISSEMENT.

« Combien cet ordre d'idées et d'images était nouveau dans notre poésie! Le grand Corneille avait admirablement traduit, sur la scène, le génie de Rome républicaine et les époques du despotisme romain ; mais la politique moderne, les institutions, les lois de l'Europe, étaient matière inconnue de la poésie. Voltaire fit servir la poésie aux vérités sérieuses de la vie sociale.

« Telle est *la Henriade*, monument d'un art ingénieux et d'une époque florissante. Elle a fait mieux connaître un grand roi dont la gloire était restée dans l'ombre pendant la longue apothéose de Louis XIV régnant. Bossuet, à la vérité, dans une *lettre de direction*, disait à Louis XIV d'admirables choses sur la bonté de cœur de Henri et son amour du peuple ; mais c'était un éloge secret. La chaire chrétienne, les grands écrivains du XVIIe siècle parlaient peu de Henri. Je ne sais s'ils lui avaient encore pardonné son hérésie. Voltaire le premier fit briller ce nom d'un éclat nouveau, et en opposa les bienfaisants souvenirs à la gloire onéreuse du dernier règne.

« Le succès fut grand et retentit dans toute l'Europe. *La Henriade* fut critiquée, vantée, réimprimée sans cesse. Le roi de Prusse voulut en être l'éditeur, et, dans une préface admirative, la mit à côté de *l'Énéide*.

« La postérité a réduit beaucoup cette louange ; mais *la Henriade*, sans être une création originale, conserve un caractère distinct et une place à part parmi tant d'essais d'épopée.

« Une revue anglaise, après un examen fort attentif d'un poëme épique nouveau, couronnait ses critiques et ses éloges par ces mots : « A tout « prendre, le poëme épique dont nous venons de donner l'analyse est un des « meilleurs qui aient paru dans l'année. » Tel est le fleuve d'oubli qui emporte les épopées modernes. Le *Léonidas* de Glover, *la Colombiade* du poëte américain, les épopées italiennes de nos jours, sont déjà bien loin : *la Henriade* ne passera pas de même ; elle a la marque d'une époque et d'un génie.

« Voltaire en avait fait le premier instrument de sa mission philosophique ; il y avait employé la poésie, surtout à plaire à l'opinion ; il y avait gravé, en beaux vers, des principes de liberté politique et religieuse. Ce qui faisait la nouveauté hardie de l'ouvrage en est encore la beauté sérieuse et dernière. »

Voltaire, jusqu'à la fin de sa vie, fut avant tout l'auteur de *la Henriade*. C'était son titre poétique. Lorsqu'il fit exécuter par un peintre genevois le tableau qui est encore à Ferney : *le Triomphe de Voltaire*, il y était représenté offrant sa *Henriade* à Apollon, en présence de ses ennemis fouettés par les Furies. Il fut préoccupé sans cesse d'assurer à cette œuvre capitale toutes les garanties de popularité durable que les arts réunis peuvent procurer. Il aurait voulu qu'elle fût exécutée même en tapisserie. « Vous allez donc, mon cher ami, écrit-il à l'abbé Moussinot, dans le royaume de M. Oudry [1] ? Je voudrais bien qu'un jour il voulût bien faire exécuter

---

1. La manufacture de Beauvais.

la Henriade en tapisserie; j'en achèterais une tenture : il me semble que le temple de l'Amour, l'assassinat de Guise, celui de Henri III par un moine, saint Louis montrant sa postérité à Henri IV, sont d'assez beaux sujets de dessin. Il ne tiendrait qu'au pinceau d'Oudry d'immortaliser *la Henriade*. Il faut que vous fassiez encore cette affaire [1]. »

Le 16 novembre il revient sur ce sujet : « Oudry est bien cher; mais, en faisant faire deux tentures, ne pourrait-on avoir meilleur marché? Si M. de Richelieu me paye, il faudra mettre là mon argent. Le visage de Henri IV et celui de Gabrielle d'Estrées en tapisserie ne feront pas mal. Les bons Français voudront avoir de ces tapisseries-là, surtout si les bons Français sont riches. Je pourrais même en faire faire trois tentures. »

Le lendemain : « Si Boucher voulait venir travailler à Cirey, dit-il, nous lui ferions faire cinq tableaux de *la Henriade*. Ensuite, quinze aunes de courre en tapisserie coûteraient environ sept mille francs, et quinze cents francs ou deux mille francs pour le peintre. Le tout ne reviendrait peut-être pas à dix mille francs; mais nous en raisonnerons plus à fond. » Le 24 : « Je reviens aux tapisseries de *la Henriade*. Trente-cinq mille livres, c'est beaucoup. Il faudrait savoir ce que la tapisserie de *Don Quichotte* a été vendue. D'ailleurs je ne veux pas qu'on suive les estampes : il faut d'autres dessins. »

Voltaire n'y renonça pas sans peine. Il n'avait pas pris un moindre souci des estampes qui devaient orner la première édition de son poëme. Il avait lui-même indiqué à Coypel, à Detroy et à Galloche les illustrations à faire à *la Henriade,* alors en neuf chants :

(*Coypel.*)

« A la tête du poëme, Henri IV, au naturel, sur un trône de nuages, tenant Louis XV entre ses bras et lui montrant une Renommée qui tient une trompette où sont attachées les armes de France :

Disce, puer, virtutem ex me verumque laborem.
Énéide, XII, v. 435.

PREMIER CHANT.
(*Galloche.*)

Une armée en bataille; Henri III et Henri IV s'entretenant à cheval à la tête des troupes; Paris dans l'éloignement; les soldats sur les remparts; un moine sur une tour, avec une trompette dans une main et un poignard dans l'autre.

DEUXIÈME CHANT.
(*Galloche.*)

Une foule d'assassins et de mourants; un moine en capuchon, un prêtre en surplis, portant des croix et des épées; l'amiral de Coligny qu'on jette

1. Lettre du 12 avril 1736.

AVERTISSEMENT.

par la fenêtre; le Louvre, le roi, la reine mère et toute la famille royale sur un balcon, une foule de morts à leurs pieds.

TROISIÈME CHANT.
(*Detroy.*)

Le duc de Guise au milieu de plusieurs assassins qui le poignardent.

QUATRIÈME CHANT.
(*Galloche.*)

Le château de la Bastille dont la porte est ouverte; on y fait entrer les membres du parlement deux à deux. Trois Furies, avec des habits semés de croix de Lorraine, sont portées dans les airs sur un char traîné par des dragons.

CINQUIÈME CHANT.
(*Detroy.*)

cques Clément, à genoux devant Henri III, lui perce le ventre d'un poignard; dans le lointain, Henri IV, sur un trône, reçoit le serment de l'armée.

SIXIÈME CHANT [1].
(*Coypel.*)

Henri IV armé, endormi au milieu du camp; saint Louis, sur un nuage, mettant la couronne sur la tête de Henri IV, et lui montrant un palais ouvert; le Temps, la faux à la main, est à la porte du palais, et une foule de héros dans le vestibule ouvert.

SEPTIÈME CHANT.
(*Detroy.*)

Une mêlée au milieu de laquelle un guerrier embrasse en pleurant le corps d'un ennemi qu'il vient de tuer; plus loin, Henri IV entouré de guerriers désarmés, qui lui demandent grâce à genoux.

HUITIÈME CHANT.
(*Coypel.*)

L'Amour sur un trône, couché entre des fleurs, des Nymphes et des Furies autour de lui; la Discorde tenant deux flambeaux, la tête couverte de serpents, parlant à l'Amour qui l'écoute en souriant; plus loin, un jardin où on voit deux amants couchés sous un berceau; derrière eux un guerrier qui paraît plein d'indignation.

1. Voltaire ayant, dans l'édition de 1728, ajouté un sixième chant, le sixième est devenu le septième, et ainsi jusqu'au neuvième, devenu le dixième.

NEUVIÈME CHANT.

(*Galloche.*)

Les remparts de Paris couverts d'une multitude de malheureux que la faim a desséchés, et qui ressemblent à des ombres; une divinité brillante qui conduit Henri IV par la main; les portes de Paris par terre; le peuple à genoux dans les rues [1]. »

Tout cela, par malheur, fut assez médiocrement exécuté. Il n'en était pas moins intéressant, il nous semble, de placer ces « idées de dessins » dans les préambules de *la Henriade,* car elles font bien voir les traits essentiels que l'auteur voulait dès lors faire ressortir dans son poëme.

Louis MOLAND.

1. Lettre à Thieriot, du 11 septembre 1722.

AVERTISSEMENT

DE BEUCHOT.

Voltaire lui-même dit[1] qu'il « commença *la Henriade* à Saint-Ange[2], chez M. de Caumartin, intendant des finances, après avoir fait *Œdipe*, et avant que cette pièce fût jouée ». On sait, par une note du *Commentaire historique*, qu'*Œdipe* était achevé en 1713 ; mais cette tragédie ne fut jouée qu'en 1718. C'est donc dans cet intervalle de cinq ans que fut conçue *la Henriade*.

Voltaire, que ses parents, à son retour de Hollande, avaient forcé d'entrer chez un procureur, fut bientôt dégoûté du métier; et M. de Caumartin obtint de son père la permission d'emmener à Saint-Ange le jeune Arouet. Le père de Caumartin, qui s'y trouva, avait, dans sa jeunesse, vécu avec des seigneurs de la cour de Henri IV et des amis de Sully. Les récits qu'il faisait à Voltaire eurent bientôt enflammé l'imagination du poëte, qui résolut d'être le chantre de Henri. C'est une tradition reçue, consacrée, que, pendant sa détention à la Bastille, en 1716, Voltaire composa le second chant de son poëme[3]. On peut donc faire remonter à 1715 l'idée première de *la Henriade*. L'auteur avait vingt et un ans.

Il était assez naturel de dédier le poëme au roi de France, qui était le cinquième descendant de Henri IV. Voltaire pouvait espérer que son ouvrage serait imprimé à l'Imprimerie royale. Il faisait graver des planches d'après ses idées et les dessins de Coypel, Galloche, et Detroye[4]. La dédicace était, au moins en grande partie, rédigée, lorsqu'un refus inconcevable dérangea tous les projets du poëte. Ce qui de cette dédicace a échappé à la destruction n'a été publié qu'en 1821. Ce n'est qu'un fragment, mais il est étendu. Il ne peut être mis à la tête d'une édition, mais je dois le conserver comme monument. Le voici:

« Sire, tout ouvrage où il est parlé des grandes actions de Henri IV doit être offert à Votre Majesté. C'est le sang de ce héros qui coule dans vos

1. *Commentaire historique sur les OEuvres de l'auteur de la Henriade.*
2. Château à trois lieues de Fontainebleau.
3. Voyez l'*Éloge de Voltaire, par le roi de Prusse.*
4. Lettre à Thieriot, du 11 septembre 1722.

veines. Vous n'êtes roi que parce qu'il a été un grand homme, et la France, qui vous souhaite autant de vertus et plus de bonheur qu'à lui, se flatte que le jour et le trône que vous lui devez vous engageront à l'imiter.

« Henri IV était, de l'aveu de toutes les nations, le meilleur prince, le maître le plus doux, le plus intrépide capitaine, le plus sage politique de son siècle. Il conquit son royaume à force de vaincre et de pardonner. Après plus de cent combats sanglants et plus de deux cents sièges, il se vit enfin maître de la France, mais de la France désolée et épuisée d'hommes et d'argent; les campagnes étaient incultes, les villes désertes, les peuples misérables. Henri IV en peu d'années répara tant de ruines; et parce qu'il était juste et qu'il savait choisir de bons ministres, il rétablit l'ordre dans l'État et dans les finances; il sut en même temps enrichir son épargne et ses peuples.

« Heureux d'avoir connu l'adversité, il compatissait aux malheurs des hommes, et il modérait les rigueurs du commandement que lui-même il avait ressenties.

« Les autres rois ont des courtisans, il avait des amis; son cœur était plein de tendresse pour ses vrais serviteurs. Il écrivit au fameux Duplessis-Mornay, qui avait reçu un outrage : « Comme votre roi, je vous ferai justice; « et comme votre ami, je vous offre mon épée. » Plusieurs Français gardent avec un respect religieux quelques lettres écrites de sa main, monument de sa justice et de sa bonté. Une à M. de Caumartin, depuis garde des sceaux, commençait par ces mots : *Euge*[1]*, serve bone et fidelis; quia supra pauca fuisti fidelis, supra multa te constituam.* « Courage, bon et fidèle serviteur; « puisque vous m'avez bien servi dans les petites choses, je vous en con-« fierai de plus importantes. »

« Tout le monde connaît celle qu'il écrivit au duc de Sully au sujet des habitants des vallées de la Loire, ruinés par les débordements de cette rivière :

« Pour ce qui touche la ruine des eaux, Dieu m'a donné mes sujets pour « les conserver comme mes enfants; que mon conseil les traite avec charité. « Les aumônes sont agréables à Dieu, particulièrement en cet accident; j'en « sentirois ma conscience chargée; que l'on les secoure de tout ce qu'on « jugera que je le pourrai faire. »

« Ce roi, qui aimait véritablement ses sujets, ne regarda jamais leurs plaintes comme des séditions, ni les remontrances des magistrats comme des attentats à l'autorité souveraine. Quelquefois son conseil prit des moyens odieux pour rétablir les finances. On créa des impôts qui firent soulever les peuples. Henri IV réprima doucement les séditieux, il rétablit ces impôts pour marquer son pouvoir, et les révoqua presque en même temps pour signaler sa bonté. Les députés des villes où les séditions s'étaient allumées vinrent se jeter aux pieds du roi, dans la crainte qu'on ne fît bâtir des citadelles dans leurs villes : « Je n'en veux point avoir d'autres, reprit le roi, « que le cœur de mes sujets. »

« Ce fut à peu près dans une pareille occurrence que l'un des plus sages

---

1. Matthieu, xxv, 21. Saint Luc, xix, 17, se sert d'autres termes.

et des plus vertueux magistrats que la France ait jamais eus, Miron, lieutenant civil et prévôt des marchands, fit au roi des remontrances hardies au sujet des rentes de l'hôtel de ville, dont on voulait faire une recherche préjudiciable à l'intérêt et au repos des familles ; les paroles de Miron, qui n'étaient que fortes, parurent séditieuses aux courtisans. Plusieurs conseillèrent au roi de le faire enfermer à la Bastille. Au premier bruit de ces conseils violents, le peuple, qui idolâtrait Miron, et qui n'avait pas encore perdu cette audace et cette impétuosité que donnent les guerres civiles, accourut en foule à la porte de ce magistrat. Il fit retirer la populace avec sagesse, et vint se présenter à Henri IV, plein d'une confiance que lui donnaient sa vertu et celle de son maître. Quand il parut devant le roi, il n'en reçut que des éloges. Le prince approuva sa fidélité et la hardiesse de son zèle. « Vous « avez voulu, dit-il, être le martyr du public, mais je ne veux point en être « le persécuteur. » Il fit plus, il révoqua son édit, et apprit aux rois, par cet exemple, qu'ils ne sont jamais si grands que lorsqu'ils avouent qu'ils se sont trompés. Le dirai-je, sire ? oui, la vérité me l'ordonne ; c'est une chose bien honteuse pour les rois que cet étonnement où nous sommes quand ils aiment sincèrement le bonheur de leurs peuples. Puissiez-vous un jour nous accoutumer à regarder en vous cette vertu comme un apanage inséparable de votre couronne ! Ce fut cet amour véritable de Henri IV pour la France qui le fit enfin adorer de ses sujets.

« Les cœurs que l'esprit de la Ligue avait endurcis s'attendrirent ; ceux qui s'étaient le plus opposés à sa grandeur n'en désiraient plus que l'affermissement et la durée. Dans ce haut degré de gloire, il allait changer la face de l'Europe ; il partait à la tête d'une armée formidable[1] ; on allait voir éclore un dessein inouï que seul il avait pu former, et qu'il était seul capable d'exécuter, lorsqu'au milieu de ces préparatifs et sous les arcs de triomphe préparés pour son épouse il fut assassiné.

« A ces paroles, qui furent en un moment portées dans tout Paris : *Le roi est mort!* la consternation saisit tous les cœurs, on n'entendit que des cris et des gémissements ; on s'embrassait en versant des larmes. Les vieillards disaient à leurs enfants : « Vous avez perdu votre père. » Vous le savez, sire, ce ne sont point des exagérations, c'est l'exacte peinture de la douleur que sa mort fit sentir à la France.

« Vous êtes né, sire, ce que Henri le Grand devint par son courage. Ce trône qu'il conquit à quarante ans, dont il trouva les fondements ébranlés et teints du sang des Français, la nature vous l'a donné dans votre enfance, glorieux et paisible. Les cœurs des Français que ses vertus forcèrent si tard à l'aimer, vous les possédez dès votre berceau. Vos yeux ne se sont ouverts que pour voir des hommes pénétrés pour vous d'une tendresse respectueuse ; que dis-je, la France vous adore ! »

Il paraît que les difficultés vinrent de la censure[2]. Mais le poëme était

1. Voyez le chapitre CLXXIV de l'*Essai sur les mœurs*.
2. Page IX de l'*Avertissement de l'éditeur* des *Pièces inédites de Voltaire*, 1821, in-8°.

déjà connu. L'auteur en faisait des lectures chez le président des Maisons et recueillait les observations des personnes qui y assistaient, et parmi lesquelles était le président Hénault. Un jour, fatigué des critiques vétilleuses qu'il essuyait, Voltaire jette au feu le manuscrit et dit à ses juges : « Il n'est donc bon qu'à être brûlé. »

Duvernet, qui dit tenir l'anecdote du président Hénault lui-même, ajoute[1] que le président s'élance à la cheminée et dérobe *la Henriade* aux flammes. Aussi écrivait-il longtemps après à Voltaire : « Souvenez-vous que pour l'arracher au feu il m'en a coûté une paire de manchettes de dentelle. »

Près de cent ans après avoir été refusée par Louis XV, ou du moins en son nom, *la Henriade* eut une destinée bien différente. Lorsqu'en 1818 on rétablit sur le terre-plein du Pont-Neuf une statue de Henri IV, on ne trouva rien de mieux à mettre dans le ventre du cheval qu'un exemplaire de cette même *Henriade*[2].

Dans un voyage qu'il fit à La Haye en octobre 1722, Voltaire proposa son ouvrage au libraire Levier, qui l'annonça par souscription. L'édition devait être in-4° et ornée des gravures faites sous les yeux de Voltaire, et dont j'ai déjà parlé. Le titre était *Henri IV, ou la Ligue, poëme héroïque*. La souscription devait être fermée le 31 mars 1723[3]. L'affaire fut rompue, et le libraire rendit l'argent aux souscripteurs.

Rebuté pour ainsi dire de tous côtés, Voltaire, qui n'avait pas fait un poëme pour le garder en portefeuille, se décida à le faire imprimer clandestinement. Sa correspondance[4] nous apprend que l'édition fut faite à Rouen, par Viret, libraire. Ce ne peut être que l'édition in-8° intitulée *la Ligue, ou Henri le Grand, poëme épique, par M. de Voltaire*, à Genève, chez Mokpap, MDCCXXIII, in-8° de viij et 234 pages. L'ouvrage est en neuf chants; et il y a quelques lacunes qui sont remplies par des points ou par des étoiles.

L'année suivante parut une édition in-12 sous le même titre. On croit qu'elle fut faite à Évreux[5], quoiqu'elle porte l'adresse d'Amsterdam. Desfontaines, qui en fut l'éditeur, avoua à Michault[6] *avoir rempli à sa fantaisie des lacunes de l'édition précédente*, et avoir ajouté ces deux vers signalés par Voltaire :

> En dépit des Pradons, des Perraults, des H*** (Houdarts),
> On verra le bon goût fleurir de toutes parts.

Mais toutes les lacunes n'étaient pas remplies dans l'édition de Desfontaines.

---

1. *Vie de Voltaire*, édition de 1797, chap. VI, page 58.
2. C'est dans la troisième des quatre boîtes mises dans le corps de la statue équestre qu'est placé un exemplaire, sur vélin, en deux volumes in-8°, d'une édition de *la Henriade*, imprimée à Kehl.
3. *Mercure*, novembre 1722, tome II, page 134.
4. Lettre à Mme de Bernières, du 20 décembre 1723 ; à Thieriot, du 20 juillet 1724.
5. C'est ce qui est dit dans une note à la suite de la première variante du chant Ier; note que je crois de Voltaire; voyez page 59.
6. *Mélanges historiques et philologiques de Michault*, t. I, p. 159.

C'est aussi en 1724 que parut une autre édition petit in-8°, portant les mêmes titre et adresse que l'édition de 1723, à laquelle elle est conforme pour le texte comme pour les lacunes.

Ces trois éditions étaient connues de Voltaire, qui les cite dans une note[1] où il répond à l'abbé Sabatier qui l'accusait d'avoir, pour *la Henriade*, pillé le *Clovis* de Saint-Didier, dont la première édition n'est que de 1725.

L'auteur étant à Londres en 1727, y annonça une souscription pour une édition in-4° de *la Henriade*, et il eut beaucoup à se louer de la générosité anglaise. Peu après son arrivée en Angleterre, le juif Acosta lui fit banqueroute de vingt mille francs[2]. Le roi d'Angleterre, instruit de ce malheur, envoya deux mille écus à Voltaire[3]. On porte à cent cinquante mille livres le produit de la souscription : ce fut une des premières sources de sa fortune[4].

Sur le refus du roi de France, ce fut à la reine d'Angleterre que *la Henriade* fut dédiée. Cette dédicace en anglais ne fut pas reproduite dans les éditions des *Œuvres de Voltaire;* mais Marmontel la comprit, ainsi que la traduction par Lenglet-Dufresnoy, dans la préface qu'il composa, en 1746, pour *la Henriade*, et que j'ai reproduite à l'exemple de mes prédécesseurs.

L'édition in-4°, ornée des gravures que l'auteur avait fait exécuter, porte la date de 1728 et le titre de *la Henriade, de M. de Voltaire*. Mais son prix n'étant pas à la portée de tout le monde, Voltaire autorisa un libraire de Londres à en publier une dans le format in-8°, qui parut sous le même millésime. On imprima à la suite des *Pensées sur la Henriade*.

Une autre édition parut encore en 1728 en Hollande. Les *Pensées* y sont reproduites, mais sous le titre de *Critique de la Henriade*[5]. Elles ne sont pas dans une édition de 1729.

Une édition avouée par l'auteur parut, en 1730, in-8°. Un grand nombre de notes y furent ajoutées.

C'est dans l'édition de 1732 que Voltaire corrigea la traduction que Desfontaines avait faite de l'*Essai sur la poésie épique*, ouvrage que l'auteur refit en français pour l'édition de 1733. Cette édition de 1733 est la première qui donne des variantes, qui toutefois ne sont qu'au nombre de deux, aux chants IV et VII.

L'édition de 1734 n'est que la réimpression de celle de 1733.

---

1. Du treizième article de son *Fragment sur l'Histoire générale*, article intitulé *Défense de Louis XIV contre les Annales politiques de l'abbé de Saint-Pierre*.
2. *Un Chrétien contre six Juifs*, addition à la XI⁰ Niaiserie.
3. Préface de *la Henriade* dans le tome I⁰ʳ des *OEuvres diverses*, 1746, six volumes in-12.
4. Thieriot avait reçu en France le montant de cent ou tout au moins de quatre-vingts exemplaires que Voltaire eut à rembourser; voyez les lettres à d'Argental, du 18 janvier 1739; à Destouches, du 3 décembre 1744.
5. Un exemplaire de cette édition de Hollande étant tombé dans les mains de Voltaire, il mit à la marge de la *Critique* des réponses et observations. M. Fremeau, possesseur de cet exemplaire en 1826, donna une réimpression de l'édition de 1728, texte et critique, en ajoutant les remarques ou réponses marginales de Voltaire, jusqu'alors inédites; voyez ci-après, page 364.

C'est à Linant que l'on doit l'édition de 1737, dont il fit la préface. Quelques notes encore furent ajoutées à cette édition, la première où ait paru la *Lettre de Cocchi*, traduite par le baron Elderchen.

Dans l'édition des *Œuvres de Voltaire*, 1738-39, quatre volumes in-8°, on suivit pour *la Henriade* le texte de 1737 ; mais une note fut ajoutée sur le vers 197 du chant VI.

Il est évident que l'édition des *Œuvres*, faite en 1739, avait été entreprise à l'insu de l'auteur ; car l'*Essai sur la poésie épique* y est conforme à la traduction de l'abbé Desfontaines, et non au texte refait par Voltaire dès 1733.

En 1741, ou du moins sous cette date, fut émise *la Henriade de M. de Voltaire avec des remarques et les différences qui se trouvent dans les diverses éditions de ce poëme*, Londres in-4°. Ce n'est point une nouvelle édition, mais tout simplement l'édition de 1728, qu'on rajeunit au moyen d'un nouveau titre, et en ajoutant : 1° en tête un *Avertissement du libraire*, la *Préface* de Linant (de 1737), et quelques autres pièces préliminaires ; 2° à la fin du dernier chant, les arguments, notes, et variantes. Le travail des variantes est très-incomplet. Quant aux remarques, l'éditeur les a tantôt réduites, tantôt étendues. Quelquefois même la rédaction de Voltaire a été mise de côté.

Voltaire dit[1] que cette édition fut donnée par Gandouin, libraire à Paris, et que c'était l'abbé Lenglet-Dufresnoy qui avait recueilli les variantes. Il est à remarquer que Michault, auteur des *Mémoires pour servir à l'Histoire de la Vie et des ouvrages de M. l'abbé Lenglet-Dufresnoy*, 1761, in-12, ne fait aucune mention de ce travail.

En ne parlant que des éditions qui méritent quelque attention, je ne dois point passer sous silence l'édition de *la Henriade* qui forme le tome Ier des *Œuvres*, 1746, six volumes in-12. Elle contient, au chant VII, la note sur Colbert, et celle qu'on appelle la note des damnés, parce qu'elle donne un calcul sur le nombre des damnés. La nouvelle préface, composée pour cette édition, est intéressante. Dans quelques notes (pages 316, 344, 359, 360, 367, 371, 379, 381, 385, 388) sont réfutées des remarques de Lenglet-Dufresnoy.

C'est pour une édition séparée de *la Henriade*, 1746, deux volumes in-12, que Marmontel composa une préface qu'on a presque toujours réimprimée avec *la Henriade*. L'édition de Marmontel a aussi la note des damnés. Mais la rédaction définitive de cette note est de 1748, dans l'édition in-12 d'Amsterdam (Rouen), qu'il ne faut pas confondre avec l'édition de Dresde de la même année, qui ne contient aucune des deux versions de la note sur les damnés, et qui a pourtant les notes réfutatives des remarques de Lenglet-Dufresnoy.

Les éditions qui suivirent ne présentent que quelques corrections.

En 1769, il circula des exemplaires d'une édition intitulée *la Henriade, avec des remarques*, à Henrichemont et à Bidache (à Toulouse), 1769, in-12. Les remarques sont de La Beaumelle, qui, non content de critiquer

---

1. Lettre à Kœnig, juin 1753.

l'ouvrage, en refait des passages. Voltaire fit saisir l'édition. Il en avait le droit, puisque c'était une réimpression entière de son poëme. Mais elle ne fut pas détruite. On la rendit, en 1793, aux héritiers, qui en firent une nouvelle publication en 1803. Dans l'*Avis du libraire* on se récrie contre la saisie faite en 1769. Je possède un exemplaire avec le frontispice de 1769, et un avec celui de 1803. La saisie de 1769 n'effraya pas Fréron, qui, six ans après, mit au jour un *Commentaire sur la Henriade, par feu M. de La Beaumelle, revu et corrigé par M. F.* (Fréron), 1775, un volume in-4°, ou deux volumes in-8°. François de Neufchâteau proposait[1] d'intenter un procès à Fréron. Voltaire combattit ce projet[2].

A quelques corrections près, les volumes publiés par Fréron sont une réimpression du volume de 1769. Ils contiennent *la Henriade* tout entière et en corps d'ouvrage. Le *Commentaire* est au bas des pages.

Cinq ans après on vit paraître *la Henriade, avec la réponse de M. B.* (Bidaut) *à chacune des principales objections du Commentaire de La Beaumelle*, 1780, un volume in-12 ; sur le faux titre du volume on lit : *la Henriade vengée.*

Voltaire était mort depuis deux ans. Les presses ne cessaient pas et n'ont pas cessé depuis de multiplier les exemplaires de *la Henriade* en divers formats, mais presque toujours sans aucun nouveau travail d'éditeur.

Palissot publia, en 1784, une édition in-8°, dans laquelle il a introduit plusieurs versions nouvelles qu'il dit tenir la plupart de Voltaire, mais sans le prouver.

Le travail de Jean Sivrac, qui donna à Londres, en 1795, une édition in-18, se borne à avoir réduit les notes de Voltaire comme celles de ses éditeurs.

C'est à Sardy de Beaufort que l'on doit *la Henriade, avec des notes et des observations critiques dédiées à la jeunesse, par M. ***, ancien officier,* Avignon, Aubanel, 1809, in-18.

La Henriade, poëme auquel sont joints les passages des auteurs anciens et modernes qui présentent des points de comparaison; édition classique, par un professeur de l'Académie de Paris, Paris, Duponcet, 1813, in-18, est le travail de M. Naudet, membre de l'Institut.

C'est par exception et comme chef-d'œuvre typographique que je mentionne *la Henriade, poëme de Voltaire,* Paris, P. Didot aîné, 1819, in-folio, tiré à 125 exemplaires. Il n'y a aucun travail d'éditeur.

Quoique portant la même date de 1819, ce ne fut qu'en 1823 que fut mise au jour *la Henriade, poëme épique en dix chants,* Paris, F. Didot, petit in-folio. M. Daunou a donné des soins à cette édition, à laquelle il a ajouté des notes critiques et littéraires.

Par la publication de *la Henriade, avec des remarques de Clément,* etc., Paris, Ponthieu, 1823, in-8°, M. Lepan s'est acquis de nouveaux droits à être placé parmi les éditeurs qui dénigrent les auteurs qu'ils réimpriment.

---

1. Lettre de d'Alembert, du 18 auguste 1775.
2. Lettre à d'Alembert, 24 auguste 1775.

La même année 1823, M. Fontanier fit imprimer à Rouen *la Henriade, avec un commentaire classique*, un volume in-8°.

Dans l'édition publiée à Nantes, 1826, in-12, M. l'abbé Bernier annonce avoir *corrigé ou supprimé quelques vers contraires à la saine doctrine et aux bonnes mœurs*.

Les innombrables éditions de *la Henriade* prouvent un succès que confirment encore les nombreux écrits dont elle a été le sujet. Je ne parlerai que de quelques-uns.

Les *Réflexions critiques sur un poëme intitulé* la Ligue, etc., 1724, in-8°, eurent deux éditions en 1724. On les attribue à Bonneval.

Une *Lettre critique, ou Parallèle des trois poëmes épiques anciens, savoir :* l'Iliade, l'Odyssée *d'Homère, et* l'Énéide *de Virgile, avec le poëme nouveau intitulé* la Ligue, ou Henri le Grand, poëme épique par M. de Voltaire, *à mademoiselle Del...*, Paris, Legras, 1724, in-8° de seize pages, est d'un nommé Bellechaume, qui avait publié une *Réponse à l'Apologie du nouvel Œdipe*, 1719, in-8°, et qui donna encore une *Seconde Lettre et Critique générale, ou Parallèle des trois poëmes épiques anciens,* l'Iliade *et* l'Odyssée *d'Homère, et* l'Énéide *de Virgile, avec le nouveau prétendu poëme épique intitulé* la Ligue, ou Henri le Grand, *à mademoiselle Del.,.*, 1724, in-8° de quarante-six pages.

L'*Apologie de M. de Voltaire adressée à lui-même*, 1725, in-8°, fut réimprimée dans la *Bibliothèque française*, tome VII, pages 259-280. A.-A. Barbier, d'après Chaudon, attribue cette critique de *la Henriade* à l'abbé Pellegrin, se fondant sur ce qu'il est dit à la fin de la pièce : « Celui qui vous adresse cette *Apologie* est l'auteur de la comédie du *Nouveau Monde*. » Mais c'est un détour du véritable auteur, l'abbé Desfontaines, qui perfidement cite les vers qu'il avait ajoutés sur *les Pradons, les Perraults, les Houdarts*. Les éditeurs de la *Bibliothèque française* disent nettement, page 257 : « Cette pièce est de l'abbé D. F. »

Le titre des *Lettres critiques sur la Henriade de M. de Voltaire*, 1728, in-8° de cinquante pages, annonçait que l'auteur avait le projet de publier plusieurs lettres. Mais il n'en a paru qu'une qui contient la critique du premier chant. Elle est de Saint-Hyacinthe, et a été réimprimée dans la *Bibliothèque française*, tome XII, pages 104-15, et n'a rien de commun avec la *Critique de la Henriade* (en neuf lettres), qu'on trouve dans le *Voltariana*.

Des *Pensées sur la Henriade* (Londres), 1728, in-8°, ont été réimprimées sous un autre titre dans les éditions de la Haye, 1728, et de Paris, 1826.

Le *Journal de Trévoux*, de juin 1731, contient une critique de *la Henriade*. La Bruère y répondit par une *Lettre sur la Henriade*, qui fut insérée au *Mercure* de décembre 1731.

Les *Remarques historiques, politiques, mythologiques, et critiques sur* la Henriade *de M. de Voltaire, par le P. L.....* (Lebrun), la Haye, 1741, un volume in-8° de près de deux cent cinquante pages, auraient pu aussi être appelées *théologiques;* car il y en a un assez grand nombre de cette espèce. Lebrun était calviniste, à en juger par ce qu'il dit des vers 241 et 242 du chant I*er*. Il n'est pas le seul sectaire qui ait condamné *la Henriade*. Dans la seconde édition, donnée par le P. Colonia, de la *Bibliothèque janséniste*, page 156, est comprise *la Ligue, ou Henri le Grand, poëme épique*, auquel, par faute d'impression, on donna la date de 1713. Ce qui n'est pas moins singulier, c'est que, dans la quatrième édition que donna le P. Patouillet, sous le titre de *Dictionnaire des livres jansénistes ou qui favorisent le jansénisme*, 1752, quatre volumes in-12, on ne retrouve plus le poëme de Voltaire qui, certes, ne s'était pas amendé.

Le *Parallèle de la Henriade et du Lutrin* (par Batteux), 1746, in-12, est tout à l'avantage du *Lutrin*.

Des *Observations critiques sur le premier chant de la Henriade* furent imprimées dans le *Conservateur*, octobre 1758, pages 132-170.

Les sixième, septième, et huitième lettres de Clément à Voltaire, publiées en 1775 et 1776, sont consacrées à *la Henriade*.

Un *Examen critique de la Henriade* parut dans le *Conservateur décadaire des principes républicains et de la morale publique*, journal qui se publiait à Paris en 1794, et dont la collection forme deux volumes in-8°. Cet *Examen* est des citoyens Denis, Drobecq, Boucheseiche, et La Chapelle.

Onze ans après on imprima *la Philosophie de la Henriade, ou Supplément nécessaire aux divers jugements qui en ont été portés, surtout à celui de M. de Laharpe, par M. T.* (Tabaraud), *ancien supérieur de l'Oratoire*, 1805, in-8°, dont une nouvelle édition augmentée est de 1824.

Les tragédies de Voltaire furent presque toutes parodiées à l'instant de leur apparition. Ce ne fut que vingt-deux ans après la première édition de *la Ligue* (ou *Henriade*) qu'on vit paraître *la Henriade travestie en vers burlesques* (par Fongeret de Montbron), Berlin (Paris), 1745, in-12, plusieurs fois réimprimé. L'auteur désavoua une édition de Rouen, avec des variantes qui ne sont pas de lui ; voyez l'*Année littéraire*, 1756, tome I*er*, page 356.

L'ouvrage de Montbron, dont on a retenu quelques traits, ne pouvait être parodié, mais il a été traduit dans un des patois de la France, sous ce titre : *la Henriade de Voltaire mise en vers burlesques auvergnats, imités de ceux de* la Henriade travestie de *Marivaux*, suivie du quatrième livre de l'Énéide de Virgile, 1798, in-18. Le traducteur auvergnat se trompe quand il attribue *la Henriade travestie* à Marivaux, qui a fait l'*Homère travesti, ou l'Iliade en vers burlesques*, 1716, deux volumes in-12.

Dans une note à la fin de la seconde partie du *Supplément au Siècle de Louis XIV*, in-12, Voltaire dit qu'un auteur s'est avisé « de faire un poëme épique de *Cartouche* et de parodier *la Henriade* sur un si vil sujet ». L'amour-propre d'auteur a entraîné Voltaire un peu trop loin. Le comédien Grandval père, auteur de *le Vice puni, ou Cartouche, poëme* (en douze chants), 1725, in-8°, nouvelle édition, 1726, in-8°, y parodie quelques vers de Corneille, de Molière, de Boileau, de Racine, et de Voltaire[1]. Il n'y avait pas, ce me semble, motif de se fâcher d'être en si bonne compagnie.

---

1. Non-seulement de *la Henriade*, mais aussi d'*OEdipe*.

Les centons en français ne sont pas nombreux. Il en existe un intitulé *le Siège de Paris et les vers de la Henriade de Voltaire distribués en une tragédie en cinq actes, terminée par le couronnement de Henri IV ; par l'auteur* d'Eulalie, *ou des* Préférences amoureuses, *drame en cinq actes et en prose* (feu Bohaire Dutheil), la Haye, et Paris, 1780, in-8° de quarante pages.

Avant Voltaire on avait chanté Henri IV en latin, en italien, et même en français. Claude Quillet, auteur de *la Callipédie*, avait composé une *Henricias*. Ce poëme latin était en douze chants ; il n'a point été imprimé ; le manuscrit était dans la bibliothèque du cardinal d'Estrées.

Jules Malmignati, poëte du dix-septième siècle, avait fait imprimer *l'Enrico, ovvero Francia conquistata, poema eroico,* Venise, 1623, in-8°. Villoison a, dans le *Magasin encyclopédique,* cinquième année, tome Ier, page 299, donné une notice de ce rare ouvrage. Le poëme italien est en vingt-deux chants. « Ce qu'il y a de plus remarquable dans le poëme de Malmignati, c'est que (chant VI, pages 129 et suivantes) Henri IV est enlevé au ciel, dans un char de feu, pendant la nuit, et y voit les places destinées aux princes chrétiens, et (chant XXII, pages 468 et suivantes) saint Louis lui apparaît et l'exhorte à embrasser la religion catholique ; Henri se rend à ses instances ; et le dénoûment de *la Henriade* de Malmignati est le même que celui de *la Henriade* de Voltaire, qui lui est postérieure d'un siècle. » L'abjuration de Henri IV est un fait qui devait naturellement être la conclusion d'un poëme sur Henri. Le rapport qu'il y a entre les sixièmes chants des poëmes de Malmignati et de Voltaire prouve que tous deux avaient lu *l'Énéide* ; la source appartenait à l'un et à l'autre.

Sébastian Garnier, contemporain de Henri IV, avait publié, en 1593 et 1594, les huit derniers et les deux premiers chants d'un poëme de sa façon, intitulé *la Henriade,* qui devait avoir seize chants. Ce livre était tellement oublié (je pourrais dire inconnu) qu'il n'en est pas fait mention dans la première édition de la *Bibliothèque historique de la France* du P. Lelong, et que, dans la seconde édition de ce grand travail bibliographique, on ne parle que des huit derniers chants. Le succès de *la Henriade* de Voltaire donna l'idée de réimprimer *la Henriade et la Loyssée de Sébastian Garnier* en un volume in-8°. Ce fut en 1770 que, pour me servir des expressions de Voltaire dans une autre occasion, la nouvelle édition parut et disparut.

Ce n'est pas pour lutter avec Voltaire que M. Maizony de Lauréal a composé *la Petite Henriade, ou l'Enfance de Henri IV, poëme en trois chants,* 1824, in-18. « Le sujet de cette composition, dit l'auteur, est l'enfance et l'éducation de Henri IV. » Les vers sont alternativement de dix et de douze syllabes, ce qui est une nouveauté ; les rimes ne sont pas croisées.

Plus ambitieux, l'abbé Aillaud, mort à la fin de 1826, avait fait imprimer *la Nouvelle Henriade, poëme héroïque en douze chants,* Montauban, 1826, in-8° de trente pages, ne contenant que le premier chant. La mort de l'auteur n'est peut-être pas la seule cause de l'interruption de l'impression. Dans les *Observations sur la Henriade,* qui forment la préface de son poëme, Aillaud déclare avec franchise, *que* si ce poëme (celui de Voltaire), sous les rapports de la versification, doit être placé presque à côté de ceux de Virgile et du Tasse, ce même poëme doit descendre au dernier rang des épopées avouées par le public, sous les rapports qui constituent l'invention, le grand poëte, l'homme de génie.

Le Blanc de Guillet, auteur de la tragédie de *Manco Capac*, né à Marseille en 1730, mort le 2 juillet 1799, a laissé en manuscrit la moitié d'un poëme sur *la Ligue*. Je n'en connais aucun morceau d'imprimé.

L'abbé Caux de Cappeval essaya le premier de traduire, en vers latins, *la Henriade*. Il fit, en 1746, imprimer dans le *Mercure*, second volume de juin, sa traduction des quatre-vingts premiers vers du premier chant. Le traducteur fit annoncer le projet d'imprimer son livre en 1756; et Fréron en parla avec éloge [1]. Cependant, treize ans après, aucun libraire n'avait encore voulu se charger de l'impression [2]. La première édition ne parut qu'en 1772; la troisième est de 1777.

Une autre traduction, en vers latins, par L. B., fut publiée à Toulouse vers 1811, en un volume in-12.

Quelques passages seulement ont été aussi traduits. Le P. Alexandre Viel, né en 1736, mort en 1821, a donné *Henriados liber octavus*, in-8° de quarante-neuf pages, sans date, nom de ville, ni d'imprimeur, ni même d'auteur, mais réimprimée dans ses *Miscellanea gallico-latina*, 1816, in-12.

Une traduction de la famine de Paris (chant X) a été imprimée dans l'*Apis romana*, n° 1 du tome II, mai 1822.

C'est une entreprise si vaste qu'une édition complète des *Œuvres de Voltaire*, qu'il m'a été impossible de me livrer aux recherches qu'il faudrait faire pour découvrir toutes les traductions en diverses langues.

La Enriade tradotta in italiano in versi sciolti da Paniasse Cabiriano fiorentino, 1739, in-8°, est le travail de Nenci, qui l'a publié sous son nom d'académicien des *arcadi*.

Un premier chant de *la Henriade*, traduit en italien, est imprimé à la suite des *Elegie scelte di Tibullo,* Lucques, 1745, in-4°.

La bibliothèque de Bergame possède le manuscrit d'une traduction italienne en vers blancs, par Marenzi, à qui Voltaire écrivit le 12 février 1770.

Vers le même temps, M. de La Tourette avait envoyé à Voltaire le manuscrit d'une traduction par le chevalier de Ceretesi.

Deux ans après parut *l'Enriade, poema eroico del signor de Voltaire, tradotto in versi italiani del signor Antigono de Villa, professore d'anatomia e belle lettere nell' academia di Berlino,* Neufchâtel, 1772, in-8°.

Le 9 décembre 1774, Voltaire écrivit au comte de Medini pour le remercier de l'envoi de sa traduction italienne de *la Henriade*.

On a, en 1816, imprimé une traduction en vers blancs, par Michel Bolaffi.

---

1. *Année littéraire,* 1756, tome VIII, pages 336-37.
2. *Mercure,* 1769, second volume d'octobre, page 97.

Dans sa *Préface de la Henriade,* Marmontel cite Ortolani comme traducteur italien de chants de ce poëme.

Marmontel parle aussi d'une traduction en vers anglais, par Lockman.

Les deux premiers chants d'une autre traduction dans la même langue, par un citoyen de la Caroline, ont été imprimés à New-York en 1823.

Une traduction en vers espagnols, par D. Joseph-Joachim Virues y Espinola, a paru à Madrid, 1823, in-8°. Je ne sais si c'est la même traduction qui a été imprimée à Perpignan, 1826, in-16, avec les initiales D. J. de V. y E. y D. A. L. y J.

Il existe deux traductions hollandaises : l'une, par Klinkhamer, est de 1742; l'autre, par Feitama, ne vit le jour qu'en 1753.

On compte aussi, au moins, deux traductions allemandes : l'une, par le libraire Schraembl, mort en 1803; l'autre, par F. Hermès, imprimée à Berlin, 1824, in-8°.

La traduction hongroise, par Joseph Petzcli, a été publiée à Gyorben, 1792, in-8°.

Frédéric, n'étant encore que prince royal, avait projeté de faire graver *la Henriade* à Londres; ennuyé des lenteurs du graveur, il prit le parti de la faire imprimer avec des caractères d'argent[1]. Mais, étant bientôt monté sur le trône, il oublia ce projet. Il avait cependant composé, pour cette édition, un *Avant-propos* qui ne vit le jour qu'en 1756. En mettant cet *Avant-propos* en tête de *la Henriade,* on mettait à la suite la *Préface* de Marmontel, qui est de 1746. J'ai placé ces préfaces dans leur ordre de publication.

Les notes, et surtout les variantes, sont considérablement augmentées dans cette édition. Le mérite en est à M. Thomas, qui m'avait communiqué un grand travail sur *la Pucelle,* et qui m'en a envoyé un plus grand encore sur *la Henriade.*

Les notes signées d'un K sont des éditeurs de Kehl, MM. Condorcet et Decroix; Condorcet est seul auteur de la note sur Colbert à l'occasion du vers 349 du chant VII. Mais en général il est rigoureusement impossible de faire la part de chacun des éditeurs de Kehl.

Les additions que j'ai faites à diverses des notes de Voltaire ou des éditeurs de Kehl en sont séparées par un —, et sont, comme mes notes, signées de l'initiale de mon nom. Je n'ai mis ma signature qu'à quelques-unes des notes nouvelles, dont je devais prendre la responsabilité. Presque toutes les autres qui n'ont point de signature (par exemple les notes des pages 235, 236, et 1 et 3 de la page 246) sont le résultat des nombreuses et utiles recherches de M. Thomas. Je n'ai eu qu'à les vérifier et reporter sur l'exemplaire qui a servi pour l'impression.

3 mars 1834.

1. Lettre de Frédéric, du 18 mai 1740.

PRÉFACE[1]

POUR LA HENRIADE

PAR

M. DE MARMONTEL[2].

On ne se lasse point de réimprimer les ouvrages que le public ne se lasse point de relire ; et le public relit toujours avec un nouveau plaisir ceux qui, comme *la Henriade*, ayant d'abord mérité son estime, ne cessent de se perfectionner sous les mains de leurs auteurs.

Ce poëme, si différent dans sa naissance de ce qu'il est aujourd'hui, parut pour la première fois en 1723, imprimé à Londres sous le titre de *la Ligue*[3]. M. de Voltaire ne put donner ses soins à cette édition : aussi est-elle remplie de fautes, de transpositions, et de lacunes considérables.

L'abbé Desfontaines en donna, peu de temps après, une édition à Évreux, aussi imparfaite que la première, avec cette différence qu'il glissa dans les vides quelques vers de sa façon, tels que ceux-ci, où il est aisé de reconnaître un tel écrivain :

> Et malgré les Perraults, et malgré les Houdarts,
> L'on verra le bon goût naître de toutes parts.
> (Chant VI de son édition.)

En 1726[4], on en fit une édition à Londres, sous le titre de *la Henriade*,

---

1. Publiée pour la première fois en 1746.
2. Marmontel, né en 1719 à Bort, petite ville du Limousin; mort près de Gaillon (Seine-Inférieure) le dernier jour de l'an 1799; homme de lettres, poëte, critique, auteur dramatique, encyclopédiste, et auteur des *Incas* et de *Bélisaire*, célèbres romans philosophiques. Le dernier de ces ouvrages fut brûlé. (G. A.)
3. Ou plutôt imprimé clandestinement à Rouen en neuf chants, et avec l'adresse de Genève. Il y a des lacunes remplies par des points. (G. A.)
4. Il se peut que l'édition de Londres, in-4°, ait été commencée en 1726, mais elle porte la date de 1728. (B.)

in-4º, avec des figures ; elle est dédiée à la reine d'Angleterre[1] : et, pour ne rien laisser à désirer dans cette édition, j'ai cru devoir insérer dans ma préface cette épître dédicatoire. On sait que dans ce genre d'écrire M. de Voltaire a pris une route qui lui est propre. Les gens de goût, qui s'épargnent ordinairement la lecture des fades éloges que même nos plus grands auteurs n'ont pu se dispenser de prodiguer à leurs Mécènes, lisent avidement et avec fruit les épîtres dédicatoires d'*Alzire,* de *Zaïre,* etc. Celle-ci est dans le même goût ; on y reconnaît un philosophe judicieux et poli, qui sait louer les rois, même sans les flatter. Il n'écrivit cette épître qu'en anglais.

TO THE QUEEN.

MADAM,

It is the fate of Henry the Fourth to be protected by an english queen. He was assisted by that great Elisabeth, who was in her age the glory of her sex. By whom can his memory be so well protected, as by her who resembles so much Elisabeth in her personal virtues?

Your Majesty will find in this book bold impartial truths, morality unstained with superstition, a spirit of liberty, equally abhorrent of rebellion and of tyranny, the rights of kings always asserted, and those of mankind never laid aside.

The same spirit, in which it is written, gave me the confidence to offer it to the virtuous consort of a king who, among so many crowned heads, enjoys almost alone the inestimable honour of ruling a free nation, a king who makes his power consist in being beloved, and his glory in being just.

Our Descartes, who was the greatest philosopher in Europe, before sir Isaac Newton appeared, dedicated his *Principles* to the celebrated princess palatine Elisabeth ; not, said he, because she was a princess (for true philosophers respect princes and never flatter them), but because of all his readers she understood him the best, and loved truth the most.

I beg leave, Madam (without comparing my self to Descartes), to dedicate *the Henriade* to Your Majesty, upon the like account, not only as the protectress of all arts and sciences, but as the best judge of them.

---

[1]. Guillelmine-Dorothée-Charlotte de Brandebourg-Anspach, femme de George II, morte le 1ᵉʳ décembre 1737, à cinquante-quatre ans.

I am, with that profound respect which is due to the greatest virtue, as well as to the highest rank, may it please Your Majesty,

Your Majesty's,

Most humble, most dutiful, most obliged servant,

VOLTAIRE.

M. l'abbé Lenglet-Dufresnoy[1] nous en a donné la traduction suivante :

« A LA REINE.

« Madame,

« C'est le sort de Henri IV d'être protégé par une reine d'Angleterre ; il a été appuyé par Élisabeth, cette grande princesse, qui était dans son temps la gloire de son sexe. A qui sa mémoire pourrait-elle être aussi bien confiée qu'à une princesse dont les vertus personnelles ressemblent tant à celles d'Élisabeth ?

« Votre Majesté trouvera dans ce livre des vérités bien grandes et bien importantes ; la morale à l'abri de la superstition ; l'esprit de liberté également éloigné de la révolte et de l'oppression ; les droits des rois toujours assurés, et ceux du peuple toujours défendus. Le même esprit dans lequel il est écrit me fait prendre la liberté de l'offrir à la vertueuse épouse d'un roi qui, parmi tant de têtes couronnées, jouit presque seul de l'honneur, sans prix, de gouverner une nation libre, d'un roi qui fait consister son pouvoir à être aimé, et sa gloire à être juste.

« Notre Descartes, le plus grand philosophe de l'Europe, avant que le chevalier Newton parût, a dédié ses *Principes* à la célèbre princesse palatine Élisabeth ; non pas, dit-il, parce qu'elle était princesse (car les vrais philosophes respectent les princes et ne les flattent point), mais parce que, de tous ses lecteurs, il la regardait comme la plus capable de sentir et d'aimer le vrai.

« Permettez-moi, madame (sans me comparer à Descartes), de dédier de même *la Henriade* à Votre Majesté, non-seulement parce qu'elle protége les sciences et les arts, mais encore parce qu'elle en est un excellent juge.

« Je suis, avec ce profond respect qui est dû à la plus grande vertu et au plus haut rang, si Votre Majesté veut bien me le permettre,

« de Votre Majesté,

« *Le très-humble, très-respectueux et très-obéissant serviteur.*

« VOLTAIRE. »

1. Voyez pages 5-6.

Cette édition, qui fut faite par souscription, a servi de prétexte à mille calomnies contre l'auteur. Il a dédaigné d'y répondre ; mais il a remis dans la Bibliothèque du roi, c'est-à-dire sous les yeux du public et de la postérité, des preuves authentiques de la conduite généreuse qu'il tint dans cette occasion : je n'en parle qu'après les avoir vues[1].

Il serait long et inutile de compter ici toutes les éditions qui ont précédé celle-ci, dans laquelle on les trouvera réunies par le moyen des variantes.

En 1736, le roi de Prusse, alors prince royal, avait chargé M. Algarotti, qui était à Londres, d'y faire graver ce poëme avec des vignettes à chaque page. Ce prince, ami des arts, qu'il daigne cultiver, voulant laisser aux siècles à venir un monument de son estime pour les lettres, et particulièrement pour *la Henriade*, daigna en composer la préface[2] ; et, se mettant ainsi au rang des auteurs, il apprit au monde qu'une plume éloquente sied bien dans la main d'un héros. Récompenser les beaux-arts est un mérite commun à un grand nombre de princes ; mais les encourager par l'exemple et les éclairer par d'excellents écrits en est un d'autant plus recommandable dans le roi de Prusse, qu'il est plus rare parmi les hommes. La mort du roi son père, les guerres survenues, et le départ de M. Algarotti de Londres, interrompirent ce projet, si digne de celui qui l'avait conçu.

Comme la préface qu'il avait composée n'a pas vu le jour, j'en ai pris deux fragments qui peuvent en donner une idée, et qui doivent être regardés comme un morceau bien précieux dans la littérature[3] :

« Les difficultés, dit-il en un endroit, qu'eut à surmonter M. de Voltaire lorsqu'il composa son poëme épique, sont innombrables. Il voyait contre lui les préjugés de toute l'Europe et celui de sa propre nation, qui était du sentiment que l'épopée ne réussirait jamais en français. Il avait devant lui le triste exemple de ses prédécesseurs, qui avaient tous bronché dans cette pénible carrière. Il avait encore à combattre le respect superstitieux et exclusif du peuple savant pour Virgile et pour Homère, et, plus que tout cela, une santé faible qui aurait mis tout autre homme, moins sensible que lui à la gloire de sa nation, hors d'état de travailler. C'est cependant indépendamment de tous ces obstacles que M. de Voltaire est venu à bout de son dessein, etc. »

« Quant à la saine morale, dit-il ailleurs, quant à la beauté des sentiments, on trouve dans ce poëme tout ce qu'on peut desirer. La valeur prudente de Henri IV, jointe à sa générosité et à son humanité, devrait servir d'exemple à tous les rois et à tous les héros, qui se piquent quelquefois mal à propos de dureté envers ceux que le destin des États et le sort de la guerre ont soumis à leur puissance. Qu'il leur soit dit, en passant, que ce n'est ni dans l'inflexibilité ni dans la tyrannie que consiste la véritable grandeur, mais bien dans ce sentiment que l'auteur exprime avec tant de noblesse :

---

1. Voir sa lettre à d'Argental (13 janvier 1739), et celle à Destouches (3 décembre 1744) dans la *Correspondance*. (G. A.)

2. Lorsque Marmontel imprima sa Préface, l'Avant-propos de Frédéric n'était pas encore imprimé, et ne le fut que dix ans après : voyez p. 22. (B.)

3. On peut remarquer quelques différences dans le fragment cité par Marmontel et dans le texte ci-après.

« Amitié, don du ciel, plaisir des grandes âmes,
Amitié, que les rois, ces illustres ingrats,
Sont assez malheureux pour ne connaître pas. »

Ainsi pensait ce grand prince avant que de monter sur le trône. Il ne pouvait alors instruire les rois que par des maximes : aujourd'hui il les instruit par des exemples.

La Henriade a été traduite en plusieurs langues, en vers anglais par M. Lockman ; une partie l'a été en vers italiens par M. Quirini, noble vénitien, et une autre en vers latins par le cardinal de ce nom, bibliothécaire du Vatican, si connu par sa grande littérature. Ce sont ces deux hommes célèbres qui ont traduit le poëme de *Fontenoy*. MM. Ortolani et Nenci ont aussi traduit plusieurs chants de *la Henriade*. Elle l'a été entièrement en vers hollandais et allemands, et en vers latins par M. Caux de Cappeval[1].

Cette justice, rendue par tant d'étrangers contemporains, semble suppléer à ce qui manque d'ancienneté à ce poëme ; et puisqu'il a été généralement approuvé dans un siècle qu'on peut appeler celui du goût, il y a apparence qu'il le sera des siècles à venir. On pourrait donc, sans être téméraire, le placer à côté de ceux qui ont le sceau de l'immortalité. C'est ce que semble avoir fait M. Cocchi, lecteur de Pise, dans une lettre[2] imprimée à la tête de quelques éditions de *la Henriade,* où il parle du sujet, du plan, des mœurs, des caractères, du merveilleux, et des principales beautés de ce poëme, en homme de goût et de beaucoup de littérature ; bien différent d'un Français, auteur de feuilles périodiques, qui, plus jaloux qu'éclairé, l'a comparé à *la Pharsale*. Une telle comparaison suppose dans son auteur ou bien peu de lumières, ou bien peu d'équité : car en quoi se ressemblent ces deux poëmes ? Le sujet de l'un et de l'autre est une guerre civile ; mais, dans *la Pharsale,* « l'audace est triomphante et le crime adoré » : dans *la Henriade,* au contraire, tout l'avantage est du côté de la justice. Lucain a suivi scrupuleusement l'histoire sans mélange de fiction, au lieu que M. de Voltaire a changé l'ordre des temps, transporté les faits, et employé le merveilleux. Le style du premier est souvent ampoulé, défaut dont on ne voit pas un seul exemple dans le second. Lucain a peint ses héros avec de grands traits, il est vrai, et il a des coups de pinceau dont on trouve peu d'exemples dans Virgile et dans Homère. C'est peut-être en cela que lui ressemble notre poëte : on convient assez que personne n'a mieux connu que lui l'art de marquer les caractères : un vers lui suffit quelquefois pour cela, témoin les suivants :

Médicis la[3] reçut avec indifférence,
Sans paraître jouir du fruit de sa vengeance,
Sans remords, sans plaisir, etc.

1. Beuchot cite d'autres traductions dans l'Avertissement ci-dessus.
2. Voyez la traduction de cette lettre, page 29.
3. La tête de Coligny, chant II.

Connaissant les périls, et ne redoutant rien ;
Heureux guerrier[1], grand prince, et mauvais citoyen.

Il[2] se présente aux Seize, et demande des fers,
Du front dont il aurait condamné ces pervers.

Il[3] marche en philosophe où l'honneur le conduit,
Condamne les combats, plaint son maître, et le suit.

Mais, si M. de Voltaire annonce avec tant d'art ses personnages, il les soutient avec beaucoup de sagesse : et je ne crois pas que dans le cours de son poëme on trouve un seul vers où quelqu'un d'eux se démente. Lucain, au contraire, est plein d'inégalités; et, s'il atteint quelquefois la véritable grandeur, il donne souvent dans l'enflure. Enfin ce poëte latin, qui a porté à un si haut point la noblesse des sentiments, n'est plus le même lorsqu'il faut ou peindre ou décrire; et j'ose assurer qu'en cette partie notre langue n'a jamais été si loin que dans *la Henriade*.

Il y aurait donc plus de justesse à comparer *la Henriade* avec *l'Énéide*. On pourrait mettre dans la balance le plan, les mœurs, le merveilleux de ces deux poëmes; les personnages, comme Henri IV et Énée, Achates et Mornay, Sinon et Clement, Turnus et d'Aumale, etc.; les épisodes qui se répondent, comme le repas des Troyens sur la côte de Carthage, et celui de Henri chez le solitaire de Jersey; le massacre de la Saint-Barthélemy, et l'incendie de Troie; le quatrième chant de *l'Énéide*, et le neuvième de *la Henriade;* la descente d'Énée aux enfers, et le songe de Henri IV; l'antre de la Sibylle, et le sacrifice des Seize; les guerres qu'ont à soutenir les deux héros, et l'intérêt qu'on prend à l'un et à l'autre; la mort d'Euryale et celle du jeune d'Ailly; les combats singuliers de Turenne contre d'Aumale, et d'Énée contre Turnus; enfin le style des deux poëtes, l'art avec lequel ils ont enchaîné les faits, et leur goût dans le choix des épisodes, leurs comparaisons, leurs descriptions. Et après un tel examen, on pourrait décider d'après le sentiment.

Les bornes que je suis obligé de me prescrire dans cette Préface ne me permettent pas d'appuyer sur ce parallèle; mais je crois qu'il me suffit de l'indiquer à des lecteurs éclairés et sans prévention.

Les rapports vagues et généraux dont je viens de parler ont fait dire à quelques critiques que *la Henriade* manquait du côté de l'invention : que ne fait-on le même reproche à Virgile, au Tasse, etc.? Dans *l'Énéide* sont réunis le plan de *l'Odyssée* et celui de *l'Iliade;* dans *la Jérusalem délivrée*, on trouve le plan de *l'Iliade* exactement suivi, et orné de quelques épisodes tirés de *l'Énéide*.

Avant Homère, Virgile, et le Tasse, on avait décrit des siéges, des incendies, des tempêtes; on avait peint toutes les passions; on connaissait les

---

1. Guise, chant III.
2. Harlay, chant IV.
3. Mornay, chant VI.

enfers et les champs élysées ; on disait qu'Orphée, Hercule, Pirithoüs, Ulysse, y étaient descendus pendant leur vie. Enfin ces poëtes n'ont rien dont l'idée générale ne soit ailleurs. Mais ils ont peint les objets avec les couleurs les plus belles : ils les ont modifiés et embellis suivant le caractère de leur génie et les mœurs de leur temps ; ils les ont mis dans leur jour et à leur place. Si ce n'est pas là créer, c'est du moins donner aux choses une nouvelle vie ; et on ne saurait disputer à M. de Voltaire la gloire d'avoir excellé dans ce genre de production. Ce n'est là, dit-on, que de l'invention de détail, et quelques critiques voudraient de la nouveauté dans le tout. On faisait un jour remarquer à un homme de lettres ce beau vers où M. de Voltaire exprime le mystère de l'Eucharistie :

> Et lui découvre un Dieu sous un pain qui n'est plus[1].

Oui, dit-il, ce vers est beau ; mais, je ne sais, l'idée n'en est pas neuve. Malheur, dit M. de Fénelon[2], à qui n'est pas ému en lisant ces vers :

> Fortunate senex ! hic, inter flumina nota
> Et fontes sacros, frigus captabis opacum.
>
> Virg., Égl. i.

N'aurais-je pas raison d'adresser cette espèce d'anathème au critique dont je viens de parler ? J'ose prédire à tous ceux qui, comme lui, veulent du neuf, c'est-à-dire de l'inouï, qu'on ne les satisfera jamais qu'aux dépens du bon sens. Milton lui-même n'a pas inventé les idées générales de son poëme, quelque extraordinaires qu'elles soient : il les a puisées dans les poëtes, dans l'Écriture sainte. L'idée de son pont, toute gigantesque qu'elle est, n'est pas neuve. Sadi s'en était servi avant lui, et l'avait tirée de la théologie des Turcs. Si donc un poëte qui a franchi les limites du monde, et peint des objets hors de la nature, n'a rien dit dont l'idée générale ne soit ailleurs, je crois qu'on doit se contenter d'être original dans les détails et dans l'ordonnance, surtout quand on a assez de génie pour s'élever au-dessus de ses modèles.

Je ne réfuterai pas ici ceux qui ont été assez ennemis de la poésie pour avancer qu'il peut y avoir des poëmes en prose[3] : ce paradoxe paraît téméraire à tous les gens de bon goût et de bon sens. M. de Fénelon, qui avait beaucoup de l'un et de l'autre, n'a jamais donné son *Télémaque* que sous le nom des *Aventures de Télémaque*, et jamais sous celui de poëme. C'est sans contredit le premier de tous les romans ; mais il ne peut pas même être mis dans la classe des derniers poëmes. Je ne dis pas seulement parce que les aventures qu'on y raconte sont presque toutes indépendantes les unes

---

1. Chant X, vers 492.
2. *Lettre à l'Académie française.*
3. Houdard de Lamotte. On en a vu dans notre siècle : *les Natchez, les Martyrs.*

des autres, et parce que le style, tout fleuri et tendre qu'il est, serait trop uniforme ; je dis parce qu'il n'a pas le nombre, le rhythme, la mesure, la rime, les inversions, en un mot rien de ce qui constitue cet art si difficile de la poésie, art qui n'a pas plus de rapport avec la prose que la musique n'en a avec le ton ordinaire de la parole.

Il ne me reste plus qu'un mot à dire sur l'orthographe qu'on a suivie dans cette édition ; c'est celle de l'auteur ; il l'a justifiée lui-même [1] : et puisqu'il n'a contre lui qu'un usage condamné par ceux mêmes qui le suivent, il paraît assez inutile de prouver qu'il a eu raison de s'en écarter ; je me contenterai donc, pour faire voir combien cet usage est pernicieux à notre poésie, de citer quelques endroits de nos meilleurs poëtes, où ils ne l'ont que trop scrupuleusement suivi :

> [2] Attaquons dans leurs murs ces conquérants si *fiers ;*
> Qu'ils tremblent à leur tour pour leurs propres *foyers.*

> [3] Ma colère revient, et je me *reconnois ;*
> Immolons en partant trois ingrats à la *fois ;*

> [4] . . . Je ne fais que recueillir les *voix,*
> Et dirais vos défauts si je vous en *savois.*

Il est sûr qu'une orthographe conforme à la prononciation eût obvié à ces défauts, et que deux poëtes si exacts et si heureux dans leurs rimes ne se sont contentés de celles-ci que parce qu'elles satisfaisaient les yeux : ce qui le prouve, c'est qu'on ne s'est jamais avisé de faire rimer *Beauvais,* qu'on prononce comme *savois,* avec *voix,* qu'on a cru cependant pouvoir rimer avec *savois.* Dans ces deux vers de Boileau :

> [5] La discorde en ces lieux menace de *s'accroître ;*
> Demain avec l'aurore un lutrin va *paroître.*

on prononce *s'accraître* pour la rime ; et cela est assez usité. Mme Deshoulières dit :

> [6] Puisse durer, puisse *croître*
> L'ardeur de mon jeune amant,
> Comme feront sur ce *hêtre*
> Les marques de mon tourment !

Mais ce qui paraît singulier, c'est que *paroître,* en faveur de qui

---

1. Voltaire n'avait pas encore publié d'ouvrage important avec son orthographe avant cette édition faite par Marmontel. *Le Siècle de Louis XIV* (1752) fut, comme nous l'avons dit, le premier ouvrage en prose qu'il risqua ainsi fabriqué. (G. A.)
2. *Mithridate,* acte IV, scène I.
3. *Ibid.,* acte IV, scène V.
4. J.-B. Rousseau, *le Flatteur,* acte I, scène IV.
5. *Lutrin,* chant II.
6. *Célimène,* églogue.

on prononce *s'accraitre,* change lui-même sa prononciation en faveur de *cloître.*

> ¹ L'honneur et la vertu n'osèrent plus *paroître:*
> La piété chercha les déserts et le *cloître.*

Une bizarrerie si marquée vient de ce qu'on a changé l'ancienne prononciation sans changer l'orthographe qui la représente. La réformation générale d'un tel abus eût été une affaire d'éclat. M. de Voltaire n'a porté que les premiers coups; il a cru judicieusement qu'on devait rimer pour l'oreille, et non pour les yeux : en conséquence il a fait rimer *François* avec *succès*, etc. Et, pour satisfaire en même temps les oreilles et les yeux, il a écrit *Français,* substituant à la diphthongue *oi* la diphthongue *ai*, qui, accompagnée d'un *s*, exprime à la fin des mots le son de l'*è,* comme dans *bienfaits, souhaits*, etc. M. de Voltaire a été d'autant plus autorisé à ce changement d'orthographe qu'il lui fallait distinguer dans son poëme certains mots qui, écrits partout ailleurs de la même façon, ont néanmoins une prononciation et une signification différentes : sous le froc de *François*², etc., des courtisans *français* ³, etc.

Quant à ce que j'ai dit sur le mérite de ce poëme, je déclare qu'il ne m'a été permis que de laisser entrevoir mon sentiment; et que si je n'ai pas heurté de front la prévention de quelques critiques, ce n'est pas que je ne leur sois entièrement opposé. Peut-être un jour pourrai-je sans contrainte parler comme pensera la postérité.

1. Épître III, Boileau.
2. Chant IV, vers 321.
3. Chant III, vers 207.

AVANT-PROPOS
SUR LA HENRIADE

PAR

LE ROI DE PRUSSE[1].

Le poëme de *la Henriade* est connu de toute l'Europe. Les éditions multipliées qui s'en sont faites l'ont répandu chez toutes les nations qui ont des livres, et qui sont assez policées pour avoir quelque goût pour les lettres.

M. de Voltaire, peut-être l'unique auteur qui préfère la perfection de son art aux intérêts de son amour-propre, ne s'est point lassé de corriger ses fautes; et depuis la première édition, où *la Henriade* parut sous le titre de *Poëme de la Ligue,* jusqu'à celle qu'on donne aujourd'hui au public, l'auteur s'est toujours élevé, d'efforts en efforts, jusqu'à ce point de perfection que les grands génies et les maîtres de l'art ont ordinairement mieux dans l'idée qu'il ne leur est possible d'y atteindre.

L'édition qu'on donne à présent au public est considérablement augmentée par l'auteur : c'est une marque évidente que la fécondité de son génie est comme une source intarissable, et qu'on peut toujours s'attendre, sans se tromper, à des beautés nouvelles et à quelque chose de parfait d'une aussi excellente plume que l'est celle de M. de Voltaire.

Les difficultés que ce prince de la poésie française a trouvées à surmonter, lorsqu'il composa ce poëme épique, sont innombrables. Il avait contre

---

1. Ce morceau fut envoyé à Voltaire par Frédéric, alors prince royal, le 9 septembre 1739. Comme on l'a vu dans la *Préface de Marmontel,* p. 16, il était destiné pour une édition qui ne fut point exécutée. Il parut, pour la première fois, dans l'édition de 1756 des *OEuvres de Voltaire.* Il y est intitulé *Avant-propos composé par un des plus augustes et des plus respectables protecteurs que les lettres aient eus dans ce siècle, et dont on n'avait vu qu'un fragment cité dans la Préface de M. de Marmontel.* Il a le titre d'*Avant-propos sur la Henriade de M. de Voltaire,* dans le tome VI des *OEuvres posthumes de Frédéric II;* mais ce n'était pas dans les *OEuvres posthumes* qu'était sa place, puisqu'il était imprimé dès 1756, c'est-à-dire trente ans avant la mort de son auteur. (B.)

lui les préjugés de toute l'Europe, et ceux de sa propre nation, qui était du sentiment que l'épopée ne réussirait jamais en français; il avait devant lui le triste exemple de ses précurseurs, qui avaient tous bronché dans cette pénible carrière; il avait encore à combattre ce respect superstitieux du peuple savant pour Virgile et pour Homère, et, plus que tout cela, une santé faible et délicate, qui aurait mis tout autre homme moins sensible que lui à la gloire de sa nation hors d'état de travailler. C'est néanmoins malgré ces obstacles que M. de Voltaire est venu à bout d'exécuter son dessein, quoique aux dépens de sa fortune, et souvent de son repos.

Un génie aussi vaste, un esprit aussi sublime, un homme aussi laborieux que l'est M. de Voltaire, se serait ouvert le chemin aux emplois les plus illustres, s'il avait voulu sortir de la sphère des sciences, qu'il cultive, pour se vouer à ces affaires que l'intérêt et l'ambition des hommes ont coutume d'appeler de solides occupations; mais il a préféré de suivre l'impulsion irrésistible de son génie pour ces arts et pour ces sciences aux avantages que la fortune aurait été forcée de lui accorder : aussi a-t-il fait des progrès qui répondent parfaitement à son attente. Il fait autant d'honneur aux sciences que les sciences lui en font : on ne le connaît dans *la Henriade* qu'en qualité de poëte; mais il est philosophe profond, et sage historien en même temps.

Les sciences et les arts sont comme de vastes pays, qu'il nous est presque aussi impossible de subjuguer tous, qu'il l'a été à César, ou bien à Alexandre, de conquérir le monde entier : il faut beaucoup de talents et beaucoup d'application pour s'assujettir quelque petit terrain; aussi la plupart des hommes ne marchent-ils qu'à pas de tortue dans la conquête de ce pays. Il en a été cependant des sciences comme des empires du monde, qu'une infinité de petits souverains se sont partagés; et ces petits souverains réunis ont composé ce qu'on appelle des académies; et comme dans ces gouvernements aristocratiques il s'est souvent trouvé des hommes nés avec une intelligence supérieure, qui se sont élevés au-dessus des autres, de même les siècles éclairés ont produit des hommes qui ont uni en eux les sciences qui devaient donner une occupation suffisante à quarante têtes pensantes. Ce que les Leibnitz, ce que les Fontenelle[1], ont été de leur temps, M. de Voltaire l'est aujourd'hui; il n'y a aucune science qui n'entre dans la sphère de son activité; et, depuis la géométrie la plus sublime jusqu'à la poésie, tout est soumis à la force de son génie.

Malgré une vingtaine de sciences qui partagent M. de Voltaire, malgré ses fréquentes infirmités, et malgré les chagrins que lui donnent d'indignes envieux, il a conduit sa *Henriade* à un point de maturité où je ne sache pas qu'aucun poëme soit jamais parvenu.

On trouve toute la sagesse imaginable dans la conduite de *la Henriade*. L'auteur a profité des défauts qu'on a reprochés à Homère; ses chants et l'action ont peu ou point de liaison les uns avec les autres, ce qui leur a mérité le nom de rapsodies : dans *la Henriade* on trouve une liaison intime

---

1. Fontenelle vivait encore lors de la première édition de cet *Avant-propos*. (B.)

entre tous les chants; ce n'est qu'un même sujet divisé par l'ordre des temps en dix actions principales. Le dénoûment de *la Henriade* est naturel; c'est la conversion de Henri IV et son entrée à Paris qui met fin aux guerres civiles des ligueurs, qui troublaient la France; et en cela le poëte français est infiniment supérieur au poëte latin, qui ne termine pas son *Énéide* d'une manière aussi intéressante qu'il l'avait commencée; ce ne sont plus alors que les étincelles du beau feu que le lecteur admirait dans le commencement de ce poëme; on dirait que Virgile en a composé les premiers chants dans la fleur de sa jeunesse, et qu'il a composé les derniers dans cet âge où l'imagination mourante et le feu de l'esprit à moitié éteint ne permettent plus aux guerriers d'être heros, ni aux poëtes d'écrire.

Si le poëte français imite en quelques endroits Homère et Virgile, c'est pourtant toujours une imitation qui tient de l'original, et dans laquelle on voit que le jugement du poëte français est infiniment supérieur à celui du poëte grec. Comparez la descente d'Ulysse aux enfers[1] avec le septième chant de *la Henriade*, vous verrez que ce dernier est enrichi d'une infinité de beautés que M. de Voltaire ne doit qu'à lui-même.

La seule idée d'attribuer au rêve de Henri IV ce qu'il voit dans le ciel, dans les enfers, et ce qui lui est pronostiqué au temple du Destin, vaut seule toute l'*Iliade:* car le rêve de Henri IV ramène tout ce qui lui arrive aux règles de la vraisemblance, au lieu que le voyage d'Ulysse aux enfers est dépourvu de tous les agrements qui auraient pu donner l'air de vérité à l'ingénieuse fiction d'Homère.

De plus, tous les épisodes de *la Henriade* sont placés dans leur lieu; l'art est si bien caché par l'auteur, qu'il est difficile de l'apercevoir : tout y paraît naturel, et l'on dirait que ces fruits qu'a produits la fécondité de son imagination, et qui embellissent tous les endroits de ce poëme, n'y sont que par nécessité. Vous n'y trouvez point de ces petits détails où se noient tant d'auteurs à qui la sécheresse et l'enflure tiennent lieu de génie. M. de Voltaire s'applique à décrire d'une manière touchante les sujets pathétiques; il sait le grand art de toucher le cœur; tels sont ces endroits touchants, comme la mort de Coligny, l'assassinat de Valois, le combat du jeune d'Ailly, le congé de Henri IV de la belle Gabrielle d'Estrées, et la mort du brave d'Aumale; on se sent ému à chaque fois qu'on en fait la lecture; en un mot, l'auteur ne s'arrête qu'aux endroits intéressants, et il passe légèrement sur ceux qui ne feraient que grossir son poëme : il n'y a ni du trop ni du trop peu dans *la Henriade*.

Le merveilleux que l'auteur a employé ne peut choquer aucun lecteur sensé; tout y est ramené au vraisemblable par le système de la religion : tant la poésie et l'éloquence savent l'art de rendre respectables des objets qui ne le sont guère par eux-mêmes, et de fournir des preuves de crédibilité capables de séduire !

Toutes les allégories qu'on trouve dans ce poëme sont nouvelles; il y a la Politique, qui habite au Vatican; le temple de l'Amour, la vraie Religion,

---

1. *Odyssée*, chant XI.

la Discorde, les Vertus, les Vices; tout est animé par le pinceau de M. de Voltaire; ce sont autant de tableaux qui surpassent, au jugement des connaisseurs, tout ce qu'a produit le crayon habile du Carrache et du Poussin.

Il me reste à présent à parler de la poésie du style, de cette partie qui caractérise proprement le poëte. Jamais la langue française n'eut autant de force que dans *la Henriade :* on y trouve partout de la noblesse; l'auteur s'élève avec un feu infini jusqu'au sublime, et il ne s'abaisse qu'avec grâce et dignité : quelle vivacité dans les peintures, quelle force dans les caractères et dans les descriptions, et quelle noblesse dans les détails! Le combat du jeune Turenne doit faire en tout temps l'admiration des lecteurs; c'est dans cette peinture de coups portés, parés, reçus, et rendus, que M. de Voltaire a trouvé principalement des obstacles dans le génie de sa langue; il s'en est cependant tiré avec toute la gloire possible. Il transporte le lecteur sur le champ de bataille; et il vous semble plutôt voir un combat qu'en lire la description en vers.

Quant à la saine morale, quant à la beauté des sentiments, on trouve dans ce poëme tout ce qu'on peut désirer. La valeur prudente de Henri IV, jointe à sa générosité et à son humanité, devrait servir d'exemple à tous les rois et à tous les héros, qui se piquent quelquefois mal à propos de dureté et de brutalité envers ceux que le destin des États ou le sort de la guerre a soumis à leur puissance; qu'il leur soit dit, en passant, que ce n'est point dans l'inflexibilité ni dans la tyrannie que consiste la vraie grandeur, mais bien dans ces sentiments que l'auteur exprime avec tant de noblesse :

> Amitié, don du ciel, plaisir des grandes âmes[1],
> Amitié, que les rois, ces illustres ingrats,
> Sont assez malheureux pour ne connaître pas.

Le caractère de Philippe de Mornay peut aussi être compté parmi les chefs-d'œuvre de *la Henriade ;* ce caractère est tout nouveau. Un philosophe guerrier, un soldat humain, un courtisan vrai et sans flatterie; un assemblage de vertu aussi rare doit mériter nos suffrages : aussi l'auteur y a-t-il puisé comme dans une riche source de sentiments. Que j'aime à voir Philippe de Mornay, ce fidèle et stoïque ami, à côté de son jeune et vaillant maître, repousser partout la mort, et ne la donner jamais[2]! Cette sagesse philosophique est bien éloignée des mœurs de notre siècle; et il est à déplorer, pour le bien de l'humanité, qu'un caractère aussi beau que celui de ce sage ne soit qu'un être de raison.

D'ailleurs *la Henriade* ne respire que l'humanité : cette vertu si nécessaire aux princes, ou plutôt leur unique vertu, est relevée par M. de Voltaire; il montre un roi victorieux qui pardonne aux vaincus : il conduit ce héros aux murs de Paris, où, au lieu de saccager cette ville rebelle, il fournit les aliments nécessaires à la vie de ses habitants désolés par la famine la

---

1. Chant VIII, vers 322-24.
2. Chant VIII, vers 204.

plus cruelle; mais, d'un autre côté, il dépeint des couleurs les plus vives l'affreux massacre de la Saint-Barthélemy, et la cruauté inouïe avec laquelle Charles IX hâtait lui-même la mort de ses malheureux sujets calvinistes.

La sombre politique de Philippe II, les artifices et les intrigues de Sixte-Quint, l'indolence léthargique de Valois, et les faiblesses que l'amour fit commettre à Henri IV, sont estimés à leur juste valeur. M. de Voltaire accompagne tous ses récits de réflexions courtes, mais excellentes, qui ne peuvent que former le jugement de la jeunesse, et donner des vertus et des vices les idées qu'on en doit avoir. On trouve de toute part dans ce poëme que l'auteur recommande aux peuples la fidélité pour leurs lois et pour leurs souverains. Il a immortalisé le nom du président de Harlay [1], dont la fidélité inviolable pour son maître méritait une pareille récompense; il en fait autant pour les conseillers Brisson, Larcher, Tardif, qui furent mis à mort par les factieux; ce qui fournit la réflexion suivante de l'auteur:

> Vos noms toujours fameux vivront dans la mémoire,
> Et qui meurt pour son roi meurt toujours avec gloire [2].

Le discours de Potier [3] aux factieux est aussi beau par la justesse des sentiments que par la force de l'éloquence. L'auteur fait parler un grave magistrat dans l'assemblée de la Ligue; il s'oppose courageusement au dessein des rebelles, qui voulaient élire roi un d'entre eux : il les renvoie à la domination légitime de leur souverain, à laquelle ils voulaient se soustraire; il condamne toutes les vertus des Guises, en tant que vertus militaires, puisqu'elles devenaient criminelles dès là qu'ils en faisaient usage contre leur roi et leur patrie. Mais tout ce que je pourrais dire de ce discours ne saurait en approcher; il faut le lire avec attention. Je ne prétends que d'en faire remarquer les beautés à ceux des lecteurs auxquels elles pourraient échapper.

Je passe à la guerre de religion, qui fait le sujet de *la Henriade*. L'auteur a dû exposer naturellement les abus que les superstitieux et les fanatiques ont coutume de faire de la religion : car on a remarqué que, par je ne sais quelle fatalité, ces sortes de guerres ont toujours été plus sanguinaires que celles que l'ambition des princes ou l'indocilité des sujets ont suscitées; et comme le fanatisme et la superstition ont été de tout temps les ressorts de la politique détestable des grands et des ecclésiastiques, il fallait nécessairement y opposer une digue. L'auteur a employé tout le feu de son imagination, et tout ce qu'ont pu l'éloquence et la poésie, pour mettre devant les yeux de ce siècle les folies de nos ancêtres, afin de nous en préserver à jamais. Il voudrait purifier les camps et les soldats des arguments pointilleux et subtils de l'école, pour les renvoyer au peuple pédant des scolastiques; il voudrait désarmer à perpétuité les hommes du glaive saint qu'ils prennent

---

1. Chant IV, vers 439.
2. *Ibid.*, 467-68.
3. Chant V, vers 83 et suiv.

sur l'autel, et dont ils égorgent impitoyablement leurs frères : en un mot, le bien et le repos de la société font le principal but de ce poëme, et c'est pourquoi l'auteur avertit si souvent d'éviter dans cette route l'écueil dangereux du fanatisme et du faux zèle.

Il paraît cependant, pour le bien de l'humanité, que la mode des guerres de religion est finie, et ce serait assurément une folie de moins dans le monde ; mais j'ose dire que nous en sommes en partie redevables à l'esprit philosophique, qui prend depuis quelques années beaucoup le dessus en Europe. Plus on est éclairé, moins on est superstitieux. Le siècle où vivait Henri IV était bien différent : l'ignorance monacale, qui surpassait toute imagination, et la barbarie des hommes, qui ne connaissaient pour toute occupation que d'aller à la chasse et de s'entre-tuer, donnaient de l'accès aux erreurs les plus palpables. Catherine de Médicis et les princes factieux pouvaient donc alors abuser d'autant plus facilement de la crédulité des peuples, puisque ces peuples étaient grossiers, aveugles, et ignorants.

Les siècles polis qui ont vu fleurir les sciences n'ont point d'exemples à nous présenter de guerres de religion, ni de guerres séditieuses. Dans les beaux temps de l'empire romain, je veux dire vers la fin du règne d'Auguste, tout l'empire, qui composait presque les deux tiers du monde, était tranquille et sans agitation ; les hommes abandonnaient les intérêts de la religion à ceux dont l'emploi était d'y vaquer, et ils préféraient le repos, les plaisirs, et l'étude, à l'ambitieuse rage de s'égorger les uns les autres, soit pour des mots, soit pour l'intérêt, ou pour une funeste gloire.

Le siècle de Louis le Grand, qui peut-être égale, sans flatterie, celui d'Auguste, nous fournit de même un exemple d'un règne heureux et tranquille pour l'intérieur du royaume, mais qui malheureusement fut troublé vers la fin par l'ascendant que le P. Le Tellier prenait sur l'esprit de Louis XIV, qui commençait à baisser ; mais c'est la faute proprement d'un particulier, et l'on n'en saurait charger ce siècle, d'ailleurs si fécond en grands hommes, que par une injustice manifeste.

Les sciences ont ainsi toujours contribué à humaniser les hommes, en les rendant plus doux, plus justes, et moins portés aux violences ; elles ont pour le moins autant de part que les lois au bien de la société et au bonheur des peuples. Cette façon de penser aimable et douce se communique insensiblement de ceux qui cultivent les arts et les sciences au public et au vulgaire ; elle passe de la cour à la ville, et de la ville à la province : on voit alors avec évidence que la nature ne nous forma point assurément pour que nous nous exterminions dans ce monde, mais pour que nous nous assistions dans nos communs besoins ; que le malheur, les infirmités, et la mort, nous poursuivent sans cesse, et que c'est une démence extrême de multiplier les causes de nos misères et de notre destruction. On reconnaît, indépendamment de la différence des conditions, l'égalité que la nature a mise entre nous, la nécessité qu'il y a de vivre unis et en paix, de quelque nation et de quelque opinion que nous soyons ; que l'amitié et la compassion sont des devoirs universels : en un mot, la réflexion corrige en nous tous les défauts du tempérament.

Tel est le véritable usage des sciences, et voilà par conséquent la règle de l'obligation que nous devons avoir à ceux qui les cultivent, et qui tâchent d'en fixer l'usage parmi nous. M. de Voltaire, qui embrasse toutes ces sciences, m'a toujours paru mériter une part à la gratitude du public, et d'autant plus qu'il ne vit et ne travaille que pour le bien de l'humanité. Cette réflexion, jointe à l'envie que j'ai eue toute ma vie de rendre hommage à la vérité, m'a déterminé à procurer au public cette édition [1], que j'ai rendue aussi digne qu'il me l'a été possible de M. de Voltaire et de ses lecteurs.

En un mot, il m'a paru que donner des marques d'estime à cet admirable auteur était en quelque façon honorer notre siècle, et que du moins la postérité se redirait d'âge en âge que si notre siècle a porté des grands hommes, il en a reconnu toute l'excellence, et que l'envie ni les cabales n'ont pu opprimer ceux que leur mérite et leurs talents distinguaient du vulgaire et même des grands hommes.

1. Qui n'a jamais été faite, comme l'a déjà dit Marmontel, page 16.

TRADUCTION[1]

D'UNE LETTRE DE M. ANTOINE COCCHI

LECTEUR DE PISE

A M. RINUCCINI

SECRÉTAIRE D'ÉTAT DE FLORENCE

SUR *LA HENRIADE*

Selon moi, monsieur, il y a peu d'ouvrages plus beaux que le poëme de *la Henriade*, que vous avez eu la bonté de me prêter.

J'ose vous dire mon jugement avec d'autant plus d'assurance que j'ai remarqué qu'ayant lu quelques pages de ce poëme à gens de différente condition et de différent génie, et adonnés à divers genres d'érudition, tout cela n'a point empêché *la Henriade* de plaire également à tous; ce qui est la preuve la plus certaine que l'on puisse rapporter de sa perfection réelle.

Les actions chantées dans *la Henriade* regardent, à la vérité, les Français plus particulièrement que nous; mais, comme elles sont véritables, grandes, simples, fondées sur la justice, et entremêlées d'incidents qui frappent, elles excitent l'attention de tout le monde.

Qui est celui qui ne se plairait point à voir une rébellion étouffée, et l'héritier légitime du trône s'y maintenir, en assiégeant sa capitale rebelle, en donnant une sanglante bataille, en prenant toutes les mesures dans lesquelles la force, la valeur, la prudence, et la générosité, brillent à l'envi?

Il est vrai que certaines circonstances historiques sont changées dans le poëme; mais, outre que les véritables sont notoires et récentes, ces changements, étant ajustés à la vraisemblance, ne doivent point embarrasser l'esprit d'un lecteur tant soit peu accoutumé à considérer un poëme comme l'imitation du possible et de l'ordinaire, liés ensemble par des fictions ingénieuses.

---

1. Cette pièce parut, pour la première fois, en 1737, dans l'édition de *la Henriade* donnée par Linant. Voltaire, dans une lettre à Berger, nous apprend que la traduction est du baron Elderchen, qui, après avoir été envoyé de Holstein à Paris, devint chambellan du roi de Suède. (B.)

Tout l'éloge que puisse jamais mériter un poëme pour le bon choix de son sujet est certainement dû à *la Henriade,* d'autant plus que, par une suite naturelle, il a été nécessaire de raconter le massacre de la Saint-Barthélemy, le meurtre de Henri III, la bataille d'Ivry, et la famine de Paris : événements tous vrais, tous extraordinaires, tous terribles, et tous représentés avec cette admirable vivacité qui excite dans le spectateur et de l'horreur et de la compassion ; effets que doivent produire pareilles peintures, quand elles sont de main de maître.

Le nombre d'acteurs dans *la Henriade* n'est pas grand ; mais ils sont tous remarquables dans leurs rôles, et extrêmement bien dépeints dans leurs mœurs.

Le caractère du héros Henri IV est d'autant plus incomparable que l'on y voit la valeur, la prudence militaire, l'humanité, et l'amour, s'entre-disputer le pas, et se le céder tour à tour, et toujours à propos pour sa gloire.

Celui de Mornay, son ami intime, est certainement rare ; il est représenté comme un philosophe savant, courageux, prudent, et bon.

Les êtres invisibles, sans l'entremise desquels les poëtes n'oseraient entreprendre un poëme, sont bien ménagés dans celui-ci, et aisés à supposer : telles sont l'âme de saint Louis, et quelques passions humaines personnifiées ; encore l'auteur les a-t-il employées avec tant de jugement et d'économie, que l'on peut facilement les prendre pour des allégories.

En voyant que ce poëme soutient toujours sa beauté, sans être farci, comme tous les autres, d'une infinité d'agents surnaturels, cela m'a confirmé dans l'idée que j'ai toujours eue que, si l'on retranchait de la poésie épique ces personnages imaginaires, invisibles, et tout-puissants, et qu'on les remplaçât, comme dans les tragédies, par des personnages réels, le poëme n'en deviendrait que plus beau.

Ce qui m'a d'abord fait venir cette pensée, c'est d'avoir observé que, dans Homère, Virgile, le Dante, l'Arioste, le Tasse, Milton, et en un mot dans tous ceux que j'ai lus, les plus beaux endroits de leurs poëmes ne sont pas ceux où ils font agir ou parler les dieux, le diable, le destin, et les esprits ; au contraire tout cela fait rire, sans jamais produire dans le cœur ces sentiments touchants qui naissent de la représentation de quelque action insigne, proportionnée à la capacité de l'homme notre égal, et qui ne passe point la sphère ordinaire des passions de notre âme.

C'est pourquoi j'ai admiré le jugement de ce poëte, qui, pour enfermer sa fiction dans les bornes de la vraisemblance et des facultés humaines, a placé le transport de son héros au ciel et aux enfers dans un songe, dans lequel ces sortes de visions peuvent paraître naturelles et croyables.

D'ailleurs il faut avouer que sur la constitution de l'univers, sur les lois de la nature, sur la morale, et sur l'idée qu'il faut se former du mal et du bien, des vertus et du vice, le poëte sur tout cela a parlé avec tant de force et de justesse que l'on ne peut s'empêcher de reconnaître en lui un génie supérieur, et une connaissance parfaite de tout ce que les philosophes modernes ont de plus raisonnable dans leur système.

Il semble rapporter toute sa science à inspirer au monde entier une espèce d'amitié universelle, et une horreur générale pour la cruauté et pour le fanatisme.

Également ennemi de l'irréligion, le poëte, dans les disputes que notre raison ne saurait décider, qui dépendent de la révélation, adjuge avec modestie et solidité la préférence à notre doctrine romaine, dont il éclaircit même plusieurs obscurités.

Pour juger de son style, il serait nécessaire de connaître toute l'étendue et la force de la langue; habileté à laquelle il est presque impossible qu'un étranger puisse atteindre, et sans laquelle il n'est pas facile d'approfondir la pureté de la diction.

Tout ce que je puis dire là-dessus, c'est qu'à l'oreille ses vers paraissent aisés et harmonieux, et que dans tout le poëme je n'ai trouvé rien de puéril, rien de languissant, ni aucune fausse pensée : défauts dont les plus excellents poëtes ne sont pas tout à fait exempts.

Dans Homère et Virgile, on en voit quelques-uns, mais rares : on en trouve beaucoup dans les principaux, ou, pour mieux dire, dans tous les poëtes des langues modernes, surtout dans ceux de la seconde classe de l'antiquité.

A l'égard du style, je puis encore ajouter une expérience que j'ai faite, qui donne beaucoup à présumer en sa faveur. Ayant traduit ce poëme couramment, en le lisant à différentes personnes, je me suis aperçu qu'elles en ont senti toute la grâce et la majesté : indice infaillible que le style en est très-excellent. Aussi l'auteur se sert-il d'une noble simplicité et brièveté pour exprimer des choses difficiles et vastes, sans néanmoins rien laisser à désirer pour leur entière intelligence ; talent bien rare, et qui fait l'essence du vrai sublime.

Après avoir fait connaître en général le prix et le mérite de ce poëme, il est inutile d'entrer dans un détail particulier de ses beautés les plus éclatantes. Il y en a, je l'avoue, plusieurs dont je crois reconnaître les originaux dans Homère, et surtout dans *l'Iliade*, copiés depuis avec différents succès par tous les poëtes postérieurs; mais on trouve aussi dans ce poëme une infinité de beautés qui semblent neuves, et appartenir en propre à *la Henriade*.

Telles sont, par exemple, la noblesse et l'allégorie de tout le chant V\ l'endroit où le poëte représente l'infâme meurtrier de Henri III, et sa juste réflexion sur ce misérable assassin.

C'est encore quelque chose de nouveau dans la poésie que le discours ingénieux qu'on lit sur les châtiments à subir après la mort.

Il ne me souvient pas non plus d'avoir vu ailleurs ce beau trait qu'il met dans le caractère de Mornay, *qu'il combat sans vouloir tuer personne* [1].

La mort du jeune d'Ailly [2], massacré par son père sans en être connu, m'a fait verser des larmes, quoique j'eusse lu une aventure un peu sem-

---

1. Chant VIII, vers 204.
2. *Ibid.*, vers 212 et suiv.

blable dans le Tasse; mais celle de M. de Voltaire, étant décrite avec plus de précision, m'a paru nouvelle et sublime.

Les vers sur l'amitié sont d'une beauté inimitable, et rien ne les égale, si ce n'est la description de la modestie de la belle d'Estrées.

Enfin, dans ce poëme, sont répandues mille grâces qui démontrent que l'auteur, né avec un goût infini pour le beau, s'est perfectionné encore davantage par une application infatigable à toutes sortes de sciences, afin de devoir sa réputation moins à la nature qu'à lui-même.

Plus il a réussi, plus il est obligeant à lui envers notre Italie d'avoir, dans un discours à la suite de son poëme, préféré notre Virgile et notre Tasse à tout autre poëte, quoique nous n'osions nous-mêmes les égaler à Homère, qui a été le premier fondateur de la belle poésie.

HISTOIRE ABRÉGÉE[1]

DES ÉVÉNEMENTS SUR LESQUELS EST FONDÉE LA FABLE

DU POËME DE LA HENRIADE.

Le feu des guerres civiles, dont François II vit les premières étincelles, avait embrasé la France sous la minorité de Charles IX. La religion en était le sujet parmi les peuples, et le prétexte parmi les grands. La reine mère, Catherine de Médicis, avait plus d'une fois hasardé le salut du royaume pour conserver son autorité, armant le parti catholique contre le protestant, et les Guises contre les Bourbons, pour accabler les uns par les autres.

La France avait alors, pour son malheur, beaucoup de seigneurs trop puissants, par conséquent factieux; des peuples devenus fanatiques et barbares par cette fureur de parti qu'inspire le faux zèle; des rois enfants, au nom desquels on ravageait l'État. Les batailles de Dreux, de Saint-Denis, de Jarnac, de Moncontour, avaient signalé le malheureux règne de Charles IX; les plus grandes villes étaient prises, reprises, saccagées tour à tour par les partis opposés; on faisait mourir les prisonniers de guerre par des supplices recherchés. Les églises étaient mises en cendres par les réformés, les temples par les catholiques; les empoisonnements et les assassinats n'étaient regardés que comme des vengeances d'ennemis habiles.

On mit le comble à tant d'horreurs par la journée de la Saint-Barthélemy. Henri le Grand, alors roi de Navarre, et dans

---

1. Ce morceau a paru, pour la première fois, dans l'édition de 1730. Il y est immédiatement après la préface, ou, pour mieux dire, il en fait partie, d'après le titre courant. Dans les éditions antérieures à 1748 et dans l'édition de 1751, il est encore parmi les pièces préliminaires; mais dans l'édition de 1748 et la plupart des suivantes, il est rejeté après le poëme. Ce sont les éditeurs de Kehl qui l'ont rétabli en tête de *la Henriade;* mais avant l'*Histoire abrégée,* etc., ils avaient mis l'*Idée de la Henriade,* qui est ci-après, page 39. (B.)

une extrême jeunesse chef du parti réformé, dans le sein duquel il était né, fut attiré à la cour avec les plus puissants seigneurs du parti. On le maria à la princesse Marguerite, sœur de Charles IX. Ce fut au milieu des réjouissances de ces noces, au milieu de la paix la plus profonde, et après les serments les plus solennels, que Catherine de Médicis ordonna ces massacres dont il faut perpétuer la mémoire (tout affreuse et toute flétrissante qu'elle est pour le nom français), afin que les hommes toujours prêts à entrer dans de malheureuses querelles de religion voient à quel excès l'esprit de parti peut enfin conduire.

On vit donc, dans une cour qui se piquait de politesse, une femme célèbre par les agréments de l'esprit, et un jeune roi de vingt-trois ans, ordonner de sang-froid la mort de plus d'un million de leurs sujets. Cette même nation, qui ne pense aujourd'hui à ce crime qu'en frissonnant, le commit avec transport et avec zèle. Plus de cent mille hommes furent assassinés par leurs compatriotes ; et, sans les sages précautions de quelques personnages vertueux, comme le président Jeannin, le marquis de Saint-Herem, etc., la moitié des Français égorgeait l'autre.

Charles IX ne vécut pas longtemps après la Saint-Barthélemy. Son frère Henri III quitta le trône de la Pologne pour venir replonger la France dans de nouveaux malheurs, dont elle ne fut tirée que par Henri IV, si justement surnommé *le Grand* par la postérité, qui seule peut donner ce titre.

Henri III, en revenant en France, y trouva deux partis dominants : l'un était celui des réformés, renaissant de sa cendre, plus violent que jamais, et ayant à sa tête le même Henri le Grand, alors roi de Navarre ; l'autre était celui de la Ligue, faction puissante, formée peu à peu par les princes de Guise, encouragée par les papes, fomentée par l'Espagne, s'accroissant tous les jours par l'artifice des moines, consacrée en apparence par le zèle de la religion catholique, mais ne tendant qu'à la rébellion. Son chef était le duc de Guise, surnommé *le Balafré*, prince d'une réputation éclatante, et qui, ayant plus de grandes qualités que de bonnes, semblait né pour changer la face de l'État dans ce temps de troubles.

Henri III, au lieu d'accabler ces deux partis sous le poids de l'autorité royale, les fortifia par sa faiblesse ; il crut faire un grand coup de politique en se déclarant chef de la Ligue, mais il n'en fut que l'esclave. Il fut forcé de faire la guerre pour les intérêts du duc de Guise, qui le voulait détrôner ; contre le roi de Navarre, son beau-frère, son héritier présomptif, qui ne pensait qu'à rétablir l'autorité royale, d'autant plus qu'en agissant pour Henri III, à qui il devait succéder, il agissait pour lui-même.

L'armée que Henri III envoya contre le roi son beau-frère fut battue à Coutras ; son favori Joyeuse y fut tué. Le Navarrois ne voulut d'autre fruit de sa victoire que de se réconcilier avec le roi. Tout vainqueur qu'il était, il demanda la paix, et le roi vaincu n'osa l'accepter, tant il craignait le duc de Guise et la Ligue. Guise, dans ce temps-là même, venait de dissiper une armée d'Allemands. Ces succès du Balafré humilièrent encore davantage le roi de France, qui se crut à la fois vaincu par les ligueurs et par les réformés.

Le duc de Guise, enflé de sa gloire et fort de la faiblesse de son souverain, vint à Paris malgré ses ordres. Alors arriva la fameuse journée des Barricades, où le peuple chassa les gardes du roi, et où ce monarque fut obligé de fuir de sa capitale. Guise fit plus : il obligea le roi de tenir les états généraux du royaume à Blois, et il prit si bien ses mesures qu'il était près de partager l'autorité royale, du consentement de ceux qui représentaient la nation, et sous l'apparence des formalités les plus respectables. Henri III, réveillé par ce pressant danger, fit assassiner au château de Blois cet ennemi si dangereux, aussi bien que son frère le cardinal, plus violent et plus ambitieux encore que le duc de Guise.

Ce qui était arrivé au parti protestant après la Saint-Barthélemy arriva alors à la Ligue : la mort des chefs ranima le parti. Les ligueurs levèrent le masque ; Paris ferma ses portes ; on ne songea qu'à la vengeance. On regarda Henri III comme l'assassin des défenseurs de la religion, et non comme un roi qui avait puni ses sujets coupables. Il fallut que Henri III, pressé de tous côtés, se réconciliât enfin avec le Navarrois. Ces deux princes vinrent camper devant Paris ; et c'est là que commence *la Henriade*.

Le duc de Guise laissait encore un frère ; c'était le duc de Mayenne, homme intrépide, mais plus habile qu'agissant, qui se vit tout d'un coup à la tête d'une faction instruite de ses forces, et animée par la vengeance et par le fanatisme.

Presque toute l'Europe entra dans cette guerre. La célèbre Élisabeth, reine d'Angleterre, qui était pleine d'estime pour le roi de Navarre, et qui eut toujours une extrême passion de le voir, le secourut plusieurs fois d'hommes, d'argent, de vaisseaux ; et ce fut Duplessis-Mornay qui alla toujours en Angleterre solliciter ces secours. D'un autre côté, la branche d'Autriche, qui régnait en Espagne, favorisait la Ligue, dans l'espérance d'arracher quelques dépouilles d'un royaume déchiré par la guerre civile. Les papes combattaient le roi de Navarre, non-seulement par des excommunications, mais par tous les artifices de la politique, et par les petits secours d'hommes et d'argent que la cour de Rome peut fournir.

Cependant Henri III allait se rendre maître de Paris, lorsqu'il fut assassiné à Saint-Cloud par un moine dominicain, qui commit ce parricide dans la seule idée qu'il obéissait à Dieu, et qu'il courait au martyre ; et ce meurtre ne fut pas seulement le crime de ce moine fanatique, ce fut le crime de tout le parti. L'opinion publique, la créance de tous les ligueurs était qu'il fallait tuer son roi s'il était mal avec la cour de Rome. Les prédicateurs le criaient dans leurs mauvais sermons ; on l'imprimait dans tous ces livres pitoyables qui inondaient la France, et qu'on trouve à peine aujourd'hui dans quelques bibliothèques, comme des monuments curieux d'un siècle également barbare et pour les lettres et pour les mœurs.

Après la mort de Henri III, le roi de Navarre (Henri le Grand), reconnu roi de France par l'armée, eut à soutenir toutes les forces de la Ligue, celles de Rome, de l'Espagne, et son royaume à conquérir. Il bloqua, il assiégea Paris à plusieurs reprises. Parmi les plus grands hommes qui lui furent utiles dans cette guerre, et dont on a fait quelque usage dans ce poëme, on compte les maréchaux d'Aumont et de Biron, le duc de Bouillon, etc. Duplessis-Mornay fut dans sa plus intime confidence jusqu'au changement de religion de ce prince ; il le servait de sa personne dans les armées, de sa plume contre les excommunications des papes, et de son grand art de négocier, en lui cherchant des secours chez tous les princes protestants.

Le principal chef de la Ligue était le duc de Mayenne ; celui qui avait le plus de réputation après lui était le chevalier d'Aumale, jeune prince connu par cette fierté et ce courage brillant qui distinguaient particulièrement la maison de Guise. Ils obtinrent plusieurs secours de l'Espagne ; mais il n'est question ici que du fameux comte d'Egmont, fils de l'amiral, qui amena treize ou quatorze cents lances au duc de Mayenne. On donna beaucoup de combats, dont le plus fameux, le plus décisif et le plus glorieux pour Henri IV fut la bataille d'Ivry, où le duc de Mayenne fut vaincu, et le comte d'Egmont fut tué.

Pendant le cours de cette guerre, le roi était devenu amoureux de la belle Gabrielle d'Estrées ; mais son courage ne s'amollit point auprès d'elle, témoin la lettre qu'on voit encore dans la Bibliothèque du roi, dans laquelle il dit à sa maîtresse : « Si je suis vaincu, vous me connaissez assez pour croire que je ne fuirai pas ;

mais ma dernière pensée sera à Dieu, et l'avant-dernière à vous. »

Au reste, on omet plusieurs faits considérables, qui, n'ayant point de place dans le poëme, n'en doivent point avoir ici. On ne parle ni de l'expédition du duc de Parme en France, qui ne servit qu'à retarder la chute de la Ligue, ni de ce cardinal de Bourbon, qui fut quelque temps un fantôme de roi sous le nom de Charles X. Il suffit de dire qu'après tant de malheurs et de désolation, Henri IV se fit catholique, et que les Parisiens, qui haïssaient sa religion et révéraient sa personne, le reconnurent alors pour leur roi [1].

1. Dans l'édition de 1730, on lisait ce passage, qui se trouve encore dans une édition de 1732, mais qui n'est plus dans celle de 1733 :

« Après avoir mis sous les yeux du lecteur un petit abrégé de l'histoire qui sert de fondement à *la Henriade*, il semblerait qu'on dût, selon l'usage, donner ici une dissertation sur l'épopée, d'autant plus que le P. Le Bossu a bien donné des règles pour composer un poëme épique en grec ou en latin, mais non pas en français, et qu'il a écrit beaucoup plus pour les mœurs des anciens que pour les nôtres; ordinaire défaut des savants qui connaissent mieux leurs auteurs classiques que leur propre pays, et qui, sachant Plaute par cœur, mais n'ayant jamais vu représenter une pièce de Molière, nous donnent pourtant des règles du théâtre.

« Plusieurs personnes demandaient qu'on imprimât à la tête de cette édition un petit ouvrage intitulé *Essai sur la poésie épique*, composé en anglais par M. de Voltaire en 1726, imprimé plusieurs fois à Londres. Il comptait le donner ici tel qu'il a été traduit en français par M. l'abbé Guyot-Desfontaines, qui écrit avec plus d'élégance et de pureté que personne, et qui a contribué beaucoup à décrier en France ce style recherché et ces tours affectés qui commençaient à infecter les ouvrages des meilleurs auteurs. M. de Voltaire ne se serait pas flatté de le traduire lui-même aussi bien que M. l'abbé Desfontaines l'a traduit (à quelques inadvertances près). Mais il a considéré que cet *Essai* est plutôt un simple exposé des poëmes épiques anciens et modernes, qu'une dissertation bien utile sur cet art. Le poëme épique sur lequel il s'étendait le plus était *le Paradis perdu* de Milton, ouvrage alors ignoré en France, mais qui est aujourd'hui très-connu par la belle traduction qu'en a faite, quoique en prose, M. Dupré de Saint-Maur.

« On prend donc le parti de renvoyer ceux qui seraient curieux de lire cet *Essai sur l'Épopée* à la traduction de M. Desfontaines, à Paris, chez Chaubert, quai des Augustins.

« Ce n'est que le projet d'un plus long ouvrage que M. de Voltaire a composé depuis, et qu'il n'ose faire imprimer, ne croyant pas que ce soit à lui de donner des règles pour courir dans une carrière dans laquelle il n'a fait peut-être que broncher.

« Il se contentera donc de faire ici quelques courtes observations nécessaires à des lecteurs peu instruits d'ailleurs, qui pourraient jeter les yeux sur ce poëme. »

C'est immédiatement après ce morceau que venait l'*Idée sur la Henriade*.

Quant à l'*Essai sur la poésie épique*, il est dans le présent volume après le poëme. (B.)

IDÉE DE LA HENRIADE[1]

Le sujet de *la Henriade* est le siége de Paris, commencé par Henri de Valois et Henri le Grand, achevé par ce dernier seul.

Le lieu de la scène ne s'étend pas plus loin que de Paris à Ivry, où se donna cette fameuse bataille qui décida du sort de la France et de la maison royale.

Le poëme est fondé sur une histoire connue, dont on a conservé la vérité dans les événements principaux. Les autres, moins respectables, ont été ou retranchés, ou arrangés suivant la vraisemblance qu'exige un poëme. On a tâché d'éviter en cela le défaut de Lucain, qui ne fit qu'une gazette ampoulée; et on a pour garant ces vers de M. Despréaux :

> Loin ces rimeurs craintifs dont l'esprit flegmatique
> Garde dans ses fureurs un ordre didactique.
> . . . .
> Pour prendre Lille il faut que Dôle soit rendue,
> Et que leur vers exact, ainsi que Mézeray,
> Ait déjà fait tomber les remparts de Courtray[2].

On n'a fait même que ce qui se pratique dans toutes les tragédies, où les événements sont pliés aux règles du théâtre.

Au reste, ce poëme n'est pas plus historique qu'aucun autre. Le Camoëns, qui est le Virgile des Portugais, a célébré un événement dont il avait été témoin lui-même. Le Tasse a chanté une croisade connue de tout le monde, et n'en a omis ni l'ermite Pierre, ni les processions. Virgile n'a construit la fable de son *Énéide* que des fables reçues de son temps, et qui passaient pour l'histoire véritable de la descente d'Énée en Italie.

Homère, contemporain d'Hésiode, et qui par conséquent vivait environ cent ans après la prise de Troie, pouvait aisément avoir

---

1. Ce morceau est aussi de 1730. (B.)
2. Boileau, *Art poétique*, chant II, vers 73-74, 78-80.

vu dans sa jeunesse des vieillards qui avaient connu les héros de cette guerre. Ce qui doit même plaire davantage dans Homère, c'est que le fond de son ouvrage n'est point un roman, que les caractères ne sont point de son imagination, qu'il a peint les hommes tels qu'ils étaient, avec leurs bonnes et mauvaises qualités, et que son livre est un monument des mœurs de ces temps reculés.

La Henriade est composée de deux parties ; d'événements réels dont on vient de rendre compte, et de fictions. Ces fictions sont toutes puisées dans le système du merveilleux, telles que la prédiction de la conversion de Henri IV, la protection que lui donne saint Louis, son apparition, le feu du ciel détruisant ces opérations magiques qui étaient alors si communes, etc. Les autres sont purement allégoriques : de ce nombre sont le voyage de la Discorde à Rome, la Politique, le Fanatisme, personnifiés, le temple de l'Amour, enfin les Passions et les Vices,

> Prenant un corps, une âme, un esprit, un visage[1].

Que, si l'on a donné dans quelques endroits à ces passions personnifiées les mêmes attributs que leur donnaient les païens, c'est que ces attributs allégoriques sont trop connus pour être changés. L'Amour a des flèches, la Justice a une balance dans nos ouvrages les plus chrétiens, dans nos tableaux, dans nos tapisseries, sans que ces représentations aient la moindre teinture de paganisme. Le mot d'Amphitrite, dans notre poésie, ne signifie que la mer, et non l'épouse de Neptune. Les champs de Mars ne veulent dire que la guerre, etc. S'il est quelqu'un d'un avis contraire, il faut le renvoyer encore à ce grand maître, M. Despréaux, qui dit :

> C'est d'un scrupule vain s'alarmer sottement,
> C'est vouloir au lecteur plaire sans agrément.
> Bientôt ils défendront de peindre la Prudence,
> De donner à Thémis ni bandeau ni balance,
> De figurer aux yeux la Guerre au front d'airain,
> Ou le Temps qui s'enfuit, une horloge à la main ;
> Et partout des discours, comme une idolâtrie,
> Dans leur faux zèle iront chasser l'allégorie[2].

Ayant rendu compte de ce que contient cet ouvrage, on croit

---

[1]. Boileau, *Art poétique*, chant III, vers 164.
[2]. *Art poétique*, chant III, vers 225 et suiv.

devoir dire un mot de l'esprit dans lequel il a été composé. On n'a voulu ni flatter ni médire. Ceux qui trouveront ici les mauvaises actions de leurs ancêtres n'ont qu'à les réparer par leur vertu. Ceux dont les aïeux y sont nommés avec éloge ne doivent aucune reconnaissance à l'auteur, qui n'a eu en vue que la vérité ; et le seul usage qu'ils doivent faire de ces louanges, c'est d'en mériter de pareilles.

Si l'on a, dans cette nouvelle édition, retranché quelques vers[1] qui contenaient des vérités dures contre les papes qui ont autrefois déshonoré le saint-siége par leurs crimes, ce n'est pas qu'on fasse à la cour de Rome l'affront de penser qu'elle veuille rendre respectable la mémoire de ces mauvais pontifes : les Français qui condamnent les méchancetés de Louis XI et de Catherine de Médicis peuvent parler sans doute avec horreur d'Alexandre VI. Mais l'auteur a élagué ce morceau, uniquement parce qu'il était trop long, et qu'il y avait des vers dont il n'était pas content.

C'est dans cette seule vue qu'il a mis beaucoup de noms à la place de ceux qui se trouvent dans les premières éditions, selon qu'il les a trouvés plus convenables à son sujet, ou que les noms mêmes lui ont paru plus sonores. La seule politique dans un poëme doit être de faire de bons vers. On a retranché la mort d'un jeune Boufflers, qu'on supposait tué par Henri IV, parce que, dans cette circonstance, la mort de ce jeune homme semblait rendre Henri IV un peu odieux, sans le rendre plus grand[2]. On a fait passer Duplessis-Mornay en Angleterre auprès de la reine Élisabeth, parce que effectivement il y fut envoyé, et qu'on s'y ressouvient encore de sa négociation. On s'est servi de ce même Duplessis-Mornay dans le reste du poëme, parce qu'ayant joué le rôle de confident du roi dans le premier chant, il eût été ridicule

---

1. On avait, dans l'édition de 1730, retranché du chant IV seize vers de l'édition de 1728, commençant par

L'Église, dès ce jour puissante et profanée,

et finissant par

Peu de pasteurs sans tache et beaucoup de tyrans.

On avait aussi retranché du chant VII vingt-deux vers, commençant par

La mort est à ses pieds, elle amène à la fois,

et finissant par

S'élèvent contre nous dans le jour du trépas.

Voyez vers 199 du chant IV et vers 79 du chant VII, ainsi que les variantes de ces passages. (B.)

2. Voyez les variantes du chant IV.

qu'un autre prît sa place dans les chants suivants ; de même qu'il serait impertinent dans une tragédie (dans *Bérénice*, par exemple), que Titus se confiât à Paulin au premier acte, et à un autre au cinquième. Si quelques personnes veulent donner des interprétations malignes à ces changements, l'auteur ne doit point s'en inquiéter : il sait que quiconque écrit est fait pour essuyer les traits de la malice.

Le point le plus important est la religion, qui fait en grande partie le sujet du poëme, et qui en est le seul dénoûment.

L'auteur se flatte de s'être expliqué en beaucoup d'endroits avec une précision rigoureuse, qui ne peut donner aucune prise à la censure. Tel est, par exemple, ce morceau de la TRINITÉ,

> La puissance, l'amour, avec l'intelligence,
> Unis et divisés, composent son essence [1].

Et celui-ci,

> Il reconnaît l'Église ici-bas combattue,
> L'Église toujours une, et partout étendue,
> Libre, mais sous un chef, adorant en tout lieu
> Dans le bonheur des saints la grandeur de son Dieu ;
> Le Christ, de nos péchés victime renaissante,
> De ses élus chéris nourriture vivante,
> Descend sur les autels à ses yeux éperdus,
> Et lui découvre un Dieu sous un pain qui n'est plus [2].

Si l'on n'a pu s'exprimer partout avec cette exactitude théologique, le lecteur raisonnable y doit suppléer. Il y aurait une extrême injustice à examiner tout l'ouvrage comme une thèse de théologie [3]. Ce poëme ne respire que l'amour de la religion et des lois ; on y déteste également la rébellion et la persécution. Il ne faut pas juger sur un mot un livre écrit dans un tel esprit.

---

1. Chant X, vers 425-26.
2. *Ibid.*, vers 485 et suiv.
3. C'est ce qu'a pourtant fait feu Tabaraud, dans son opuscule intitulé *De la philosophie de la Henriade;* 1805, in-8°. (B.)

LA HENRIADE

POËME

CHANT PREMIER.

ARGUMENT.

Henri III, réuni avec Henri de Bourbon, roi de Navarre, contre la Ligue, ayant déjà commencé le blocus de Paris, envoie secrètement Henri de Bourbon demander du secours à Élisabeth, reine d'Angleterre. Le héros essuie une tempête. Il relâche dans une île, où un vieillard catholique lui prédit son changement de religion et son avénement au trône. Description de l'Angleterre et de son gouvernement.

Je chante ce héros qui régna sur la France
Et par droit de conquête et par droit de naissance[1];
Qui par de longs malheurs apprit à gouverner,
Calma les factions, sut vaincre et pardonner,
Confondit et Mayenne, et la Ligue, et l'Ibère,
Et fut de ses sujets le vainqueur et le père.

Descends du haut des cieux, auguste Vérité!
Répands sur mes écrits ta force et ta clarté :

1. Ce vers se trouve dans un poëme de l'abbé Cassagnes, intitulé *Henri le Grand, au roi*, 1661, in-f°; voyez *le Mercure* de 1770, août, page 147. (B.)
— Il est malaisé d'admettre que Voltaire se soit cru de bonne foi le *premier* auteur de l'alexandrin fameux de *la Henriade*, d'une allure si française :

Et par droit de conquête et par droit de naissance,

qui est de l'abbé Cassagnes (*Henri le Grand*. Paris, de l'imprimerie d'Antoine Vitré, 1661, p. 3, vers 6). A coup sûr, Voltaire avait lu tout ce qui avait été publié à la gloire d'Henri IV, et ce vers lui était resté dans la mémoire. Ce qui plaide en faveur de sa loyauté, c'est qu'il ne remania le début de son premier chant qu'à Londres, en 1727, sur les observations du Smyrniote Dadiky, et qu'il ne devait pas avoir sous les yeux alors le poëme du pauvre Cassagnes, dont les destinées étaient d'être déshonoré par Boileau et détroussé par Voltaire. (G. D.)

Que l'oreille des rois s'accoutume à t'entendre.
C'est à toi d'annoncer ce qu'ils doivent apprendre;
C'est à toi de montrer aux yeux des nations
Les coupables effets de leurs divisions.
Dis comment la Discorde a troublé nos provinces;
Dis les malheurs du peuple et les fautes des princes :
Viens, parle; et s'il est vrai que la Fable autrefois
Sut à tes fiers accents mêler sa douce voix;
Si sa main délicate orna ta tête altière,
Si son ombre embellit les traits de ta lumière,
Avec moi sur tes pas permets-lui de marcher,
Pour orner tes attraits, et non pour les cacher.

Valois[1] régnait encore, et ses mains incertaines
De l'État ébranlé laissaient flotter les rênes[2];
Les lois étaient sans force, et les droits confondus;
Ou plutôt en effet Valois ne régnait plus.
Ce n'était plus ce prince environné de gloire,
Aux combats[3], dès l'enfance, instruit par la victoire,
Dont l'Europe en tremblant regardait les progrès,
Et qui de sa patrie emporta les regrets,
Quand du Nord étonné de ses vertus suprêmes
Les peuples à ses pieds mettaient les diadèmes[4].
Tel brille au second rang qui s'éclipse au premier;
Il devint lâche roi d'intrépide guerrier :
Endormi sur le trône au sein de la mollesse,
Le poids de sa couronne accablait sa faiblesse.
Quélus et Saint-Mégrin, Joyeuse et d'Épernon[5],

1. Henri III, roi de France, l'un des principaux personnages de ce poëme, y est toujours nommé Valois, nom de la branche royale dont il était. (*Note de Voltaire*, 1723 et 1730.)
2. Racine a dit, dans *Phèdre,* acte V, scène VI :

Sa main sur ses chevaux laissait flotter les rênes.

3. Henri III (Valois), étant duc d'Anjou, avait commandé les armées de Charles IX, son frère, contre les protestants, et avait gagné, à dix-huit ans, les batailles de Jarnac et de Moncontour. (*Note de Voltaire*, 1730.)
4. Le duc d'Anjou fut élu roi de Pologne par les mouvements que se donna Jean de Montluc, évêque de Valence, ambassadeur de France en Pologne; et Henri n'alla qu'à regret recevoir cette couronne; mais, ayant appris, en 1574, la mort de son frère, il ne tarda point à revenir en France. (*Note de Voltaire*, 1741.)
5. C'étaient eux qu'on appelait les mignons de Henri III. Saint-Luc, Livarot, Villequier, Duguast et Maugiron eurent part aussi et à sa faveur et à ses débauches. Il est certain qu'il eut pour Quélus une passion capable des plus grands

Jeunes voluptueux qui régnaient sous son nom,
D'un maître efféminé corrupteurs politiques,
Plongeaient dans les plaisirs ses langueurs léthargiques.

Des Guises cependant le rapide bonheur
Sur son abaissement élevait leur grandeur ;

excès. Dans sa première jeunesse on lui avait déjà reproché ses goûts : il avait eu une amitié fort équivoque pour ce même duc de Guise, qu'il fit depuis tuer à Blois. Le docteur Boucher, dans son livre *De justa Henrici Tertii abdicatione,* ose avancer que la haine de Henri III pour le cardinal de Guise n'avait d'autre fondement que les refus qu'il en avait essuyés dans sa jeunesse; mais ce conte ressemble à toutes les autres calomnies dont le livre de Boucher est rempli.

Henri III mêlait avec ses mignons la religion à la débauche; il faisait avec eux des retraites, des pèlerinages, et se donnait la discipline. Il institua la confrérie de la Mort, soit pour la mort d'un de ses mignons, soit pour celle de la princesse de Condé, sa maîtresse : les capucins et les minimes étaient les directeurs des confrères, parmi lesquels il admit quelques bourgeois de Paris; ces confrères étaient vêtus d'une robe d'étamine noire avec un capuchon. Dans une autre confrérie toute contraire, qui était celle des pénitents blancs, il n'admit que ses courtisans. Il était persuadé, aussi bien que certains théologiens de son temps, que ces momeries expiaient les péchés d'habitude. On tient que les statuts de ces confrères, leurs habits, leurs règles, étaient des emblèmes de ses amours, et que le poëte Desportes, abbé de Tyron, l'un des plus fins courtisans de ce temps-là, les avait expliqués dans un livre qu'il jeta depuis au feu.

Henri III vivait d'ailleurs dans la mollesse et dans l'afféterie d'une femme coquette; il couchait avec des gants d'une peau particulière pour conserver la beauté de ses mains, qu'il avait effectivement plus belles que toutes les femmes de sa cour; il mettait sur son visage une pâte préparée, et une espèce de masque par-dessus : c'est ainsi qu'en parle le livre des *Hermaphrodites,* qui circonstancie les moindres détails sur son coucher, sur son lever et sur ses habillements. Il avait une exactitude scrupuleuse sur la propreté dans la parure : il était si attaché à ces petitesses qu'il chassa un jour le duc d'Épernon de sa présence, parce qu'il s'était présenté devant lui sans escarpins blancs, et avec un habit mal boutonné.

Quélus fut tué en duel le 27 avril 1578.

Louis de Maugiron, baron d'Ampus, était l'un des mignons pour qui Henri III eut le plus de faiblesse : c'était un jeune homme d'un grand courage et d'une grande espérance. Il avait fait de fort belles actions au siége d'Issoire, où il avait eu le malheur de perdre un œil. Cette disgrâce lui laissait encore assez de charmes pour être infiniment du goût du roi; on le comparait à la princesse d'Éboli, qui, étant borgne comme lui, était dans le même temps maîtresse de Philippe II, roi d'Espagne. On dit que ce fut pour cette princesse et pour Maugiron qu'un Italien fit ces quatre beaux vers renouvelés de l'Anthologie grecque :

> Lumine Acon dextro, capta est Leonida sinistro,
> Et poterat forma vincere uterque deos :
> Parve puer, lumen quod habes concede puellæ ;
> Sic tu cæcus Amor, sic erit illa Venus.

Maugiron fut tué en servant Quélus dans sa querelle.

Paul Stuart de Caussade de Saint-Mégrin, gentilhomme d'auprès de Bordeaux, fut aimé de Henri III autant que Quélus et Maugiron, et mourut d'une manière aussi tragique; il fut assassiné le 21 juillet de la même année, dans la rue Saint-

Ils formaient dans Paris cette Ligue fatale,
De sa faible puissance orgueilleuse rivale.
Les peuples déchaînés, vils esclaves des grands,
Persécutaient leur prince, et servaient des tyrans.
Ses amis corrompus bientôt l'abandonnèrent ;
Du Louvre épouvanté ses peuples le chassèrent :
Dans Paris révolté l'étranger accourut ;
Tout périssait enfin, lorsque Bourbon [1] parut.
Le vertueux Bourbon, plein d'une ardeur guerrière,
A son prince aveuglé vint rendre la lumière :
Il ranima sa force, il conduisit ses pas
De la honte à la gloire, et des jeux aux combats.
Aux remparts de Paris les deux rois s'avancèrent :
Rome s'en alarma ; les Espagnols tremblèrent :
L'Europe, intéressée à ces fameux revers,

Honoré, sur les onze heures du soir, en revenant du Louvre. Il fut porté à ce même hôtel de Boissy où étaient morts ses deux amis ; il y mourut, le lendemain, de trente-quatre blessures qu'il avait reçues la veille. Le duc de Guise, le Balafré, fut soupçonné de cet assassinat, parce que Saint-Mégrin s'était vanté d'avoir couché avec la duchesse de Guise. Les mémoires du temps rapportent que le duc de Mayenne fut reconnu, parmi les assassins, à sa barbe large et à sa main faite en épaule de mouton. Le duc de Guise ne passait pourtant point pour un homme trop sévère sur la conduite de sa femme ; et il n'y a pas d'apparence que le duc de Mayenne, qui n'avait jamais fait aucune action de lâcheté, se fût avili jusqu'à se mêler dans une troupe de vingt assassins pour tuer un seul homme.

Le roi baisa Saint-Mégrin, Quélus, et Maugiron, après leur mort, les fit raser, et garda leurs blonds cheveux ; il ôta de sa main à Quélus des boucles d'oreilles qu'il lui avait attachées lui-même. M. de l'Estoile dit que ces trois mignons moururent sans aucune religion : Maugiron, en blasphémant ; Quélus, en disant à tout moment : « Ah ! mon roi, mon roi ! » *sans dire un seul mot de Jésus-Christ ni de la Vierge.* Ils furent enterrés à Saint-Paul : le roi leur fit élever dans cette église trois tombeaux de marbre, sur lesquels étaient leurs figures à genoux ; leurs tombeaux furent chargés d'épitaphes en prose et en vers, en latin et en français : on y comparait Maugiron à Horatius Coclès et à Annibal, parce qu'il était borgne comme eux. On ne rapporte point ici ces épitaphes, quoiqu'elles ne se trouvent que dans les *Antiquités de Paris,* imprimées sous le règne de Henri III. Il n'y a rien de remarquable ni de trop bon dans ces monuments ; ce qu'il y a de meilleur est l'épitaphe de Quélus :

Non injuriam, sed mortem patienter tulit.
Il ne put souffrir un outrage,
Et souffrit constamment la mort.

(*Note de Voltaire,* 1723.)

— Voyez, sur Joyeuse, les notes du troisième chant. (*Id.,* 1730.)

1. Henri IV, le héros de ce poëme, y est appelé indifféremment Bourbon ou Henri.

Il naquit à Pau, en Béarn, le 13 décembre 1553. (*Note de Voltaire,* 1723 et 1730.)

Sur ces murs malheureux avait les yeux ouverts.

On voyait dans Paris la Discorde inhumaine
Excitant aux combats et la Ligue et Mayenne,
Et le peuple et l'Église ; et, du haut de ses tours,
Des soldats de l'Espagne appelant les secours.
Ce monstre impétueux, sanguinaire, inflexible,
De ses propres sujets est l'ennemi terrible :
Aux malheurs des mortels il borne ses desseins ;
Le sang de son parti rougit souvent ses mains :
Il habite en tyran dans les cœurs qu'il déchire,
Et lui-même il punit les forfaits qu'il inspire.

Du côté du couchant, près de ces bords fleuris
Où la Seine serpente en fuyant de Paris,
Lieux aujourd'hui charmants, retraite aimable et pure
Où triomphent les arts, où se plaît la nature [1],
Théâtre alors sanglant des plus mortels combats,
Le malheureux Valois rassemblait ses soldats.
On y voit ces héros, fiers soutiens de la France,
Divisés par leur secte, unis par la vengeance.
C'est aux mains de Bourbon que leur sort est commis :
En gagnant tous les cœurs, il les a tous unis.
On eût dit que l'armée, à son pouvoir soumise,
Ne connaissait qu'un chef, et n'avait qu'une Église.

Le père des Bourbons [2], du sein des immortels,
Louis fixait sur lui ses regards paternels :
Il présageait en lui la splendeur de sa race ;
Il plaignait ses erreurs ; il aimait son audace ;
De sa couronne un jour il devait l'honorer ;
Il voulait plus encore, il voulait l'éclairer.
Mais Henri s'avançait vers sa grandeur suprême
Par des chemins secrets, inconnus à lui-même :
Louis, du haut des cieux, lui prêtait son appui ;
Mais il cachait le bras qu'il étendait pour lui,
De peur que ce héros, trop sûr de sa victoire,

---

1. J.-B. Rousseau, dans son *Palémon et Daphné*, a dit :

    Ces fertiles coteaux où se plaît la nature.

2. Saint Louis, neuvième du nom, roi de France, est la tige de la branche des Bourbons. (*Note de Voltaire*, 1730.)

Avec moins de danger n'eût acquis moins de gloire.

Déjà les deux partis au pied de ces remparts [1]
Avaient plus d'une fois balancé les hasards;
Dans nos champs désolés le démon du carnage
Déjà jusqu'aux deux mers avait porté sa rage,
Quand Valois à Bourbon tint ce triste discours,
Dont souvent ses soupirs interrompaient le cours :

« Vous voyez à quel point le destin m'humilie;
Mon injure est la vôtre; et la Ligue ennemie,
Levant contre son prince un front séditieux,
Nous confond dans sa rage, et nous poursuit tous deux.
Paris nous méconnaît, Paris ne veut pour maître,
Ni moi qui suis son roi, ni vous qui devez l'être.
Ils savent que les lois, le mérite et le sang,
Tout, après mon trépas, vous appelle à ce rang;
Et, redoutant déjà votre grandeur future,
Du trône où je chancelle ils pensent vous exclure.
De la religion [2], terrible en son courroux,
Le fatal anathème est lancé contre vous.
Rome, qui sans soldats porte en tous lieux la guerre,
Aux mains des Espagnols a remis son tonnerre :
Sujets, amis, parents, tout a trahi sa foi,
Tout me fuit, m'abandonne, ou s'arme contre moi;
Et l'Espagnol avide, enrichi de mes pertes,
Vient en foule inonder mes campagnes désertes [3].

---

1. Racine a dit dans *Bajazet*, acte Ier, scène II :

> Et bientôt les deux camps, au pied de son rempart,
> Devaient de la bataille éprouver le hasard.

2. Henri IV, roi de Navarre, avait été solennellement excommunié par le pape Sixte-Quint dès l'an 1585, trois ans avant l'événement dont il est ici question. Le pape, dans sa bulle, l'appelle *génération bâtarde et détestable de la maison de Bourbon;* le prive, lui et toute la maison de Condé, à jamais de tous leurs domaines et fiefs, et les déclare surtout incapables de succéder à la couronne.

Quoique alors le roi de Navarre et le prince de Condé fussent en armes à la tête des protestants, le parlement, toujours attentif à conserver l'honneur et les libertés de l'État, fit contre cette bulle les remontrances les plus fortes; et Henri IV fit afficher dans Rome, à la porte du Vatican, que Sixte-Quint, soi-disant pape, en avait menti, et que c'était lui-même qui était hérétique, etc. (*Note de Voltaire*, 1730.)

3. Racine, dans *Mithridate*, acte III, scène Ire, a dit :

> Il voit plus que jamais ses campagnes couvertes
> De Romains que la guerre enrichit de nos pertes.

CHANT I.

« Contre tant d'ennemis ardents à m'outrager,
Dans la France à mon tour appelons l'étranger :
Des Anglais en secret gagnez l'illustre reine.
Je sais qu'entre eux et nous une immortelle haine
Nous permet rarement de marcher réunis,
Que Londre est de tout temps l'émule de Paris ;
Mais, après les affronts dont ma gloire est flétrie,
Je n'ai plus de sujets, je n'ai plus de patrie.
Je hais, je veux punir des peuples odieux,
Et quiconque me venge est Français à mes yeux.
Je n'occuperai point, dans un tel ministère,
De mes secrets agents la lenteur ordinaire ;
Je n'implore que vous : c'est vous de qui la voix
Peut seule à mon malheur intéresser les rois.
Allez en Albion ; que votre renommée
Y parle en ma défense, et m'y donne une armée.
Je veux par votre bras vaincre mes ennemis ;
Mais c'est de vos vertus que j'attends des amis[1]. »

Il dit ; et le héros, qui, jaloux de sa gloire,
Craignait de partager l'honneur de la victoire,
Sentit, en l'écoutant, une juste douleur.
Il regrettait ces temps si chers à son grand cœur[2],
Où, fort de sa vertu, sans secours, sans intrigue,
Lui seul avec Condé[3] faisait trembler la Ligue.
Mais il fallut d'un maître accomplir les desseins :
Il suspendit les coups qui partaient de ses mains ;
Et, laissant ses lauriers cueillis sur ce rivage,
A partir de ces lieux il força son courage.

---

1. Dans son manuscrit, Voltaire faisait ici répliquer le roi de Navarre; mais le morceau fut retranché comme trop languissant. Voir une lettre à Thieriot (1722) dans la *Correspondance*. (G. A.)

2. Dans *Bajazet,* acte 1er, scène 1re, Racine a dit :

    Ils regrettent le temps à leur grand cœur si doux.

3. C'était Henri, prince de Condé, fils de Louis, tué à Jarnac. Henri de Condé était l'espérance du parti protestant. Il mourut à Saint-Jean-d'Angély à l'âge de trente-cinq ans, en 1585. Sa femme, Charlotte de La Trimouille, fut accusée de sa mort. Elle était grosse de trois mois lorsque son mari mourut, et accoucha six mois après de Henri de Condé, second du nom, qu'une tradition populaire et ridicule fait naître treize mois après la mort de son père.
Larrey a suivi cette tradition dans son *Histoire de Louis XIV,* histoire où le style, la vérité, et le bon sens, sont également négligés. (*Note de Voltaire,* 1730.)

Les soldats étonnés ignorent son dessein ;
Et tous de son retour attendent leur destin.
Il marche. Cependant la ville criminelle
Le croit toujours présent, prêt à fondre sur elle ;
Et son nom, qui du trône est le plus ferme appui,
Semait encor la crainte, et combattait pour lui.

Déjà des Neustriens il franchit la campagne.
De tous ses favoris, Mornay seul l'accompagne,
Mornay[1], son confident, mais jamais son flatteur ;
Trop vertueux soutien du parti de l'erreur,
Qui, signalant toujours son zèle et sa prudence,
Servit également son Église et la France ;
Censeur des courtisans, mais à la cour aimé ;
Fier ennemi de Rome, et de Rome estimé.

A travers deux rochers où la mer mugissante
Vient briser en courroux son onde blanchissante,
Dieppe aux yeux du héros offre son heureux port :
Les matelots ardents s'empressent sur le bord ;
Les vaisseaux sous leurs mains, fiers souverains des ondes,
Étaient prêts à voler sur les plaines profondes ;
L'impétueux Borée, enchaîné dans les airs,
Au souffle du zéphyr abandonnait les mers.

1. Duplessis-Mornay, le plus vertueux et le plus grand homme du parti protestant, naquit à Buy le 5 novembre 1549. Il savait le latin et le grec parfaitement, et l'hébreu autant qu'on le peut savoir : ce qui était un prodige alors dans un gentilhomme. Il servit sa religion et son maître de sa plume et de son épée. Ce fut lui que Henri IV, étant roi de Navarre, envoya à Élisabeth, reine d'Angleterre. Il n'eut jamais d'autre instruction de son maître qu'un blanc-signé. Il réussit dans presque toutes ses négociations, parce qu'il était un vrai politique, et non un intrigant. Ses lettres passent pour être écrites avec beaucoup de force et de sagesse.
Lorsque Henri IV eut changé de religion, Duplessis-Mornay lui fit de sanglants reproches, et se retira de sa cour. On l'appelait *le pape des huguenots*. Tout ce qu'on dit de son caractère dans le poëme est conforme à l'histoire. (*Note de Voltaire*, 1730.)
La raison qui porta l'auteur à choisir le personnage de Mornay, c'est ce caractère de philosophe qui n'appartient qu'à lui, et qu'on trouve développé au chant huitième :

> Et son rare courage, ennemi des combats,
> Sait affronter la mort, et ne la donne pas.

Et au chant sixième,

> Il marche en philosophe où l'honneur le conduit,
> Condamne les combats, plaint son maître, et le suit.

(*Id.*, 1768.)

— Voyez aussi la variante du vers 149.

On lève l'ancre, on part, on fuit loin de la terre[1] :
On découvrait déjà les bords de l'Angleterre ;
L'astre brillant du jour à l'instant s'obscurcit ;
L'air siffle, le ciel gronde, et l'onde au loin mugit ;
Les vents sont déchaînés sur les vagues émues ;
La foudre étincelante éclate dans les nues ;
Et le feu des éclairs, et l'abîme des flots,
Montraient partout la mort aux pâles matelots[2].
Le héros, qu'assiégeait une mer en furie,
Ne songe en ce danger qu'aux maux de la patrie,
Tourne ses yeux vers elle, et, dans ses grands desseins,
Semble accuser les vents d'arrêter ses destins[3].
Tel, et moins généreux, aux rivages d'Épire,
Lorsque de l'univers il disputait l'empire,
Confiant sur les flots aux aquilons mutins
Le destin de la terre et celui des Romains,
Défiant à la fois et Pompée et Neptune,
César[4] à la tempête opposait sa fortune.

Dans ce même moment, le Dieu de l'univers,
Qui vole sur les vents, qui soulève les mers,
Ce Dieu dont la sagesse ineffable et profonde
Forme, élève, et détruit les empires du monde,
De son trône enflammé, qui luit au haut des cieux,
Sur le héros français daigna baisser les yeux.
Il le guidait lui-même. Il ordonne aux orages
De porter le vaisseau vers ces prochains rivages
Où Jersey semble aux yeux sortir du sein des flots :
Là, conduit par le ciel, aborda le héros.

Non loin de ce rivage, un bois sombre et tranquille

---

1. Le voyage de Henri de Navarre en Angleterre est une fiction. Mornay seul y alla. Voyez plus loin la note 3 de la page 57.

2. Traduction du vers de Virgile (*Æn.*, I, 95) :

Præsentemque viris intentant omnia mortem.

3. Comme, dans le premier chant de l'*Énéide*, Énée essuie une tempête, Voltaire en a imaginé une pour son héros. (G. A.)

4. Jules César, étant en Épire, dans la ville d'Apollonie, aujourd'hui Cérès, s'en déroba secrètement, et s'embarqua sur la petite rivière de Bolina, qui s'appelait alors l'Anius. Il se jeta seul pendant la nuit dans une barque à douze rames, pour aller lui-même chercher ses troupes, qui étaient au royaume de Naples. Il essuya une furieuse tempête. Voyez PLUTARQUE. (*Note de Voltaire*, 1730.)

Sous des ombrages frais présente un doux asile :
Un rocher, qui le cache à la fureur des flots,
Défend aux aquilons d'en troubler le repos :
Une grotte est auprès, dont la simple structure
Doit tous ses ornements aux mains de la nature.
Un vieillard vénérable avait, loin de la cour,
Cherché la douce paix dans cet obscur séjour.
Aux humains inconnu, libre d'inquiétude[1],
C'est là que de lui-même il faisait son étude ;
C'est là qu'il regrettait ses inutiles jours,
Plongés dans les plaisirs, perdus dans les amours.
Sur l'émail de ces prés, au bord de ces fontaines,
Il foulait à ses pieds les passions humaines :
Tranquille, il attendait qu'au gré de ses souhaits
La mort vînt à son Dieu le rejoindre à jamais.
Ce Dieu qu'il adorait prit soin de sa vieillesse ;
Il fit dans son désert descendre la sagesse ;
Et, prodigue envers lui de ses trésors divins,
Il ouvrit à ses yeux le livre des destins.

Ce vieillard, au héros que Dieu lui fit connaître,
Au bord d'une onde pure offre un festin champêtre.
Le prince à ces repas était accoutumé :
Souvent sous l'humble toit du laboureur charmé,
Fuyant le bruit des cours, et se cherchant lui-même[2],
Il avait déposé l'orgueil du diadème.

Le trouble répandu dans l'empire chrétien
Fut pour eux le sujet d'un utile entretien.
Mornay, qui dans sa secte était inébranlable,
Prêtait au calvinisme un appui redoutable ;
Henri doutait encore, et demandait aux cieux
Qu'un rayon de clarté vînt dessiller ses yeux.
« De tout temps, disait-il, la vérité sacrée

---

1. On trouve dans Boileau, épître VI, vers 153-54 :

> Nous irons, libres d'inquiétude,
> Discourir des vertus dont tu fais ton étude.

2. Racine a dit dans *Esther,* acte Ier, scène 1re :

> Et c'est là que, fuyant l'orgueil du diadème,
> Lasse des vains honneurs, et me cherchant moi-même.

Chez les faibles humains fut d'erreurs entourée :
Faut-il que, de Dieu seul attendant mon appui,
J'ignore les sentiers qui mènent jusqu'à lui?
Hélas! un Dieu si bon, qui de l'homme est le maître,
En eût été servi, s'il avait voulu l'être.

— De Dieu, dit le vieillard, adorons les desseins,
Et ne l'accusons pas des fautes des humains.
J'ai vu naître autrefois le calvinisme en France ;
Faible, marchant dans l'ombre, humble dans sa naissance,
Je l'ai vu, sans support, exilé dans nos murs,
S'avancer à pas lents par cent détours obscurs :
Enfin mes yeux ont vu, du sein de la poussière,
Ce fantôme effrayant lever sa tête altière,
Se placer sur le trône, insulter aux mortels,
Et d'un pied dédaigneux renverser nos autels.

« Loin de la cour alors, en cette grotte obscure,
De ma religion je vins pleurer l'injure.
Là, quelque espoir au moins flatte mes derniers jours :
Un culte si nouveau ne peut durer toujours.
Des caprices de l'homme il a tiré son être ;
On le verra périr ainsi qu'on l'a vu naître.
Les œuvres des humains sont fragiles comme eux ;
Dieu dissipe à son gré leurs desseins factieux.
Lui seul est toujours stable ; et tandis que la terre
Voit de sectes sans nombre une implacable guerre,
La Vérité repose aux pieds de l'Éternel.
Rarement elle éclaire un orgueilleux mortel :
Qui la cherche du cœur un jour peut la connaître.
Vous serez éclairé, puisque vous voulez l'être.
Ce Dieu vous a choisi : sa main, dans les combats,
Au trône des Valois va conduire vos pas.
Déjà sa voix terrible ordonne à la victoire
De préparer pour vous les chemins de la gloire ;
Mais si la vérité n'éclaire vos esprits,
N'espérez point entrer dans les murs de Paris.
Surtout des plus grands cœurs évitez la faiblesse ;
Fuyez d'un doux poison l'amorce enchanteresse ;
Craignez vos passions, et sachez quelque jour
Résister aux plaisirs, et combattre l'amour.
Enfin quand vous aurez, par un effort suprême,

Triomphé des ligueurs, et surtout de vous-même ;
Lorsqu'en un siége horrible, et célèbre à jamais,
Tout un peuple étonné vivra de vos bienfaits,
Ces temps de vos États finiront les misères ;
Vous lèverez les yeux vers le Dieu de vos pères ;
Vous verrez qu'un cœur droit peut espérer en lui.
Allez : qui lui ressemble est sûr de son appui. »

Chaque mot qu'il disait était un trait de flamme
Qui pénétrait Henri jusqu'au fond de son âme.
Il se crut transporté dans ces temps bienheureux
Où le Dieu des humains conversait avec eux,
Où la simple vertu, prodiguant les miracles,
Commandait à des rois, et rendait des oracles.

Il quitte avec regret ce vieillard vertueux :
Des pleurs, en l'embrassant, coulèrent de ses yeux ;
Et, dès ce moment même, il entrevit l'aurore
De ce jour qui pour lui ne brillait pas encore.
Mornay parut surpris, et ne fut point touché :
Dieu, maître de ses dons, de lui s'était caché.
Vainement sur la terre il eut le nom de sage,
Au milieu des vertus l'erreur fut son partage.

Tandis que le vieillard, instruit par le Seigneur,
Entretenait le prince, et parlait à son cœur,
Les vents impétueux à sa voix s'apaisèrent,
Le soleil reparut, les ondes se calmèrent.
Bientôt jusqu'au rivage il conduisit Bourbon :
Le héros part, et vole aux plaines d'Albion.

En voyant l'Angleterre, en secret il admire
Le changement heureux de ce puissant empire,
Où l'éternel abus de tant de sages lois
Fit longtemps le malheur et du peuple et des rois.
Sur ce sanglant théâtre où cent héros périrent,
Sur ce trône glissant d'où cent rois descendirent,
Une femme, à ses pieds, enchaînant les destins,
De l'éclat de son règne étonnait les humains :
C'était Élisabeth ; elle dont la prudence
De l'Europe à son choix fit pencher la balance,
Et fit aimer son joug à l'Anglais indompté,

Qui ne peut ni servir, ni vivre en liberté [1].
Ses peuples sous son règne ont oublié leurs pertes;
De leurs troupeaux féconds leurs plaines sont couvertes,
Les guérets de leurs blés, les mers de leurs vaisseaux;
Ils sont craints sur la terre, ils sont rois sur les eaux;
Leur flotte impérieuse, asservissant Neptune,
Des bouts de l'univers appelle la fortune :
Londres, jadis barbare, est le centre des arts,
Le magasin du monde, et le temple de Mars.
Aux murs de Westminster [2] on voit paraître ensemble
Trois pouvoirs étonnés du nœud qui les rassemble,
Les députés du peuple, et les grands, et le roi,
Divisés d'intérêt, réunis par la loi;
Tous trois membres sacrés de ce corps invincible,
Dangereux à lui-même, à ses voisins terrible [3].
Heureux lorsque le peuple, instruit dans son devoir,
Respecte, autant qu'il doit, le souverain pouvoir!
Plus heureux lorsqu'un roi, doux, juste, et politique,
Respecte, autant qu'il doit, la liberté publique!
« Ah! s'écria Bourbon, quand pourront les Français
Réunir, comme vous, la gloire avec la paix?
Quel exemple pour vous, monarques de la terre!
Une femme a fermé les portes de la guerre;
Et, renvoyant chez vous la discorde et l'horreur,
D'un peuple qui l'adore elle a fait le bonheur. »

Cependant il arrive à cette ville immense,
Où la liberté seule entretient l'abondance.
Du vainqueur [4] des Anglais il aperçoit la tour.
Plus loin, d'Élisabeth est l'auguste séjour.
Suivi de Mornay seul, il va trouver la reine,
Sans appareil, sans bruit, sans cette pompe vaine

1. Imitation de Tacite (*Hist.*, livre Ier) : « Qui nec totam servitutem, nec totam libertatem pati possunt. »
2. C'est à Westminster que s'assemble le parlement d'Angleterre : il faut le concours de la chambre des communes, de celle des pairs, et le consentement du roi, pour faire des lois. (*Note de Voltaire*, 1730.)
3. Vers célèbres sur la fameuse pondération des pouvoirs. Ils furent cités souvent en 1789, et au xixe siècle, pendant la durée de la royauté constitutionnelle. (G. A.)
4. La tour de Londres est un vieux château bâti près de la Tamise par Guillaume le Conquérant, duc de Normandie. (*Note de Voltaire*, 1730.)

Dont les grands, quels qu'ils soient, en secret sont épris,
Mais que le vrai héros regarde avec mépris.
Il parle; sa franchise est sa seule éloquence :
Il expose en secret les besoins de la France;
Et jusqu'à la prière humiliant son cœur,
Dans ses soumissions découvre sa grandeur.
« Quoi! vous servez Valois! dit la reine surprise,
C'est lui qui vous envoie au bord de la Tamise?
Quoi! de ses ennemis devenu protecteur,
Henri vient me prier pour son persécuteur!
Des rives du couchant aux portes de l'aurore,
De vos longs différends l'univers parle encore;
Et je vous vois armer en faveur de Valois
Ce bras, ce même bras qu'il a craint tant de fois!
— Ses malheurs, lui dit-il, ont étouffé nos haines;
Valois était esclave; il brise enfin ses chaînes.
Plus heureux si, toujours assuré de ma foi,
Il n'eût cherché d'appui que son courage et moi!
Mais il employa trop l'artifice et la feinte;
Il fut mon ennemi par faiblesse et par crainte.
J'oublie enfin sa faute, en voyant son danger;
Je l'ai vaincu, madame, et je vais le venger.
Vous pouvez, grande reine, en cette juste guerre,
Signaler à jamais le nom de l'Angleterre,
Couronner vos vertus en défendant nos droits,
Et venger avec moi la querelle des rois. »

Élisabeth alors avec impatience
Demande le récit des troubles de la France,
Veut savoir quels ressorts et quel enchaînement[1]
Ont produit dans Paris un si grand changement.
« Déjà, dit-elle au roi, la prompte Renommée
De ces revers sanglants m'a souvent informée;
Mais sa bouche, indiscrète en sa légèreté,
Prodigue le mensonge avec la vérité :
J'ai rejeté toujours ses récits peu fidèles.
Vous donc, témoin fameux de ces longues querelles,
Vous, toujours de Valois le vainqueur ou l'appui,

---

1. Imitation de Racine (*Esther*, acte Ier, scène Ire) :

<blockquote>
Par quels secrets ressorts, par quel enchaînement
Le ciel a-t-il conduit ce grand événement?
</blockquote>

Expliquez-nous le nœud qui vous joint avec lui :
Daignez développer ce changement extrême ;
Vous seul pouvez parler dignement de vous-même.
Peignez-moi vos malheurs et vos heureux exploits ;
Songez que votre vie est la leçon des rois.

— Hélas ! reprit Bourbon, faut-il que ma mémoire [1]
Rappelle de ces temps la malheureuse histoire !
Plût au ciel irrité, témoin de mes douleurs,
Qu'un éternel oubli nous cachât tant d'horreurs !
Pourquoi demandez-vous que ma bouche raconte
Des princes de mon sang les fureurs et la honte ?
Mon cœur frémit encore à ce seul souvenir [2] ;
Mais vous me l'ordonnez, je vais vous obéir.
Un autre, en vous parlant, pourrait avec adresse
Déguiser leurs forfaits, excuser leur faiblesse ;
Mais ce vain artifice est peu fait pour mon cœur,
Et je parle en soldat plus qu'en ambassadeur [3].

---

1. Imitation de Virgile (*Æn.*, II, 3, 10, 13) :

> Infandum, regina, jubes renovare dolorem.
> . . . .
> Sed, si tantus amor casus cognoscere nostros
> . . . .
> Incipiam.

2. Imitation de Virgile (*Æn.*, II, 12) :

> Animus meminisse horret.

3. Ceux qui n'approuvent point que l'auteur ait supposé ce voyage de Henri IV en Angleterre peuvent dire qu'il ne paraît pas permis de mêler ainsi le mensonge à la vérité dans une histoire si récente ; que les savants dans l'histoire de France en doivent être choqués, et les ignorants peuvent être induits en erreur ; que si les fictions ont droit d'entrer dans un poëme épique, il faut que le lecteur les reconnaisse aisément pour telles ; que, quand on personnifie les passions, que l'on peint la Politique et la Discorde allant de Rome à Paris, l'Amour enchaînant Henri IV, etc., personne ne peut être trompé à ces peintures ; mais que, lorsque l'on voit Henri IV passer la mer pour demander du secours à une princesse de sa religion, on peut croire facilement que ce prince a fait effectivement ce voyage ; qu'en un mot, un tel épisode doit être moins regardé comme une imagination du poëte que comme un mensonge d'historien.
Ceux qui sont du sentiment contraire peuvent opposer que non-seulement il est permis à un poëte d'altérer l'histoire dans les faits principaux, mais qu'il est impossible de ne le pas faire ; qu'il n'y a jamais eu d'événement dans le monde tellement disposé par le hasard qu'on pût en faire un poëme épique sans y rien changer ; qu'il ne faut pas avoir plus de scrupule dans le poëme que dans la tragédie, où l'on pousse beaucoup plus loin la liberté de ces changements : car, si l'on était trop servilement attaché à l'histoire, on tomberait dans le défaut de

Lucain, qui a fait une gazette en vers, au lieu d'un poëme épique. A la vérité il serait ridicule de transporter des événements principaux et dépendants les uns des autres, de placer la bataille d'Ivry avant la bataille de Coutras, et la Saint-Barthélemy après les Barricades. Mais l'on peut bien faire passer secrètement Henri IV en Angleterre, sans que ce voyage, qu'on suppose ignoré des Parisiens mêmes, change en rien la suite des événements historiques. Les mêmes lecteurs, qui sont choqués qu'on lui fasse faire un trajet de mer de quelques lieues, ne seraient point étonnés qu'on le fît aller en Guyenne, qui est quatre fois plus éloignée. Que si Virgile a fait venir en Italie Énée, qui n'y alla jamais, s'il l'a rendu amoureux de Didon, qui vivait trois cents ans après lui, on peut sans scrupule faire rencontrer ensemble Henri IV et la reine Élisabeth, qui s'estimaient l'un l'autre, et qui eurent toujours un grand désir de se voir. Virgile, dira-t-on, parlait d'un temps très-éloigné : il est vrai ; mais ces événements, tout reculés qu'ils étaient dans l'antiquité, étaient fort connus. *L'Iliade* et l'histoire de Carthage étaient aussi familières aux Romains que nous le sont les histoires les plus récentes : il est aussi permis à un poëte français de tromper le lecteur de quelques lieues, qu'à Virgile de le tromper de trois cents ans. Enfin ce mélange de l'histoire et de la fable est une règle établie et suivie, non-seulement dans tous les poëmes, mais dans tous les romans. Ils sont remplis d'aventures qui, à la vérité, ne sont pas rapportées dans l'histoire, mais qui ne sont pas démenties par elle. Il suffit, pour établir le voyage de Henri en Angleterre, de trouver un temps où l'histoire ne donne point à ce prince d'autres occupations. Or il est certain qu'après la mort des Guises Henri a pu faire ce voyage, qui n'est que de quinze jours au plus, et qui peut aisément être de huit. D'ailleurs cet épisode est d'autant plus vraisemblable que la reine Élisabeth envoya effectivement six mois après à Henri le Grand quatre mille Anglais. De plus, il faut remarquer que Henri IV, le héros du poëme, est le seul qui puisse conter dignement l'histoire de la cour de France, et qu'il n'y a guère qu'Élisabeth qui puisse l'entendre. Enfin il s'agit de savoir si les choses que se disent Henri IV et la reine Élisabeth sont assez bonnes pour excuser cette fiction dans l'esprit de ceux qui la condamnent, et pour autoriser ceux qui l'approuvent. (*Note de Voltaire*, 1723.)

FIN DU CHANT PREMIER.

VARIANTES

DU CHANT PREMIER.

Vers 1. — La première édition, donnée in-8°, en 1723, commençait ainsi :

> Je chante les combats, et ce roi généreux
> Qui força les Français à devenir heureux,
> Qui dissipa la Ligue et fit trembler l'Ibère,
> Qui fut de ses sujets le vainqueur et le père,
> Dans Paris subjugué fit adorer ses lois,
> Et fut l'amour du monde et l'exemple des rois.
>   Muse, raconte-moi quelle haine obstinée
> Arma contre Henri la France mutinée,
> Et comment nos aïeux, à leur perte courants,
> Au plus juste des rois préféraient des tyrans. (1741.)

Nous rapporterons, au sujet de cette variante, une anecdote singulière.
M. de Voltaire faisait imprimer à Londres, en 1726, une édition de *la Henriade*. Il y avait alors à Londres un Grec natif de Smyrne, nommé Dadiky, interprète du roi d'Angleterre ; il vit par hasard la première feuille du poëme ; où était ce vers :

> Qui força les Français à devenir heureux.

Il alla trouver l'auteur, et lui dit : « Monsieur, je suis du pays d'Homère ; il ne commençait point ses poëmes par un trait d'esprit, par une énigme. » L'auteur le crut, et corrigea ce commencement de la manière qu'on voit aujourd'hui.

Au reste, l'édition de 1723 fut faite, par l'abbé Desfontaines, sur un manuscrit informe dont il s'était emparé ; et le même Desfontaines en fit une autre à Évreux, qui est extrêmement rare, et dans laquelle il inséra des vers de sa façon (1756).

Vers 3. — Édition de 1728 :

> Qui par de longs travaux apprit à gouverner,
> Qui, formidable et doux, sut vaincre et pardonner.

Édition de 1730 :

> Qui par le malheur même apprit à gouverner,
> Persécuté longtemps, sut vaincre et pardonner.

La version actuelle est dans l'édition de Dresde, 1752. (B.)

Vers 20. — C'est ici que devaient venir huit vers à l'honneur de Frédéric, alors prince royal de Prusse, qui avait projeté de faire faire une édition de *la Henriade*. Mais l'édition n'eut pas lieu, et Voltaire retrancha en 1744 ces vers, qui n'ont été admis dans le texte d'aucune édition de *la Henriade* :

> Et toi, jeune héros, toujours conduit par elle,
> Disciple de Trajan, rival de Marc-Aurèle,
> Citoyen sur le trône, et l'exemple du Nord,
> Sois mon plus cher appui, sois mon plus grand support ;
> Laisse les autres rois, ces faux dieux de la terre,
> Porter de toutes parts ou la fraude ou la guerre :
> De leurs fausses vertus laisse-les s'honorer ;
> Ils désolent le monde, et tu dois l'éclairer. (B.)

Vers 24 :

> Ou, pour en mieux parler, Valois ne régnait plus. (1723.)

Vers 36 :

> Tyrans voluptueux. (1723.)

Vers 42. — Édition de 1723 :

> De son faible pouvoir insolente rivale :
> Cent partis opposés, du même orgueil épris,
> De son trône à ses yeux disputaient les débris.
>   Ses amis corrompus, etc.

Vers 43 :

> Les peuples aveuglés. (1752.)

Vers 50. — Édition de 1723 :

>   Vint montrer la lumière.
> Il lui rendit sa force.

Vers 54. — Édition de 1723 :

> Au bruit de leurs exploits cent peuples s'alarmèrent.

Vers 59. — Édition de 1723 :

> Troublant tout dans Paris, et, du haut de ses tours,
> De Rome et de l'Espagne appelant les secours ;

VARIANTES DU CHANT I.

> De l'autre paraissaient les soutiens de la France,
> Divisés par leur secte, unis par la vengeance :
> Henri de leurs desseins était l'âme et l'appui ;
> Leurs cœurs impatients volaient tous après lui.
> On eût dit que l'armée, à son pouvoir soumise,
> Ne connaissait qu'un chef et n'avait qu'une Église.
>   Vous le vouliez ainsi, grand Dieu, dont les desseins,
> Par de secrets ressorts inconnus aux humains,
> Confondant des ligués la superbe espérance,
> Destinaient aux Bourbons l'empire de la France :
> Déjà les deux partis, etc.

Ce vers,

> De Rome et de l'Espagne appelant les secours,

a été d'abord remplacé par celui-ci :

> De la superbe Espagne appelant les secours.

Enfin, dans l'édition de 1775, M. de Voltaire a mis :

> Des soldats de l'Espagne appelant les secours.

Vers 71. — Palissot a mis :

> Théâtre alors sanglant des plus cruels combats.

Vers 73 :

> Là sont mille héros. (1752.)

Vers 85. — Palissot a mis :

> Vers la grandeur suprême.

Vers 86 :

> Par des chemins cachés. (1752.)

Vers 103. — On lit, en 1723 :

> Ils savent que les lois, les nœuds sacrés du sang,
> La vertu, tout enfin vous appelle à mon rang.

Dans l'édition de 1728 et autres, il y a :

> Ils savent que les lois, les droits sacrés du sang,
> Que surtout la vertu vous appelle à mon rang.

Palissot a mis :

> Ils savent que les lois, le mérite, le sang, etc.

Vers 115. — Édition de 1723 :

> Soigneux de m'outrager.

Vers 117. — Édition de 1723 :

> Allez fléchir la reine.

Vers 124. — Édition de 1723 :

> Et qui peut me venger est Français à mes yeux.

Vers 129. — Édition de 1723 :

> L'Angleterre vous aime et votre renommée
> Sur vos pas en ces lieux conduira son armée.
> Les moments nous sont chers, et le vent nous seconde :
> Allez, qu'à mes desseins votre zèle réponde ;
> Partez, je vous attends pour signaler mes coups :
> Qui veut vaincre et régner ne combat point sans vous.
> Il dit ; et le héros, etc.

Vers 149. — Édition de 1723 :

> Déjà des Neustriens il franchit la campagne ;
> De tous ses favoris Sully seul l'accompagne ;
> Sully qui, dans la guerre et dans la paix fameux,
> Intrépide soldat, courtisan vertueux,
> Dans les plus grands emplois signalant sa prudence,
> Servit également et son maître et la France :
> Heureux, si, mieux instruit de la divine loi,
> Il eût fait pour son Dieu ce qu'il fit pour son roi !
> A travers deux rochers, etc.

L'amitié de M. de Voltaire pour M. le duc de Sully l'avait engagé à donner Sully pour confident à Henri IV dans son poëme. Cependant le rôle que Sully pouvait jouer dans *la Henriade*, qui se termine à la reddition de Paris, était trop inférieur à celui qu'il a joué depuis dans l'histoire. M. de Voltaire, ayant eu des raisons très-justes et très-graves de se plaindre de M. le duc de Sully, a corrigé ce défaut, et substitué le sage Mornay à Sully, et, ne pouvant le rendre intéressant en le faisant agir, il lui a donné ce caractère original et sublime qu'il n'eût pu supposer à Sully, ou à quelque autre ami de Henri IV, sans trop s'écarter de l'histoire. (K.)

— On peut voir dans la *Vie de Voltaire*, par Condorcet (tome Ier de la présente édition), quelles raisons graves Voltaire avait de se plaindre du duc de Sully. L'insulte faite à Voltaire est de 1726, et c'est dans l'édition de 1728 que Mornay fut substitué à Sully.

En 1723, il y avait une longue note qui commençait ainsi : « On a choisi le duc de Sully parce qu'il était de la religion prétendue réformée, qu'il fut toujours inséparablement attaché à sa religion et à son maître, et que depuis même il alla ambassadeur en Angleterre. Il naquit, etc. »

Le surplus de la note a été transposé par les éditeurs de Kehl à la suite de celle sur le vers 97 du chant VIII. (B.)

Vers 159. — Édition de 1723 :

> Offre un tranquille port.

Vers 165 :

> On lève l'ancre, on part, on fuit loin de la terre ;
> On aborde bientôt les champs de l'Angleterre :
> Henri court au rivage, et d'un œil curieux
> Contemple ces climats, alors aimés des cieux.
> Sous de rustiques toits, les laboureurs tranquilles
> Amassent les trésors des campagnes fertiles,
> Sans craindre qu'à leurs yeux des soldats inhumains
> Ravagent ces beaux champs cultivés par leurs mains.
> La paix au milieu d'eux, comblant leur espérance,
> Amène les plaisirs, enfants de l'abondance.
> « Peuple heureux, dit Bourbon, quand pourront les François
> Voir d'un règne aussi doux fleurir les justes lois?
> Quel exemple pour vous, monarques de la terre !
> Une femme a fermé les portes de la guerre ;
> Et, renvoyant chez vous la discorde et l'horreur,
> D'un peuple qui l'adore elle fait le bonheur. »
> En achevant ces mots, il découvre un bocage
> Dont un léger zéphyr agitait le feuillage :
> Flore étalait au loin ses plus vives couleurs ;
> Une onde transparente y fuit entre les fleurs ;
> Une grotte est auprès, etc.

Vers 204. — Édition de 1723 :

> Perdus dans les plaisirs, plongés dans les amours.

Vers 218. — Édition de 1723 :

> Il avait abaissé...

Vers 243. — Éditions de 1723-1752 :

> Console mes vieux jours.

Vers 248. — Éditions de 1723-1764 :

> Leurs desseins orgueilleux.
> Lui seul est toujours stable. En vain notre caprice
> De sa sainte cité veut saper l'édifice ;
> Lui-même en affermit les sacrés fondements,
> Ces fondements vainqueurs de l'enfer et du temps.
> C'est à vous, grand Bourbon, qu'il se fera connaître.

L'édition in-4°, de 1768, est la première version qui donne le texte actuel. On y lit cette note sur la première version :

« Cette tirade parut à l'auteur plus faite pour la chaire que pour la poésie, et peu digne de cette philosophie tolérante qu'il a toujours annoncée. Il faut d'ailleurs remarquer qu'étant né parmi les catholiques, il s'est toujours exprimé en catholique. » (B.)

Vers 272. — Édition de 1723 :

> Et que qui lui ressemble...

Vers 279. — Édition de 1723 :

> Il embrasse en pleurant ce vieillard vertueux ;
> Il s'éloigne à regret de ces paisibles lieux :
> Il avance, il arrive à la cité fameuse
> Qu'arrose de ses eaux la Tamise orgueilleuse.
> Là, des rois d'Albion est l'antique séjour ;
> Élisabeth alors y rassemblait sa cour.
> L'univers la respecte, et le ciel l'a formée
> Pour rendre un calme heureux à cette île alarmée,
> Pour faire aimer son joug à ce peuple indompté,
> Qui ne peut ni servir ni vivre en liberté.
> Le héros en secret est conduit chez la reine ;
> Il la voit, il lui dit le sujet qui l'amène ;
> Et, jusqu'à la prière humiliant son cœur,
> Dans ses soumissions découvre sa grandeur.
> « Quoi ! vous servez Valois, etc.

— Le beau tableau de l'Angleterre a été ajouté dans les éditions suivantes, d'après ce que M. de Voltaire avait vu lui-même dans cette île ; et ce tableau ressemble plus à l'Angleterre sous George Ier qu'à l'Angleterre sous Élisabeth.

Dans un poëme, on n'est obligé de se conformer rigoureusement à la vérité historique, ni pour l'ordre et les détails des faits, ni même pour le caractère des personnages. Il suffit de ne point s'écarter de l'histoire dans les grands événements, et de ne pas choquer l'opinion publique sur les caractères principaux. M. de Voltaire a donc pu, sans se contredire, ne donner ici que des louanges à Élisabeth, et rendre justice dans son histoire à la perfidie, à la cruauté, à l'hypocrisie de cette princesse. (K.)

Vers 349. — Edition de 1723 :

> Les malheurs, reprit-il.

Vers 353. — Édition de 1723 :

> Mais, n'employant jamais que la ruse et la feinte,
> Il fut mon ennemi par faiblesse et par crainte :
> Je l'ai vaincu, madame, et je vais le venger ;
> Le bras qui l'a puni saura le protéger.

Dans d'autres éditions, il y avait :

> Reine, je parle ici sans détour et sans feinte :
> Vous m'avez commandé de bannir la contrainte ;
> Et mon cœur, qui jamais n'a su se déguiser,
> Prêt à servir Valois, ne saurait l'excuser.

Vers 360. — Édition de 1723 :

> La querelle des rois.
> La reine accorda tout à sa noble prière ;
> De Mars à ses sujets elle ouvrit la barrière.

> Mille jeunes héros vont bientôt sur ses pas
> Fendre le sein des mers et chercher les combats.
> Essex est à leur tête, Essex dont la vaillance
> Vingt fois de l'Espagnol confondit la prudence,
> Et qui ne croyait pas qu'un indigne destin
> Dût flétrir les lauriers qu'avait cueillis sa main.

Quelques-uns de ces vers ont été transposés dans le troisième chant.

Vers 361. — Dans quelques éditions :

> La reine cependant...

Vers 375. — Édition de 1723 :

> Et je crois mériter que sans déguisements
> Vous m'instruisiez ici de vos vrais sentiments.

Vers 385. — Au lieu de ce vers et des trois suivants, on lisait dans les éditions de 1723 à 1737 :

> Surtout en écoutant ces tristes aventures,
> Pardonnez, grande reine, à des vérités dures
> Qu'un autre aurait pu taire ou saurait mieux voiler,
> Mais que jamais Bourbon n'a pu dissimuler.

Dans sa lettre à Frédéric, du 15 avril 1739, Voltaire a expliqué pourquoi il a supprimé ces vers : « Comme ces *vérités dures* dont parle Henri IV ne regardent pas la reine Élisabeth, mais des rois qu'Élisabeth n'aimait point, il est clair qu'il n'en doit point d'excuses à cette reine ; et c'est une faute que j'ai laissé subsister trop longtemps. »

CHANT DEUXIÈME.

ARGUMENT.

Henri le Grand raconte à la reine Élisabeth l'histoire des malheurs de la France ; il remonte à leur origine, et entre dans le détail des massacres de la Saint-Barthélemy.

« Reine, l'excès des maux où la France est livrée [1]
Est d'autant plus affreux que leur source est sacrée :
C'est la religion dont le zèle inhumain
Met à tous les Français les armes à la main.
Je ne décide point entre Genève et Rome [2].
De quelque nom divin que leur parti les nomme,
J'ai vu des deux côtés la fourbe et la fureur ;
Et si la perfidie est fille de l'erreur,
Si, dans les différends où l'Europe se plonge,
La trahison, le meurtre est le sceau du mensonge,
L'un et l'autre parti, cruel également,
Ainsi que dans le crime est dans l'aveuglement.
Pour moi, qui, de l'État embrassant la défense,

---

1. Il n'y a que ce seul chant dans lequel l'auteur n'ait jamais rien changé. (*Note de Voltaire*, 1756 à 1775.) — La tradition veut que Voltaire ait composé tout ce chant en dormant, lorsqu'il était détenu à la Bastille, et qu'à son réveil il l'ait retenu par cœur. Mais le président Hénault nous apprend, dans ses *Mémoires*, que si Voltaire le fit sans encre ni papier, dans la tour de la Basinière, il était bien éveillé, et qu'il écrivit ses vers au crayon entre les lignes d'un livre qu'il avait. Quoi que le poëte dise ici, il y eut des variantes dans ce chant comme dans les autres. Voyez page 88. (G. A.)

2. Quelques lecteurs peu attentifs pourront s'effaroucher de la hardiesse de ces expressions. Il est juste de ménager sur cela leur scrupule, et de leur faire considérer que les mêmes paroles qui seraient une impiété dans la bouche d'un catholique sont très-séantes dans celle du roi de Navarre. Il était alors calviniste. Beaucoup de nos historiens mêmes nous le peignent flottant entre les deux religions ; et certainement, s'il ne jugeait de l'une et de l'autre que par la conduite des deux partis, il devait se défier des deux cultes, qui n'étaient soutenus alors que par des crimes. (*Id.*, 1723.) On le donne ici pour un homme d'honneur, tel qu'il était, cherchant de bonne foi à s'éclairer, ami de la vérité, ennemi de la persécution, et détestant le crime partout où il se trouve. (*Id.*, 1730.)

Laissai toujours aux cieux le soin de leur vengeance[1],
On ne m'a jamais vu, surpassant mon pouvoir,
D'une indiscrète main profaner l'encensoir :
Et périsse à jamais l'affreuse politique
Qui prétend sur les cœurs un pouvoir despotique,
Qui veut, le fer en main, convertir les mortels,
Qui du sang hérétique arrose les autels,
Et, suivant un faux zèle, ou l'intérêt, pour guides,
Ne sert un Dieu de paix que par des homicides !

« Plût à ce Dieu puissant, dont je cherche la loi,
Que la cour des Valois eût pensé comme moi !
Mais l'un et l'autre Guise[2] ont eu moins de scrupule.
Ces chefs ambitieux d'un peuple trop crédule,
Couvrant leurs intérêts de l'intérêt des cieux[3],
Ont conduit dans le piége un peuple furieux,
Ont armé contre moi sa piété cruelle.
J'ai vu nos citoyens s'égorger avec zèle,
Et, la flamme à la main, courir dans les combats
Pour de vains arguments qu'ils ne comprenaient pas.
Vous connaissez le peuple, et savez ce qu'il ose
Quand, du ciel outragé pensant venger la cause,
Les yeux ceints du bandeau de la religion,
Il a rompu le frein de la soumission.

1. Molière a dit dans *Tartuffe*, acte IV, scène Ire :

    Des intérêts du ciel pourquoi vous chargez-vous ?....
    Laissez-lui, laissez-lui le soin de sa vengeance.

2. François, duc de Guise, appelé communément alors le grand duc de Guise, était père du Balafré. Ce fut lui qui, avec le cardinal son frère, jeta les fondements de la Ligue. Il avait de très-grandes qualités, qu'il faut bien se donner de garde de confondre avec la vertu.
Le président de Thou, ce grand historien, rapporte que François de Guise voulut faire assassiner Antoine de Navarre, père de Henri IV, dans la chambre de François II. Il avait engagé ce jeune roi à permettre ce meurtre. Antoine de Navarre avait le cœur hardi, quoique l'esprit faible. Il fut informé du complot, et ne laissa pas d'entrer dans la chambre où on devait l'assassiner. « S'ils me tuent, dit-il à Reinsi, gentilhomme à lui, prenez ma chemise toute sanglante, portez-la à mon fils et à ma femme; ils liront dans mon sang ce qu'ils doivent faire pour me venger. » François II n'osa pas, dit M. de Thou, se souiller de ce crime; et le duc de Guise, en sortant de la chambre, s'écria : *Le pauvre roi que nous avons !* (*Note de Voltaire*, 1730.)
3. On lit dans *Tartuffe*, acte Ier, scène VI :

    Et pour perdre quelqu'un couvrent insolemment
    De l'intérêt du ciel leur fier ressentiment.

Vous le savez, madame, et votre prévoyance
Étouffa dès longtemps ce mal en sa naissance.
L'orage en vos États à peine était formé ;
Vos soins l'avaient prévu, vos vertus l'ont calmé :
Vous régnez ; Londre[1] est libre, et vos lois florissantes.
Médicis a suivi des routes différentes.
Peut-être que, sensible à ces tristes récits,
Vous me demanderez quelle était Médicis ;
Vous l'apprendrez du moins d'une bouche ingénue.
Beaucoup en ont parlé ; mais peu l'ont bien connue,
Peu de son cœur profond ont sondé les replis.
Pour moi, nourri vingt ans à la cour de ses fils,
Qui vingt ans sous ses pas vis les orages naître,
J'ai trop à mes périls appris à la connaître.

« Son époux, expirant dans la fleur de ses jours,
A son ambition laissait un libre cours.
Chacun de ses enfants, nourri sous sa tutelle[2],
Devint son ennemi dès qu'il régna sans elle.
Ses mains autour du trône, avec confusion,
Semaient la jalousie et la division,
Opposant sans relâche avec trop de prudence
Les Guises[3] aux Condés, et la France à la France ;
Toujours prête à s'unir avec ses ennemis,
Et changeant d'intérêt, de rivaux, et d'amis ;
Esclave[4] des plaisirs, mais moins qu'ambitieuse ;
Infidèle[5] à sa secte, et superstitieuse[6] ;

---

1. M. de Castelnau, envoyé de France auprès de la reine Élisabeth, parle ainsi d'elle :

« Cette princesse avait toutes les plus grandes qualités requises pour régner heureusement. On pourrait dire de son règne ce qui advint au temps d'Auguste lorsque le temple de Janus fut fermé, etc. » (*Note de Voltaire*, 1730.)

2. Catherine de Médicis se brouilla avec son fils Charles IX sur la fin de la vie de ce prince, et ensuite avec Henri III. Elle avait été si ouvertement mécontente du gouvernement de François II, qu'on l'avait soupçonnée, quoique injustement, d'avoir hâté la mort de ce roi. (*Id.*, 1730.)

3. Dans les *Mémoires de la Ligue*, on trouve une lettre de Catherine de Médicis au prince de Condé, par laquelle elle le remercie d'avoir pris les armes contre la cour. (*Id.*, 1730.)

4. Elle fut accusée d'avoir eu des intrigues avec le vidame de Chartres, mort à la Bastille, et avec un gentilhomme breton, nommé Moscouët. (*Id.*, 1730.)

5. Quand elle crut la bataille de Dreux perdue, et les protestants vainqueurs : « Eh bien, dit-elle, nous prierons Dieu en français. » (*Id.*, 1730.)

6. Elle était assez faible pour croire à la magie ; témoin les talismans qu'on trouva après sa mort. (*Id.*, 1730.)

Possédant, en un mot, pour n'en pas dire plus,
Les défauts de son sexe, et peu de ses vertus.
Ce mot m'est échappé, pardonnez ma franchise :
Dans ce sexe, après tout, vous n'êtes point comprise ;
L'auguste Élisabeth n'en a que les appas ;
Le ciel, qui vous forma pour régir des États,
Vous fait servir d'exemple à tous tant que nous sommes ;
Et l'Europe vous compte au rang des plus grands hommes.

« Déjà François Second, par un sort imprévu,
Avait rejoint son père au tombeau descendu ;
Faible enfant, qui de Guise adorait les caprices,
Et dont on ignorait les vertus et les vices.
Charles, plus jeune encore, avait le nom de roi :
Médicis régnait seule ; on tremblait sous sa loi.
D'abord sa politique, assurant sa puissance,
Semblait d'un fils docile éterniser l'enfance[1] ;
Sa main, de la discorde allumant le flambeau,
Signala par le sang son empire nouveau ;
Elle arma le courroux de deux sectes rivales.
Dreux[2], qui vit déployer leurs enseignes fatales,
Fut le théâtre affreux de leurs premiers exploits.
Le vieux Montmorency[3], près du tombeau des rois,
D'un plomb mortel atteint par une main guerrière[4],
De cent ans de travaux termina la carrière.
Guise[5] auprès d'Orléans mourut assassiné.
Mon père[6] malheureux, à la cour enchaîné,

---

1. Racine avait dit dans *Bajazet*, acte Ier, scène Ire :

Traîne, exempt de péril, une éternelle enfance.

2. La bataille de Dreux fut la première bataille rangée qui se donna entre le parti catholique et le parti protestant. Ce fut en 1562. (*Note de Voltaire*, 1730.)

3. Anne de Montmorency, homme opiniâtre et inflexible, le plus malheureux général de son temps, fait prisonnier à Pavie et à Dreux, battu à Saint-Quentin par Philippe II, fut enfin blessé à mort à la bataille de Saint-Denis, par un Anglais nommé Stuart, le même qui l'avait pris à la bataille de Dreux. (*Id.*, 1730.)

4. Boileau, épître IV, vers 123, a dit :

Déjà du plomb mortel plus d'un brave est atteint.

5. C'est ce même François de Guise cité ci-dessus, fameux par la défense de Metz contre Charles-Quint. Il assiégeait les protestants dans Orléans, en 1563, lorsque Poltrot de Méré, gentilhomme angoumois, le tua par derrière d'un coup de pistolet chargé de trois balles empoisonnées. Il mourut à l'âge de quarante-quatre ans, comblé de gloire, et regretté des catholiques. (*Id.*, 1730.)

6. Antoine de Bourbon, roi de Navarre, père du plus intrépide et du plus ferme

Trop faible, et malgré lui servant toujours la reine,
Traîna dans les affronts sa fortune incertaine ;
Et, toujours de sa main préparant ses malheurs,
Combattit et mourut pour ses persécuteurs.
Condé[1], qui vit en moi le seul fils de son frère,

de tous les hommes, fut le plus faible et le moins décidé : il était huguenot, et sa femme, catholique. Ils changèrent tous deux de religion presque en même temps.

Jeanne d'Albret fut depuis huguenote opiniâtre ; mais Antoine chancela toujours dans sa catholicité, jusque-là même qu'on douta dans quelle religion il mourut. Il porta les armes contre les protestants, qu'il aimait, et servit Catherine de Médicis, qu'il détestait, et le parti des Guises, qui l'opprimait.

Il songea à la régence après la mort de François II. La reine mère l'envoya chercher : « Je sais, lui dit-elle, que vous prétendez au gouvernement ; je veux que vous me le cédiez tout à l'heure par un écrit de votre main, et que vous vous engagiez à me remettre la régence, si les états vous la défèrent. » Antoine de Bourbon donna l'écrit que la reine lui demandait, et signa ainsi son déshonneur. C'est à cette occasion que l'on fit ces vers, que j'ai lus dans les manuscrits de M. le premier président de Mesmes :

> Marc-Antoine, qui pouvoit être
> Le plus grand seigneur et le maître
> De son pays, s'oublia tant,
> Qu'il se contenta d'être Antoine,
> Servant lâchement une roine[*].
> Le Navarrois en fait autant.

Après la fameuse conjuration d'Amboise, un nombre infini de gentilshommes vinrent offrir leurs services et leurs vies à Antoine de Navarre ; il se mit à leur tête ; mais il les congédia bientôt, en leur promettant de demander grâce pour eux. « Songez seulement à l'obtenir pour vous, lui répondit un vieux capitaine ; la nôtre est au bout de nos épées. »

Il mourut à quarante-quatre ans, au même âge que le duc de Guise, d'un coup d'arquebuse reçu dans l'épaule gauche au siége de Rouen, où il commandait. Sa mort arriva le 17 novembre 1562, le trente-cinquième jour de sa blessure. L'incertitude qu'il avait eue pendant sa vie le troubla dans ses derniers moments ; et, quoiqu'il eût reçu les sacrements selon l'usage de l'Église romaine, on douta s'il ne mourut point protestant. Il avait reçu le coup mortel dans la tranchée, dans le temps qu'il pissait : aussi lui fit-on cette épitaphe :

> Ami François, le prince ici gisant
> Vécut sans gloire, et mourut en pissant.

Il y en a une dans M. Le Laboureur qui ressemble à celle-là, et finit par le même hémistiche. M. Jurieu assure que lorsque Louis, prince de Condé, était en prison à Orléans, le roi de Navarre, son frère, allait solliciter le cardinal de Lorraine, et que celui-ci recevait, assis et couvert, le roi de Navarre, qui lui parlait debout et nu-tête ; je ne sais où M. Jurieu a pu déterrer ce fait. (*Note de Voltaire*, 1723.)

— Dans l'édition de 1730, cette note a été réduite à sept lignes. Voltaire, au commencement de son *Essai sur les guerres civiles de France*, qui est dans le présent volume, reparle du changement de religion du père et de la mère de Henri IV. (B.)

1. Louis de Condé, frère d'Antoine, roi de Navarre, le septième et dernier des enfants de Charles de Bourbon, duc de Vendôme, fut un de ces hommes extraordinaires nés pour le malheur et pour la gloire de leur patrie. Il fut longtemps le chef des réformés, et mourut, comme l'on sait, à Jarnac. Il avait un bras en écharpe

[*] Cléopâtre. (1723.)

M'adopta, me servit et de maître et de père[1];

le jour de la bataille. Comme il marchait aux ennemis, le cheval du comte de La Rochefoucauld, son beau-frère, lui donna un coup de pied qui lui cassa la jambe. Ce prince, sans daigner se plaindre, s'adressa aux gentilshommes qui l'accompagnaient : « Apprenez, leur dit-il, que les chevaux fougueux nuisent plus qu'ils ne servent dans une armée. » Un instant après il leur dit, avec un bras en écharpe et une jambe cassée : « Le prince de Condé ne craint point de donner la bataille, puisque vous le suivez; » et chargea dans le moment.

Brantôme dit qu'après que le prince se fut rendu prisonnier à Dargence, dans cette bataille, arriva un très-honnête et très-brave gentilhomme, nommé Montesquiou, qui, ayant demandé qui c'était, comme on lui dit que c'était M. le prince de Condé : « Tuez, tuez, mordieu ! » dit-il, et lui tira un coup de pistolet dans la tête. (*Note de Voltaire,* 1723.) — Montesquiou était capitaine des gardes du duc d'Anjou, depuis Henri III. Le comte de Soissons, fils cadet du prince de Condé, chercha partout Montesquiou et ses parents, pour les sacrifier à sa vengeance. (*Id.*, 1730.)

Henri IV était à la journée de Jarnac, quoiqu'il n'eût pas quatorze ans, et remarqua les fautes qui firent perdre la bataille. (*Id.*, 1730.)

Le prince de Condé était bossu et petit, et cependant plein d'agréments, spirituel, galant, aimé des femmes. On fit sur lui ce vaudeville :

> Ce petit homme tant joli,
> Qui toujours cause et toujours rit,
> Et toujours baise sa mignonne :
> Dieu gard' de mal ce petit homme!   (*Id*, 1723.)

La maréchale de Saint-André se ruina pour lui, et lui donna, entre autres présents, la terre de Vallery, qui depuis est devenue la sépulture des princes de la maison de Condé.

Jamais général ne fut plus aimé de ses soldats : on en vit à Pont-à-Mousson un exemple étonnant. Il manquait d'argent pour ses troupes, et surtout pour les reitres, qui étaient venus à son secours, et qui menaçaient de l'abandonner : il osa proposer à son armée, qu'il ne payait point, de payer elle-même l'armée auxiliaire; et, ce qui ne pouvait jamais arriver que dans une guerre de religion et sous un général tel que lui, toute son armée se cotisa, jusqu'au moindre goujat.

Il fut condamné, sous François II, à Orléans, à perdre la tête; mais on ignore si l'arrêt fut signé. La France fut étonnée de voir un pair, prince du sang, qui ne pouvait être jugé que par la cour des pairs, les chambres assemblées, obligé de répondre devant des commissaires ; mais ce qui parut le plus étrange fut que ces commissaires mêmes fussent tirés du corps du parlement. C'étaient Christophe de Thou, depuis premier président, et père de l'historien ; Barthélemy Faye, Jacques Viole, conseillers; Bourdin, procureur général, et du Tillet, greffier, qui tous, en acceptant cette commission, dérogeaient à leurs priviléges, et s'ôtaient par là la liberté de réclamer leurs droits, si jamais on leur eût voulu donner à eux-mêmes, dans l'occasion, d'autres juges que leurs juges naturels. (*Id.*, 1723.) — On prétend que Mme Renée de France, fille de Louis XII et duchesse de Ferrare, qui arriva en France dans ce même temps, ne contribua pas peu à empêcher l'exécution de l'arrêt. (*Id.*, 1741.)

Il ne faut pas omettre un artifice de cour dont on se servit pour perdre ce prince, qui se nommait Louis. Ses ennemis firent frapper une médaille qui le représentait : il y avait pour légende, LOUIS XIII, ROI DE FRANCE. On fit tomber cette médaille entre les mains du connétable de Montmorency, qui la montra tout en colère au roi, persuadé que le prince de Condé l'avait fait frapper. (*Id.*, 1723). — Il est parlé de cette médaille dans Brantôme et dans Vigneul de Marville. (*Id.*, 1741.)

1. Racine a dit (*Esther,* acte Ier, scène 1re) :

> Mais lui, voyant en moi la fille de son frère,
> Me tint lieu, chère Elise, et de père et de mère.

Son camp fut mon berceau ; là, parmi les guerriers,
Nourri dans la fatigue à l'ombre des lauriers,
De la cour avec lui dédaignant l'indolence,
Ses combats ont été les jeux de mon enfance.

« O plaines de Jarnac! ô coup trop inhumain !
Barbare Montesquiou, moins guerrier qu'assassin,
Condé, déjà mourant, tomba sous ta furie !
J'ai vu porter le coup ; j'ai vu trancher sa vie :
Hélas! trop jeune encor, mon bras, mon faible bras
Ne put ni prévenir ni venger son trépas.

« Le ciel, qui de mes ans protégeait la faiblesse,
Toujours à des héros confia ma jeunesse.
Coligny[1], de Condé le digne successeur,
De moi, de mon parti devint le défenseur.
Je lui dois tout, madame, il faut que je l'avoue[2] ;
Et d'un peu de vertu si l'Europe me loue,
Si Rome a souvent même estimé mes exploits,
C'est à vous, ombre illustre, à vous que je le dois.
Je croissais sous ses yeux, et mon jeune courage
Fit longtemps de la guerre un dur apprentissage.

---

1. Gaspard de Coligny, amiral de France, fils de Gaspard de Coligny, maréchal de France, et de Louise de Montmorency, sœur du connétable; né à Châtillon le 16 février 1516 (*Note de Voltaire*, 1730), après la mort du prince de Condé, fut déclaré chef du parti des réformés en France. Catherine de Médicis et Charles IX surent l'attirer à la cour pour le mariage de Henri IV et de Marguerite de Valois, sœur de Charles IX et de Henri III. Il fut massacré le jour de la Saint-Barthélemy : c'était principalement à ce grand homme qu'on en voulait. (*Id.*, 1741.)

Quelques personnes ont reproché à l'auteur de *la Henriade* d'avoir fait son héros, dans ce second chant, d'un huguenot révolté contre son roi, et accusé par la voix publique de l'assassinat de François de Guise. Cette critique louable est fondée sur l'obéissance au souverain, qui doit faire le principal caractère d'un héros français; mais il faut considérer que c'est ici Henri IV qui parle. Il avait fait ses premières campagnes sous l'amiral, qui lui avait tenu lieu de père; il avait été accoutumé à le respecter, et ne devait ni ne pouvait le soupçonner d'aucune action indigne d'un grand homme, surtout après la justification publique de Coligny, qui ne pouvait point paraître douteuse au roi de Navarre.

A l'égard de la révolte, ce n'était pas à ce prince à regarder comme un crime dans l'amiral son union avec la maison de Bourbon contre des Lorrains et une Italienne. Quant à la religion, ils étaient tous deux protestants; et les huguenots, dont Henri IV était le chef, regardaient l'amiral comme un martyr. (*Id.*, 1723.)

— Dans l'édition de 1723, au lieu de *Quelques personnes ont reproché à l'auteur*, etc., on lit : *Quelques personnes m'ont reproché*, etc.; ce qui ne laisse aucun doute que Voltaire soit l'auteur de cet alinéa et du suivant. (B.)

2. Boileau a dit, épître VII, vers 59 :

Je dois plus à leur haine, il faut que je l'avoue.

Il m'instruisait d'exemple ¹ au grand art des héros :
Je voyais ce guerrier, blanchi dans les travaux,
Soutenant tout le poids de la cause commune
Et contre Médicis et contre la fortune ;
Chéri dans son parti, dans l'autre respecté ;
Malheureux quelquefois, mais toujours redouté ;
Savant dans les combats, savant dans les retraites ;
Plus grand, plus glorieux, plus craint dans ses défaites
Que Dunois ni Gaston ne l'ont jamais été
Dans le cours triomphant de leur prospérité.

« Après dix ans entiers de succès et de pertes,
Médicis, qui voyait nos campagnes couvertes
D'un parti renaissant qu'elle avait cru détruit,
Lasse enfin de combattre et de vaincre sans fruit,
Voulut, sans plus tenter des efforts inutiles,
Terminer d'un seul coup les discordes civiles.
La cour de ses faveurs nous offrit les attraits ;
Et n'ayant pu nous vaincre, on nous donna la paix.
Quelle paix, juste Dieu ! Dieu vengeur que j'atteste,
Que de sang arrosa son olive funeste !
Ciel ! faut-il voir ainsi les maîtres des humains
Du crime à leurs sujets aplanir les chemins ² !

« Coligny, dans son cœur à son prince fidèle,
Aimait toujours la France en combattant contre elle :
Il chérit, il prévint l'heureuse occasion ³
Qui semblait de l'État assurer l'union.
Rarement un héros connaît la défiance :
Parmi ses ennemis il vint plein d'assurance ;
Jusqu'au milieu du Louvre il conduisit mes pas.
Médicis en pleurant me reçut dans ses bras,
Me prodigua longtemps des tendresses de mère,
Assura Coligny d'une amitié sincère,
Voulait par ses avis se régler désormais,

---

1. Voltaire lui-même indique cette expression comme étant de Corneille. Voyez *le Cid*, acte Iᵉʳ, scène VII.
2. On lit dans *Phèdre*, acte IV, scène VI :
   Et leur osent du crime aplanir le chemin.
3. Racine a dit dans *Iphigénie*, acte III, scène III :
   Puis-je ne point chérir l'heureuse occasion
   D'aller du sang troyen sceller notre union ?

L'ornait de dignités, le comblait de bienfaits,
Montrait à tous les miens, séduits par l'espérance,
Des faveurs de son fils la flatteuse apparence.
Hélas! nous espérions en jouir plus longtemps.

« Quelques-uns soupçonnaient ces perfides présents [1],
Les dons d'un ennemi leur semblaient trop à craindre [2].
Plus ils se défiaient, plus le roi savait feindre :
Dans l'ombre du secret [3], depuis peu [4] Médicis
A la fourbe, au parjure, avait formé son fils,

---

1. Racine a dit (*Esther*, acte III, scène I :

> Les perfides bienfaits.

2. On lit dans Virgile (*En.*, II) :

> . . . . . . Aut ulla putatis
> Dona carere dolis Danaum? . . . .
> Quidquid id est, timeo Danaos et dona ferentes.

3. Dans *Mithridate*, acte IV, scène IV, on lit :

> Dans l'ombre du secret.

4. On a prétendu que le projet du massacre des huguenots était formé depuis huit années; que le duc d'Albe en avait donné le conseil à Catherine de Médicis dans les conférences qu'il eut avec elle à Bordeaux.

D'autres croient que le projet ne fut formé que dans le temps de la dernière paix avec les huguenots. M de Voltaire était de cette opinion; autrement il n'aurait pas dit :

> Dans l'ombre du secret, depuis peu Médicis
> A la fourbe, au parjure, avait formé son fils.

Quelques écrivains ont même avancé que Charles IX ne savait rien encore du projet lorsque l'amiral fut blessé; qu'il était de bonne foi lorsqu'il jura de punir les assassins de l'amiral; qu'alors la reine lui avoua qu'elle était un des complices, le fit consentir en un instant à commettre le même crime dont il venait de jurer qu'il tirerait vengeance, et à faire égorger cent mille de ses sujets, à qui il venait de pardonner.

D'autres enfin ont cru que le projet de la reine était de faire tuer l'amiral par des assassins aux gages du duc de Guise, de faire ensuite attaquer par les gardes le duc et ses satellites; qu'alors Charles IX, délivré à la fois des deux chefs de parti qu'il pouvait craindre, aurait, aux yeux de toute l'Europe, l'honneur d'avoir puni le crime du duc de Guise. L'habileté du Balafré fit manquer ce projet.

Nous ne discuterons pas ici toutes ces opinions, dont les trois premières sont appuyées sur des probabilités assez fortes. Ce qu'il y a de sûr, c'est qu'on mit dans l'exécution du projet autant d'irrésolution que d'atrocité; que les chefs n'étaient d'accord entre eux sur rien; que le duc de Guise voulait envelopper dans le massacre toutes les grandes familles fidèles au roi; qu'il multiplia les victimes; que lorsque Charles IX vint au parlement accuser avec tant de lâcheté l'amiral d'une prétendue conspiration, il était prêt, et peut-être avait déjà envoyé des contre-ordres dans les provinces; que les ordres n'émanaient point tous de lui; qu'enfin le fanatisme populaire, la barbarie de Charles IX, du duc d'Anjou, et de sa mère, ne furent en cette occasion que les instruments de projets dont eux-mêmes devaient être les victimes. (K.)

Façonnait aux forfaits ce cœur jeune et facile ;
Et le malheureux prince, à ses leçons docile,
Par son penchant féroce à les suivre excité,
Dans sa coupable école avait trop profité.

« Enfin, pour mieux cacher cet horrible mystère,
Il me donna sa sœur[1], il m'appela son frère.
O nom qui m'as trompé ! vains serments ! nœud fatal !
Hymen[2] qui de nos maux fus le premier signal !
Tes flambeaux, que du ciel alluma la colère,
Éclairaient à mes yeux le trépas de ma mère[3].

1. Marguerite de Valois, sœur de Charles IX, fut mariée à Henri IV en 1572, peu de jours avant les massacres. (*Note de Voltaire*, 1730.)
2. Le pape refusait à Marguerite de Valois la permission d'épouser Henri IV. « Si mons du pape fait trop la bête, dit Charles IX avec ses jurements ordinaires, je prendrai moi-même Margot par la main, et la mènerai épouser en plein prêche. » Enfin le pape se rendit, et Marguerite fut mariée à la porte de Notre-Dame de Paris par le cardinal de Bourbon, oncle de Henri IV. Charles IX parlait-il de bonne foi ? ou la colère apparente contre le pape était-elle le fruit de la dissimulation ? Ce pape, qui depuis approuva la Saint-Barthélemy, était-il instruit du complot lorsqu'il accorda la dispense ? (K.)
3. Jeanne d'Albret, attirée à Paris avec les autres huguenots, mourut après cinq jours d'une fièvre maligne : le temps de sa mort, les massacres qui la suivirent, la crainte que son courage aurait pu donner à la cour, enfin sa maladie, qui commença après avoir acheté des gants et des collets parfumés chez un parfumeur nommé René, venu de Florence avec la reine, et qui passait pour un empoisonneur public ; tout cela fit croire qu'elle était morte de poison. On dit même que ce René se vanta de son crime, et osa dire qu'il en préparait autant à deux grands seigneurs qui ne s'en doutaient pas. Mézeray, dans sa grande histoire, semble favoriser cette opinion, en disant que les chirurgiens qui ouvrirent le corps de la reine ne touchèrent point à la tête, où l'on soupçonnait que le poison avait laissé des traces trop visibles. On n'a point voulu mettre ces soupçons dans la bouche de Henri IV, parce qu'il est juste de se défier de ces idées qui n'attribuent jamais la mort des grands à des causes naturelles. Le peuple, sans rien approfondir, regarde toujours comme coupables de la mort d'un prince ceux à qui cette mort est utile. On poussa la licence de ces soupçons jusqu'à accuser Catherine de Médicis de la mort de ses propres enfants ; cependant il n'y a jamais eu de preuves ni que ces princes, ni que Jeanne d'Albret, dont il est ici question, soient morts empoisonnés.
Il n'est pas vrai, comme le prétend Mézeray, qu'on n'ouvrit point le cerveau de la reine de Navarre ; elle avait recommandé expressément qu'on visitât avec exactitude cette partie après sa mort. Elle avait été tourmentée toute sa vie de grandes douleurs de tête, accompagnées de démangeaisons, et avait ordonné qu'on cherchât soigneusement la cause de ce mal, afin qu'on pût le guérir dans ses enfants s'ils en étaient atteints. La *Chronologie novennaire* rapporte formellement que Caillard, son médecin, et Desnœuds, son chirurgien, disséquèrent son cerveau, qu'ils trouvèrent très-sain ; qu'ils aperçurent seulement de petites bulles d'eau logées entre le crâne et la pellicule qui enveloppe le cerveau, et qu'ils jugèrent être la cause des maux de tête dont la reine s'était plainte : ils attestèrent d'ailleurs qu'elle était morte d'un abcès formé dans la poitrine. Il est à remarquer que ceux qui l'ouvrirent étaient hugue-

Je ne suis point injuste, et je ne prétends pas
A Médicis encore imputer son trépas :
J'écarte des soupçons peut-être légitimes,
Et je n'ai pas besoin de lui chercher des crimes [1].
Ma mère enfin mourut. Pardonnez à des pleurs
Qu'un souvenir si tendre arrache à mes douleurs.
Cependant tout s'apprête, et l'heure est arrivée [2]
Qu'au fatal dénoûment la reine a réservée.

« Le signal est donné sans tumulte et sans bruit [3] ;
C'était à la faveur des ombres de la nuit [4].
De ce mois malheureux l'inégale courrière [5]

nots, et qu'apparemment ils auraient parlé de poison s'ils y avaient trouvé quelque vraisemblance. On peut me répondre qu'ils furent gagnés par la cour : mais Desnœuds, chirurgien de Jeanne d'Albret, huguenot passionné, écrivit depuis des libelles contre la cour; ce qu'il n'eût pas fait s'il se fût vendu à elle; et, dans ces libelles, il ne dit point que Jeanne d'Albret ait été empoisonnée. De plus il n'est pas croyable qu'une femme aussi habile que Catherine de Médicis eût chargé d'une pareille commission un misérable parfumeur, qui avait, dit-on, l'insolence de s'en vanter.

Jeanne d'Albret était née, en 1530, de Henri d'Albret, roi de Navarre, et de Marguerite de Valois, sœur de François Ier. A l'âge de douze ans, Jeanne fut mariée à Guillaume, duc de Clèves; elle n'habita pas avec son mari. Le mariage fut déclaré nul deux ans après par le pape Paul III, et elle épousa Antoine de Bourbon. Ce second mariage, contracté du vivant du premier mari, donna lieu depuis aux prédicateurs de la Ligue de dire publiquement, dans leurs sermons contre Henri IV, qu'il était bâtard; mais ce qu'il y eut de plus étrange fut que les Guises, et entre autres ce François de Guise qu'on dit avoir été si bon chrétien, abusèrent de la faiblesse d'Antoine de Bourbon au point de lui persuader de répudier sa femme, dont il avait des enfants, pour épouser leur nièce, et se donner entièrement à eux. Peu s'en fallut que le roi de Navarre ne donnât dans ce piége. Jeanne d'Albret mourut à quarante-deux ans, le 9 juin 1572.

M. Bayle, dans ses *Réponses aux questions d'un provincial*, dit qu'on avait vu de son temps, en Hollande, le fils d'un ministre, nommé Goyon, qui passait pour petit-fils de cette reine. On prétendait qu'après la mort d'Antoine de Navarre, elle s'était mariée à un gentilhomme nommé Goyon, dont elle avait eu ce ministre. (*Note de Voltaire*, 1723.)

1. Ce vers est dans *Artémire*, acte I, scène I; voyez t. Ier du *Théâtre*, p. 126.
2. Racine a dit (*Bajazet*, acte II, scène I) :

Prince, l'heure fatale est enfin arrivée
Qu'à votre liberté le ciel a réservée.

3. Ici commence la célèbre peinture du massacre de la Saint-Barthélemy.
4. Ce fut la nuit du 23 au 24 août, fête de saint Barthélemy, en 1572, que s'exécuta cette sanglante tragédie.

L'amiral était logé dans la rue Bétizy, dans une maison qui est à présent une auberge, appelée l'hôtel Saint-Pierre, où l'on voit encore sa chambre. (*Note de Voltaire*, 1730.)

5. Malherbe, dans son *Ode à la reine sur sa bienvenue en France*, a dit :

Des mois l'inégale courrière.

Semblait cacher d'effroi sa tremblante lumière :
Coligny languissait dans les bras du repos,
Et le sommeil trompeur lui versait ses pavots[1].
Soudain de mille cris le bruit épouvantable[2]
Vient arracher ses sens à ce calme agréable :
Il se lève, il regarde, il voit de tous côtés
Courir des assassins à pas précipités ;
Il voit briller partout les flambeaux et les armes,
Son palais embrasé, tout un peuple en alarmes,
Ses serviteurs sanglants dans la flamme étouffés,
Les meurtriers en foule au carnage échauffés,
Criant à haute voix : « Qu'on n'épargne personne ;
C'est Dieu, c'est Médicis, c'est le roi qui l'ordonne ! »
Il entend retentir le nom de Coligny ;
Il aperçoit de loin le jeune Téligny[3],
Téligny dont l'amour a mérité sa fille,
L'espoir de son parti, l'honneur de sa famille,
Qui, sanglant, déchiré, traîné par des soldats,
Lui demandait vengeance, et lui tendait les bras.

« Le héros malheureux, sans armes, sans défense,
Voyant qu'il faut périr, et périr sans vengeance,
Voulut mourir du moins comme il avait vécu,
Avec toute sa gloire et toute sa vertu.

« Déjà des assassins la nombreuse cohorte
Du salon qui l'enferme allait briser la porte ;
Il leur ouvre lui-même, et se montre à leurs yeux
Avec cet œil serein, ce front majestueux,
Tel que dans les combats, maître de son courage,
Tranquille il arrêtait ou pressait le carnage.

« A cet air vénérable, à cet auguste aspect,

---

1. Boileau, dans son *Lutrin*, II, 104, a dit :

   Et toujours le sommeil lui verse des pavots.

2. Ce vers et les suivants sont encore imités de Boileau, épître IV :

   Lorsqu'un cri, tout à coup suivi de mille cris, etc.

3. Le comte de Téligny avait épousé, il y avait dix mois, la fille de l'amiral. Il avait un visage si agréable et si doux que les premiers qui étaient venus pour le tuer s'étaient laissé attendrir à sa vue ; mais d'autres plus barbares le massacrèrent. (*Note de Voltaire*, 1730.)

Les meurtriers surpris sont saisis de respect ;
Une force inconnue a suspendu leur rage.
« Compagnons, leur dit-il, achevez votre ouvrage,
« Et de mon sang glacé souillez ces cheveux blancs,
« Que le sort des combats respecta quarante ans ;
« Frappez, ne craignez rien ; Coligny vous pardonne ;
« Ma vie est peu de chose, et je vous l'abandonne...
« J'eusse aimé mieux la perdre en combattant pour vous... »
Ces tigres à ces mots tombent à ses genoux :
L'un, saisi d'épouvante, abandonne ses armes ;
L'autre embrasse ses pieds, qu'il trempe de ses larmes ;
Et de ses assassins ce grand homme entouré
Semblait un roi puissant par son peuple adoré.

« Besme [1], qui dans la cour attendait sa victime,
Monte, accourt, indigné qu'on diffère son crime ;
Des assassins trop lents il veut hâter les coups ;
Aux pieds de ce héros il les voit trembler tous.
A cet objet touchant lui seul est inflexible ;
Lui seul, à la pitié toujours inaccessible,
Aurait cru faire un crime et trahir Médicis,
Si du moindre remords il se sentait surpris.
A travers les soldats il court d'un pas rapide :
Coligny l'attendait d'un visage intrépide ;
Et bientôt dans le flanc ce monstre furieux
Lui plonge son épée, en détournant les yeux,
De peur que d'un coup d'œil cet auguste visage
Ne fît trembler son bras, et glaçât son courage.

« Du plus grand des Français tel fut le triste sort.
On l'insulte [2], on l'outrage encore après sa mort.

---

1. Besme était un Allemand, domestique de la maison de Guise. Ce misérable étant depuis pris par les protestants, les Rochellois voulurent l'acheter pour le faire écarteler dans leur place publique. Ils proposèrent ensuite de l'échanger contre le brave Montbrun, chef des protestants du Dauphiné, à qui le parlement de Grenoble faisait alors le procès. Montbrun fut exécuté, et Besme tué par un nommé Bretanville. (*Note de Voltaire*, 1730.)

— Cette note est conforme aux éditions de Kehl. Dans toutes les éditions du vivant de l'auteur, de 1730 à 1775, au lieu des deux dernières phrases, on lisait seulement : « mais il fut tué par un nommé Bretanville. »

On a reproché à Voltaire d'avoir dit que Besme était Allemand, tandis qu'il était Bohémien. Mais ne peut-on pas comprendre la Bohême dans l'Allemagne ? (B.)

2. Il est impossible de savoir s'il est vrai que Catherine de Médicis ait envoyé la tête de l'amiral à Rome, comme l'assurent les protestants. (*Note de Voltaire*, 1723.)

Son corps, percé de coups, privé de sépulture,
Des oiseaux dévorants fut l'indigne pâture[1] ;

— Mais il est sûr qu'on porta sa tête à la reine, avec un coffre plein de papiers, parmi lesquels était l'histoire du temps, écrite de la main de Coligny. (*Id.*, 1730.) — On y trouva aussi plusieurs mémoires sur les affaires publiques. Un de ces mémoires avait pour objet d'engager Charles à faire la guerre aux Anglais. Charles IX fit lire ce mémoire à l'ambassadeur d'Angleterre, qui se plaignait à lui de la trahison faite aux protestants, et qui n'en méprisa que plus la politique de la cour de France. Un autre mémoire montrait les dangers auxquels il exposerait la tranquillité de l'Etat s'il donnait un apanage à son frère le duc d'Alençon : on le montra à ce jeune prince, qui regrettait l'amiral. « Je ne sais pas, répondit-il après l'avoir lu, si ce mémoire est d'un de mes amis, mais il est sûrement d'un sujet fidèle. » (K.)

La populace traîna le corps de l'amiral par les rues, et le pendit par les pieds avec une chaîne de fer au gibet de Montfaucon. (*Id.*, 1723.) — Le roi eut la cruauté d'aller lui-même avec sa cour à Montfaucon jouir de cet horrible spectacle. Quelqu'un lui ayant dit que le corps de l'amiral sentait mauvais, il répondit, comme Vitellius : « Le corps d'un ennemi mort sent toujours bon. » (*Id.*, 1723 et 1730.)

Il alla au parlement accuser l'amiral d'une conspiration, et le parlement rendit un arrêt contre le mort, par lequel il ordonna que son corps, après avoir été traîné sur une claie, serait pendu en Grève, ses enfants déclarés roturiers et incapables de posséder aucune charge, sa maison de Châtillon-sur-Loing rasée, les arbres coupés, etc.; et que tous les ans on ferait une procession, le jour de la Saint-Barthélemy, pour remercier Dieu de la découverte de la conspiration, à laquelle l'amiral n'avait pas songé. Malgré cet arrêt, la fille de l'amiral, veuve de Téligny, épousa peu de temps après le prince d'Orange. (*Id.*, 1723, et K.)

Le parlement avait mis quelques années auparavant sa tête à cinquante mille écus ; il est assez singulier que ce soit précisément le même prix qu'il mit depuis à celle du cardinal Mazarin. Le génie des Français est de tourner en plaisanterie les événements les plus affreux : on débita un petit écrit intitulé *Passio Domini nostri Gaspardi Coligni, secundum Bartholomæum*. (*Id.*, 1723.)

Mézeray rapporte, dans sa grande histoire, un fait dont il est très-permis de douter. Il dit que, quelques années auparavant, le gardien du couvent des cordeliers de Saintes, nommé Michel Crellet, condamné par l'amiral à être pendu, lui prédit qu'il mourrait assassiné, qu'il serait jeté par les fenêtres, et ensuite pendu lui-même.

De nos jours, un financier ayant acheté une terre qui avait appartenu aux Coligny, y trouva dans le parc, à quelques pieds sous terre, un coffre de fer rempli de papiers qu'il fit jeter au feu, comme ne produisant aucun revenu. (*Id.*, 1723.)

Le Publiciste du 27 messidor an XII (1er juillet 1804) contient un article intitulé *Monument de l'amiral Gaspard de Coligny*, où il est dit que des amis de l'amiral recueillirent ses restes, et les déposèrent dans les caves du château de Châtillon. Le duc de Luxembourg, propriétaire de ce château en 1786, céda les restes de Coligny à M. de Montesquiou, qui les fit transporter dans sa terre de Maupertuis, où il érigea un mausolée sur l'une des faces duquel on lisait, en caractères de trois pouces : *Ici reposent et sont honorés enfin, après plus de deux siècles, les restes de Gaspard Coligny, amiral de France, tué à la Saint-Barthélemy le* xxiv *août* mdlxxii. (B.)

1. Voltaire a dit dans *OEdipe*, acte I, scène iii :

> Et que son corps sanglant, privé de sépulture,
> Des vautours dévorants devienne la pâture.

Ce qui est une réminiscence d'Homère, *Iliade*, chant Ier, vers 3-5.

Et l'on porta sa tête aux pieds de Médicis,
Conquête digne d'elle, et digne de son fils.
Médicis la reçut avec indifférence,
Sans paraître jouir du fruit de sa vengeance,
Sans remords, sans plaisir, maîtresse de ses sens,
Et comme accoutumée à de pareils présents.

« Qui pourrait cependant exprimer les ravages
Dont cette nuit cruelle étala les images?
La mort de Coligny, prémices des horreurs,
N'était qu'un faible essai de toutes leurs fureurs.
D'un peuple d'assassins les troupes effrénées,
Par devoir et par zèle au carnage acharnées,
Marchaient le fer en main, les yeux étincelants,
Sur les corps étendus de nos frères sanglants.
Guise[1] était à leur tête, et, bouillant de colère,
Vengeait sur tous les miens les mânes de son père.
Nevers[2], Gondi[3] Tavanne[4], un poignard à la main[5],
Échauffaient les transports de leur zèle inhumain ;
Et, portant devant eux la liste de leurs crimes,
Les conduisaient au meurtre, et marquaient les victimes.

« Je ne vous peindrai point le tumulte et les cris,
Le sang de tous côtés ruisselant dans Paris,
Le fils assassiné sur le corps de son père,
Le frère avec la sœur, la fille avec la mère,

---

1. C'était Henri, duc de Guise, surnommé le Balafré, fameux depuis par les barricades, et qui fut tué à Blois. Il était fils du duc François, assassiné par Poltrot. (*Note de Voltaire*, 1730.)

2. Frédéric de Gonzague, de la maison de Mantoue, duc de Nevers, l'un des auteurs de la Saint-Barthélemy. (*Id.*, 1730.)

3. Albert de Gondi, maréchal de Retz, favori de Catherine de Médicis. (*Id.*, 1730.) — C'était lui qui avait appris à Charles IX à jurer et à *renier Dieu*, comme on disait dans ces temps-là. (K.)

4. Gaspard de Tavannes, élevé page de François Ier. Il courait dans les rues la nuit de la Saint-Barthélemy, criant : « Saignez, saignez ; la saignée est aussi bonne au mois d'août qu'au mois de mai. » Son fils, qui a écrit des mémoires, rapporte que son père, étant au lit de la mort, fit une confession générale de sa vie, et que le confesseur lui ayant dit d'un air étonné : « Quoi ! vous ne parlez point de la Saint-Barthélemy ? — Je la regarde, répondit le maréchal, comme une action méritoire qui doit effacer mes autres péchés. » (*Id.*, 1730.)

5. Imitation de Racine (*Athalie*, acte I, scène II) :

> Un poignard à la main, l'implacable Athalie,
> Au carnage animait ses barbares soldats.

Les époux expirant sous leurs toits embrasés,
Les enfants au berceau sur la pierre écrasés :
Des fureurs des humains c'est ce qu'on doit attendre.
Mais ce que l'avenir aura peine à comprendre,
Ce que vous-même encore à peine vous croirez,
Ces monstres furieux, de carnage altérés,
Excités par la voix des prêtres sanguinaires,
Invoquaient le Seigneur en égorgeant leurs frères;
Et, le bras tout souillé du sang des innocents,
Osaient offrir à Dieu cet exécrable encens.

« O combien de héros indignement périrent!
Resnel[1] et Pardaillan chez les morts descendirent;
Et vous, brave Guerchy[2], vous, sage Lavardin,
Digne de plus de vie et d'un autre destin[3].
Parmi les malheureux que cette nuit cruelle
Plongea dans les horreurs d'une nuit éternelle[4],
Marsillac et Soubise[5], au trépas condamnés,
Défendent quelque temps leurs jours infortunés.
Sanglants, percés de coups, et respirant à peine,
Jusqu'aux portes du Louvre on les pousse, on les traîne;
Ils teignent de leur sang ce palais odieux,
En implorant leur roi, qui les trahit tous deux.

---

1. Antoine de Clermont-Resnel, se sauvant en chemise, fut massacré par le fils du baron des Adrets, et par son propre cousin Bussy d'Amboise.
Le marquis de Pardaillan fut tué à côté de lui. (*Note de Voltaire*, 1730.)

2. Guerchy se défendit longtemps dans la rue, et tua quelques meurtriers avant d'être accablé par le nombre; mais le marquis de Lavardin n'eut pas le temps de tirer l'épée. (*Id.*, 1730.)

3. Dans une épître au duc de Bouillon, Chaulieu a dit :

Dignes de plus de vie et de plus de fortune.

4. Ces vers rappellent ceux de Racine (*Andromaque*, acte III, scène VIII) :

Songe, songe, Céphise, à cette nuit cruelle
Qui fut pour tout un peuple une nuit éternelle.

5. Marsillac, comte de La Rochefoucauld, était favori de Charles IX, et avait passé une partie de la nuit avec le roi. Ce prince avait eu quelque envie de le sauver, et lui avait même dit de coucher dans le Louvre; mais enfin il le laissa aller en disant : « Je vois bien que Dieu veut qu'il périsse. »
Soubise portait ce nom, parce qu'il avait épousé l'héritière de la maison de Soubise. Il s'appelait Dupont-Quellenec. Il se défendit très-longtemps, et tomba percé de coups sous les fenêtres de la reine. Comme sa femme lui avait intenté un procès pour cause d'impuissance, les dames de la cour allèrent voir son corps nu et tout sanglant, par une curiosité barbare digne de cette cour abominable. (*Note de Voltaire*, 1730.)

« Du haut de ce palais excitant la tempête,
Médicis à loisir contemplait cette fête :
Ses cruels favoris, d'un regard curieux,
Voyaient les flots de sang regorger sous leurs yeux,
Et de Paris en feu les ruines fatales
Étaient de ces héros les pompes triomphales.

« Que dis-je! ô crime! ô honte! ô comble de nos maux!
Le roi[1], le roi lui-même, au milieu des bourreaux,
Poursuivant des proscrits les troupes égarées,
Du sang de ses sujets souillait ses mains sacrées :
Et ce même Valois que je sers aujourd'hui[2],

---

1. Voici ce que Brantôme ne fait pas difficulté d'avouer lui-même dans ses mémoires : « Quand il fut jour, le roi mit la tête à la fenêtre de sa chambre, et voyant aucuns dans le faubourg Saint-Germain qui se remuoient et se sauvoient, il prit une grande arquebuse de chasse qu'il avoit, et en tiroit tout plein de coups à eux, mais en vain, car l'arquebuse ne tiroit si loin; incessamment crioit : *Tuez, tuez.* »

Plusieurs personnes ont entendu conter à M. le maréchal de Tessé que, dans son enfance, il avait vu un gentilhomme âgé de plus de cent ans, qui avait été fort jeune dans les gardes de Charles IX. Il interrogea ce vieillard sur la Saint-Barthélemy, et lui demanda s'il était vrai que le roi eût tiré sur les huguenots. « C'était moi, monsieur, répondit le vieillard, qui chargeais son arquebuse. »

Henri IV dit publiquement plus d'une fois qu'après la Saint-Barthélemy une nuée de corbeaux était venue se percher sur le Louvre, et que, pendant sept nuits, le roi, lui, et toute la cour, entendirent des gémissements et des cris épouvantables à la même heure. Il racontait un prodige encore plus étrange : il disait que, quelques jours avant les massacres, jouant aux dés avec le duc d'Alençon et le duc de Guise, il vit des gouttes de sang sur la table; que par deux fois il les fit essuyer, que deux fois elles reparurent, et qu'il quitta le jeu saisi d'effroi. (*Note de Voltaire*, 1723.)

— Je crois que le commencement de cette note est des éditeurs de Kehl. Dans l'édition de 1723, au lieu du premier alinéa, on lisait : « Charles IX avait eu la barbarie de tirer lui-même, avec une arquebuse, sur les huguenots qu'il voyait fuir. »

Cette phrase fut supprimée dans les éditions postérieures à 1724; mais dans les éditions de 1730 à 1775, au lieu de : « Plusieurs personnes ont entendu, etc., » il y a : « J'ai entendu. »

Voltaire reparle de la barbarie que Charles IX eut de tirer sur les protestants, dans son *Essai sur les guerres civiles*, qui fait partie du présent volume. (B.)

2. On trouve dans les *Mémoires de Villeroi* un discours de Henri III à un de ses confidents, sur la Saint-Barthélemy, où ce prince disculpe Charles IX, et accuse sa mère et lui-même. Charles IX, suivant ce récit, fut entraîné par les sollicitations de sa mère et de son frère, qui lui avouèrent que l'assassinat de Coligny s'était commis par leur ordre, et qu'il fallait ou les immoler à l'amiral, ou ordonner le massacre des protestants, pour lequel ils avaient d'avance pris des mesures. M. de Voltaire ne pouvait admettre ce récit sans rendre Valois trop odieux : d'ailleurs cette pièce n'est rien moins qu'authentique. (K.)

Ce roi qui par ma bouche implore votre appui,
Partageant les forfaits de son barbare frère,
A ce honteux carnage excitait sa colère.
Non qu'après tout Valois ait un cœur inhumain,
Rarement dans le sang il a trempé sa main ;
Mais l'exemple du crime assiégeait sa jeunesse ;
Et sa cruauté même était une faiblesse.

« Quelques-uns, il est vrai, dans la foule des morts,
Du fer des assassins trompèrent les efforts.
De Caumont[1], jeune enfant, l'étonnante aventure

---

1. **Caumont**, qui échappa à la Saint-Barthélemy, est le fameux maréchal de La Force, qui depuis se fit une si grande réputation, et qui vécut jusqu'à l'âge de quatre-vingt-quatre ans. (*Note de Voltaire*, 1723.) — Il a laissé des mémoires qui n'ont point été imprimés, et qui doivent être encore dans la maison de La Force. (*Id.*, 1730.)

Mézeray, dans sa grande histoire, dit que le jeune Caumont, son père, et son frère, couchaient dans un même lit ; que son père et son frère furent massacrés, et qu'il échappa comme par miracle, etc. C'est sur la foi de cet historien que j'ai mis en vers cette aventure. (*Id.*, 1723.)

Les circonstances dont Mézeray appuie son récit ne me permettaient pas de douter de la vérité du fait, tel qu'il le rapporte : mais depuis, M. le duc de La Force m'a fait voir les mémoires manuscrits de ce même maréchal de La Force, écrits de sa propre main. Le maréchal y conte son aventure d'une autre façon : cela fait voir comme il faut se fier aux historiens.

Voici l'extrait des particularités curieuses que le maréchal de La Force raconte de la Saint-Barthélemy :

Deux jours avant la Saint-Barthélemy, le roi avait ordonné au parlement de relâcher un officier qui était prisonnier à la Conciergerie ; le parlement n'en ayant rien fait, le roi avait envoyé quelques-uns de ses gardes enfoncer les portes de la prison, et tirer de force le prisonnier. Le lendemain, le parlement vint faire ses remontrances au roi : tous ces messieurs avaient mis leurs bras en écharpe, pour faire voir à Charles IX qu'il avait estropié la justice. Tout cela avait fait beaucoup de bruit ; et, au commencement du massacre, on persuada d'abord aux huguenots que le tumulte qu'ils entendaient venait d'une sédition excitée dans le peuple à l'occasion de l'affaire du parlement.

Cependant un maquignon, qui avait vu le duc de Guise entrer avec des satellites chez l'amiral de Coligny, et qui, se glissant dans la foule, avait été témoin de l'assassinat de ce seigneur, courut aussitôt en donner avis au sieur de Caumont de La Force, à qui il avait vendu dix chevaux huit jours auparavant.

La Force et ses deux fils logeaient au faubourg Saint-Germain, aussi bien que plusieurs calvinistes. Il n'y avait point encore de pont qui joignît ce faubourg à la ville. On s'était saisi de tous les bateaux par ordre de la cour, pour faire passer les assassins dans le faubourg. Ce maquignon se jette à la nage, passe à l'autre bord, et avertit M. de La Force de son danger. La Force était déjà sorti de sa maison ; il avait encore eu le temps de se sauver ; mais, voyant que ses enfants ne venaient pas, il retourna les chercher. A peine est-il rentré chez lui, que les assassins arrivent : un nommé Martin, à leur tête, entre dans sa chambre, le désarme, lui et ses deux enfants, et lui dit, avec des serments affreux, qu'il faut mourir. La Force lui proposa une rançon de deux mille écus : le capitaine l'accepte ; La Force lui

Ira de bouche en bouche à la race future.
Son vieux père, accablé sous le fardeau des ans,
Se livrait au sommeil entre ses deux enfants;
Un lit seul enfermait et les fils et le père.

jure de la payer dans deux jours; et aussitôt les assassins, après avoir tout pillé dans la maison, disent à La Force et à ses enfants de mettre leurs mouchoirs en croix sur leurs chapeaux, et leur font retrousser leur manche droite sur l'épaule : c'était la marque des meurtriers. En cet état ils leur font passer la rivière, et les amènent dans la ville. Le maréchal de La Force assure qu'il vit la rivière couverte de morts. Son père, son frère, et lui, abordèrent devant le Louvre; là ils virent égorger plusieurs de leurs amis, et entre autres le brave de Piles, père* de celui qui tua en duel le fils de Malherbe. De là le capitaine Martin mena ses prisonniers dans sa maison, rue des Petits-Champs, fit jurer à La Force que ni lui ni ses enfants ne sortiraient point de là avant d'avoir payé les deux mille écus, les laissa en garde à deux soldats suisses, et alla chercher quelques autres calvinistes à massacrer dans la ville.

L'un des deux Suisses, touché de compassion, offrit aux prisonniers de les faire sauver. La Force n'en voulut jamais rien faire; il répondit qu'il avait donné sa parole, et qu'il aimait mieux mourir que d'y manquer. Une tante qu'il avait lui trouva les deux mille écus; et l'on allait les délivrer au capitaine Martin, lorsque le comte de Coconas (celui-là même à qui depuis on coupa le cou) vint dire à La Force que le duc d'Anjou demandait à lui parler. Aussitôt il fit descendre le père et les enfants nu-tête et sans manteau. La Force vit bien qu'on le menait à la mort; il suivit Coconas, en le priant d'épargner ses deux enfants innocents. Le plus jeune, âgé de treize ans, qui s'appelait Jacques Nompar, et qui a écrit ceci, éleva la voix, et reprocha à ces meurtriers leurs crimes, en leur disant qu'ils en seraient punis de Dieu. Cependant les deux enfants sont menés avec leur père au bout de la rue des Petits-Champs; on donne d'abord plusieurs coups de poignard à l'aîné, qui s'écrie : « Ah, mon père! ah, mon Dieu! je suis mort. » Dans le même moment le père tombe percé de coups sur le corps de son fils. Le plus jeune, couvert de leur sang, mais qui, par un miracle étonnant, n'avait reçu aucun coup, eut la prudence de s'écrier aussi : « Je suis mort. » Il se laissa tomber entre son père et son frère, dont il reçut les derniers soupirs. Les meurtriers, les croyant tous morts, s'en allèrent en disant : « Les voilà bien tous trois. » Quelques malheureux vinrent ensuite dépouiller les corps : il restait un bas de toile au jeune La Force; un marqueur du jeu de paume du Verdelet voulut avoir ce bas de toile; en le tirant, il s'amusa à considérer le corps de ce jeune enfant : « Hélas! dit-il, c'est bien dommage; celui-ci n'est qu'un enfant, que peut-il avoir fait? » Ces paroles de compassion obligèrent le petit La Force à lever doucement la tête, et lui dire tout bas : « Je ne suis pas encore mort. » Ce pauvre homme lui répondit : « Ne bougez, mon enfant, ayez patience. » Sur le soir il le vint chercher; il lui dit : « Levez-vous, ils n'y sont plus; » et lui mit sur les épaules un méchant manteau. Comme il le conduisait, quelqu'un des bourreaux lui demanda : « Qui est ce jeune garçon? — C'est mon neveu, lui dit-il, qui s'est enivré; vous voyez comme il s'est accommodé; je m'en vais bien lui donner le fouet. » Enfin le pauvre marqueur le mena chez lui, et lui demanda trente écus pour sa récompense. De là le jeune La Force se fit conduire, déguisé en gueux, jusqu'à l'Arsenal, chez le maréchal de Biron, son parent, grand-maître de l'artillerie; on le cacha quelque temps dans la chambre des filles; enfin, sur le bruit que la cour le fai-

---

* Ou plutôt grand-père. (G. A.)

Les meurtriers ardents, qu'aveuglait la colère,
Sur eux à coups pressés enfoncent le poignard :
Sur ce lit malheureux la mort vole au hasard.

« L'Éternel en ses mains tient seul nos destinées ;
Il sait, quand il lui plaît, veiller sur nos années,
Tandis qu'en ses fureurs l'homicide est trompé[1].
D'aucun coup, d'aucun trait, Caumont ne fut frappé.
Un invisible bras, armé pour sa défense,
Aux mains des meurtriers dérobait son enfance ;
Son père, à son côté, sous mille coups mourant,
Le couvrait tout entier de son corps expirant ;
Et, du peuple et du roi trompant la barbarie,
Une seconde fois il lui donna la vie.

« Cependant que faisais-je en ces affreux moments ?
Hélas ! trop assuré sur la foi des serments,
Tranquille au fond du Louvre, et loin du bruit des armes,
Mes sens d'un doux repos goûtaient encor les charmes.
O nuit, nuit effroyable ! ô funeste sommeil !
L'appareil de la mort éclaira mon réveil.
On avait massacré mes plus chers domestiques ;
Le sang de tous côtés inondait mes portiques :

sait chercher pour s'en défaire, on le fit sauver en habit de page, sous le nom de Beaupui. (*Id.*, 1723.)

— A une phrase près, qui est de 1730, ainsi que je l'ai indiqué, toute cette note est de 1723 ; mais Voltaire ne rapporte pas textuellement le passage des *Mémoires* (encore inédits) du maréchal de La Force. Le fragment de ces *Mémoires* relatif à la Saint-Barthélemy fut imprimé dans le *Mercure* de novembre 1765, pages 31-51, et réimprimé en 1783, par J.-B.-B. de Laborde, dans l'édition qu'il donna de l'*Histoire secrète de Bourgogne* ; mais il fut supprimé, et ne se trouve que dans quelques exemplaires de cette *Histoire*.

Dans son *Siècle de Louis XIV*, Voltaire dit que le maréchal de La Force mourut en 1652, à quatre-vingt-dix-sept ans. A ce compte, il aurait eu dix-sept ans en 1572. Il n'en avait que quatre ou cinq, s'il est mort à quatre-vingt-quatre ans.

Quant au de Piles qui tua en duel un fils de Malherbe en 1628, ce ne peut être que le petit-fils du protestant égorgé en 1572, et dont le fils, en 1628, ne pouvait avoir moins de cinquante-six ans. M. de Fortia (*Biographie universelle*, tome XXXIV, page 447) observe que Balzac dit formellement que l'adversaire du fils de Malherbe était un gentilhomme de Provence qui n'avait pas vingt-cinq ans. (B.)

1. Racine a dit dans *Esther*, acte I, scène I :

> Dieu tient le cœur des rois entre ses mains puissantes ;
> Il fait que tout prospère aux âmes innocentes,
> Tandis qu'on ses projets l'orgueilleux est trompé.

Et je n'ouvris les yeux que pour envisager
Les miens que sur le marbre on venait d'égorger [1].
Les assassins sanglants vers mon lit s'avancèrent ;
Leurs parricides mains devant moi se levèrent ;
Je touchais au moment qui terminait mon sort ;
Je présentai ma tête, et j'attendis la mort.

« Mais, soit qu'un vieux respect pour le sang de leurs maîtres
Parlât [2] encor pour moi dans le cœur de ces traîtres ;
Soit que de Médicis l'ingénieux courroux
Trouvât pour moi la mort un supplice trop doux ;
Soit qu'enfin, s'assurant d'un port durant l'orage,
Sa prudente fureur me gardât pour otage,
On réserva ma vie à de nouveaux revers,
Et bientôt de sa part on m'apporta des fers [3].

« Coligny, plus heureux et plus digne d'envie,
Du moins, en succombant, ne perdit que la vie ;
Sa liberté, sa gloire au tombeau le suivit...
Vous frémissez, madame, à cet affreux récit :
Tant d'horreur vous surprend ; mais de leur barbarie
Je ne vous ai conté que la moindre partie.
On eût dit que, du haut de son Louvre fatal,
Médicis à la France eût donné le signal ;

1. Lagrange-Chancel a dit dans *Amasis*, acte I, scène I :

Sur son corps tout sanglant, mourante, inanimée,
Ne recouvra ses sens que pour envisager
Cinq fils que sur le marbre on venait d'égorger.

2. J.-J. Rousseau, dans ses *Confessions*, livre III, raconte que la lecture de ce passage de *la Henriade* le corrigea d'une faute d'orthographe qu'il faisait avec tous les Genevois. « Ce mot *parlât*, qui me frappa, dit-il, m'apprit qu'il fallait un *t* à la troisième personne du subjonctif, au lieu qu'auparavant je l'écrivais et prononçais *parla* comme le parfait de l'indicatif. » (B.)

3. Plusieurs gentilshommes attachés à Henri IV furent assassinés dans son appartement : on les y poursuivit jusque dans la chambre de la reine sa femme, sœur de Charles IX, qui leur sauva la vie en se jetant entre eux et les meurtriers. Henri IV et le prince de Condé, son cousin, furent arrêtés ; on les menaça de la mort, et on les força d'abjurer le calvinisme. Les prêtres s'appuyèrent depuis de cette abjuration pour le traiter de relaps. Des historiens ont rapporté que Charles IX et sa mère allèrent à l'Hôtel de Ville pour être témoins de l'exécution de Briquemant et de Cavagne, condamnés à mort comme complices de la prétendue conspiration qu'on avait la bassesse d'imputer à l'amiral de Coligny, et que l'on obligea Henri IV et le prince de Condé de suivre et d'accompagner le roi. (K.)

Tout imita Paris[1] : la mort sans résistance
Couvrit en un moment la face de la France.
Quand un roi veut le crime, il est trop obéi !
Par cent mille assassins son courroux fut servi ;
Et des fleuves français les eaux ensanglantées
Ne portaient que des morts aux mers épouvantées[2]. »

1. On envoya d'abord des courriers aux commandants des provinces et aux chefs des principales villes, pour ordonner le massacre. Quelque temps après on envoya un contre-ordre; et le massacre s'exécuta, malgré ce contre-ordre, dans quelques villes, à Lyon entre autres, où le parti des Guises dominait : mais, dans un grand nombre, les chefs catholiques s'opposèrent à l'exécution de ces ordres : le comte de Tende, en Provence; Gordes, de la maison de Simiane, en Dauphiné; Saint-Herem, en Auvergne; Charny, de la maison de Chabot, en Bourgogne; La Guiche, à Mâcon; le brave d'Ortez, à Bayonne; Villars, consul de Nîmes; les évêques d'Angers, de Lisieux, etc., etc. Beaucoup de protestants furent sauvés par leurs parents, par leurs amis, quelques-uns même par des prêtres : de ce nombre fut un Tronchin, qui resta plusieurs jours caché à Troyes dans un tonneau, et, s'étant retiré à Genève, y a été la tige de la famille de ce nom. (K.)

— C'est d'après ce que Voltaire avait écrit dans son *Essai sur les guerres civiles en France* (qui fait partie du présent volume), qu'on met le commandant en Auvergne et l'évêque de Lisieux au nombre des personnes qui s'opposèrent au massacre des protestants; mais voyez ma note sur ce passage de l'*Essai sur les guerres civiles*. (B.)

2. Dans le chant III de *la Pucelle*, Chapelain a dit :

> De tant de corps meurtris la Loire ensanglantée
> Aux maritimes flots courut épouvantée.

FIN DU CHANT DEUXIÈME.

VARIANTES

DU CHANT DEUXIÈME.

Vers 48. — Quelques éditions portent :

> A la cour de son fils.

Vers 64. — Édition de 1723 :

> Tous les défauts du sexe avec peu de vertus.
> Ce mot m'est échappé, je parle avec franchise.

Vers 78. — Édition de 1723 :

> Préparait à son fils une éternelle enfance.

Vers 80. — Éditions de 1723 à 1764 :

> Marqua par cent combats son empire nouveau.

Vers 87. — Éditions de 1723 à 1730 :

> Se vit assassiné.

Vers 99. — Au lieu de ce vers et des cinq qui le suivent, il y a dans les éditions de 1723 et 1728 :

> Hélas! je pleure encore et pleurerai toujours
> L'indigne assassinat qui termina ses jours.

Vers 222. — Édition de 1723 :

> Besme, qui dans la cour attendait sa victime,
> Monte, tout indigné qu'on diffère son crime.

Palissot a remplacé ces deux vers par ceux-ci, qu'il dit tenir de Voltaire, mais qui n'étaient dans aucune édition :

> Mais des fureurs de Guise instrument mercenaire,
> Besme veut par le crime acheter son salaire ;
> Des assassins trop lents il vient hâter les coups. (B.)

Vers 319. — J'ai suivi le texte des éditions données du vivant de l'auteur ; les éditions précédentes portent :

> Son père à ses côtés. (B.)

Vers 328. — Édition de 1723 :

> Parut à mon réveil.

CHANT TROISIÈME.

ARGUMENT.

Le héros continue l'histoire des guerres civiles de France. Mort funeste de Charles IX. Règne de Henri III. Son caractère. Celui du fameux duc de Guise, connu sous le nom de *Balafré*. Bataille de Coutras. Meurtre du duc de Guise. Extrémités où Henri III est réduit. Mayenne est le chef de la Ligue; d'Aumale en est le héros. Réconciliation de Henri III et de Henri roi de Navarre. Secours que promet la reine Élisabeth. Sa réponse à Henri de Bourbon.

« Quand l'arrêt des destins eut, durant quelques jours,
A tant de cruautés permis un libre cours,
Et que des assassins, fatigués de leurs crimes,
Les glaives émoussés manquèrent de victimes,
Le peuple, dont la reine avait armé le bras,
Ouvrit enfin les yeux, et vit ses attentats.
Aisément sa pitié succède à sa furie :
Il entendit gémir la voix de la patrie.
Bientôt Charles lui-même en fut saisi d'horreur;
Le remords dévorant s'éleva dans son cœur.
Des premiers ans du roi la funeste culture
N'avait que trop en lui corrompu la nature;
Mais elle n'avait point étouffé cette voix
Qui jusque sur le trône épouvante les rois.
Par sa mère élevé, nourri dans ses maximes,
Il n'était point, comme elle, endurci dans les crimes.
Le chagrin vint flétrir la fleur de ses beaux jours;
Une langueur mortelle en abrégea le cours :
Dieu, déployant sur lui sa vengeance sévère,
Marqua ce roi mourant du sceau de sa colère,
Et par son châtiment voulut épouvanter [1]
Quiconque à l'avenir oserait l'imiter.

---

1. Voltaire a dit dans *Artémire*, acte II, scène III :

Puisse dans l'avenir ta mort épouvanter
Les ministres des rois qui pourraient t'imiter !

Et dans *Brutus*, acte V, scène VII :

Par mon juste supplice il faut épouvanter
Les Romains, s'il en est qui puissent m'imiter.

Je le vis[1] expirant. Cette image effrayante
A mes yeux attendris semble être encor présente.
Son sang, à gros bouillons de son corps élancé,
Vengeait le sang français par ses ordres versé ;
Il se sentait frappé d'une main invisible ;
Et le peuple, étonné de cette fin terrible,
Plaignit un roi si jeune et si tôt moissonné,
Un roi par les méchants dans le crime entraîné,
Et dont le repentir permettait à la France
D'un empire plus doux quelque faible espérance.

« Soudain du fond du Nord, au bruit de son trépas,
L'impatient Valois, accourant à grands pas,
Vint saisir dans ces lieux, tout fumants de carnage,
D'un frère infortuné le sanglant héritage.

« La Pologne[2] en ce temps avait, d'un commun choix,
Au rang des Jagellons placé l'heureux Valois ;
Son nom, plus redouté que les plus puissants princes,
Avait gagné pour lui les voix de cent provinces.
C'est un poids bien pesant qu'un nom trop tôt fameux !
Valois ne soutint pas ce fardeau dangereux.
Qu'il ne s'attende point que je le justifie :
Je lui peux immoler mon repos et ma vie,
Tout, hors la vérité, que je préfère à lui.
Je le plains, je le blâme, et je suis son appui.

« Sa gloire avait passé comme une ombre légère.

---

1. Charles IX fut toujours malade depuis la Saint-Barthélemy, et mourut environ deux ans après, le 30 mai 1574, tout baigné dans son sang, qui lui sortait par les pores. (*Note de Voltaire*, 1730.)
— Henri IV fut témoin de la mort de Charles IX. Ce prince, dont il avait reçu tant d'outrages, le fit appeler peu d'heures avant de mourir ; il lui recommanda sa femme et sa fille, comme à l'héritier naturel de la couronne, et à un prince dont il connaissait la grandeur d'âme et la bonne foi. Il l'avertit ensuite de se défier de... (Mais il prononça ce nom, et quelques paroles qui suivirent, de manière à n'être pas entendu de ceux qui étaient dans la chambre). « Monsieur, il ne faut pas dire cela, dit la reine mère, qui était présente. — Pourquoi ne pas le dire ? répondit Charles IX ; cela est vrai. » Il est vraisemblable que c'est de Henri III qu'il parlait : il connaissait tous ses vices, et l'avait pris en horreur depuis qu'il l'avait vu retarder son départ pour la Pologne, dans l'espérance de sa mort prochaine. (K.)
2. La réputation qu'il avait acquise à Jarnac et à Moncontour, soutenue de l'argent de la France, l'avait fait élire roi de Pologne en 1573. Il succéda à Sigismond II, dernier prince de la race des Jagellons. (*Note de Voltaire*, 1730.)

Ce changement est grand, mais il est ordinaire :
On a vu plus d'un roi, par un triste retour,
Vainqueur dans les combats, esclave dans sa cour.
Reine, c'est dans l'esprit qu'on voit le vrai courage.
Valois reçut des cieux des vertus en partage :
Il est vaillant, mais faible ; et, moins roi que soldat,
Il n'a de fermeté qu'en un jour de combat.
Ses honteux favoris, flattant son indolence,
De son cœur, à leur gré, gouvernaient l'inconstance ;
Au fond de son palais, avec lui renfermés,
Sourds aux cris douloureux des peuples opprimés,
Ils dictaient par sa voix leurs volontés funestes ;
Des trésors de la France ils dissipaient les restes ;
Et le peuple accablé, poussant de vains soupirs,
Gémissait de leur luxe, et payait leurs plaisirs.

« Tandis que, sous le joug de ses maîtres avides,
Valois pressait l'État du fardeau des subsides,
On vit paraître Guise[1], et le peuple inconstant
Tourna bientôt ses yeux vers cet astre éclatant.
Sa valeur, ses exploits, la gloire de son père,
Sa grâce, sa beauté, cet heureux don de plaire,
Qui mieux que la vertu sait régner sur les cœurs,
Attiraient tous les vœux par des charmes vainqueurs.

« Nul ne sut mieux que lui le grand art de séduire ;
Nul sur ses passions n'eut jamais plus d'empire,
Et ne sut mieux cacher, sous des dehors trompeurs,
Des plus vastes desseins les sombres profondeurs.
Altier, impérieux, mais souple et populaire,
Des peuples en public il plaignait la misère,
Détestait des impôts le fardeau rigoureux ;
Le pauvre allait le voir, et revenait heureux[2] :
Il savait prévenir la timide indigence ;
Ses bienfaits dans Paris annonçaient sa présence ;

---

1. Henri de Guise le Balafré, né, en 1550, de François de Guise et d'Anne d'Este. Il exécuta le grand projet de la Ligue, formé par le cardinal de Lorraine son oncle, du temps du concile de Trente, et entamé par François, son père. (*Note de Voltaire*, 1730.)

2. Boileau a dit dans son épître I, vers 112 :

Qu'on n'alla jamais voir sans revenir heureux.

Il se faisait aimer des grands qu'il haïssait;
Terrible et sans retour alors qu'il offensait;
Téméraire en ses vœux, sage en ses artifices;
Brillant par ses vertus, et même par ses vices;
Connaissant le péril, et ne redoutant rien;
Heureux guerrier, grand prince, et mauvais citoyen.

« Quand il eut quelque temps essayé sa puissance,
Et du peuple aveuglé cru fixer l'inconstance,
Il ne se cacha plus, et vint ouvertement
Du trône de son roi briser le fondement.
Il forma dans Paris cette Ligue funeste,
Qui bientôt de la France infecta tout le reste;
Monstre affreux, qu'ont nourri les peuples et les grands,
Engraissé de carnage, et fertile en tyrans.

« La France dans son sein vit alors deux monarques:
L'un n'en possédait plus que les frivoles marques;
L'autre, inspirant partout l'espérance ou l'effroi,
A peine avait besoin du vain titre de roi.

« Valois se réveilla du sein de son ivresse.
Ce bruit, cet appareil, ce danger qui le presse,
Ouvrirent un moment ses yeux appesantis;
Mais du jour importun ses regards éblouis
Ne distinguèrent point, au fort de la tempête,
Les foudres menaçants qui grondaient sur sa tête;
Et, bientôt fatigué d'un moment de réveil,
Las, et se rejetant dans les bras du sommeil,
Entre ses favoris, et parmi les délices,
Tranquille, il s'endormit au bord des précipices.
Je lui restais encore; et, tout prêt de périr,
Il n'avait plus que moi qui pût le secourir:
Héritier, après lui, du trône de la France,
Mon bras sans balancer s'armait pour sa défense;
J'offrais à sa faiblesse un nécessaire appui;
Je courais le sauver, ou me perdre avec lui.

« Mais Guise, trop habile, et trop savant à nuire,
L'un par l'autre, en secret, songeait à nous détruire.
Que dis-je! il obligea Valois à se priver
De l'unique soutien qui le pouvait sauver.

De la religion le prétexte ordinaire
Fut un voile honorable à cet affreux mystère.
Par sa feinte vertu tout le peuple échauffé
Ranima son courroux encor mal étouffé.
Il leur représentait le culte de leurs pères,
Les derniers attentats des sectes étrangères,
Me peignait ennemi de l'Église et de Dieu :
Il porte, disait-il, ses erreurs en tout lieu;
Il suit d'Élisabeth les dangereux exemples;
Sur vos temples détruits il va fonder ses temples [1];
Vous verrez dans Paris ses prêches criminels [2].

« Tout le peuple, à ces mots, trembla pour ses autels.
Jusqu'au palais du roi l'alarme en est portée.
La Ligue, qui feignait d'en être épouvantée,
Vient de la part de Rome annoncer à son roi
Que Rome lui défend de s'unir avec moi.
Hélas! le roi, trop faible, obéit sans murmure;
Et, lorsque je volais pour venger son injure,
J'apprends que mon beau-frère, à la Ligue soumis,
S'unissait, pour me perdre, avec ses ennemis;
De soldats, malgré lui, couvrait déjà la terre,
Et par timidité me déclarait la guerre.
Je plaignis sa faiblesse; et, sans rien ménager,
Je courus le combattre, au lieu de le venger.
De la Ligue, en cent lieux, les villes alarmées
Contre moi dans la France enfantaient des armées :
Joyeuse, avec ardeur, venait fondre sur moi,
Ministre impétueux des faiblesses du roi :
Guise, dont la prudence égalait le courage,
Dispersait mes amis, leur fermait le passage.
D'armes et d'ennemis pressé de toutes parts,
Je les défiai tous, et tentai les hasards.

« Je cherchai dans Coutras ce superbe Joyeuse [3].

---

1. Ce vers a été omis dans les éditions de 1723 et 1724; il fut rétabli en 1728.(B.)
2. On reprit l'auteur d'avoir mis le mot de *prêches* dans un poëme épique. Il répondit que tout peut y entrer, et que l'épithète de *criminels* relève l'expression de *prêches*. (*Note de Voltaire*, 1768.)
3. Anne, duc de Joyeuse, donna la bataille de Coutras contre Henri IV, alors roi de Navarre, le 20 octobre 1587. On comparait son armée à celle de Darius, et l'armée de Henri IV à celle d'Alexandre. Joyeuse fut tué dans la bataille par

Vous savez sa défaite et sa fin malheureuse :
Je dois vous épargner des récits superflus.
— Non, je ne reçois point vos modestes refus ;
Non, ne me privez point, dit l'auguste princesse,
D'un récit qui m'éclaire autant qu'il m'intéresse ;
N'oubliez point ce jour, ce grand jour de Coutras,
Vos travaux, vos vertus, Joyeuse, et son trépas :
L'auteur de tant d'exploits doit seul me les apprendre ;
Et peut-être je suis digne de les entendre. »
Elle dit. Le héros, à ce discours flatteur,
Sentit couvrir son front d'une noble rougeur ;
Et réduit, à regret, à parler de sa gloire,
Il poursuivit ainsi cette fatale histoire :

« De tous les favoris qu'idolâtrait Valois[1],
Qui flattaient sa mollesse et lui donnaient des lois,
Joyeuse, né d'un sang chez les Français insigne,
D'une faveur si haute était le moins indigne :
Il avait des vertus ; et si de ses beaux jours
La Parque, en ce combat, n'eût abrégé le cours,
Sans doute aux grands exploits son âme accoutumée
Aurait de Guise, un jour, atteint la renommée.
Mais, nourri jusqu'alors au milieu de la cour,
Dans le sein des plaisirs, dans les bras de l'amour,
Il n'eut à m'opposer qu'un excès de courage,
Dans un jeune héros dangereux avantage.
Les courtisans en foule, attachés à son sort,
Du sein des voluptés s'avançaient à la mort.
Des chiffres amoureux, gages de leurs tendresses,
Traçaient sur leurs habits les noms de leurs maîtresses ;
Leurs armes éclataient du feu des diamants,
De leurs bras énervés frivoles ornements.
Ardents, tumultueux, privés d'expérience,
Ils portaient au combat leur superbe imprudence :
Orgueilleux de leur pompe, et fiers d'un camp nombreux,
Sans ordre ils s'avançaient d'un pas impétueux.

deux capitaines d'infanterie nommés Bordeaux et Descentiers. (*Note de Voltaire*, 1730.)

1. Il avait épousé la sœur de la femme de Henri III. Dans son ambassade à Rome, il fut traité comme frère du roi. Il avait un cœur digne de sa grande fortune. Un jour, ayant fait attendre trop longtemps les deux secrétaires d'État dans l'antichambre du roi, il leur en fit ses excuses, en leur abandonnant un don de cent mille écus que le roi venait de lui faire. (*Id.*, 1730.)

CHANT III.

« D'un éclat différent mon camp frappait leur vue :
Mon armée, en silence à leurs yeux étendue,
N'offrait de tous côtés que farouches soldats,
Endurcis aux travaux, vieillis dans les combats,
Accoutumés au sang, et **couverts de blessures :
Leur fer et leurs** mousquets composaient leurs parures.
Comme eux vêtu sans pompe, armé de fer comme eux,
Je conduisais aux coups leurs escadrons poudreux ;
Comme eux, de mille morts affrontant la tempête,
Je n'étais distingué qu'en marchant à leur tête.
Je vis nos ennemis vaincus et renversés,
Sous nos coups expirants, devant nous dispersés :
A regret dans leur sein j'enfonçais cette épée,
Qui du sang espagnol eût été mieux trempée[1].

« Il le faut avouer, parmi ces courtisans
Que moissonna le fer en la fleur de leurs ans,
Aucun ne fut percé que de coups honorables :
Tous fermes dans leur poste, et tous inébranlables,
Ils voyaient devant eux avancer le trépas,
Sans détourner les yeux, sans reculer d'un pas.
Des courtisans français tel est le caractère[2] :
La paix n'amollit point leur valeur ordinaire ;
De l'ombre du repos ils volent aux hasards ;
Vils flatteurs à la cour, héros aux champs de Mars[3].

« Pour moi, dans les horreurs d'une mêlée affreuse,
J'ordonnais, mais en vain, qu'on épargnât Joyeuse :
Je l'aperçus bientôt porté par des soldats,
Pâle, et déjà couvert des ombres du trépas.

---

1 Horace a dit, livre I, ode II, vers 21-22 :

> Audiet cives acuisse ferrum,
> Quo graves Persæ melius perirent ;

Et Corneille (dans *le Cid*, acte III, scène VI) :

> Leurs vaillantes mains
> Se tremperont bien mieux au sang des Africains.

2. Ce vers rappelle celui de *Zaïre* (acte II, scène III) :

> Des chevaliers français tel est le caractère.

3. Boileau a dit (*Lutrin*, chant IV, vers 10) :

> Valet souple au logis, fier huissier à l'église.

Telle une tendre fleur, qu'un matin voit éclore
Des baisers du Zéphire et des pleurs de l'Aurore [1],
Brille un moment aux yeux, et tombe, avant le temps,
Sous le tranchant du fer, ou sous l'effort des vents.

« Mais pourquoi rappeler cette triste victoire?
Que ne puis-je plutôt ravir à la mémoire
Les cruels monuments de ces affreux succès!
Mon bras n'est encor teint que du sang des Français [2] :
Ma grandeur, à ce prix, n'a point pour moi de charmes,
Et mes lauriers sanglants sont baignés de mes larmes.

« Ce malheureux combat ne fit qu'approfondir
L'abîme dont Valois voulait en vain sortir.
Il fut plus méprisé, quand on vit sa disgrâce;
Paris fut moins soumis, la Ligue eut plus d'audace,
Et la gloire de Guise, aigrissant ses douleurs,
Ainsi que ses affronts redoubla ses malheurs.
Guise [3], dans Vimory, d'une main plus heureuse,
Vengea sur les Germains la perte de Joyeuse;
Accabla, dans Auneau, mes alliés surpris;
Et, couvert de lauriers, se montra dans Paris.
Ce vainqueur y parut comme un dieu tutélaire.
Valois vit triompher son superbe adversaire,

---

1. Imitation de Virgile (*Æn.*, IX, 435-37):

> Purpureus veluti cum flos, succisus aratro,
> Languescit moriens; lassove papavera collo
> Demisere caput, pluvia cum forte gravantur.

Dans son poëme d'*Adonis*, vers 531-32, **La Fontaine** a dit :

> Les fleurs, présent de Flore,
> Filles du blond Sommeil et des pleurs de l'Aurore.

Cette dernière expression a aussi été employée par Bernard dans son ode sur la Rose :

> Tendre fruit des pleurs de l'Aurore.

2. Dans *Adélaïde du Guesclin*, acte II, scène I, Voltaire a dit :

> Et ce bras qui n'est teint que du sang des Français.

Le vers qu'on lit aujourd'hui dans *la Henriade* est de 1737. (B.)

3. Dans le même temps que l'armée du roi était battue à Coutras, le duc de Guise faisait des actions d'un très-habile général contre une armée nombreuse de reîtres venus au secours de Henri IV; et, après les avoir harcelés et fatigués longtemps, il les défit au village d'Auneau. (*Note de Voltaire*, 1730.)

CHANT III.

Qui, toujours insultant à ce prince abattu,
Semblait l'avoir servi moins que l'avoir vaincu.

« La honte irrite enfin le plus faible courage :
L'insensible Valois ressentit cet outrage ;
Il voulut, d'un sujet réprimant la fierté,
Essayer dans Paris sa faible autorité :
Il n'en était plus temps ; la tendresse et la crainte
Pour lui dans tous les cœurs était alors éteinte :
Son peuple audacieux, prompt à se mutiner,
Le prit pour un tyran dès qu'il voulut régner.
On s'assemble, on conspire, on répand des alarmes ;
Tout bourgeois est soldat, tout Paris est en armes ;
Mille remparts naissants, qu'un instant a formés,
Menacent de Valois les gardes enfermés.

« Guise[1], tranquille et fier au milieu de l'orage,
Précipitait du peuple ou retenait la rage,
De la sédition gouvernait les ressorts,
Et faisait à son gré mouvoir ce vaste corps.
Tout le peuple au palais courait avec furie :
Si Guise eût dit un mot, Valois était sans vie ;
Mais, lorsque d'un coup d'œil il pouvait l'accabler,
Il parut satisfait de l'avoir fait trembler ;
Et, des mutins lui-même arrêtant la poursuite,
Lui laissa par pitié le pouvoir de la fuite.
Enfin Guise attenta, quel que fût son projet,
Trop peu pour un tyran, mais trop pour un sujet.
Quiconque a pu forcer son monarque à le craindre[2]
A tout à redouter, s'il ne veut tout enfreindre.
Guise, en ses grands desseins dès ce jour affermi,
Vit qu'il n'était plus temps d'offenser à demi ;
Et qu'élevé si haut, mais sur un précipice,
S'il ne montait au trône, il marchait au supplice.
Enfin, maître absolu d'un peuple révolté,
Le cœur plein d'espérance et de témérité,

---

1. Le duc de Guise, à cette journée des Barricades, se contenta de renvoyer à Henri III ses gardes, après les avoir désarmés. (*Note de Voltaire*, 1730.)
2. Quinault (*Thésée*, acte II, scène VIII), avait dit :

> Quand on a fait trembler un roi,
> Apprenez qu'on en doit tout craindre.

Appuyé des Romains, secouru des Ibères,
Adoré des Français, secondé de ses frères,
Ce sujet[1] orgueilleux crut ramener ces temps
Où de nos premiers rois les lâches descendants,
Déchus presque en naissant de leur pouvoir suprême,
Sous un froc odieux cachaient leur diadème,
Et, dans l'ombre d'un cloître en secret gémissants,
Abandonnaient l'empire aux mains de leurs tyrans.

« Valois, qui cependant différait sa vengeance,
Tenait alors dans Blois les états de la France.
Peut-être on vous a dit quels furent ces états :
On proposa des lois qu'on n'exécuta pas ;
De mille députés l'éloquence stérile
Y fit de nos abus un détail inutile ;
Car de tant de conseils l'effet le plus commun
Est de voir tous nos maux sans en soulager un.

« Au milieu des états, Guise avec arrogance
De son prince offensé vint braver la présence,
S'assit auprès du trône, et, sûr de ses projets,
Crut dans ces députés voir autant de sujets.
Déjà leur troupe indigne, à son tyran vendue,
Allait mettre en ses mains la puissance absolue,
Lorsque, las de le craindre, et las de l'épargner,
Valois voulut enfin se venger et régner.

---

1. Le cardinal de Guise, l'un des frères du duc de Guise, avait dit plus d'une fois qu'il ne mourrait jamais content qu'il n'eût tenu la tête du roi entre ses jambes, pour lui faire une couronne de moine. Mme de Montpensier, sœur des Guises, voulait qu'on se servît de ses ciseaux pour ce saint usage. Tout le monde connaît la devise de Henri III ; c'étaient trois couronnes avec ces mots : *Manet ultima cœlo*, auxquels les ligueurs substituèrent ceux-ci : *Manet ultima claustro*. On connaît aussi ces deux vers latins qu'on afficha aux portes du Louvre :

>Qui dedit ante duas, unam abstulit; altera nutat;
>Tertia tonsoris est facienda manu.

En voici une traduction que l'auteur a lue dans les manuscrits de feu M. le président de Mesmes :

>Valois, qui les dames n'aime,
>Deux couronnes posséda ·
>Bientôt sa prudence extrême
>Des deux l'une lui ôta.
>L'autre va tombant de même,
>Grâce à ses heureux travaux.
>Une paire de ciseaux
>Lui baillera la troisième.

(*Note de Voltaire*, 1723.)

Son rival, chaque jour, soigneux de lui déplaire [1],
Dédaigneux ennemi, méprisait sa colère,
Ne soupçonnant pas même, en ce prince irrité,
Pour un assassinat assez de fermeté.
Son destin l'aveuglait, son heure était venue :
Le roi le fit lui-même immoler à sa vue.
De cent coups de poignard indignement percé [2],
Son orgueil, en mourant, ne fut point abaissé ;
Et ce front, que Valois craignait encor peut-être,
Tout pâle et tout sanglant semblait braver son maître.
C'est ainsi que mourut ce sujet tout-puissant,
De vices, de vertus assemblage éclatant.
Le roi, dont il ravit l'autorité suprême,

1. Racine a dit dans *Mithridate*, acte II, scène III :

Un rival dès longtemps soigneux de lui déplaire.

2. Le duc de Guise fut tué le vendredi 23 décembre 1588, à huit heures du matin. Les historiens disent qu'il lui prit une faiblesse dans l'antichambre du roi, parce qu'il avait passé la nuit avec une femme de la cour : c'était Mme de Noirmoutier, selon la tradition. Tous ceux qui ont écrit la relation de cette mort disent que ce prince, dès qu'il fut entré dans la chambre du conseil, commença à soupçonner son malheur par les mouvements qu'il aperçut. D'Aubigné rapporte qu'il rencontra d'abord dans cette chambre d'Espinac, archevêque de Lyon, son confident. Celui-ci, qui en même temps se douta de quelque chose, lui dit en présence de Larchant, capitaine des gardes, à propos d'un habit neuf que le duc portait : « Cet habit est bien léger, au temps qui court ; vous en auriez dû prendre un plus fourré. » Ces paroles, prononcées avec un air de crainte, confirmèrent celles du duc. Il entra cependant par une petite allée dans la chambre du roi, qui conduisait à un cabinet dont le roi avait fait condamner la porte. Le duc, ignorant que la porte fût murée, lève, pour entrer, la tapisserie qui la couvrait : dans le moment, plusieurs de ces Gascons qu'on nommait *les Quarante-cinq* le percent avec des poignards que le roi leur avait distribués lui-même.

Les assassins étaient La Bastide, Monsivry, Saint-Malin, Saint-Gaudin, Saint-Capautel, Halfrenas, Herbelade, avec Lognac, leur capitaine. Monsivry fut celui qui donna le premier coup ; il fut suivi de Lognac, de La Bastide, de Saint-Malin, etc., qui se jetèrent en même temps sur le duc.

On montre encore dans le château de Blois une pierre de la muraille contre laquelle il s'appuya en tombant, et qui fut la première teinte de son sang. Quelques Lorrains, en passant par Blois, ont baisé cette pierre ; et, la raclant avec un couteau, en ont emporté précieusement la poussière.

On ne parle point, dans le poëme, de la mort du cardinal de Guise, qui fut aussi tué à Blois ; il est aisé d'en voir la raison : c'est que le détail de l'histoire ne convient point à l'unité du poëme, parce que l'intérêt diminue à mesure qu'il se partage.

C'est par cette raison que l'on n'a point parlé du prince de Condé dans la bataille de Coutras, afin de n'arrêter les yeux du lecteur que sur Henri IV. (*Note de Voltaire*, 1723.)

— Je rétablis le dernier alinéa de cette note tel qu'il se trouve dans les seules éditions de 1723 et 1724. (B.)

Le souffrit lâchement, et s'en vengea de même.

« Bientôt ce bruit affreux se répand dans Paris.
Le peuple épouvanté remplit l'air de ses cris.
Les vieillards désolés, les femmes éperdues,
Vont du malheureux Guise embrasser les statues.
Tout Paris croit avoir, en ce pressant danger,
L'Église à soutenir, et son père à venger.
De Guise, au milieu d'eux, le redoutable frère,
Mayenne, à la vengeance anime leur colère ;
Et, plus par intérêt que par ressentiment,
Il allume en cent lieux ce grand embrasement.

« Mayenne [1], dès longtemps nourri dans les alarmes,
Sous le superbe Guise avait porté les armes.
Il succède à sa gloire, ainsi qu'à ses desseins ;
Le sceptre de la Ligue a passé dans ses mains.
Cette grandeur sans borne, à ses désirs si chère,
Le console aisément de la perte d'un frère [2] :
Il servait à regret, et Mayenne aujourd'hui
Aime mieux le venger que de marcher sous lui.
Mayenne a, je l'avoue, un courage héroïque ;
Il sait, par une heureuse et sage politique,
Réunir sous ses lois mille esprits différents,
Ennemis de leur maître, esclaves des tyrans :
Il connaît leurs talents, il sait en faire usage ;
Souvent du malheur même il tire un avantage.
Guise avec plus d'éclat éblouissait les yeux,
Fut plus grand, plus héros, mais non plus dangereux.
Voilà quel est Mayenne, et quelle est sa puissance.
Autant la Ligue altière espère en sa prudence,
Autant le jeune Aumale [3], au cœur présomptueux,

---

1. Le duc de Mayenne, frère puîné du Balafré, tué à Blois, avait été longtemps jaloux de la réputation de son aîné. Il avait toutes les grandes qualités de son frère, à l'activité près. (*Note de Voltaire*, 1730.)

2. On lit dans la grande histoire de Mézeray que le duc de Mayenne fut soupçonné d'avoir écrit une lettre au roi, où il l'avertissait de se défier de son frère. Ce seul soupçon suffit pour autoriser le caractère qu'on donne ici au duc de Mayenne, caractère naturel à un ambitieux, et surtout à un chef de parti. (*Id.*, 1723.)

3. Le chevalier d'Aumale, frère du duc d'Aumale, de la maison de Lorraine, jeune homme impétueux, qui avait des qualités brillantes, qui était toujours à la tête des sorties pendant le siège de Paris, et inspirait aux habitants sa valeur et sa confiance. (*Id.*, 1730.)

CHANT III.

Répand dans les esprits son courage orgueilleux.
D'Aumale est du parti le bouclier terrible ;
Il a jusqu'aujourd'hui le titre d'invincible :
Mayenne, qui le guide au milieu des combats,
Est l'âme de la Ligue, et l'autre en est le bras.

« Cependant des Flamands l'oppresseur politique,
Ce voisin dangereux, ce tyran catholique,
Ce roi, dont l'artifice est le plus grand soutien,.
Ce roi, votre ennemi, mais plus encor le mien,
Philippe[1], de Mayenne embrassant la querelle,
Soutient de nos rivaux la cause criminelle ;
Et Rome[2], qui devait étouffer tant de maux,
Rome de la discorde allume les flambeaux :
Celui qui des chrétiens se dit encor le père
Met aux mains de ses fils un glaive sanguinaire.

« Des deux bouts de l'Europe, à mes regards surpris,
Tous les malheurs ensemble accourent dans Paris.
Enfin, roi sans sujets, poursuivi sans défense,
Valois s'est vu forcé d'implorer ma puissance.
Il m'a cru généreux, et ne s'est point trompé :
Des malheurs de l'État mon cœur s'est occupé ;
Un danger si pressant a fléchi ma colère ;
Je n'ai plus, dans Valois, regardé qu'un beau-frère :
Mon devoir l'ordonnait, j'en ai subi la loi ;
Et roi, j'ai défendu l'autorité d'un roi.
Je suis venu vers lui sans traité, sans otage[3] :
Votre sort, ai-je dit, est dans votre courage ;

---

1. Philippe II, roi d'Espagne, fils de Charles-Quint. On l'appelait le Démon du midi, DÆMONIUM MERIDIANUM, parce qu'il troublait toute l'Europe, au midi de laquelle l'Espagne est située. Il envoya de puissants secours à la Ligue, dans le dessein de faire tomber la couronne de France à l'infante Claire-Eugénie, ou à quelque prince de sa famille. (*Note de Voltaire*, 1730.)

2. La cour de Rome, gagnée par les Guises, et soumise alors à l'Espagne, fit ce qu'elle put pour ruiner la France. Grégoire XIII secourut la Ligue d'hommes et d'argent; et Sixte-Quint commença son pontificat par les excès les plus grands, et heureusement les plus inutiles, contre la maison royale, comme on peut voir aux remarques sur le premier chant. (*Id.*, 1730.)

3. Henri IV, alors roi de Navarre, eut la générosité d'aller à Tours voir Henri III, suivi d'un page seulement, malgré les défiances et les prières de ses vieux officiers, qui craignaient pour lui une seconde Saint-Barthélemy. (*Id.*, 1730.)

Venez mourir ou vaincre aux remparts de Paris.
Alors un noble orgueil a rempli ses esprits :
Je ne me flatte point d'avoir pu dans son âme
Verser, par mon exemple, une si belle flamme;
Sa disgrâce a sans doute éveillé sa vertu :
Il gémit du repos qui l'avait abattu.
Valois avait besoin d'un destin si contraire;
Et souvent l'infortune aux rois est nécessaire. »

Tels étaient de Henri les sincères discours.
Des Anglais cependant il presse le secours :
Déjà du haut des murs de la ville rebelle
La voix de la victoire en son camp le rappelle;
Mille jeunes Anglais vont bientôt sur ses pas [1]
Fendre le sein des mers, et chercher les combats.

Essex [2] est à leur tête, Essex dont la vaillance
A des fiers Castillans confondu la prudence,
Et qui ne croyait pas qu'un indigne destin
Dût flétrir les lauriers qu'avait cueillis sa main.

Henri ne l'attend point : ce chef que rien n'arrête,
Impatient de vaincre, à son départ s'apprête.
« Allez, lui dit la reine, allez, digne héros;
Mes guerriers sur vos pas traverseront les flots.
Non, ce n'est point Valois, c'est vous qu'ils veulent suivre;
A vos soins généreux mon amitié les livre :
Au milieu des combats vous les verrez courir,
Plus pour vous imiter que pour vous secourir.
Formés par votre exemple au grand art de laguerre,
Ils apprendront sous vous à servir l'Angleterre.
Puisse bientôt la Ligue expirer sous vos coups!
L'Espagne sert Mayenne, et Rome est contre vous :
Allez vaincre l'Espagne, et songez qu'un grand homme
Ne doit point redouter les vains foudres de Rome.
Allez des nations venger la liberté;

---

1. Ce vers était primitivement dans le chant Ier. (B.)
2. Robert d'Évreux, comte d'Essex, fameux par la prise de Cadix sur les Espagnols, par la tendresse d'Élisabeth pour lui, et par sa mort tragique arrivée en 1601. Il avait pris Cadix sur les Espagnols, et les avait battus plus d'une fois sur mer. La reine Élisabeth l'envoya effectivement en France en 1590, au secours de Henri IV, à la tête de cinq mille hommes. (*Note de Voltaire*, 1730.)

De Sixte et de Philippe¹ abaissez la fierté.

« Philippe, de son père héritier tyrannique,
Moins grand, moins courageux, et non moins politique,
Divisant ses voisins pour leur donner des fers,
Du fond de son palais croit dompter l'univers.

« Sixte², au trône élevé du sein de la poussière,
Avec moins de puissance a l'âme encor plus fière :
Le pâtre de Montalte est le rival des rois ;
Dans Paris comme à Rome il veut donner des lois ;
Sous le pompeux éclat d'un triple diadème,
Il pense asservir tout, jusqu'à Philippe même.
Violent, mais adroit, dissimulé, trompeur,
Ennemi des puissants, des faibles oppresseur,
Dans Londres, dans ma cour, il a formé des brigues,
Et l'univers, qu'il trompe, est plein de ses intrigues.

« Voilà les ennemis que vous devez braver.
Contre moi l'un et l'autre osèrent s'élever.
L'un, combattant en vain l'Anglais et les orages,
Fit voir à l'Océan³ sa fuite et ses naufrages ;

---

1. Sixte-Quint, pape, avait osé excommunier le roi de France, et surtout Henri IV, alors roi de Navarre.

Philippe II, roi d'Espagne, grand protecteur de la Ligue. (*Note de Voltaire*, 1723.)

2. Sixte-Quint, né aux Grottes, dans la Marche d'Ancône, d'un pauvre vigneron nommé Peretti ; homme dont la turbulence égala la dissimulation. Étant cordelier, il assomma de coups le neveu de son provincial, et se brouilla avec tout l'ordre. Inquisiteur à Venise, il y mit le trouble, et fut obligé de s'enfuir. Étant cardinal, il composa en latin la bulle d'excommunication lancée par le pape Pie V contre la reine Élisabeth. Cependant il estimait cette reine, et l'appelait UN GRAN CERVELLO DI PRINCIPESSA. (*Id.*, 1730.)

3. Cet événement était tout récent ; car Henri IV est supposé voir secrètement Élisabeth en 1589 ; et c'était l'année précédente que la grande flotte de Philippe II, destinée pour la conquête de l'Angleterre, fut battue par l'amiral Drake, et dispersée par la tempête. (*Id.*, 1730.)

On a fait, dans un journal de Trévoux, une critique spécieuse de cet endroit. Ce n'est pas, dit-on, à la reine Élisabeth de croire que Rome est complaisante pour les puissances, puisque Rome avait osé excommunier son père.

Mais le critique ne songeait pas que le pape n'avait excommunié le roi d'Angleterre, Henri VIII, que parce qu'il craignait davantage l'empereur Charles-Quint. (*Id.*, 1737.) Ce n'est pas la seule faute qui soit dans cet extrait de Trévoux, dont l'auteur, désavoué et condamné par la plupart de ses confrères, a mis dans ses censures peut-être plus d'injures que de raisons. (*Id.*, 1746.)

Du sang de ses guerriers ce bord est encor teint :
L'autre se tait dans Rome, et m'estime, et me craint.

« Suivez donc, à leurs yeux, votre noble entreprise.
Si Mayenne est dompté, Rome sera soumise ;
Vous seul pouvez régler sa haine ou ses faveurs.
Inflexible aux vaincus, complaisante aux vainqueurs,
Prête à vous condamner, facile à vous absoudre,
C'est à vous d'allumer ou d'éteindre sa foudre. »

FIN DU CHANT TROISIÈME.

VARIANTES

DU CHANT TROISIÈME.

Vers 24 — Édition de 1723 :

    A mes sens étonnés sera toujours présente.

Vers 31. — On lit *permettait* dans les éditions de 1723, 1730, 1737, 1746, 1748, 1752, 1756, 1764, 1768, 1775 ; mais il y a *promettait* dans 1728, 1732, 1751. (B.)

Vers 38. — Édition de 1723 :

    Sur son trône étranger placer l'heureux Valois.

Vers 43. — Au lieu de ce vers et des trois qui le suivent, les éditions de 1723 à 1742 portent :

    Reine, je parle ici sans détour et sans feinte ;
    Vous m'avez commandé de bannir la contrainte ;
    Et mon cœur, qui jamais n'a su se déguiser,
    Prêt à servir Valois, ne saurait l'excuser.

Vers 49. — Édition de 1723 :

    Par un honteux retour.

Vers 75. — Édition de 1723 :

    Mais simple et populaire.

Vers 79. — Édition de 1723 :

    Souvent il prévenait.

Vers 81. — Édition de 1723 :

    Il savait captiver les grands...

Vers 83. — Édition de 1723 :

    Souple en ses artifices.

Vers 97. — Éditions de 1723-1764 :

> L'autre portant partout...

La version actuelle est de 1768. Quelques éditions, dans le vers suivant, portent :

> D'*un* vain titre de roi.

Vers 112. — Édition de 1723 :

> Volait à sa défense.

Vers 114. — Édition de 1723 :

> Je voulais le sauver.

Le mot *sauver* étant quatre vers plus bas, Palissot a mis *je courais le venger*. Le mot *venger* ne se trouve que vingt-deux vers plus loin. (B.)

Vers 145. — Édition de 1723 :

> Joyeuse et Matignon, prêts à se signaler,
> Se disputaient tous deux l'honneur de m'accabler.

Vers 148. — Édition de 1723 :

> A tous mes alliés disputait le passage.

Vers 153. — Il y avait dans les anciennes éditions :

> L'arbitre des combats, à mes armes propice,
> De ma cause en ce jour protégea la justice :
> Je combattis Joyeuse ; il fut vaincu ; mon bras
> Lui fit mordre la poudre aux plaines de Coutras ;
> Et ma brave noblesse, à vaincre accoutumée,
> Dissipa devant moi cette innombrable armée.

Vers 171. — Édition de 1723 :

> Peut-être aux grands exploits...

Vers 175. — Édition de 1723 :

> Il n'eut à m'opposer qu'un aveugle courage,
> Dans un chef orgueilleux dangereux avantage ;
> Mille jeunes guerriers attachés à son sort
> *Du sein des voluptés s'avançaient à la mort
> Cent chiffres amoureux.

Vers 221. — Dans les premières éditions :

> Des succès trop heureux déplorés tant de fois,
> Mon bras n'est encor teint que du sang des François.

Mais l'auteur a senti que l'on devait pas faire rimer *fois* avec *François*, qu'on prononce Français.

Vers 229. — Édition de 1723 :

> Il eut même à souffrir, pour comble de douleur,
> Et la gloire de Guise et son propre malheur.

Vers 320. — On trouve dans l'édition de 1723 ces quatre vers, que l'auteur a retranchés, parce qu'ils rendaient le duc de Mayenne trop petit :

> Mais Paris, occupé d'un nom si glorieux,
> Sur un chef moins connu n'arrêtait point ses yeux :
> Et ce guerrier si craint, que tout un peuple adore,
> Si Guise était vivant, ne serait rien encore.
> Il succède, etc.

Vers 331. — Dans l'édition de 1723, on lisait :

> Mais souvent il se trompe, à force de prudence ;
> Il est irrésolu par trop de prévoyance,
> Moins agissant qu'habile ; et souvent la lenteur
> Dérobe à son parti les fruits de sa valeur.
> * Voilà quel est Mayenne, et quelle est sa puissance.
> Cependant l'ennemi du pouvoir de la France,
> L'ennemi de l'Europe, et le vôtre, et le mien,
> * Ce roi dont l'artifice est le plus grand soutien,
> Philippe, avec ardeur embrassant sa querelle,
> Soutient des révoltés la cause criminelle ;
> Et Rome, qui devait, etc.

Vers 385. — Édition de 1723 :

> Partez, lui dit la reine, allez, jeune héros

Vers 387. — Édition de 1723 :

> Ce n'est point votre roi.

Vers 420. — Les éditions de 1723 à 1764 portent :

> Si Mayenne est vaincu...

Le mot *vaincus* est deux vers plus bas. La correction est dans l'édition de 1768, in-4°.

CHANT QUATRIÈME.

ARGUMENT.

D'Aumale était près de se rendre maître du camp de Henri III, lorsque le héros, revenant d'Angleterre, combat les ligueurs, et fait changer la fortune.
La Discorde console Mayenne et vole à Rome pour y chercher du secours. Description de Rome, où régnait alors Sixte-Quint. La Discorde y trouve la Politique; elle revient avec elle à Paris, soulève la Sorbonne, anime les Seize contre le Parlement, et arme les moines. On livre à la main du bourreau des magistrats qui tenaient pour le parti des rois. Troubles et confusion horrible dans Paris.

Tandis que, poursuivant leurs entretiens secrets,
Et pesant à loisir de si grands intérêts,
Ils épuisaient tous deux la science profonde
De combattre, de vaincre, et de régir le monde,
La Seine, avec effroi, voit sur ses bords sanglants
Les drapeaux de la Ligue abandonnés aux vents.

Valois, loin de Henri, rempli d'inquiétude,
Du destin des combats craignait l'incertitude.
A ses desseins flottants il fallait un appui ;
Il attendait Bourbon, sûr de vaincre avec lui.
Par ces retardements les ligueurs s'enhardirent ;
Des portes de Paris leurs légions sortirent :
Le superbe d'Aumale, et Nemours, et Brissac,
Le farouche Saint-Paul, La Châtre, Canillac,
D'un coupable parti défenseurs intrépides,
Épouvantaient Valois de leurs succès rapides ;
Et ce roi, trop souvent sujet au repentir,
Regrettait le héros qu'il avait fait partir.

Parmi ces combattants, ennemis de leur maître,
Un frère[1] de Joyeuse osa longtemps paraître.

---

1. Henri, comte de Bouchage, frère puîné du duc de Joyeuse, tué à Coutras. Un jour qu'il passait à Paris, à quatre heures du matin, près du couvent des

CHANT IV.

Ce fut lui que Paris vit passer tour à tour
Du siècle au fond d'un cloître, et du cloître à la cour :
Vicieux, pénitent, courtisan, solitaire,
Il prit, quitta, reprit la cuirasse et la haire.
Du pied des saints autels arrosés de ses pleurs,
Il courut de la Ligue animer les fureurs,
Et plongea dans le sang de la France éplorée
La main qu'à l'Éternel il avait consacrée.

Mais de tant de guerriers, celui dont la valeur
Inspira plus d'effroi, répandit plus d'horreur,
Dont le cœur fut plus fier et la main plus fatale,
Ce fut vous, jeune prince, impétueux d'Aumale,
Vous, né du sang lorrain, si fécond en héros,
Vous, ennemi des rois, des lois, et du repos.
La fleur de la jeunesse en tout temps l'accompagne :
Avec eux sans relâche il fond dans la campagne ;
Tantôt dans le silence, et tantôt à grand bruit,
A la clarté des cieux, dans l'ombre de la nuit,
Chez l'ennemi surpris portant partout la guerre,
Du sang des assiégeants son bras couvrait la terre.
Tels du front du Caucase, ou du sommet d'Athos,
D'où l'œil découvre au loin l'air, la terre, et les flots,
Les aigles, les vautours, aux ailes étendues[1],
D'un vol précipité fendant les vastes nues,
Vont dans les champs de l'air enlever les oiseaux,
Dans les bois, sur les prés, déchirent les troupeaux,
Et dans les flancs affreux de leurs roches sanglantes
Remportent à grands cris ces dépouilles vivantes.

Déjà plein d'espérance, et de gloire enivré,

Capucins, après avoir passé la nuit en débauche, il s'imagina que les anges chantaient les matines dans le couvent. Frappé de cette idée, il se fit capucin sous le nom de frère Ange. Depuis il quitta son froc, et prit les armes contre Henri IV. Le duc de Mayenne le fit gouverneur du Languedoc, duc et pair, et maréchal de France. Enfin il fit son accommodement avec le roi ; mais un jour ce prince étant avec lui sur un balcon au-dessous duquel beaucoup de peuple était assemblé : « Mon cousin, lui dit Henri IV, ces gens-ci me paraissent fort aises de voir ensemble un apostat et un renégat. » Cette parole du roi fit rentrer Joyeuse dans son couvent, où il mourut. (*Note de Voltaire*, 1730.)

1. La Fontaine a dit, livre IX, fable II :

Quand des nues
Fond à son tour un aigle aux ailes étendues.

Aux tentes de Valois il avait pénétré.
La nuit et la surprise augmentaient les alarmes :
Tout pliait, tout tremblait, tout cédait à ses armes.
Cet orageux torrent, prompt à se déborder¹,
Dans son choc ténébreux allait tout inonder.
L'étoile du matin commençait à paraître :
Mornay, qui précédait le retour de son maître,
Voyait déjà les tours du superbe Paris.
D'un bruit mêlé d'horreur il est soudain surpris ;
Il court, il aperçoit dans un désordre extrême
Les soldats de Valois, et ceux de Bourbon même :
« Juste ciel ! est-ce ainsi que vous nous attendiez ?
Henri va vous défendre ; il vient, et vous fuyez !
Vous fuyez, compagnons ! » Au son de sa parole,
Comme on vit autrefois au pied du Capitole
Le fondateur de Rome, opprimé des Sabins,
Au nom de Jupiter arrêter ses Romains,
Au seul nom de Henri les Français se rallient ;
La honte les enflamme, ils marchent, ils s'écrient :
« Qu'il vienne, ce héros, nous vaincrons sous ses yeux. »
Henri dans le moment paraît au milieu d'eux,
Brillant comme l'éclair au fort de la tempête :
Il vole aux premiers rangs, il s'avance à leur tête ;
Il combat, on le suit ; il change les destins :
La foudre est dans ses yeux, la mort est dans ses mains.
Tous les chefs ranimés autour de lui s'empressent ;
La victoire revient, les ligueurs disparaissent,
Comme aux rayons du jour qui s'avance et qui luit,
S'est dissipé l'éclat des astres de la nuit.
C'est en vain que d'Aumale arrête sur ces rives
Des siens épouvantés les troupes fugitives ;
Sa voix pour un moment les rappelle aux combats :
La voix du grand Henri précipite leurs pas ;
De son front menaçant la terreur les renverse ;
Leur chef les réunit, la crainte les disperse.
D'Aumale est avec eux dans leur fuite entraîné ;
Tel que du haut d'un mont de frimas couronné,
Au milieu des glaçons et des neiges fondues,
Tombe et roule un rocher qui menaçait les nues.

---

1. Racine a dit dans *Mithridate*, acte III, scène I :

> Ils savent que sur eux, prêt à se déborder,
> Ce torrent, s'il m'entraîne, ira tout inonder.

Mais que dis-je! il s'arrête, il montre aux assiégeants,
Il montre encor ce front redouté si longtemps.
Des siens qui l'entraînaient, fougueux, il se dégage :
Honteux de vivre encore, il revole au carnage,
Il arrête un moment son vainqueur étonné ;
Mais d'ennemis bientôt il est environné.
La mort allait punir son audace fatale.

La Discorde le vit, et trembla pour d'Aumale.
La barbare qu'elle est a besoin de ses jours :
Elle s'élève en l'air, et vole à son secours.
Elle approche ; elle oppose au nombre qui l'accable
Son bouclier de fer, immense, impénétrable,
Qui commande au trépas, qu'accompagne l'horreur,
Et dont la vue inspire ou la rage ou la peur.
O fille de l'enfer! Discorde inexorable,
Pour la première fois tu parus secourable!
Tu sauvas un héros, tu prolongeas son sort,
De cette même main, ministre de la mort,
De cette main barbare, accoutumée aux crimes,
Qui jamais jusque-là n'épargna ses victimes.
Elle entraîne d'Aumale aux portes de Paris,
Sanglant, couvert de coups qu'il n'avait point sentis.
Elle applique à ses maux une main salutaire ;
Elle étanche ce sang répandu pour lui plaire :
Mais tandis qu'à son corps elle rend la vigueur,
De ses mortels poisons elle infecte son cœur.
Tel souvent un tyran, dans sa pitié cruelle,
Suspend d'un malheureux la sentence cruelle ;
A ses crimes secrets il fait servir son bras,
Et, quand ils sont commis, il le rend au trépas.

Henri sait profiter de ce grand avantage,
Dont le sort des combats honora son courage.
Des moments dans la guerre il connaît tout le prix[1] :
Il presse au même instant ses ennemis surpris ;
Il veut que les assauts succèdent aux batailles ;
Il fait tracer leur perte autour de leurs murailles.
Valois, plein d'espérance, et fort d'un tel appui,

---

1. Racine avait dit, dans *Athalie*, acte III, scène III :
    Et d'un instant perdu connaissait tout le prix.

Donne aux soldats l'exemple, et le reçoit de lui ;
Il soutient les travaux, il brave les alarmes.
La peine a ses plaisirs, le péril a ses charmes.
Tous les chefs sont unis, tout succède à leurs vœux ;
Et bientôt la Terreur, qui marche devant eux,
Des assiégés tremblants dissipant les cohortes,
A leurs yeux éperdus allait briser leurs portes.
Que peut faire Mayenne en ce péril pressant?
Mayenne a pour soldats un peuple gémissant.
Ici, la fille en pleurs lui redemande un père ;
Là, le frère effrayé pleure au tombeau d'un frère[1].
Chacun plaint le présent, et craint pour l'avenir ;
Ce grand corps alarmé ne peut se réunir.
On s'assemble, on consulte, on veut fuir ou se rendre,
Tous sont irrésolus, nul ne veut se défendre :
Tant le faible vulgaire, avec légèreté,
Fait succéder la peur à la témérité !

Mayenne, en frémissant, voit leur troupe éperdue :
Cent desseins partageaient son âme irrésolue,
Quand soudain la Discorde aborde ce héros,
Fait siffler ses serpents, et lui parle en ces mots[2] :

« Digne héritier d'un nom redoutable à la France,
Toi qu'unit avec moi le soin de ta vengeance,
Toi, nourri sous mes yeux et formé sous mes lois,
Entends ta protectrice, et reconnais ma voix.
Ne crains rien de ce peuple imbécile et volage,
Dont un faible malheur a glacé le courage ;
Leurs esprits sont à moi, leurs cœurs sont dans mes mains
Tu les verras bientôt, secondant nos desseins,
De mon fiel abreuvés, à mes fureurs en proie,
Combattre avec audace, et mourir avec joie. »

La Discorde aussitôt, plus prompte qu'un éclair,
Fend d'un vol assuré les campagnes de l'air.

---

1. Dans l'*Art poétique* de Boileau, chant IV, vers 4 et 5, il y a :

> Là, le fils orphelin lui redemande un père ;
> Ici, le frère pleure un frère empoisonné.

2. Boileau a dit, dans *le Lutrin*, chant I, vers 42 :

> Fait siffler ses serpents, l'excite à la vengeance.

Partout chez les Français le trouble et les alarmes
Présentent à ses yeux des objets pleins de charmes :
Son haleine en cent lieux répand l'aridité ;
Le fruit meurt en naissant, dans son germe infecté ;
Les épis renversés sur la terre languissent ;
Le ciel s'en obscurcit, les astres en pâlissent ;
Et la foudre en éclats, qui gronde sous ses pieds,
Semble annoncer la mort aux peuples effrayés.

Un tourbillon la porte à ces rives fécondes
Que l'Éridan rapide arrose de ses ondes.

Rome enfin se découvre à ses regards cruels ;
Rome, jadis son temple, et l'effroi des mortels ;
Rome, dont le destin dans la paix, dans la guerre[1],
Est d'être en tous les temps maîtresse de la terre.
Par le sort des combats on la vit autrefois
Sur leurs trônes sanglants enchaîner tous les rois ;
L'univers fléchissait sous son aigle terrible.
Elle exerce en nos jours un pouvoir plus paisible :
On la voit sous son joug asservir ses vainqueurs,
Gouverner les esprits, et commander aux cœurs ;
Ses avis font ses lois, ses décrets sont ses armes.

Près de ce Capitole où régnaient tant d'alarmes,
Sur les pompeux débris de Bellone et de Mars[2],
Un pontife est assis au trône des césars ;
Des prêtres fortunés foulent d'un pied tranquille
Les tombeaux des Catons et la cendre d'Émile.
Le trône est sur l'autel, et l'absolu pouvoir
Met dans les mêmes mains le sceptre et l'encensoir.

---

1. Dans l'*Année littéraire*, 1760, tome II, page 109, on remarque que l'idée des vers sur Rome est prise dans le poëme de Saint-Prosper contre les ingrats, et l'on rapporte quelques vers de la traduction par Sacy :

Rome. . . . .
Plus grande par la foi que jadis par la guerre,
Étant chef de l'Église, est le chef de la terre.

Godeau, évêque de Vence, dans son *Épître à sa bibliothèque*, a dit :

Rome, dont le destin, soit en paix, soit en guerre,
Est de se voir toujours la reine de la terre. (B.)

2. Boileau, satire X, vers 481 :

Sur le pompeux débris des lances espagnoles.

Là, Dieu même a fondé son Église naissante,
Tantôt persécutée, et tantôt triomphante :
Là, son premier apôtre, avec la Vérité,
Conduisit la Candeur et la Simplicité.
Ses successeurs heureux quelque temps l'imitèrent,
D'autant plus respectés que plus ils s'abaissèrent.
Leur front d'un vain éclat n'était point revêtu ;
La pauvreté soutint leur austère vertu ;
Et, jaloux des seuls biens qu'un vrai chrétien désire,
Du fond de leur chaumière ils volaient au martyre.
Le temps, qui corrompt tout, changea bientôt leurs mœurs ;
Le ciel, pour nous punir, leur donna des grandeurs.
Rome, depuis ce temps, puissante et profanée,
Au conseil des méchants se vit abandonnée ;
La trahison, le meurtre, et l'empoisonnement,
De son pouvoir nouveau fut l'affreux fondement.
Les successeurs du Christ au fond du sanctuaire
Placèrent sans rougir l'inceste et l'adultère ;
Et Rome, qu'opprimait leur empire odieux,
Sous ces tyrans sacrés regretta ses faux dieux.
On écouta depuis de plus sages maximes ;
On sut ou s'épargner ou mieux voiler les crimes.
De l'Église et du peuple on régla mieux les droits[1] ;
Rome devint l'arbitre, et non l'effroi des rois ;
Sous l'orgueil imposant du triple diadème,
La modeste vertu reparut elle-même.
Mais l'art de ménager le reste des humains
Est, surtout aujourd'hui, la vertu des Romains.

Sixte alors était roi de l'Église et de Rome[2].
Si, pour être honoré du titre de grand homme,
Il suffit d'être faux, austère, et redouté,
Au rang des plus grands rois Sixte sera compté.
Il devait sa grandeur à quinze ans d'artifices ;
Il sut cacher, quinze ans, ses vertus et ses vices :
Il sembla fuir le rang qu'il brûlait d'obtenir,
Et s'en fit croire indigne afin d'y parvenir.

---

1. Voyez l'*Histoire des Papes*. (*Note de Voltaire*, 1741.)
2. Sixte-Quint, étant cardinal de Montalte, contrefit si bien l'imbécile près de quinze années, qu'on l'appelait communément *l'âne d'Ancône*. On sait avec quel artifice il obtint la papauté, et avec quelle hauteur il régna. (*Note de Voltaire*, 1730.)

Sous le puissant abri de son bras despotique,
Au fond du Vatican régnait la Politique,
Fille de l'Intérêt et de l'Ambition,
Dont naquirent la Fraude et la Séduction.
Ce monstre ingénieux, en détours si fertile,
Accablé de soucis, paraît simple et tranquille;
Ses yeux creux et perçants, ennemis du repos,
Jamais du doux sommeil n'ont senti les pavots;
Par ses déguisements, à toute heure elle abuse
Les regards éblouis de l'Europe confuse :
Le Mensonge subtil qui conduit ses discours,
De la Vérité même empruntant le secours,
Du sceau du Dieu vivant empreint ses impostures,
Et fait servir le ciel à venger ses injures.

A peine la Discorde avait frappé ses yeux,
Elle court dans ses bras d'un air mystérieux;
Avec un ris malin la flatte, la caresse;
Puis prenant tout à coup un ton plein de tristesse :
« Je ne suis plus, dit-elle, en ces temps bienheureux
Où les peuples séduits me présentaient leurs vœux,
Où la crédule Europe, à mon pouvoir soumise,
Confondait dans mes lois les lois de son Église.
Je parlais; et soudain les rois humiliés
Du trône, en frémissant, descendaient à mes pieds;
Sur la terre, à mon gré, ma voix soufflait les guerres;
Du haut du Vatican je lançais les tonnerres;
Je tenais dans mes mains la vie et le trépas;
Je donnais, j'enlevais, je rendais les États.
Cet heureux temps n'est plus [1]. Le sénat de la France
Éteint presque en mes mains les foudres que je lance [2];
Plein d'amour pour l'Église, et pour moi plein d'horreur,

---

1. Boileau a dit dans *le Lutrin*, chant II, vers 133 :

Ce doux siècle n'est plus.

Racine, dans *Phèdre*, acte Ier, scène I :

Cet heureux temps n'est plus.

2. En 1570, le parlement donna un fameux arrêt contre la bulle *In cœna Domini*. On connaît ses remontrances célèbres sous Louis XI, au sujet de la pragmatique sanction : celles qu'il fit à Henri III contre la bulle scandaleuse de Sixte-Quint, qui appelait la maison régnante *génération bâtarde*, et sa fermeté constante à soutenir

Il ôte aux nations le bandeau de l'erreur[1].
C'est lui qui, le premier, démasquant mon visage,
Vengea la vérité, dont j'empruntais l'image.
Que ne puis-je, ô Discorde ! ardente à te servir,
Le séduire lui-même, ou du moins le punir !
Allons, que tes flambeaux rallument mon tonnerre :
Commençons par la France à ravager la terre ;
Que le prince et l'État retombent dans nos fers. »
Elle dit, et soudain s'élance dans les airs.

Loin du faste de Rome, et des pompes mondaines,
Des temples consacrés aux vanités humaines,
Dont l'appareil superbe impose à l'univers,
L'humble Religion se cache en des déserts :
Elle y vit avec Dieu dans une paix profonde ;
Cependant que son nom, profané dans le monde,
Est le prétexte saint des fureurs des tyrans,
Le bandeau du vulgaire, et le mépris des grands.
Souffrir est son destin, bénir est son partage :
Elle prie en secret pour l'ingrat qui l'outrage ;
Sans ornement, sans art, belle de ses attraits,
Sa modeste beauté se dérobe à jamais
Aux hypocrites yeux de la foule importune
Qui court à ses autels adorer la Fortune[2].

Son âme pour Henri brûlait d'un saint amour ;
Cette fille des cieux sait qu'elle doit un jour,
Vengeant de ses autels le culte légitime,
Adopter pour son fils ce héros magnanime :

---

nos libertés contre les prétentions de la cour de Rome. (*Note de Voltaire,* 1730.)
— En 1730, la note était plus ample ; elle commençait ainsi :
« On sait que, pendant les guerres du xiiie siècle entre les empereurs et les pontifes de Rome, Grégoire IX eut la hardiesse non-seulement d'excommunier l'empereur Frédéric II, mais encore d'offrir la couronne impériale à Robert, frère de saint Louis : le parlement de France assemblé répondit, au nom du roi, que ce n'était pas au pape à déposséder un souverain, ni au frère d'un roi de France à recevoir d'un pape une couronne sur laquelle ni lui ni le saint-père n'avaient aucun droit. En 1580, le parlement sédentaire donna, etc. » (B.)

1. On a souvent appliqué ce vers à l'auteur de *la Henriade,* et M. Wirchter l'avait mis pour légende à la médaille qu'il a frappée. Cette médaille est fort rare, parce qu'à Genève on exigea de M. Wirchter de supprimer sa légende. (K.)
— Le graveur que les éditeurs de Kehl appellent Wirchter est appelé Wacchter par Colini. (B.)

2. Boileau a dit, satire II, vers 66 :
  Je ne vais point au Louvre adorer la Fortune.

CHANT IV.

Elle l'en croyait digne, et ses ardents soupirs
Hâtaient cet heureux temps, trop lent pour ses désirs.
Soudain la Politique et la Discorde impie
Surprennent en secret leur auguste ennemie.
Elle lève à son Dieu ses yeux mouillés de pleurs :
Son Dieu, pour l'éprouver, la livre à leurs fureurs.
Ces monstres, dont toujours elle a souffert l'injure,
De ses voiles sacrés couvrent leur tête impure,
Prennent ses vêtements respectés des humains,
Et courent dans Paris accomplir leurs desseins.
D'un air insinuant, l'adroite Politique
Se glisse au vaste sein de la Sorbonne antique;
C'est là que s'assemblaient ces sages révérés,
Des vérités du ciel interprètes sacrés,
Qui, des peuples chrétiens arbitres et modèles,
A leur culte attachés, à leur prince fidèles,
Conservaient jusqu'alors une mâle vigueur,
Toujours impénétrable aux flèches de l'erreur.
Qu'il est peu de vertus qui résistent sans cesse!
Du monstre déguisé la voix enchanteresse
Ébranle leurs esprits par ses discours flatteurs.
Aux plus ambitieux elle offre des grandeurs;
Par l'éclat d'une mitre elle éblouit leur vue :
De l'avare en secret la voix lui fut vendue;
Par un éloge adroit le savant enchanté,
Pour prix d'un vain encens trahit la vérité;
Menacé par sa voix, le faible s'intimide.

On s'assemble en tumulte, en tumulte on décide.
Parmi les cris confus, la dispute, et le bruit,
De ces lieux, en pleurant, la Vérité s'enfuit.
Alors au nom de tous un des vieillards s'écrie :
« L'Église fait les rois, les absout, les châtie;
En nous est cette Église, en nous seuls est sa loi :
Nous réprouvons Valois, il n'est plus notre roi.
Serments[1] jadis sacrés, nous brisons votre chaîne! »

---

1. Le 7 de janvier de l'an 1589, la Faculté de théologie de Paris donna ce fameux décret par lequel il fut déclaré que les sujets étaient déliés de leur serment de fidélité, et pouvaient légitimement faire la guerre au roi. Le Fèvre, doyen, et quelques-uns des plus sages, refusèrent de signer. Depuis, dès que la Sorbonne fut libre, elle révoqua ce décret, que la tyrannie de la Ligue avait arraché de quelques-uns de son corps. Tous les ordres religieux qui, comme la Sorbonne, s'étaient déclarés contre la maison royale, se rétractèrent depuis comme elle. Mais si la

A peine a-t-il parlé, la Discorde inhumaine
Trace en lettres de sang ce décret odieux.
Chacun jure par elle, et signe sous ses yeux [1].

maison de Lorraine avait eu le dessus, se serait-on rétracté ? (*Note de Voltaire*, 1730.)

1. Nous avons cru devoir imprimer ici le décret de la Sorbonne, qui ne se trouve que dans des livres qu'on ne lit plus.

DÉCRET DE LA FACULTÉ DE PARIS.

CONTRE HENRI III.

RESPONSUM FACULTATIS THEOLOGICÆ PARISIENSIS.

« Anno Domini millesimo quingentesimo octogesimo nono, die septima mensis januarii, sacratissima theologiæ Facultas Parisiensis congregata fuit apud collegium Sorbonæ, post publicam supplicationem omnium ordinum dictæ Facultatis, et missam de Sancto Spiritu ibidem celebratam, postulantibus clarissimis DD. præfecto, ædilibus consulibus, et catholicis civibus almæ urbis Parisiensis, tam viva voce quam publico instrumento et tabellis per eorumdem actuarium obsignatis, et publico urbis sigillo munitis, deliberatura super duobus sequentibus articulis qui deprompti sunt ex libello supplice prædictorum civium, cujus tenor est hujus modi. »

RÉPONSE DE LA FACULTÉ DE THÉOLOGIE DE PARIS.

« L'an du Seigneur 1589, 7 janvier, à la réquisition des gouverneur, officiers de la ville, et des habitants catholiques, qui ont présenté un acte public, signé par leur greffier, et scellé du sceau public de la ville, la très-sacrée Faculté de théologie de Paris, après une procession solennelle de tous les ordres de ladite Faculté, et la célébration de la messe du Saint-Esprit, s'est assemblée pour délibérer sur les deux articles suivants, qui sont extraits de la requête des susdits habitants, dont voici la teneur :

*A monseigneur le duc d'*AUMALE, *gouverneur, et à messieurs les prévôt des marchands et échevins de la ville de Paris.*

« Vous remontrent humblement les bons bourgeois, manants et habitants de la ville de Paris, que plusieurs desdits habitants et autres de ce royaume sont en peine et scrupule de conscience pour prendre résolution sur les préparatifs qui se font pour la conservation de la religion catholique, apostolique, et romaine, de cette ville de Paris et de tout l'État de ce royaume, à l'encontre des desseins cruellement exécutés à Blois, et infraction de la foi publique, au préjudice de ladite religion, et de l'édit d'union, et de la naturelle liberté de la convocation des états : sur quoi lesdits suppliants désireroient avoir une sainte et véritable résolution. Ce considéré, il vous plaise promouvoir que messieurs de la Faculté de théologie soient assemblés pour délibérer sur ces points, circonstances et dépendances : et s'il est permis de s'assembler, s'unir et contribuer contre le roi ; et si nous sommes encore liés du serment que nous lui avons juré, pour sur ce donner leur avis et résolution.

« Soit la présente requête renvoyée par-devers messieurs de la Faculté de théologie, lesquels seront suppliés s'assembler et donner sur ce leur résolution. Fait le

Soudain elle s'envole, et d'église en église
Annonce aux factieux cette grande entreprise;

septième janvier mil cinq cent quatre-vingt-neuf : *signé* Éverard, et scellé du sceau public de la ville. »

ARTICULI DE QUIBUS DELIBERATUM EST A PRÆDICTA FACULTATE.

« An populus regni Galliæ sit liberatus et solutus a sacramento fidelitatis et obedientiæ Henrico Tertio præstito?

« An tuta conscientia possit idem populus armari, uniri, et pecunias colligere, et contribuere ad defensionem et conservationem religionis catholicæ, apostolicæ, et romanæ, in hoc regno, adversus nefaria consilia et conatus prædicti regis et quorumlibet illi adhærentium, et contra fidei publicæ violationem ab eo Blesis factam, in præjudicium prædictæ religionis catholicæ, et edicti sanctæ unionis, et naturalis libertatis convocationis trium ordinum hujus regni?

« Super quibus articulis, audita omnium et singulorum magistrorum, qui ad septuaginta convenerant, matura, accurata, et libera deliberatione, et auditis multis et variis rationibus, quæ magna ex parte tum ex Scripturis sacris, tum canonicis sanctionibus et decretis pontificum in medium disertissimis verbis productæ sunt; conclusum est a domino decano ejusdem Facultatis, nemine refragante, et hoc per modum consilii, ad liberandas conscientias prædicti populi :

« Primum, quod populus hujus regni solutus est et liberatus a sacramento fidelitatis et obedientiæ præfato Henrico regi præstito;

« Deinde, quod idem populus licite et tuta conscientia potest armari, uniri, et pecunias colligere, et contribuere ad defensionem et conservationem religionis catholicæ, apostolicæ, et romanæ, adversus nefaria consilia et conatus prædicti regis et quorumlibet illi adhærentium, ex quo fidem publicam violavit, in præjudicium prædictæ religionis catholicæ, et edicti sanctæ unionis, et naturalis libertatis convocationis trium ordinum hujus regni.

« Quam conclusionem insuper visum est eidem Parisiensi Facultati transmittendam esse ad sanctissimum D. nostrum papam, ut eam sanctæ sedis apostolicæ auctoritate probare et confirmare, et eadem opera Ecclesiæ gallicanæ, gravissime laboranti, opem et auxilium præstare dignetur. »

ARTICLES SUR LESQUELS IL A ÉTÉ DÉLIBÉRÉ PAR LA SUSDITE FACULTÉ.

« Si le peuple du royaume de France est délié du serment de fidélité prêté à Henri III?

« Si le même peuple peut en sûreté de conscience s'armer, s'unir, lever de l'argent, et contribuer pour la défense et conservation de la religion catholique, apostolique, et romaine, dans ce royaume, contre les horribles projets et attentats du susdit roi et de ses adhérents, et contre l'infraction de la foi publique par lui commise à Blois, au préjudice de la susdite religion catholique, de l'édit de la sainte union, et de la liberté naturelle de la convocation des états?

« Après avoir ouï sur ces articles la délibération mûre, exacte, et libre, de tous les docteurs assemblés au nombre de soixante et dix, et avoir entendu plusieurs raisons différentes, tirées en grande partie tant des saintes Écritures que des saints canons et des décrets des pontifes, il a été conclu par monsieur le doyen de la même Faculté, sans réclamation, et ce, par forme de conseil, pour lever les scrupules dudit peuple :

« D'abord, que le peuple de ce royaume est délié du serment de fidélité prêté au roi Henri;

« Ensuite, que le même peuple peut en sûreté de conscience s'armer, s'unir,

Sous l'habit d'Augustin, sous le froc de François,
Dans les cloîtres sacrés fait entendre sa voix ;
Elle appelle à grands cris tous ces spectres austères,
De leur joug rigoureux esclaves volontaires.
« De la Religion reconnaissez les traits,
Dit-elle, et du Très-Haut vengez les intérêts.
C'est moi qui viens à vous, c'est moi qui vous appelle.
Ce fer, qui dans mes mains à vos yeux étincelle,
Ce glaive redoutable à nos fiers ennemis,
Par la main de Dieu même en la mienne est remis.
Il est temps de sortir de l'ombre de vos temples :
Allez d'un zèle saint répandre les exemples ;
Apprenez aux Français, incertains de leur foi,
Que c'est servir leur Dieu que d'immoler leur roi.
Songez que de Lévi la famille sacrée [1],
Du ministère saint par Dieu même honorée [2],
Mérita cet honneur en portant à l'autel
Des mains teintes du sang des enfants d'Israël.
Que dis-je ? où sont ces temps, où sont ces jours prospères,
Où j'ai vu les Français massacrés par leurs frères ?
C'était vous, prêtres saints, qui conduisiez leurs bras ;
Coligny par vous seul a reçu le trépas.

lever de l'argent, et contribuer pour la défense et conservation de la religion catholique, apostolique, et romaine, contre les horribles projets et attentats du susdit roi et de ses adhérents, depuis qu'il a violé la foi publique, au préjudice de la susdite religion catholique, de l'édit de la sainte union, et de la liberté naturelle de la convocation des états.

« De plus, la même Faculté de Paris a jugé à propos d'envoyer cette conclusion au pape, pour qu'il daigne l'approuver et confirmer par l'autorité du Saint-Siége apostolique, et, par ce moyen, secourir l'Église gallicane, qui est dans le plus pressant danger. » (K.)

1. Ces vers sont une imitation de ceux d'*Athalie*, acte IV, scène III :

> Ne descendez-vous pas de ces fameux lévites
> Qui, lorsqu'au dieu du Nil le volage Israël
> Rendit dans le désert un culte criminel,
> De leurs plus chers parents saintement homicides,
> Consacrèrent leurs mains dans le sang des perfides ;
> Et par ce noble exploit vous acquirent l'honneur
> D'être seuls employés aux autels du Seigneur ?

Mais dans *Athalie* c'est un prophète inspiré de Dieu qui parle, et ici c'est le démon de la Discorde. (K.)

2 Racine a dit, dans *Athalie*, acte IV, scène II :

> Entrez, généreux chefs des familles sacrées,
> Du ministère saint tour à tour honorées.

J'ai nagé dans le sang ; que le sang coule encore :
Montrez-vous, inspirez ce peuple qui m'adore ! »

Le monstre au même instant donne à tous le signal ;
Tous sont empoisonnés de son venin fatal ;
Il conduit dans Paris leur marche solennelle ;
L'étendard[1] de la croix flottait au milieu d'elle.
Ils chantent ; et leurs cris, dévots et furieux,
Semblent à leur révolte associer les cieux.
On les entend mêler, dans leurs vœux fanatiques,
Les imprécations aux prières publiques.
Prêtres audacieux, imbéciles soldats,
Du sabre et de l'épée ils ont chargé leurs bras ;
Une lourde cuirasse a couvert leur cilice.
Dans les murs de Paris cette infâme milice
Suit, au milieu des flots d'un peuple impétueux,
Le Dieu, ce Dieu de paix, qu'on porte devant eux.

Mayenne, qui de loin voit leur folle entreprise,
La méprise en secret, et tout haut l'autorise ;
Il sait combien le peuple, avec soumission,
Confond le fanatisme et la religion ;
Il connaît ce grand art, aux princes nécessaire,
De nourrir la faiblesse et l'erreur du vulgaire.
A ce pieux scandale enfin il applaudit ;
Le sage s'en indigne, et le soldat en rit.
Mais le peuple excité jusques aux cieux envoie
Des cris d'emportement, d'espérance, et de joie ;

---

1. Dès que Henri III et le roi de Navarre parurent en armes devant Paris, la plupart des moines endossèrent la cuirasse, et firent la garde avec les bourgeois. Cependant cet endroit du poëme désigne la procession de la Ligue, où douze cents moines armés firent la revue dans Paris, ayant Guillaume Rose, évêque de Senlis, à leur tête. (*Note de Voltaire*, 1723.) On a placé ici ce fait, quoiqu'il ne soit arrivé qu'après la mort de Henri III. (*Id.*, 1730.)

— Au lieu de la phrase qui termine cette note, on lit dans l'édition de 1723 : « Cette procession extravagante, que l'on appela à Paris *la Drôlerie*, se fit en 1590. Ce fut à cette belle cérémonie qu'un moine, qui avait malheureusement un mousquet chargé à balles, tua un aumônier du cardinal Caïetan, dans le carrosse de ce légat, qui s'était arrêté au bout du pont Notre-Dame pour voir passer cette mascarade. L'auteur du *Catholicon* a transporté cette procession en 1593, aux états de la Ligue ; et par la même liberté on la place, dans ce poëme, sous Henri III, en 1589, selon la règle qui veut qu'un poëte épique, dans l'arrangement des événements, ait plus d'égard à l'ordonnance de son dessein qu'à l'exacte vérité de l'histoire. » (B.)

Et comme à son audace a succédé la peur,
La crainte en un moment fait place à la fureur.
Ainsi l'ange des mers, sur le sein d'Amphitrite,
Calme à son gré les flots, à son gré les irrite.
La Discorde a choisi seize[1] séditieux,
Signalés par le crime entre les factieux.
Ministres insolents de leur reine nouvelle,
Sur son char tout sanglant ils montent avec elle;
L'Orgueil, la Trahison, la Fureur, le Trépas,
Dans des ruisseaux de sang marchent devant leurs pas.
Nés dans l'obscurité, nourris dans la bassesse,
Leur haine pour les rois leur tient lieu de noblesse;
Et jusque sous le dais par le peuple portés,
Mayenne, en frémissant, les voit à ses côtés :
Des jeux de la Discorde ordinaires caprices,
Qui souvent rend égaux ceux qu'elle rend complices[2].
Ainsi, lorsque les vents, fougueux tyrans des eaux[3],
De la Seine ou du Rhône ont soulevé les flots,
Le limon croupissant dans leurs grottes profondes
S'élève, en bouillonnant, sur la face des ondes;
Ainsi, dans les fureurs de ces embrasements
Qui changent les cités en de funestes champs,
Le fer, l'airain, le plomb, que les feux amollissent,
Se mêlent dans la flamme à l'or qu'ils obscurcissent.

Dans ces jours de tumulte et de sédition,

---

1. Ce n'est point à dire qu'il n'y eût que seize particuliers séditieux, comme l'a marqué l'abbé Legendre dans sa petite *Histoire de France;* mais on les nomma les *Seize,* à cause des seize quartiers de Paris qu'ils gouvernaient par leurs intelligences et leurs émissaires. Ils avaient mis d'abord à leur tête seize des plus factieux de leur corps. Les principaux étaient Bussi-Le-Clerc, gouverneur de la Bastille, ci-devant maître en fait d'armes; La Bruyère, lieutenant particulier; le commissaire Louchart; Emmonot et Morin, procureurs; Oudinet, Passart, et surtout Senault, commis au greffe du parlement, homme de beaucoup d'esprit, qui le premier développa cette question, obscure et dangereuse, du pouvoir qu'une nation peut avoir sur son roi. Je dirai en passant que Senault était père du P. J.-F. Senault, cet homme éloquent, qui est mort général des prêtres de l'Oratoire en France. (*Note de Voltaire,* 1730.)
— En donnant à cette note la date de 1730, je dois remarquer que le premier membre de la première phrase et toute la dernière phrase sont de 1741. (B.)
2. Les Seize furent longtemps indépendants du duc de Mayenne. L'un d'eux, nommé Normand, dit un jour dans la chambre du duc : « Ceux qui l'ont fait pourraient bien le défaire. » (*Note de Voltaire,* 1730.)
3. Ce vers et les sept qui le suivent sont de 1730.

Thémis résistait seule à la contagion ;
La soif de s'agrandir, la crainte, l'espérance,
Rien n'avait dans ses mains fait pencher sa balance ;
Son temple était sans tache, et la simple Équité
Auprès d'elle, en fuyant, cherchait sa sûreté.

Il était dans ce temple un sénat vénérable,
Propice à l'innocence, au crime redoutable,
Qui, des lois de son prince et l'organe et l'appui,
Marchait d'un pas égal entre son peuple et lui.
Dans l'équité des rois sa juste confiance
Souvent porte à leurs pieds les plaintes de la France :
Le seul bien de l'État fait son ambition ;
Il hait la tyrannie et la rébellion ;
Toujours plein de respect, toujours plein de courage,
De la soumission distingue l'esclavage ;
Et, pour nos libertés toujours prompt à s'armer,
Connaît Rome, l'honore, et la sait réprimer[1].

Des tyrans de la Ligue une affreuse cohorte
Du temple de Thémis environne la porte :
Bussi les conduisait ; ce vil gladiateur,
Monté par son audace à ce coupable honneur,
Entre, et parle en ces mots à l'auguste assemblée
Par qui des citoyens la fortune est réglée :
« Mercenaires appuis d'un dédale de lois,
Plébéiens, qui pensez être tuteurs des rois,
Lâches, qui dans le trouble et parmi les cabales
Mettez l'honneur honteux de vos grandeurs vénales ;
Timides dans la guerre, et tyrans dans la paix,
Obéissez au peuple, écoutez ses décrets.
Il fut des citoyens avant qu'il fût des maîtres.
Nous rentrons dans les droits qu'ont perdus nos ancêtres.
Ce peuple fut longtemps par vous-même abusé ;
Il s'est lassé du sceptre, et le sceptre est brisé[2].
Effacez ces grands noms qui vous gênaient sans doute,
Ces mots *de plein pouvoir*, qu'on hait et qu'on redoute :
Jugez au nom du peuple ; et tenez au sénat,

---

1. Cette peinture du parlement ne ressemble guère à celle que Voltaire fera quarante ans plus tard. (G. A.)
2. Vers qui furent populaires en 1789 et 1792. (G. A.)

Non la place du roi, mais celle de l'État :
Imitez la Sorbonne, ou craignez ma vengeance. »

Le sénat répondit par un noble silence.
Tels, dans les murs de Rome abattus et brûlants,
Ces sénateurs courbés sous le fardeau des ans
Attendaient fièrement, sur leur siége immobiles,
Les Gaulois et la mort avec des yeux tranquilles.
Bussi, plein de fureur, et non pas sans effroi :
« Obéissez, dit-il, tyrans, ou suivez-moi... »
Alors Harlay se lève, Harlay, ce noble guide,
Ce chef d'un parlement juste autant qu'intrépide ;
Il se présente aux Seize, il demande des fers,
Du front dont il aurait condamné ces pervers[1].
On voit auprès de lui les chefs de la justice,
Brûlant de partager l'honneur de son supplice,
Victimes de la foi qu'on doit aux souverains,
Tendre aux fers des tyrans leurs généreuses mains[2].

Muse, redites-moi ces noms chers à la France ;
Consacrez ces héros qu'opprima la licence,
Le vertueux de Thou[3], Molé, Scarron, Bayeul,

---

1. Achorée dit dans Corneille, en parlant de Pompée :

  . . . . Et s'avance au trépas
  Avec le même front qu'il donnait les États.

      Pompée, acte II, scène II.

2. Le 16 janvier 1589, Bussi-Le-Clerc, l'un des Seize, qui de tireur d'armes était devenu gouverneur de la Bastille, et le chef de cette faction, entra dans la grand'-chambre du parlement, suivi de cinquante satellites : il présenta au parlement une requête, ou plutôt un ordre, pour forcer cette compagnie à ne plus reconnaître la maison royale.

Sur le refus de la compagnie, il mena lui-même à la Bastille tous ceux qui étaient opposés à son parti ; il les y fit jeûner au pain et à l'eau, pour les obliger à se racheter plus tôt de ses mains : voilà pourquoi on l'appelait le grand-pénitencier du parlement. (*Note de Voltaire,* 1730.)

3. Augustin de Thou, second du nom, oncle du célèbre historien ; il eut la charge de président du fameux Pibrac en 1585.

Molé ne peut être qu'Édouard Molé, conseiller au parlement, mort en 1634.

Scarron était le bisaïeul du fameux Scarron, si connu par ses poésies et par l'enjouement de son esprit.

Bayeul était oncle du surintendant des finances.

Nicolas Potier de Novion de Blancménil, président à mortier, se nommait Blancménil, à cause de la terre de ce nom, qui depuis tomba dans la maison de Lamoignon, par le mariage de sa petite-fille avec le président de Lamoignon.

Nicolas Potier ne fut pas, à la vérité, conduit à la Bastille avec les autres mem-

Potier, cet homme juste, et vous, jeune Longueil,
Vous en qui, pour hâter vos belles destinées,
L'esprit et la vertu devançaient les années.
Tout le sénat enfin, par les Seize enchaîné,
A travers un vil peuple en triomphe est mené
Dans cet affreux château¹, palais de la vengeance,
Qui renferme souvent le crime et l'innocence².
Ainsi ces factieux ont changé tout l'État;
La Sorbonne est tombée, il n'est plus de sénat...
Mais pourquoi ce concours et ces cris lamentables?
Pourquoi ces instruments de la mort des coupables?
Qui sont ces magistrats que la main d'un bourreau,
Par l'ordre des tyrans, précipite au tombeau?
Les vertus dans Paris ont le destin des crimes.
Brisson, Larcher, Tardif³, honorables victimes,

bres du parlement, car il n'était pas venu ce jour-là à la grand'chambre; mais il fut depuis emprisonné au Louvre, dans le temps de la mort de Brisson. On voulut lui faire le même traitement qu'à ce président. On l'accusait d'avoir une correspondance secrète avec Henri IV. Les Seize lui firent son procès dans les formes, afin de mettre de leur côté les apparences de la justice, et de ne plus effaroucher le peuple par des exécutions précipitées, que l'on regardait comme des assassinats.

Enfin, comme Blancménil allait être condamné à être pendu, le duc de Mayenne revint à Paris. Ce prince avait toujours eu pour Blancménil une vénération qu'on ne pouvait refuser à sa vertu; il alla lui-même le tirer de prison. Le prisonnier se jeta à ses pieds, et lui dit : « Monseigneur, je vous ai obligation de la vie; mais j'ose vous demander un plus grand bienfait, c'est de me permettre de me retirer auprès de Henri IV, mon légitime roi : je vous reconnaîtrai toute ma vie pour mon bienfaiteur; mais je ne puis vous servir comme mon maître. » Le duc de Mayenne, touché de ce discours, le releva, l'embrassa, et le renvoya à Henri IV. Le récit de cette aventure, avec l'interrogatoire de Blancménil, sont encore dans les papiers de M. le président de Novion d'aujourd'hui.

Bussi-Le-Clerc avait été d'abord maître en fait d'armes, et ensuite procureur. Quand le hasard et le malheur des temps l'eut mis en quelque crédit, il prit le surnom de Bussi, comme s'il eût été aussi redoutable que le fameux Bussi d'Amboise. Il se faisait aussi nommer Bussi Grande-Puissance. (*Note de Voltaire*, 1723 et 1730.)

— Dans l'édition de 1723, l'alinéa qui concerne Bussi-Le-Clerc est terminé par ces mots : « On l'appela le grand-pénitencier du parlement, parce qu'il faisait jeûner à la Bastille les magistrats qu'il y avait enfermés. »

Cela fut, en 1730, reporté dans la note précédente.

Au reste, Bussi ne se faisait pas nommer *Grande-Puissance;* c'est une inadvertance de Voltaire, relevée par Leduchat (*Ducatiana*, I, 14), qui rapporte le texte de L'Estoile, que voici : « Mais par-dessus tous les autres brigands a voit ce M. Bussi-Le-Clerc (car ainsi se faisoit-il appeler) la grande puissance. » (B.)

1. La Bastille. (*Note de Voltaire*, 1723.)
2. Vers souvent cités aussi lors de la prise de la Bastille (G. A.)
3. En 1591, un vendredi 15 novembre, Barnabé Brisson, homme très-savant, et qui faisait les fonctions de premier président, en l'absence d'Achille de Harlay; Claude Larcher, conseiller aux enquêtes, et Jean Tardif, conseiller au Châtelet,

Vous n'êtes point flétris par ce honteux trépas :
Mânes trop généreux, vous n'en rougissez pas[1] ;
Vos noms toujours fameux vivront dans la mémoire ;
Et qui meurt pour son roi meurt toujours avec gloire[2].

Cependant la Discorde, au milieu des mutins,
S'applaudit du succès de ses affreux desseins :
D'un air fier et content, sa cruauté tranquille
Contemple les effets de la guerre civile ;
Dans ces murs tout sanglants, des peuples malheureux
Unis contre leur prince, et divisés entre eux,
Jouets infortunés des fureurs intestines,
De leur triste patrie avançant les ruines ;
Le tumulte au dedans, le péril au dehors,
Et partout le débris, le carnage, et les morts.

furent pendus à une poutre dans le petit Châtelet, par l'ordre des Seize. Il est à remarquer que Hamilton, curé de Saint-Côme, furieux ligueur, était venu prendre lui-même Tardif dans sa maison, ayant avec lui des prêtres qui servaient d'archers. (*Note de Voltaire*, 1730.) — Voyez, sur ces événements, l'ouvrage intitulé *Histoire du Parlement :* l'auteur y parle comme historien ; ici, il parle comme poëte. (K.)

1. Racine a dit dans *Andromaque*, acte III, scène VIII

>   Pensez-vous qu'après tout ses mânes en rougissent ?

2. Tyrtée, dans le premier des fragments qui nous restent de lui, avait déjà vanté la mort du guerrier expirant pour son pays :

>   Il est beau qu'un guerrier, à son poste immobile,
>   Meure pour sa patrie, et meure aux premiers rangs.
>   (*Traduction de M. Firmin Didot.*)

Horace a dit, livre II, ode II, vers 13 :

>   Dulce et decorum est pro patria mori.

On lit dans Corneille :

>   Le peuple est trop heureux quand il meurt pour son roi.

FIN DU QUATRIÈME CHANT.

VARIANTES

DU CHANT QUATRIÈME.

Vers 13. — Édition de 1723 :

> Nemours, d'Aumale, Elbeuf, et Villars, et Brissac,
> La Châtre, Bois-Dauphin, Saint-Paul, et Canillac.

Dans l'édition de 1728, le premier de ces deux vers est tel qu'on le lit aujourd'hui. Le second est ainsi :

> Elbeuf et Bois-Dauphin, Boufflers et Canillac.

Vers 18. — Après ce vers, il y avait dans les premières éditions :

> Soudain, pareil au feu dont l'éclat fend la nue,
> Henri vole à Paris d'une course imprévue ;
> La fureur dans les yeux et la mort dans les mains,
> Il arrive, il combat, il change les destins ;
> Il met d'Aumale en fuite, il fait tomber Saveuse :
> Vers son indigne cloître on voit s'enfuir Joyeuse.
>   Boufflers, où courez-vous, trop jeune audacieux ?
> Ne cherchez point la mort qui s'avance à vos yeux ;
> Respectez de Henri la valeur invincible.
> Mais il tombe déjà sous cette main terrible ;
> Ses beaux yeux sont noyés dans l'ombre du trépas,
> Et son sang qui le couvre efface ses appas :
> *Telle une tendre fleur, qu'un matin voit éclore
> *Des baisers du Zéphire et des pleurs de l'Aurore,
> Tombe aux premiers efforts de l'orage et des vents,
> Dont le souffle ennemi vient ravager nos champs.
>   C'est en vain que Mayenne arrête sur ces rives
> De ses soldats tremblants les troupes fugitives ;
> C'est en vain que sa voix les rappelle aux combats :
> *La voix du grand Henri précipite leurs pas ;
> *De son front menaçant la terreur les renverse :
> La fureur les a joints, la crainte les disperse ;
> Et Mayenne, avec eux dans leur fuite emporté,
> Suit bientôt dans Paris ce peuple épouvanté.
> Henri sait profiter de ce grand avantage.

L'édition de 1728 offre quelques variantes de cette version. C'est, au reste, en 1730 que ce passage fut supprimé. Voltaire a dit, page 41, ce qui l'avait porté à faire cette suppression. La comparaison : *Telle une tendre fleur*, etc., a été reportée dans le chant III, vers 215 et suiv. (B.)

Vers 27. — J'ai suivi le texte adopté par Palissot, qui est aussi celui des éditions de 1728, 1729, 1730, 1732, 1733, 1734, 1737, 1746, 1748, 1751, 1752, 1756, 1764, 1768, 1771, 1775. On lit dans les éditions de Kehl et les réimpressions faites depuis :

> Et plongea dans le sein de la France éplorée. (B.)

Vers 49. — Éditions de 1728 à 1764 :

> Dans un de ces combats, de sa gloire enivré.

Le vers actuel est dans l'édition de 1768.

Vers 121. — Les éditions antérieures à 1728 portent :

> Du moment qu'on diffère il connaît tout le prix.

Vers 133. — Édition de 1723 :

> Que feras-tu, Mayenne?

Vers 140 :

> . . . . . Nul ne veut se défendre, etc.

Après ce vers, l'édition de 1723 met les quatre suivants :

> Où sont ces grands guerriers, ces fiers soutiens des lois,
> Ces ligueurs redoutés qui font trembler les rois?
> Paris n'a dans son sein que de lâches complices,
> Qu'a déjà fait pâlir la crainte des supplices :
> Tant le faible vulgaire, etc.

Vers 168. — Édition de 1723 :

> Que le Tibre enrichit du tribut de ses ondes.

Vers 177. — Éditions de 1723 à 1764 :

> Elle a su sous son joug.

Vers 186. — Édition de 1723 :

> Le sceptre et l'encensoir,
> C'est de là que le Dieu qui pour nous voulut naître
> S'explique aux nations par la voix du grand-prêtre;
> Là, son premier disciple, avec la Vérité,
> Conduisit la Candeur et la Simplicité ;
> Mais Rome avait perdu sa trace apostolique.
>   Alors au Vatican régnait la Politique,
> Fille de l'Intérêt, etc.

Et en note, on lisait :

« On a mis exprès ce mot *alors*, afin de fermer la bouche aux malintentionnés, qui pourraient dire qu'on a manqué de respect à la cour de Rome.

« Cette fiction de la Politique, qui se joint à la Discorde et qui emprunte les habits de la Religion, ne signifie autre chose que les intrigues des Espagnols et des ligueurs auprès du pape; il n'y a presque personne en Europe qui ne sache que leurs artifices engagèrent la cour de Rome à se déclarer contre la France. Le pape peut être considéré comme le chef de l'Église; alors on ne peut avoir qu'un respect sans bornes pour la sainteté de son caractère, et une soumission profonde pour ses décisions; mais comme prince temporel, il a des intérêts temporels à ménager; c'est un prince qui a besoin de politique pour faire la guerre et la paix. Ainsi Sixte-Quint donna de l'argent à la Ligue, et Grégoire XIV lui donna aussi de l'argent et des troupes. »

Vers 208. — Il y avait dans les éditions de Londres :

> Sous des dehors plus doux la cour cacha ses crimes ?
> La décence y régna, le conclave eut ses lois;
> La vertu la plus pure y régna quelquefois;
> Des Ursins dans nos jours a mérité des temples;
> Mais d'un tel souverain la terre a peu d'exemples,
> Et l'Église a compté, depuis plus de mille ans,
> Peu de pasteurs sans tache, et beaucoup de tyrans.
> Sixte alors était roi, etc.

La suppression est de 1730; mais dans les éditions de 1733 et 1734, on avait mis en note :

« Les amis de l'auteur savent qu'il retrancha ces vers parce que la suite de la vie de ce des Ursins, pape sous le nom de Benoît III, fit voir que c'était moins un saint qu'un homme faible, incapable du pontificat et du trône, et gouverné par des ministres qui ont été l'objet de la haine des Romains. » (B.)

Vers 231. — Les éditions antérieures à 1737 portent :

> Par cent déguisements.

Vers 233. — Dans l'édition de 1748 et dans les précédentes, on lisait :

> Toujours l'autorité lui prête un prompt secours.
> Le mensonge subtil règne en tous ses discours;
> Et, pour mieux déguiser son artifice extrême,
> Elle emprunte la voix de la vérité même.

Vers 259. — Édition de 1723 :

> Allons, qu'à tes flambeaux je rallume ma foudre;
> Que le trône français tombe réduit en poudre;
> Que nos poisons unis infectent l'univers.

Vers 263. — Dans les premières éditions, on lisait :

> Ces monstres à l'instant pénètrent un asile
> Où la Religion, solitaire, tranquille,
> Sans pompe, sans éclat, belle de sa beauté,
> Passait, dans la prière et dans l'humilité,
> Des jours qu'elle dérobe à la foule importune
> Qui court à ses autels encenser la Fortune.
> Son âme pour Henri, etc.

Vers 276. — Dans quelques éditions anciennes, on lit, comme on l'a vu :

> Qui court à ses autels encenser la Fortune.

Vers 284. — Les premières éditions portent :

> Surprennent en secret leur auguste ennemie ;
> Sur son modeste front, sur ses charmes divins,
> Ils portent sans frémir leurs sacriléges mains,
> Prennent ses vêtements, et, fiers de cette injure,
> De ses voiles sacrés ornent leur tête impure :
> C'en est fait, et déjà leurs malignes fureurs
> Dans Paris éperdu vont changer tous les cœurs.
> D'un air insinuant l'adroite Politique
> Pénètre au vaste sein de la Sorbonne antique :
> Elle y voit à grands flots accourir ces docteurs,
> De la vérité sainte éclairés défenseurs,
> Qui des peuples chrétiens, etc.

Et dans une édition de Londres, au lieu du dernier vers,

> De leurs faux arguments obstinés défenseurs.

Sur le vers :

> Pénètre au vaste sein de la Sorbonne antique,

l'édition de 1723 contient cette note :

« On sait que soixante-douze docteurs de la Faculté de théologie de Paris donnèrent un décret par lequel les sujets étaient relevés du serment de fidélité envers le roi. »

Cette note fut supprimée en 1730, et remplacée par celle qui est page 117. (B.)

Vers 299. — Toutes les éditions du vivant de l'auteur que j'ai vues portent :

> Qu'il est peu de vertu qui résiste sans cesse !

Vers 311. — Au lieu de ce vers et des sept qui suivent, il y a dans les premières éditions :

> On brise les liens de cette obéissance
> Qu'aux enfants des Capets avait jurée la France.

VARIANTES DU CHANT IV.

La Discorde aussitôt, de sa cruelle main,
Trace en lettres de sang ce décret inhumain.
Soudain elle s'envole, etc.

Vers 334. — Édition de 1723 :

Que d'attaquer leur roi.

Vers 345. — Édition de 1723 :

Le monstre au même instant leur donne le signal,
Et marche en déployant son étendard fatal.
   Ils le suivent en foule, et remplis de sa rage,
Dans leur zèle insensé ces reclus furieux
Pensent à leur révolte associer les cieux ;
   On les entend mêler, etc.

Il y a, comme on voit, un vers sans rime. Ce vers manque aussi dans l'édition de 1724.

Dans l'édition de 1728, on lit :

Venez... » Au même instant il donne le signal.

A ce seul mot près, le passage est, en 1728, tel qu'il est actuellement et depuis 1730.

Vers 355. — Édition de 1723 :

D'une lourde cuirasse il couvre leurs cilices.
Dans les murs de Paris ces indignes milices
Suivent parmi les flots d'un peuple impétueux.

Vers 371. — Édition de 1723 :

Ainsi le dieu des vents.

Vers 399. — Dans les éditions antérieures à 1768, on lit :

Il est dans ce saint temple. . . . .
. . . .
. . . .
Marche d'un pas égal, etc.

Vers 414. — Les éditions antérieures à 1730 portent :

De ces seize tyrans l'insolente cohorte
* Du temple de Thémis environne la porte.
On voyait à leur tête un vil gladiateur,
* Monté par son audace à ce coupable honneur.
Il s'avance au milieu de l'auguste assemblée
* Par qui des citoyens la fortune est réglée :
« Magistrats, leur dit-il, qui tenez au sénat,
Non la place du roi, mais celle de l'État,
Le peuple, assez longtemps opprimé par vous-mêmes,
Vous instruit par ma voix de ses ordres suprêmes.

> Las du joug des Capets qui l'ont tyrannisé,
> Il leur ôte un pouvoir dont ils ont abusé :
> Je vous défends ici d'oser les reconnaître ;
> Songez que désormais le peuple est votre maître ;
> Obéissez... » Ces mots, prononcés fièrement,
> Portent dans les esprits un juste étonnement.
> Le sénat, indigné d'une telle insolence,
> Ne pouvant la punir, garde un noble silence.
> La Ligue audacieuse en frémit de fureur ;
> Elle avait tout séduit, hors ce sénat vengeur.
> Cette fermeté rare est pour elle un outrage ;
> Le grand Harlay surtout est l'objet de sa rage :
> Cet organe des lois, si terrible aux pervers,
> Par ceux qu'il doit punir se voit chargé de fers.
> On voit auprès de lui, etc.

L'édition de 1723 contient en note le nom du *vil gladiateur* : « Il s'appelait Bussi-Le-Clerc. »

Vers 450. — L'édition de 1723 porte :

> Amelot, Blancménil, et vous, jeune Longueil ;

et, dans les remarques à la fin du poëme, on lisait cette phrase : « On ne connaît rien d'Amelot, sinon qu'il était conseiller en cette année, et de la maison de robe qui porte son nom. »

Vers 452. — Ce vers et le précédent manquent dans les éditions de 1723 et 1724, où il y a ainsi quatre rimes masculines de suite. On lit dans l'édition de 1728 :

> Amelot, Blancménil, et vous, jeune Longueil,
> De qui le rare esprit tient lieu d'expérience,
> Et dont l'âme intrépide égala la prudence.

La version actuelle est de 1730.

Vers 456. — Édition de 1723 :

> Qui renferma souvent...

Vers 459. — Au lieu de ce vers et du suivant, on lisait avant 1730 :

> En est-ce assez enfin pour leur rage insolente ?
> Ciel ! ô ciel ! quel objet à mes yeux se présente ?

CHANT CINQUIÈME.

ARGUMENT.

Les assiégés sont vivement pressés. La Discorde excite Jacques Clément à sortir de Paris pour assassiner le roi. Elle appelle du fond des enfers le démon du Fanatisme, qui conduit ce parricide. Sacrifice des ligueurs aux esprits infernaux. Henri III est assassiné. Sentiments de Henri IV. Il est reconnu roi par l'armée.

Cependant s'avançaient ces machines mortelles
Qui portaient dans leur sein la perte des rebelles ;
Et le fer et le feu, volant de toutes parts,
De cent bouches d'airain foudroyaient leurs remparts.

Les Seize et leur courroux, Mayenne et sa prudence,
D'un peuple mutiné la farouche insolence,
Des docteurs de la loi les scandaleux discours,
Contre le grand Henri n'étaient qu'un vain secours :
La victoire à grands pas s'approchait sur ses traces.
Sixte, Philippe, Rome, éclataient en menaces :
Mais Rome n'était plus terrible à l'univers ;
Ses foudres impuissants se perdaient dans les airs,
Et du vieux Castillan la lenteur ordinaire
Privait les assiégés d'un secours nécessaire.
Ses soldats, dans la France errant de tous côtés,
Sans secourir Paris, désolaient nos cités.
Le perfide attendait que la Ligue épuisée
Pût offrir à son bras une conquête aisée,
Et l'appui dangereux de sa fausse amitié
Leur préparait un maître, au lieu d'un allié ;
Lorsque d'un furieux la main déterminée
Sembla pour quelque temps changer la destinée.
Vous, des murs de Paris tranquilles habitants,
Que le ciel a fait naître en de plus heureux temps,
Pardonnez si ma main retrace à la mémoire
De vos aïeux séduits la criminelle histoire.
L'horreur de leurs forfaits ne s'étend point sur vous :
Votre amour pour vos rois les a réparés tous.

L'Église a de tout temps produit des solitaires,
Qui, rassemblés entre eux sous des règles sévères,
Et distingués en tout du reste des mortels,
Se consacraient à Dieu par des vœux solennels.
Les uns sont demeurés dans une paix profonde,
Toujours inaccessible aux vains attraits du monde;
Jaloux de ce repos qu'on ne peut leur ravir,
Ils ont fui les humains, qu'ils auraient pu servir :
Les autres, à l'État rendus plus nécessaires,
Ont éclairé l'Église, ont monté dans les chaires;
Mais, souvent enivrés de ces talents flatteurs,
Répandus dans le siècle, ils en ont pris les mœurs :
Leur sourde ambition n'ignore point les brigues;
Souvent plus d'un pays s'est plaint de leurs intrigues.
Ainsi chez les humains, par un abus fatal,
Le bien le plus parfait est la source du mal.

Ceux qui de Dominique[1] ont embrassé la vie
Ont vu longtemps leur secte en Espagne établie,
Et de l'obscurité des plus humbles emplois
Ont passé tout à coup dans les palais des rois.
Avec non moins de zèle, et bien moins de puissance,
Cet ordre respecté fleurissait dans la France,
Protégé par les rois, paisible, heureux enfin,
Si le traître Clément n'eût été dans son sein.

Clément[2] dans la retraite avait, dès son jeune âge,
Porté les noirs accès d'une vertu sauvage.
Esprit faible, et crédule en sa dévotion,
Il suivait le torrent de la rébellion.
Sur ce jeune insensé la Discorde fatale
Répandit le venin de sa bouche infernale.

---

1. Dominique, né à Calahorra en Aragon, fonda les dominicains en 1215. (*Note de Voltaire*, 1723.)

— La ville de Calahorra n'est pas dans l'Aragon, mais dans la Castille vieille. (B.)

2. Jacques Clément, de l'ordre des dominicains, natif de Sorbonne*, village près de Sens, était âgé de vingt-quatre ans et demi, et venait de recevoir l'ordre de prêtrise lorsqu'il commit ce parricide.

La fiction qui règne dans ce cinquième chant, et qui peut-être pourra paraître trop hardie à quelques lecteurs, n'est point nouvelle. La malice des ligueurs et le fanatisme des moines de ce temps firent passer pour certain dans l'esprit du peuple ce qui n'est ici qu'une invention du poëte. (*Note de Voltaire*, 1723.)

* Serbonnes.

Prosterné chaque jour au pied des saints autels,
Il fatiguait les cieux de ses vœux criminels [1].
On dit que, tout souillé de cendre et de poussière,
Un jour il prononça cette horrible prière :

« Dieu qui venges l'Église et punis les tyrans,
Te verra-t-on sans cesse accabler tes enfants,
Et, d'un roi qui te brave armant les mains impures,
Favoriser le meurtre et bénir les parjures?
Grand Dieu! par tes fléaux c'est trop nous éprouver ;
Contre tes ennemis daigne enfin t'élever ;
Détourne loin de nous la mort et la misère ;
Délivre-nous d'un roi donné dans ta colère :
Viens, des cieux outragés abaisse la hauteur [2] ;
Fais marcher devant toi l'ange exterminateur;
Viens, descends, arme-toi ; que ta foudre enflammée
Frappe, écrase à nos yeux leur sacrilége armée ;
Que les chefs, les soldats, les deux rois expirants,
Tombent comme la feuille éparse au gré des vents,
Et que, sauvés par toi, nos ligueurs catholiques
Sur leurs corps tout sanglants t'adressent leurs cantiques. »

La Discorde attentive, en traversant les airs,
Entend ces cris affreux, et les porte aux enfers.
Elle amène à l'instant, de ces royaumes sombres,
Le plus cruel tyran de l'empire des ombres.
Il vient, le Fanatisme est son horrible nom :
Enfant dénaturé de la Religion,
Armé pour la défendre, il cherche à la détruire,
Et, reçu dans son sein, l'embrasse, et le déchire.

C'est lui qui, dans Raba, sur les bords de l'Arnon [3],
Guidait les descendants du malheureux Ammon,

---

1. La Fontaine a dit, livre VIII, fable 5 :
    Par des vœux importuns nous fatiguons les dieux.

2. J.-B. Rousseau a dit, livre Ier, ode VIII :
    Abaisse la hauteur des cieux
    Et viens sur leur voûte enflammée,
    D'une main de foudres armée,
    Frapper ces monts audacieux.

Mais ces idées sont prises du psaume 143.

3. Pays des Ammonites, qui jetaient leurs enfants dans les flammes, au son des tambours et des trompettes, en l'honneur de la Divinité, qu'ils adoraient sous le nom de Moloch. (*Note de Voltaire*, 1730.)

Quand à Moloch, leur dieu, des mères gémissantes
Offraient de leurs enfants les entrailles fumantes.
Il dicta de Jephté le serment inhumain ;
Dans le cœur de sa fille il conduisit sa main.
C'est lui qui, de Calchas ouvrant la bouche impie,
Demanda par sa voix la mort d'Iphigénie.
France, dans tes forêts il habita longtemps :
A l'affreux Teutatès[1] il offrit ton encens.
Tu n'as point oublié ces sacrés homicides
Qu'à tes indignes dieux présentaient tes druides.
Du haut du Capitole il criait aux païens :
« Frappez, exterminez, déchirez les chrétiens. »
Mais lorsqu'au Fils de Dieu Rome enfin fut soumise,
Du Capitole en cendre il passa dans l'Église ;
Et, dans les cœurs chrétiens inspirant ses fureurs,
De martyrs qu'ils étaient, les fit persécuteurs.
Dans Londre il a formé la secte[2] turbulente
Qui sur un roi trop faible a mis sa main sanglante.
Dans Madrid, dans Lisbonne, il allume ces feux,
Ces bûchers solennels, où des juifs malheureux
Sont tous les ans en pompe envoyés par des prêtres
Pour n'avoir point quitté la foi de leurs ancêtres.

Toujours il revêtait, dans ses déguisements,
Des ministres des cieux les sacrés ornements :
Mais il prit cette fois dans la nuit éternelle,
Pour des crimes nouveaux, une forme nouvelle :
L'audace et l'artifice en firent les apprêts.
Il emprunte de Guise et la taille et les traits,
De ce superbe Guise, en qui l'on vit paraître
Le tyran de l'État et le roi de son maître,
Et qui, toujours puissant, même après son trépas,
Traînait encor la France à l'horreur des combats.
D'un casque redoutable il a chargé sa tête ;
Un glaive est dans sa main, au meurtre toujours prête ;
Son flanc même est percé des coups dont autrefois

---

1. Teutatès était un des dieux des Gaulois. Il n'est pas sûr que ce fût le même que Mercure ; mais il est constant qu'on lui sacrifiait des hommes. (*Note de Voltaire*, 1730.)

2. Les enthousiastes, qui étaient appelés indépendants, furent ceux qui eurent le plus de part à la mort de Charles Ier, roi d'Angleterre. (*Id.*, 1723.)

CHANT V.

Ce héros factieux fut massacré dans Blois.
Et la voix de son sang, qui coule en abondance,
Semble accuser Valois et demander vengeance.

Ce fut dans ce terrible et lugubre appareil,
Qu'au milieu des pavots que verse le sommeil,
Il vint trouver Clément au fond de sa retraite.
La Superstition, la Cabale inquiète,
Le faux Zèle enflammé d'un courroux éclatant,
Veillaient tous à sa porte, et l'ouvrent à l'instant.
Il entre, et d'une voix majestueuse et fière :
« Dieu reçoit, lui dit-il, tes vœux et ta prière ;
Mais n'aura-t-il de toi, pour culte et pour encens,
Qu'une plainte éternelle, et des vœux impuissants ?
Au Dieu que sert la Ligue il faut d'autres offrandes ;
Il exige de toi les dons que tu demandes.
Si Judith autrefois, pour sauver son pays,
N'eût offert à son Dieu que des pleurs et des cris ;
Si, craignant pour les siens, elle eût craint pour sa vie,
Judith eût vu tomber les murs de Béthulie :
Voilà les saints exploits que tu dois imiter,
Voilà l'offrande enfin que tu dois présenter.
Mais tu rougis déjà de l'avoir différée...
Cours, vole, et que ta main, dans le sang consacrée,
Délivrant les Français de leur indigne roi,
Venge Paris, et Rome, et l'univers, et moi.
Par un assassinat Valois trancha ma vie ;
Il faut d'un même coup punir sa perfidie.
Mais du nom d'assassin ne prends aucun effroi ;
Ce qui fut crime en lui sera vertu dans toi.
Tout devient légitime à qui venge l'Église :
Le meurtre est juste alors, et le ciel l'autorise...
Que dis-je ? il le commande ; il t'instruit par ma voix
Qu'il a choisi ton bras pour la mort de Valois :
Heureux si tu pouvais, consommant sa vengeance,
Joindre le Navarrois au tyran de la France ;
Et si de ces deux rois tes citoyens sauvés
Te pouvaient...! Mais les temps ne sont pas arrivés.
Bourbon doit vivre encor ; le Dieu qu'il persécute
Réserve à d'autres mains la gloire de sa chute.
Toi, de ce Dieu jaloux remplis les grands desseins,
Et reçois ce présent qu'il te fait par mes mains. »

Le fantôme, à ces mots, fait briller une épée
Qu'aux infernales eaux la Haine avait trempée ;
Dans la main de Clément il met ce don fatal ;
Il fuit, et se replonge au séjour infernal.

Trop aisément trompé, le jeune solitaire
Des intérêts des cieux se crut dépositaire.
Il baise avec respect ce funeste présent ;
Il implore à genoux le bras du Tout-Puissant ;
Et, plein du monstre affreux dont la fureur le guide,
D'un air sanctifié s'apprête au parricide.

Combien le cœur de l'homme est soumis à l'erreur !
Clément goûtait alors un paisible bonheur :
Il était animé de cette confiance
Qui dans le cœur des saints affermit l'innocence :
Sa tranquille fureur marche les yeux baissés [1] ;
Ses sacrilèges vœux [2] au ciel sont adressés ;

---

1. J.-B. Rousseau a dit (*Allégories*, I, 128) :

Sa vanité marche les yeux baissés.

2. L'on imprima et l'on débita publiquement une relation du martyre de frère Jacques Clément, dans laquelle on assurait qu'un ange lui avait apparu, et lui avait ordonné de tuer le tyran, en lui montrant une épée nue. Il est resté depuis un soupçon dans le public que quelques confrères de Jacques Clément, abusant de la faiblesse de ce misérable, lui avaient eux-mêmes parlé pendant la nuit, et avaient aisément troublé sa tête, échauffée par le jeûne et par la superstition. Quoi qu'il en soit, Clément se prépara au parricide comme un bon chrétien ferait au martyre, par les mortifications et par la prière. On ne put douter qu'il n'y eût de la bonne foi dans son crime ; c'est pourquoi on a pris le parti de le représenter plutôt comme un esprit faible, séduit par sa simplicité, que comme un scélérat déterminé par son mauvais penchant.

Jacques Clément sortit de Paris le dernier juillet 1589, et fut mené à Saint-Cloud par La Guesle, procureur général. Celui-ci, qui soupçonnait un mauvais coup de la part de ce moine, l'envoya épier pendant la nuit dans l'endroit où il était retiré. On le trouva dans un profond sommeil ; son bréviaire était auprès de lui, ouvert et tout gras, au chapitre du meurtre d'Holopherne par Judith. On a eu soin, dans le poëme, de présenter l'exemple de Judith à Jacques Clément, à l'imitation des prédicateurs de la Ligue, qui se servaient de l'Écriture sainte pour prêcher le parricide. (*Note de Voltaire*, 1723.)

— Nous citerons ici un passage d'un livre fait par un jacobin, et imprimé à Troyes, chez M. Moreau, peu de temps après la mort de Henri III :

« De façon que Dieu, exauçant la prière de cestui serviteur, nommé frère Jacques Clément, une nuit, comme il étoit en son lit, lui envoie son ange en vision, lequel avec grande lumière se présente à ce religieux, et lui montre un glaive nu, lui dit ces mots : « Frère Jacques, je suis messager du Dieu tout-puis-« sant, qui te viens acertener que par toi le tyran de France doit être mis à mort.

Son front de la vertu porte l'empreinte austère ;
Et son fer parricide est caché sous sa haire.
Il marche : ses amis, instruits de son dessein,
Et de fleurs sous ses pas parfumant son chemin,
Remplis d'un saint respect, aux portes le conduisent,
Bénissent son destin, l'encouragent, l'instruisent [1],
Placent déjà son nom parmi les noms sacrés
Dans les fastes de Rome à jamais révérés,
Le nomment à grands cris le vengeur de la France,
Et, l'encens à la main, l'invoquent par avance.
C'est avec moins d'ardeur, avec moins de transport,
Que les premiers chrétiens, avides de la mort,
Intrépides soutiens de la foi de leurs pères,
Au martyre autrefois accompagnaient leurs frères,
Enviaient les douceurs de leur heureux trépas,
Et baisaient, en pleurant, les traces de leurs pas [2].
Le fanatique aveugle et le chrétien sincère
Ont porté trop souvent le même caractère :
Ils ont même courage, ils ont mêmes désirs.
Le crime a ses héros ; l'erreur a ses martyrs :
Du vrai zèle et du faux vains juges que nous sommes !
Souvent des scélérats ressemblent aux grands hommes.

Mayenne, dont les yeux savent tout éclairer,
Voit le coup qu'on prépare, et feint de l'ignorer.

« Pense donc à toi, et te prépare, comme la couronne de martyre t'est aussi préparée. »

« Cela dit, la vision se disparut, et le laissa rêver à telles paroles véritables. Le matin venu, frère Jacques se remet devant les yeux l'apparition précédente ; et, douteux de ce qu'il devoit faire, s'adresse à un sien ami, aussi religieux, homme fort scientifique, et bien versé en la sainte Écriture, auquel il déclare franchement sa vision, lui demandant d'abondant si c'étoit chose agréable à Dieu de tuer un roi qui n'a ni foi ni religion, et qui ne cherche que l'oppression de ses pauvres sujets, étant altéré du sang innocent, et regorgeant en vices autant qu'il est possible. A quoi l'honnête homme fit réponse que véritablement il nous étoit défendu de Dieu étroitement d'être homicides ; mais d'autant que le roi qu'il entendoit étoit un homme distrait et séparé de l'Église, qui bouffoit de tyrannies exécrables, et qui se déterminoit d'être le fléau perpétuel et sans retour de la France, il estimoit que celui qui le mettroit à mort, comme fit jadis Judith un Holopherne, feroit chose très-sainte et très-recommandable. » (K.)

— Dans l'édition de 1730, on avait remplacé la note de 1723 par celle-ci : « Il jeûna, se confessa, et communia, avant de partir pour aller assassiner le roi. » (B.)

1. Ce vers manque dans l'édition de 1723. (B.)
2. Racine a dit, dans *Bérénice*, acte I, scène IV :

Je cherchais en pleurant la trace de ses pas.

De ce crime odieux son prudent artifice
Songe à cueillir le fruit sans en être complice :
Il laisse avec adresse aux plus séditieux
Le soin d'encourager ce jeune furieux.

Tandis que des ligueurs une troupe homicide
Aux portes de Paris conduisait le perfide,
Des Seize en même temps le sacrilége effort
Sur cet événement interrogeait le sort.
Jadis de Médicis[1] l'audace curieuse
Chercha de ces secrets la science odieuse,
Approfondit longtemps cet art surnaturel,
Si souvent chimérique, et toujours criminel.
Tout suivit son exemple ; et le peuple imbécile,
Des vices de la cour imitateur servile,
Épris du merveilleux, amant des nouveautés,
S'abandonnait en foule à ces impiétés.

Dans l'ombre de la nuit, sous une voûte obscure,
Le silence a conduit leur assemblée impure.
A la pâle lueur d'un magique flambeau,
S'élève un vil autel dressé sur un tombeau :
C'est là que des deux rois on plaça les images,
Objets de leur terreur, objets de leurs outrages.
Leurs sacrilèges mains ont mêlé, sur l'autel,
A des noms infernaux le nom de l'Éternel.
Sur ces murs ténébreux des lances sont rangées,
Dans des vases de sang leurs pointes sont plongées,
Appareil menaçant de leur mystère affreux.
Le prêtre de ce temple est un de ces Hébreux
Qui, proscrits sur la terre, et citoyens du monde,
Portent de mers en mers leur misère profonde,
Et d'un antique amas de superstitions[2]

---

1. Catherine de Médicis avait mis la magie si fort à la mode en France, qu'un prêtre nommé Sechelles, qui fut brûlé en Grève sous Henri III, pour sorcellerie, accusa douze cents personnes de ce prétendu crime. L'ignorance et la stupidité étaient poussées si loin dans ces temps-là, qu'on n'entendait parler que d'exorcismes et de condamnations au feu. On trouvait partout des hommes assez sots pour se croire magiciens, et des juges superstitieux qui les punissaient de bonne foi comme tels. (*Note de Voltaire*, 1730.)

2. Racine a dit dans *Athalie*, acte II, scène IV :

> Et tout ce vain amas de superstitions
> Qui ferme votre temple aux autres nations.

Ont rempli dès longtemps toutes les nations.

D'abord, autour de lui, les ligueurs en furie [1]
Commencent à grands cris ce sacrifice impie.
Leurs parricides bras se lavent dans le sang ;
De Valois sur l'autel ils vont percer le flanc ;
Avec plus de terreur, et plus encor de rage,
De Henri sous leurs pieds ils renversent l'image,
Et pensent que la mort [2], fidèle à leur courroux,
Va transmettre à ces rois l'atteinte de leurs coups.

L'Hébreu [3] joint cependant la prière au blasphème :
Il invoque l'abîme, et les cieux, et Dieu même,
Tous ces impurs esprits qui troublent l'univers,
Et le feu de la foudre, et celui des enfers.

Tel fut dans Gelboa [4] le secret sacrifice
Qu'à ses dieux infernaux offrit la pythonisse,
Alors qu'elle évoqua devant un roi cruel
Le simulacre affreux du prêtre Samuel ;
Ainsi contre Juda, du haut de Samarie,
Des prophètes menteurs tonnait la bouche impie ;
Ou tel, chez les Romains, l'inflexible Atéius [5]
Maudit, au nom des dieux, les armes de Crassus.

Aux magiques accents que sa bouche prononce,
Les Seize osent du ciel attendre la réponse ;

---

1. Ce vers et les dix-neuf qui le suivent ont été ajoutés en 1728.

2. Plusieurs prêtres ligueurs avaient fait faire de petites images de cire qui représentaient Henri III et le roi de Navarre : ils les mettaient sur l'autel, les perçaient pendant la messe quarante jours consécutifs, et le quarantième jour les perçaient au cœur. (*Note de Voltaire*, 1730.)

3. C'était, pour l'ordinaire, de juifs que l'on se servait pour faire des opérations magiques. Cette ancienne superstition vient des secrets de la cabale, dont les Juifs se disaient seuls dépositaires. Catherine de Médicis, la maréchale d'Ancre, et beaucoup d'autres, employèrent des juifs à ces prétendus sortiléges. (*Id.*, 1730.)

4. On a remarqué que Saül ne consulta pas la pythonisse dans Gelboa, ou plutôt Gelboé (comme dit l'Écriture), qui était une montagne sur laquelle l'armée de Saül fut défaite, et où il perdit la vie ; Saül consulta la pythonisse dans la ville d'Endor, distante d'environ une journée de Gelboé.

5. Atéius, tribun du peuple, ne pouvant empêcher Crassus de partir pour aller contre les Parthes, porta un brasier ardent à la porte de la ville par où Crassus sortait, y jeta certaines herbes, et maudit l'expédition de Crassus, en invoquant les divinités infernales. (*Id.*, 1730.)

A dévoiler leur sort ils pensent le forcer.
Le ciel, pour les punir, voulut les exaucer :
Il interrompt pour eux les lois de la nature ;
De ces antres muets sort un triste murmure ;
Les éclairs, redoublés dans la profonde nuit,
Poussent un jour affreux qui renaît et qui fuit[1].
Au milieu de ces feux, Henri, brillant de gloire,
Apparaît à leurs yeux sur un char de victoire :
Des lauriers couronnaient son front noble et serein,
Et le sceptre des rois éclatait dans sa main.
L'air s'embrase à l'instant par les traits du tonnerre ;
L'autel, couvert de feux, tombe, et fuit sous la terre,
Et les Seize éperdus, l'Hébreu saisi d'horreur,
Vont cacher dans la nuit leur crime et leur terreur.

Ces tonnerres, ces feux, ce bruit épouvantable,
Annonçaient à Valois sa perte inévitable :
Dieu, du haut de son trône, avait compté ses jours ;
Il avait loin de lui retiré son secours :
La Mort impatiente attendait sa victime ;
Et, pour perdre Valois, Dieu permettait un crime.

Clément au camp royal a marché sans effroi.
Il arrive, il demande à parler à son roi ;
Il dit que, dans ces lieux amené par Dieu même,
Il y vient rétablir les droits du diadème,
Et révéler au roi des secrets importants.
On l'interroge, on doute, on l'observe longtemps ;
On craint sous cet habit un funeste mystère :
Il subit sans alarme un examen sévère ;
Il satisfait à tout avec simplicité ;
Chacun, dans ses discours, croit voir la vérité.
La garde aux yeux du roi le fait enfin paraître.

L'aspect du souverain n'étonna point ce traître.
D'un air humble et tranquille il fléchit les genoux :
Il observe à loisir la place de ses coups ;
Et le mensonge adroit, qui conduisait sa langue,

---

1. Corneille, dans *Horace*, acte III, scène I, a dit :

> Pareille à ces éclairs qui, dans le fort des ombres,
> Poussent un jour qui fuit, et rend les nuits plus sombres.

Lui dicta cependant sa perfide harangue.
« Souffrez, dit-il, grand roi, que ma timide voix
S'adresse au Dieu puissant qui fait régner les rois ;
Permettez, avant tout, que mon cœur le bénisse
Des biens que va sur vous répandre sa justice.
Le vertueux Potier, le prudent Villeroi[1],
Parmi vos ennemis vous ont gardé leur foi ;
Harlay[2], le grand Harlay, dont l'intrépide zèle
Fut toujours formidable à ce peuple infidèle,
Du fond de sa prison réunit tous les cœurs,
Rassemble vos sujets, et confond les ligueurs.
Dieu, qui, bravant toujours les puissants et les sages,
Par la main la plus faible accomplit ses ouvrages,
Devant le grand Harlay lui-même m'a conduit.
Rempli de sa lumière, et par sa bouche instruit,
J'ai volé vers mon prince, et vous rends cette lettre
Qu'à mes fidèles mains Harlay vient de remettre. »

Valois reçoit la lettre avec empressement.
Il bénissait les cieux d'un si prompt changement :
« Quand pourrai-je, dit-il, au gré de ma justice,
Récompenser ton zèle, et payer ton service ? »
En lui disant ces mots, il lui tendait les bras :
Le monstre au même instant tire son coutelas,
L'en frappe, et dans le flanc l'enfonce avec furie.
Le sang coule : on s'étonne, on s'avance, on s'écrie ;
Mille bras sont levés pour punir l'assassin :
Lui, sans baisser les yeux, les voit avec dédain ;
Fier de son parricide, et quitte envers la France,
Il attend à genoux la mort pour récompense :
De la France et de Rome il croit être l'appui ;
Il pense voir les cieux qui s'entr'ouvrent pour lui,

---

1. Potier, président du parlement, dont il est parlé ci-devant, p. 124.
 Villeroi, qui avait été secrétaire d'État sous Henri III, et qui avait pris le parti de la Ligue, pour avoir été insulté en présence du roi par le duc d'Épernon. (*Note de Voltaire*, 1730.)
2. Achille de Harlay, qui était alors gardé à la Bastille par Bussi-Le-Clerc. Jacques Clément présenta au roi une lettre de la part de ce magistrat. On n'a point su si la lettre était contrefaite ou non (*Id.*, 1730) : c'est ce qui est étonnant dans un fait de cette importance ; et c'est ce qui me ferait croire que la lettre était véritable, et qu'on l'aurait surprise au président de Harlay : autrement on aurait fait sonner bien haut cette fausseté contre la Ligue. (*Id.*, 1741.)

Et, demandant à Dieu la palme du martyre,
Il bénit, en tombant, les coups dont il expire.
Aveuglement terrible, affreuse illusion !
Digne à la fois d'horreur et de compassion,
Et de la mort du roi moins coupable peut-être
Que ces lâches docteurs, ennemis de leur maître,
Dont la voix, répandant un funeste poison,
D'un faible solitaire égara la raison !

Déjà Valois touchait à son heure dernière ;
Ses yeux ne voyaient plus qu'un reste de lumière :
Ses courtisans en pleurs, autour de lui rangés [1],
Par leurs desseins divers en secret partagés,
D'une commune voix formant les mêmes plaintes,
Exprimaient des douleurs ou sincères ou feintes.
Quelques-uns, que flattait l'espoir du changement,
Du danger de leur roi s'affligeaient faiblement ;
Les autres, qu'occupait leur crainte intéressée,
Pleuraient, au lieu du roi, leur fortune passée.
Parmi ce bruit confus de plaintes, de clameurs,
Henri, vous répandiez de véritables pleurs.
Il fut votre ennemi ; mais les cœurs nés sensibles
Sont aisément émus dans ces moments horribles.
Henri ne se souvint que de son amitié :
En vain son intérêt combattait sa pitié ;
Ce héros vertueux se cachait à lui-même
Que la mort de son roi lui donne un diadème.

Valois tourna sur lui, par un dernier effort,
Ses yeux appesantis qu'allait fermer la mort ;
Et, touchant de sa main ses mains victorieuses,
« Retenez, lui dit-il, vos larmes généreuses ;
L'univers indigné doit plaindre votre roi :
Vous, Bourbon, combattez, régnez, et vengez-moi.
Je meurs, et je vous laisse, au milieu des orages,
Assis sur un écueil couvert de mes naufrages.

---

1. Dans *Phèdre*, acte V, scène VI :

    Imitaient son silence, autour de lui rangés.

Dans *Agathocle*, acte IV, scène I :

    Autour de lui rangés, ses courtisans le craignent.

Mon trône vous attend, mon trône vous est dû :
Jouissez de ce bien par vos mains défendu :
Mais songez que la foudre en tout temps l'environne ;
Craignez, en y montant, ce Dieu qui vous le donne.
Puissiez-vous, détrompé d'un dogme criminel,
Rétablir de vos mains son culte et son autel !
Adieu, régnez heureux ; qu'un plus puissant génie
Du fer des assassins défende votre vie !
Vous connaissez la Ligue, et vous voyez ses coups :
Ils ont passé par moi pour aller jusqu'à vous ;
Peut-être un jour viendra qu'une main plus barbare...
Juste ciel, épargnez une vertu si rare !
Permettez...! » A ces mots l'impitoyable Mort
Vient fondre sur sa tête[1], et termine son sort.

Au bruit de son trépas, Paris se livre en proie
Aux transports odieux de sa coupable joie :
De cent cris de victoire ils remplissent les airs ;
Les travaux sont cessés, les temples sont ouverts ;
De couronnes de fleurs ils ont paré leurs têtes ;
Ils consacrent ce jour à d'éternelles fêtes ;
Bourbon n'est à leurs yeux qu'un héros sans appui,
Qui n'a plus que sa gloire et sa valeur pour lui.
Pourra-t-il résister à la Ligue affermie,
A l'Église en courroux, à l'Espagne ennemie,
Aux traits du Vatican, si craints, si dangereux,
A l'or du nouveau monde, encor plus puissant qu'eux ?

---

1. Henri III mourut de sa blessure le 3 août*, à deux heures du matin, à Saint-Cloud ; mais non point dans la même maison où il avait pris, avec son frère, la résolution de la Saint-Barthélemy, comme l'ont écrit plusieurs historiens ; car cette maison n'était point encore bâtie du temps de la Saint-Barthélemy. (*Note de Voltaire*, 1730.)

— La note de 1723 donnait quelques détails de plus. « La malheureuse journée de Saint-Barthélemy arriva en 1572 ; alors la maison appartenait à un bourgeois nommé Chapelier ; Catherine de Médicis l'acheta en 1577, et la donna à la femme de Jérôme de Gondy, qui la fit rebâtir ; par conséquent il est impossible que Henri III soit mort dans la chambre où il avait tenu le conseil de la Saint-Barthélemy. »

Les auteurs de l'*Art de vérifier les dates* disent que Henri III mourut le 2 août, et cela se rapporte à ce que dit Voltaire dans le chapitre XXXI de son *Histoire du Parlement*, que « ce fut Henri IV qui porta lui-même l'arrêt (contre Jacques Clément), le 2 août 1589, et condamna le corps du moine à être écartelé et brûlé ». (B.)

* Le 2 août.

Déjà quelques guerriers, funestes politiques,
Plus mauvais citoyens que zélés catholiques,
D'un scrupule affecté colorant leur dessein,
Séparent leurs drapeaux des drapeaux de Calvin ;
Mais le reste, enflammé d'une ardeur plus fidèle,
Pour la cause des rois redouble encor son zèle.
Ces amis éprouvés, ces généreux soldats,
Que longtemps la victoire a conduits sur ses pas,
De la France incertaine ont reconnu le maître ;
Tout leur camp réuni le croit digne de l'être.
Ces braves chevaliers, les Givrys, les d'Aumonts,
Les grands Montmorencys, les Sancys, les Crillons,
Lui jurent de le suivre aux deux bouts de la terre :
Moins faits pour disputer que formés pour la guerre,
Fidèles à leur Dieu, fidèles à leurs lois,
C'est l'honneur qui leur parle ; ils marchent à sa voix.

« Mes amis, dit Bourbon, c'est vous dont le courage
Des héros de mon sang me rendra l'héritage :
Les pairs, et l'huile sainte, et le sacre des rois,
Font les pompes du trône, et ne font pas mes droits.
C'est sur un bouclier qu'on vit nos premiers maîtres
Recevoir les serments de vos braves ancêtres.
Le champ de la victoire est le temple où vos mains
Doivent aux nations donner leurs souverains. »

C'est ainsi qu'il s'explique ; et bientôt il s'apprête
A mériter son trône en marchant à leur tête.

FIN DU CINQUIÈME CHANT.

VARIANTES

DU CHANT CINQUIÈME.

Vers 1. — Dans les éditions de 1723 et 1724, ce chant commençait par huit vers qui ont été, avec de légers changements, transportés dans le chant VI, où ils sont les 267-274 ; voyez la variante du vers 267, chant VI.

Vers 10. — Édition de 1723 :

    Rome et le roi Philippe éclataient en menaces.

Vers 50. — Édition de 1723 :

    Cet ordre si fameux.

Vers 63. — Édition de 1723 :

    Dieu, protecteur des rois ; Dieu, vengeur des tyrans.

Vers 65. — Édition de 1723 :

    Et d'un roi qui t'outrage.

Vers 71. — On lit dans l'édition de Kehl :

    Viens, des cieux enflammés abaisse la hauteur.

Les éditions stéréotypes portent :

    Viens, des cieux irrités, etc.

Palissot a mis :

    Viens, des cieux ébranlés, etc.

C'est cette dernière version qu'a suivie l'auteur de la traduction latine :

    Huc ades, inclinans tremefacta cacumina cœli. (B.)

Vers 80. — Après ce vers, on lit dans l'édition de 1723, et dans plusieurs autres, les dix vers suivants :

    Les enfers sont émus de ces accents funèbres ;

> Un monstre en ce moment sort du fond des ténèbres,
> Monstre qui de l'abîme et de ses noirs démons
> Réunit dans son sein la rage et les poisons;
> Cet enfant de la nuit, fécond en artifices,
> Sait ternir les vertus, sait embellir les vices,
> Sait donner, par l'éclat de ses pinceaux trompeurs,
> Aux forfaits les plus grands les plus vives couleurs.
> C'est lui qui, sous la cendre et couvert du cilice,
> Saintement aux mortels enseigne l'injustice.
> Toujours il revêtait, etc.

Vers 106. — Il y avait dans la première édition de Londres :

> Dans Londre il inspira ce peuple de sectaires,
> Trembleurs, indépendants, puritains, unitaires.

Vers 161. — Édition de 1723 :

> Henri doit vivre encore, et Dieu qu'il persécute.

Vers 197. — Il y avait dans le poëme de *la Ligue* :

> Voilà comme à nos yeux, trop faibles que nous sommes,
> * Souvent les scélérats ressemblent aux grands hommes.
> On ne distingue point le vrai zèle et le faux;
> Comme la vérité, l'erreur a ses héros.
> Le fanatique impie et le chrétien sincère
> Sont marqués quelquefois du même caractère.
>   Mayenne, dont les yeux, etc.

Vers 212. — Édition de 1723 :

> Sur tant d'événements.

Vers 225. — L'édition de 1723 met ainsi ce vers et les suivants :

> Là sont les instruments de ces sombres mystères,
> Des métaux constellés, d'inconnus caractères,
> Des vases pleins de sang, et de serpents affreux.
> * Le prêtre de ce temple est un de ces Hébreux
> * Qui, proscrits sur la terre et citoyens du monde,
> Vont porter en tous lieux leur misère profonde,
> * Et d'un antique amas de superstitions
> Ont rempli de tout temps toutes les nations.
>   Aux magiques accents, etc.

Vers 229. — Édition de 1728 :

>   Cent lances sont rangées.

Vers 263. — Édition de 1723 :

> Mille éclairs redoublés.

Vers 269. — Édition de 1723 :

>   De cent coups de tonnerre.

VARIANTES DU CHANT V.

Vers 279. — Édition de 1723 :

> Clément au camp du prince.

Cette leçon paraît préférable au texte actuel, ne fût-ce que pour éviter le rapprochement de *royal* et de *roi*.

Vers 299. — Édition de 1723 :

> Le vertueux Daubray, le prudent Villeroi.

Vers 341. — Édition de 1723 :

> D'autres, voyant périr leur fortune passée,
> Couvraient d'un zèle faux leur crainte intéressée.

Vers 347. — Au lieu de ce vers et des deux qui le suivent, on lit dans l'édition de 1723 :

> Tous les ressentiments sont alors effacés;
> On ne se souvient plus de ses chagrins passés.
> Que dis-je! ce héros se cachait à lui-même.

Vers 372. — Édition de 1723 :

> Lui coupe la parole et termine son sort.

Vers 378. — Dans toutes les premières éditions, et même dans celle de 1751, le chant était terminé par les vers suivants :

> Insensés qu'ils étaient! ils ne découvraient pas
> Les abîmes profonds qu'ils creusaient sous leurs pas;
> Ils devaient bien plutôt, prévoyant leurs misères,
> Changer ce vain triomphe en des larmes amères.
> Ce vainqueur, ce héros qu'ils osaient défier,
> Henri, du haut du trône allait les foudroyer.
> Le sceptre, dans sa main rendu plus redoutable,
> Annonce à ces mutins leur perte inévitable.
> Devant lui tous les chefs ont fléchi les genoux,
> Pour leur roi légitime ils l'ont reconnu tous;
> Et, certains désormais du destin de la guerre,
> Ils jurent de le suivre aux deux bouts de la terre.

CHANT SIXIÈME[1].

ARGUMENT.

Après la mort de Henri III, les états de la Ligue s'assemblent dans Paris pour choisir un roi. Tandis qu'ils sont occupés de leurs délibérations, Henri IV livre un assaut à la ville; l'assemblée des états se sépare; ceux qui la composaient vont combattre sur les remparts; description de ce combat. Apparition de saint Louis à Henri IV.

C'est un usage antique, et sacré parmi nous :
Quand la mort sur le trône étend ses rudes coups,
Et que du sang des rois, si cher à la patrie,
Dans ses derniers canaux la source s'est tarie,

---

1. Le sixième et le septième chants sont ceux où M. de Voltaire a fait le plus de changements*. Celui qui était le sixième dans la première édition de 1723 est le septième dans l'édition de Londres, in-4°, et dans les autres qui l'ont suivie; et le commencement de ce chant est tiré du chant neuvième de l'édition de 1723. (*Note de Voltaire*, 1741.) Comme on a plus d'égard, dans un poëme épique, à l'ordonnance du dessein qu'à la chronologie, on a placé immédiatement après la mort de Henri III les états de Paris, qui ne se tinrent effectivement que quatre ans après. (*Id.*, 1730.)

Selon la vérité de l'histoire, Henri le Grand assiégea Paris quelque temps après la bataille d'Ivry, en 1590, au mois d'avril. Le duc de Parme lui en fit lever le siége au mois de septembre. La Ligue, longtemps après, en 1593, assembla les états pour élire un roi à la place du cardinal de Bourbon, qu'elle avait reconnu sous le nom de Charles X, et qui était mort depuis deux ans et demi; et, la même année 1593, au mois de juillet, le roi fit son abjuration dans Saint-Denis, et n'entra dans Paris qu'au mois de mars 1594.

De tous ces événements on a supprimé l'arrivée du duc de Parme et le prétendu règne de Charles, cardinal de Bourbon. Il est aisé de s'apercevoir que faire paraître le duc de Parme sur la scène eût été diminuer la gloire de Henri IV, le héros du poëme, et agir précisément contre le but de l'ouvrage, ce qui serait une faute impardonnable.

A l'égard du cardinal de Bourbon, ce n'était pas la peine de blesser l'unité, si essentielle dans tout ouvrage épique, en faveur d'un roi en peinture, tel que ce cardinal : il serait aussi inutile dans le poëme qu'il le fut dans le parti de la Ligue. En un mot, on passe sous silence le duc de Parme, parce qu'il était trop grand, et le cardinal de Bourbon, parce qu'il était trop petit. On a été obligé de placer les états de Paris avant le siége, parce que si on les eût mis dans leur ordre, on

---

* Quand on imprima *la Henriade* en 1723, sous le nom de *la Ligue*, cet ouvrage n'était pas encore achevé. Il fut imprimé même avec beaucoup de lacunes, sur une copie qui fut dérobée à l'auteur, et qui fut beaucoup altérée à l'impression. (*Note de Voltaire*, 1746.)

Le peuple au même instant rentre en ses premiers droits ;
Il peut choisir un maître, il peut changer ses lois :
Les états assemblés, organes de la France,
Nomment un souverain, limitent sa puissance.
Ainsi de nos aïeux les augustes décrets
Au rang de Charlemagne ont placé les Capets.
La Ligue audacieuse, inquiète, aveuglée,
Ose de ces états ordonner l'assemblée,
Et croit avoir acquis par un assassinat[1]
Le droit d'élire un maître et de changer l'État.
Ils pensaient, à l'abri d'un trône imaginaire,
Mieux repousser Bourbon, mieux tromper le vulgaire.
Ils croyaient qu'un monarque unirait leurs desseins ;
Que sous ce nom sacré leurs droits seraient plus saints ;
Qu'injustement élu, c'était beaucoup de l'être ;
Et qu'enfin, quel qu'il soit, le Français veut un maître.

Bientôt à ce conseil accourent à grand bruit
Tous ces chefs obstinés qu'un fol orgueil conduit :

n'aurait pas eu les mêmes occasions de mettre dans leur jour les vertus du héros ; on n'aurait pas pu lui faire donner des vivres aux assiégés, ni le faire aussitôt récompenser de sa générosité. D'ailleurs les états de Paris ne sont point du nombre des événements qu'on ne peut déranger de leur point chronologique ; la poésie permet la transposition de tous les faits qui ne sont point écartés les uns des autres d'un grand nombre d'années, et qui n'ont entre eux aucune liaison nécessaire. Par exemple, je pouvais, sans qu'on eût rien à me reprocher, faire Henri IV amoureux de Gabrielle d'Estrées du vivant de Henri III, parce que la vie et la mort de Henri III n'ont rien de commun avec l'amour de Henri IV pour Gabrielle d'Estrées. Les états de la Ligue sont dans le même cas par rapport au siége de Paris ; ce sont deux événements absolument indépendants l'un de l'autre. Ces états n'eurent aucun effet, on n'y prit nulle résolution ; ils ne contribuèrent en rien aux affaires du parti ; le hasard aurait pu les assembler avant le siége comme après, et ils sont bien mieux placés avant le siége dans le poëme ; de plus, il faut considérer qu'un poëme épique n'est pas une histoire : on ne saurait trop présenter cette règle aux lecteurs qui n'en seraient pas instruits :

> Loin ces rimeurs craintifs, dont l'esprit flegmatique
> Garde dans ses fureurs un ordre didactique ;
> Qui, chantant d'un héros les progrès éclatants,
> Maigres historiens, suivront l'ordre des temps.
> Ils n'osent un moment perdre un sujet de vue :
> Pour prendre Dôle, il faut que Lille soit rendue,
> Et que leur vers, exact ainsi que Mézeray,
> Ait fait tomber déjà les remparts de Courtray.
>
> BOILEAU, *Art poét.*, ch. II.
>
> (*Note de Voltaire*, 1723.)

1. Corneille a dit dans *Cinna*, acte V, scène 1re :

Sans vouloir l'acquérir par un assassinat.

Les Lorrains, les Nemours, des prêtres en furie,
L'ambassadeur de Rome, et celui d'Ibérie.
Ils marchent vers le Louvre, où, par un nouveau choix,
Ils allaient insulter aux mânes de nos rois.
Le luxe, toujours né des misères publiques,
Prépare avec éclat ces états tyranniques.
Là, ne parurent point ces princes, ces seigneurs,
De nos antiques pairs augustes successeurs,
Qui, près des rois assis, nés juges de la France,
Du pouvoir qu'ils n'ont plus ont encor l'apparence.
Là, de nos parlements les sages députés
Ne défendirent point nos faibles libertés ;
On n'y vit point des lis l'appareil ordinaire :
Le Louvre est étonné de sa pompe étrangère.
Là, le légat de Rome est d'un siége honoré ;
Près de lui, pour Mayenne, un dais est préparé.
Sous ce dais on lisait ces mots épouvantables :
« Rois, qui jugez la terre[1], et dont les mains coupables
Osent tout entreprendre et ne rien épargner,
Que la mort de Valois vous apprenne à régner ! »

On s'assemble, et déjà les partis, les cabales,
Font retentir ces lieux de leurs voix infernales.
Le bandeau de l'erreur aveugle tous les yeux.
L'un, des faveurs de Rome esclave ambitieux,
S'adresse au légat seul, et devant lui déclare
Qu'il est temps que les lis rampent sous la tiare ;
Qu'on érige à Paris ce sanglant tribunal,
Ce monument[2] affreux du pouvoir monacal,
Que l'Espagne a reçu, mais qu'elle-même abhorre,
Qui venge les autels et qui les déshonore,
Qui, tout couvert de sang, de flammes entouré,
Égorge les mortels avec un fer sacré[3] :
Comme si nous vivions dans ces temps déplorables
Où la terre adorait des dieux impitoyables,

1. Imitation du verset 10 du psaume 11 : « Et nunc, reges, intelligite : erudimini qui judicatis terram. »
2. L'Inquisition, que les ducs de Guise voulurent établir en France. (*Note de Voltaire*, 1730.)
3. Molière a dit, dans *le Tartuffe*, acte I, scène VI :

Veut nous assassiner avec un fer sacré.

Que des prêtres menteurs, encor plus inhumains,
Se vantaient d'apaiser par le sang des humains!
Celui-ci, corrompu par l'or de l'Ibérie,
A l'Espagnol qu'il hait veut vendre sa patrie.

Mais un parti puissant, d'une commune voix,
Plaçait déjà Mayenne au trône de nos rois.
Ce rang manquait encore à sa vaste puissance;
Et de ses vœux hardis l'orgueilleuse espérance
Dévorait en secret, dans le fond de son cœur[1],
De ce grand nom de roi le dangereux honneur.

Soudain Potier[2] se lève, et demande audience.
Sa rigide vertu faisait son éloquence.
Dans ce temps malheureux, par le crime infecté,
Potier fut toujours juste, et pourtant respecté.
Souvent on l'avait vu, par sa mâle constance,
De leurs emportements réprimer la licence,
Et conservant sur eux sa vieille autorité,
Leur montrer la justice avec impunité.
Il élève sa voix; on murmure, on s'empresse,
On l'entoure, on l'écoute, et le tumulte cesse.
Ainsi, dans un vaisseau qu'ont agité les flots,
Quand l'air n'est plus frappé des cris des matelots,
On n'entend que le bruit de la proue écumante,
Qui fend, d'un cours heureux, la mer obéissante.
Tel paraissait Potier dictant ses justes lois,
Et la confusion se taisait à sa voix.

« Vous destinez, dit-il, Mayenne au rang suprême :
Je conçois votre erreur, je l'excuse moi-même.
Mayenne a des vertus qu'on ne peut trop chérir;
Et je le choisirais si je pouvais choisir.
Mais nous avons nos lois, et ce héros insigne,

---

1. On lit dans *Rhadamiste et Zénobie*, acte I, scène 1 :
    Mais le cruel, bien loin d'appuyer sa grandeur,
    Le dévora bientôt dans le fond de son cœur.

2. Potier de Blancménil, président du parlement, dont il est question dans les quatrième et cinquième chants. (*Note de Voltaire*, 1730.)
Il demanda publiquement au duc de Mayenne la permission de se retirer vers Henri IV. « Je vous regarderai toute ma vie comme mon bienfaiteur, lui dit-il, mais je ne puis vous regarder comme mon maître. » (*Id.*, 1730.)

S'il prétend à l'empire, en est dès lors indigne. »
Comme il disait ces mots, Mayenne entre soudain
Avec tout l'appareil qui suit un souverain.
Potier le voit entrer sans changer de visage :
« Oui, prince, poursuit-il d'un ton plein de courage,
Je vous estime assez pour oser contre vous
Vous adresser ma voix pour la France et pour nous.
En vain nous prétendons le droit d'élire un maître :
La France a des Bourbons; et Dieu vous a fait naître
Près de l'auguste rang qu'ils doivent occuper,
Pour soutenir leur trône, et non pour l'usurper.
Guise, du sein des morts, n'a plus rien à prétendre;
Le sang d'un souverain doit suffire à sa cendre :
S'il mourut par un crime, un crime l'a vengé.
Changez avec l'État, que le ciel a changé :
Périsse avec Valois votre juste colère!
Bourbon n'a point versé le sang de votre frère,
Le ciel, le juste ciel, qui vous chérit tous deux,
Pour vous rendre ennemis vous fit trop vertueux.
Mais j'entends le murmure et la clameur publique;
J'entends ces noms affreux de relaps, d'hérétique :
Je vois d'un zèle faux nos prêtres emportés,
Qui, le fer à la main... Malheureux, arrêtez!
Quelle loi, quel exemple, ou plutôt quelle rage
Peut à l'oint du Seigneur arracher votre hommage?
Le fils de saint Louis, parjure à ses serments,
Vient-il de ses autels briser les fondements?
Au pied de nos autels il demande à s'instruire;
Il aime, il suit les lois dont vous bravez l'empire;
Il sait dans toute secte honorer les vertus,
Respecter votre culte, et même vos abus.
Il laisse au Dieu vivant, qui voit ce que nous sommes,
Le soin que vous prenez de condamner les hommes.
Comme un roi, comme un père, il vient vous gouverner;
Et, plus chrétien que vous, il vient vous pardonner.
Tout est libre avec lui; lui seul ne peut-il l'être?
Quel droit vous a rendus juges de notre maître?
Infidèles pasteurs, indignes citoyens,
Que vous ressemblez mal à ces premiers chrétiens,
Qui, bravant tous ces dieux de métal ou de plâtre,
Marchaient sans murmurer sous un maître idolâtre,
Expiraient sans se plaindre, et sur les échafauds,

Sanglants, percés de coups, bénissaient leurs bourreaux!
Eux seuls étaient chrétiens, je n'en connais point d'autres[1];
Ils mouraient pour leurs rois, vous massacrez les vôtres :
Et Dieu, que vous peignez implacable et jaloux,
S'il aime à se venger, barbares, c'est de vous. »

A ce hardi discours aucun n'osait répondre ;
Par des traits trop puissants ils se sentaient confondre ;
Ils repoussaient en vain de leur cœur irrité
Cet effroi qu'aux méchants donne la vérité ;
Le dépit et la crainte agitaient leurs pensées ;
Quand soudain mille voix, jusqu'au ciel élancées,
Font partout retentir avec un bruit confus :
« Aux armes, citoyens, ou nous sommes perdus! »

Les nuages épais que formait la poussière
Du soleil dans les champs dérobaient la lumière.
Des tambours, des clairons, le son rempli d'horreur
De la mort qui les suit était l'avant-coureur.
Tels des antres du Nord échappés sur la terre,
Précédés par les vents, et suivis du tonnerre,
D'un tourbillon de poudre obscurcissant les airs,
Les orages fougueux parcourent l'univers.

C'était du grand Henri la redoutable armée,
Qui, lasse du repos, et de sang affamée,
Faisait entendre au loin ses formidables cris,
Remplissait la campagne, et marchait vers Paris.

Bourbon n'employait point ces moments salutaires
A rendre au dernier roi les honneurs ordinaires,
A parer son tombeau de ces titres brillants
Que reçoivent les morts de l'orgueil des vivants ;
Ses mains ne chargeaient point ces rives désolées
De l'appareil pompeux de ces vains mausolées
Par qui, malgré l'injure et des temps et du sort,
La vanité des grands triomphe de la mort :
Il voulait à Valois, dans la demeure sombre,
Envoyer des tributs plus dignes de son ombre,

---

1. Voltaire a dit, dans *OEdipe*, acte V, scène IV :
Voilà tous mes forfaits; je n'en connais point d'autres.

Punir ses assassins, vaincre ses ennemis,
Et rendre heureux son peuple, après l'avoir soumis [1].

Au bruit inopiné des assauts qu'il prépare,
Des états consternés le conseil se sépare.
Mayenne au même instant court au haut des remparts;
Le soldat rassemblé vole à ses étendards :
Il insulte à grands cris le héros qui s'avance.
Tout est prêt pour l'attaque, et tout pour la défense.

Paris n'était point tel, en ces temps orageux,
Qu'il paraît en nos jours aux Français trop heureux.
Cent forts, qu'avaient bâtis la fureur et la crainte,
Dans un moins vaste espace enfermaient son enceinte.
Ces faubourgs, aujourd'hui si pompeux et si grands,
Que la main de la Paix tient ouverts en tout temps,
D'une immense cité superbes avenues,
Où nos palais dorés se perdent dans les nues,
Étaient de longs hameaux d'un rempart entourés,
Par un fossé profond de Paris séparés.
Du côté du levant bientôt Bourbon s'avance.
Le voilà qui s'approche, et la Mort le devance.
Le fer avec le feu vole de toutes parts
Des mains des assiégeants et du haut des remparts.
Ces remparts menaçants, leurs tours, et leurs ouvrages,
S'écroulent sous les traits de ces brûlants orages;
On voit les bataillons rompus et renversés,
Et loin d'eux dans les champs leurs membres dispersés.
Ce que le fer atteint tombe réduit en poudre,
Et chacun des partis combat avec la foudre.

Jadis avec moins d'art, au milieu des combats,
Les malheureux mortels avançaient leur trépas;
Avec moins d'appareil ils volaient au carnage,
Et le fer dans leurs mains suffisait à leur rage.
De leurs cruels enfants l'effort industrieux
A dérobé le feu qui brûle dans les cieux.
On entendait gronder ces bombes effroyables [2],

---

1. Ce vers se trouve dans le poëme de Cassagne, déjà cité en la note 1 de la page 43.
2. C'est dans les guerres de Flandre, sous Philippe II, qu'un ingénieur italien

CHANT VI.

Des troubles de la Flandre enfants abominables :
Dans ces globes d'airain le salpêtre enflammé
Vole avec la prison qui le tient renfermé ;
Il la brise, et la mort en sort avec furie.

Avec plus d'art encore, et plus de barbarie,
Dans des antres profonds on a su renfermer
Des foudres souterrains, tout prêts à s'allumer.
Sous un chemin trompeur, où, volant au carnage,
Le soldat valeureux se fie à son courage,
On voit en un instant des abîmes ouverts,
De noirs torrents de soufre épandus dans les airs,
Des bataillons entiers par ce nouveau tonnerre
Emportés, déchirés, engloutis sous la terre.
Ce sont là les dangers où Bourbon va s'offrir ;
C'est par là qu'à son trône il brûle de courir.
Ses guerriers avec lui dédaignent ces tempêtes ;
L'enfer est sous leurs pas, la foudre est sur leurs têtes :
Mais la gloire à leurs yeux vole à côté du roi ;
Ils ne regardent qu'elle, et marchent sans effroi.

Mornay, parmi les flots de ce torrent rapide,
S'avance d'un pas grave et non moins intrépide :
Incapable à la fois de crainte et de fureur,
Sourd au bruit des canons, calme au sein de l'horreur,
D'un œil ferme et stoïque il regarde la guerre
Comme un fléau du ciel, affreux, mais nécessaire.
Il marche en philosophe où l'honneur le conduit,
Condamne les combats, plaint son maître, et le suit[1].

Ils descendent enfin dans ce chemin terrible,
Qu'un glacis teint de sang rendait inaccessible.
C'est là que le danger ranime leurs efforts :
Ils comblent les fossés de fascines, de morts ;
Sur ces morts entassés ils marchent, ils s'avancent ;
D'un cours précipité sur la brèche ils s'élancent.
Armé d'un fer sanglant, couvert d'un bouclier,

---

fit usage des bombes pour la première fois. Presque tous nos arts sont dus aux Italiens. (*Note de Voltaire*, 1738.)

1. Voyez la Préface de Marmontel. Mornay joue dans ce poëme le même rôle que Caton dans la *Pharsale*. (G. A.)

Henri vole à leur tête, et monte le premier.
Il monte : il a déjà, de ses mains triomphantes,
Arboré de ses lis les enseignes flottantes.
Les ligueurs, devant lui, demeurent pleins d'effroi :
Ils semblaient respecter leur vainqueur et leur roi.
Ils cédaient, mais Mayenne à l'instant les ranime :
Il leur montre l'exemple, il les rappelle au crime ;
Leurs bataillons serrés pressent de toutes parts
Ce roi dont ils n'osaient soutenir les regards.
Sur le mur, avec eux, la Discorde cruelle[1]
Se baigne dans le sang que l'on verse pour elle.
Le soldat, à son gré, sur ce funeste mur,
Combattant de plus près, porte un trépas plus sûr.
Alors on n'entend plus ces foudres de la guerre,
Dont les bouches de bronze épouvantaient la terre ;
Un farouche silence, enfant de la fureur,
A ces bruyants éclats succède avec horreur.
D'un bras déterminé, d'un œil brûlant de rage[2],
Parmi ses ennemis chacun s'ouvre un passage.
On saisit, on reprend, par un contraire effort,
Ce rempart teint de sang, théâtre de la mort.
Dans ses fatales mains la victoire incertaine
Tient encor près des lis l'étendard de Lorraine.
Les assiégeants surpris sont partout renversés,
Cent fois victorieux, et cent fois terrassés ;
Pareils à l'Océan poussé par les orages,
Qui couvre à chaque instant et qui fuit ses rivages.

Jamais le roi, jamais son illustre rival,
N'avaient été si grands qu'en cet assaut fatal :
Chacun d'eux, au milieu du sang et du carnage,
Maître de son esprit, maître de son courage,
Dispose, ordonne, agit, voit tout en même temps,
Et conduit d'un coup d'œil ces affreux mouvements.

Cependant des Anglais la formidable élite,

---

1. Imitation d'Homère, *Iliade*, livre XII.
2. Imitation de Racine (*Thébaïde*, acte V, scène III) :

> D'un geste menaçant, d'un œil brûlant de rage,
> Dans le sein l'un de l'autre ils cherchent un passage.

Ce dernier vers est, à un mot près, reproduit dans le chant VIII, vers 246.

Par le vaillant Essex à cet assaut conduite,
Marchait sous nos drapeaux pour la première fois,
Et semblait s'étonner de servir sous nos rois.
Ils viennent soutenir l'honneur de leur patrie,
Orgueilleux de combattre, et de donner leur vie
Sur ces mêmes remparts et dans ces mêmes lieux
Où la Seine autrefois vit régner leurs aïeux.
Essex monte à la brèche où combattait d'Aumale ;
Tous deux jeunes, brillants, pleins d'une ardeur égale,
Tels qu'aux remparts de Troie on peint les demi-dieux.
Leurs amis, tout sanglants, sont en foule autour d'eux :
Français, Anglais, Lorrains, que la fureur assemble,
Avançaient, combattaient, frappaient, mouraient ensemble[1].

Ange, qui conduisiez leur fureur et leur bras,
Ange exterminateur, âme de ces combats,
De quel héros enfin prîtes-vous la querelle ?
Pour qui pencha des cieux la balance éternelle ?
Longtemps Bourbon, Mayenne, Essex, et son rival,
Assiégeants, assiégés, font un carnage égal.
Le parti le plus juste eut enfin l'avantage :
Enfin Bourbon l'emporte, il se fait un passage ;
Les ligueurs fatigués ne lui résistent plus ;
Ils quittent les remparts, ils tombent éperdus.

Comme on voit un torrent, du haut des Pyrénées,
Menacer des vallons les nymphes consternées ;
Les digues qu'on oppose à ses flots orageux
Soutiennent quelque temps son choc impétueux ;
Mais bientôt, renversant sa barrière impuissante,
Il porte au loin le bruit, la mort, et l'épouvante ;
Déracine, en passant, ces chênes orgueilleux
Qui bravaient les hivers, et qui touchaient les cieux ;
Détache les rochers du penchant des montagnes,
Et poursuit les troupeaux fuyant dans les campagnes :
Tel Bourbon descendait à pas précipités
Du haut des murs fumants qu'il avait emportés ;

---

1. Palissot a remarqué que ce passage est imité de Xénophon, cité par Longin dans son *Traité du sublime*, et traduit ainsi par Boileau : « Ayant approché leurs boucliers les uns des autres, ils reculoient, ils combattoient, ils tuoient, ils mouroient ensemble. » (*Traité du sublime*, chapitre XVI, et *Histoire grecque* de Xénophon, livre IV.)

Tel, d'un bras foudroyant fondant sur les rebelles,
Il moissonne en courant leurs troupes criminelles.
Les Seize, avec effroi, fuyaient ce bras vengeur,
Égarés, confondus, dispersés par la peur.

    Mayenne ordonne enfin que l'on ouvre les portes :
Il rentre dans Paris, suivi de ses cohortes.
Les vainqueurs furieux, les flambeaux à la main,
Dans les faubourgs sanglants se répandent soudain.
Du soldat effréné la valeur tourne en rage ;
Il livre tout au fer, aux flammes, au pillage.
Henri ne les voit point ; son vol impétueux
Poursuivait l'ennemi fuyant devant ses yeux.
Sa victoire l'enflamme, et sa valeur l'emporte :
Il franchit les faubourgs, il s'avance à la porte :
« Compagnons, apportez et le fer et les feux[1],
Venez, volez, montez sur ces murs orgueilleux. »

    Comme il parlait ainsi, du profond d'une nue
Un fantôme éclatant se présente à sa vue :
Son corps majestueux, maître des éléments,
Descendait vers Bourbon sur les ailes des vents :
De la Divinité les vives étincelles
Étalaient sur son front des beautés immortelles ;
Ses yeux semblaient remplis de tendresse et d'horreur :
« Arrête, cria-t-il, trop malheureux vainqueur !
Tu vas abandonner aux flammes, au pillage,
De cent rois tes aïeux l'immortel héritage,
Ravager ton pays, mes temples, tes trésors,
Égorger tes sujets, et régner sur des morts[2] :
Arrête!... » A ces accents, plus forts que le tonnerre,
Le soldat s'épouvante, il embrasse la terre,
Il quitte le pillage. Henri, plein de l'ardeur
Que le combat encore enflammait dans son cœur,
Semblable à l'Océan qui s'apaise et qui gronde :
« O fatal habitant de l'invisible monde !

---

1. Imitation de Virgile, *Æn.*, IX, 37 :

    Ferte citi ferrum, date tela, et scandito muros.

2. Racine a dit dans *la Thébaïde*, acte IV, scène III :

    Est-ce donc sur des morts que vous voulez régner ?

Que viens-tu m'annoncer dans ce séjour d'horreur[1] ? »
Alors il entendit ces mots pleins de douceur :
« Je suis cet heureux roi que la France révère,
Le père des Bourbons, ton protecteur, ton père ;
Ce Louis qui jadis combattit comme toi,
Ce Louis dont ton cœur a négligé la foi,
Ce Louis qui te plaint, qui t'admire, et qui t'aime.
Dieu sur ton trône un jour te conduira lui-même ;
Dans Paris, ô mon fils ! tu rentreras vainqueur,
Pour prix de ta clémence, et non de ta valeur.
C'est Dieu qui t'en instruit, et c'est Dieu qui m'envoie. »
Le héros, à ces mots, verse des pleurs de joie.
La paix a dans son cœur étouffé son courroux ;
Il s'écrie, il soupire, il adore à genoux.
D'une divine horreur son âme est pénétrée :
Trois fois il tend les bras à cette ombre sacrée ;
Trois fois son père échappe à ses embrassements,
Tel qu'un léger nuage écarté par les vents[2].

Du faîte cependant de ce mur formidable,
Tous les ligueurs armés, tout un peuple innombrable,
Étrangers et Français, chefs, citoyens, soldats,
Font pleuvoir sur le roi le fer et le trépas.
La vertu du Très-Haut brille autour de sa tête,
Et des traits qu'on lui lance écarte la tempête.
Il vit alors, il vit de quel affreux danger
Le père des Bourbons venait le dégager.
Il contemplait Paris d'un œil triste et tranquille :
« Français, s'écria-t-il, et toi, fatale ville,
Citoyens malheureux, peuple faible et sans foi,
Jusqu'à quand voulez-vous combattre votre roi ? »

Alors, ainsi que l'astre auteur de la lumière,

---

1. « Il faut admirer, dit M. Villemain, la belle fiction de saint Louis apparaissant sur la brèche des remparts de Paris pour arrêter le vainqueur. Le langage est vraiment épique. »

2. On lit dans Virgile, *Æn.*, II, 792-794 :

    Ter conatus ibi collo dare brachia circum ;
    Ter frustra comprensa manus effugit imago,
    Par levibus ventis, volucrique simillima somno.

Cette imitation de ces vers de Virgile était, en 1723, dans le chant VI (qui depuis 1728 est le septième) ; voyez les variantes du chant VII, vers 265.

Après avoir rempli sa brûlante carrière,
Au bord de l'horizon brille d'un feu plus doux,
Et, plus grand à nos yeux, paraît fuir loin de nous,
Loin des murs de Paris le héros se retire,
Le cœur plein du saint roi, plein du Dieu qui l'inspire.
Il marche vers Vincenne, où Louis autrefois,
Au pied d'un chêne assis, dicta ses justes lois.
Que vous êtes changé, séjour jadis aimable !
Vincenne[1], tu n'es plus qu'un donjon détestable,
Qu'une prison d'État, qu'un lieu de désespoir,
Où tombent si souvent du faîte du pouvoir
Ces ministres, ces grands, qui tonnent sur nos têtes,
Qui vivent à la cour au milieu des tempêtes ;
Oppresseurs, opprimés, fiers, humbles tour à tour,
Tantôt l'horreur du peuple, et tantôt leur amour.
Bientôt de l'occident, où se forment les ombres,
La nuit vint sur Paris porter ses voiles sombres,
Et cacher aux mortels, en ce sanglant séjour,
Ces morts et ces combats qu'avait vus l'œil du jour.

---

1. On sait combien d'illustres prisonniers d'État les cardinaux de Richelieu et Mazarin firent enfermer à Vincennes. Lorsqu'on travaillait à *la Henriade,* le secrétaire d'État Le Blanc était prisonnier dans ce château, et il y fit ensuite enfermer ses ennemis. (*Note de Voltaire,* 1752.)

FIN DU CHANT SIXIÈME.

VARIANTES

DU CHANT SIXIÈME.

Vers 8. — Les premiers vers de ce chant étaient, en 1723, dans le chant IX, alors le dernier, mais avec quelques différences. On lisait en 1723 :

Nomment un souverain, confirment sa puissance.

Vers 12. — Édition de 1723, chant IX :

Ose de ces états demander l'assemblée.
Partout on entendait cette fatale voix,
Que le peuple en tout temps est souverain des rois.
Ces maximes alors, en malheurs si fécondes,
Jetaient dans les esprits des racines profondes.
On voit de tous côtés s'assembler à grand bruit
Ces ligueurs obstinés qu'un fol orgueil conduit.
* Le luxe toujours né des misères publiques
Prépare avec éclat ces états chimériques.
    Là, ne parurent point les princes, les seigneurs,
* De nos antiques pairs augustes successeurs,
* Qui, près des rois assis, nés juges de la France,
Du pouvoir qu'ils n'ont plus conservent l'apparence.
* Là, de nos parlements les sages députés
* Ne défendirent point nos faibles libertés.
Les lis n'ornèrent point ce tribunal impie ;
Sous un dais étranger l'ambition hardie,
Au milieu des Lorrains renversait à ses pieds
Des indignes Français les fronts humiliés.
Dans ces lieux étonnés Rome et Madrid commandent.
Cent conseils opposés de tous côtés s'entendent ;
Le bandeau de l'erreur aveugle tous les yeux.
L'un, de la cour de Rome esclave ambitieux,
Aux états assemblés insolemment déclare
* Qu'il est temps que les lis rampent sous la tiare ;
* Qu'on érige à Paris ce sanglant tribunal,
* Monument odieux du pouvoir monacal,
Que l'Espagne a reçu, que l'univers abhorre,
* Qui venge les autels et qui les déshonore.

Il manque ici deux vers.

' Celui-ci, corrompu par l'or de l'Ibérie,
' A l'Espagnol qu'il hait veut vendre sa patrie,
L'autre, plus emporté, mais moins lâche en son choix,
' Plaçait déjà Mayenne au trône de nos rois.
  Soudain Daubray se lève, et demande audience.
Chacun, à son aspect, garde un morne silence;
Parmi ce peuple lâche et du crime infecté,
Daubray fut toujours juste et pourtant respecté;
Souvent on l'avait vu, par sa mâle éloquence,
' De leurs emportements réprimer la licence.
Une noble colère éclate dans ses yeux.
  « Lorsque j'ai vu, dit-il, assemblés en ces lieux
Les soutiens de l'Église et nos chefs les plus braves,
J'ai cru voir des Français, et non point des esclaves.
Quoi ! sous un joug honteux prompts à nous avilir,
Ne disputez-vous donc que l'honneur de servir?
Ah! si de sept cents ans les droits héréditaires
N'ont pu placer Bourbon dans le rang de ses pères;
Si, tant de fois vaincus et toujours moins soumis,
Nous comptons les Capets parmi nos ennemis;
Si le joug de Henri nous semble un joug trop rude,
Pourquoi faut-il si loin chercher la servitude,
Et rejeter nos rois pour aller à genoux
Attendre qu'un tyran daigne régner sur nous?
  « Pour vous, qui destinez Mayenne au rang suprême,
Je conçois votre erreur, et l'excuse moi-même;
' Mayenne a des vertus qu'on ne peut trop chérir;
' Et je le choisirais si je pouvais choisir.
Mais nous avons des lois, et ce héros insigne,
S'il veut monter au trône, en est dès lors indigne. »
' Comme il disait ces mots, Mayenne entre soudain
Avec l'éclat pompeux qui suit un souverain.
Daubray le voit entrer, etc.

Dès l'édition de 1728, Voltaire substitua Potier à Daubray; c'est aussi dans l'édition de 1728 qu'au lieu de *morne silence,* on lit *profond silence.* Enfin c'est encore de 1728 que date la transposition, dans le chant VI, de la tenue des états, qui faisait précédemment partie du chant IX.

Vers 78. — Dans l'ouvrage intitulé *Connaissance des beautés et des défauts de la poésie et de l'éloquence dans la langue française,* ce vers est ainsi cité :

  Quand les vents apaisés ne troublent plus les eaux.

Vers 94. — Dans l'édition de 1723, chant IX :

  Vous parler en ces lieux pour la France et pour nous.
  Il ne nous convient pas de nous choisir un maître.

Vers 97. — Édition de 1723 :

  Près du suprême rang.

Vers 99. — Ce vers et les sept qui le suivent parurent, pour la première fois, dans l'édition de 1728.

Vers 108. — Édition de 1723, chant IX :

> J'entends les noms affreux de relaps, d'hérétique ;
> Je vois d'un zèle faux des prêtres emportés.

Vers 112. — Édition de 1723 :

> A l'oint de votre Dieu dérobe votre hommage ?
> Le sang de saint Louis parjure à ses serments.

Vers 115. — Édition de 1723 :

> Il vient les protéger, les chérir, et s'instruire ;
> Il vient venger les lois, dont vous bravez l'empire.

Vers 127. — Édition de 1723 :

> Qui, détestant des dieux de métal ou de plâtre.

Vers 129. — Édition de 1723 :

> Souffraient tout sans se plaindre.

Vers 142. — Édition de 1723 :

> C'en est fait, il approche, et nous sommes perdus.

Vers 145. — Édition de 1723 :

> D'armes et de tambours un bruit plein de terreur.

Vers 147. — Édition de 1723 :

> Ainsi des flancs du Nord.

Vers 152. — Édition de 1723, chant IX :

> * Qui, lasse du repos et de sang affamée,
> Venait, d'un sang rebelle inondant nos sillons,
> Aux champs parisiens planter ses pavillons ;
> Ces lions déchaînés, avides de carnage,
> N'attendent que l'assaut, la prise, le pillage.
> Le fer vengeur est prêt, les feux sont allumés ;
> Bientôt ces murs fameux détruits et consumés,
> Cachant sous leurs débris le crime et l'innocence,
> Vont être un grand exemple au reste de la France.
> Mais, d'un peuple barbare ennemi généreux,
> Henri retient ses traits déjà tournés sur eux.
> Il voulait les sauver de leur propre furie :
> Haï de ses sujets, il aimait sa patrie.
> Armé pour les punir, prompt à les épargner,

> Eux seuls voulaient le perdre; il voulait les gagner.
> Heureux si sa bonté, etc.

La suite de ce passage a été conservée dans le chant X.

Vers 159. — L'édition de 1775 porte :

> Ses rives désolées,

ce qui est une faute d'impression que les éditeurs de Kehl ont aperçue : leurs éditions portent *les*. J'ai rétabli le texte des éditions de 1728 à 1771.

Vers 197. — Dans l'édition de 1723, on lisait au chant VII (aujourd'hui le chant VIII) :

> Pour vous exterminer, vos enfants odieux
> Ont dérobé le foudre allumé dans les cieux.

Vers 201. — On lisait dans l'édition de 1748 et dans les précédentes :

> Le salpêtre, enfoncé dans ces globes d'airain,
> Part, s'échauffe, s'embrase, et s'écarte soudain;
> La mort en mille éclats en sort avec furie.

Vers 223. — Les éditions de 1728 et 1730 portent :

> Avec un œil stoïque.

C'est dans l'édition de 1737 qu'on lit, pour la première fois :

> D'un œil ferme et stoïque.

Vers 224. — Tel est le texte des éditions de 1728, 1730, 1732, 1733, 1734, 1756, et suivantes; mais dans les éditions de 1737, 1738, 1742, 1746, 1748, 1751, 1752, il y a :

> Il ne voit dans la guerre
> Qu'un châtiment affreux des crimes de la terre.

Vers 267. — Dans l'édition de 1723, le cinquième chant commençait ainsi :

> De la noblesse anglaise une nombreuse élite
> Par le vaillant Essex en nos climats conduite,
> Prête à nous secourir pour la première fois,
> S'étonnait en marchant de servir sous nos rois.
> Ils suivaient nos drapeaux dans les champs de Neustrie;
> C'est là qu'ils soutenaient l'honneur de leur patrie,
> Orgueilleux de combattre et de vaincre en des lieux
> * Où la Seine autrefois vit régner leurs aïeux.
> Cependant s'avançaient, etc.

C'est en 1728 que l'auteur transposa ces vers, dans le chant VI, tels qu'ils sont aujourd'hui.

VARIANTES DU CHANT VI.

Vers 336. — Il y a dans l'édition de 1728 :

« O fatal habitant de l'invisible monde!
Répond-il, quel dessein te transporte en ces lieux?
Sors-tu du noir abîme, ou descends-tu des cieux?
Faut-il que je t'encense, ou bien que je t'abhorre? »

Vers 355. — Au lieu de ce vers et des dix-huit qui le suivent, il y avait en 1728 :

Cependant la nuit vient; le héros dans la plaine
Suit Louis, qui s'envole aux chênes de Vincenne
Vincenne, lieux sacrés, où Louis autrefois, etc.

CHANT SEPTIÈME[1].

ARGUMENT.

Saint Louis transporte Henri IV en esprit au ciel et aux enfers, et lui fait voir, dans le palais des Destins, sa postérité, et les grands hommes que la France doit produire.

Du Dieu qui nous créa la clémence infinie,
Pour adoucir les maux de cette courte vie,
A placé parmi nous deux êtres bienfaisants,
De la terre à jamais aimables habitants,
Soutiens dans les travaux, trésors dans l'indigence :
L'un est le doux Sommeil, et l'autre est l'Espérance.
L'un, quand l'homme accablé sent de son faible corps
Les organes vaincus sans force et sans ressorts,
Vient par un calme heureux secourir la nature,
Et lui porter l'oubli des peines qu'elle endure ;
L'autre anime nos cœurs, enflamme nos désirs,
Et, même en nous trompant, donne de vrais plaisirs.
Mais aux mortels chéris à qui le ciel l'envoie,
Elle n'inspire point une infidèle joie ;
Elle apporte de Dieu la promesse et l'appui ;
Elle est inébranlable et pure comme lui.

Louis près de Henri tous les deux les appelle :
« Approchez vers mon fils, venez, couple fidèle. »
Le Sommeil l'entendit de ses antres secrets :

---

[1]. Le lecteur judicieux voit bien qu'on a été dans l'obligation indispensable de mettre dans un songe toute la fiction de ce septième chant, qui sans cela eût paru trop insoutenable dans notre religion. On a donc supposé (et la religion chrétienne le permet) que Dieu, qui nous donne toutes nos idées et le jour et la nuit, fait voir en songe à Henri IV les événements qu'il prépare à la France, et lui montre les secrets de sa providence sous des emblèmes allégoriques, ce qu'on expliquera plus au long dans le cours des remarques. (*Note de Voltaire*, 1723.) — Cette note de l'édition de 1723 a été retranchée depuis par l'auteur.

Il marche mollement vers ces ombrages frais.
Les Vents, à son aspect, s'arrêtent en silence;
Les Songes fortunés, enfants de l'Espérance,
Voltigent vers le prince, et couvrent ce héros
D'olive et de lauriers, mêlés à leurs pavots.

Louis, en ce moment, prenant son diadème[1],
Sur le front du vainqueur il le posa lui-même :
« Règne, dit-il, triomphe, et sois en tout mon fils :
Tout l'espoir de ma race en toi seul est remis[2] :
Mais le trône, ô Bourbon! ne doit point te suffire;
Des présents de Louis le moindre est son empire.
C'est peu d'être un héros, un conquérant, un roi ;
Si le ciel ne t'éclaire, il n'a rien fait pour toi.
Tous ces honneurs mondains ne sont qu'un bien stérile,
Des humaines vertus récompense fragile,
Un dangereux éclat qui passe et qui s'enfuit,
Que le trouble accompagne, et que la mort détruit.
Je vais te découvrir un plus durable empire,
Pour te récompenser, bien moins que pour t'instruire.
Viens, obéis, suis-moi par de nouveaux chemins :
Vole au sein de Dieu même, et remplis tes destins. »

L'un et l'autre, à ces mots, dans un char de lumière,
Des cieux, en un moment, traversent la carrière.
Tels on voit dans la nuit la foudre et les éclairs
Courir d'un pôle à l'autre, et diviser les airs;
Et telle s'éleva cette nue embrasée[3]
Qui, dérobant aux yeux le maître d'Élisée,
Dans un céleste char, de flamme environné,
L'emporta loin des bords de ce globe étonné.

---

1. Imitation de Racine, *Andromaque*, acte V, scène III :

>Enfin avec transport prenant son diadème,
>Sur le front d'Andromaque il l'a placé lui-même.

2. Dans l'*Énéide*, livre XII, vers 59, on lit :

>In te omnis domus inclinata recumbit.

3. Le P. Lemoine (de qui est un quatrain attribué à Voltaire) avait dit dans son poëme de *Saint Louis* :

>Moins pompeuse monta cette nue embrasée
>Qui ravit autrefois le maître d'Élisée.

Dans le centre éclatant de ces orbes immenses,
Qui n'ont pu nous cacher leur marche et leurs distances [1],
Luit cet astre du jour, par Dieu même allumé [2],
Qui tourne autour de soi sur son axe enflammé :
De lui partent sans fin des torrents de lumière :
Il donne, en se montrant, la vie à la matière,
Et dispense les jours, les saisons, et les ans,
A des mondes divers autour de lui flottants.
Ces astres, asservis à la loi qui les presse,
S'attirent dans leur course [3], et s'évitent sans cesse,
Et, servant l'un à l'autre et de règle et d'appui,
Se prêtent les clartés qu'ils reçoivent de lui.
Au delà de leur cours, et loin dans cet espace
Où la matière nage, et que Dieu seul embrasse,
Sont des soleils sans nombre, et des mondes sans fin.
Dans cet abîme immense il leur ouvre un chemin.
Par delà tous ces cieux le Dieu des cieux réside [4].

C'est là que le héros suit son céleste guide ;
C'est là que sont formés tous ces esprits divers
Qui remplissent les corps et peuplent l'univers.
Là sont, après la mort, nos âmes replongées,
De leur prison grossière à jamais dégagées.

Un juge incorruptible y rassemble à ses pieds
Ces immortels esprits que son souffle a créés.
C'est cet être infini qu'on sert et qu'on ignore :

---

1. Voici un des plus admirables morceaux de poésie française que nous connaissions. C'était pour la première fois, depuis Lucrèce, que les idées scientifiques se trouvaient exprimées en aussi beaux vers. Ce tableau du système du monde est en partie relatif à la gravitation, et fit événement dans cette société encore tout entichée des tourbillons de Descartes. (G. A.)

2. Dans le quatrième *Discours sur l'homme*, Voltaire a dit :

> Notre globe entraîné
> Se meut autour de soi, sur son axe incliné.

3. Que l'on admette ou non l'attraction de M. Newton, toujours demeure-t-il certain que les globes célestes, s'approchant et s'éloignant tour à tour, paraissent s'attirer et s'éviter. (*Note de Voltaire*, 1730.)

4. Voltaire, en citant ce vers et les quatre qui le précèdent dans *les Adorateurs*, ajoute : « J'aurais mieux aimé que l'auteur eût dit :

> Dans ces cieux infinis le Dieu des cieux réside. »

Mais ce vers ne se trouve dans aucune des éditions que j'ai vues de *la Henriade*.

Sous des noms différents le monde entier l'adore :
Du haut de l'empyrée il entend nos clameurs ;
Il regarde en pitié ce long amas d'erreurs,
Ces portraits insensés que l'humaine ignorance
Fait avec piété de sa sagesse immense.

La Mort auprès de lui, fille affreuse du Temps,
De ce triste univers conduit les habitants :
Elle amène à la fois les bonzes, les brachmanes,
Du grand Confucius les disciples profanes,
Des antiques Persans les secrets successeurs,
De Zoroastre[1] encore aveugles sectateurs ;
Les pâles habitants de ces froides contrées
Qu'assiégent de glaçons les mers hyperborées[2] ;
Ceux qui de l'Amérique habitent les forêts,
De l'erreur invincible innombrables sujets.
Le dervis étonné, d'une vue inquiète,
A la droite de Dieu cherche en vain son prophète.
Le bonze, avec des yeux sombres et pénitents,
Y vient vanter en vain ses vœux et ses tourments.

Éclairés à l'instant, ces morts dans le silence
Attendent en tremblant l'éternelle sentence.
Dieu, qui voit à la fois, entend et connaît tout,
D'un coup d'œil les punit, d'un coup d'œil les absout.
Henri n'approcha point vers le trône invisible
D'où part à chaque instant ce jugement terrible,
Où Dieu prononce à tous ses arrêts éternels,
Qu'osent prévoir en vain tant d'orgueilleux mortels.
« Quelle est, disait Henri, s'interrogeant lui-même,
Quelle est de Dieu sur eux la justice suprême ?
Ce Dieu les punit-il d'avoir fermé leurs yeux
Aux clartés que lui-même il plaça si loin d'eux ?
Pourrait-il les juger, tel qu'un injuste maître,
Sur la loi des chrétiens, qu'ils n'avaient pu connaître ?
Non. Dieu nous a créés, Dieu nous veut sauver tous :

---

1. En Perse, les Guèbres ont une religion à part, qu'ils prétendent être la religion fondée par Zoroastre, et qui paraît moins folle que les autres superstitions humaines, puisqu'ils rendent un culte secret au soleil, comme à une image du Créateur. (*Note de Voltaire*, 1730.)

2. Ce mot a été employé par Voltaire dans son *Épître à Uranie* et dans son *Orphelin de la Chine*.

Partout il nous instruit, partout il parle à nous;
Il grave en tous les cœurs la loi de la nature,
Seule à jamais la même, et seule toujours pure.
Sur cette loi, sans doute, il juge les païens,
Et si leur cœur fut juste, ils ont été chrétiens. »

Tandis que du héros la raison confondue
Portait sur ce mystère une indiscrète vue,
Au pied du trône même une voix s'entendit;
Le ciel s'en ébranla, l'univers en frémit;
Ses accents ressemblaient à ceux de ce tonnerre
Quand du mont Sinaï Dieu parlait à la terre.
Le cœur des immortels se tut pour l'écouter,
Et chaque astre en son cours alla le répéter.
« A ta faible raison garde-toi de te rendre :
Dieu t'a fait pour l'aimer, et non pour le comprendre.
Invisible à tes yeux, qu'il règne dans ton cœur;
Il confond l'injustice, il pardonne à l'erreur;
Mais il punit aussi toute erreur volontaire :
Mortel, ouvre les yeux quand son soleil t'éclaire. »

Henri dans ce moment, d'un vol précipité,
Est par un tourbillon dans l'espace emporté
Vers un séjour informe, aride, affreux, sauvage,
De l'antique chaos abominable image,
Impénétrable aux traits de ces soleils brillants,
Chefs-d'œuvre du Très-Haut, comme lui bienfaisants.
Sur cette terre horrible, et des anges haïe,
Dieu n'a point répandu le germe de la vie.
La Mort, l'affreuse Mort, et la Confusion,
Y semblent établir leur domination.
« Quelles clameurs, ô Dieu! quels cris épouvantables[1]!
Quels torrents de fumée! et quels feux effroyables!
Quels monstres, dit Bourbon, volent dans ces climats!
Quels gouffres enflammés s'entr'ouvrent sous mes pas!

— O mon fils! vous voyez les portes de l'abîme
Creusé par la Justice, habité par le Crime :

---

1. Imitation de Virgile (*Æn.*, VI, 560-61):

> Quæ scelerum facies? ó virgo, effare; quibusve
> Urgentur pœnis? qui tantus plangor ad auras?

Suivez-moi, les chemins en sont toujours ouverts[1]. »
Ils marchent aussitôt aux portes des enfers[2].
Là, gît la sombre Envie, à l'œil timide et louche[3],
Versant sur des lauriers les poisons de sa bouche;
Le jour blesse ses yeux, dans l'ombre étincelants :
Triste amante des morts, elle hait les vivants[4].
Elle aperçoit Henri, se détourne, et soupire.
Auprès d'elle est l'Orgueil, qui se plaît et s'admire;
La Faiblesse au teint pâle, aux regards abattus,
Tyran qui cède au crime et détruit les vertus;
L'Ambition sanglante, inquiète, égarée,
De trônes, de tombeaux, d'esclaves entourée;
La tendre Hypocrisie, aux yeux pleins de douceur
(Le ciel est dans ses yeux[5], l'enfer est dans son cœur);
Le faux Zèle étalant ses barbares maximes;
Et l'Intérêt enfin, père de tous les crimes.

Des mortels corrompus ces tyrans effrénés,
A l'aspect de Henri, paraissent consternés;
Ils ne l'ont jamais vu; jamais leur troupe impie
N'approcha de son âme, à la vertu nourrie :
« Quel mortel, disaient-ils, par ce juste conduit,
Vient nous persécuter dans l'éternelle nuit? »

Le héros, au milieu de ces esprits immondes,
S'avançait à pas lents sous ces voûtes profondes.

1. Virgile a dit (*Énéide*, VI, 126) :

Facilis descensus Averno est

et Racine (*Phèdre*, acte Ier, scène III) :

Mille chemins ouverts y conduisent toujours.

2. Les théologiens n'ont pas décidé comme un article de foi que l'enfer fût au centre de la terre, ainsi qu'il l'était dans la théologie païenne. Quelques-uns l'ont placé dans le soleil : on l'a mis ici dans un globe destiné uniquement à cet usage. (*Note de Voltaire*, 1730.)

3. C'est encore une imitation de l'*Énéide*, chant VI, vers 273 et suivants :

Vestibulum ante ipsum, primisque in faucibus Orci,
Luctus et ultrices posuere cubilia Curæ,
Etc., etc.

4. Ovide a dit, livre Ier des *Amours*, élégie xv, vers 39 :

Pascitur in vivis Livor : post fata quiescit.

5. Le premier hémistiche de ce vers est aussi dans *Pandore*, acte III, voyez *Théâtre*, tome II, page 584.

Louis guidait ses pas : « Ciel! qu'est-ce que je vois?
L'assassin de Valois! ce monstre devant moi!
Mon père, il tient encor ce couteau parricide
Dont le conseil des Seize arma sa main perfide :
Tandis que, dans Paris, tous ces prêtres cruels
Osent de son portrait souiller les saints autels,
Que la Ligue l'invoque, et que Rome le loue [1],
Ici, dans les tourments, l'enfer le désavoue.

— Mon fils, reprit Louis, de plus sévères lois
Poursuivent en ces lieux les princes et les rois.
Regardez ces tyrans, adorés dans leur vie :
Plus ils étaient puissants, plus Dieu les humilie.
Il punit les forfaits que leurs mains ont commis,
Ceux qu'ils n'ont point vengés, et ceux qu'ils ont permis.
La mort leur a ravi leurs grandeurs passagères,
Ce faste, ces plaisirs, ces flatteurs mercenaires,
De qui la complaisance, avec dextérité [2],
A leurs yeux éblouis cachait la vérité.
La Vérité terrible ici fait leurs supplices :
Elle est devant leurs yeux, elle éclaire leurs vices.
Voyez comme à sa voix tremblent ces conquérants!
Héros aux yeux du peuple, aux yeux de Dieu tyrans;
Fléaux du monde entier, que leur fureur embrase,
La foudre qu'ils portaient à leur tour les écrase.
Auprès d'eux sont couchés tous ces rois fainéants,
Sur un trône avili fantômes impuissants. »

Henri voit près des rois leurs insolents ministres :
Il remarque surtout ces conseillers sinistres,
Qui, des mœurs et des lois avares corrupteurs,
De Thémis et de Mars ont vendu les honneurs;
Qui mirent les premiers à d'indignes enchères
L'inestimable prix des vertus de nos pères.

---

1. Le parricide Jacques Clément fut loué à Rome, dans la chaire où l'on aurait dû prononcer l'oraison funèbre de Henri III. On mit son portrait à Paris sur les autels, avec l'eucharistie. Le cardinal de Retz rapporte que le jour des Barricades, sous la minorité de Louis XIV, il vit un bourgeois portant un hausse-col sur lequel était gravé ce moine, avec ces mots : SAINT JACQUES CLÉMENT. (*Note de Voltaire,* 1730.)

2. Racine a dit dans *Athalie,* acte III, scène III :

> Autant je les charmais par ma dextérité,
> Dérobant à leurs yeux la triste vérité.

Êtes-vous en ces lieux, faibles et tendres cœurs,
Qui, livrés aux plaisirs, et couchés sur des fleurs,
Sans fiel et sans fierté couliez dans la paresse
Vos inutiles jours, filés par la mollesse?
Avec les scélérats seriez-vous confondus,
Vous, mortels bienfaisants, vous, amis des vertus,
Qui, par un seul moment de doute ou de faiblesse,
Avez séché le fruit de trente ans de sagesse?

Le généreux Henri ne put cacher ses pleurs.
« Ah! s'il est vrai, dit-il, qu'en ce séjour d'horreurs
La race des humains soit en foule engloutie [1],
Si les jours passagers d'une si triste vie
D'un éternel tourment sont suivis sans retour,
Ne vaudrait-il pas mieux ne voir jamais le jour?
Heureux, s'ils expiraient dans le sein de leur mère!
Ou si ce Dieu du moins, ce grand Dieu si sévère,
A l'homme, hélas! trop libre, avait daigné ravir
Le pouvoir malheureux de lui désobéir!

— Ne crois point, dit Louis, que ces tristes victimes [2]

---

1. On compte plus de 950 millions d'hommes sur la terre; le nombre des catholiques va à 50 millions : si la vingtième partie est celle des élus, c'est beaucoup; donc il y a actuellement sur la terre 947 millions 500,000 hommes destinés aux peines éternelles de l'enfer. Et comme le genre humain se répare environ tous les vingt ans, mettez, l'un portant l'autre, les temps les plus peuplés avec les moins peuplés, il se trouve qu'à ne compter que 6,000 ans depuis la création, il y a déjà 300 fois 947 millions de damnés. De plus, le peuple juif ayant été cent fois moins nombreux que le peuple catholique, cela augmente le nombre des damnés prodigieusement : ce calcul méritait bien les larmes de Henri IV. (*Note de Voltaire*, 1746.)

— C'est ainsi, sauf une petite erreur dans le calcul (120 fois, au lieu de 300 fois), qu'on trouve cette note dans l'édition de *la Henriade* donnée par Marmontel en 1746, et dans l'édition des *OEuvres*, qui est de la même année. Dans cette dernière, elle est marquée d'un astérisque, tandis que les autres notes ont des lettrines. Elle ne fut pas reproduite dans les éditions de 1748, 1751, 1752, 1756, 1764, 1768, 1775.

Dans une édition de 1748 (autre que celle de Dresde), et que je crois d'Amsterdam ou de Rouen, elle est remplacée par celle-ci :

« Ces vers ont un rapport bien sensible à la terrible vérité du petit nombre des élus; et, sans vouloir ici effrayer les imaginations faibles par un calcul qui n'est que trop juste, il suffit de renvoyer aux paraboles des épis laissés après la moisson, et des grappes échappées à la diligence du vendangeur. Voyez surtout le sermon de l'évêque de Clermont (Massillon) sur le petit nombre des élus, lequel est un chef-d'œuvre d'éloquence, et le modèle presque inimitable des sermons. » (B.)

2. Ce vers et les onze qui le suivent ont été ajoutés dans l'édition de 1728.

Souffrent des châtiments qui surpassent leurs crimes,
Ni que ce juste Dieu, créateur des humains,
Se plaise à déchirer l'ouvrage de ses mains :
Non, s'il est infini, c'est dans ses récompenses :
Prodigue de ses dons, il borne ses vengeances.
Sur la terre on le peint l'exemple des tyrans ;
Mais ici c'est un père, il punit ses enfants ;
Il adoucit les traits de sa main vengeresse¹ ;
Il ne sait point punir des moments de faiblesse,
Des plaisirs passagers, pleins de trouble et d'ennui,
Par des tourments affreux, éternels comme lui². »

Il dit, et dans l'instant l'un et l'autre s'avance
Vers les lieux fortunés qu'habite l'Innocence.
Ce n'est plus des enfers l'affreuse obscurité,
C'est du jour le plus pur l'immortelle clarté.
Henri voit ces beaux lieux, et soudain, à leur vue,
Sent couler dans son âme une joie inconnue :
Les soins, les passions, n'y troublent point les cœurs ;
La volupté tranquille y répand ses douceurs.
Amour, en ces climats tout ressent ton empire :
Ce n'est point cet amour que la mollesse inspire ;
C'est ce flambeau divin, ce feu saint et sacré,
Ce pur enfant des cieux sur la terre ignoré.
De lui seul à jamais tous les cœurs se remplissent ;
Ils désirent sans cesse, et sans cesse ils jouissent,
Et goûtent, dans les feux d'une éternelle ardeur,
Des plaisirs sans regrets, du repos sans langueur.
Là, règnent les bons rois qu'ont produits tous les âges,
Là, sont les vrais héros ; là, vivent les vrais sages ;
Là, sur un trône d'or, Charlemagne et Clovis³

---

1. Dans les *Conseils à M. Racine,* ces vers sont ainsi cités :

> Adoucit-il les traits de sa main vengeresse ?
> Punira-t-il, hélas ! des moments de faiblesse ?

2. On peut entendre par cet endroit les fautes vénielles et le purgatoire. (*Note de Voltaire,* 1730.) Les anciens eux-mêmes en admettaient un, et on le retrouve expressément dans Virgile. (*Id.*, 1746.)

3. Il ne s'agit pas d'examiner dans un poëme si Clovis et Charlemagne, François Iᵉʳ, Charles V, etc., sont des saints ; il suffit qu'ils ont été de grands rois, et que dans notre religion on doit les supposer heureux, puisqu'ils sont morts en chrétiens. (*Id.*, 1723.)

CHANT VII.

Veillent du haut des cieux sur l'empire des lis.
Les plus grands ennemis, les plus fiers adversaires,
Réunis dans ces lieux, n'y sont plus que des frères.
Le sage Louis Douze[1], au milieu de ces rois,
S'élève comme un cèdre, et leur donne des lois[2].
Ce roi, qu'à nos aïeux donna le ciel propice,
Sur son trône avec lui fit asseoir la justice ;
Il pardonna souvent ; il régna sur les cœurs,
Et des yeux de son peuple il essuya les pleurs.
D'Amboise[3] est à ses pieds, ce ministre fidèle
Qui seul aima la France, et fut seul aimé d'elle ;
Tendre ami de son maître, et qui, dans ce haut rang,
Ne souilla point ses mains de rapine et de sang[4].
O jours ! ô mœurs ! ô temps d'éternelle mémoire !
Le peuple était heureux, le roi couvert de gloire :
De ses aimables lois chacun goûtait les fruits.
Revenez, heureux temps, sous un autre Louis[5] !

Plus loin sont ces guerriers prodigues de leur vie,
Qu'enflamma leur devoir, et non pas leur furie ;
La Trimouille[6], Clisson, Montmorency, de Foix[7],
Guesclin[8], le destructeur et le vengeur des rois,

---

1. Louis XII est le seul roi qui ait eu le surnom de Père du peuple. (*Note de Voltaire*, 1730.)

2. Imitation de Virgile, *Énéide*, livre VIII, vers 670 :

His dantem jura Catonem.

3. Sur ces entrefaites mourut George d'Amboise, qui fut justement aimé de la France et de son maître, parce qu'il les aimait tous deux également. (Mézeray, *Grande Histoire*.) (*Note de Voltaire*, 1730.)

4. Les éditeurs de Kehl trouvent exagéré cet éloge du cardinal d'Amboise.

5. Louis XV.

6. Parmi plusieurs grands hommes de ce nom on a eu ici en vue Guy de La Trimouille, surnommé le Vaillant, qui portait l'oriflamme, et qui refusa l'épée de connétable sous Charles VI.

Clisson (le connétable de), sous Charles VI.

Montmorency. Il faudrait un volume pour spécifier les services rendus à l'État par cette maison. (*Id.*, 1730.)

7. Gaston de Foix, duc de Nemours, neveu de Louis XII, fut tué de quatorze coups à la célèbre bataille de Ravenne, qu'il avait gagnée. Dans quelques éditions on lisait Dunois. (*Id.*, 1730.)

8. Guesclin (le connétable du). Il sauva la France sous Charles V, conquit la Castille, mit Henri de Transtamare sur le trône de Pierre le Cruel, et fut connétable de France et de Castille. (*Id.*, 1730.)

8. — LA HENRIADE.

Le vertueux Bayard [1], et vous, brave amazone [2],
La honte des Anglais, et le soutien du trône [3].

« Ces héros, dit Louis, que tu vois dans les cieux,
Comme toi de la terre ont ébloui les yeux ;
La vertu comme à toi, mon fils, leur était chère :
Mais, enfants de l'Église, ils ont chéri leur mère ;
Leur cœur simple et docile aimait la vérité ;
Leur culte était le mien : pourquoi l'as-tu quitté? »

Comme il disait ces mots d'une voix gémissante,
Le palais des Destins devant lui se présente :
Il fait marcher son fils vers ces sacrés remparts,
Et cent portes d'airain s'ouvrent à ses regards.

Le Temps, d'une aile prompte et d'un vol insensible,

---

1. Bayard (Pierre du Terrail, surnommé le Chevalier sans peur et sans reproche). Il arma François Ier chevalier à la bataille de Marignan ; il fut tué en 1523, à la retraite de Rebec, en Italie. (*Note de Voltaire*, 1730.)

2. Jeanne d'Arc, connue sous le nom de la Pucelle d'Orléans, servante d'hôtellerie, née au village de Domremy-sur-Meuse, qui, se trouvant une force de corps et une hardiesse au-dessus de son sexe, fut employée par le comte de Dunois pour rétablir les affaires de Charles VII. Elle fut prise dans une sortie à Compiègne, en 1430, conduite à Rouen, jugée comme sorcière par un tribunal ecclésiastique, également ignorant et barbare, et brûlée par les Anglais, qui auraient dû honorer son courage. (*Id.*, 1730.)

Voici ce qu'on a écrit de plus raisonnable sur la Pucelle d'Orléans : c'est Monstrelet, auteur contemporain, qui parle :

« En l'an 1428, vint devers le roi Charles de France, à Chinon, où il se tenoit, une pucelle, jeune fille âgée de vingt ans, nommée Jeanne, laquelle étoit vêtue et habillée en guise d'homme, et étoit des parties entre Bourgogne et Lorraine, d'une ville nommée Droimi, à présent Domremy, assez près de Vaucouleur ; laquelle pucelle Jeanne fut grand espace de temps chambrière en une hôtellerie, et étoit hardie de chevaucher chevaux, les mener boire, et faire telles autres apertises et habiletés que jeunes filles n'ont point accoutumé de faire ; et fut mise à voye, et envoyée devers le roi, par un chevalier nommé messire Roger de Baudrencourt, capitaine, de par le roi, de Vaucouleur, etc. »

On sait comment on se servit de cette fille pour ranimer le courage des Français, qui avaient besoin d'un miracle : il suffit qu'on l'ait crue envoyée de Dieu, pour qu'un poëte soit en droit de la placer dans le ciel avec les héros. Mézeray dit tout bonnement que saint Michel, le prince de la milice céleste, apparut à cette fille, etc. Quoi qu'il en soit, si les Français ont été trop crédules sur la Pucelle d'Orléans, les Anglais ont été trop cruels en la faisant brûler ; car ils n'avaient rien à lui reprocher que son courage et leurs défaites. (*Id.*, 1723.)

3. Dans *la Pucelle*, chant II, vers 278-79, l'auteur a dit :

Suivez du moins cette auguste amazone :
C'est votre appui ; c'est le soutien du trône.

Fuit et revient sans cesse à ce palais terrible ;
Et de là sur la terre il verse à pleines mains
Et les biens et les maux destinés aux humains.
Sur un autel de fer, un livre inexplicable
Contient de l'avenir l'histoire irrévocable :
La main de l'Éternel y marqua nos désirs,
Et nos chagrins cruels, et nos faibles plaisirs.
On voit la Liberté, cette esclave si fière,
Par d'invisibles nœuds[1] en ces lieux prisonnière :
Sous un joug inconnu, que rien ne peut briser,
Dieu sait l'assujettir sans la tyranniser ;
A ses suprêmes lois d'autant mieux attachée,
Que sa chaîne à ses yeux pour jamais est cachée,
Qu'en obéissant même elle agit par son choix,
Et souvent aux destins pense donner des lois.
« Mon cher fils, dit Louis, c'est de là que la grâce
Fait sentir aux humains sa faveur efficace ;
C'est de ces lieux sacrés qu'un jour son trait vainqueur
Doit partir, doit brûler, doit embraser ton cœur.
Tu ne peux différer, ni hâter, ni connaître
Ces moments précieux dont Dieu seul est le maître.
Mais qu'ils sont encor loin ces temps, ces heureux temps
Où Dieu doit te compter au rang de ses enfants !
Que tu dois éprouver de faiblesses honteuses !
Et que tu marcheras dans des routes trompeuses !
Retranches, ô mon Dieu, des jours de ce grand roi,
Ces jours infortunés qui l'éloignent de toi. »

Mais dans ces vastes lieux quelle foule s'empresse[2] ?
Elle entre à tout moment, et s'écoule sans cesse.
« Vous voyez, dit Louis, dans ce sacré séjour,
Les portraits des humains qui doivent naître un jour[3] :

---

1. L'auteur de la *Connaissance des beautés et des défauts de la poésie et de l'éloquence dans la langue française*, en citant ce vers au mot LIBERTÉ, a mis :

> Par d'invincibles nœuds.

2. Imitation de Virgile (*Æn.*, liv. VI, vers 706) :

> Hunc circum innumeræ gentes populique volabant.

3. Autre imitation de Virgile (*Æn.*, liv. VI, vers 756 et suiv.) :

> Dardaniam prolem quæ deinde sequatur
> Gloria, qui maneant Itala de gente nepotes,
> Illustres animas, etc.

Des siècles à venir ces vivantes images
Rassemblent tous les lieux, devancent tous les âges.
Tous les jours des humains, comptés avant les temps,
Aux yeux de l'Éternel à jamais sont présents.
Le Destin marque ici l'instant de leur naissance,
L'abaissement des uns, des autres la puissance,
Les divers changements attachés à leur sort,
Leurs vices, leurs vertus, leur fortune, et leur mort.

« Approchons-nous : le ciel te permet de connaître
Les rois et les héros qui de toi doivent naître.
Le premier qui paraît, c'est ton auguste fils[1] :
Il soutiendra longtemps la gloire de nos lis,
Triomphateur heureux du Belge et de l'Ibère ;
Mais il n'égalera ni son fils ni son père. »

Henri, dans ce moment, voit sur des fleurs de lis
Deux mortels orgueilleux auprès du trône assis :
Ils tiennent sous leurs pieds tout un peuple à la chaîne ;
Tous deux sont revêtus de la pourpre romaine ;
Tous deux sont entourés de gardes, de soldats :
Il les prend pour des rois... « Vous ne vous trompez pas ;
Ils le sont, dit Louis, sans en avoir le titre ;
Du prince et de l'État l'un et l'autre est l'arbitre.
Richelieu, Mazarin, ministres immortels,
Jusqu'au trône élevés de l'ombre des autels,
Enfants de la Fortune et de la Politique,
Marcheront à grands pas au pouvoir despotique.
Richelieu, grand, sublime, implacable ennemi ;
Mazarin, souple, adroit, et dangereux ami :
L'un[2], fuyant avec art, et cédant à l'orage ;
L'autre aux flots irrités opposant son courage ;
Des princes de mon sang ennemis déclarés ;
Tous deux haïs du peuple, et tous deux admirés ;
Enfin, par leurs efforts, ou par leur industrie,
Utiles à leurs rois, cruels à la patrie.

---

1. Louis XIII.
2. Le cardinal Mazarin fut obligé de sortir du royaume en 1651, malgré la reine régente, qu'il gouvernait; mais le cardinal de Richelieu se maintint toujours, malgré ses ennemis, et même malgré le roi, qui était dégoûté de lui. (*Note de Voltaire*, 1730.)

O toi, moins puissant qu'eux, moins vaste en tes desseins,
Toi, dans le second rang le premier des humains,
Colbert[1], c'est sur tes pas que l'heureuse abondance,

[1]. Les opinions sur Colbert sont si opposées entre elles, ses admirateurs l'ont placé si haut, ses détracteurs l'ont ensuite tant rabaissé, qu'il n'existe peut-être pas un seul livre où il soit mis à sa véritable place.

Pour juger un ministre, il faut examiner ses lois et ses opérations, les rapprocher des circonstances, de l'histoire de son temps, et surtout des lumières de ses contemporains. Si un homme d'État a montré de l'humanité et de la justice; si, quoique gêné par les circonstances et par les événements, il a eu le bonheur du peuple pour premier objet; s'il a prouvé qu'il avait les mêmes lumières que les hommes éclairés de son siècle, on doit respecter sa mémoire, et lui pardonner de n'avoir été ni supérieur aux événements, ni au-dessus de ses contemporains.

Colbert, fils d'un marchand, d'abord commis d'un négociant, puis clerc de notaire, devint intendant du cardinal Mazarin. Fouquet avait été surintendant dans les dernières années de la vie du cardinal; son administration était également onéreuse et corrompue.

Des traitants inventaient de nouveaux offices, de nouveaux droits sur les consommations, réveillaient d'anciennes prétentions domaniales, inventaient des priviléges exclusifs, des lettres de maîtrise, faisaient revivre des arrérages d'impôts. Fouquet agréait ces projets, et en vendait le produit aux inventeurs, moyennant une somme payée comptant. Le gouvernement, alors très-faible, protégeait peu ces traitants; mais comme ils ne donnaient qu'une petite partie de la valeur de ce qu'on leur accordait, ils gagnaient encore beaucoup. Des parts dans les profits ou une somme d'argent décidaient de la préférence que le premier ministre et le surintendant accordaient aux faiseurs de projets. Ces emplois subalternes et les détails de cette corruption furent la première école de Colbert. Le cardinal le recommanda en mourant au roi comme un homme qui lui serait utile.

Le premier soin de Colbert fut de chercher à perdre Fouquet. Il lui était aisé de montrer à Louis XIV que ce ministre n'était qu'un homme vain, uniquement occupé de soutenir ses profusions par des moyens ruineux, et ne sachant qu'emprunter. Mais ce n'était pas sa disgrâce, c'était sa perte que ses ennemis voulaient, parce que Fouquet, disgracié, eût pu éclairer le roi sur la conduite passée de Colbert et des autres ministres.

Cependant Fouquet était procureur général, et ne pouvait être jugé que par le parlement. Ce droit n'est, à la vérité, que le droit commun de tout citoyen; mais il est bien moins facile de le violer contre un procureur général. On persuada à Fouquet de vendre sa charge, et d'en faire porter le prix au trésor royal. La voix publique accusa Colbert de cette perfidie. On peignit ensuite Fouquet à Louis XIV comme un homme dangereux, qui avait fait fortifier Belle-Isle, qui avait des trésors, des troupes, et des partisans. Louis le crut. L'indiscrétion de Fouquet, qui avait voulu acheter Mlle de La Vallière dans le temps même où elle résistait au roi, lui rendait le surintendant odieux.

La perte de Fouquet fut donc résolue; et l'on employa pour l'arrêter une dissimulation qu'on aurait à peine pardonnée à Henri III, s'il eût voulu faire arrêter le duc de Guise : tant on avait trompé Louis XIV sur la prétendue puissance du malheureux surintendant! Il fut jugé par des commissaires. Séguier, son ennemi déclaré, fut un de ses juges, ainsi que Pussort, allié de Colbert. Le Tellier le persécutait avec violence. On disait alors : « Le Tellier a plus d'envie que Fouquet soit pendu; mais Colbert a plus peur qu'il ne le soit pas. » La commission ne prononça qu'un bannissement perpétuel; ceux des juges qui, par leur fermeté, empêchèrent

Fille de tes travaux, vient enrichir la France.

les autres d'aller plus loin, furent disgraciés ; et on obtint du roi que Fouquet, qui aurait pu du fond de sa retraite démasquer ses ennemis, serait mis dans une prison perpétuelle. C'est sous ces auspices que Colbert parvint au ministère.

Ses premières opérations furent la remise des arrérages des tailles. Le trésor ne sacrifiait, par cet arrangement, que ce qu'il ne pouvait espérer de recouvrer. A la vérité on joignit à cette remise une diminution de tailles ; mais elle fut bientôt remplacée, et au delà, sous une autre forme.

On retrancha le quatrième des rentes, c'est-à-dire qu'on fit banqueroute d'un quart de ce que le roi devait aux rentiers.

Depuis cette époque, on compta les années de l'administration de Colbert par des impôts et par des emprunts. Il est vrai que l'on prétend qu'il s'opposa aux emprunts ; que même le premier président ayant proposé à Louis XIV un emprunt, au lieu d'un impôt qu'il voulait établir, et le roi l'ayant accepté, Colbert dit au premier président : « Vous venez d'ouvrir une plaie que vos petits-fils ne verront pas refermer. » Si ce trait est vrai, Colbert avait bien vu ; mais il n'en est pas plus excusable, à moins qu'on n'établisse comme un principe de morale qu'il est permis à un ministre de faire le mal, lorsque ce mal lui est nécessaire pour conserver sa place.

Quant aux impôts, la forme la plus onéreuse au peuple fut constamment préférée. Le code des aides, celui des gabelles, que Colbert publia, sont un monument d'absurdité et de tyrannie ; il est impossible de porter plus loin le mépris des hommes ; il est impossible que le ministre qui a écrit ce code eût conservé quelques sentiments d'humanité ou de justice : dans ses règlements sur les manufactures, on érigea en loi ce qui n'était que l'avis des fabricants habiles sur la manière de fabriquer, et on soumit à des peines corporelles et infamantes les ouvriers qui ne se conformeraient pas à ces opinions. Enfin Colbert, n'ayant plus d'expédients, imagina de faire une opération sur les petites monnaies, et de soumettre à des droits les denrées qui servent à la subsistance du petit peuple de Paris. Il mourut ; et son enterrement fut troublé par la populace, que ces dernières opérations avaient révoltée, et qui voulait déchirer son corps.

Tel fut Colbert ; et nous n'avons rien dit qui ne soit prouvé ou par l'histoire ou par la suite même de ses lois : comment donc cet homme eut-il une si grande réputation ? Comment M. de Voltaire, l'ami de l'humanité, l'a-t-il appelé le *premier des humains ?* C'est ce qui nous reste à expliquer.

Colbert établit de la régularité dans la recette des impôts, et de l'ordre dans les dépenses. Cet ordre n'était pas de l'économie, les citoyens étaient toujours vexés ; mais les vexations étaient moins arbitraires ; les grands, les propriétaires riches, étaient ménagés, le peuple souffrait seul ; et ses cris, étouffés par une administration vigilante et rigoureuse, n'étaient pas entendus au milieu des fêtes de la cour.

La France, depuis les malheurs de François Ier jusqu'à la paix des Pyrénées, avait été dans un état de trouble et de désastres : ses frontières menacées et envahies, les guerres de religion, les guerres des grands contre Richelieu et Mazarin, la puissance des seigneurs dans les provinces ; toutes ces causes s'opposaient également à l'industrie du cultivateur et à celle de l'artisan. Personne n'osait et même ne pouvait faire d'avance ni pour la culture, ni pour des entreprises de manufactures. Le commerce extérieur n'avait pu s'établir ; le commerce intérieur était languissant. On commença à respirer après la paix des Pyrénées ; les frontières étaient en sûreté, la paix régnait dans l'intérieur des provinces.

L'autorité du roi ne souffrait plus de partage, et les vexations particulières cessèrent d'être à craindre. Plus la nation avait été épuisée, plus ses progrès durent être rapides ; et il était naturel qu'on attribuât à Colbert ce qui était l'ouvrage des circonstances.

Colbert parut avoir encouragé le commerce et les manufactures, parce qu'il fit

> Bienfaiteur de ce peuple ardent à t'outrager,

beaucoup de lois sur ces objets, et qu'on lisait dans le préambule qu'elles avaient pour objet de favoriser le commerce et les manufactures.

La France n'avait jamais eu de marine ; elle en eut une sous Colbert : non que ce ministre eût des connaissances dans la marine ; mais il dépensa beaucoup, et il eut le bonheur de trouver des officiers de mer habiles, audacieux, et entreprenants.

Plusieurs Français tentèrent des établissements dans les deux Indes ; et, tantôt en les encourageant, tantôt en profitant de leur ruine, Colbert parvint à établir quelques colonies, qui, bien que faibles et mal administrées, paraissaient aux yeux des Français, alors peu instruits, avoir augmenté leur puissance et leurs richesses.

Enfin Colbert, en favorisant les beaux-arts, en protégeant les gens de lettres, se fit des partisans qui célébrèrent ses louanges. La persécution qu'il suscita contre Saint-Évremond ; l'exclusion des grâces de la cour, par laquelle La Fontaine fut puni de son attachement pour Fouquet ; la dureté de Colbert envers Charles Perrault, son injustice à l'égard de Charles Patin, annonçaient une âme étroite et dure, peu sensible aux arts, et seulement frappée de la vanité de les protéger. Mais à peine ces petitesses furent-elles remarquées : l'Académie des sciences établie, de grands voyages utiles aux sciences entrepris aux frais du roi, l'Observatoire construit, subjuguèrent les esprits.

Colbert mourut, et ses successeurs le firent regretter. Ils n'eurent pas d'autres principes d'administration ; ils augmentèrent les impôts, et parurent moins occupés encore du bonheur du peuple. Les manufactures, le commerce, furent aussi mal administrés, et moins encouragés. La marine tomba ; la première guerre qui suivit sa mort fut mêlée de revers, et la seconde fut malheureuse.

Enfin, plus Louvois était haï, plus Colbert son rival gagnait dans l'opinion ; sa conduite envers Fouquet fut presque oubliée ; on lui pardonna une fortune immense et le faste de sa maison de Sceaux, en les comparant à la fortune scandaleuse d'Émeri, aux prodigalités de Fouquet, et aux richesses des traitants de la guerre de la succession.

A la mort de Louis XIV, la réputation de Colbert augmenta encore : les principes de l'administration des finances, du commerce, et des manufactures, étaient inconnus ; et, lorsqu'on commença en France à s'occuper de ces objets, ce fut pour adopter sur ces matières l'opinion de Colbert.

On se plaignait de n'avoir plus de marine, et, sous lui, la marine avait été florissante.

On regrettait la magnificence de la cour de Louis XIV. On sentait les maux qu'avait causés la rigueur exercée contre les protestants, et l'on croyait que Colbert les avait protégés ; on était dégoûté de la guerre, et Colbert passait pour s'être opposé à la guerre.

Les dépenses excessives qu'il faisait pendant la paix, pour satisfaire le goût de Louis XIV, paraissaient des moyens de faire fleurir dans l'État les arts de luxe, d'animer les manufactures, de rendre les étrangers tributaires de notre industrie.

Ce n'était pas après les opérations de Law, et le haussement excessif des monnaies, qu'on pouvait reprocher à Colbert les retranchements des rentes et une faible augmentation dans la valeur du marc d'argent.

M. de Voltaire trouva donc la réputation de Colbert établie, et il suivit l'opinion de son siècle : on ne peut lui en faire un reproche. Ce qui, dans un homme occupé d'études politiques, serait une preuve d'ignorance ou d'un penchant secret pour des principes oppresseurs, n'est qu'une erreur très-pardonnable dans un écrivain qui a cru pouvoir s'en rapporter à l'opinion des hommes les plus éclairés de l'époque où il écrivait ; et lorsque c'est l'amour des arts, de la paix, et de la tolérance, qui a inspiré cette erreur, il y aurait de l'injustice à ne point la par-

En le rendant heureux, tu sauras t'en venger [1] :
Semblable à ce héros, confident de Dieu même,
Qui nourrit les Hébreux pour prix de leur blasphème.

« Ciel ! quel pompeux amas d'esclaves à genoux
Est aux pieds de ce roi [2] qui les fait trembler tous !
Quels honneurs ! quels respects ! jamais roi dans la France
N'accoutuma son peuple à tant d'obéissance.
Je le vois, comme vous, par la gloire animé,
Mieux obéi, plus craint, peut-être moins aimé.
Je le vois, éprouvant des fortunes diverses,
Trop fier dans ses succès, mais ferme en ses traverses ;
De vingt peuples ligués bravant seul tout l'effort,
Admirable en sa vie, et plus grand dans sa mort.
Siècle heureux de Louis, siècle que la nature
De ses plus beaux présents doit combler sans mesure,
C'est toi qui dans la France amènes les beaux-arts ;
Sur toi tout l'avenir va porter ses regards ;
Les muses à jamais y fixent leur empire ;
La toile est animée, et le marbre respire [3] ;
Quels sages [4], rassemblés dans ces augustes lieux,
Mesurent l'univers, et lisent dans les cieux ;

---

donner. Depuis ce temps la science de l'administration a fait des progrès, ou plutôt elle a été créée, du moins en France ; et Colbert a été traité avec d'autant plus de sévérité, que l'enthousiasme avait été plus vif.

On aurait tort sans doute de lui reprocher d'avoir ignoré ce que personne ne savait de son temps. On doit louer son application au travail, son exactitude ; mais ni sa conduite envers Fouquet, ni les moyens ruineux qu'il employa pour soutenir, aux dépens du peuple, le faste de la cour, ni la dureté de ses règlements pour les manufactures, ni la barbarie du code des aides et des gabelles, ni ses opérations sur les monnaies, ni les retranchements des rentes, ne peuvent être excusés.

On peut le regarder comme un homme habile, mais non comme un homme de génie ; ce nom ne convient en politique qu'à ceux qui s'élèvent au-dessus des opinions et des idées même des hommes éclairés de leur siècle. On peut moins encore le regarder comme un homme vertueux ; car ce nom n'est dû qu'au ministre qui n'a jamais sacrifié ni la nation à la cour, ni la justice à ses intérêts. (K.)

1. Le peuple, ce monstre féroce et aveugle, détestait le grand Colbert, au point qu'il voulut déterrer son corps ; mais la voix des gens sensés, qui prévaut à la longue, a rendu sa mémoire à jamais chère et respectable. (*Note de Voltaire*, 1746.)

2. Louis XIV. (*Id.*, 1723.)

3. Imitation de Virgile (*Æn.*, VI, 847-48) :

> Excudent alii spirantia mollius æra,
> . . . . . Vivos ducent de marmore vultus.

4. L'Académie des sciences, dont les mémoires sont estimés dans toute l'Europe. *Id.*, 1730.)

CHANT VII.

Et, dans la nuit obscure apportant la lumière,
Sondent les profondeurs de la nature entière?
L'erreur présomptueuse à leur aspect s'enfuit.
Et vers la vérité le doute les conduit.

« Et toi, fille du ciel, toi, puissante harmonie,
Art charmant qui polis la Grèce et l'Italie,
J'entends de tous côtés ton langage enchanteur,
Et tes sons, souverains de l'oreille et du cœur!
Français, vous savez vaincre et chanter vos conquêtes :
Il n'est point de lauriers qui ne couvrent vos têtes :
Un peuple de héros va naître en ces climats :
Je vois tous les Bourbons voler dans les combats.
A travers mille feux je vois Condé [1] paraître,
Tour à tour la terreur et l'appui de son maître :
Turenne, de Condé le généreux rival,
Moins brillant, mais plus sage, et du moins son égal.
Catinat [2] réunit, par un rare assemblage,
Les talents du guerrier et les vertus du sage.
Vauban [3], sur un rempart, un compas à la main,
Rit du bruit impuissant de cent foudres d'airain.
Malheureux à la cour, invincible à la guerre,
Luxembourg [4] fait trembler l'Empire et l'Angleterre.

1. Louis de Bourbon, appelé communément le grand Condé, et Henri, vicomte de Turenne, ont été regardés comme les plus grands capitaines de leur temps; tous deux ont remporté de grandes victoires, et acquis de la gloire même dans leurs défaites. Le génie du prince de Condé semblait, à ce qu'on dit, plus propre pour un jour de bataille, et celui de M. de Turenne pour toute une campagne. Au moins est-il certain que M. de Turenne remporta des avantages sur le grand Condé à Gien, à Étampes, à Paris, à Arras, à la bataille des Dunes; cependant on n'ose point décider quel était le plus grand homme. (*Note de Voltaire*, 1730.)

2. Le maréchal de Catinat, né en 1637. Il gagna les batailles de Staffarde et de la Marsaille, et obéit ensuite, sans murmurer, au maréchal de Villeroi, qui lui envoyait des ordres sans le consulter. Il quitta le commandement sans peine, ne se plaignit jamais de personne, ne demanda rien au roi, mourut en philosophe dans une petite maison de campagne à Saint-Gratien, n'ayant ni augmenté ni diminué son bien, et n'ayant jamais démenti un moment son caractère de modération. (*Id.*, 1730.)

3. Le maréchal de Vauban, né en 1633, le plus grand ingénieur qui ait jamais été, a fait fortifier, selon sa nouvelle manière, trois cents places anciennes, et en a bâti trente-trois; il a conduit cinquante-trois sièges, et s'est trouvé à cent quarante actions; il a laissé douze volumes manuscrits pleins de projets pour le bien de l'État, dont aucun n'a encore été exécuté. Il était de l'Académie des sciences, et lui a fait plus d'honneur que personne en faisant servir les mathématiques à l'avantage de sa patrie. (*Id.*, 1730.)

4. François-Henri de Montmorency, qui prit le nom de Luxembourg, maréchal

« Regardez, dans Denain, l'audacieux Villars [1]
Disputant le tonnerre à l'aigle des césars [2],
Arbitre de la paix, que la victoire amène,
Digne appui de son roi, digne rival d'Eugène.
Quel est ce jeune prince [3] en qui la majesté
Sur son visage aimable éclate sans fierté ?
D'un œil d'indifférence il regarde le trône :
Ciel ! quelle nuit soudaine à mes yeux l'environne [4] !
La mort autour de lui vole sans s'arrêter ;
Il tombe aux pieds du trône, étant près d'y monter.
O mon fils ! des Français vous voyez le plus juste ;
Les cieux le formeront de votre sang auguste.
Grand Dieu ! ne faites-vous que montrer aux humains [5]
Cette fleur passagère, ouvrage de vos mains ?
Hélas ! que n'eût point fait cette âme vertueuse !
La France sous son règne eût été trop heureuse :
Il eût entretenu l'abondance et la paix ;

de France, duc et pair, gagna la bataille du Cassel sous les ordres de Monsieur, frère de Louis XIV, remporta en chef les fameuses victoires de Mons, de Fleurus, de Steinkerque, de Nerwinde, et conquit des provinces au roi. Il fut mis à la Bastille, et reçut mille dégoûts des ministres. (*Note de Voltaire*, 1730.)

1. On s'était proposé de ne parler dans ce poëme d'aucun homme vivant ; on ne s'est écarté de cette règle qu'en faveur du maréchal duc de Villars.

Il a gagné la bataille de Frédelingue et celle du premier Hochstedt. Il est à remarquer qu'il occupa dans cette bataille le même terrain où se posta depuis le duc de Marlborough, lorsqu'il remporta contre d'autres généraux cette grande victoire du second Hochstedt, si fatale à la France. Depuis, le maréchal de Villars, ayant repris le commandement des armées, donna la fameuse bataille de Blangis ou de Malplaquet, dans laquelle on tua vingt mille hommes aux ennemis, et qui ne fut perdue que quand le maréchal fut blessé.

Enfin, en 1712, lorsque les ennemis menaçaient de venir à Paris, et qu'on délibérait si Louis XIV quitterait Versailles, le maréchal de Villars battit le prince Eugène à Denain, s'empara du dépôt de l'armée ennemie à Marchiennes, fit lever le siége de Landrecies, prit Douai, le Quesnoy, Bouchain, etc., à discrétion, et fit ensuite la paix à Rastadt, au nom du roi, avec le même prince Eugène, plénipotentiaire de l'empereur. (*Id.*, 1730.)

2. Fréron (*Année littéraire*, 1770, V, 118) prétend que ce vers est pris à Cotin, qui a dit :

   Il arrachait la foudre à l'aigle des césars.

3. Feu M. le duc de Bourgogne. (*Note de Voltaire*, 1723.)
4. Imitation de Virgile (*Æn.*, VI, 866) :

   Sed nox atra caput tristi circumvolat umbra.

5. Virgile a dit (*Æn.*, VI, 869-70) :

   Ostendent terris hunc tantum fata, neque ultra
   Esse sinent.

Mon fils, il eût compté ses jours par ses bienfaits[1] ;
Il eût aimé son peuple. O jours remplis d'alarmes !
Oh ! combien les Français vont répandre de larmes,
Quand sous la même tombe ils verront réunis
Et l'époux et la femme, et la mère et le fils !

« Un faible rejeton[2] sort entre les ruines[3]
De cet arbre fécond coupé dans ses racines.
Les enfants de Louis, descendus au tombeau,
Ont laissé dans la France un monarque au berceau,
De l'État ébranlé douce et frêle espérance.
O toi, prudent Fleury, veille sur son enfance ;
Conduis ses premiers pas, cultive sous tes yeux
Du plus pur de mon sang le dépôt précieux !
Tout souverain qu'il est, instruis-le à se connaître :
Qu'il sache qu'il est homme en voyant qu'il est maître ;
Qu'aimé de ses sujets, ils soient chers à ses yeux :
Apprends-lui qu'il n'est roi, qu'il n'est né que pour eux.
France, reprends sous lui ta majesté première,
Perce la triste nuit qui couvrait ta lumière ;
Que les arts, qui déjà voulaient t'abandonner,
De leurs utiles mains viennent te couronner !
L'Océan se demande, en ses grottes profondes,
Où sont tes pavillons qui flottaient sur ses ondes.
Du Nil et de l'Euxin, de l'Inde et de ses ports,
Le Commerce t'appelle, et t'ouvre ses trésors.
Maintiens l'ordre et la paix, sans chercher la victoire ;
Sois l'arbitre des rois ; c'est assez pour ta gloire :
Il t'en a trop coûté d'en être la terreur.

« Près de ce jeune roi s'avance avec splendeur
Un héros[4] que de loin poursuit la calomnie,

---

1. Rousseau, dans son *Ode à la Fortune*, avait dit :

> Et qui, père de la patrie,
> Compte ses jours par ses bienfaits.

2. Ce poëme fut composé dans l'enfance de Louis XV. (*Note de Voltaire*, 1733.)
3. Imitation de Racine (*Athalie*, acte I, scène Ire) :

> Le ciel même peut-il réparer les ruines
> De cet arbre séché jusque dans ses racines ?

4. Vrai portrait de Philippe, duc d'Orléans, régent du royaume. (*Note de Voltaire*, 1746.)

Facile et non pas faible, ardent, plein de génie,
Trop ami des plaisirs, et trop des nouveautés,
Remuant l'univers du sein des voluptés.
Par des ressorts nouveaux sa politique habile
Tient l'Europe en suspens, divisée et tranquille.
Les arts sont éclairés par ses yeux vigilants ;
Né pour tous les emplois, il a tous les talents,
Ceux d'un chef, d'un soldat, d'un citoyen, d'un maître :
Il n'est pas roi, mon fils ; mais il enseigne à l'être. »

Alors dans un nuage, au milieu des éclairs,
L'étendard de la France apparut dans les airs ;
Devant lui d'Espagnols une troupe guerrière
De l'aigle des Germains brisait la tête altière.
« O mon père, quel est ce spectacle nouveau ?
Tout change, dit Louis, et tout a son tombeau.
Adorons du Très-Haut la sagesse cachée.
Du puissant Charles-Quint la race est retranchée.
L'Espagne, à nos genoux, vient demander des rois :
C'est un de nos neveux qui leur donne des lois.
Philippe... » A cet objet, Henri demeure en proie
A la douce surprise, aux transports de sa joie.
« Modérez, dit Louis, ce premier mouvement ;
Craignez encor, craignez ce grand événement.
Oui, du sein de Paris, Madrid reçoit un maître :
Cet honneur à tous deux est dangereux peut-être.
O rois nés de mon sang ! ô Philippe ! ô mes fils !
France, Espagne, à jamais puissiez-vous être unis !
Jusqu'à quand voulez-vous, malheureux politiques[1],
Allumer les flambeaux des discordes publiques ? »

Il dit. En ce moment le héros ne vit plus
Qu'un assemblage vain de mille objets confus.
Du temple des Destins les portes se fermèrent,
Et les voûtes des cieux devant lui s'éclipsèrent.

L'Aurore cependant, au visage vermeil,
Ouvrait dans l'orient le palais du Soleil :
La Nuit en d'autres lieux portait ses voiles sombres ;

---

1. Dans le temps que cela fut écrit, la branche de France et la branche d'Espagne semblaient désunies. (*Note de Voltaire*, 1737.)

Les Songes voltigeants fuyaient avec les ombres.
Le prince, en s'éveillant, sent au fond de son cœur
Une force nouvelle, une divine ardeur :
Ses regards inspiraient le respect et la crainte ;
Dieu remplissait son front de sa majesté sainte.
Ainsi, quand le vengeur des peuples d'Israël
Eut sur le mont Sina consulté l'Éternel,
Les Hébreux, à ses pieds couchés dans la poussière,
Ne purent de ses yeux soutenir la lumière.

FIN DU CHANT SEPTIÈME.

VARIANTES

DU CHANT SEPTIÈME.

Vers 1. — Tout le commencement de ce chant est entièrement différent dans la première édition (où il était le sixième).

> Les voiles de la nuit s'étendaient dans les airs ;
> Un silence profond régnait dans l'univers.
> Henri, près d'affronter de nouvelles alarmes,
> Endormi dans son camp, reposait sur ses armes.
> Un héros, descendu de la voûte des cieux,
> Ministre de Dieu même, apparut à ses yeux :
> C'était ce saint guerrier qui, loin du bord celtique,
> Alla vaincre et mourir sur les sables d'Afrique :
> Le généreux Louis, le père des Bourbons,
> A qui Dieu prodigua ses plus augustes dons.
> Sur sa tête éclatait un brillant diadème ;
> Au front du nouveau prince il le posa lui-même :
> « Recevez-le, dit-il, de la main de Louis ;
> Acceptez-moi pour père, et devenez mon fils.
> La vertu, qui toujours vous guida sur ma trace,
> Du temps qui nous sépare a rapproché l'espace ;
> Je reconnais mon sang, que Dieu vous a transmis ;
> *Tout l'espoir de ma race en vous seul est remis.
> *Mais ce sceptre, mon fils, ne doit point vous suffire :
> Possédez ma sagesse ainsi que mon empire.
> C'est peu qu'un vain éclat qui passe et qui s'enfuit,
> *Que le trouble accompagne, et que la mort détruit ;
> *Tous ces honneurs mondains ne sont qu'un bien stérile,
> *Des humaines vertus récompense fragile.
> D'un bien plus précieux, osez être jaloux :
> Si Dieu ne vous éclaire, il n'a rien fait pour vous.
> Quand verrai-je, ô mon fils ! votre vertu guerrière,
> Comme sous son appui, marcher à sa lumière !
> Mais qu'ils sont encor loin ces temps, ces heureux temps,
> Où Dieu doit vous compter au rang de ses enfants !
> Que vous éprouverez de faiblesses honteuses,
> Et que vous marcherez dans des routes trompeuses !

(Des points indiquent qu'il y a ici une lacune.)

VARIANTES DU CHANT VII.

Osez suivre mes pas par de nouveaux chemins,
Et venez de la France apprendre les destins. »

Henri crut, à ces mots, dans un char de lumière
Des cieux en un moment pénétrer la carrière ;
Comme on voit dans la nuit la foudre et les éclairs
Courir d'un pôle à l'autre et diviser les airs.

Parmi ces tourbillons que d'une main féconde
Disposa l'Éternel au premier jour du monde,
Est un globe élevé dans le faîte des cieux,
Dont l'éclat se dérobe à nos profanes yeux :
C'est là que le Très-Haut forme à sa ressemblance
Ces esprits immortels, enfants de son essence,
Qui, soudain répandus dans les mondes divers,
Vont animer les corps, et peuplent l'univers.
Là sont, après la mort, nos âmes replongées,
De leur prison grossière à jamais dégagées ;
Quand le Dieu qui les fit les rappelle en son sein,
D'une course rapide elles volent soudain :
Comme on voit dans les bois les feuilles incertaines,
Avec un bruit confus tomber du haut des chênes,
Lorsque les aquilons, messagers des hivers,
Ramènent la froidure et sifflent dans les airs ;
Ainsi la mort entraîne en ces lieux redoutables
Des mortels passagers les troupes innombrables.
Un juge incorruptible avec d'égales lois
Y rassemble à ses pieds les peuples et les rois.
Tout frémit devant lui ; les morts dans le silence
* Attendent en tremblant l'éternelle sentence ;
Lui qui, dans un moment, voit, entend, connaît tout,
* D'un coup d'œil les punit, d'un coup d'œil les absout.
De ses ministres saints la troupe inexorable
Sépare incessamment l'innocent du coupable ;
Donne aux uns des plaisirs, aux autres des tourments,
Des vertus et du crime éternels monuments.

Mais d'où partent, grand Dieu ! ces cris épouvantables,
Ces torrents de fumée et ces feux effroyables ?
* « Quels monstres, dit Bourbon, volent dans ces climats !
Quel est ce gouffre affreux qui s'ouvre sous mes pas !
— O mon fils, vous voyez, etc.

Vers 78. — Dans l'édition de 1728, il y avait :

Fait si pieusement de sa sagesse immense :
   La Mort est à ses pieds, elle amène à la fois
Le juif et le chrétien, le turc et le chinois.
Là, le dervis tremblant, d'une vue inquiète,
A la droite de Dieu cherche en vain son prophète ;
Le bonze, avec des yeux tristes et pénitents,
   Y vient vanter en vain ses vœux et ses tourments :
Leurs tourments et leurs vœux, leur foi, leur ignorance,
   Comme sans châtiment restent sans récompense.

> Dieu ne les punit point d'avoir fermé les yeux
> *Aux clartés que lui-même il plaça si loin d'eux ;
> Il ne les juge point tel qu'un injuste maître
> Sur les chrétiennes lois qu'ils n'ont point pu connaître,
> Sur le zèle insensé de leurs saintes fureurs,
> Mais sur la simple loi qui parle à tous les cœurs.
> La Nature sa fille, et des humains la mère,
> Nous inspire en naissant, nous conduit, nous éclaire ;
> De l'instinct des vertus elle aime à les remplir,
> Et dans leurs premiers ans leur enseigne à rougir ;
> Mais, pure en notre enfance et par l'âge altérée,
> Elle pleure ses fils, dont elle est ignorée ;
> Elle pleure, et ses cris que nous n'entendons pas
> S'élèvent contre nous dans les jours du trépas.

Ces vers furent, en 1730, remplacés par les dix premiers de ceux qu'on lit aujourd'hui. Mais ils furent mis en variante dans l'édition de 1730, avec cette note :

« Beaucoup de curieux regrettaient ce morceau. Mais il faut avouer que celui que l'auteur y a substitué est infiniment plus raisonnable dans un poëme fondé sur la religion catholique. (B.)

Vers 115. — Tel est le texte des éditions de 1730 à 1775. Les éditeurs de Kehl ont mis :

> Au pied du trône même.

Vers 143. — Dans l'édition de *la Ligue*, de 1723, on lisait :

> En sont toujours ouverts :
> L'un et l'autre à ces mots descendent aux enfers.
> D'abord de tous côtés s'offrent sur leur passage
> Le Désespoir, la Mort, la Fureur, le Carnage,
> Et ces vices affreux, suivis par les douleurs,
> Formées dans les enfers, ou plutôt dans nos cœurs :
> L'Orgueil au front d'airain, la lâche Perfidie,
> Qui d'abord en rampant se cache et s'humilie,
> Puis tout à coup, levant un homicide bras,
> Fait siffler ses serpents et porte le trépas ;
> L'Avarice au teint pâle, et la Haine, et l'Envie,
> Le Mensonge, et surtout sa sœur l'Hypocrisie,
> Qui les regards baissés, l'encensoir à la main,
> Distille en soupirant sa rage et son venin ;
> Le faux Zèle étalant, etc.

Vers 163. — Édition de 1723 :

> Quel mortel, disaient-ils, par Dieu même conduit,
> Vient effrayer l'enfer et l'éternelle nuit ?

Vers 170. — Après ce vers, on lit, dans l'édition de 1723, ces quatre vers qui ne sont plus dans l'édition de 1728 :

> Voyez de ces serpents tout son corps entouré,

VARIANTES DU CHANT VII.

> Sous leur dent vengeresse en lambeaux déchiré ;
> Fuyons, n'aigrissons point le tourment qui l'opprime.
> « Sa peine, dit Louis, est égale à son crime. »
> Tandis que dans Paris, etc.

Vers 174. — Les éditions de 1723 à 1775 inclusivement portent :

> Ici dans les tourments l'enfer les désavoue.

Cette version a été suivie par Palissot.

Vers 175. — Édition de 1723 :

> « Mais apprenez, mon fils, quelles sévères lois
> Poursuivent en ces lieux tous les crimes des rois.

Vers 179. — Édition de 1723 :

> Et se plaît à venger, par des maux infinis,
> Les crimes qu'ils ont faits et ceux qu'ils ont permis.
> La mort leur a ravi ces grandeurs passagères.

Vers 185. — Édition de 1723 :

> La Vérité terrible, augmentant leurs supplices,
> De son flambeau sacré vient éclairer leurs vices.
>   Près de ces mauvais rois sont ces fiers conquérants,
> Héros aux yeux du peuple, etc.

Vers 191. — Édition de 1723 :

> Devant eux sont couchés tous ces rois fainéants.

Vers 199 :

> Êtes-vous en ces lieux, faibles et tendres cœurs, etc.

Au lieu de ce vers et des sept qui le suivent, en voici huit autres qu'on lit dans l'édition de 1723 :

> Le sujet révolté, le lâche adulateur,
> Le juge corrompu, l'infâme délateur,
> Ceux même qui, nourris au sein de la mollesse,
> N'ont eu pour tous forfaits qu'un cœur plein de faiblesse ;
> Ceux qui, livrés sans crainte à des penchants flatteurs,
> N'ont connu, n'ont aimé que leurs douces erreurs ;
> Tous enfin, de la mort éternelles victimes,
> Souffrent des châtiments qui surpassent leurs crimes.
> Le généreux Henri, etc.

Et dans celle de 1737, voici ce qu'on lit au lieu de ces huit vers :

> Il est, il est aussi dans ce lieu de douleurs
> Des cœurs qui n'ont aimé que leurs douces erreurs,
> Des foules de mortels noyés dans la mollesse,

> Qu'entraîna le plaisir, qu'endormit la paresse.
> Le généreux Henri, etc.

On voit, par tous ces différents changements, avec quelle extrême attention et avec quelle sévérité l'auteur a revu son ouvrage ; c'est ainsi que doit en user quiconque travaille pour la postérité (1746.)

Vers 215. — Édition de 1723 :

> A l'œuvre de ses mains avait daigné ravir.

Vers 229. — Édition de 1723 :

> Cependant à grands pas l'un et l'autre s'avance
> Vers ces lieux fortunés.

Vers 245. — Édition de 1723 :

> Là vivent les bons rois qu'ont produits tous les âges.

Et ce vers est sans rime dans l'édition de 1723, ainsi que dans celle de 1724.

Vers 265. — Édition de 1723 :

> Plus loin sont ces guerriers, vengeurs de la patrie,
> Qui dans les champs d'honneur ont prodigué leur vie ;
> La Trimouille, Clisson, Montmorency, de Foix,
> Et le brave Guesclin, et l'auguste Dunois.
> Là brille au milieu d'eux cette illustre amazone
> Qui délivra la France et raffermit le trône.
> Antoine de Navarre, avec des yeux surpris,
> Voit Henri qui s'avance, et reconnaît son fils :
> Le héros attendri tombe aux pieds de son père ;
> Trois fois il tend les bras à cette ombre si chère,
> * Trois fois son père échappe à ses embrassements,
> * Tel qu'un léger nuage écarté par les vents.
> Cependant il apprend à cette ombre charmée
> Sa grandeur, ses desseins, l'ordre de son armée,
> Et ses premiers travaux, et ses derniers exploits.
> Tous les héros en foule accouraient à sa voix ;
> Les Martels, les Pépins l'écoutaient en silence,
> Et respectaient en lui la gloire de la France.
> Enfin, le saint guerrier, poursuivant ses desseins :
> « Suivez mes pas, dit-il, au temple des destins ;
> Avançons, il est temps de vous faire connaître
> Les rois et les héros qui de vous doivent naître.
> De ce temple déjà vous voyez les remparts,
> Et ses portes d'airain s'ouvrent à vos regards. »
>   Le Temps, d'un cours rapide et pourtant insensible,
> Parcourt tous les dehors de ce palais terrible ;
> Et de là sur la terre, etc.

Les deux vers marqués d'un astérisque sont une imitation de Virgile, et ont été reportés dans le chant VI (voyez la note 2 de la page 161).

Vers 284. — Après ce vers, les éditions de 1723 et 1724 en contiennent quatre qui furent supprimés dans l'édition de 1728, et n'ont point encore été recueillis dans les variantes; les voici :

> De Dieu dans ce lieu saint la volonté réside.
> La Crainte languissante et l'Espérance avide
> Près de ces murs sacrés gémissent nuit et jour :
> Les Désirs inquiets voltigent à l'entour.

Vers 287. — Édition de 1723 :

> Là Dieu même a marqué nos plus secrets désirs.

Vers 297. — Ce vers et les onze qui le suivent furent imprimés, pour la première fois, dans l'édition de 1728.

Vers 321. — Édition de 1723 :

> « Approchez-vous, venez, contemplez l'un et l'autre
> Le sort de vos États, et ma race, et la vôtre.

Vers 347. — Ce vers et les sept qui le suivent ont été ajoutés dans l'édition de 1737.

Vers 353. — Édition de 1723 :

> De cent peuples ligués.

Vers 370. — Dans l'édition de 1723, il y a :

> Là le marbre est vivant, et la toile respire.
> Ici de mille esprits les efforts curieux
> *Mesurent l'univers et lisent dans les cieux.
> Descartes, répandant sa lumière féconde,
> Franchit d'un vol hardi les limites du monde.
> J'entends de tous côtés ce langage enchanteur,
> Si flatteur à l'oreille et doux tyran du cœur.
> Français, vous savez vaincre, etc.

Sur cette variante les éditeurs de Kehl disent :

« Ces vers se retrouvent dans l'édition de Londres. Ce fut dans ce voyage en Angleterre que M. de Voltaire connut et adopta le système de Newton, dans un temps où très-peu de mathématiciens l'avaient étudié, où les géomètres les plus illustres du continent l'attaquaient encore, où le sage Fontenelle reprochait à ce système de ramener les qualités occultes que Descartes avait bannies de la physique. »

La version actuelle n'est que de 1730.

Vers 391. — M. de Voltaire avait changé ainsi les deux vers sur M. de Vauban :

> Ce héros dont la main raffermit nos remparts,
> C'est Vauban, c'est l'ami des vertus et des arts.

VARIANTES DU CHANT VII.

Mais, dans les dernières éditions, il les a rétablis tels qu'ils étaient dans la première; ils rappellent ces vers d'*Athalie,* acte V, scène 1:

> Cependant Athalie, un poignard à la main,
> Rit des faibles remparts de nos portes d'airain. (K.)

Vers 394. — Édition de 1723 :

> Luxembourg de son nom remplit toute la terre.

Vers 398. — Dans l'édition de 1723, c'était immédiatement après ce vers que venaient ceux sur Richelieu et Mazarin, qui sont aujourd'hui les vers 327-346 de ce chant.

Vers 399. — Édition de 1723 :

> Quel est cet autre prince en qui la majesté
> Sur son front sage et doux éclate sans fierté?

Vers 422. — Au lieu de ce vers et des dix-huit qui le suivent, voici ce que met l'édition de 1723 :

> « De l'empire français douce et frêle espérance :
> O vous, qui gouvernez les jours de son enfance,
> Vous, Villeroi, Fleury! conservez sous vos yeux
> Du plus pur de mon sang le dépôt précieux;
> Conduisez par la main son enfance docile;
> Le sentier des vertus à cet âge est facile;
> Age heureux, où son cœur, exempt de passion,
> N'a point du vice encor reçu l'impression;
> Où d'une cour trompeuse, ardente à nous séduire,
> Le souffle empoisonné ne peut encor lui nuire;
> Age heureux, où lui-même, ignorant son pouvoir,
> Vit tranquille et soumis aux règles du devoir.
> Qu'au sortir de l'enfance il puisse se connaître,
> Qu'il songe qu'il est homme en voyant qu'il est maître;
> Qu'attentif aux besoins des peuples malheureux,
> Il ne les charge point de fardeaux rigoureux;
> Qu'il aime à pardonner; qu'il donne avec prudence
> Aux services rendus leur juste récompense;
> Qu'il ne permette pas qu'un ministre insolent
> Change son règne aimable en un joug accablant;
> Que la simple vertu, de soutiens dépourvue,
> Par ses sages bienfaits soit toujours prévenue;
> Que de l'amitié même il chérisse les lois,
> Bien pur présent du ciel, et peu connu des rois;
> Et que, digne en effet de la grandeur suprême,
> Il imite, s'il peut, Henri Quatre et moi-même. »
> Il dit. En ce moment, etc.

Vers 447. — Au lieu des trois vers suivants, Voltaire se proposait de placer une tirade sur le système de Law. Le poëte disait du régent :

> D'un sujet et d'un maître il a tous les talents;

> Malheureux toutefois dans le cours de sa vie
> D'avoir reçu du ciel un si vaste génie.
> Philippe, garde-toi des prodiges pompeux
> Qu'on offre à ton esprit, trop plein du merveilleux.
> Un Écossais arrive, et promet l'abondance;
> Il parle, il fait changer la face de la France;
> Des trésors inconnus se forment sous ses mains.
> L'or devient méprisable aux avides humains,
> Le pauvre qui s'endort au sein de l'indigence
> Des rois, à son réveil, égale l'opulence;
> Le riche, en un moment, voit fuir devant ses yeux
> Tous les biens qu'en naissant il eut de ses aïeux.
> Qui pourra dissiper ces funestes prestiges? etc.

Ces vers font partie du billet pour Thieriot, inséré dans la lettre à Mme la présidente de Bernières, du 13 novembre 1725.

Dans l'édition de 1723, les vers sur le duc d'Orléans étaient placés immédiatement après ceux sur Richelieu et Mazarin, qui sont aujourd'hui les 227-46. Ils étaient ainsi :

> Près de ce jeune roi regardez ce héros,
> Propre à tous les emplois, né pour tous les travaux.
> Il unit les talents d'un sujet et d'un maître.
> *Il n'est pas roi, mon fils, mais il enseigne à l'être.

Voici même une autre version de ces vers, mais que je n'ai vue dans aucune édition de *la Henriade* :

> Auprès du jeune roi regardez ce héros,
> Propre à tous les emplois, né pour tous les travaux;
> Son esprit éclairé, peu connu du vulgaire,
> De l'art de gouverner possède le mystère.
> Les arts sont étonnés de marcher sur ses pas
> Avec la politique et le dieu des combats :
> Sans besoin de ministre, il fait tout par lui-même;
> Maître de ses voisins, sa clémence est extrême;
> Toute l'Europe entière, appuyant son pouvoir,
> Cède à ses volontés sans s'en apercevoir.
> Il a tous les talents de sujet et de maître;
> *Il n'est pas roi, etc.   (B.)

Vers 460. — Il faudrait *qui lui*. Mais toutes les éditions depuis 1728, où ces vers parurent pour la première fois, portent *leur*. Il est singulier que Fréron, La Beaumelle, et Clément n'aient pas reproché cette faute à Voltaire.

Vers 473. — Édition de 1723 :

> Du temple du Destin.

CHANT HUITIÈME.

ARGUMENT.

Le comte d'Egmont vient de la part du roi d'Espagne au secours de Mayenne et des ligueurs. Bataille d'Ivry, dans laquelle Mayenne est défait, et d'Egmont tué. Valeur et clémence de Henri le Grand.

Des états dans Paris la confuse assemblée[1]
Avait perdu l'orgueil dont elle était enflée.
Au seul nom de Henri, les ligueurs, pleins d'effroi,
Semblaient tous oublier qu'ils voulaient faire un roi.
Rien ne pouvait fixer leur fureur incertaine;
Et, n'osant dégrader ni couronner Mayenne,
Ils avaient confirmé, par leurs décrets honteux,
Le pouvoir et le rang qu'il ne tenait pas d'eux.

Ce lieutenant sans chef[2], ce roi sans diadème,
Toujours dans son parti garde un pouvoir suprême.
Un peuple obéissant, dont il se dit l'appui,
Lui promet de combattre et de mourir pour lui.
Plein d'un nouvel espoir, au conseil il appelle
Tous ces chefs orgueilleux, vengeurs de sa querelle;
Les Lorrains[3], les Nemours, La Châtre, Canillac,

---

1. Tel qu'il est aujourd'hui, le commencement de ce chant date de 1730. Voyez aux variantes, page 218.
2. Il se fit déclarer, par la partie du parlement qui lui demeura attachée, lieutenant général de l'État et royaume de France. (*Note de Voltaire,* 1730.)
3. Les Lorrains. Le chevalier d'Aumale, dont il est si souvent parlé, et son frère le duc, étaient de la maison de Lorraine.
Charles-Emmanuel, duc de Nemours, frère utérin du duc de Mayenne.
La Châtre était un des maréchaux de la Ligue, que l'on appelait *des bâtards* qui se feraient un jour légitimer aux dépens de leur père. En effet, La Châtre fit sa paix depuis, et Henri lui confirma la dignité de maréchal de France. (*Id.,* 1730.)

Et l'inconstant Joyeuse¹, et Saint-Paul, et Brissac.
Ils viennent : la fierté, la vengeance, la rage,
Le désespoir, l'orgueil, sont peints sur leur visage.
Quelques-uns en tremblant semblaient porter leurs pas,
Affaiblis par leur sang versé dans les combats ;
Mais ces mêmes combats, leur sang, et leurs blessures,
Les excitaient encore à venger leurs injures.
Tout auprès de Mayenne ils viennent se ranger ;
Tous, le fer dans les mains, jurent de le venger.
Telle au haut de l'Olympe, aux champs de Thessalie,
Des enfants de la terre on peint la troupe impie
Entassant des rochers, et menaçant les cieux,
Ivre du fol espoir de détrôner les dieux.

La Discorde à l'instant, entr'ouvrant une nue,
Sur un char lumineux se présente à leur vue :
« Courage ! leur dit-elle, on vient vous secourir ;
C'est maintenant, Français, qu'il faut vaincre ou mourir. »
D'Aumale, le premier, se lève à ces paroles ;
Il court, il voit de loin les lances espagnoles :
« Le voilà, cria-t-il, le voilà, ce secours
Demandé si longtemps, et différé toujours :
Amis, enfin l'Autriche a secouru la France. »
Il dit. Mayenne alors vers les portes s'avance.
Le secours paraissait vers ces lieux révérés
Qu'aux tombes de nos rois la mort a consacrés.
Ce formidable amas d'armes étincelantes,
Cet or, ce fer brillant, ces lances éclatantes,
Ces casques, ces harnois, ce pompeux appareil,
Défiaient dans les champs les rayons du soleil.
Tout le peuple au-devant court en foule avec joie :
Ils bénissent le chef que Madrid leur envoie :
C'était le jeune Egmont², ce guerrier obstiné,

---

1. Joyeuse est le même dont il est parlé au quatrième chant, note 1, page 108.
Saint-Paul, soldat de fortune, fait maréchal par le même duc de Mayenne, homme emporté et d'une violence extrême. Il fut tué par le duc de Guise, fils du Balafré.
Brissac s'était jeté dans le parti de la Ligue, par indignation contre Henri III, qui avait dit qu'il n'était bon ni sur terre ni sur mer. Il négocia depuis secrètement avec Henri IV, et lui ouvrit les portes de Paris, moyennant le bâton de maréchal de France. (*Note de Voltaire*, 1730.)

2. Le comte d'Egmont, fils de Lamoral, comte d'Egmont, qui fut décapité à Bruxelles avec le prince de Horn, le 5 juin 1568.
Le fils, étant resté dans le parti de Philippe II, roi d'Espagne, fut envoyé au

Ce fils ambitieux d'un père infortuné ;
Dans les murs de Bruxelle il a reçu la vie :
Son père, qu'aveugla l'amour de la patrie,
Mourut sur l'échafaud, pour soutenir les droits
Des malheureux Flamands opprimés par leurs rois :
Le fils, courtisan lâche, et guerrier téméraire,
Baisa longtemps la main qui fit périr son père,
Servit, par politique, aux maux de son pays,
Persécuta Bruxelle, et secourut Paris.
Philippe l'envoyait sur les bords de la Seine,
Comme un Dieu tutélaire, au secours de Mayenne ;
Et Mayenne, avec lui, crut aux tentes du roi
Rapporter à son tour le carnage et l'effroi.
Le téméraire orgueil accompagnait leur trace.
Qu'avec plaisir, grand roi, tu voyais cette audace !
Et que tes vœux hâtaient le moment d'un combat
Où semblaient attachés les destins de l'État !

Près des bords de l'Iton [1] et des rives de l'Eure [2]
Est un champ fortuné, l'amour de la nature :
La guerre avait longtemps respecté les trésors
Dont Flore et les Zéphyrs embellissaient ces bords.
Au milieu des horreurs des discordes civiles,
Les bergers de ces lieux coulaient des jours tranquilles.
Protégés par le ciel et par leur pauvreté,
Ils semblaient des soldats braver l'avidité,
Et, sous leurs toits de chaume, à l'abri des alarmes,
N'entendaient point le bruit des tambours et des armes.
Les deux camps ennemis arrivent en ces lieux :
La désolation partout marche avant eux.
De l'Eure et de l'Iton les ondes s'alarmèrent ;

---

secours du duc de Mayenne, à la tête de dix-huit cents lances. A son entrée dans Paris, il reçut les compliments de la ville. Celui qui le haranguait ayant mêlé dans son discours les louanges du comte d'Egmont, son père : « Ne parlez pas de lui, dit le comte, il méritait la mort ; c'était un rebelle. » Paroles d'autant plus condamnables que c'était à des rebelles qu'il parlait, et dont il venait défendre la cause. (*Note de Voltaire*, 1730.)

1. Ce fut dans une plaine entre l'Iton et l'Eure que se donna la bataille d'Ivry, le 14 mars 1590. (*Id.*, 1730.)

2. La rime indique comment il faut prononcer le dernier mot de ce vers. Ce mot est encore employé en rime dans le vers 125 du chant IX. Voltaire s'est conformé à la prononciation du pays. Hamilton, dans son *Épître à Boileau*, et Bertin, dans sa lettre au chevalier du Hautier, ont fait aussi rimer *Eure* avec *nature*.

Les bergers, pleins d'effroi, dans les bois se cachèrent;
Et leurs tristes moitiés, compagnes de leurs pas,
Emportent leurs enfants gémissants dans leurs bras.

Habitants malheureux de ces bords pleins de charmes,
Du moins à votre roi n'imputez point vos larmes;
S'il cherche les combats, c'est pour donner la paix:
Peuples, sa main sur vous répandra ses bienfaits:
Il veut finir vos maux, il vous plaint, il vous aime,
Et dans ce jour affreux il combat pour vous-même.
Les moments lui sont chers, il court dans tous les rangs
Sur un coursier fougueux plus léger que les vents,
Qui, fier de son fardeau, du pied frappant la terre,
Appelle les dangers, et respire la guerre[1].
On voyait près de lui briller tous ces guerriers,
Compagnons de sa gloire et ceints de ses lauriers:
D'Aumont[2], qui sous cinq rois avait porté les armes;

---

1. On lit dans Job, chap. XXXIX: « Terram ungula fodit; exultat audacter, in occursum pergit armatis, contemnit pavorem, nec cedit gladio... Ubi audierit buccinam, dicit: Wah; procul odoratur bellum, exhortationem ducum et ululatum exercitus, etc. »

Sarrasin, dans l'*Ode de Calliope sur la bataille de Lens* (20 août 1648), avait imité ce passage:

Il monte un cheval superbe
Qui, furieux aux combats,
A peine fait courber l'herbe
Sous la trace de ses pas;
Son œil est ardent, farouche;
L'écume sort de sa bouche;
Prêt au moindre mouvement,
Il frappe du pied la terre,
Et semble appeler la guerre
Par un fier hennissement.

Fréron (*Année littéraire*, 1770, VII, 335) prétend que Voltaire est le plagiaire de Sarrasin. On a aussi rappelé ce vers de Segrais:

Son cheval, glorieux du fardeau qu'il emporte.

Les vers de Voltaire sont une imitation de ceux de Virgile (*Géorgiques*, III, 79, 85, 87, 88):

Nec vanos horret strepitus. . . .
. . . .
Collectumque premens volvit sub naribus ignem.
. . . .
. . . . Cavatque
Tellurem.

Voyez aussi la note 6 de la page 205.

2. Jean d'Aumont, maréchal de France, qui fit des merveilles à la bataille d'Ivry, était fils de Pierre d'Aumont, gentilhomme de la chambre, et de Françoise de Sully, héritière de l'ancienne maison de Sully. Il servit sous les rois Henri II, François II, Charles IX Henri III, et Henri IV. (*Note de Voltaire*, 1730.)

Biron[1], dont le seul nom répandait les alarmes ;
Et son fils[2], jeune encore, ardent, impétueux,
Qui depuis... mais alors il était vertueux[3] ;
Sully[4], Nangis, Crillon, ces ennemis du crime,

1. Henri de Gontaud de Biron, maréchal de France, grand-maître de l'artillerie, était un grand homme de guerre : il commandait à Ivry le corps de réserve, et contribua au gain de la bataille en se présentant à propos à l'ennemi. Il dit à Henri le Grand, après la victoire : « Sire, vous avez fait ce que devait faire Biron, et Biron ce que devait faire le roi. » Ce maréchal fut tué d'un coup de canon, en 1592, au siége d'Épernay. (*Note de Voltaire*, 1730.)

2. Charles de Gontaud de Biron, maréchal et duc et pair, fils du précédent, conspira depuis contre Henri IV, et fut décapité dans la cour de la Bastille en 1620. On voit encore à la muraille les crampons de fer qui servirent à l'échafaud. (*Id.*, 1730.)

3. Ce texte, qui est de 1728, est une imitation de Racine (*Britannicus*, acte IV, scène II) :

> Et ce même Burrhus,
> Qui depuis... Rome alors estimait ses vertus.

4. Rosny, depuis duc de Sully, surintendant des finances, grand-maître de l'artillerie, fait maréchal de France après la mort de Henri IV, reçut sept blessures à la bataille d'Ivry. (*Id.*, 1730.)

Il naquit à Rosny, en 1559, et mourut à Villebon en 1641 : ainsi il avait vu Henri II et Louis XIV. Il fut grand-voyer et grand-maître de l'artillerie, grand-maître des ports de France, surintendant des finances, duc et pair et maréchal de France. C'est le seul homme à qui on ait jamais donné le bâton de maréchal comme une marque de disgrâce : il ne l'eut qu'en échange de la charge de grand-maître de l'artillerie, que la reine régente lui ôta en 1634. Il était très-brave homme de guerre, et encore meilleur ministre ; incapable de tromper le roi et d'être trompé par les financiers. Il fut inflexible pour les courtisans, dont l'avidité est insatiable, et qui trouvaient en lui une rigueur conforme à l'humeur économe de Henri IV. Ils l'appelaient *le négatif*, et l'on disait que le mot de *oui* n'était jamais dans sa bouche. Avec cette vertu sévère il ne plut jamais qu'à son maître, et le moment de la mort de Henri IV fut celui de sa disgrâce. Le roi Louis XIII le fit revenir à la cour quelques années après, pour lui demander ses avis. Il y vint, quoique avec répugnance. Les jeunes courtisans qui gouvernaient Louis XIII voulurent, selon l'usage, donner des ridicules à ce vieux ministre, qui reparaissait dans une jeune cour avec des habits et des airs de mode passés depuis longtemps. Le duc de Sully, qui s'en aperçut, dit au roi : « Sire, quand le roi votre père, de glorieuse mémoire, me faisait l'honneur de me consulter, nous ne commencions à parler d'affaires qu'au préalable on n'eût fait passer dans l'antichambre les baladins et les bouffons de la cour. »

Il composa, dans la solitude de Sully, des mémoires dans lesquels règne un air d'honnête homme, avec un style naïf, mais trop diffus.

On y trouve quelques vers de sa façon, qui ne valent pas plus que sa prose. Voici ceux qu'il composa en se retirant de la cour, sous la régence de Marie de Médicis :

> Adieu maisons, châteaux, armes, canons du roi ;
> Adieu conseils, trésors déposés à ma foi ;
> Adieu munitions, adieu grands équipages ;
> Adieu tant de rachats, adieu tant de ménages ;
> Adieu faveurs, grandeurs ; adieu le temps qui court ;
> Adieu les amitiés et les amis de cour ; etc.

Il ne voulut jamais changer de religion ; cependant il fut des premiers à con-

Que la Ligue déteste et que la Ligue estime;
Turenne, qui, depuis, de la jeune Bouillon

sciller à Henri IV d'aller à la messe. Le cardinal Duperron l'exhortant un jour à quitter le calvinisme, il lui répondit : « Je me ferai catholique quand vous aurez supprimé l'Évangile; car il est si contraire à l'Église romaine, que je ne peux pas croire que l'un et l'autre aient été inspirés par le même esprit. »

Le pape lui écrivit un jour une lettre remplie de louanges sur la sagesse de son ministère; le pape finissait sa lettre comme un bon pasteur, par prier Dieu qu'il ramenât sa brebis égarée, et conjurait le duc de Sully de se servir de ses lumières pour entrer dans la bonne voie. Le duc lui répondit sur le même ton; il l'assura qu'il priait Dieu tous les jours pour la conversion de Sa Sainteté. Cette lettre est dans ses mémoires. (*Note de Voltaire*, 1723.)

Addition des éditeurs de Kehl.

[Ce sont les écrivains qui font la réputation des ministres. Pour les bien juger, il faudrait non-seulement connaître les principes de l'administration, mais encore avoir lu les lois, les règlements, que ces ministres ont faits, et savoir quelle a été l'influence de ces lois, de ces règlements sur la nation entière, sur les différentes provinces. Presque personne ne prend cette peine; et on juge les ministres sur la parole des historiens ou des écrivains politiques.

Sully et Colbert en sont un exemple frappant. Sous le règne de Louis XIV, les gens de lettres français étaient en général plongés dans une ignorance profonde sur tout ce qui regardait l'administration d'un État; et les hommes qui se mêlaient d'affaires étaient hors d'état d'écrire deux phrases qu'on pût lire. Le système tourna vers ces objets les esprits des hommes de tous les ordres. On s'occupa beaucoup de commerce; et, comme Colbert avait fait un grand nombre de règlements sur les manufactures, comme il avait encouragé le commerce maritime, formé des compagnies, il devint, dans tous les écrits, le modèle des grands ministres. Cependant les sciences politiques firent partout des progrès; on cherchait à les appuyer sur des principes généraux et fixes; on en trouva quelques-uns. On observa dans l'administration de Colbert un grand nombre de défauts; mais on avait besoin d'offrir un autre objet à l'admiration publique, et on choisit Sully : le choix était heureux. Ministre, confident, ami d'un roi dont la mémoire est chérie et respectée, il avait conservé la réputation d'un homme d'une vertu forte, d'une franchise austère; il avait été un sévère économe du trésor public : on opposa donc Sully à Colbert. On alla plus loin : on supposa que chacun de ces ministres avait un système d'administration; que ces systèmes étaient opposés; que l'un voulait favoriser l'agriculture, tandis que l'autre la sacrifiait à l'encouragement des manufactures. Mais il est facile, en lisant les lois qu'ils ont faites, de voir que ni l'un ni l'autre n'eurent jamais un système; de leur temps il était même impossible d'en avoir. Sully fut supérieur à Colbert, parce qu'il s'opposait avec courage aux dépenses que Henri voulait faire par générosité ou par faiblesse; au lieu que Colbert flatta le goût de Louis XIV pour les fêtes et la pompe de la cour; que Sully mérita la confiance de Henri IV en sacrifiant pour lui ses biens et son sang, et que Colbert, après avoir gagné la confiance de Mazarin, en l'aidant à augmenter ses trésors, obtint celle de Louis XIV, en se rendant le délateur de Fouquet et l'instrument de sa perte; que Sully, terrible aux courtisans, voulait ménager le peuple, et que Colbert sacrifia le peuple à la cour.

Sully n'encouragea le commerce des blés que par des permissions particulières d'exporter, plus fréquentes à la vérité que du temps de Colbert, mais qu'il faisait

Mérita, dans Sedan, la puissance et le nom [1] ;
Puissance malheureuse et trop mal conservée,
Et par Armand [2] détruite aussitôt qu'élevée.
Essex avec éclat paraît au milieu d'eux,
Tel que dans nos jardins un palmier sourcilleux,
A nos ormes touffus mêlant sa tête altière,
Paraît s'enorgueillir de sa tige étrangère.
Son casque étincelait des feux les plus brillants
Qu'étalaient à l'envi l'or et les diamants,
Dons chers et précieux dont sa fière maîtresse
Honora son courage, ou plutôt sa tendresse.

aussi quelquefois acheter; conduite qu'un ministre même très-corrompu n'oserait avouer de nos jours.

Tous deux n'encouragèrent de même les manufactures que par des dons et des priviléges. Ils ne songèrent ni l'un ni l'autre à rendre moins onéreuses les lois fiscales : si elles furent moins dures sous Sully, il faut moins en faire honneur à son caractère qu'aux circonstances, qui n'auraient point permis cet abus de l'autorité royale.

En un mot, Sully fut un homme vertueux pour son siècle, parce qu'on n'eut à lui reprocher aucune action regardée dans son siècle comme vile ou criminelle ; mais on ne peut dire qu'il fut un grand ministre, et encore moins le proposer pour modèle. Un général qui, de nos jours, ferait la guerre comme du Guesclin serait vraisemblablement battu.

Sully eut des défauts et des faiblesses. Ami de Henri IV, il était trop jaloux de sa faveur ; fier avec les grands ses égaux, il eut avec ses inférieurs toutes les petitesses de la vanité : sa probité était incorruptible ; mais il aimait à s'enrichir, et ne négligea aucun des moyens regardés alors comme permis. Obligé de se retirer après la mort de Henri IV, il eut la faiblesse de regretter sa place, et de se conduire en quelques occasions comme s'il eût désiré d'avoir part au gouvernement incertain et orageux de Louis XIII. Il est vrai que le mot célèbre cité par M. de Voltaire est une belle réparation de cette faiblesse, si pourtant elle est aussi réelle que l'ont prétendu ses ennemis.]

Nangis, homme d'un grand mérite et d'une véritable vertu : il avait conseillé à Henri III de ne point faire assassiner le duc de Guise, mais d'avoir le courage de le juger selon les lois.

Crillon était surnommé le Brave. Il offrit à Henri IV de se battre contre ce même duc de Guise. C'est à ce Crillon que Henri le Grand écrivit : « Pends-toi, brave Crillon ; nous avons combattu à Arques, et tu n'y étais pas... Adieu, brave Crillon ; je vous aime à tort et à travers. » (*Note de Voltaire*, 1730.)

1. Henri de La Tour d'Oriègues, vicomte de Turenne, maréchal de France. Henri le Grand le maria à Charlotte de La Mark, princesse de Sedan, en 1591. La nuit de ses noces, le maréchal alla prendre Stenay d'assaut. (*Id.*, 1730.)

2. La souveraineté de Sedan, acquise par Henri de Turenne, fut perdue par Frédéric-Maurice, duc de Bouillon, son fils, qui, ayant trempé dans la conspiration de Cinq-Mars contre Louis XIII, ou plutôt contre le cardinal de Richelieu, donna Sedan pour conserver sa vie : il eut, en échange de sa souveraineté, de très-grandes terres, plus considérables en revenu, mais qui donnaient plus de richesses et moins de puissance. (*Id.*, 1730.)

Ambitieux Essex, vous étiez à la fois
L'amour de votre reine et le soutien des rois.
Plus loin sont La Trimouille[1], et Clermont, et Feuquières,
Le malheureux de Nesle, et l'heureux Lesdiguières[2],
D'Ailly, pour qui ce jour fut un jour trop fatal.
Tous ces héros en foule attendaient le signal,
Et, rangés près du roi, lisaient sur son visage
D'un triomphe certain l'espoir et le présage.

Mayenne, en ce moment, inquiet, abattu,
Dans son cœur étonné cherche en vain sa vertu[3].
Soit que, de son parti connaissant l'injustice,
Il ne crût point le ciel à ses armes propice;
Soit que l'âme, en effet, ait des pressentiments,
Avant-coureurs certains des grands événements.
Ce héros cependant, maître de sa faiblesse,
Déguisait ses chagrins sous sa fausse allégresse[4] :
Il s'excite, il s'empresse, il inspire aux soldats
Cet espoir généreux que lui-même il n'a pas.

D'Egmont auprès de lui, plein de la confiance[5]
Que dans un jeune cœur fait naître l'imprudence,
Impatient déjà d'exercer sa valeur,
De l'incertain Mayenne accusait la lenteur.
Tel qu'échappé du sein d'un riant pâturage[6],

---

1. Claude, duc de La Trimouille, était à la bataille d'Ivry. Il avait un grand courage et une ambition démesurée, de grandes richesses, et était le seigneur le plus considérable parmi les calvinistes. Il mourut à trente-huit ans.
Balsac de Clermont d'Entragues, oncle de la fameuse marquise de Verneuil, fut tué à la bataille d'Ivry. Feuquières et de Nesle, capitaines de cinquante hommes d'armes, y furent tués aussi. (*Note de Voltaire*, 1730.)

2. Jamais homme ne mérita mieux le titre d'heureux; il commença par être simple soldat, et finit par être connétable sous Louis XIII. (*Id.*, 1730.)

3. Boileau a dit, dans *le Lutrin*, chant V, vers 230 :

Dans son cœur éperdu cherche en vain du courage.

4. Imitation de Virgile (*Æn.*, IV, 477, et I, 212-213) :

Consilium vultu tegit, ac spem fronte serenat...
. . . . Curisque ingentibus æger
Spem vultu simulat, premit altum corde dolorem.

5. Ce vers et les quinze qui le suivent furent ajoutés en 1728.

6. Imitation de Virgile (*Géorg.*, III, 75-76, 83-86) :

Continuo pecoris generosi pullus in arvis

Au bruit de la trompette animant son courage,
Dans les champs de la Thrace un coursier orgueilleux,
Indocile, inquiet, plein d'un feu belliqueux,
Levant les crins mouvants de sa tête superbe,
Impatient du frein, vole et bondit sur l'herbe ;
Tel paraissait Egmont : une noble fureur
Éclate dans ses yeux, et brûle dans son cœur.
Il s'entretient déjà de sa prochaine gloire ;
Il croit que son destin commande à la victoire.
Hélas ! il ne sait point que son fatal orgueil
Dans les plaines d'Ivry lui prépare un cercueil.

Vers les ligueurs enfin le grand Henri s'avance ;
Et s'adressant aux siens, qu'enflammait sa présence :
« Vous êtes nés Français, et je suis votre roi[1] ;
Voilà nos ennemis, marchez, et suivez-moi ;
Ne perdez point de vue, au fort de la tempête,
Ce panache éclatant qui flotte sur ma tête ;
Vous le verrez toujours au chemin de l'honneur. »
A ces mots, que ce roi prononçait en vainqueur,
Il voit d'un feu nouveau ses troupes enflammées,
Et marche en invoquant le grand Dieu des armées.
Sur les pas des deux chefs alors en même temps
On voit des deux partis voler les combattants.
Ainsi lorsque des monts séparés par Alcide
Les aquilons fougueux fondent d'un vol rapide,
Soudain les flots émus de deux profondes mers
D'un choc impétueux s'élancent dans les airs ;
La terre au loin gémit, le jour fuit, le ciel gronde,
Et l'Africain tremblant craint la chute du monde.

    Altius ingreditur . . . .
    . . . Tum, si qua sonum procul arma dedere,
    Stare loco nescit, micat auribus, et tremit artus,
    Collectumque premens volvit sub naribus ignem.
    Densa juba, et dextro jactata recumbit in armo.

(et *Æn.*, XI, 492, 493, 496, 497) :

    Qualis, ubi abruptis fugit præsepia vinclis,
    Tandem liber equus, campoque potitus aperto :
    . . . .
    Emicat, arrectisque fremit cervicibus alte
    Luxurians, luduntque jubæ per colla, per armos.

1. On a tâché de rendre en vers les propres paroles que dit Henri IV à la journée d'Ivry : « Ralliez-vous à mon panache blanc, vous le verrez toujours au chemin de l'honneur et de la gloire. » (*Note de Voltaire*, 1730.)

Au mousquet réuni le sanglant coutelas
Déjà de tous côtés porte un double trépas :
Cette arme[1] que jadis, pour dépeupler la terre,
Dans Bayonne inventa le démon de la guerre,
Rassemble en même temps, digne fruit de l'enfer,
Ce qu'ont de plus terrible et la flamme et le fer.
On se mêle, on combat; l'adresse, le courage,
Le tumulte, les cris, la peur, l'aveugle rage,
La honte de céder, l'ardente soif du sang,
Le désespoir, la mort, passent de rang en rang.
L'un poursuit un parent dans le parti contraire;
Là, le frère en fuyant meurt de la main d'un frère.
La nature en frémit, et ce rivage affreux
S'abreuvait à regret de leur sang malheureux.

Dans d'épaisses forêts de lances hérissées,
De bataillons sanglants, de troupes renversées,
Henri pousse, s'avance, et se fait un chemin.
Le grand Mornay[2] le suit, toujours calme et serein;
Il veille autour de lui tel qu'un puissant génie,
Tel qu'on feignait jadis, aux champs de la Phrygie,
De la terre et des cieux les moteurs éternels
Mêlés dans les combats sous l'habit des mortels;
Ou tel que du vrai Dieu les ministres terribles,
Ces puissances des cieux, ces êtres impassibles,
Environnés des vents, des foudres, des éclairs,
D'un front inaltérable ébranlent l'univers.
Il reçoit de Henri tous ces ordres rapides,
De l'âme d'un héros mouvements intrépides,
Qui changent le combat, qui fixent le destin;
Aux chefs des légions il les porte soudain;
L'officier les reçoit; sa troupe impatiente
Règle, au soin de sa voix, sa rage obéissante.
On s'écarte, on s'unit, on marche en divers corps;
Un esprit seul préside à ces vastes ressorts.
Mornay revole au prince, il le suit, il l'escorte;

---

1. La baïonnette au bout du fusil ne fut en usage que longtemps après. Le nom de *baïonnette* vient de Bayonne, où l'on fit les premières baïonnettes. (*Note de Voltaire*, 1730.)

2. Duplessis-Mornay eut deux chevaux tués sous lui à cette bataille. Il avait effectivement dans l'action le sang-froid dont on le loue ici. (*Id.*, 1730.)

Il pare, en lui parlant, plus d'un coup qu'on lui porte;
Mais il ne permet pas à ses stoïques mains
De se souiller du sang des malheureux humains.
De son roi seulement son âme est occupée :
Pour sa défense seule il a tiré l'épée ;
Et son rare courage, ennemi des combats,
Sait affronter la mort, et ne la donne pas.

De Turenne déjà la valeur indomptée
Repoussait de Nemours la troupe épouvantée.
D'Ailly portait partout la crainte et le trépas;
D'Ailly, tout orgueilleux de trente ans de combats,
Et qui, dans les horreurs de la guerre cruelle,
Reprend, malgré son âge, une force nouvelle.
Un seul guerrier s'oppose à ses coups menaçants :
C'est un jeune héros à la fleur de ses ans,
Qui, dans cette journée illustre et meurtrière,
Commençait des combats la fatale carrière;
D'un tendre hymen à peine il goûtait les appas;
Favori des Amours, il sortait de leurs bras.
Honteux de n'être encor fameux que par ses charmes,
Avide de la gloire, il volait aux alarmes.
Ce jour, sa jeune épouse, en accusant le ciel,
En détestant la Ligue et ce combat mortel,
Arma son tendre amant, et, d'une main tremblante,
Attacha tristement sa cuirasse pesante,
Et couvrit, en pleurant, d'un casque précieux
Ce front si plein de grâce, et si cher à ses yeux.

Il marche vers d'Ailly, dans sa fureur guerrière :
Parmi des tourbillons de flamme, de poussière,
A travers les blessés, les morts, et les mourants,
De leurs coursiers fougueux tous deux pressent les flancs;
Tous deux sur l'herbe unie, et de sang colorée,
S'élancent loin des rangs d'une course assurée :
Sanglants, couverts de fer, et la lance à la main,
D'un choc épouvantable ils se frappent soudain.
La terre en retentit, leurs lances sont rompues ;
Comme en un ciel brûlant deux effroyables nues,
Qui, portant le tonnerre et la mort dans leurs flancs,
Se heurtent dans les airs, et volent sur les vents :
De leur mélange affreux les éclairs rejaillissent;

La foudre en est formée, et les mortels frémissent.
Mais loin de leurs coursiers, par un subit effort,
Ces guerriers malheureux cherchent une autre mort ;
Déjà brille en leurs mains le fatal cimeterre.
La Discorde accourut ; le démon de la guerre,
La Mort pâle et sanglante, étaient à ses côtés.
Malheureux, suspendez vos coups précipités !
Mais un destin funeste enflamme leur courage ;
Dans le cœur l'un de l'autre ils cherchent un passage[1],
Dans ce cœur ennemi qu'ils ne connaissent pas.
Le fer qui les couvrait brille et vole en éclats ;
Sous les coups redoublés leur cuirasse étincelle[2] ;
Leur sang, qui rejaillit, rougit leur main cruelle ;
Leur bouclier, leur casque, arrêtant leur effort,
Pare encor quelques coups, et repousse la mort.
Chacun d'eux, étonné de tant de résistance,
Respectait son rival, admirait sa vaillance.
Enfin le vieux d'Ailly, par un coup malheureux,
Fait tomber à ses pieds ce guerrier généreux.
Ses yeux sont pour jamais fermés à la lumière ;
Son casque auprès de lui roule sur la poussière.
D'Ailly voit son visage : ô désespoir ! ô cris !
Il le voit, il l'embrasse : hélas ! c'était son fils[3].
Le père infortuné, les yeux baignés de larmes,
Tournait contre son sein ses parricides armes ;
On l'arrête ; on s'oppose à sa juste fureur :
Il s'arrache, en tremblant, de ce lieu plein d'horreur ;
Il déteste à jamais sa coupable victoire ;
Il renonce à la cour, aux humains, à la gloire ;
Et, se fuyant lui-même, au milieu des déserts,
Il va cacher sa peine au bout de l'univers.
Là, soit que le soleil rendît le jour au monde,

---

1. Racine a dit dans *les Frères ennemis*, acte V, scène III :

Dans le sein l'un de l'autre ils cherchent un passage.

Voltaire avait déjà imité ce vers ; voyez les vers 251-252 du chant VI.

2. On trouve dans l'*Alaric* de Scudéry :

Sous les coups redoublés, les casques étincellent.

3. Dans l'*Idoménée* de Crébillon, acte I, scène II, on lit :

J'en approche en tremblant ; hélas ! c'était mon fils.

Soit qu'il finît sa course au vaste sein de l'onde,
Sa voix faisait redire aux échos attendris
Le nom, le triste nom de son malheureux fils[1].

Du héros expirant la jeune et tendre amante[2],
Par la terreur conduite, incertaine, tremblante,
Vient d'un pied chancelant sur ces funestes bords :
Elle cherche, elle voit dans la foule des morts,
Elle voit son époux ; elle tombe éperdue ;
Le voile de la mort se répand sur sa vue :
« Est-ce toi, cher amant ? » Ces mots interrompus,
Ces cris demi formés ne sont point entendus ;
Elle rouvre les yeux ; sa bouche presse encore
Par ses derniers baisers la bouche qu'elle adore :
Elle tient dans ses bras ce corps pâle et sanglant,
Le regarde, soupire, et meurt en l'embrassant.

Père, époux malheureux, famille déplorable,
Des fureurs de ces temps exemple lamentable,
Puisse de ce combat le souvenir affreux
Exciter la pitié de nos derniers neveux,
Arracher à leurs yeux des larmes salutaires ;
Et qu'ils n'imitent point les crimes de leurs pères !

Mais qui fait fuir ainsi ces ligueurs dispersés ?
Quel héros, ou quel dieu, les a tous renversés ?
C'est le jeune Biron ; c'est lui dont le courage
Parmi leurs bataillons s'était fait un passage.
D'Aumale les voit fuir, et, bouillant de courroux :
« Arrêtez, revenez... lâches, où courez-vous ?
Vous, fuir ! vous, compagnons de Mayenne et de Guise !
Vous qui devez venger Paris, Rome, et l'Église !

---

1. Imitation de Virgile (*Géorg.*, IV, 464-466, et 526) :

    Ipse, cava solans ægrum testudine amorem,
    Te, dulcis conjux, te solo in littore secum,
    Te, veniente die, te, decedente, canebat.
    . . . .
    Ah, miseram Eurydicem ! anima fugiente, vocabat.

2. Ce morceau est une imitation du tableau de la mort d'Andromaque dans *l'Iliade* (chant XXII, vers 437-476), et des vers de Racine dans *Phèdre*, acte V, scène VI :

    La timide Aricie est alors arrivée, etc.

CHANT VIII.

Suivez-moi, rappelez votre antique vertu ;
Combattez sous d'Aumale, et vous avez vaincu. »
Aussitôt secouru de Beauvau, de Fosseuse,
Du farouche Saint-Paul, et même de Joyeuse,
Il rassemble avec eux ces bataillons épars,
Qu'il anime en marchant du feu de ses regards.
La fortune avec lui revient d'un pas rapide :
Biron soutient en vain, d'un courage intrépide,
Le cours précipité de ce fougueux torrent ;
Il voit à ses côtés Parabère expirant ;
Dans la foule des morts il voit tomber Feuquière ;
Nesle, Clermont, d'Angenne, ont mordu la poussière ;
Percé de coups lui-même, il est près de périr...
C'était ainsi, Biron, que tu devais mourir[1] !
Un trépas si fameux, une chute si belle,
Rendait de ta vertu la mémoire immortelle.
Le généreux Bourbon sut bientôt le danger
Où Biron, trop ardent, venait de s'engager :
Il l'aimait, non en roi, non en maître sévère
Qui souffre qu'on aspire à l'honneur de lui plaire,
Et de qui le cœur dur et l'inflexible orgueil
Croit le sang d'un sujet trop payé d'un coup d'œil.
Henri de l'amitié sentit les nobles flammes[2] :
Amitié, don du ciel, plaisir des grandes âmes ;
Amitié, que les rois, ces illustres ingrats,
Sont assez malheureux pour ne connaître pas[3] !
Il court le secourir ; ce beau feu qui le guide
Rend son bras plus puissant, et son vol plus rapide.
Biron[4], qu'environnaient les ombres de la mort,
A l'aspect de son roi fait un dernier effort ;
Il rappelle, à sa voix, les restes de sa vie ;

---

1. Voyez plus haut, sur Charles de Gontaud de Biron, la note 2 de la page 202.
2. On a dit que Voltaire inséra ces vers quand il eut appris comment on aimait à la cour de Versailles et à celle de Potsdam. Mais ils furent imprimés, pour la première fois, dans l'édition de 1737.
3. La légende veut que, dans ces vers, Voltaire ait fait allusion à ses déboires tant à la cour de France qu'à celle de Prusse (1749 et 1753) ; mais ces vers ont été composés en 1737, et Frédéric les cite lui-même dans sa préface de 1739. C'est dommage pour la légende. (G. A.)
4. Le duc de Biron fut blessé à Ivry, mais ce fut au combat de Fontaine-Française que Henri le Grand lui sauva la vie. On a transporté à la bataille d'Ivry cet événement, qui, n'étant point un fait principal, peut être aisément déplacé. (*Note de Voltaire*, 1730.)

Sous les coups de Bourbon, tout s'écarte, tout plie :
Ton roi, jeune Biron, t'arrache à ces soldats
Dont les coups redoublés achevaient ton trépas ;
Tu vis : songe du moins à lui rester fidèle.

Un bruit affreux s'entend. La Discorde cruelle,
Aux vertus du héros opposant ses fureurs,
D'une rage nouvelle embrase les ligueurs.
Elle vole à leur tête, et sa bouche fatale
Fait retentir au loin sa trompette infernale.
Par ses sons trop connus d'Aumale est excité :
Aussi prompt que le trait dans les airs emporté,
Il cherchait le héros ; sur lui seul il s'élance ;
Des ligueurs en tumulte une foule s'avance :
Tels, au fond des forêts, précipitant leurs pas,
Ces animaux hardis, nourris pour les combats,
Fiers esclaves de l'homme, et nés pour le carnage,
Pressent un sanglier, en raniment la rage ;
Ignorant le danger, aveugles, furieux,
Le cor excite au loin leur instinct belliqueux ;
Les antres, les rochers, les monts en retentissent :
Ainsi contre Bourbon mille ennemis s'unissent ;
Il est seul contre tous, abandonné du sort,
Accablé par le nombre, entouré de la mort.
Louis, du haut des cieux, dans ce danger terrible,
Donne au héros qu'il aime une force invincible ;
Il est comme un rocher qui, menaçant les airs,
Rompt la course des vents et repousse les mers.
Qui pourrait exprimer le sang et le carnage
Dont l'Eure, en ce moment, vit couvrir son rivage !

O vous, mânes sanglants du plus vaillant des rois,
Éclairez mon esprit, et parlez par ma voix !
Il voit voler vers lui sa noblesse fidèle ;
Elle meurt pour son roi, son roi combat pour elle.
L'effroi le devançait, la mort suivait ses coups,
Quand le fougueux Egmont s'offrit à son courroux.

Longtemps cet étranger, trompé par son courage,
Avait cherché le roi dans l'horreur du carnage :
Dût sa témérité le conduire au cercueil,
L'honneur de le combattre irritait son orgueil.

« Viens, Bourbon, criait-il, viens augmenter ta gloire,
Combattons ; c'est à nous de fixer la victoire. »
Comme il disait ces mots, un lumineux éclair,
Messager des destins, fend les plaines de l'air :
L'arbitre des combats fait gronder son tonnerre ;
Le soldat sous ses pieds sentit trembler la terre.
D'Egmont croit que les cieux lui doivent leur appui,
Qu'ils défendent sa cause, et combattent pour lui ;
Que la nature entière, attentive à sa gloire,
Par la voix du tonnerre annonçait sa victoire.
D'Egmont joint le héros, il l'atteint vers le flanc ;
Il triomphait déjà d'avoir versé son sang.
Le roi, qu'il a blessé, voit son péril sans trouble [1] ;
Ainsi que le danger son audace redouble :
Son grand cœur s'applaudit d'avoir, au champ d'honneur,
Trouvé des ennemis dignes de sa valeur [2].
Loin de le retarder, sa blessure l'irrite ;
Sur ce fier ennemi Bourbon se précipite :
D'Egmont d'un coup plus sûr est renversé soudain ;
Le fer étincelant se plongea dans son sein.
Sous leurs pieds teints de sang les chevaux le foulèrent ;
Des ombres du trépas ses yeux s'enveloppèrent,

---

1. Ce ne fut point à Ivry, ce fut au combat d'Aumale que Henri IV fut blessé ; il eut la bonté depuis de mettre dans ses gardes le soldat qui l'avait blessé.

Le lecteur s'aperçoit bien sans doute que l'on n'a pu parler de tous les combats de Henri le Grand dans un poëme où il faut observer l'unité d'action. Ce prince fut blessé à Aumale ; il sauva la vie au maréchal de Biron à Fontaine-Française. Ce sont là des événements qui méritent d'être mis en œuvre par le poëte ; mais il ne peut les placer dans les temps où ils sont arrivés ; il faut qu'il rassemble autant qu'il peut ces actions séparées ; qu'il les rapporte à la même époque ; en un mot, qu'il compose un tout de diverses parties : sans cela il est absolument impossible de faire un poëme épique fondé sur une histoire.

Henri IV ne fut donc point blessé à Ivry, mais il courut un grand risque de la vie ; il fut même enveloppé de trois cornettes wallonnes, et y aurait péri s'il n'eût été dégagé par le maréchal d'Aumont et par le duc de La Trimouille. Les siens le crurent mort quelque temps, et jetèrent de grands cris de joie quand ils le virent revenir, l'épée à la main, tout couvert du sang des ennemis.

Je remarquerai qu'après la blessure du roi à Aumale, Duplessis-Mornay lui écrivit : « Sire, vous avez assez fait l'Alexandre, il est temps que vous fassiez le César : c'est à nous à mourir pour Votre Majesté ; et ce vous est gloire à vous, sire, de vivre pour nous ; et j'ose vous dire que ce vous est devoir. (*Note de Voltaire*, 1723.)

2. On a remarqué que c'était l'exclamation d'Alexandre après le passage de l'Hydaspe à la vue de Porus : « Tandem, par animo meo periculum video ; cum bestiis simul et cum egregiis viris res est. » (Quinte-Curce, livre VIII.)

Et son âme en courroux s'envola chez les morts [1],
Où l'aspect de son père excita ses remords.

Espagnols tant vantés, troupe jadis si fière,
Sa mort anéantit votre vertu guerrière ;
Pour la première fois vous connûtes la peur.

L'étonnement, l'esprit de trouble et de terreur,
S'empare, en ce moment, de leur troupe alarmée ;
Il passe en tous les rangs, il s'étend sur l'armée ;
Les chefs sont effrayés, les soldats éperdus ;
L'un ne peut commander, l'autre n'obéit plus.
Ils jettent leurs drapeaux, ils courent, se renversent,
Poussent des cris affreux, se heurtent, se dispersent :
Les uns, sans résistance, à leur vainqueur offerts,
Fléchissent les genoux, et demandent des fers ;
D'autres, d'un pas rapide évitant sa poursuite,
Jusqu'aux rives de l'Eure emportés dans leur fuite,
Dans ses profondes eaux vont se précipiter,
Et courent au trépas qu'ils veulent éviter.
Les flots couverts de morts interrompent leur course [2],
Et le fleuve sanglant remonte vers sa source.

Mayenne, en ce tumulte, incapable d'effroi,
Affligé, mais tranquille, et maître encor de soi,
Voit d'un œil assuré sa fortune cruelle,
Et, tombant sous ses coups, songe à triompher d'elle.
D'Aumale auprès de lui, la fureur dans les yeux,
Accusait les Flamands, la fortune et les cieux.
« Tout est perdu, dit-il ; mourons, brave Mayenne !
— Quittez, lui dit son chef, une fureur si vaine ;

---

1. Dans l'édition de 1723, Voltaire tuait vite Egmont, et c'était Mayenne qu'il mettait longtemps aux prises avec Henri ; à la fin, Mayenne s'enfuyait. (G. A.)
— Ce vers est une imitation de Virgile (*Æn.*, XII, 952) :

> Vitaque cum gemitu fugit indignata sub umbras ;

et de Racine (*Frères ennemis*, acte V, scène III) :

> Et son âme en courroux s'enfuit dans les enfers.

2. J.-B. Rousseau, dans sa cantate VII, a dit :

> Les astres de la nuit interrompent leur course ;
> Les fleuves étonnés remontent vers leur source.

Vivez pour un parti dont vous êtes l'honneur ;
Vivez pour réparer sa perte et son malheur :
Que vous et Bois-Dauphin, dans ce moment funeste,
De nos soldats épars assemblent ce qui reste.
Suivez-moi l'un et l'autre aux remparts de Paris :
De la Ligue en marchant ramassez les débris :
De Coligny vaincu surpassons le courage. »
D'Aumale, en l'écoutant, pleure, et frémit de rage.
Cet ordre qu'il déteste, il va l'exécuter ;
Semblable au fier lion qu'un Maure a su dompter,
Qui, docile à son maître, à tout autre terrible,
A la main qu'il connaît soumet sa tête horrible,
Le suit d'un air affreux, le flatte en rugissant,
Et paraît menacer, même en obéissant.

Mayenne cependant, par une fuite prompte,
Dans les murs de Paris courait cacher sa honte.

Henri victorieux voyait de tous côtés
Les ligueurs sans défense implorant ses bontés.
Des cieux en ce moment les voûtes s'entr'ouvrirent :
Les mânes des Bourbons dans les airs descendirent.
Louis au milieu d'eux, du haut du firmament,
Vint contempler Henri dans ce fameux moment,
Vint voir comme il saurait user de la victoire,
Et s'il achèverait de mériter sa gloire.

Ses soldats près de lui, d'un œil plein de courroux,
Regardaient ces vaincus échappés à leurs coups.
Les captifs en tremblant, conduits en sa présence,
Attendaient leur arrêt dans un profond silence.
Le mortel désespoir, la honte, la terreur,
Dans leurs yeux égarés avaient peint leur malheur.
Bourbon tourna sur eux des regards pleins de grâce,
Où régnaient à la fois la douceur et l'audace.
« Soyez libres, dit-il ; vous pouvez désormais
Rester mes ennemis, ou vivre mes sujets.
Entre Mayenne et moi reconnaissez un maître ;
Voyez qui de nous deux a mérité de l'être :
Esclaves de la Ligue, ou compagnons d'un roi,
Allez gémir sous elle, ou triomphez sous moi :
Choisissez. » A ces mots d'un roi couvert de gloire,

Sur un champ de bataille, au sein de la victoire,
On voit en un moment ces captifs éperdus,
Contents de leur défaite, heureux d'être vaincus :
Leurs yeux sont éclairés, leurs cœurs n'ont plus de haine;
Sa valeur les vainquit, sa vertu les enchaîne;
Et, s'honorant déjà du nom de ses soldats,
Pour expier leur crime, ils marchent sur ses pas.
Le généreux vainqueur a cessé le carnage;
Maître de ses guerriers, il fléchit leur courage.
Ce n'est plus ce lion qui, tout couvert de sang,
Portait avec l'effroi la mort de rang en rang;
C'est un dieu bienfaisant qui, laissant son tonnerre,
Enchaîne la tempête, et console la terre.
Sur ce front menaçant, terrible, ensanglanté,
La paix a mis les traits de la sérénité.
Ceux à qui la lumière était presque ravie,
Par ses ordres humains sont rendus à la vie;
Et sur tous leurs dangers, et sur tous leurs besoins,
Tel qu'un père attentif il étendait ses soins.

 Du vrai comme du faux la prompte messagère,
Qui s'accroît dans sa course, et d'une aile légère,
Plus prompte que le temps, vole au delà des mers,
Passe d'un pôle à l'autre, et remplit l'univers;
Ce monstre composé d'yeux, de bouches, d'oreilles [1],
Qui célèbre des rois la honte ou les merveilles,
Qui rassemble sous lui la Curiosité,
L'Espoir, l'Effroi, le Doute, et la Crédulité,
De sa brillante voix, trompette de la gloire,
Du héros de la France annonçait la victoire.

---

1. Boileau, dans *le Lutrin,* chant II, vers 2, appelle la Renommée :
 Ce monstre composé de bouches et d'oreilles.

J.-B. Rousseau, dans son *Ode au prince Eugène*, a dit :
 Ce monstre difforme
 Tout couvert d'oreilles et d'yeux.

Ces descriptions modernes de la Renommée sont imitées de Virgile et d'Ovide :
 Monstrum horrendum, ingens; cui, quot sunt corpore plumæ,
 Tot vigiles oculi subter, mirabile dictu,
 Tot linguæ, totidem ora sonant, tot subrigit aures.
   Æn., IV, 181-183.
 Tota fremit, vocesque refert, iteratque quod audit.
   Métamorph., XII, 47.

CHANT VIII.

Du Tage à l'Éridan le bruit en fut porté,
Le Vatican superbe en fut épouvanté.
Le Nord à cette voix tressaillit d'allégresse ;
Madrid frémit d'effroi, de honte, et de tristesse.

O malheureux Paris! infidèles ligueurs!
O citoyens trompés! et vous, prêtres trompeurs!
De quels cris douloureux vos temples retentirent!
De cendre en ce moment vos têtes se couvrirent.
Hélas! Mayenne encor vient flatter vos esprits,
Vaincu, mais plein d'espoir, et maître de Paris,
Sa politique habile, au fond de sa retraite,
Aux ligueurs incertains déguisait sa défaite.
Contre un coup si funeste il veut les rassurer ;
En cachant sa disgrâce, il croit la réparer.
Par cent bruits mensongers il ranimait leur zèle :
Mais, malgré tant de soins, la vérité cruelle,
Démentant à ses yeux ses discours imposteurs,
Volait de bouche en bouche, et glaçait tous les cœurs.

La Discorde en frémit, et redoublant sa rage :
« Non, je ne verrai point détruire mon ouvrage,
Dit-elle, et n'aurai point, dans ces murs malheureux,
Versé tant de poisons, allumé tant de feux,
De tant de flots de sang cimenté ma puissance,
Pour laisser à Bourbon l'empire de la France.
Tout terrible qu'il est, j'ai l'art de l'affaiblir ;
Si je n'ai pu le vaincre, on le peut amollir.
N'opposons plus d'efforts à sa valeur suprême :
Henri n'aura jamais de vainqueur que lui-même.
C'est son cœur qu'il doit craindre, et je veux aujourd'hui
L'attaquer, le combattre, et le vaincre par lui. »
Elle dit ; et soudain, des rives de la Seine,
Sur un char teint de sang, attelé par la Haine,
Dans un nuage épais qui fait pâlir le jour,
Elle part, elle vole, et va trouver l'Amour.

FIN DU CHANT HUITIÈME.

VARIANTES

DU CHANT HUITIÈME.

Vers 1. — Voici le commencement de ce chant dans l'édition de 1723 :

>   Paris, toujours injuste et toujours furieux,
> De la mort de son roi rendait grâces aux cieux.
> Le peuple, qui jamais n'a connu la prudence,
> S'enivrait follement de sa vaine espérance;
> Mais Philippe, au récit de la mort de Valois,
> Trembla dans ses États pour la première fois.
> Il voyait des Bourbons les forces réunies;
> Du trône sous leurs pas les routes aplanies;
> Un chef infatigable et plein de fermeté,
> Instruit par le travail et par l'adversité;
> Et qui pouvait bientôt, conduit par la vengeance,
> Reporter dans Madrid les malheurs de la France :
> Il crut qu'il était temps d'envoyer un secours
> Demandé si longtemps, et différé toujours.
> Des rives de l'Escaut sur les bords de la Seine,
> Le malheureux Egmont vint se joindre à Mayenne;
> *Et Mayenne avec lui crut aux tentes du roi
> Renvoyer à son tour le carnage et l'effroi.
> *Le téméraire Orgueil accompagnait leur trace.
> *Qu'avec plaisir, grand roi, tu voyais cette audace!
> *Et que tes vœux hâtaient le moment du combat
> Qui devait décider du destin de l'État!
> Henri, loin des remparts de la ville alarmée,
> Aux campagnes d'Ivry conduisit son armée,
> Attirant sur ses pas Mayenne et ses ligueurs,
> Que leur aveuglement poussait à leurs malheurs.
>
>   *Près des bords de l'Iton et des rives de l'Eure
> *Est un champ fortuné, l'amour de la nature.
> Là, souvent les bergers, conduisant leurs troupeaux,
> Du son de leur musette éveillaient les échos;
> Là, les nymphes d'Anet, d'une course rapide,
> Suivaient le daim léger et le chevreuil timide;
> Les tranquilles zéphyrs habitaient sur ces bords,
> Cérès y répandait ses utiles trésors.

> C'est là que le Destin guida les deux armées,
> D'une chaleur égale au combat animées;
> Cérès en un moment vit leurs fiers bataillons
> Ravager ses bienfaits naissant dans les sillons.
> De l'Eure et de l'Iton les ondes s'alarmèrent;
> Dans le fond des forêts les nymphes se cachèrent.
> Le berger plein d'effroi, chassé de ces beaux lieux,
> Du sein de son foyer fuit les larmes aux yeux.
> Habitants malheureux, etc.

Vers 96. — Édition de 1723 :

> Dont la gloire enflammait le cœur présomptueux.

Vers 102. — Après ce vers, on lisait, dans l'édition de 1723 :

> Sancy, brave guerrier, ministre, magistrat,
> Estimé dans l'armée, à la cour, au sénat;
> La Trimouille, Clermont, Tournemine et d'Angenne;
> Et ce fier ennemi de la pourpre romaine,
> Mornay, dont l'éloquence égale la valeur,
> *Soutien trop vertueux du parti de l'erreur.
> Là paraissaient Givry, Noailles, et Fouquières,
> Le malheureux de Nesle, et l'heureux Lesdiguières.

Le texte actuel est de 1728. Voici la note que l'édition de 1723 contenait sur le premier vers de la variante :

« Nicolas de Harlay de Sancy fut successivement conseiller au parlement, maître des requêtes, ambassadeur en Angleterre et en Allemagne, colonel général des Suisses, premier maître-d'hôtel du roi, surintendant des finances, et réunit ainsi en sa personne le ministère, la magistrature, et le commandement des armées. Il était fils de Robert de Harlay, conseiller au parlement, et de Jacqueline de Morvilliers. Il naquit en 1546, et mourut en 1629.

« N'étant encore que maître des requêtes, il se trouva dans le conseil de Henri III lorsqu'on délibérait sur les moyens de soutenir la guerre contre la Ligue; il proposa de lever une armée de Suisses. Le conseil, qui savait que le roi n'avait pas un sou, se moqua de lui. « Messieurs, dit « Sancy, puisque de tous ceux qui ont reçu du roi tant de bienfaits il ne s'en « trouve pas un qui veuille le secourir, je vous déclare que ce sera moi qui « lèverai cette armée. » On lui donna sur le champ la commission, et point d'argent, et il partit pour la Suisse. Jamais négociation ne fut si singulière : d'abord il persuada aux Genevois et aux Suisses de faire la guerre au duc de Savoie, conjointement avec la France; il leur promit de la cavalerie, qu'il ne leur donna point; il leur fit lever dix mille hommes d'infanterie, et les engagea, de plus, à donner cent mille écus. Quand il se vit à la tête de cette armée, il prit quelques places au duc de Savoie; ensuite il sut tellement gagner les Suisses, qu'il engagea l'armée à marcher au secours du roi. Ainsi on vit, pour la première fois, les Suisses donner des hommes et de l'argent.

« Sancy, dans cette négociation, dépensa une partie de ses biens; il mit en gage ses pierreries, et entre autres ce fameux diamant, nommé le Sancy, qui est à présent à la couronne.

« Ce diamant, qui passait pour le plus beau de l'Europe, avait d'abord appartenu au malheureux |roi de Portugal, don Antoine, chassé de son pays par Philippe II : don Antoine s'était réfugié en France, n'ayant pour tout bien qu'une selle garnie de pierreries, et un petit coffre dans lequel il y avait quelques diamants. Celui dont il est question est un diamant assez large, qu'il mettait à son chapeau, et qu'il aimait beaucoup. Ce fut celui dont il se défit le dernier; il le mit en gage entre les mains de Sancy, qui lui prêta quarante mille francs sur cet effet. Le roi n'étant point en état de rendre cette somme, le diamant demeura à Sancy, qui fut honteux d'avoir pour une somme si modique une pièce d'un si grand prix. Il envoya dix mille écus au roi don Antoine, et eût pu même en donner davantage.

« Sancy, étant surintendant des finances sous Henri IV, fut disgracié, au rapport de M. de Thou, parce qu'il avait dit à la duchesse de Beaufort que ses enfants ne seraient jamais que des fils de p...... Il y a plus d'apparence que le roi lui ôta les finances, parce qu'il s'accommodait beaucoup mieux de Rosny. Sancy même ne fut point disgracié, puisque le roi, en 1604, le nomma chevalier de l'ordre.

« Il s'était fait catholique quelque temps avant Henri IV, disant qu'il fallait être de la religion de son prince. C'est sur cela que d'Aubigné, qui ne l'aimait pas, composa l'ingénieuse et mordante satire intitulée *la Confession catholique de Sanci,* » imprimée avec le *Journal de Henri III*.

— Les sept derniers mots, non compris dans les guillemets, furent ajoutés par Lenglet-Dufresnoy lorsqu'en 1741 il recueillit les variantes. (B.)

Vers 112. — Les éditions de 1728 à 1742 portent :

L'amant de votre reine.

Vers 127. — Édition de 1723 :

Il s'empresse, il s'agite. . . . .

Vers 145. — Édition de 1723 :

Enfin le grand Henri dans la plaine s'élance,
Et, s'adressant aux siens qu'animait sa présence.

Vers 159. — Édition de 1723 :

Soudain les flots émus des deux profondes mers.

Vers 163. — Édition de 1723 :

Le salpêtre, enfermé dans des globes d'airain,
Part, s'échauffe, s'embrase, et s'écarte soudain :
La mort qu'ils renfermaient en sort avec furie.
O coupables mortels! ô funeste industrie!

> Pour vous exterminer vos efforts odieux
> Ont dérobé le foudre allumé dans les cieux.
> Dans tous les deux partis l'adresse, le courage,
> Le tumulte, les cris, la peur, l'aveugle rage,
> Le désespoir, la mort, l'ardente soif du sang,
> Partout sans s'arrêter passent de rang en rang :
> L'un poursuit un parent.

Les premiers de ces vers ont été corrigés par l'auteur, et transportés dans le quatrième chant; voyez les vers 204-203 :

Les six premiers vers de la version actuelle sont de 1728; les quatre suivants, de 1737.

Vers 177. — Ce vers et les vingt-sept qui le suivent ne sont pas dans l'édition de 1723. Les premiers et les derniers sont de 1728; les autres furent corrigés ou ajoutés en 1737; voyez la variante suivante.

Vers 181. — Il y a dans l'édition de 1728 :

> Il veille autour de lui, tel qu'un heureux génie :
> « Voyez-vous, lui dit-il, cet escadron qui plie?
> Ici, près de ce bois, Mayenne est arrêté;
> D'Aumale vient à nous, marchons de ce côté. »
> Mornay revole au prince, il le suit, il l'escorte, etc.

La version actuelle est de 1737.

Vers 204. — C'est probablement après ce vers que l'auteur avait primitivement placé le fragment suivant, publié, pour la première fois, en 1820 :

> Dans les murs de Paris, la jeune Sennetère,
> Noble sang d'un héros illustre dans la guerre,
> Au parti de la Ligue avait par ses appas
> Attiré cent héros attachés à ses pas.
> Au milieu des horreurs d'une guerre cruelle,
> Rassuré par ses yeux, l'Amour volait près d'elle.
> . . . .
> . . . .
> Longtemps elle promit d'unir sa destinée
> Au plus vaillant guerrier dont la main fortunée
> Saurait dans les combats, par les plus grands exploits,
> Déterminer son cœur à mériter son choix.
> De ses jeunes amants une troupe enflammée,
> Par cet espoir charmant à la gloire animée,
> Disputait à l'envi dans les champs de l'honneur
> Ce prix que la beauté promit à la valeur.
> Chacun d'eux aux dangers se livrant pour lui plaire,
> Y portait un courage au-dessus du vulgaire;
> Chacun d'eux ne craignait que ses nobles rivaux;
> Et de tous ces amants l'amour fit des héros.
> Mais l'amour les trompait; en vain leur fier courage
> Recherchait ses faveurs au milieu du carnage :

VARIANTES DU CHANT VIII.

De l'objet de leur flamme il séduisit le cœur;
Sennetère en secret reconnut un vainqueur.
Par le pouvoir soudain d'un charme inexprimable,
Le prix du plus vaillant fut pour le plus aimable;
Tandis que pour lui plaire ils volaient à la mort,
Vivonne la charma sans peine et sans effort;
Dans la fleur de ses ans, nourri loin des alarmes,
A peine il commençait la carrière des armes;
Près d'un objet si fier il n'avait nul appui,
Et la gloire parlait pour d'autres que pour lui;
Mais, de tous ses rivaux effaçant la mémoire,
Un regard de ses yeux fit oublier leur gloire;
On l'aimait en secret, et des charmes si doux
Faisaient le bien d'un seul et les désirs de tous.
Le ciel fit luire enfin cette heureuse journée
Qui semblait des Français régler la destinée;
Vivonne alors parut entre tous ces guerriers,
Le myrte sur la tête, attendant des lauriers;
Honteux de n'être encor connu que par ses charmes,
Il voulut signaler la gloire de ses armes;
Il voulut en ce jour exercer son grand cœur,
Aux yeux de ses rivaux mériter son bonheur.
Vivonne fut armé des mains de son amante :
Elle-même attacha sa cuirasse pesante,
Et couvrit, en tremblant, d'un casque précieux
Ce front si plein d'attraits et si cher à ses yeux;
Elle mit dans ses mains la redoutable épée
Qui du sang des Français devait être trempée.
. . . .
. . . .
Elle le vit partir les yeux remplis de larmes :
Vivonne en la quittant partagea ses alarmes;
Mais la gloire emportait ses pas et ses désirs.
Il partit, et l'amour en poussa des soupirs.
*Tel qu'échappé du sein d'un riant pâturage,
*Au bruit de la trompette animant son courage,
*Dans les champs de la Thrace un coursier orgueilleux,
*Jeune, inquiet, ardent, plein d'un feu belliqueux,
Levant les crins mouvants de sa superbe tête,
Franchit les champs poudreux, plus prompt que la tempête;
Tel Vivonne accourut sur ces remparts sanglants,
Où l'implacable Mort volait dans tous les rangs.
La Victoire à ses coups est d'abord attachée :
Il renverse Rambure, et de Luyne, et Dachée;
Il arrache en cent lieux les étendards vainqueurs
Plantés par Bourbon même aux yeux des fiers ligueurs :
Au milieu des Anglais s'élançant comme un foudre,
A Taylor, à Quélus, il fait mordre la poudre;
Du Guesclin, de ce peuple autrefois la terreur,
Dans leurs rangs éperdus répandait moins d'horreur.
. . . .
. . . .

Quelques passages de ce morceau, et notamment les quatre premiers

VARIANTES DU CHANT VIII.

vers sur le coursier de Thrace, ont été repris par Voltaire en 1728; voyez les vers 133 et suivants.

Vers 205. — Cet épisode est bien moins orné et moins touchant dans les premières éditions. Le voici tel qu'il se trouvait dans le poëme de *la Ligue* :

> Du superbe d'Aumont la valeur indomptée
> *Repoussait de Nemours la troupe épouvantée;
> D'Ailly portait partout l'horreur et le trépas,
> Les ligueurs ébranlés fuyaient devant ses pas :
> Soudain, de mille dards affrontant la tempête,
> Un jeune audacieux dans sa course l'arrête.
> Ils fondent l'un sur l'autre à coups précipités :
> La Victoire et la Mort volent à leurs côtés;
> Ils s'attaquent cent fois, et cent fois se repoussent;
> Leur courage s'augmente, et leurs glaives s'émoussent;
> Défendus par leur casque et par leur bouclier,
> Ils parent tous les traits du redoutable acier.
> *Chacun d'eux, étonné de tant de résistance,
> Respecte son rival, admire sa vaillance.
> *Enfin le vieux d'Ailly, par un coup malheureux,
> *Fait tomber à ses pieds ce guerrier généreux;
> *Ses yeux sont pour jamais fermés à la lumière;
> *Son casque auprès de lui roule sur la poussière.
> *D'Ailly voit son visage : ô désespoir ! ô cris !
> *Il le voit, il l'embrasse : hélas ! c'était son fils !
> *Le père infortuné, les yeux baignés de larmes,
> *Tournait contre son sein ses parricides armes :
> *On l'arrête, on s'oppose à sa juste fureur.
> *Il s'arrache en tremblant de ce lieu plein d'horreur;
> *Il déteste à jamais sa coupable victoire;
> *Il renonce à la cour, aux humains, à la gloire;
> *Et se fuyant lui-même, au milieu des déserts,
> *Il va cacher sa peine au bout de l'univers :
> *Là, soit que le soleil rendît le jour au monde,
> ʼSoit qu'il finît sa course au vaste sein de l'onde,
> ʼSa voix faisait redire aux échos attendris
> *Le nom, le triste nom de son malheureux fils.
> Ciel! quels cris effrayants se font partout entendre !
> Quels flots de sang français viennent de se répandre !
> Qui précipite ainsi ces ligueurs dispersés?
> Quel héros, ou quel dieu, etc.

Vers 295. — Édition de 1723 :

> Bois-Daufin les voit fuir, et, bouillant de courroux :
> « Arrêtez, revenez, lâches ! où fuyez-vous?

Vers 299. — Édition de 1723 :

> « Arrêtez, rappelez votre antique vertu;
> Suivez mes pas, marchez, et vous avez vaincu. »
> Aussitôt, secouru de Beauvau, de Joyeuse,
> Du farouche Saint-Paul, et du brave Fosseuse.

Vers 315. — Dans l'édition de 1723, on lit :

> Que vois-je? c'est ton roi qui marche à ton secours ;
> Il sait l'affreux danger qui menace tes jours :
> Il le sait, il y vole, il laisse la poursuite
> De ceux qui devant lui précipitaient leur fuite ;
> Il arrive, il paraît comme un dieu menaçant ;
> La Chastre à son aspect recule en frémissant :
> Tout tremble devant lui, tout succombe, tout plie.
> Ton roi, jeune Biron, te sauve enfin la vie ;
> Il t'arrache sanglant aux fureurs des soldats.

Dans l'édition de 1728, au lieu de *La Chastre,* on lit *d'Aumale ;* et au lieu de *tout succombe,* on lit *tout s'écarte.*

Vers 334. — Édition de 1723 :

> Mayenne apprend bientôt cette triste nouvelle ;
> Il court aux lieux sanglants où son rival vainqueur
> Répandait le désordre, et la mort, et la peur.
> *Qui pourrait exprimer le sang et le carnage
> *Dont l'Eure en ce moment vit couvrir son rivage ;
> Tant de coups, tant de morts, tant d'exploits éclatants
> Que nous cache aujourd'hui l'obscure nuit des temps!
>   O vous! mânes sanglants du plus grand roi du monde,
> Sortez pour un moment de votre nuit profonde ;
> Pour chanter ce grand jour, pour chanter vos exploits,
> *Éclairez mon esprit, et parlez par ma voix.
>   Pressé de tous côtés, sa redoutable épée
> Est du sang espagnol et du français trempée ;
> Mille ennemis sanglants expiraient sous ses coups,
> *Quand le fougueux Egmont s'offrit à son courroux ;
> Egmont, courtisan lâche et soldat téméraire,
> Esclave du tyran qui fit périr son père.
> Malheureux! il osait sur un bord étranger
> Chercher dans les combats la gloire et le danger,
> Et de ses fers honteux chérissant l'infamie,
> Il n'osait point venger son père et sa patrie.
> Il parut, le héros le fit tomber soudain ;
> Le fer étincelant se plongea dans son sein ;
> Sous leurs pieds teints de sang les chevaux le foulèrent ;
> Des ombres du trépas ses yeux s'enveloppèrent,
> Et son âme en courroux s'envola chez les morts,
> Où l'aspect de son père excita ses remords.
> Sur son corps tout sanglant le roi, sans résistance,
> Tel qu'un foudre éclatant, vers Mayenne s'avance ;
> Il l'attaque, il l'étonne, il le presse, et son bras
> A chaque instant sur lui suspendait le trépas.
> Ce bras vaillant, Mayenne, allait trancher ta vie ;
> La Ligue en pâlissait, la guerre était finie :
> Mais d'Aumale et Saint-Paul accourent à l'instant ;
> On l'entoure, on l'arrache à la mort qui l'attend.
> Que vois-je? au moment même une main inconnue
> Frappe le grand Henri d'une atteinte imprévue :

VARIANTES DU CHANT VIII.

C'est ainsi qu'autrefois dans ces temps fabuleux,
Que l'amour du mensonge a rendus trop fameux,
Au pied de ces remparts qu'Hector ne put défendre,
Dans ces combats sanglants, aux rives du Scamandre,
On vit plus d'une fois des mortels furieux,
Par un fer sacrilége oser blesser les dieux.
Le héros tout sanglant voit son péril sans trouble;
*Ainsi que ses dangers son audace redouble;
*Son grand cœur s'applaudit d'avoir aux champs d'honneur
*Trouvé des ennemis dignes de sa valeur.
Ses guerriers sur ses pas volent à la victoire :
La trace de son sang les conduit à la gloire;
Et bientôt devant eux il voit de toutes parts
Les ligueurs éperdus confusément épars,
Les chefs épouvantés, les soldats en alarmes,
Quittant leurs étendards, abandonnant leurs armes;
Les uns, sans résistance, à son courroux offerts,
*Fléchissaient les genoux et demandaient des fers;
*D'autres, d'un pas rapide évitant sa poursuite,
*Jusqu'aux rives de l'Eure emportés dans leur fuite,
*Dans les profondes eaux vont se précipiter,
Et cherchent le trépas qu'ils veulent éviter.
Les flots ensanglantés interrompent leur course,
Le fleuve avec effroi remonte vers sa source :
De mille cris affreux l'air au loin retentit,
Anet s'en épouvante, et Mantes en frémit.
    Mayenne cependant, par une fuite prompte, etc.

Mais ce que l'auteur y a substitué est incomparablement mieux.

Vers 371. — Au lieu de ce vers et des neuf qui le suivent, on lit dans l'édition de 1728 :

Il dit : il pousse au prince, il l'atteint vers le flanc;
Il triomphait déjà d'avoir versé ce sang.

La version actuelle est de 1730.

Vers 436. — Après ce vers, voici ceux qu'on trouve dans l'édition de 1728 :

« Vivez, s'écria-t-il, peuple né pour me nuire;
Henri voulait vous vaincre, et non pas vous détruire :
C'est la seule vertu qui doit vous désarmer :
Vivez, c'est trop me craindre, apprenez à m'aimer. »
Il dit, et dans l'instant arrêtant le carnage,
Maître de ses soldats, il fléchit leur courage.
Ce n'est plus ce lion, etc.

Vers 464. — Édition de 1723 :

Déserteurs généreux, ils volent sur ses pas.
    Du vrai comme du faux, etc.

Vers 469. — Au lieu de ces quatre vers, on lit dans l'édition de 1728, et dans celles de 1723-24 :

>C'est un dieu bienfaisant, qui, laissant son tonnerre,
>Fait succéder le calme aux horreurs de la guerre,
>Console les vaincus, applaudit aux vainqueurs,
>Soulage, récompense, et gagne tous les cœurs.
>Ceux à qui la lumière était presque ravie, etc.

Vers 476. — Édition de 1723 :

>Tel qu'un père attentif il étend tous ses soins.
>Les captifs cependant, conduits en sa présence, etc.

Ces vers ont été mis un peu au-dessus.

Vers 479. — Édition de 1723 :

>Traversant tous les jours et les monts et les mers,
>Des actions des rois va remplir l'univers.
>La Renommée enfin, dans la ville rebelle,
>Des exploits de Henri répandait la nouvelle.
>Mayenne dans ces murs abusait les esprits.

CHANT NEUVIÈME[1].

ARGUMENT.

Description du temple de l'Amour : la Discorde implore son pouvoir pour amollir le courage de Henri IV. Ce héros est retenu quelque temps auprès de Mme d'Estrées, si célèbre sous le nom de la belle Gabrielle. Mornay l'arrache à son amour, et le roi retourne à son armée.

Sur les bords fortunés de l'antique Idalie[2],
Lieux où finit l'Europe et commence l'Asie,
S'élève un vieux palais[3] respecté par les temps :
La Nature en posa les premiers fondements ;
Et l'art, ornant depuis sa simple architecture,
Par ses travaux hardis surpassa la nature.
Là, tous les champs voisins, peuplés de myrtes verts[4],
N'ont jamais ressenti l'outrage des hivers.
Partout on voit mûrir, partout on voit éclore
Et les fruits de Pomone et les présents de Flore ;

---

1. Ce chant était le huitième dans l'édition de 1723. Il est imité du dixième livre de *l'Odyssée*, du quatrième de *l'Énéide*, du quinzième et du seizième de *la Jérusalem délivrée*, du neuvième des *Lusiades*, du huitième de *Télémaque*, etc. (B.)—On remarquera également avec quelle réserve, quelle pudeur même, le poëte peint les amours de Henri et de Gabrielle. Il laisse deviner plutôt qu'il ne montre. C'est faire ce qu'il conseille, au chapitre v de son *Essai sur la poésie épique*, à propos, du Trissin et de son poëme. (G. A.)

2. Dans son opéra de *Samson* (prologue, vers 1), Voltaire avait dit :

Sur les bords fortunés embellis par la Seine.

3. Cette description du temple de l'Amour, et la peinture de cette passion personnifiée, sont entièrement allégoriques. On a placé en Chypre le lieu de la scène, comme on a mis à Rome la demeure de la Politique, parce que les peuples de l'île de Chypre ont de tout temps passé pour être adonnés à l'amour, de même que la cour de Rome a eu la réputation d'être la cour la plus politique de l'Europe.
On ne doit point regarder ici l'Amour comme fils de Vénus et comme un dieu de la fable, mais comme une passion représentée avec tous les plaisirs et tous les désordres qui l'accompagnent. (*Note de Voltaire*, 1730.)

4. Imitation de Segrais :

Dans un bois écarté dont les ombrages verts
Ne sentirent jamais la rigueur des hivers.

Et la terre n'attend, pour donner ses moissons,
Ni les vœux des humains, ni l'ordre des saisons.
L'homme y semble goûter, dans une paix profonde,
Tout ce que la nature, aux premiers jours du monde,
De sa main bienfaisante accordait aux humains,
Un éternel repos, des jours purs et sereins,
Les douceurs, les plaisirs que promet l'abondance,
Les biens du premier âge, hors la seule innocence.
On entend, pour tout bruit, des concerts enchanteurs
Dont la molle harmonie inspire les langueurs;
Les voix de mille amants, les chants de leurs maîtresses
Qui célèbrent leur honte, et vantent leurs faiblesses.
Chaque jour on les voit, le front paré de fleurs,
De leur aimable maître implorer les faveurs;
Et, dans l'art dangereux de plaire et de séduire,
Dans son temple à l'envi s'empressent de s'instruire.
La flatteuse Espérance, au front toujours serein,
A l'autel de l'Amour les conduit par la main.
Près du temple sacré les Grâces demi-nues
Accordent à leurs voix leurs danses ingénues [1],
La molle Volupté, sur un lit de gazons,
Satisfaite et tranquille, écoute leurs chansons.
On voit à ses côtés le Mystère en silence,
Le Sourire enchanteur, les Soins, la Complaisance,
Les Plaisirs amoureux, et les tendres Désirs,
Plus doux, plus séduisants encor que les Plaisirs.
De ce temple fameux telle est l'aimable entrée.
Mais, lorsqu'en avançant sous la voûte sacrée,
On porte au sanctuaire un pas audacieux,
Quel spectacle funeste épouvante les yeux!
Ce n'est plus des Plaisirs la troupe aimable et tendre:
Leurs concerts amoureux ne s'y font plus entendre.
Les Plaintes, les Dégoûts, l'Imprudence, la Peur,
Font de ce beau séjour un séjour plein d'horreur.

1. J.-B. Rousseau (*Ode à une jeune veuve*, livre II, ode VII):

> Une riante jeunesse
> Folâtre autour de l'autel;
> Les Grâces à demi nues
> A ces danses ingénues
> Mêlent de tendres accents;
> Et sur un trône de nues,
> Vénus reçoit votre encens.

CHANT IX.

La sombre Jalousie, au teint pâle et livide,
Suit d'un pied chancelant le Soupçon qui la guide :
La Haine et le Courroux, répandant leur venin,
Marchent devant ses pas, un poignard à la main.
La Malice les voit, et d'un souris perfide
Applaudit, en passant, à leur troupe homicide.
Le Repentir les suit, détestant leurs fureurs,
Et baisse en soupirant ses yeux mouillés de pleurs.

C'est là, c'est au milieu de cette cour affreuse,
Des plaisirs des humains compagne malheureuse,
Que l'Amour a choisi son séjour éternel.
Ce dangereux enfant, si tendre et si cruel,
Porte en sa faible main les destins de la terre,
Donne, avec un souris, ou la paix, ou la guerre,
Et, répandant partout ses trompeuses douceurs,
Anime l'univers, et vit dans tous les cœurs.
Sur un trône éclatant contemplant ses conquêtes,
Il foulait à ses pieds les plus superbes têtes ;
Fier de ses cruautés plus que de ses bienfaits,
Il semblait s'applaudir des maux qu'il avait faits.

La Discorde soudain, conduite par la Rage,
Écarte les Plaisirs, s'ouvre un libre passage,
Secouant dans ses mains ses flambeaux allumés,
Le front couvert de sang, et les yeux enflammés :
« Mon frère, lui dit-elle, où sont tes traits terribles ?
Pour qui réserves-tu tes flèches invincibles ?
Ah ! si de la Discorde allumant le tison,
Jamais à tes fureurs tu mêlas mon poison ;
Si tant de fois pour toi j'ai troublé la nature,
Viens, vole sur mes pas, viens venger mon injure :
Un roi victorieux écrase mes serpents ;
Ses mains joignent l'olive aux lauriers triomphants :
La Clémence avec lui marchant d'un pas tranquille,
Au sein tumultueux de la guerre civile,
Va sous ses étendards, flottants de tous côtés,
Réunir tous les cœurs par moi seul écartés :
Encore une victoire, et mon trône est en poudre.
Aux remparts de Paris Henri porte la foudre :
Ce héros va combattre, et vaincre, et pardonner ;
De cent chaînes d'airain son bras va m'enchaîner.

C'est à toi d'arrêter ce torrent dans sa course [1] ;
Va de tant de hauts faits empoisonner la source ;
Que sous ton joug, Amour, il gémisse abattu ;
Va dompter son courage au sein de la vertu.
C'est toi, tu t'en souviens, toi dont la main fatale
Fit tomber sans effort Hercule aux pieds d'Omphale.
Ne vit-on pas Antoine amolli dans tes fers,
Abandonnant pour toi les soins de l'univers,
Fuyant devant Auguste, et, te suivant sur l'onde,
Préférer Cléopâtre à l'empire du monde?
Henri te reste à vaincre, après tant de guerriers :
Dans ses superbes mains va flétrir ses lauriers ;
Va du myrte amoureux ceindre sa tête altière :
Endors entre tes bras son audace guerrière ;
A mon trône ébranlé cours servir de soutien :
Viens, ma cause est la tienne, et ton règne est le mien.

Ainsi parlait ce monstre ; et la voûte tremblante
Répétait les accents de sa voix effrayante.
L'Amour, qui l'écoutait, couché parmi des fleurs,
D'un souris fier et doux répond à ses fureurs.
Il s'arme cependant de ses flèches dorées ;
Il fend des vastes cieux les voûtes azurées,
Et, précédé des Jeux, des Grâces, des Plaisirs,
Il vole aux champs français sur l'aile des Zéphyrs.

Dans sa course d'abord il découvre avec joie
Le faible Simoïs, et les champs où fut Troie ;
Il rit en contemplant, dans ces lieux renommés,
La cendre des palais par ses mains consumés.
Il aperçoit de loin ces murs bâtis sur l'onde,
Ces remparts orgueilleux, ce prodige du monde,
Venise, dont Neptune admire le destin,
Et qui commande aux flots renfermés dans son sein.

Il descend, il s'arrête aux champs de la Sicile,
Où lui-même inspira Théocrite et Virgile,
Où l'on dit qu'autrefois, par des chemins nouveaux,
De l'amoureux Alphée il conduisit les eaux.

---

1. Racine a dit dans *Iphigénie*, acte I, scène I :
   Mais qui peut dans sa course arrêter ce torrent?

Bientôt, quittant les bords de l'aimable Aréthuse,
Dans les champs de Provence il vole vers Vaucluse[1],
Asile encor plus doux, lieux où, dans ses beaux jours,
Pétrarque soupira ses vers et ses amours.
Il voit les murs d'Anet, bâtis aux bords de l'Eure[2] ;
Lui-même en ordonna la superbe structure :
Par ses adroites mains avec art enlacés,
Les chiffres de Diane[3] y sont encor tracés.
Sur sa tombe, en passant, les Plaisirs et les Grâces
Répandirent les fleurs qui naissaient sur leurs traces.

Aux campagnes d'Ivry l'Amour arrive enfin.
Le roi, près d'en partir pour un plus grand dessein,
Mêlant à ses plaisirs l'image de la guerre,
Laissait pour un moment reposer son tonnerre.
Mille jeunes guerriers, à travers les guérets,
Poursuivaient avec lui les hôtes des forêts.
L'Amour sent, à sa vue, une joie inhumaine ;
Il aiguise ses traits, il prépare sa chaîne ;
Il agite les airs que lui-même a calmés ;
Il parle, on voit soudain les éléments armés.
D'un bout du monde à l'autre appelant les orages,
Sa voix commande aux vents d'assembler les nuages,
De verser ces torrents suspendus dans les airs,
Et d'apporter la nuit, la foudre, et les éclairs.

Déjà les Aquilons, à ses ordres fidèles,
Dans les cieux obscurcis ont déployé leurs ailes ;
La plus affreuse nuit succède au plus beau jour ;
La Nature en gémit, et reconnaît l'Amour.

Dans les sillons fangeux de la campagne humide ;
Le roi marche incertain, sans escorte et sans guide ;
L'Amour, en ce moment, allumant son flambeau,
Fait briller devant lui ce prodige nouveau.

---

1. Vaucluse, *Vallis clausa*, près de Gordes, en Provence, célèbre par le séjour que fit Pétrarque dans les environs. L'on voit même encore près de sa source une maison qu'on appelle la maison de Pétrarque. (*Note de Voltaire*, 1730.)

2. Voyez, page 210, note 2.

3. Anet fut bâti par Henri II pour Diane de Poitiers, dont les chiffres sont mêlés dans tous les ornements de ce château, lequel n'est pas loin de la plaine d'Ivry. (*Id.*, 1730.)

Abandonné des siens, le roi, dans ces bois sombres,
Suit cet astre ennemi, brillant parmi les ombres :
Comme on voit quelquefois les voyageurs troublés
Suivre ces feux ardents de la terre exhalés,
Ces feux dont la vapeur maligne et passagère
Conduit au précipice, à l'instant qu'elle éclaire.

Depuis peu la fortune, en ces tristes climats,
D'une illustre mortelle avait conduit les pas.
Dans le fond d'un château tranquille et solitaire,
Loin du bruit des combats elle attendait son père,
Qui, fidèle à ses rois, vieilli dans les hasards,
Avait du grand Henri suivi les étendards.
D'Estrée[1] était son nom : la main de la nature
De ses aimables dons la combla sans mesure.
Telle ne brillait point, aux bords de l'Eurotas,
La coupable beauté qui trahit Ménélas ;
Moins touchante et moins belle à Tarse on vit paraître
Celle qui des Romains avait dompté le maître[2],
Lorsque les habitants des rives du Cydnus,
L'encensoir à la main, la prirent pour Vénus.
Elle entrait dans cet âge, hélas! trop redoutable,
Qui rend des passions le joug inévitable.
Son cœur, né pour aimer, mais fier et généreux,
D'aucun amant encor n'avait reçu les vœux :
Semblable en son printemps à la rose nouvelle,
Qui renferme en naissant sa beauté naturelle,

---

1. Gabrielle d'Estrées, d'une ancienne maison de Picardie, fille et petite-fille d'un grand maître de l'artillerie, mariée au seigneur de Liancourt, et depuis duchesse de Beaufort.

Henri IV en devint amoureux pendant les guerres civiles ; il se dérobait quelquefois pour l'aller voir. Un jour même il se déguisa en paysan, passa au travers des gardes ennemies, et arriva chez elle, non sans courir risque d'être pris.

On peut voir ces détails dans *l'Histoire des amours du grand Alcandre*, écrite par une princesse de Conti. (*Note de Voltaire*, 1730.)

2. Cléopâtre allant à Tarse, où Antoine l'avait mandée, fit ce voyage sur un vaisseau brillant d'or et orné des plus belles peintures ; les voiles étaient de pourpre, les cordages d'or et de soie. Cléopâtre était habillée comme on représentait alors la déesse Vénus ; ses femmes représentaient les Nymphes et les Grâces ; la poupe et la proue étaient remplies des plus beaux enfants déguisés en Amours. Elle avançait dans cet équipage sur le fleuve Cydnus, au son de mille instruments de musique. Tout le peuple de Tarse la prit pour la déesse. On quitta le tribunal d'Antoine pour courir au-devant d'elle. Ce Romain lui-même alla la recevoir, et en devint éperdûment amoureux. PLUTARQUE. (*Id.*, 1730.)

Cache aux vents amoureux les trésors de son sein,
Et s'ouvre aux doux rayons d'un jour pur et serein.

L'Amour, qui cependant s'apprête à la surprendre,
Sous un nom supposé vient près d'elle se rendre :
Il paraît sans flambeau, sans flèches, sans carquois ;
Il prend d'un simple enfant la figure et la voix.
« On a vu, lui dit-il, sur la rive prochaine,
S'avancer vers ces lieux le vainqueur de Mayenne. »
Il glissait dans son cœur, en lui disant ces mots,
Un désir inconnu de plaire à ce héros.
Son teint fut animé d'une grâce nouvelle.
L'Amour s'applaudissait en la voyant si belle :
Que n'espérait-il point, aidé de tant d'appas !
Au-devant du monarque il conduisit ses pas.
L'art simple dont lui-même a formé sa parure
Paraît aux yeux séduits l'effet de la nature :
L'or de ses blonds cheveux, qui flotte au gré des vents,
Tantôt couvre sa gorge et ses trésors naissants,
Tantôt expose aux yeux leur charme inexprimable.
Sa modestie encor la rendait plus aimable :
Non pas cette farouche et triste austérité
Qui fait fuir les Amours, et même la beauté ;
Mais cette pudeur douce, innocente, enfantine,
Qui colore le front d'une rougeur divine,
Inspire le respect, enflamme les désirs,
Et de qui la peut vaincre augmente les plaisirs [1].

Il fait plus (à l'Amour tout miracle est possible) [2] ;

---

1. « Malgré tous les charmes que lui procure la plume élégante et voluptueuse de Voltaire, cette blonde et grasse beauté me laisse froid, » dit M. Bancel. Et il a raison. Mieux vaut la chanson du Béarnais, laquelle a servi de modèle à Voltaire :

>   Elle est blonde
>   Sans seconde ;
>   Elle a la taille à la main.
>   Sa prunelle
>   Étincelle
>   Comme l'astre du matin.
>   De rosée
>   Arrosée,
>   La rose a moins de fraîcheur ;
>   Une hermine
>   Est moins fine,
>   Le lis a moins de blancheur. (G. A.)

2. Cette fiction est, pour le fond et pour quelques détails, imitée de la *Jérusalem délivrée*, chant XV.

Il enchante ces lieux par un charme invincible.
Des myrtes enlacés, que d'un prodigue sein
La terre obéissante a fait naître soudain,
Dans les lieux d'alentour étendent leur feuillage :
A peine a-t-on passé sous leur fatal ombrage,
Par des liens secrets on se sent arrêter ;
On s'y plaît, on s'y trouble, on ne peut les quitter.
On voit fuir sous cette ombre une onde enchanteresse ;
Les amants fortunés, pleins d'une douce ivresse,
Y boivent à longs traits l'oubli de leur devoir.
L'Amour dans tous ces lieux fait sentir son pouvoir :
Tout y paraît changé ; tous les cœurs y soupirent :
Tous sont empoisonnés du charme qu'ils respirent :
Tout y parle d'amour. Les oiseaux dans les champs
Redoublent leurs baisers, leurs caresses, leurs chants.
Le moissonneur ardent, qui court avant l'aurore
Couper les blonds épis que l'été fait éclore,
S'arrête, s'inquiète, et pousse des soupirs :
Son cœur est étonné de ses nouveaux désirs ;
Il demeure enchanté dans ces belles retraites,
Et laisse, en soupirant, ses moissons imparfaites.
Près de lui, la bergère, oubliant ses troupeaux,
De sa tremblante main sent tomber ses fuseaux.
Contre un pouvoir si grand qu'eût pu faire d'Estrée?
Par un charme indomptable elle était attirée ;
Elle avait à combattre, en ce funeste jour,
Sa jeunesse, son cœur, un héros, et l'Amour.

Quelque temps de Henri la valeur immortelle
Vers ses drapeaux vainqueurs en secret le rappelle :
Une invisible main le retient malgré lui.
Dans sa vertu première il cherche un vain appui :
Sa vertu l'abandonne, et son âme enivrée
N'aime, ne voit, n'entend, ne connaît que d'Estrée[1].

Loin de lui cependant tous ses chefs étonnés
Se demandent leur prince, et restent consternés.
Ils tremblaient pour ses jours ; aucun d'eux n'eût pu croire
Qu'on eût, dans ce moment, dû craindre pour sa gloire :

---

1. Imitation de Boileau, épître VIII, vers 64 :

    Ne regarde, n'entend, ne connaît plus que toi.

On le cherchait en vain ; ses soldats abattus,
Ne marchant plus sous lui, semblaient déjà vaincus.

Mais le génie heureux qui préside à la France
Ne souffrit pas longtemps sa dangereuse absence :
Il descendit des cieux à la voix de Louis,
Et vint d'un vol rapide au secours de son fils.

Quand il fut descendu vers ce triste hémisphère,
Pour y trouver un sage il regarda la terre.
Il ne le chercha point dans ces lieux révérés,
A l'étude, au silence, au jeûne consacrés ;
Il alla dans Ivry : là, parmi la licence
Où du soldat vainqueur s'emporte l'insolence,
L'ange heureux des Français fixa son vol divin
Au milieu des drapeaux des enfants de Calvin :
Il s'adresse à Mornay. C'était pour nous instruire
Que souvent la raison suffit à nous conduire,
Ainsi qu'elle guida, chez des peuples païens,
Marc-Aurèle, ou Platon, la honte des chrétiens.

Non moins prudent ami que philosophe austère,
Mornay sut l'art discret de reprendre et de plaire :
Son exemple instruisait bien mieux que ses discours :
Les solides vertus furent ses seuls amours.
Avide de travaux, insensible aux délices,
Il marchait d'un pas ferme au bord des précipices.
Jamais l'air de la cour, et son souffle infecté,
N'altéra de son cœur l'austère pureté.
Belle Aréthuse, ainsi ton onde fortunée
Roule, au sein furieux d'Amphitrite étonnée,
Un cristal toujours pur, et des flots toujours clairs,
Que jamais ne corrompt l'amertume des mers [1].

Le généreux Mornay, conduit par la Sagesse,

---

[1]. Laharpe, dans son *Lycée, ou Cours de littérature*, troisième partie, xviiie siècle, livre Ier, chapitre Ier, section 2, a remarqué que cette comparaison avait été employée, mais mal employée, par Malherbe dans son *Ode au duc de Bellegarde*. Avant Malherbe, saint Grégoire de Nazianze, en parlant de ses relations avec saint Basile, avait dit : « Nous coulions des jours purs et tranquilles, comme cette source qui passe, et conserve la douceur de ses eaux à travers les flots amers de Sicile. » Voyez aussi le *Traité des études*, par Rollin, liv. II, chap. Ier, art. 3.

Part, et vole en ces lieux où la douce Mollesse
Retenait dans ses bras le vainqueur des humains,
Et de la France en lui maîtrisait les destins.
L'Amour, à chaque instant, redoublant sa victoire,
Le rendait plus heureux, pour mieux flétrir sa gloire.
Les plaisirs, qui souvent ont des termes si courts,
Partageaient ses moments et remplissaient ses jours.

L'Amour, au milieu d'eux, découvre avec colère,
A côté de Mornay, la Sagesse sévère :
Il veut sur ce guerrier lancer un trait vengeur;
Il croit charmer ses sens, il croit blesser son cœur :
Mais Mornay méprisait sa colère et ses charmes;
Tous ses traits impuissants s'émoussaient sur ses armes.
Il attend qu'en secret le roi s'offre à ses yeux,
Et d'un œil irrité contemple ces beaux lieux.

Au fond de ces jardins, au bord d'une onde claire,
Sous un myrte amoureux, asile du mystère,
D'Estrée à son amant prodiguait ses appas;
Il languissait près d'elle, il brûlait dans ses bras.
De leurs doux entretiens rien n'altérait les charmes :
Leurs yeux étaient remplis de ces heureuses larmes,
De ces larmes qui font les plaisirs des amants :
Ils sentaient cette ivresse et ces saisissements [1],
Ces transports, ces fureurs, qu'un tendre amour inspire [2],
Que lui seul fait goûter, que lui seul peut décrire.
Les folâtres Plaisirs, dans le sein du repos,
Les Amours enfantins désarmaient ce héros :
L'un tenait sa cuirasse encor de sang trempée,
L'autre avait détaché sa redoutable épée,
Et riait, en tenant dans ses débiles mains
Ce fer, l'appui du trône et l'effroi des humains.

1. Tout ce passage est imité du poëme d'*Adonis* de La Fontaine, vers 128-134

> Quand d'une égale ardeur l'un pour l'autre on soupire,
> Et que de la contrainte ayant banni les lois
> On se peut assurer au silence des bois,
> Jours devenus moments, moments filés de soie,
> Agréables soupirs, pleurs, enfants de la joie,
> Vœux, serments, et regards, transports, ravissements,
> Mélange dont se fait le bonheur des amants.

2. Mme Deshoulières a dit :

> Agréables transports qu'un tendre amour inspire.

La Discorde de loin insulte à sa faiblesse ;
Elle exprime, en grondant, sa barbare allégresse.
Sa fière activité ménage ces instants :
Elle court de la Ligue irriter les serpents ;
Et tandis que Bourbon se repose et sommeille,
De tous ses ennemis la rage se réveille.

Enfin dans ces jardins, où sa vertu languit,
Il voit Mornay paraître[1] : il le voit, et rougit.
L'un de l'autre, en secret, ils craignaient la présence.
Le sage, en l'abordant, garde un morne silence ;
Mais ce silence même, et ces regards baissés,
Se font entendre au prince, et s'expliquent assez.
Sur ce visage austère, où régnait la tristesse,
Henri lut aisément sa honte et sa faiblesse.
Rarement de sa faute on aime le témoin :
Tout autre eût de Mornay mal reconnu le soin.
« Cher ami, dit le roi, ne crains point ma colère ;
Qui m'apprend mon devoir est trop sûr de me plaire :
Viens, le cœur de ton prince est digne encor de toi :
Je t'ai vu, c'en est fait, et tu me rends à moi ;
Je reprends ma vertu, que l'Amour m'a ravie :
De ce honteux repos fuyons l'ignominie ;
Fuyons ce lieu funeste, où mon cœur mutiné
Aime encor les liens dont il fut enchaîné.
Me vaincre est désormais ma plus belle victoire[2] :
Partons, bravons l'Amour dans les bras de la Gloire ;
Et bientôt, vers Paris répandant la terreur,
Dans le sang espagnol effaçons mon erreur. »

A ces mots généreux, Mornay connut son maître.
« C'est vous, s'écria-t-il, que je revois paraître ;
Vous, de la France entière auguste défenseur ;
Vous, vainqueur de vous-même, et roi de votre cœur !
L'Amour à votre gloire ajoute un nouveau lustre :
Qui l'ignore est heureux, qui le dompte est illustre. »

Il dit. Le roi s'apprête à partir de ces lieux.

---

1. Mornay rappelle ici le *Mentor* de Fénelon plutôt que le *Caton* de Lucain. (G. A.)
2. La Fontaine a dit, dans son élégie VII :

    La plus belle victoire est de vaincre son cœur.

Quelle douleur, ô ciel! attendrit ses adieux[1] !
Plein de l'aimable objet qu'il fuit et qu'il adore,
En condamnant ses pleurs, il en versait encore.
Entraîné par Mornay, par l'Amour attiré,
Il s'éloigne, il revient, il part désespéré.
Il part[2]. En ce moment d'Estrée, évanouie,
Reste sans mouvement, sans couleur, et sans vie ;
D'une soudaine nuit ses beaux yeux sont couverts.
L'Amour, qui l'aperçut, jette un cri dans les airs ;
Il s'épouvante, il craint qu'une nuit éternelle
N'enlève à son empire une nymphe si belle,
N'efface pour jamais les charmes de ces yeux
Qui devaient dans la France allumer tant de feux.
Il la prend dans ses bras ; et bientôt cette amante
Rouvre, à sa douce voix, sa paupière mourante,
Lui nomme son amant, le redemande en vain,
Le cherche encor des yeux, et les ferme soudain.
L'Amour, baigné des pleurs qu'il répand auprès d'elle,
Au jour qu'elle fuyait tendrement la rappelle ;
D'un espoir séduisant il lui rend la douceur,
Et soulage les maux dont lui seul est l'auteur.

Mornay, toujours sévère et toujours inflexible,
Entraînait cependant son maître trop sensible.
La Force et la Vertu leur montrent le chemin ;
La Gloire les conduit, les lauriers à la main ;
Et l'Amour indigné, que le devoir surmonte,
Va cacher loin d'Anet sa colère et sa honte.

1. Racine a dit dans *Mithridate*, acte Ier, scène II :

Quelle vive douleur attendrit mes adieux!

2. Les couplets de Henri IV sur son départ sont d'un bien autre sentiment et d'un tout autre ton que la tirade qu'il vient de débiter ici à Mornay :

Charmante Gabrielle,
Percé de mille dards,
Quand la gloire m'appelle
Sous les drapeaux de Mars,
Cruelle départie !
Malheureux jour !
Que ne suis-je sans vie
Ou sans amour ! (G. A.)

FIN DU CHANT NEUVIÈME.

VARIANTES

DU CHANT NEUVIÈME.

Vers 13. — Au lieu de ce vers et des sept qui le suivent, on trouve dans l'édition de 1723 ceux que voici :

> Dans ces climats charmants habite l'Indolence.
> Les peuples paresseux, séduits par l'abondance,
> N'ont jamais exercé par d'utiles travaux
> Leurs corps appesantis, qu'énerve le repos ;
> Dans un loisir profond, aux soins inaccessible,
> La Mollesse entretient un silence paisible :
> Seulement quelquefois on entend dans les airs
> Les sons efféminés des plus tendres concerts,
> Les voix de mille amants, etc.

Vers 28. — Édition de 1723 :

> A l'autel de leur dieu les conduit par la main.

Vers 34. — Édition de 1723 :

> Les Refus attirants, les Soins, la Complaisance.

Vers 57. — Voici comme l'édition de 1723 a mis ces deux vers :

> Sans cesse armé de traits plus prompts que le tonnerre,
> Porte en sa faible main les destins de la terre.

Vers 110. — L'édition de 1723 met ainsi ce vers :

> La campagne où jadis on vit les murs de Troie.

C'est le *Campos ubi Troja fuit,* de Virgile (*Æn.*, liv. III, v. 11).

Vers 113. — Édition de 1723 :

> Il voit en un moment ces murs bâtis sur l'onde.

Vers 121. — Dans l'édition de 1723, on lisait :

> Bientôt dans la Provence il voit cette fontaine
> Dont son pouvoir aimable éternisa la veine,
> Quand le tendre Pétrarque, au printemps de ses jours,
> Sur ces bords enchantés soupirait ses amours.
> Il voit les murs d'Anet, etc.

Vers 137. — Édition de 1723 :

> L'amour sent, à le voir, une joie inhumaine.

Vers 139. — Édition de 1723 :

> Il soulève avec lui les éléments armés;
> Il trouble en un moment les airs qu'il a calmés.

Vers 148. — Édition de 1723 :

> Présage infortuné des chagrins de l'amour.

Vers 167. — Au lieu de ces vers, on lisait dans l'édition de 1723 :

> Jamais rien de plus beau ne parut sous les cieux,
> Et seule elle ignorait le pouvoir de ses yeux.
> Elle entrait dans cet âge, etc.

Vers 187. — Édition de 1723 :

> Il excitait son cœur en lui disant ces mots,
> Par un désir secret de plaire à son héros.

C'est une imitation de Virgile (*Æn.*, 1, 725-26) :

> . . . Et vivo tentat prævertere amore
> Jam pridem resides animos, desuetaque corda.

Vers 192. — On lisait dans l'édition de 1723 :

> Au-devant du monarque il conduisit ses pas :
> Armé de tous ses traits, présent à l'entrevue,
> Il allume en leur âme une crainte inconnue,
> Leur inspire ce trouble et ces émotions
> Que forment en naissant les grandes passions.
> Quelque temps de Henri la valeur immortelle, etc.

Vers 235. — Édition de 1723 :

> Une invincible main le retient malgré lui.

Vers 238. — Dans l'édition de 1723, après ce vers, on lisait :

> C'est alors que l'on vit dans les bras du repos
> Les folâtres Plaisirs désarmer ce héros :

VARIANTES DU CHANT IX.

> L'un tenait sa cuirasse encor de sang trempée ;
> L'autre avait détaché sa redoutable épée,
> Et riait en voyant dans ses débiles mains
> Ce fer, l'appui du trône et l'effroi des humains.
> Tandis que de l'amour Henri goûtait les charmes,
> Son absence en son camp répandait les alarmes ;
> Et ses chefs étonnés, ses soldats abattus,
> Ne marchant plus sous lui, semblaient déjà vaincus.
> Mais le génie heureux qui préside à la France
> Ne souffrit pas longtemps sa dangereuse absence ;
> Il va trouver Sully d'un vol léger et prompt,
> Il lui dit de son roi la faiblesse et l'affront.
> Non moins prudent ami que philosophe austère,
> Sully sut l'art heureux de reprendre et de plaire ;
> Des solides vertus rigoureux sectateur,
> Favori de son maître, et jamais son flatteur ;
> Avide de travaux, etc.

Vers 241. — Édition de 1728 :

> Ils tremblaient pour ses jours : hélas ! qui l'eût pu croire.

Vers 273. — Édition de 1723 :

> Ce guerrier généreux, conduit par la Sagesse.

Vers 284. — Édition de 1723 :

> Par l'attrait des plaisirs il croit vaincre son cœur.

Vers 298. — Édition de 1723 :

> Que lui seul fait sentir, que lui seul peut décrire.
> Enfin, dans le repos où sa vertu languit,
> Il voit Sully paraître, il le voit, et rougit.

Vers 315. — Édition de 1723 :

> Mais son silence même et ses regards baissés.

Vers 317. — Édition de 1723 :

> Sur ce visage austère où régnait la sagesse.

Vers 320. — Édition de 1723 :

> Tout autre eût de Sully mal reconnu le soin,
> Tout autre eût d'un censeur haï le front sévère.
> « Cher ami, dit le roi, tu ne peux me déplaire ;
> Viens, le cœur de ton prince, etc.

Vers 325. — Édition de 1723 :

> Je reprends la vertu que l'amour m'a ravie.

Vers 336. — Édition de 1723 :

> Vous, maître de vous-même et roi de votre cœur.

Vers 366. — Édition de 1723 :

> Va cacher dans Paphos sa colère et sa honte.

CHANT DIXIÈME.

ARGUMENT.

Retour du roi à son armée : il recommence le siége. Combat singulier du vicomte de Turenne et du chevalier d'Aumale. Famine horrible qui désole la ville. Le roi nourrit lui-même les habitants qu'il assiége. Le ciel récompense enfin ses vertus. La Vérité vient l'éclairer. Paris lui ouvre ses portes, et la guerre est finie.

Ces moments dangereux, perdus dans la mollesse,
Avaient fait aux vaincus oublier leur faiblesse.
A de nouveaux exploits Mayenne est préparé ;
D'un espoir renaissant le peuple est enivré.
Leur espoir les trompait : Bourbon, que rien n'arrête,
Accourt, impatient d'achever sa conquête.
Paris épouvanté revit ses étendards ;
Le héros reparut au pied de ses remparts,
De ces mêmes remparts où fume encor sa foudre,
Et qu'à réduire en cendre il ne put se résoudre,
Quand l'ange de la France, apaisant son courroux,
Retint son bras vainqueur, et suspendit ses coups.
Déjà le camp du roi jette des cris de joie ;
D'un œil d'impatience il dévorait sa proie.
Les ligueurs cependant, d'un juste effroi troublés,
Près du prudent Mayenne étaient tous rassemblés.
Là, d'Aumale, ennemi de tout conseil timide,
Leur tenait fièrement ce langage intrépide :
« Nous n'avons point encore appris à nous cacher ;
L'ennemi vient à nous : c'est là qu'il faut marcher,
C'est là qu'il faut porter une fureur heureuse.
Je connais des Français la fougue impétueuse ;
L'ombre de leurs remparts affaiblit leur vertu :
Le Français qu'on attaque est à demi vaincu.

Souvent le désespoir a gagné des batailles ;
J'attends tout de nous seuls, et rien de nos murailles.
Héros qui m'écoutez, volez aux champs de Mars ;
Peuples qui nous suivez, vos chefs sont vos remparts. »

Il se tut à ces mots : les ligueurs en silence
Semblaient de son audace accuser l'imprudence.
Il en rougit de honte, et dans leurs yeux confus
Il lut, en frémissant, leur crainte et leur refus.
« Eh bien ! poursuivit-il, si vous n'osez me suivre,
Français, à cet affront je ne veux point survivre :
Vous craignez les dangers ; seul je m'y vais offrir,
Et vous apprendre à vaincre, ou du moins à mourir[1]. »

De Paris à l'instant il fait ouvrir la porte ;
Du peuple qui l'entoure il éloigne l'escorte ;
Il s'avance : un héraut, ministre des combats,
Jusqu'aux tentes du roi marche devant ses pas,
Et crie à haute voix : « Quiconque aime la gloire,
Qu'il dispute en ces lieux l'honneur de la victoire :
D'Aumale vous attend ; ennemis, paraissez. »

Tous les chefs, à ces mots, d'un beau zèle poussés,
Voulaient contre d'Aumale essayer leur courage :
Tous briguaient près du roi cet illustre avantage ;
Tous avaient mérité ce prix de la valeur :
Mais le vaillant Turenne emporta cet honneur.
Le roi mit dans ses mains la gloire de la France.
« Va, dit-il, d'un superbe abaisser l'insolence ;
Combats pour ton pays, pour ton prince, et pour toi,
Et reçois, en partant, les armes de ton roi. »
Le héros, à ces mots, lui donne son épée.
« Votre attente, ô grand roi ! ne sera point trompée,
Lui répondit Turenne embrassant ses genoux :
J'en atteste ce fer, et j'en jure par vous. »
Il dit. Le roi l'embrasse, et Turenne s'élance
Vers l'endroit où d'Aumale, avec impatience,
Attendait qu'à ses yeux un combattant parût.
Le peuple de Paris aux remparts accourut ;

---

1. Scudéry, dans *Alaric*, a dit :

Allons chercher à vaincre, ou du moins à mourir.

CHANT X.

Les soldats de Henri près de lui se rangèrent :
Sur les deux combattants tous les yeux s'attachèrent :
Chacun, dans l'un des deux voyant son défenseur,
Du geste et de la voix excitait sa valeur.

Cependant sur Paris s'élevait un nuage [1]
Qui semblait apporter le tonnerre et l'orage ;
Ses flancs noirs et brûlants, tout à coup entr'ouverts,
Vomissent dans ces lieux les monstres des enfers,
Le Fanatisme affreux, la Discorde farouche,
La sombre Politique au cœur faux, à l'œil louche,
Le démon des combats respirant les fureurs,
Dieux enivrés de sang, dieux dignes des ligueurs.
Aux remparts de la ville ils fondent, ils s'arrêtent ;
En faveur de d'Aumale au combat ils s'apprêtent.
Voilà qu'au même instant, du haut des cieux ouverts,
Un ange est descendu sur le trône des airs,
Couronné de rayons, nageant dans la lumière,
Sur des ailes de feu parcourant sa carrière,
Et laissant loin de lui l'occident éclairé
Des sillons lumineux dont il est entouré.
Il tenait d'une main cette olive sacrée,
Présage consolant d'une paix désirée ;
Dans l'autre étincelait ce fer d'un Dieu vengeur,
Ce glaive dont s'arma l'ange exterminateur,
Quand jadis le Très-Haut à la Mort dévorante
Livra les premiers nés d'une race insolente.
A l'aspect de ce glaive, interdits, désarmés,
Les monstres infernaux semblent inanimés ;
La terreur les enchaîne ; un pouvoir invincible
Fait tomber tous les traits de leur troupe inflexible.
Ainsi de son autel teint du sang des humains
Tomba ce fier Dagon, ce dieu des Philistins,
Lorsque de l'Éternel, en son temple apportée,
A ses yeux éblouis l'arche fut présentée.

Paris, le roi, l'armée, et l'enfer, et les cieux,
Sur ce combat illustre avaient fixé les yeux [2].

---

1. Cette fiction est imitée du chant XX de la *Jérusalem délivrée*. Ce fut en 1737 que l'auteur ajouta ici trente-deux vers.
2. Le morceau qui suit a toujours figuré dans les *Cours de littérature*. C'est une

Bientôt les deux guerriers entrent dans la carrière.
Henri du champ d'honneur leur ouvre la barrière.
Leur bras n'est point chargé du poids d'un bouclier;
Ils ne se cachent point sous ces bustes d'acier,
Des anciens chevaliers ornement honorable,
Éclatant à la vue, aux coups impénétrable :
Ils négligent tous deux cet appareil qui rend [1]
Et le combat plus long, et le danger moins grand.
Leur arme est une épée; et, sans autre défense,
Exposé tout entier, l'un et l'autre s'avance.
« O Dieu! cria Turenne, arbitre de mon roi [2],
Descends, juge sa cause, et combats avec moi;
Le courage n'est rien sans ta main protectrice;
J'attends peu de moi-même, et tout de ta justice. »
D'Aumale répondit : « J'attends tout de mon bras [3];
C'est de nous que dépend le destin des combats :
En vain l'homme timide implore un Dieu suprême;
Tranquille au haut du ciel, il nous laisse à nous-même :
Le parti le plus juste est celui du vainqueur;
Et le dieu de la guerre est la seule valeur. »
Il dit; et, d'un regard enflammé d'arrogance,
Il voit de son rival la modeste assurance.

Mais la trompette sonne : ils s'élancent tous deux;
Ils commencent enfin ce combat dangereux.
Tout ce qu'ont pu jamais la valeur et l'adresse [4],

---

imitation de la *Jérusalem délivrée*. Dans les premières éditions, le combat était plus précipité. (G. A.)

1. Imitation de Corneille (*Cinna*, acte V, scène III) :

> O vertu sans exemple! ô clémence, qui rend
> Votre pouvoir plus juste, et mon crime plus grand.

2. Ce vers et les onze qui le suivent furent ajoutés en 1746.

3. Imitation de Virgile (*Æn.*, X, 773-74) :

> Dextra mihi deus, et telum, quod missile libro,
> Nunc adsint.

Et de Stace (*Thébaïde*, III, 615-16) :

> Virtus mihi numen et ensis
> Quem teneo.

4. Cette description du combat de Turenne contre d'Aumale est en partie imitée de la *Jérusalem délivrée*, chants VI et VII.

CHANT X.

L'ardeur, la fermeté, la force, la souplesse,
Parut des deux côtés en ce choc éclatant.
Cent coups étaient portés et parés à l'instant.
Tantôt avec fureur l'un d'eux se précipite ;
L'autre d'un pas léger se détourne, et l'évite :
Tantôt, plus rapprochés, ils semblent se saisir ;
Leur péril renaissant donne un affreux plaisir ;
On se plaît à les voir s'observer et se craindre,
Avancer, s'arrêter, se mesurer, s'atteindre :
Le fer étincelant, avec art détourné,
Par de feints mouvements trompe l'œil étonné.
Telle on voit du soleil la lumière éclatante
Briser ses traits de feu dans l'onde transparente,
Et, se rompant encor par des chemins divers,
De ce cristal mouvant repasser dans les airs [1].
Le spectateur surpris, et ne pouvant le croire,
Voyait à tout moment leur chute et leur victoire.
D'Aumale est plus ardent, plus fort, plus furieux :
Turenne est plus adroit, et moins impétueux ;
Maître de tous ses sens, animé sans colère,
Il fatigue à loisir son terrible adversaire.
D'Aumale en vains efforts épuise sa vigueur :
Bientôt son bras lassé ne sert plus sa valeur.
Turenne, qui l'observe, aperçoit sa faiblesse ;
Il se ranime alors, il le pousse, il le presse ;
Enfin, d'un coup mortel, il lui perce le flanc.
D'Aumale est renversé dans les flots de son sang :
Il tombe, et de l'enfer tous les monstres frémirent ;
Ces lugubres accents dans les airs s'entendirent :
« De la Ligue à jamais le trône est renversé ;
Tu l'emportes, Bourbon ; notre règne est passé [2]. »
Tout le peuple y répond par un cri lamentable.
D'Aumale sans vigueur, étendu sur le sable,
Menace encor Turenne, et le menace en vain ;
Sa redoutable épée échappe de sa main :

---

1. « Je suis, je crois, le premier poëte, dit Voltaire à propos de ce passage, qui ait tiré une comparaison de la réfraction de la lumière, et le premier Français qui ait peint des coups d'escrime portés, parés, et détournés. » (Lettre à Frédéric, 1739.)

2. Voltaire avait dit dans Œdipe, acte III, scène IV :

Tremblez, malheureux roi, votre règne est passé.

Il veut parler : sa voix expire dans sa bouche[1].
L'horreur d'être vaincu rend son air plus farouche.
Il se lève, il retombe, il ouvre un œil mourant,
Il regarde Paris, et meurt en soupirant.
Tu le vis expirer, infortuné Mayenne ;
Tu le vis ; tu frémis ; et ta chute prochaine
Dans ce moment affreux s'offrit à tes esprits.

Cependant des soldats dans les murs de Paris
Rapportaient à pas lents le malheureux d'Aumale[2].
Ce spectacle sanglant, cette pompe fatale
Entre au milieu d'un peuple interdit, égaré :
Chacun voit, en tremblant, ce corps défiguré[3],
Ce front souillé de sang, cette bouche entr'ouverte,
Cette tête penchée, et de poudre couverte,
Ces yeux où le trépas étale ses horreurs.
On n'entend point de cris, on ne voit point de pleurs :
La honte, la pitié, l'abattement, la crainte,
Étouffent leurs sanglots, et retiennent leur plainte :
Tout se tait, et tout tremble. Un bruit rempli d'horreur
Bientôt de ce silence augmente la terreur.
Les cris des assiégeants jusqu'au ciel s'élevèrent ;
Les chefs et les soldats près du roi s'assemblèrent ;
Ils demandent l'assaut : mais l'auguste Louis,
Protecteur des Français, protecteur de son fils,
Modérait de Henri le courage terrible.
Ainsi des éléments le moteur invisible
Contient les aquilons suspendus dans les airs,
Et pose la barrière où se brisent les mers :

---

1. J.-B. Rousseau, dans sa cantate X, a dit :

     Il veut parler, sa voix sur ses lèvres expire.

C'est le *Vox faucibus hæsit* de Virgile.

2. Le chevalier d'Aumale fut tué dans ce temps-là à Saint-Denis, et sa mort affaiblit beaucoup le parti de la Ligue. Son duel avec le vicomte de Turenne n'est qu'une fiction ; mais ces combats singuliers étaient encore à la mode. Il s'en fit un célèbre derrière les Chartreux, entre le sieur de Marivaux, qui tenait pour les royalistes, et le sieur Claude de Marolles, qui tenait pour les ligueurs. Ils se battirent en présence du peuple et de l'armée, le jour même de l'assassinat de Henri III ; mais ce fut de Marolles qui fut vainqueur. (*Note de Voltaire*, 1730.)

3. Imitation du livre II de *Télémaque* : « Je me souviendrai toute ma vie d'avoir vu cette tête qui nageait dans le sang, les yeux fermés et éteints ; ce visage pâle et défiguré ; cette bouche entr'ouverte qui semblait vouloir achever encore des paroles commencées ; cet air superbe et menaçant que la mort même n'avait pu effacer. »

CHANT X.

Il fonde les cités, les disperse en ruines,
Et les cœurs des mortels sont dans ses mains divines.

   Henri, de qui le ciel a réprimé l'ardeur,
Des guerriers qu'il gouverne enchaîne la fureur.
Il sentit qu'il aimait son ingrate patrie;
Il voulut la sauver de sa propre furie.
Haï de ses sujets, prompt à les épargner,
Eux seuls voulaient se perdre; il les voulut gagner.
Heureux si sa bonté, prévenant leur audace,
Forçait ces malheureux à lui demander grâce.
Pouvant les emporter, il les fait investir;
Il laisse à leur fureur le temps du repentir.
Il crut que, sans assauts[1], sans combats, sans alarmes,
La disette et la faim, plus fortes que ses armes,
Lui livreraient sans peine un peuple inanimé,
Nourri dans l'abondance, au luxe accoutumé;
Qui, vaincu par ses maux, souple dans l'indigence,
Viendrait à ses genoux implorer sa clémence :
Mais le faux Zèle, hélas! qui ne saurait céder,
Enseigne à tout souffrir, comme à tout hasarder.

   Les mutins, qu'épargnait cette main vengeresse,
Prenaient d'un roi clément la vertu pour faiblesse;
Et, fiers de ses bontés, oubliant sa valeur,
Ils défiaient leur maître, ils bravaient leur vainqueur;
Ils osaient insulter à sa vengeance oisive.

   Mais lorsqu'enfin les eaux de la Seine captive
Cessèrent d'apporter dans ce vaste séjour
L'ordinaire tribut des moissons d'alentour;
Quand on vit dans Paris la Faim pâle et cruelle,
Montrant déjà la Mort qui marchait après elle;
Alors on entendit des hurlements affreux;
Ce superbe Paris fut plein de malheureux
De qui la main tremblante, et la voix affaiblie,
Demandaient vainement le soutien de leur vie.
Bientôt le riche même, après de vains efforts,
Éprouva la famine au milieu des trésors.

---

1. Henri IV bloqua Paris en 1590, avec moins de vingt mille hommes. (*Note de Voltaire*, 1730.)

Ce n'était plus ces jeux, ces festins, et ces fêtes,
Où de myrte et de rose ils couronnaient leurs têtes ;
Où, parmi des plaisirs toujours trop peu goûtés,
Les vins les plus parfaits, les mets les plus vantés,
Sous des lambris dorés qu'habite la Mollesse,
De leurs goûts dédaigneux irritaient la paresse.
On vit avec effroi tous ces voluptueux,
Pâles, défigurés, et la mort dans les yeux [1],
Périssant de misère au sein de l'opulence,
Détester de leurs biens l'inutile abondance.
Le vieillard, dont la faim va terminer les jours,
Voit son fils au berceau, qui périt sans secours.
Ici meurt dans la rage une famille entière.
Plus loin, des malheureux, couchés sur la poussière,
Se disputaient encore, à leurs derniers moments,
Les restes odieux des plus vils aliments.
Ces spectres affamés, outrageant la nature,
Vont au sein des tombeaux chercher leur nourriture.
Des morts épouvantés les ossements poudreux,
Ainsi qu'un pur froment, sont préparés par eux.
Que n'osent point tenter les extrêmes misères !
On les vit se nourrir des cendres de leurs pères.
Ce détestable mets [2] avança leur trépas,
Et ce repas pour eux fut le dernier repas.

Ces prêtres cependant, ces docteurs fanatiques,
Qui, loin de partager les misères publiques,
Bornant à leurs besoins tous leurs soins paternels,
Vivaient dans l'abondance à l'ombre des autels [3],
Du Dieu qu'ils offensaient attestant la souffrance,
Allaient partout du peuple animer la constance.

---

1. J.-B. Rousseau, dans sa cantate VII :

Circé, pâle, interdite, et la mort dans les yeux.

2. Ce fut l'ambassadeur d'Espagne auprès de la Ligue qui donna le conseil de faire du pain avec des os de morts ; conseil qui fut exécuté, et qui ne servit qu'à avancer les jours de plusieurs milliers d'hommes. Sur quoi on remarque l'étrange faiblesse de l'imagination humaine. Ces assiégés n'auraient pas osé manger la chair de leurs compatriotes qui venaient d'être tués, mais ils mangeaient volontiers les os. (*Note de Voltaire*, 1730.)

3. On fit la visite, dit Mézeray, dans les logis des ecclésiastiques et dans les couvents, qui se trouvèrent tous pourvus, même celui des capucins, pour plus d'un an. (*Id.*, 1730.)

CHANT X.

Aux uns, à qui la mort allait fermer les yeux,
Leurs libérales mains ouvraient déjà les cieux;
Aux autres ils montraient, d'un coup d'œil prophétique,
Le tonnerre allumé sur un prince hérétique,
Paris bientôt sauvé par des secours nombreux,
Et la manne du ciel prête à tomber pour eux.
Hélas! ces vains appâts, ces promesses stériles,
Charmaient ces malheureux, à tromper trop faciles :
Par les prêtres séduits, par les Seize effrayés,
Soumis, presque contents, ils mouraient à leurs pieds.
Trop heureux, en effet, d'abandonner la vie!

D'un ramas d'étrangers la ville était remplie,
Tigres que nos aïeux nourrissaient dans leur sein,
Plus cruels que la mort, et la guerre, et la faim.
Les uns étaient venus des campagnes belgiques;
Les autres, des rochers et des monts helvétiques;
Barbares[1] dont la guerre est l'unique métier,
Et qui vendent leur sang à qui veut le payer.
De ces nouveaux tyrans les avides cohortes
Assiégent les maisons, en enfoncent les portes;
Aux hôtes effrayés présentent mille morts,
Non pour leur arracher d'inutiles trésors,
Non pour aller ravir, d'une main adultère,
Une fille éplorée à sa tremblante mère;
De la cruelle faim le besoin consumant
Fait expirer en eux tout autre sentiment;
Et d'un peu d'aliments la découverte heureuse
Était l'unique but de leur recherche affreuse.
Il n'est point de tourment, de supplice, et d'horreur,
Que, pour en découvrir, n'inventât leur fureur.

Une femme (grand Dieu! faut-il à la mémoire [2]
Conserver le récit de cette horrible histoire?),

---

1. Les Suisses qui étaient dans Paris à la solde du duc de Mayenne y commirent des excès affreux, au rapport de tous les historiens du temps; c'est sur eux seuls que tombe ce mot de *barbares*, et non sur leur nation, pleine de bon sens et de droiture, et l'une des plus respectables nations du monde, puisqu'elle ne songe qu'à conserver sa liberté, et jamais à opprimer celle des autres. (*Note de Voltaire*, 1730.)

2. Cette histoire est rapportée dans tous les mémoires du temps. De pareilles horreurs arrivèrent aussi au siége de la ville de Sancerre. (*Id.*, 1730.)

Une femme avait vu, par ces cœurs inhumains,
Un reste d'aliment arraché de ses mains.
Des biens que lui ravit la fortune cruelle,
Un enfant lui restait, prêt à périr comme elle :
Furieuse, elle approche, avec un coutelas,
De ce fils innocent qui lui tendait les bras :
Son enfance, sa voix, sa misère, et ses charmes,
A sa mère en fureur arrachent mille larmes ;
Elle tourne sur lui son visage effrayé,
Plein d'amour, de regret, de rage, de pitié ;
Trois fois le fer échappe à sa main défaillante.
La rage enfin l'emporte ; et, d'une voix tremblante,
Détestant son hymen et sa fécondité :
« Cher et malheureux fils que mes flancs ont porté,
Dit-elle, c'est en vain que tu reçus la vie ;
Les tyrans ou la faim l'auraient bientôt ravie.
Et pourquoi vivrais-tu ? Pour aller dans Paris,
Errant et malheureux, pleurer sur ses débris ?
Meurs, avant de sentir mes maux et ta misère ;
Rends-moi le jour, le sang, que t'a donné ta mère[1] ;
Que mon sein malheureux te serve de tombeau,
Et que Paris du moins voie un crime nouveau. »
En achevant ces mots, furieuse, égarée,
Dans les flancs de son fils sa main désespérée
Enfonce, en frémissant, le parricide acier,
Porte le corps sanglant auprès de son foyer,
Et, d'un bras que poussait sa faim impitoyable,
Prépare avidement ce repas effroyable.

Attirés par la faim, les farouches soldats
Dans ces coupables lieux reviennent sur leurs pas :
Leur transport est semblable à la cruelle joie
Des ours et des lions qui fondent sur leur proie ;
A l'envi l'un de l'autre ils courent en fureur,
Ils enfoncent la porte. O surprise ! ô terreur !
Près d'un corps tout sanglant à leurs yeux se présente
Une femme égarée, et de sang dégouttante.
« Oui, c'est mon propre fils, oui, monstres inhumains,
C'est vous qui dans son sang avez trempé mes mains ;

---

1. Dans l'*Iphigénie* de Racine, acte IV, scène IV, on lit :
   Vous rendre tout le sang que vous m'avez donné.

Que la mère et le fils vous servent de pâture :
Craignez-vous plus que moi d'outrager la nature ?
Quelle horreur à mes yeux semble vous glacer tous !
Tigres, de tels festins sont préparés pour vous. »

Ce discours insensé, que sa rage prononce[1],
Est suivi d'un poignard qu'en son cœur elle enfonce.
De crainte, à ce spectacle, et d'horreur agités,
Ces monstres confondus courent épouvantés.
Ils n'osent regarder cette maison funeste ;
Ils pensent voir sur eux tomber le feu céleste,
Et le peuple, effrayé de l'horreur de son sort,
Levait les mains au ciel, et demandait la mort.

Jusqu'aux tentes du roi mille bruits en coururent ;
Son cœur en fut touché, ses entrailles s'émurent ;
Sur ce peuple infidèle il répandit des pleurs :
« O Dieu ! s'écria-t-il, Dieu qui lis dans les cœurs,
Qui vois ce que je puis, qui connais ce que j'ose,
Des ligueurs et de moi tu sépares la cause.
Je puis lever vers toi mes innocentes mains :
Tu le sais, je tendais les bras à ces mutins ;
Tu ne m'imputes point leurs malheurs et leurs crimes.
Que Mayenne à son gré s'immole ces victimes :
Qu'il impute, s'il veut, des désastres si grands
A la nécessité, l'excuse des tyrans ;
De mes sujets séduits qu'il comble la misère ;
Il en est l'ennemi ; j'en dois être le père :
Je le suis ; c'est à moi de nourrir mes enfants,
Et d'arracher mon peuple à ces loups dévorants :
Dût-il de mes bienfaits s'armer contre moi-même,
Dussé-je, en le sauvant, perdre mon diadème,
Qu'il vive, je le veux, il n'importe à quel prix ;
Sauvons-le, malgré lui, de ses vrais ennemis[2] ;
Et, si trop de pitié me coûte mon empire,

---

1. Imitation de Corneille (OEdipe, acte V, scène VIII) :

Cet arrêt qu'à nos yeux lui-même il se prononce,
Est suivi d'un poignard qu'en son flanc il enfonce.

2. Racine a dit dans Bajazet, acte IV, scène VII :

Sauvons-le malgré lui de ce péril extrême.

Que du moins sur ma tombe un jour on puisse lire :
« Henri, de ses sujets ennemi généreux,
« Aima mieux les sauver que de régner sur eux. »

Il dit[1] ; et dans l'instant il veut que son armée
Approche sans éclat de la ville affamée,
Qu'on porte aux citoyens des paroles de paix,
Et qu'au lieu de vengeance on parle de bienfaits.
A cet ordre divin ses troupes obéissent.
Les murs en ce moment de peuple se remplissent ;
On voit sur les remparts avancer à pas lents
Ces corps inanimés, livides, et tremblants,
Tels qu'on feignait jadis que des royaumes sombres
Les mages à leur gré faisaient sortir les ombres
Quand leur voix, du Cocyte arrêtant les torrents,
Appelait les enfers, et les mânes errants.

Quel est de ces mourants l'étonnement extrême !
Leur cruel ennemi vient les nourrir lui-même.
Tourmentés, déchirés par leurs fiers défenseurs,
Ils trouvent la pitié dans leurs persécuteurs.
Tous ces événements leur semblaient incroyables.
Ils voyaient devant eux ces piques formidables,
Ces traits, ces instruments des cruautés du sort,
Ces lances qui toujours avaient porté la mort,
Secondant de Henri la généreuse envie,
Au bout d'un fer sanglant leur apporter la vie.
« Sont-ce là, disaient-ils, ces monstres si cruels ?
Est-ce là ce tyran si terrible aux mortels,
Cet ennemi de Dieu, qu'on peint si plein de rage ?
Hélas ! du Dieu vivant c'est la brillante image ;
C'est un roi bienfaisant, le modèle des rois ;
Nous ne méritons pas de vivre sous ses lois.
Il triomphe, il pardonne, il chérit qui l'offense.
Puisse tout notre sang cimenter sa puissance !
Trop dignes du trépas dont il nous a sauvés,

1. Henri IV fut si bon, qu'il permettait à ses officiers d'envoyer (comme le dit Mézeray) des rafraîchissements à leurs anciens amis et aux dames. Les soldats en faisaient autant, à l'exemple des officiers. Le roi avait de plus la générosité de laisser sortir de Paris presque tous ceux qui se présentaient. Par là il arriva effectivement que les assiégeants nourrirent les assiégés. (*Note de Voltaire*, 1730.)

Consacrons-lui ces jours qu'il nous a conservés. »

De leurs cœurs attendris tel était le langage :
Mais qui peut s'assurer sur un peuple volage,
Dont la faible amitié s'exhale en vains discours,
Qui quelquefois s'élève, et retombe toujours ?
Ces prêtres, dont cent fois la fatale éloquence
Ralluma tous ces feux qui consumaient la France,
Vont se montrer en pompe à ce peuple abattu.
« Combattants sans courage, et chrétiens sans vertu,
A quel indigne appât vous laissez-vous séduire?
Ne connaissez-vous plus les palmes du martyre?
Soldats du Dieu vivant, voulez-vous aujourd'hui
Vivre pour l'outrager, pouvant mourir pour lui ?
Quand Dieu du haut des cieux nous montre la couronne,
Chrétiens, n'attendons pas qu'un tyran nous pardonne.
Dans sa coupable secte il veut nous réunir :
De ses propres bienfaits songeons à le punir.
Sauvons nos temples saints de son culte hérétique. »

C'est ainsi qu'ils parlaient ; et leur voix fanatique,
Maîtresse du vil peuple, et redoutable aux rois [1],
Des bienfaits de Henri faisait taire la voix ;
Et déjà quelques-uns, reprenant leur furie,
S'accusaient en secret de lui devoir la vie.

A travers ces clameurs et ces cris odieux,
La vertu de Henri pénétra dans les cieux.
Louis, qui du plus haut de la voûte divine
Veille sur les Bourbons dont il est l'origine,
Connut qu'enfin les temps allaient être accomplis,
Et que le Roi des rois adopterait son fils.
Aussitôt de son cœur il chassa les alarmes :
La Foi vint essuyer ses yeux mouillés de larmes ;
Et la douce Espérance, et l'Amour paternel,
Conduisirent ses pas aux pieds de l'Éternel.

Au milieu des clartés d'un feu pur et durable,

---

1. Imitation d'*Athalie*, acte IV, scène III :

Maîtresses d'un vil peuple obéissent aux rois.

Dieu mit, avant les temps, son trône inébranlable.
Le ciel est sous ses pieds; de mille astres divers [1]
Le cours, toujours réglé, l'annonce à l'univers.
La puissance, l'amour, avec l'intelligence,
Unis et divisés, composent son essence [2].
Ses saints, dans les douceurs d'une éternelle paix,
D'un torrent de plaisirs enivrés à jamais,
Pénétrés de sa gloire, et remplis de lui-même,
Adorent à l'envi sa majesté suprême.
Devant lui sont ces dieux, ces brûlants séraphins,
A qui de l'univers il commet les destins.
Il parle, et de la terre ils vont changer la face :
Des puissances du siècle ils retranchent la race ;
Tandis que les humains, vils jouets de l'erreur,
Des conseils éternels accusent la hauteur.
Ce sont eux dont la main, frappant Rome asservie,
Aux fiers enfants du Nord a livré l'Italie,
L'Espagne aux Africains, Solyme aux Ottomans :
Tout empire est tombé, tout peuple eut ses tyrans,
Mais cette impénétrable et juste Providence
Ne laisse pas toujours prospérer l'insolence ;
Quelquefois sa bonté, favorable aux humains,
Met le sceptre des rois dans d'innocentes mains.

Le père des Bourbons à ses yeux se présente,
Et lui parle en ces mots d'une voix gémissante :
« Père de l'univers, si tes yeux quelquefois
Honorent d'un regard les peuples et les rois,
Vois le peuple français à son prince rebelle ;
S'il viole tes lois, c'est pour t'être fidèle.

---

1. L'hémistiche *de mille astres divers* est critiqué comme remplissage dans la *Connaissance des beautés et des défauts de la poésie et de l'éloquence dans la langue française*, au mot GRANDEUR DE DIEU ; voyez tome XXXIX, page 223.

2. Ces vers sur le Dieu trinitaire des catholiques sont inspirés (qui le croirait?) de Chapelain, tant moqué par Boileau, et M. Villemain prétend que Chapelain l'emporte sur Voltaire :

> Loin des murs flamboyants qui renferment le monde,
> Dans le centre caché d'une clarté profonde,
> Dieu repose en lui-même, et vêtu de splendeur,
> Sans bornes est rempli de sa propre grandeur.
> Une triple personne en une seule essence,
> Le suprême pouvoir, la suprême science,
> Et le suprême amour, unis en trinité,
> De son règne éternel forment la majesté.   (G. A.)

Aveuglé par son zèle, il te désobéit,
Et pense te venger alors qu'il te trahit.
Vois ce roi triomphant, ce foudre de la guerre,
L'exemple, la terreur, et l'amour de la terre;
Avec tant de vertus, n'as-tu formé son cœur
Que pour l'abandonner aux piéges de l'erreur?
Faut-il que de tes mains le plus parfait ouvrage
A son Dieu qu'il adore offre un coupable hommage?
Ah! si du grand Henri ton culte est ignoré,
Par qui le Roi des rois veut-il être adoré?
Daigne éclairer ce cœur créé pour te connaître:
Donne à l'Église un fils, donne à la France un maître;
Des ligueurs obstinés confonds les vains projets;
Rends les sujets au prince, et le prince aux sujets :
Que tous les cœurs unis adorent ta justice,
Et t'offrent dans Paris le même sacrifice. »

L'Éternel à ses vœux se laissa pénétrer;
Par un mot de sa bouche il daigna l'assurer.
A sa divine voix les astres s'ébranlèrent;
La terre en tressaillit, les ligueurs en tremblèrent.
Le roi, qui dans le ciel avait mis son appui,
Sentit que le Très-Haut s'intéressait pour lui.

Soudain la Vérité, si longtemps attendue,
Toujours chère aux humains, mais souvent inconnue,
Dans les tentes du roi descend du haut des cieux.
D'abord un voile épais la cache à tous les yeux :
De moment en moment, les ombres qui la couvrent
Cèdent à la clarté des feux qui les entr'ouvrent:
Bientôt elle se montre à ses yeux satisfaits,
Brillante d'un éclat qui n'éblouit jamais.

Henri, dont le grand cœur était formé pour elle,
Voit, connaît, aime enfin sa lumière immortelle.
Il avoue, avec foi, que la religion
Est au-dessus de l'homme, et confond la raison.
Il reconnaît l'Église ici-bas combattue,
L'Église toujours une, et partout étendue,
Libre, mais sous un chef, adorant en tout lieu,
Dans le bonheur des saints, la grandeur de son Dieu.
Le Christ, de nos péchés victime renaissante,

De ses élus chéris nourriture vivante,
Descend sur les autels à ses yeux éperdus,
Et lui découvre un Dieu sous un pain qui n'est plus.
Son cœur obéissant se soumet, s'abandonne
A ces mystères saints dont son esprit s'étonne.

Louis, dans ce moment qui comble ses souhaits,
Louis, tenant en main l'olive de la paix,
Descend du haut des cieux vers le héros qu'il aime ;
Aux remparts de Paris il le conduit lui-même.
Les remparts ébranlés s'entr'ouvrent à sa voix ;
Il entre[1] au nom du Dieu qui fait régner les rois.
Les ligueurs éperdus, et mettant bas les armes,
Sont aux pieds de Bourbon, les baignent de leurs larmes ;
Les prêtres sont muets ; les Seize épouvantés
En vain cherchent, pour fuir, des antres écartés.
Tout le peuple, changé dans ce jour salutaire,
Reconnaît son vrai roi, son vainqueur, et son père.

Dès lors on admira ce règne fortuné,
Et commencé trop tard, et trop tôt terminé.
L'Autrichien trembla. Justement désarmée,
Rome adopta Bourbon, Rome s'en vit aimée.
La Discorde rentra dans l'éternelle nuit.
A reconnaître un roi Mayenne fut réduit ;
Et, soumettant enfin son cœur et ses provinces,
Fut le meilleur sujet du plus juste des princes.

---

1. Ce blocus et cette famine de Paris ont pour époque l'année 1590, et Henri IV n'entra dans Paris qu'au mois de mars 1594. Il s'était fait catholique en 1593 ; mais il a fallu rapprocher ces trois grands événements, parce qu'on écrivait un poëme, et non une histoire. (*Note de Voltaire*, 1730.)

FIN DE LA HENRIADE.

VARIANTES

DU CHANT DIXIÈME.

L'édition de 1723, où ce chant était le neuvième (et toujours le dernier), contenait une longue remarque que voici :

« Il y aura sans doute des lecteurs qui seront étonnés de la suppression de plusieurs événements considérables dans le neuvième chant, et de quelques dérangements de chronologie qu'ils y trouveront; cette matière mérite d'être éclaircie.

« Ce chant contient trois faits principaux : 1° les états de Paris; 2° le siége de cette ville; et 3° la conversion de Henri IV, qui attira la réduction de Paris.

« Selon la vérité de l'histoire, Henri le Grand assiégea Paris quelque temps après la bataille d'Ivry, en 1590, au mois d'avril. Le duc de Parme lui fit lever le siége au mois de septembre. La Ligue, longtemps après, en 1593, assembla les états pour élire un roi à la place du cardinal de Bourbon, qu'elle avait reconnu sous le nom de Charles X, et qui était mort depuis deux ans et demi. Enfin, sur la fin de la même année 1593, au mois de juillet, le roi fit son abjuration dans Saint-Denis, et n'entra dans Paris qu'au mois de mars 1594.

« De tous ces événements on a supprimé l'arrivée du duc de Parme, et le prétendu règne de Charles, cardinal de Bourbon. Il est aisé de s'apercevoir que faire paraître le duc de Parme sur la scène eût été avilir Henri IV, le héros du poëme, et agir précisément contre le but de l'ouvrage; ce qui serait une faute impardonnable.

« A l'égard du cardinal de Bourbon, ce n'était pas la peine de blesser l'unité, si essentielle dans tout ouvrage épique, en faveur d'un roi en peinture tel que ce cardinal : il serait aussi inutile dans le poëme qu'il le fut dans le parti de la Ligue. En un mot, on passe sous silence le duc de Parme, parce qu'il était trop grand, et le cardinal de Bourbon, parce qu'il était trop petit. On a été obligé de placer les états de Paris avant le siége, parce que, si on les eût mis dans leur ordre, on n'aurait pas eu les mêmes occasions de faire paraître la vérité de l'histoire; on n'aurait pas pu lui faire donner des vivres aux assiégés, et le faire aussitôt récompenser de sa générosité. D'ailleurs les états de Paris ne sont pas du nombre des événements qu'on ne peut déranger de leur point chronologique; la poésie permet la transposition de tous les faits qui ne sont point écartés les uns des autres d'un grand nombre d'années, et qui n'ont entre eux aucune liaison nécessaire. Par exemple, je pourrais, sans qu'on eût rien à me reprocher, faire Henri IV amoureux de Gabrielle d'Estrées du vivant de Henri III, parce que la vie et la mort de Henri III n'ont rien de commun avec l'amour de Henri IV pour Gabrielle d'Estrées.

« Les états de la Ligue sont dans le même cas par rapport au siége de Paris : ce sont deux événements absolument indépendants l'un de l'autre. Ces états n'eurent aucun effet; on n'y fit nulle résolution, ils ne contribuèrent en rien aux affaires du parti : le hasard aurait pu les assembler avant le siége comme après, et ils sont bien mieux placés avant le siége dans le poëme : de plus, il faut considérer qu'un poëme épique n'est pas une histoire : on ne saurait trop présenter cette règle aux lecteurs qui n'en seraient pas instruits :

> Loin ces rimeurs craintifs dont l'esprit flegmatique
> Garde dans ses fureurs un ordre didactique;
> Qui, chantant d'un héros les exploits éclatants,
> Maigres historiens, suivront l'ordre des temps!
> Ils n'osent un moment perdre un sujet de vue :
> Pour prendre Lille il faut que Dôle soit rendue,
> Et que leur vers exact, ainsi que Mézeray,
> Ait déjà fait tomber les remparts de Courtray. »

Les changements faits à ce chant, tels que la transposition de la tenue des états, mise dans le sixième chant, rendirent la note inutile. Elle ne fut pas même recueillie en 1741 pour l'édition in-4°. Quelques-unes des pensées qui terminent cette note se retrouvent dans l'*Idée de la Henriade;* voyez ci-dessus, page 39.

Vers 1. — Voici de quelle manière commence l'édition de 1723 :

> Le temps vole, et sa perte est toujours dangereuse;
> En vain du grand Bourbon la main victorieuse
> Fit dans les champs d'Ivry triompher sa vertu :
> Négliger ses lauriers c'est n'avoir point vaincu.
> Ces jours, ces doux moments, perdus dans la mollesse,
> Rendaient aux ennemis l'audace et l'allégresse;
> Déjà dans leur asile oubliant leurs malheurs,
> Vaincus, chargés d'opprobre, ils parlaient en vainqueurs.
> Les envoyés de Rome et ceux de l'Ibérie,
> Les ligueurs obstinés, les prêtres en furie,
> Pour réparer leur honte et cacher leur effroi,
> Dans ces murs désolés veulent choisir un roi.
> Ils pensaient, etc.

C'était après ces vers que M. de Voltaire plaçait les états de Paris et le discours de Daubray. Voyez les variantes du sixième chant, tirées de l'édition de 1728; la marche du poëme est la même que dans les dernières éditions, mais les détails du combat de Turenne ont été très-embellis depuis l'édition de 1728. (K.)

VARIANTES DU CHANT X.

Vers 82. — Édition de 1737 :

> Ce présage charmant d'une paix désirée.

Vers 85. — Éditions de 1737 à 1775 :

> Quand jadis l'Éternel à la Mort dévorante.

Vers 93. — Éditions de 1737 à 1775 :

> Lorsque du Dieu des dieux en son temple apportée.

Vers 114. — C'est ainsi qu'on lit dans les éditions de 1746, 1748, 1751, 1752, 1756, 1764. On a mis dans les éditions de 1768 et suivantes :

> Il me laisse à moi-même.

Le texte que j'ai adopté est exigé par le sens. La suppression de la lettre *s* à la fin du mot *même* est nécessaire pour la rime, et rappelle cette licence de Racine dans *Mithridate,* acte III, scène V :

> Jusqu'ici la fortune et la victoire mêmes
> Cachaient mes cheveux blancs sous trente diadèmes. (B.)

Vers 178. — Au lieu des dix vers qui suivent, l'édition de 1728 contient les deux que voici :

> Ils demandent l'assaut : le roi dans ce moment
> Modéra leur courage et leur emportement ;
> Il sentit qu'il aimait, etc.

Vers 179. — Au lieu de ce vers et des treize qui le suivent, l'édition de 1723 contient les six derniers vers transcrits dans la variante du chant VI, vers 152 :

> Mais d'un peuple barbare.

Vers 200. — Édition de 1723 :

> Nourri dans la mollesse, au luxe accoutumé.

Vers 203. — Édition de 1723 :

> Mais il ne prévit pas en cette occasion
> Ce que pouvaient les Seize et la religion.
>   Aux yeux d'un ennemi la clémence est faiblesse.
> *Les mutins, qu'épargnait cette main vengeresse,
> A peine encor remis de leur juste terreur,
> Allaient insolemment défier leur vainqueur.
> Ils osaient insulter.

Vers 223. — Édition de 1723 :

> Où, parmi cent plaisirs toujours trop peu goûtés.

Vers 226. — Édition de 1723 :

> De leur goût dédaigneux irritaient la paresse.

Vers 244. — Édition de 1723 :

> Mais ce mets détestable avança leur trépas,
> *Et ce repas pour eux fut le dernier repas.

Ces deux vers sont imités d'une imprécation de Pénélope dans *l'Odyssée*, livre IV, vers 685-86, que Boileau, dans le *Traité du sublime,* chap. XXIII, avait ainsi traduite :

> Fasse le juste ciel, avançant leur trépas,
> Que ce repas pour eux soit le dernier repas !

Vers 276. — Édition de 1723 :

> Semble étouffer en eux tout autre sentiment.

Vers 292. — Édition de 1723 :

> Plein d'amour, de regret, de rage, de pitié.

Vers 298. — Édition de 1723 :

> Les tyrans ou la faim l'auront bientôt ravie.

Vers 308. — Édition de 1723 .

> Porte son corps sanglant auprès de son foyer.

Vers 313. — Édition de 1723 :

> Leur transport est égal à la cruelle joie.

Vers 342. — Édition de 1723 :

> Que la Ligue, à son gré, s'immole ces victimes ;
> Que Pellevé, Mendozze, et Mayenne, et Nemours,
> Des peuples, sans pitié, laissent trancher les jours ;
> De mes sujets séduits qu'ils comblent la misère ;
> Ils en sont les tyrans, j'en dois être le père.

Vers 361. — Édition de 1723 :

> Au seul son de sa voix ses troupes obéissent.

Vers 393. — Édition de 1723 :

> Guincestre, dont cent fois la fatale éloquence
> *Ralluma tous ces feux qui consumaient la France ;
> Guincestre se présente à ce peuple abattu,
> Combattant sans courage, et chrétien sans vertu.
> « A quel indigne appât, etc.

Guincestre était curé de Saint-Gervais.

VARIANTES DU CHANT X.

Vers 406. — Édition de 1723 :

> Ainsi parlait Guincestre; et sa voix fanatique, etc.

Vers 411. — Au lieu de ce vers et des neuf qui le suivent, il y avait dans l'édition de 1723 :

> Enfin les temps affreux allaient être accomplis,
> Qu'aux plaines d'Albion le ciel avait prédits ;
> Le saint roi, qui du haut de la voûte divine
> Veillait sur le héros dont il est l'origine,
> Touché de sa vertu, saisi de tant d'horreurs,
> Aux pieds de l'Éternel apporte ses douleurs.
>   Au milieu des clartés, etc.

Vers 426. — Édition de 1723 :

> Unis et séparés, composent son essence.

Vers 431. — Au lieu de ces vers, on lisait dans l'édition de 1723 :

> Par des coups effrayants souvent ce Dieu jaloux
> A sur les nations étendu son courroux ;
> Mais toujours pour le juste il eut des yeux propices ;
> Il le soutient lui-même au bord des précipices,
> Épure sa vertu dans les adversités,
> Combat pour sa défense, et marche à ses côtés.
>   Le père des Bourbons, etc.

Vers 458. — Édition de 1723 :

> N'offre au Dieu qui l'a fait qu'un criminel hommage.

Vers 480. — Dans l'édition de 1723, le poëme se terminait par ces vers :

> Henri, dont le grand cœur était formé pour elle,
> Voit, connaît, aime enfin sa lumière immortelle ;
> Ces rayons désirés enflamment ses esprits :
> Il avance avec elle aux remparts de Paris ;
> Il parle, et les remparts tombent en sa présence ;
> Les ligueurs éperdus implorent sa clémence ;
> Les prêtres sont muets ; les Seize épouvantés
> En vain cherchent pour fuir des antres écartés ;
> Et le peuple à genoux, dans ce jour salutaire,
> Reconnaît son vrai roi, son vainqueur et son père.

Vers 483. — Il y avait dans l'édition de 1728 :

> Il abjure avec foi ces dogmes séducteurs,
> Ingénieux enfants de cent nouveaux docteurs.
>   Il reconnaît l'Église, etc.

AVERTISSEMENT

POUR

L'ESSAI SUR LES GUERRES CIVILES DE FRANCE.

Voltaire publia, en 1727, un ouvrage qu'il avait écrit en anglais, et intitulé *an Essay upon the civil wars of France, extracted from curious manuscripts;* Londres, S. Jallasson, in-8° de trente-cinq pages[1]; c'était la première partie de l'*Essai sur la poésie épique*. La censure de Paris ne permit pas l'impression de l'*Essai sur les guerres civiles*[2], et la traduction de l'abbé Granet[3] ne vit le jour qu'en Hollande, en 1729. Elle fut réimprimée, dans le même pays, en 1731.

Pendant longtemps cet écrit n'a pas été admis dans les Œuvres de Voltaire. Enfin on l'imprima, en 1768, dans la septième partie des *Nouveaux Mélanges;* et depuis lors il avait toujours été conservé dans les *Mélanges*. Ce sont les éditeurs de Kehl qui l'ont imprimé dans le même volume que la *Henriade* : c'était faire ce que désiraient les auteurs de la *Bibliothèque française*[4].

Ayant vainement cherché à Paris et fait chercher à Londres un exemplaire de l'ouvrage anglais, je donne la traduction de l'abbé Granet, comme on le fait depuis 1768, sans le savoir, ou du moins sans le dire.

B.

1. *Bibl. française*, tome XIII, page 127.
2. *Id.*, t. XII, p. 26; et XIII, 127.
3. Tables du *Nouvelliste du Parnasse*, lettre E.
4. Tome XII, article xi, page 26.

ESSAI

SUR

LES GUERRES CIVILES

DE FRANCE[1]

Henri le Grand naquit, en 1553, à Pau, petite ville, capitale du Béarn : Antoine de Bourbon, duc de Vendôme, son père, était du sang royal de France, et chef de la branche de Bourbon (ce. qui autrefois signifiait *bourbeux*), ainsi appelée d'un fief de ce nom, qui tomba dans leur maison par un mariage avec l'héritière de Bourbon.

La maison de Bourbon, depuis Louis IX jusqu'à Henri IV, avait presque toujours été négligée, et réduite à un tel degré de pauvreté qu'on a prétendu que le fameux prince de Condé, frère d'Antoine de Navarre, et oncle de Henri le Grand, n'avait que six cents livres de rente de son patrimoine.

La mère de Henri était Jeanne d'Albret, fille de Henri d'Albret, roi de Navarre, prince sans mérite, mais bonhomme, plutôt indolent que paisible, qui soutint avec trop de résignation la perte de son royaume, enlevé à son père par une bulle du pape, appuyée des armes de l'Espagne. Jeanne, fille d'un prince si faible, eut encore un plus faible époux, auquel elle apporta en mariage la principauté de Béarn, et le vain titre de roi de Navarre.

Ce prince, qui vivait dans un temps de factions et de guerres civiles, où la fermeté d'esprit est si nécessaire, ne fit voir qu'incertitude et irrésolution dans sa conduite. Il ne sut jamais de quel parti ni de quelle religion il était. Sans talent pour la cour, et

---

1. L'auteur avait écrit ce morceau en anglais (*Note de Voltaire*, 1768), lorsqu'on imprima *la Henriade* à Londres. (*Id.*, 1775.)

sans capacité pour l'emploi de général d'armée, il passa toute sa vie à favoriser ses ennemis et à ruiner ses serviteurs, joué par Catherine de Médicis, amusé et accablé par les Guises, et toujours dupe de lui-même. Il reçut une blessure mortelle au siége de Rouen, où il combattit pour la cause de ses ennemis contre l'intérêt de sa propre maison. Il fit voir, en mourant, le même esprit inquiet et flottant qui l'avait agité pendant sa vie.

Jeanne d'Albret était d'un caractère tout opposé : pleine de courage et de résolution, redoutée de la cour de France, chérie des protestants, estimée des deux partis. Elle avait toutes les qualités qui font les grands politiques, ignorant cependant les petits artifices de l'intrigue et de la cabale. Une chose remarquable est qu'elle se fit protestante dans le même temps que son époux redevint catholique[1], et fut aussi constamment attachée à sa nouvelle religion qu'Antoine était chancelant dans la sienne. Ce fut par là qu'elle se vit à la tête d'un parti, tandis que son époux était le jouet de l'autre.

Jalouse de l'éducation de son fils, elle voulut seule en prendre le soin. Henri apporta en naissant toutes les excellentes qualités de sa mère, et il les porta dans la suite à un plus haut degré de perfection. Il n'avait hérité de son père qu'une certaine facilité d'humeur, qui dans Antoine dégénéra en incertitude et en faiblesse, mais qui dans Henri fut bienveillance et bon naturel.

Il ne fut pas élevé, comme un prince, dans cet orgueil lâche et efféminé qui énerve le corps, affaiblit l'esprit, et endurcit le cœur. Sa nourriture était grossière, et ses habits simples et unis. Il alla toujours nu-tête. On l'envoyait à l'école avec des jeunes gens de même âge ; il grimpait avec eux sur les rochers et sur le sommet des montagnes voisines, suivant la coutume du pays et des temps.

Pendant qu'il était ainsi élevé au milieu de ses sujets, dans une sorte d'égalité, sans laquelle il est facile à un prince d'oublier qu'il est né homme, la fortune ouvrit en France une scène sanglante ; et, au travers des débris d'un royaume presque détruit, et sur les cendres de plusieurs princes enlevés par une mort prématurée, lui fraya le chemin d'un trône qu'il ne put rétablir dans son ancienne splendeur qu'après en avoir fait la conquête.

Henri II, roi de France, chef de la branche des Valois, fut tué, à Paris, dans un tournoi qui fut en Europe le dernier de ces romanesques et périlleux divertissements.

---

1. Voyez une note du chant II, pages, 69-70.

Il laissa quatre fils : François II, Charles IX, Henri III, et le duc d'Alençon. Tous ces indignes descendants de François I*er* montèrent successivement sur le trône, excepté le duc d'Alençon, et moururent, heureusement, à la fleur de leur âge, et sans postérité.

Le règne de François II fut court, mais remarquable. Ce fut alors que percèrent ces factions et que commencèrent ces calamités qui, pendant trente ans successivement, ravagèrent le royaume de France.

Il épousa la célèbre et malheureuse Marie Stuart, reine d'Écosse, que sa beauté et sa faiblesse conduisirent à de grandes fautes, à de plus grands malheurs, et enfin à une mort déplorable. Elle était maîtresse absolue de son jeune époux, prince de dix-huit ans, sans vices et sans vertus, né avec un corps délicat et un esprit faible.

Incapable de gouverner par elle-même, elle se livra sans réserve au duc de Guise, frère de sa mère. Il influait sur l'esprit du roi par son moyen, et jetait par là les fondements de la grandeur de sa propre maison. Ce fut dans ce temps que Catherine de Médicis, veuve du feu roi, et mère du roi régnant, laissa échapper les premières étincelles de son ambition, qu'elle avait habilement étouffée pendant la vie de Henri II. Mais, se voyant incapable de l'emporter sur l'esprit de son fils et sur une jeune princesse qu'il aimait passionnément, elle crut qu'il lui était plus avantageux d'être pendant quelque temps leur instrument, et de se servir de leur pouvoir pour établir son autorité, que de s'y opposer inutilement. Ainsi les Guises gouvernaient le roi et les deux reines. Maîtres de la cour, ils devinrent les maîtres de tout le royaume : l'un, en France, est toujours une suite nécessaire de l'autre.

La maison de Bourbon gémissait sous l'oppression de la maison de Lorraine ; et Antoine, roi de Navarre, souffrit tranquillement plusieurs affronts d'une dangereuse conséquence. Le prince de Condé, son frère, encore plus indignement traité, tâcha de secouer le joug, et s'associa pour ce grand dessein à l'amiral de Coligny, chef de la maison de Châtillon. La cour n'avait point d'ennemi plus redoutable. Condé était plus ambitieux, plus entreprenant, plus actif ; Coligny était d'une humeur plus posée, plus mesuré dans sa conduite, plus capable d'être chef d'un parti : à la vérité aussi malheureux à la guerre que Condé, mais réparant souvent par son habileté ce qui semblait irréparable ; plus dangereux après une défaite que ses ennemis après une victoire ; orné d'ailleurs d'autant de vertus que des temps si orageux et l'esprit de faction pouvaient le permettre.

Les protestants commençaient alors à devenir nombreux : ils s'aperçurent bientôt de leurs forces.

La superstition, les secrètes fourberies des moines de ce temps-là, le pouvoir immense de Rome, la passion des hommes pour la nouveauté, l'ambition de Luther et de Calvin, la politique de plusieurs princes, servirent à l'accroissement de cette secte, libre à la vérité de superstition, mais tendant aussi impétueusement à l'anarchie que la religion de Rome à la tyrannie.

Les protestants avaient essuyé en France les persécutions les plus violentes, dont l'effet ordinaire est de multiplier les prosélytes. Leur secte croissait au milieu des échafauds et des tortures. Condé, Coligny, les deux frères de Coligny, leurs partisans, et tous ceux qui étaient tyrannisés par les Guises, embrassèrent en même temps la religion protestante. Ils unirent avec tant de concert leurs plaintes, leur vengeance, et leurs intérêts, qu'il y eut en même temps une révolution dans la religion et dans l'État.

La première entreprise fut un complot pour arrêter les Guises à Amboise, et pour s'assurer de la personne du roi. Quoique ce complot eût été tramé avec hardiesse et conduit avec secret, il fut découvert au moment où il allait être mis en exécution. Les Guises punirent les conspirateurs de la manière la plus cruelle, pour intimider leurs ennemis, et les empêcher de former à l'avenir de pareils projets. Plus de sept cents protestants furent exécutés ; Condé fut fait prisonnier, et accusé de lèse-majesté ; on lui fit son procès, et il fut condamné à mort.

Pendant le cours de son procès, Antoine, roi de Navarre, son frère, leva en Guyenne, à la sollicitation de sa femme et de Coligny, un grand nombre de gentilshommes, tant protestants que catholiques, attachés à sa maison. Il traversa la Gascogne avec son armée ; mais, sur un simple message qu'il reçut de la cour en chemin, il les congédia tous en pleurant. « Il faut que j'obéisse, dit-il ; mais j'obtiendrai votre pardon du roi. — Allez, et demandez pardon pour vous-même, lui répondit un vieux capitaine ; notre sûreté est au bout de nos épées. » Là-dessus la noblesse qui le suivait s'en retourna avec mépris et indignation.

Antoine continua sa route, et arriva à la cour. Il y sollicita pour la vie de son frère, n'étant pas sûr de la sienne. Il allait tous les jours chez le duc et chez le cardinal de Guise, qui le recevaient assis et couverts, pendant qu'il était debout et nu-tête.

Tout était prêt alors pour la mort du prince de Condé, lorsque le roi tomba tout d'un coup malade, et mourut. Les circonstances et la promptitude de cet événement, le penchant des hommes à croire que la mort précipitée des princes n'est point naturelle, donnèrent cours au bruit commun que François II avait été empoisonné.

Sa mort donna un nouveau tour aux affaires. Le prince de Condé fut mis en liberté : son parti commença à respirer ; la religion protestante s'étendit de plus en plus ; l'autorité des Guises baissa, sans cependant être abattue ; Antoine de Navarre recouvra une ombre d'autorité dont il se contenta ; Marie Stuart fut renvoyée en Écosse ; et Catherine de Médicis, qui commença alors à jouer le premier rôle sur ce théâtre, fut déclarée régente du royaume pendant la minorité de Charles IX, son second fils.

Elle se trouva elle-même embarrassée dans un labyrinthe de difficultés insurmontables, et partagée entre deux religions et différentes factions, qui étaient aux prises l'une avec l'autre, et se disputaient le pouvoir souverain.

Cette princesse résolut de les détruire par leurs propres armes, s'il était possible. Elle nourrit la haine des Condés contre les Guises ; elle jeta la semence des guerres civiles ; indifférente et impartiale entre Rome et Genève[1], uniquement jalouse de sa propre autorité.

Les Guises, qui étaient zélés catholiques, parce que Condé et Coligny étaient protestants, furent longtemps à la tête des troupes. Il y eut plusieurs batailles livrées : le royaume fut ravagé en même temps par trois ou quatre armées.

Le connétable Anne de Montmorency fut tué à la journée de Saint-Denis, dans la soixante et quatorzième année de son âge. François, duc de Guise, fut assassiné par Poltrot, au siége d'Orléans. Henri III, alors duc d'Anjou, grand prince dans sa jeunesse, quoique roi de peu de mérite dans la maturité de l'âge, gagna la bataille de Jarnac contre Condé, et celle de Moncontour contre Coligny.

La conduite de Condé, et sa mort funeste à la bataille de Jarnac, sont trop remarquables pour n'être pas détaillées. Il avait été blessé au bras deux jours auparavant. Sur le point de donner bataille à son ennemi, il eut le malheur de recevoir un coup de pied d'un cheval fougueux, sur lequel était monté un de ses officiers. Le prince, sans marquer aucune douleur, dit à ceux qui étaient autour de lui : « Messieurs, apprenez par cet accident qu'un

---

1. Voyez les notes du chant II, page 68.

cheval fougueux est plus dangereux qu'utile dans un jour de bataille. Allons, poursuivit-il, le prince de Condé, avec une jambe cassée et le bras en écharpe, ne craint point de donner bataille, puisque vous le suivez. » Le succès ne répondit point à son courage : il perdit la bataille ; toute son armée fut mise en déroute. Son cheval ayant été tué sous lui, il se tint tout seul, le mieux qu'il put, appuyé contre un arbre, à demi évanoui, à cause de la douleur que lui causait son mal, mais toujours intrépide, et le visage tourné du côté de l'ennemi. Montesquiou, capitaine des gardes du duc d'Anjou, passa par là quand ce prince infortuné était en cet état, et demanda qui il était. Comme on lui dit que c'était le prince de Condé, il le tua de sang-froid.

Après la mort de Condé, Coligny eut sur les bras tout le fardeau du parti. Jeanne d'Albret, alors veuve, confia son fils à ses soins. Le jeune Henri, alors âgé de quatorze ans, alla avec lui à l'armée, et partagea les fatigues de la guerre. Le travail et les adversités furent ses guides et ses maîtres.

Sa mère et l'amiral n'avaient point d'autre vue que de rendre en France leur religion indépendante de l'Église de Rome, et d'assurer leur propre autorité contre le pouvoir de Catherine de Médicis.

Catherine était déjà débarrassée de plusieurs de ses rivaux. François, duc de Guise, qui était le plus dangereux et le plus nuisible de tous, quoiqu'il fût de même parti, avait été assassiné devant Orléans. Henri de Guise, son fils, qui joua depuis un si grand rôle dans le monde, était alors fort jeune.

Le prince de Condé était mort. Charles IX, fils de Catherine, avait pris le pli qu'elle voulait, étant aveuglément soumis à ses volontés. Le duc d'Anjou, qui fut depuis Henri III, était absolument dans ses intérêts ; elle ne craignait d'autres ennemis que Jeanne d'Albret, Coligny, et les protestants. Elle crut qu'un seul coup pouvait les détruire tous, et rendre son pouvoir immuable.

Elle pressentit le roi, et même le duc d'Anjou, sur son dessein. Tout fut concerté ; et les piéges étant préparés, une paix avantageuse fut proposée aux protestants. Coligny, fatigué de la guerre civile, l'accepta avec chaleur. Charles, pour ne laisser aucun sujet de soupçon, donna sa sœur en mariage au jeune Henri de Navarre. Jeanne d'Albret, trompée par des apparences si séduisantes, vint à la cour avec son fils, Coligny, et tous les chefs des protestants. Le mariage fut célébré [1] avec pompe : toutes les manières

---

1. Le 18 auguste 1572.

obligeantes, toutes les assurances d'amitié, tous les serments, si sacrés parmi les hommes, furent prodigués par Catherine et par le roi. Le reste de la cour n'était occupé que de fêtes, de jeux, et de mascarades. Enfin une nuit, qui fut la veille de la Saint-Barthélemy, au mois d'août 1572, le signal fut donné à minuit. Toutes les maisons des protestants furent forcées et ouvertes en même temps. L'amiral de Coligny, alarmé du tumulte, sauta de son lit. Une troupe d'assassins entra dans sa chambre ; un certain Besme, Lorrain [1], qui avait été élevé domestique dans la maison de Guise, était à leur tête : il plongea son épée dans le sein de l'amiral, et lui donna un coup de revers sur le visage.

Le jeune Henri, duc de Guise, qui forma ensuite la ligue catholique, et qui fut depuis assassiné à Blois, était à la porte de la maison de Coligny, attendant la fin de l'assassinat, et cria tout haut : *Besme, cela est-il fait?* Immédiatement après, les assassins jetèrent le corps de l'amiral par la fenêtre. Coligny tomba et expira aux pieds de Guise, qui lui marcha sur le corps ; non qu'il fût enivré de ce zèle catholique pour la persécution, qui dans ce temps avait infecté la moitié de la France, mais il y fut poussé par l'esprit de vengeance, qui, bien qu'il ne soit pas en général si cruel que le faux zèle pour la religion, mène souvent à de plus grandes bassesses.

Cependant tous les amis de Coligny étaient attaqués dans Paris : hommes, enfants, tout était massacré sans distinction : toutes les rues étaient jonchées de corps morts. Quelques prêtres, tenant un crucifix d'une main et une épée de l'autre, couraient à la tête des meurtriers, et les encourageaient, au nom de Dieu, à n'épargner ni parents ni amis.

Le maréchal de Tavannes, soldat ignorant et superstitieux, qui joignait la fureur de la religion à la rage du parti, courait à cheval dans Paris, criant aux soldats : « Du sang, du sang! La saignée est aussi salutaire au mois d'août que dans le mois de mai. »

Le palais du roi fut un des principaux théâtres du carnage, car le prince de Navarre logeait au Louvre, et tous ses domestiques étaient protestants. Quelques-uns d'entre eux furent tués dans leurs lits avec leurs femmes ; d'autres s'enfuyaient tout nus, et étaient poursuivis par les soldats sur les escaliers de tous les appartements du palais, et même jusqu'à l'antichambre du roi. La

---

1. Voltaire a dit plus tard que Besme était Allemand ; voyez page 78. Il était Bohémien.

jeune femme de Henri de Navarre, éveillée par cet affreux tumulte, craignant pour son époux et pour elle-même, saisie d'horreur et à demi morte, sauta brusquement de son lit pour aller se jeter aux pieds du roi son frère. A peine eut-elle ouvert la porte de sa chambre que quelques-uns de ses domestiques protestants coururent s'y réfugier. Les soldats entrèrent après eux, et les poursuivirent en présence de la princesse. Un d'eux, qui s'était caché sous son lit, y fut tué ; deux autres furent percés de coups de hallebarde à ses pieds ; elle fut elle-même couverte de sang.

Il y avait un jeune gentilhomme qui était fort avant dans la faveur du roi, à cause de son air noble, de sa politesse, et d'un certain tour heureux qui régnait dans sa conversation : c'était le comte de La Rochefoucauld, bisaïeul du marquis de Montendre, qui est venu en Angleterre pendant une persécution moins cruelle, mais aussi injuste. La Rochefoucauld [1] avait passé la soirée avec le roi dans une douce familiarité, où il avait donné l'essor à son imagination. Le roi sentit quelques remords, et fut touché d'une sorte de compassion pour lui : il lui dit deux ou trois fois de ne point retourner chez lui, et de coucher dans sa chambre ; mais La Rochefoucauld répondit qu'il voulait aller trouver sa femme. Le roi ne l'en pressa pas davantage, et dit : « Qu'on le laisse aller ; je vois bien que Dieu a résolu sa mort. » Ce jeune homme fut massacré deux heures après.

Il y en eut fort peu qui échappèrent de ce massacre général. Parmi ceux-ci, la délivrance du jeune La Force est un exemple illustre de ce que les hommes appellent destinée. C'était un enfant de dix ans [2]. Son père, son frère aîné, et lui, furent arrêtés en même temps par les soldats du duc d'Anjou. Ces meurtriers tombèrent sur tous les trois tumultuairement, et les frappèrent au hasard. Le père et les enfants, couverts de sang, tombèrent à la renverse les uns sur les autres. Le plus jeune, qui n'avait reçu aucun coup, contrefit le mort, et le jour suivant il fut délivré de tout danger. Une vie si miraculeusement conservée dura quatre-vingt-cinq ans. Ce fut le célèbre maréchal de La Force, oncle de la duchesse de La Force, qui est présentement en Angleterre.

Cependant plusieurs de ces infortunées victimes fuyaient du côté de la rivière. Quelques-uns la traversaient à la nage pour

---

1. Voyez page 81.
2. Il serait donc né en 1562 ; mais ce compte diffère des chiffres qui sont donnés page 85.

gagner le faubourg Saint-Germain. Le roi les aperçut de sa fenêtre, qui avait vue sur la rivière : ce qui est presque incroyable, quoique cela ne soit que trop vrai, il tira sur eux avec une carabine [1]. Catherine de Médicis, sans trouble, et avec un air serein et tranquille au milieu de cette boucherie, regardait du haut d'un balcon qui avait vue sur la ville, enhardissait les assassins, et riait d'entendre les soupirs des mourants et les cris de ceux qui étaient massacrés. Ses filles d'honneur vinrent dans la rue avec une curiosité effrontée, digne des abominations de ce siècle : elles contemplèrent le corps nu d'un gentilhomme nommé Soubise, qui avait été soupçonné d'impuissance, et qui venait d'être assassiné sous les fenêtres de la reine [2].

La cour, qui fumait encore du sang de la nation, essaya quelques jours après de couvrir un forfait si énorme par les formalités des lois. Pour justifier ce massacre, ils imputèrent calomnieusement à l'amiral une conspiration qui ne fut crue de personne. On ordonna au parlement de procéder contre la mémoire de Coligny. Son corps fut pendu par les pieds avec une chaîne de fer au gibet de Montfaucon. Le roi lui-même eut la cruauté d'aller jouir de ce spectacle horrible. Un de ses courtisans l'avertissant de se retirer, parce que le corps sentait mauvais, le roi répondit : « Le corps d'un ennemi mort sent toujours bon. »

Il est impossible de savoir s'il est vrai que l'on envoya la tête de l'amiral à Rome. Ce qu'il y a de bien certain, c'est qu'il y a à Rome, dans le Vatican, un tableau où est représenté le massacre de la Saint-Barthélemy, avec ces paroles : « Le pape approuve la mort de Coligny. »

Le jeune Henri de Navarre fut épargné plutôt par politique que par compassion de la part de Catherine, qui le retint prisonnier jusqu'à la mort du roi, pour être caution de la soumission des protestants qui voudraient se révolter.

Jeanne d'Albret était morte subitement trois ou quatre jours auparavant. Quoique peut-être sa mort eût été naturelle, ce n'est pas toutefois une opinion ridicule de croire qu'elle avait été empoisonnée.

L'exécution ne fut pas bornée à la ville de Paris. Les mêmes ordres de la cour furent envoyés à tous les gouverneurs des provinces de France. Il n'y eut que deux ou trois gouverneurs qui refusèrent d'obéir aux ordres du roi. Un entre autres, appelé

---

1. Voyez page 82.
2. Voyez page 81.

Montmorin, gouverneur d'Auvergne, écrivit à Sa Majesté la lettre suivante, qui mérite d'être transmise à la postérité :

« [1] Sire, j'ai reçu un ordre, sous le sceau de Votre Majesté, de faire mourir tous les protestants qui sont dans ma province. Je respecte trop Votre Majesté pour ne pas croire que ces lettres sont supposées ; et si (ce qu'à Dieu ne plaise) l'ordre est véritablement émané d'elle, je la respecte aussi trop pour lui obéir [2]. »

Ces massacres portèrent au cœur des protestants la rage et l'épouvante. Leur haine irréconciliable sembla prendre de nouvelles forces : l'esprit de vengeance les rendit plus forts et plus redoutables.

---

1. Dans *le Nouvelliste du Parnasse*, dont les rédacteurs étaient les abbés Desfontaines et Granet, on observe que le traducteur (l'abbé Granet lui-même) ne donne pas le texte de la lettre de Montmorin, mais la traduction qu'il a faite sur la traduction que Voltaire en avait faite en anglais. (B.)

2. En 1802, dans une séance particulière de l'Institut, M. Dulaure lut un mémoire dans lequel il prouve que cette lettre est supposée, parce que : 1° le gouverneur d'Auvergne, en 1572, s'appelait et signait *Saint-Herem*, et non *Montmorin*, quoique de la même famille ; 2° le mot *protestant* n'était employé alors que par quelques écrivains protestants eux-mêmes : les catholiques se servaient des mots *religionnaires, huguenots, calvinistes, prétendus réformés, ceux de la religion prétendue réformée*; 3° le style de la lettre n'est pas celui du temps ; 4° ce n'est pas celui du gouverneur de l'Auvergne ; 5° cette lettre est contraire à son caractère et à sa conduite antérieure, puisqu'il avait persécuté les protestants ; 6° si les réformés d'Auvergne échappèrent au massacre, ce fut parce que l'ordre envoyé de la cour au gouverneur de la province fut enlevé par un calviniste au capitaine Combelle, natif de Clermont, qui en était porteur : celui-ci n'ayant pu qu'énoncer verbalement cet ordre rigoureux, le gouverneur ne voulut pas prendre sur lui de l'exécuter sans l'avoir reçu par écrit ; mais la fureur de la cour s'étant ralentie après les massacres, on ne voulut pas expédier un nouvel ordre pour l'Auvergne.

Le château Saint-Ange, bâti par Henri IV pour la belle Gabrielle, n'est qu'à trois lieues du château de Fontainebleau, dont les Montmorin étaient gouverneurs ; et ce fut chez M. de Caumartin, à Saint-Ange, que Voltaire commença *la Henriade*.

C'est ici le lieu de remarquer aussi que Jean Hennuyer, évêque de Lisieux, à qui l'on fait honneur d'avoir, dans son diocèse, empêché le massacre des protestants, loin d'avoir été leur protecteur, avait montré, en 1561, une vive opposition au célèbre édit du 17 janvier, qui leur permettait de faire des prêches hors des villes. Il ne paraît même pas qu'à l'époque de la Saint-Barthélemy, Hennuyer, qui était aumônier de Charles IX et confesseur de Catherine de Médicis, fût dans son diocèse ; ce fut, dit-on, à Guy du Longchamp de Fumichon, gouverneur, ainsi qu'à Tannegui Leveneur de Carrouges, et aux officiers municipaux de Lisieux, que les protestants de cette ville durent leur salut. Voyez dans le *Mercure* diverses lettres, 1746, second volume de juin et premier de décembre ; 1748, septembre, et second volume de décembre. L'abbé Lebœuf, auteur de cette dernière lettre, fait honneur à Matignon, gouverneur des bailliages d'Alençon (d'où dépendait Lisieux), de Caen, et du Cotentin, d'avoir empêché, dans son gouvernement, le massacre des protestants. (B.)

Peu de temps après, le roi fut attaqué d'une étrange maladie qui l'emporta au bout de deux ans. Son sang coulait toujours, et perçait au travers des pores de sa peau : maladie incompréhensible, contre laquelle échoua l'art et l'habileté des médecins, et qui fut regardée comme un effet de la vengeance divine.

Durant la maladie de Charles, son frère, le duc d'Anjou, avait été élu roi de Pologne : il devait son élévation à la réputation qu'il avait acquise étant général, et qu'il perdit en montant sur le trône.

Dès qu'il apprit la mort de son frère, il s'enfuit de Pologne, et se hâta de venir en France se mettre en possession du périlleux héritage d'un royaume déchiré par des factions fatales à ses souverains, et inondé du sang de ses habitants. Il ne trouva en arrivant que partis et troubles, qui augmentèrent à l'infini.

Henri, alors roi de Navarre, se mit à la tête des protestants, et donna une nouvelle vie à ce parti. D'un autre côté, le jeune duc de Guise commençait à frapper les yeux de tout le monde par ses grandes et dangereuses qualités. Il avait un génie encore plus entreprenant que son père ; il semblait d'ailleurs avoir une heureuse occasion d'atteindre à ce faîte de grandeurs dont son père lui avait frayé le chemin.

Le duc d'Anjou, alors Henri III, était regardé comme incapable d'avoir des enfants, à cause de ses infirmités, qui étaient les suites des débauches de sa jeunesse. Le duc d'Alençon, qui avait pris le nom de duc d'Anjou, était mort en 1584, et Henri de Navarre était légitime héritier de la couronne. Guise essaya de se l'assurer à lui-même, du moins après la mort de Henri III, et de l'enlever à la maison des Capets, comme les Capets l'avaient usurpée sur la maison de Charlemagne, et comme le père de Charlemagne l'avait ravie à son légitime souverain.

Jamais si hardi projet ne parut si bien et si heureusement concerté. Henri de Navarre et toute la maison de Bourbon était protestante. Guise commença à se concilier la bienveillance de la nation, en affectant un grand zèle pour la religion catholique : sa libéralité lui gagna le peuple ; il avait tout le clergé à sa dévotion, des amis dans le parlement, des espions à la cour, des serviteurs dans tout le royaume. Sa première démarche politique fut une association sous le nom de *sainte Ligue* contre les protestants pour la sûreté de la religion catholique.

La moitié du royaume entra avec empressement dans cette nouvelle confédération. Le pape Sixte-Quint donna sa bénédiction à la Ligue, et la protégea comme une nouvelle milice romaine. Philippe II, roi d'Espagne, selon la politique des souverains qui concourent toujours à la ruine de leurs voisins, encouragea la Ligue de toutes ses forces, dans la vue de mettre la France en pièces, et de s'enrichir de ses dépouilles.

Ainsi Henri III, toujours ennemi des protestants, fut trahi lui-même par des catholiques, assiégé d'ennemis secrets et déclarés, et inférieur en autorité à un sujet qui, soumis en apparence, était réellement plus roi que lui.

La seule ressource pour se tirer de cet embarras était peut-être de se joindre avec Henri de Navarre, dont la fidélité, le courage, et l'esprit infatigable, étaient l'unique barrière qu'on pouvait opposer à l'ambition de Guise, et qui pouvait retenir dans le parti du roi tous les protestants; ce qui eût mis un grand poids de plus dans sa balance.

Le roi, dominé par Guise, dont il se défiait, mais qu'il n'osait offenser, intimidé par le pape, trahi par son conseil et par sa mauvaise politique, prit un parti tout opposé; il se mit lui-même à la tête de la sainte Ligue. Dans l'espérance de s'en rendre le maître, il s'unit avec Guise, son sujet rebelle, contre son successeur et son beau-frère, que la nature et la bonne politique lui désignaient pour son allié.

Henri de Navarre commandait alors en Gascogne une petite armée, tandis qu'un grand corps de troupes accourait à son secours de la part des princes protestants d'Allemagne : il était déjà sur les frontières de Lorraine.

Le roi s'imagina qu'il pourrait tout à la fois réduire le Navarrois, et se débarrasser de Guise. Dans ce dessein, il envoya le Lorrain avec une très-petite et très-faible armée contre les Allemands, par lesquels il faillit à être mis en déroute.

Il fit marcher en même temps Joyeuse, son favori, contre le Navarrois, avec la fleur de la noblesse française, et avec la plus puissante armée qu'on eût vue depuis François Ier. Il échoua dans tous ces desseins : Henri de Navarre défit entièrement à Coutras cette armée si redoutable, et Guise remporta la victoire sur les Allemands.

Le Navarrois ne se servit de sa victoire que pour offrir une paix sûre au royaume, et son secours au roi. Mais, quoique vainqueur, il se vit refusé, le roi craignant plus ses propres sujets que ce prince.

Guise retourna victorieux à Paris, et y fut reçu comme le sauveur de la nation. Son parti devint plus audacieux, et le roi plus méprisé; en sorte que Guise semblait plutôt avoir triomphé du roi que des Allemands.

Le roi, sollicité de toutes parts, sortit, mais trop tard, de sa profonde léthargie. Il essaya d'abattre la Ligue : il voulut s'assurer de quelques bourgeois les plus séditieux : il osa défendre à Guise l'entrée de Paris; mais il éprouva à ses dépens ce que c'est que de commander sans pouvoir. Guise, au mépris de ses ordres, vint à Paris ; les bourgeois prirent les armes ; les gardes du roi furent arrêtés, et lui-même fut emprisonné dans son palais.

Rarement les hommes sont assez bons ou assez méchants. Si Guise avait entrepris dans ce jour sur la liberté ou la vie du roi, il aurait été le maître de la France ; mais il le laissa échapper après l'avoir assiégé, et en fit ainsi trop ou trop peu.

Henri III s'enfuit à Blois, où il convoqua les états généraux du royaume. Ces états ressemblaient au parlement de la Grande-Bretagne, quant à leur convocation ; mais leurs opérations étaient différentes. Comme ils étaient rarement assemblés, ils n'avaient point de règles pour se conduire : c'était en général une assemblée de gens incapables, faute d'expérience, de savoir prendre de justes mesures ; ce qui formait une véritable confusion.

Guise, après avoir chassé son souverain de sa capitale, osa venir le braver à Blois, en présence d'un corps qui représentait la nation. Henri et lui se réconcilièrent solennellement ; ils allèrent ensemble au même autel ; ils y communièrent ensemble. L'un promit par serment d'oublier toutes les injures passées, l'autre d'être obéissant et fidèle à l'avenir ; mais dans le même temps le roi projetait de faire mourir Guise, et Guise de faire détrôner le roi.

Guise avait été suffisamment averti de se défier de Henri ; mais il le méprisait trop pour le croire assez hardi d'entreprendre un assassinat. Il fut la dupe de sa sécurité ; le roi avait résolu de se venger de lui et de son frère le cardinal de Guise, le compagnon de ses ambitieux desseins, et le plus hardi promoteur de la Ligue. Le roi fit lui-même provision de poignards, qu'il distribua à quelques Gascons qui s'étaient offerts d'être les ministres de la vengeance. Ils tuèrent Guise dans le cabinet du roi[1] ; mais ces mêmes hommes qui avaient tué le duc ne voulurent point tremper leurs mains dans le sang de son frère, parce qu'il était prêtre et cardinal ; comme si la vie d'un homme qui porte une robe longue et un rabat était plus sacrée que celle d'un homme qui porte un habit court et une épée !

Le roi trouva quatre soldats, qui, au rapport du jésuite Maimbourg, n'étant pas si scrupuleux que les Gascons, tuèrent le

---

1. Voyez page 90.

cardinal pour cent écus chacun. Ce fut sous l'appartement de Catherine de Médicis que les deux frères furent tués ; mais elle ignorait parfaitement le dessein de son fils, n'ayant plus alors la confiance d'aucun parti, et étant même abandonnée par le roi.

Si une telle vengeance eût été revêtue des formalités de la loi, qui sont les instruments naturels de la justice des rois, ou le voile naturel de leur iniquité, la Ligue en eût été épouvantée ; mais, manquant de cette forme solennelle, cette action fut regardée comme un affreux assassinat, et 'ne fit qu'irriter le parti. Le sang des Guises fortifia la Ligue, comme la mort de Coligny avait fortifié les protestants. Plusieurs villes de France se révoltèrent ouvertement contre le roi.

Il vint d'abord à Paris ; mais il en trouva les portes fermées, et tous les habitants sous les armes.

Le fameux duc de Mayenne, cadet du feu duc de Guise, était alors dans Paris. Il avait été éclipsé par la gloire de Guise pendant sa vie ; mais, après sa mort, le roi le trouva aussi dangereux ennemi que son frère : il avait toutes ses grandes qualités, auxquelles il ne manqua que l'éclat et le lustre.

Le parti des Lorrains était très-nombreux dans Paris. Le grand nom de Guise, leur magnificence, leur libéralité, leur zèle apparent pour la religion catholique, les avaient rendus les délices de la ville. Prêtres, bourgeois, femmes, magistrats, tout se ligua fortement avec Mayenne pour poursuivre une vengeance qui leur paraissait légitime.

La veuve du duc présenta une requête au parlement contre les meurtriers de son mari. Le procès commença suivant le cours ordinaire de la justice ; deux conseillers furent nommés pour informer des circonstances du crime ; mais le parlement n'alla pas loin, les principaux étant singulièrement attachés aux intérêts du roi.

La Sorbonne ne suivit point cet exemple de modération : soixante et dix docteurs publièrent un écrit par lequel ils déclarèrent Henri de Valois déchu de son droit à la couronne, et ses sujets dispensés du serment de fidélité.

Mais l'autorité royale n'avait pas d'ennemis plus dangereux que ces bourgeois de Paris nommés les Seize, non à cause de leur nombre, puisqu'ils étaient quarante, mais à cause des seize quartiers de Paris, dont ils s'étaient partagé le gouvernement. Le plus considérable de tous ces bourgeois était un certain Le Clerc, qui avait usurpé le grand nom de Bussi. C'était un citoyen hardi, et un méchant soldat, comme tous ses compagnons. Ces Seize avaient acquis une autorité absolue, et devinrent dans la suite aussi insupportables à Mayenne qu'ils avaient été terribles au roi.

D'ailleurs les prêtres, qui ont toujours été les trompettes de toutes les révolutions, tonnaient en chaire, et assuraient de la part de Dieu que celui qui tuerait le tyran entrerait infailliblement en paradis. Les noms sacrés et dangereux de Jéhu et de Judith, et tous ces assassinats consacrés par l'Écriture sainte, frappaient partout les oreilles de la nation. Dans cette affreuse extrémité, le roi fut enfin forcé d'implorer le secours de ce même Navarrois qu'il avait autrefois refusé. Ce prince fut plus sensible à la gloire de protéger son beau-frère et son roi qu'à la victoire qu'il avait remportée sur lui.

Il mena son armée au roi; mais avant que ses troupes fussent arrivées, il vint le trouver, accompagné d'un seul page. Le roi fut étonné de ce trait de générosité, dont il n'avait pas été lui-même capable. Les deux rois marchèrent vers Paris à la tête d'une puissante armée. La ville n'était point en état de se défendre. La Ligue touchait au moment de sa ruine entière, lorsqu'un jeune religieux de l'ordre de saint Dominique changea toute la face des affaires.

Son nom était Jacques Clément; il était né dans un village de Bourgogne, appelé Sorbonne[1], et alors âgé de vingt-quatre ans. Sa farouche piété, et son esprit noir et mélancolique, se laissèrent bientôt entraîner au fanatisme par les importunes clameurs des prêtres. Il se chargea d'être le libérateur et le martyr de la sainte Ligue. Il communiqua son projet à ses amis et à ses supérieurs : tous l'encouragèrent et le canonisèrent d'avance. Clément se prépara à son parricide par des jeûnes et par des prières continuelles pendant des nuits entières. Il se confessa, reçut les sacrements, puis acheta un bon couteau. Il alla à Saint-Cloud, où était le quartier du roi, et demanda à être présenté à ce prince, sous prétexte de lui révéler un secret dont il lui importait d'être promptement instruit. Ayant été conduit devant Sa Majesté, il se prosterna avec une modeste rougeur sur le front, et il lui remit une lettre qu'il disait être écrite par Achille de Harlay, premier président. Tandis que le roi lit, le moine le frappe dans le ventre, et laisse le couteau dans la plaie; ensuite, avec un regard assuré, et les mains sur sa poitrine, il lève les yeux au ciel, attendant paisiblement les suites de son assassinat. Le roi se lève, arrache le couteau de son ventre, et en frappe le meurtrier au

---

[1]. Voyez la note 2 de la page 134.

front. Plusieurs courtisans accoururent au bruit. Leur devoir exigeait qu'ils arrêtassent le moine pour l'interroger, et tâcher de découvrir ses complices ; mais ils le tuèrent sur-le-champ, avec une précipitation qui les fit soupçonner d'avoir été trop instruits de son dessein. Henri de Navarre fut alors roi de France par le droit de sa naissance, reconnu d'une partie de l'armée, et abandonné par l'autre.

Le duc d'Épernon, et quelques autres, quittèrent l'armée, alléguant qu'ils étaient trop bons catholiques pour prendre les armes en faveur d'un roi qui n'allait point à la messe. Ils espéraient secrètement que le renversement du royaume, l'objet de leurs désirs et de leur espérance, leur donnerait occasion de se rendre souverains dans leur pays.

Cependant l'attentat de Clément fut approuvé à Rome, et ce moine adoré dans Paris. La sainte Ligue reconnut pour son roi le cardinal de Bourbon, vieux prêtre, oncle de Henri IV, pour faire voir au monde que ce n'était pas la maison de Bourbon, mais les hérétiques, que sa haine poursuivait.

Ainsi le duc de Mayenne fut assez sage pour ne pas usurper le titre de roi ; et cependant il s'empara de toute l'autorité royale, pendant que le malheureux cardinal de Bourbon, appelé roi par la Ligue, fut gardé prisonnier par Henri IV le reste de sa vie, qui dura encore deux ans. La Ligue, plus appuyée que jamais par le pape, secourue des Espagnols, et forte par elle-même, était parvenue au plus haut point de sa grandeur, et faisait sentir à Henri IV cette haine que le faux zèle inspire, et ce mépris que font naître les heureux succès.

Henri avait peu d'amis, peu de places importantes, point d'argent, et une petite armée ; mais son courage, son activité, sa politique, suppléaient à tout ce qui lui manquait. Il gagna plusieurs batailles, et entre autres celle d'Ivry sur le duc de Mayenne, une des plus remarquables qui aient jamais été données. Les deux généraux montrèrent dans ce jour toute leur capacité, et les soldats tout leur courage. Il y eut peu de fautes commises de part et d'autre. Henri fut enfin redevable de la victoire à la supériorité de ses connaissances et de sa valeur : mais il avoua que Mayenne avait rempli tous les devoirs d'un grand général : « Il n'a péché, dit-il, que dans la cause qu'il soutenait. »

Il se montra après la victoire aussi modéré qu'il avait été terrible dans le combat. Instruit que le pouvoir diminue souvent quand on en fait un usage trop étendu, et qu'il augmente en l'employant avec ménagement, il mit un frein à la fureur du soldat armé contre l'ennemi ; il eut soin des blessés, et donna la liberté à plusieurs personnes. Cependant tant de valeur et tant de générosité ne touchèrent point les ligueurs.

Les guerres civiles de France étaient devenues la querelle de toute l'Europe. Le roi Philippe II était vivement engagé à défendre la Ligue : la reine Élisabeth donnait toutes sortes de secours à Henri, non parce qu'il était protestant, mais parce qu'il était ennemi de Philippe II, dont il lui était dangereux de laisser croître le pouvoir. Elle envoya à Henri cinq mille hommes, sous le commandement du comte d'Essex, son favori, auquel elle fit depuis trancher la tête.

Le roi continua la guerre avec différents succès. Il prit d'assaut tous les faubourgs de Paris dans un seul jour. Il eût peut-être pris de même la ville s'il n'eût pensé qu'à la conquérir ; mais il craignit de donner sa capitale en proie aux soldats, et de ruiner une ville qu'il avait envie de sauver. Il assiégea Paris ; il leva le siége, il le recommença ; enfin il bloqua la ville, et lui coupa toutes les communications, dans l'espérance que les Parisiens seraient forcés, par la disette des vivres, à se rendre sans effusion de sang.

Mais Mayenne, les prêtres, et les Seize, tournèrent les esprits avec tant d'art, les envenimèrent si fort contre les hérétiques, et remplirent leur imagination de tant de fanatisme, qu'ils aimèrent mieux mourir de faim que de se rendre et d'obéir.

Les moines et les religieux donnèrent un spectacle qui, bien que ridicule en lui-même, fut cependant un ressort merveilleux pour animer le peuple. Ils firent une espèce de revue militaire, marchant par rang et de file, et portant des armes rouillées par-dessus leurs capuchons, ayant à leur tête la figure de la vierge Marie, branlant des épées, et criant qu'ils étaient tout prêts à combattre et à mourir pour la défense de la foi ; en sorte que les bourgeois, voyant leurs confesseurs armés, croyaient effectivement soutenir la cause de Dieu.

Quoi qu'il en soit, la disette dégénéra en famine universelle : ce nombre prodigieux de citoyens n'avait d'autre nourriture que les sermons des prêtres et que les miracles imaginaires des moines, qui, par ce pieux artifice, avaient dans leurs couvents toutes choses en abondance, tandis que toute la ville était sur le point de mourir de faim. Les misérables Parisiens, trompés d'abord par l'espérance d'un prompt secours, chantaient dans les rues des ballades et des lampons contre Henri : folie qu'on ne pourrait attribuer à quelque autre nation avec vraisemblance, mais qui est assez conforme au génie des Français, même dans un état si affreux. Cette courte et déplorable joie fut bientôt entièrement étouffée par la misère la plus réelle et la plus étonnante : trente mille hommes moururent de faim dans l'espace d'un mois. Les malheureux citoyens, pressés par la famine, essayèrent de faire une espèce de pain avec les os des morts, lesquels étant brisés et bouillis formaient une sorte de gelée ; mais cette nourriture si peu naturelle ne servait qu'à les faire mourir plus promptement. On conte (et cela est attesté par les témoignages les plus authentiques) qu'une femme tua et mangea son propre enfant[1]. Au reste, l'inflexible opiniâtreté des Parisiens était égale à leur misère. Henri eut plus de compassion pour leur état qu'ils n'en avaient eux-mêmes : son bon naturel l'emporta sur son intérêt particulier.

Il souffrit que ses soldats vendissent en particulier toutes sortes de provisions à la ville. Ainsi on vit arriver ce qu'on n'avait pas encore vu, que les assiégés étaient nourris par les assiégeants : c'était un spectacle bien singulier que de voir les soldats qui, du fond de leurs tranchées, envoyaient des vivres aux citoyens, qui leur jetaient de l'argent de leurs remparts. Plusieurs officiers, entraînés par la licence si ordinaire à la soldatesque, troquaient un aloyau pour une fille ; en sorte qu'on ne voyait que femmes qui descendaient dans des baquets, et des baquets qui remontaient pleins de provisions. Par là une licence hors de saison régna parmi les officiers ; les soldats amassèrent beaucoup d'argent : les assiégés furent soulagés, et le roi perdit la ville ; car dans le même temps une armée d'Espagnols vint des Pays-Bas. Le roi fut obligé de lever le siége, et d'aller à sa rencontre au travers de tous les dangers et de tous les hasards de la guerre, jusqu'à ce qu'enfin les Espagnols ayant été chassés du royaume, il revint une troisième fois devant Paris, qui était toujours plus opiniâtré à ne point le recevoir.

Sur ces entrefaites, le cardinal de Bourbon, ce fantôme de la royauté, mourut[2]. On tint une assemblée à Paris, qui nomma les états généraux du royaume pour procéder à l'élection d'un nouveau roi. L'Espagne influait fortement sur ces états ; Mayenne avait un parti considérable qui voulait le mettre sur le trône. Enfin Henri, ennuyé de la cruelle nécessité de faire éternellement la guerre à ses sujets, et sachant d'ailleurs que ce n'était

---

1. C'est un épisode du dixième chant, vers 282 et suivants ; voyez page 252.
2. Le 9 mai 1590.

pas sa personne, mais sa religion qu'ils haïssaient, résolut de rentrer au giron de l'Église romaine. Peu de semaines après, Paris lui ouvrit ses portes. Ce qui avait été impossible à sa valeur et à sa magnanimité, il l'obtint facilement en allant à la messe, et en recevant l'absolution du pape.

> Tout le peuple, changé dans ce jour salutaire,
> Reconnaît son vrai roi, son vainqueur, et son père.
> Dès lors on admira ce règne fortuné,
> Et commencé trop tard, et trop tôt terminé.
> L'Autrichien trembla. Justement désarmée,
> Rome adopta Bourbon, Rome s'en vit aimée.
> La Discorde rentra dans l'éternelle nuit.
> A reconnaître un roi Mayenne fut réduit;
> Et, soumettant enfin son cœur et ses provinces,
> Fut le meilleur sujet du plus juste des princes.
>
> *Henriade,* fin du dernier chant.

DISSERTATION

SUR LA MORT DE HENRI IV [1]

Le plus horrible accident qui soit jamais arrivé en Europe a produit les plus odieuses conjectures. Presque tous les mémoires du temps de la mort de Henri IV jettent également des soupçons sur les ennemis de ce bon roi, sur les courtisans, sur les jésuites, sur sa maîtresse, sur sa femme même. Ces accusations durent encore, et on ne parle jamais de cet assassinat sans former un jugement téméraire. J'ai toujours été étonné de cette facilité malheureuse avec laquelle les hommes les plus incapables d'une méchante action aiment à imputer les crimes les plus affreux aux hommes d'État, aux hommes en place. On veut se venger de leur grandeur en les accusant; on veut se faire valoir en racontant des anecdotes étranges. Il en est de la conversation comme d'un spectacle, comme d'une tragédie, dans laquelle il faut attacher par de grandes passions et par de grands crimes.

Des voleurs assassinent Vergier dans la rue; tout Paris accuse de ce meurtre un grand prince [2]. Une rougeole pourprée enlève des personnes considérables, il faut qu'elles aient été toutes empoisonnées. L'absurdité de l'accusation [3], le défaut total de preuves, rien n'arrête; et la calomnie, passant de bouche en bouche, et bientôt de livre en livre, devient une vérité importante aux yeux de la postérité toujours crédule. Depuis que je m'applique à l'histoire, je ne cesse de m'indigner contre ces accusations sans preuves, dont les historiens se plaisent à noircir leurs ouvrages.

La mère de Henri IV mourut d'une pleurésie; combien d'auteurs la font empoisonner par un marchand de gants qui lui vendit des gants parfumés, et qui était, dit-on, l'empoisonneur à

---

1. Dans le tome VI de l'édition des OEuvres de Voltaire, daté de 1745, et faisant suite aux volumes publiés en 1738-39, on donne ce morceau comme nouveau. Il y est intitulé De la Mort de Henri IV. Ce fut en 1748, dans le tome Ier de l'édition de Dresde, qu'on le mit à la fin de la Henriade. (B.)
2. Le prince de Condé.
3. Contre le duc d'Orléans, régent.

brevet de Catherine de Médicis[1]! On ne s'avise guère de douter que le pape Alexandre VI ne soit mort du poison qu'il avait préparé pour le cardinal Corneto, et pour quelques autres cardinaux dont il voulait, dit-on, être l'héritier. Guichardin, auteur contemporain, auteur respecté, dit qu'on imputait la mort de ce pontife à ce crime, et à ce châtiment du crime ; il ne dit pas que le pape fût un empoisonneur, il le laisse entendre, et l'Europe ne l'a que trop bien entendu.

Et moi j'ose dire à Guichardin : « L'Europe est trompée par vous, et vous l'avez été par votre passion. Vous étiez l'ennemi du pape ; vous avez trop cru votre haine et les actions de sa vie. Il avait, à la vérité, exercé des vengeances cruelles et perfides contre des ennemis aussi perfides et aussi cruels que lui ; de là vous concluez qu'un pape de soixante-douze ans n'est pas mort d'une façon naturelle ; vous prétendez, sur des rapports vagues, qu'un vieux souverain, dont les coffres étaient remplis alors de plus d'un million de ducats d'or, voulut empoisonner quelques cardinaux pour s'emparer de leur mobilier ; mais ce mobilier était-il un objet si important ? Ces effets étaient presque toujours enlevés par les valets de chambre avant que les papes pussent en saisir quelques dépouilles. Comment pouvez-vous croire qu'un homme prudent ait voulu hasarder, pour un aussi petit gain, une action aussi infâme, une action qui demandait des complices, et qui tôt ou tard eût été découverte ? Ne dois-je pas croire le journal de la maladie du pape, plutôt qu'un bruit populaire ? Ce journal le fait mourir d'une fièvre double-tierce. Il n'y a pas le moindre vestige de cette accusation intentée contre sa mémoire. Son fils Borgia tomba malade dans le temps de la mort de son père ; voilà le seul fondement de l'histoire du poison. Le père et le fils sont malades en même temps, donc ils sont empoisonnés ; ils sont l'un et l'autre de grands politiques, des princes sans scrupule, donc ils sont atteints du poison même qu'ils destinaient à douze cardinaux. C'est ainsi que raisonne l'animosité ; c'est la logique d'un peuple qui déteste son maître : mais ce ne doit pas être celle d'un historien. Il se porte pour juge, il prononce les arrêts de la postérité : il ne doit déclarer personne coupable sans des preuves évidentes. »

Ce que je dis de Guichardin, je le dirai des *Mémoires de Sully* au sujet de la mort de Henri IV. Ces Mémoires furent composés par des secrétaires du duc de Sully, alors disgracié par Marie de Médicis ; on y laisse échapper quelques soupçons sur cette prin-

1. Nommé René ; voyez la note 3 de la page 75.

cesse, que la mort de Henri IV faisait maîtresse du royaume, et sur le duc d'Épernon, qui servit à la faire déclarer régente. Mézeray, plus hardi que judicieux, fortifie ces soupçons; et celui qui vient de faire imprimer le sixième tome des *Mémoires de Condé* [1] fait ses efforts pour donner au misérable Ravaillac les complices les plus respectables. N'y a-t-il donc pas assez de crimes sur la terre? Faut-il encore en chercher où il n'y en a point?

On accuse à la fois le P. Alagona, jésuite, oncle du duc de Lerme, tout le conseil espagnol, la reine Marie de Médicis, la maîtresse de Henri IV, madame de Verneuil, et le duc d'Épernon. Choisissez donc. Si la maîtresse est coupable, il n'y a pas d'apparence que l'épouse le soit; si le conseil d'Espagne a mis dans Naples le couteau à la main de Ravaillac, ce n'est donc pas le duc d'Épernon qui l'a séduit dans Paris, lui que Ravaillac appelait *catholique à gros grain*, comme il est prouvé au procès [2]; lui qui n'avait jamais fait que des actions généreuses; lui qui d'ailleurs empêcha qu'on ne tuât Ravaillac à l'instant qu'on le reconnut tenant son couteau sanglant, et qui voulait qu'on le réservât à la question et au supplice.

Il y a des preuves, dit Mézeray, que des prêtres avaient mené Ravaillac jusqu'à Naples : je réponds qu'il n'y a aucune preuve. Consultez le procès criminel de ce monstre, vous y trouverez tout le contraire. Je ne sais quelles dépositions vagues d'un nommé Dujardin et d'une Descomans ne sont pas des allégations à opposer aux aveux que fit Ravaillac dans les tortures. Rien n'est plus simple, plus ingénu, moins embarrassé, moins inconstant, rien par conséquent de plus vrai que toutes ses réponses. Quel intérêt aurait-il eu à cacher les noms de ceux qui l'auraient abusé? Je conçois bien qu'un scélérat associé à d'autres scélérats cèle d'abord ses complices. Les brigands s'en font un point d'honneur; car il y a de ce qu'on appelle *honneur* jusque dans le crime : cependant ils avouent tout à la fin. Comment donc un jeune homme qu'on aurait séduit, un fanatique à qui on aurait fait accroire qu'il serait protégé, ne décèlerait-il pas ses séducteurs? Comment, dans l'horreur des tortures, n'accuserait-il pas les imposteurs qui l'ont rendu le plus malheureux des hommes? N'est-ce pas là le premier mouvement du cœur humain?

---

1. C'est en 1743 que l'abbé Lenglet-Dufresnoy avait donné, comme sixième tome ou supplément des *Mémoires de Condé*, vingt et une pièces. (B.)

2. Ravaillac, d'après le texte exact du procès, semble parler ainsi de lui-même et convenir qu'il est, lui Ravaillac (et non le duc d'Épernon), un *catholique à gros grain*. Voyez, sur le sens de cette expression, page 295, note 1.

Ravaillac persiste toujours à dire dans ses interrogatoires : « J'ai cru bien faire en tuant un roi qui voulait faire la guerre au pape ; j'ai eu des visions, des révélations ; j'ai cru servir Dieu : je reconnais que je me suis trompé, et que je suis coupable d'un crime horrible ; je n'y ai jamais été excité par personne. » Voilà la substance de toutes ses réponses. Il avoue que le jour de l'assassinat il avait été dévotement à la messe ; il avoue qu'il avait voulu plusieurs fois parler au roi, pour le détourner de faire la guerre en faveur des princes hérétiques ; il avoue que le dessein de tuer le roi l'a déjà tenté deux fois, qu'il y a résisté, qu'il a quitté Paris pour se rendre le crime impossible, qu'il y est retourné vaincu par son fanatisme. Il signe l'un de ses interrogatoires *François Ravaillac :*

> Que toujours dans mon cœur
> Jésus soit le vainqueur !

Qui ne reconnaît, qui ne voit, à ces deux vers dont il accompagna sa signature, un malheureux dévot dont le cerveau égaré était empoisonné de tous les venins de la Ligue ?

Ses complices étaient la superstition et la fureur qui animèrent Jean Chastel, Pierre Barrière, Jacques Clément. C'était l'esprit de Poltrot qui assassina le duc de Guise ; c'étaient les maximes de Balthazar Gérard, assassin du grand prince d'Orange. Ravaillac avait été feuillant ; et il suffisait alors d'avoir été moine pour croire que c'était une œuvre méritoire de tuer un prince ennemi de la religion catholique. On s'étonne qu'on ait attenté plusieurs fois sur la vie de Henri IV, le meilleur des rois ; on devrait s'étonner que les assassins n'aient pas été en plus grand nombre. Chaque superstitieux avait continuellement devant les yeux Aod assassinant le roi des Philistins ; Judith se prostituant à Holopherne pour l'égorger dormant entre ses bras ; Samuel coupant par morceaux un roi prisonnier de guerre, envers qui Saül n'osait violer le droit des nations. Rien n'avertissait alors que ces cas particuliers étaient des exceptions, des inspirations, des ordres exprès, qui ne tiraient point à conséquence ; on les prenait pour la loi générale. Tout encourageait à la démence, tout consacrait le parricide. Il me paraît enfin bien prouvé, par l'esprit de superstition, de fureur, et d'ignorance, qui dominait, par la connaissance du cœur humain, et par les interrogatoires de Ravaillac, qu'il n'eut aucun complice. Il faut surtout s'en tenir à ces confessions faites à la mort devant des juges. Ces confessions prouvent expressément que Jean Chastel avait commis son parricide dans l'espérance d'être moins damné, et Ravaillac, dans l'espérance d'être sauvé.

Il le faut avouer, ces monstres étaient fervents dans la foi. Ravaillac se recommande en pleurant à saint François son patron et à tous les saints; il se confesse avant de recevoir la question; il charge deux docteurs auxquels il s'est confessé d'assurer le greffier que jamais il n'a parlé à personne du dessein de tuer le roi; il avoue seulement qu'il a parlé au P. d'Aubigny, jésuite, de quelques visions qu'il a eues, et le P. d'Aubigny dit très-prudemment qu'il ne s'en souvient pas; enfin le criminel jure jusqu'au dernier moment, sur sa damnation éternelle, qu'il est seul coupable, et il le jure plein de repentir. Sont-ce là des raisons? Sont-ce là des preuves suffisantes?

Cependant l'éditeur du sixième tome des *Mémoires de Condé* insiste encore; il recherche un passage des *Mémoires de L'Estoile* dans lequel on fait dire à Ravaillac, dans la place de l'exécution : « On m'a bien trompé quand on m'a voulu persuader que le coup que je ferais serait bien reçu du peuple, puisqu'il fournit lui-même des chevaux pour me déchirer. » Premièrement, ces paroles ne sont point rapportées dans le procès-verbal de l'exécution; secondement, il est vrai peut-être que Ravaillac dit ou voulut dire : « On m'a bien trompé quand on me disait : Le roi est haï, on se réjouira de sa mort. » Il voyait le contraire, et les regrets du peuple; il se voyait l'objet de l'horreur publique. Il pouvait bien dire : « On m'a trompé. » En effet, s'il n'avait jamais entendu justifier dans les conversations le crime de Jean Chastel, s'il n'avait pas eu les oreilles rebattues des maximes fanatiques de la Ligue, il n'eût jamais commis ce parricide. Voilà l'unique sens de ces paroles. Mais les a-t-il prononcées? Qui l'a dit à M. de L'Estoile? Un bruit de ville qu'il rapporte prévaudra-t-il sur un procès-verbal? Dois-je en croire ce L'Estoile, qui écrivait le soir tous les contes populaires qu'il avait entendus le jour? Défions-nous de tous ces journaux qui sont des recueils de tout ce que la renommée débite.

Je lus, il y a quelques années, dix-huit tomes in-folio des *Mémoires* du feu marquis de Dangeau : j'y trouvai ces propres paroles : « La reine d'Espagne, Marie-Louise d'Orléans, est morte empoisonnée par le marquis de Mansfeld; le poison avait été mis dans une tourte d'anguilles; la comtesse de Pernits, qui mangea la desserte de la reine, en est morte aussi; trois caméristes en ont été malades. Le roi l'a dit ce soir à son petit couvert. » Qui ne croirait un tel fait, circonstancié, appuyé du témoignage de

Louis XIV, et rapporté par un courtisan de ce monarque, par un homme d'honneur qui avait soin de recueillir toutes les anecdotes? Cependant il est très-faux que la comtesse de Pernits soit morte alors; il est tout aussi faux qu'il y ait eu trois caméristes malades, et non moins faux que Louis XIV ait prononcé des paroles aussi indiscrètes. Ce n'était point M. de Dangeau qui faisait ces malheureux mémoires, c'était un vieux valet de chambre imbécile, qui se mêlait de faire à tort et à travers des gazettes manuscrites de toutes les sottises qu'il entendait dans les antichambres. Je suppose cependant que ces mémoires tombassent dans cent ans entre les mains de quelque compilateur : que de calomnies alors sous presse! que de mensonges répétés dans tous les journaux! Il faut tout lire avec défiance. Aristote avait bien raison quand il disait que le doute est le commencement de la sagesse [1].

EXTRAIT

DU PROCÈS CRIMINEL FAIT A FRANÇOIS RAVAILLAC.

Interrogatoire du 19 mai 1610.

A dit qu'il n'a jamais reçu aucun outrage du roi, et que la cour a assez d'arguments suffisants par les interrogatoires et réponses au procès ; qu'il n'y a nulle apparence qu'il y ait été induit par argent, ou suscité par gens ambitieux du sceptre de France; car si tant est qu'il eût été porté par argent ou autrement, il semble qu'il ne fût pas venu jusqu'à trois fois et à trois voyages exprès d'Angoulême à Paris, distants l'un de l'autre de cent lieues, pour donner conseil au roi de ranger à l'Église catholique et romaine ceux de la Religion prétendue réformée, gens du tout contraires à la volonté de Dieu et de son Église, parce que qui a volonté de tuer autrui par argent, dès qu'il se laisse malheureusement corrompre par avarice pour assassiner son prince, ne va pas l'avertir comme il a fait trois diverses fois, ainsi que le sieur de La Force a reconnu, depuis l'homicide commis par l'accusé, avoir été dans le Louvre, et prié instamment de le faire parler au roi, à quoi

---

1. Nous joindrons ici un extrait du procès criminel de Ravaillac, qui peut servir de preuve à ce qu'on vient de lire. (K.)
— J'attribue cette note aux éditeurs de Kehl, parce que leurs éditions sont les premières dans lesquelles j'ai trouvé l'*Extrait du procès criminel*. (B.)

ledit sieur de La Force aurait répondu qu'il était un papault et un catholique à gros grains, lui demandant s'il connaissait M. d'Épernon ; et l'accusé lui répondit que oui, et qu'il était catholique à gros grains : et ayant dit au sieur de La Force qu'étant catholique, apostolique et romain, et voulant tel vivre et mourir, il le suppliait de vouloir le faire parler au roi, afin de déclarer à Sa Majesté l'intention où il était depuis si longtemps de le tuer, n'osant le déclarer à aucun autre, parce que l'ayant dit à Sa Majesté, il se serait désisté tout à fait de cette mauvaise volonté.

Enquis si dès lors qu'il fit ses voyages pour parler au roi et lui conseiller de faire la guerre à ceux de la Religion prétendue réformée, il avait projeté, au cas que Sa Majesté ne voulût accorder ce dont l'accusé la suppliait, de faire le malheureux acte qu'il a commis ;

A dit que non, et que s'il l'avait projeté, s'en était désisté, et avait cru qu'il était expédient de lui faire cette remontrance plutôt que de le tuer.

Remontré qu'il n'avait point changé sa mauvaise intention, parce que depuis le dernier voyage qu'il a fait à Angoulême le jour de Pâques, il n'a cherché les moyens de parler au roi, ce qui démontre assez qu'il était parti en cette résolution de faire ce qu'il a fait ;

A dit qu'il est véritable.

Enquis si le jour de Pâques et de son départ il fit la sainte communion ;

A dit que non, et l'avait faite le premier dimanche de carême ; mais néanmoins qu'il fit célébrer le sacrifice de la sainte messe en l'église Saint-Paul d'Angoulême, sa paroisse, comme se reconnaissant indigne d'approcher de ce très-saint et très-auguste sacrement, plein de mystère et d'incompréhensible vertu, parce qu'il se sentait encore vexé de cette tentation de tuer le roi, et en tel état ne voulait s'approcher du précieux corps de son Dieu.

..... Enquis s'il ne les a pas fait venir (les démons) dans la chambre où était couché ledit Dubois ;

A dit que non ; qu'il est bien vrai que lui accusé, étant couché dans un grenier au-dessus de la chambre dudit Dubois, dans lequel grenier étaient aussi couchées d'autres personnes, il entendit à l'heure de minuit ledit Dubois qui le priait de descendre dans sa chambre, s'exclamant avec grands cris : « Ravaillac, mon ami, descends en bas, je suis mort ; mon Dieu, ayez pitié de moi ! » Alors l'accusé voulut descendre ; mais il en fut empêché par ceux qui étaient avec lui, pour la crainte qu'ils avaient ; de sorte qu'il ne descendit point, et le lendemain il demanda audit Dubois qui l'avait mû de crier ainsi ; à quoi il lui fit réponse qu'il avait vu dans sa chambre un chien noir d'une excessive grosseur et fort effroyable, lequel s'était mis les deux pieds de devant sur son lit ; de quoi il avait eu telle peur qu'il en avait pensé mourir, et avait appelé l'accusé à son secours ; à quoi l'accusé fit réponse que, pour renverser ces horribles visions, il devait avoir recours à la célébration du Saint Sacrement de l'autel ; et furent à cet effet au couvent des cordeliers faire dire la messe, pour attirer la grâce de Dieu et le préserver des visions de Satan, ennemi commun des hommes.

Remontré qu'il y a apparence que c'était lui qui avait fait paraître ce chien ;

A dit que non, et de peur que nous n'ajoutions pas de foi à ses réponses, cette vérité serait attestée par ceux qui étaient dans la chambre où il était couché, qui l'empêchèrent de descendre, qui étaient l'hôtesse de la maison et une sienne cousine, qui le prièrent de n'y point aller à cause qu'elles avaient entendu un grand bruit dans la chambre.

Remontré qu'il n'a point eu volonté de changer son malheureux dessein, ne voulant recevoir la communion le jour de Pâques, parce que c'était le moyen de s'en divertir, duquel moyen n'ayant usé, et s'étant ainsi éloigné de la sainte communion, il a continué en sa mauvaise entreprise;

A dit que ce qui l'empêcha de communier fut qu'il avait pris cette résolution le jour de Pâques de venir tuer le roi; mais aurait ouï la sainte messe auparavant de partir, croyant que la communion réelle de sa mère était suffisante pour elle et pour lui.

Remontré que lui ayant cette mauvaise intention de commettre cet acte, il était en péché et en danger de damnation, ne pouvant participer à la grâce de Dieu et communion des fidèles chrétiens pendant qu'il avait cette mauvaise volonté, dont se devait départir pour être en la grâce de Dieu;

A dit qu'il ne fait pas de difficulté de convenir qu'il n'ait été porté d'un propre mouvement et particulier, contraire à la volonté de Dieu, auteur de tout bien et vérité, contraire au diable, père du mensonge; mais que maintenant, à la remontrance que lui faisons, il reconnaît qu'il n'a pu résister à cette tentation, étant hors du pouvoir des hommes de s'empêcher de mal; et qu'à présent il a déclaré la vérité entière sans rien retenir et cacher; il espérait que Dieu tout bénin et miséricordieux lui fera pardon et rémission de ses péchés, étant plus puissant pour dissoudre le péché, moyennant la confession et absolution sacerdotale, que les hommes pour l'offenser; priant la sacrée Vierge, saint Pierre, saint Paul, saint François (en pleurant), saint Bernard, et toute la cour céleste de paradis, requiert être ses avocats envers sa sacrée majesté, afin qu'elle impose sa croix entre la mort et jugement de son âme et l'enfer. Par ainsi requiert et espère être participant des mérites de la passion de notre Sauveur Jésus-Christ, le suppliant bien humblement lui faire la grâce d'être associé aux mérites de tous les trésors qu'il a infus en la puissance apostolique, lorsqu'il a dit : *Tu es Petrus*, etc.

EXTRAIT

DU PROCÈS-VERBAL DE LA QUESTION.

Du 27 mai.

Arrêt de mort prononcé par le greffier, qui l'a prévenu (Fr. Ravaillac) que, pour révélation de ses complices, sera appliqué à la question; et, le serment de lui pris, a été exhorté de prévenir le tourment, et s'en rédimer par la reconnaissance de la vérité, qui l'avait induit, persuadé et fortifié à ce méchant acte, à qui il en avait communiqué et conféré ;

A dit que, par la damnation de son âme, il n'y a eu homme, femme, ni autre que lui qui l'ait su. Appliqué à la question, a persisté, etc...

ÉTAT DES RECHERCHES HISTORIQUES.
(1877.)

Les recherches, plus approfondies depuis Voltaire, n'ont fait que confirmer son jugement.

Qu'est-ce que Ravaillac? D'où vient ce sombre personnage qui, d'un coup de couteau, osa mettre fin au règne le plus réparateur et le plus fécond peut-être qu'il y ait dans l'histoire moderne? Car, il n'y a pas à le méconnaître, quoique Henri IV n'eût qu'ébauché son œuvre, la France, à sa mort, diffère complétement de ce qu'elle était à son avénement au trône. Un grand progrès s'était fait en quelques années dans l'esprit public. Le jour même du crime de Ravaillac, les deux anciens chefs de la Ligue, Mayenne et le jeune duc de Guise, pressèrent la reine de maintenir les édits de pacification. Le dimanche qui suivit, 16 mai 1610, le peuple des faubourgs, le redoutable peuple des Seize, protégea les calvinistes se rendant au prêche à Charenton. Dans la plupart des paroisses et églises de Paris, les curés et docteurs catholiques, dit L'Estoile, prêchèrent l'union et la concorde avec les réformés. Il en fut de même par toute la France. « Les catholiques, continue L'Estoile, dans les villes où ils se trouvaient les plus forts, prenaient les huguenots sous leur protection, comme aussi faisaient les huguenots dans les villes où ils se trouvaient les maîtres. Ils se juraient les uns aux autres une inviolable fidélité et se promettaient un mutuel secours. » Un apaisement sensible s'était opéré, que rendirent plus sensible alors l'impression immense de la perte commune et le sentiment d'un commun péril.

C'était l'idée de tolérance qui s'imposait à la nation. Mais le prince auquel était dû cet important résultat périssait martyr de cette idée. Les grandes nouveautés morales, brisant les anciens courants, heurtant les anciennes passions, tuent presque toujours ceux qui les représentent d'abord. Tout principe rénovateur qui s'introduit dans le monde paye comme une dette de sang.

Des profondeurs de la foule surgit un homme obscur qui proteste par le meurtre contre la tendance générale, contre le mouvement de l'opinion. Qu'est-ce que cet homme encore une fois? A-t-il derrière lui de nombreux complices? Est-il l'agent de machinations ténébreuses? Ou bien son crime est-il tout spontané, tout personnel? Observons-le attentivement. La réponse se fera d'elle-même.

Dans ces premières années du dix-septième siècle, vivait à Angoulême un pauvre hère, moitié procureur, moitié maître d'école, nommé François

Ravaillac. Il était solliciteur de procès, c'est-à-dire à peu près ce qu'on appelle maintenant homme d'affaires; mais il faisait peu de chose de ce métier. A défaut de procès à solliciter, il apprenait leurs prières à de petits enfants pauvres, dont les parents le payaient en objets de consommation, pain, vin, lard, etc. Né en 1578, ayant donc eu trente ans en 1608, il était grand, robuste, large des épaules. Roux de cheveux et de barbe, d'un roux foncé et noirâtre, il avait une physionomie sinistre. Un meurtre ayant été commis dans la ville, il en fut soupçonné, probablement à cause de cette inquiétante physionomie, et tenu en prison pendant un an, après quoi on l'acquitta. Il fut remis en prison pour dettes, puis relâché. Il menait une existence assez précaire et misérable; il habitait avec sa mère, qui était séparée de son mari et qui allait à l'aumône. Il partageait les idées les plus exaltées qu'eussent laissées après elles les guerres de religion à peine apaisées.

Il s'était développé pendant la Ligue un certain mysticisme politique, inventé ou réchauffé par les théologiens espagnols afin de favoriser le gouvernement autocratique de Philippe II et ses prétentions à la monarchie universelle, et qui, importé en France, avait dénaturé le caractère national de ce grand mouvement populaire. C'est ce que les auteurs de la *Satire Ménippée* appellent « le faux catholicon d'Espagne ». Parmi ces doctrines se mêlaient de dangereuses discussions sur le régicide. Filles de l'Inquisition espagnole, répandues chez nous à la faveur des dissensions civiles qui agitèrent la dernière moitié du seizième siècle, prêchées au peuple au milieu des soulèvements de la Ligue, ces doctrines troublèrent beaucoup d'esprits, égarèrent des âmes crédules et sombres.

Quoique le pays, sous le règne de Henri IV, échappât de plus en plus à cette influence malsaine et antifrançaise, les fougueuses passions de la période antérieure persistaient dans une minorité intraitable. Toutes les fois que la politique royale se mettait en opposition plus ouverte avec l'ancien esprit de la Ligue, il y avait une recrudescence de ces déclamations dans lesquelles les guerres de religion prolongeaient leur retentissement. Elles entretenaient, dans une partie de la population, une irritation et des plaintes qui pouvaient faire illusion sur les sentiments que le monarque inspirait à la grande masse de la nation et qui éclatèrent à sa mort. Impuissantes à produire aucun mouvement sérieux, elles avaient un danger, c'était d'exalter des imaginations inflammables, d'enfiévrer des esprits maladifs. On en avait eu la preuve trop fréquente pendant ce règne. C'était ce vieux levain de fanatisme qui avait fomenté la plupart des tentatives faites contre la vie du roi. Il allait susciter Ravaillac.

Nul n'était plus disposé que le maître d'école d'Angoulême à tomber dans ces aberrations farouches. C'était un cerveau mal organisé, une imagination troublée, visionnaire. Il raconte, dans son interrogatoire, que, pendant qu'il était en prison pour dettes dans sa ville natale, il eut des visions. Voici en quoi elles consistaient : « Il avait senti le feu de soufre et d'encens, qui démontrait le purgatoire contre l'erreur des hérétiques. » Étant sorti de prison, raconte-t-il encore, un samedi après Noël, ayant de nuit fait sa méditation accoutumée, les mains jointes et les pieds croisés dans son lit, il avait senti sa face et sa bouche couvertes d'une chose qu'il ne put discerner, parce que c'était à l'heure de matines, c'est-à-dire de minuit. « Et, étant en cet état, il eut volonté de chanter les cantiques de David, commençant *Dixit Dominus* jusqu'à la fin du cantique, avec le *Miserere* et le *De Profundis* tout au long. Il lui sembla que, les chantant, il avait à sa bouche une trompette faisant pareil son qu'une trompette à la guerre. Le lendemain matin, s'étant levé et ayant fait sa méditation à genoux, recolligé en Dieu à la manière accoutumée, il s'assit sur une petite chaise devant le foyer; et puis, s'étant passé un peigne par la tête, voyant que le jour n'était pas encore venu, il aperçut du feu en un tison, acheva de s'habiller, prit un morceau de sarment de vigne, lequel ayant allié avec le tison où était le feu, il mit les deux genoux en terre et se prit à souffler. Il vit incontinent, aux deux côtés de sa face, à droite et à gauche, à la lueur du feu qui sortait par le soufflement, des hosties semblables à celles dont l'on a accoutumé faire la communion aux catholiques en l'église de Dieu, et au-dessous de sa face, au droit de sa bouche, il vit par le côté un rond de la même grandeur que 'hostie que lève le prêtre à la célébration du service divin. » Grand signe de prédestination à des actes mémorables!

Voilà quelle était la force intellectuelle de l'instituteur angoumoisin. L'orgueil acheva d'exalter cette pauvre tête. Il crut avoir des révélations sur les desseins du Très-Haut, et il les écrivit. Quand il voulut se faire moine, entrer dans un couvent de feuillants, il communiqua ces prétendues révélations au prieur. On s'aperçut qu'il avait l'esprit dérangé, et on le renvoya.

Entre croire qu'on a des révélations sur les desseins du Très-Haut et croire qu'on est choisi pour les exécuter, il n'y a qu'un pas à franchir. C'est ainsi que l'idée de mettre à mort un roi qui tolérait et favorisait les hérétiques, au lieu de les exterminer, s'empara du maître d'école et prit bientôt en lui les caractères d'une idée fixe. Avec son instruction tout à fait élémentaire, il se mit à étudier la question de savoir s'il est permis de tuer un tyran; il consulta les livres de théologie où cette question était traitée. Quand on l'interrogea après son crime, on le trouva au courant de toutes les distinctions et de toutes les subtilités scolastiques auxquelles cette question avait donné lieu, ignorant sur tout le reste.

Sa profession de solliciteur de procès l'avait appelé déjà à Paris. Au temps de Noël 1609, il se mit en route pour cette ville; il voulait faire taxer ses dépens dans quelque affaire, mais son but était surtout d'avertir et de sommer le roi qu'il eût à soumettre et réduire ceux de la Religion prétendue réformée à l'Église romaine. Il fut quatorze jours à faire le voyage. Arrivé à Paris, il chercha pendant un mois tous les moyens d'avoir accès auprès du roi, annonçant qu'il avait eu des visions pour l'extermination de l'hérésie calviniste. Il s'adressa pour cela à un écuyer de la reine Marguerite, qui lui répondit sans façon qu'il n'avait pas la mine d'un saint personnage ni d'un homme de bien. Il s'adressa au secrétaire de Mme d'Angoulême; on lui répondit qu'elle était malade. Il se présenta chez le cardinal Duperron, où on le repoussa en lui disant qu'il ferait mieux de s'en retourner à sa maison. Partout sa physionomie égarée et peu rassurante le faisait tenir à l'écart.

Il supplia, pressa, conjura La Force, capitaine des gardes, jusqu'à trois reprises, de l'introduire auprès de Sa Majesté ; La Force s'y refusa, l'appelant « papault[1] et catholique à gros grains[2]. » Il l'aurait arrêté s'il n'en avait été empêché par les ordres formels du roi, défendant aucune arrestation pour conspiration ou desseins suspects contre sa personne. Ravaillac était, pendant ce voyage, affublé d'une grande casaque verte qui le faisait remarquer de tout le monde. Ayant un jour rencontré Henri IV qui passait en carrosse près des Innocents, Ravaillac s'élança de la foule « comme un grand diable vert », suivant l'expression d'un témoin, et se précipita en criant : « Sire, au nom de Notre-Seigneur Jésus-Christ et de la sacrée vierge Marie, que je parle à vous! » Le grand prévôt, qui escortait la voiture, l'éloigna avec sa baguette.

Il était impossible qu'un tel homme fût discret, qu'il ne trahît pas les préoccupations auxquelles il était livré. On le voit, en effet, essayer des demi-confidences. Ainsi, à l'en croire, il se serait abouché avec un père jésuite, nommé d'Aubigny ; il lui montra un jour un petit couteau où il y avait un cœur et une croix, disant, en termes vagues, que le cœur du roi devait être porté à faire la guerre aux hérétiques. Il lui parla aussi de ses visions. Le P. d'Aubigny, raconte Ravaillac, lui fit réponse qu'il croyait que c'étaient plus imaginations que visions, qui procédaient d'avoir le cerveau troublé, comme son visage le démontrait, et lui conseilla de manger de bons potages, retourner en son pays, dire son chapelet et prier Dieu. Il est vrai que, confronté avec Ravaillac après le crime, le P. d'Aubigny déclara ne point le reconnaître et n'avoir conservé aucun souvenir du récit que faisait l'accusé. Celui-ci ne marqua aucune irritation de ce désaveu, fait en termes très-vifs, et persista dans son récit.

Il resta l'espace d'un mois environ à Paris : il y fut réduit à une profonde misère, jusque-là d'implorer une aumône d'un sou à l'issue d'une messe à laquelle il avait assisté dans l'église des Jésuites de la rue Saint-Antoine. Enfin la détresse où il se trouvait l'obligea de reprendre le chemin d'Angoulême à la fin de janvier 1610.

Pendant ce séjour, Ravaillac, quoique la tentation de tuer le roi le poursuivît depuis longtemps, n'avait encore, ainsi qu'il l'affirma ensuite, formé d'autre dessein que de sommer Henri IV, au nom de ses prétendues révélations, de faire la guerre aux huguenots, sans avoir arrêté ce qu'il ferait au cas où le souverain refuserait d'obtempérer à ses avis, qu'il considérait comme des ordres de la Providence. En partant de Paris pour revenir à Angoulême, après s'être convaincu de l'impuissance où il était de parler au roi, la pensée du meurtre avait pris beaucoup plus de consistance dans son esprit.

Il s'efforça cependant de chasser l'idée qui l'obsédait. Il se remit à donner des leçons aux petits enfants. Il se confessa, communia le premier jour

---

1. *Papault*, papiste ; *ultramontain*, comme on dirait maintenant.
2. Cette expression avait alors le sens de catholique renforcé, catholique portant des chapelets à gros grains. Elle était prise, toutefois, en mauvaise part, de sorte que par la suite elle signifia au contraire : mauvais catholique, tiède et négligent. On écrivit alors : *à gros grain*.

de carême. Mais les fausses rumeurs venaient le poursuivre dans sa retraite. Le bruit courut parmi le peuple que les huguenots avaient comploté de massacrer tous les catholiques à la dernière fête de Noël, que le roi avait les preuves de ce complot, et qu'il se refusait à faire justice de ceux qui en étaient les auteurs. Ce bruit de représailles de la Saint-Barthélemy se renouvelait périodiquement, et était toujours accueilli avec la même crédulité. Il frappa vivement l'imagination enfiévrée du maître d'école. De plus, de vagues notions sur les projets de Henri IV circulaient dans les provinces : ces projets mal connus y étaient interprétés par la passion politique ou par l'inquiétude religieuse. On savait que le roi, se préparant à attaquer l'Autriche sur tous les points à la fois, dans les Pays-Bas, en Allemagne, en Espagne, allait, en outre, diriger contre elle une expédition en Italie. Or dans l'Italie était le pape, qui, depuis quarante ans, avait été l'allié des Impériaux, qui occupaient l'Italie presque entière. De ce fait on concluait que le roi de France allait attaquer le pape, quoique le pape Paul V, fatigué des Impériaux, fût de moitié dans les projets de guerre et de conquête de Henri IV en Italie. « Se trouvant à la maison d'un nommé Béliart, dit Ravaillac dans son interrogatoire, ce Béliart dit avoir appris que l'ambassadeur du pape avait déclaré au roi que, s'il faisait la guerre, il l'excommunierait, et que Sa Majesté aurait fait réponse que ses prédécesseurs avaient mis les papes en leur trône et que, s'il l'excommuniait, il l'en déposséderait. »

Ces propos rendirent à Ravaillac toute sa résolution de tuer le roi, « parce que faire la guerre contre le pape, c'est la faire contre Dieu, *d'autant que le pape est Dieu et Dieu est le pape* ». Lorsque vint l'époque de la communion pascale, il se sentit indigne, sous l'empire de ces sanguinaires pensées, de s'approcher de la sainte table. Il fit toutefois célébrer une messe en l'église Saint-Paul d'Angoulême, sa paroisse ; sa mère y reçut le corps du Sauveur, mais lui s'abstint. Quand on l'interrogea ensuite sur les sentiments qui l'avaient dirigé en cette occasion, il dit « se ressouvenir que l'affection qu'il avait au saint sacrement de l'autel le lui avait fait faire, parce qu'il espérait que sa mère, allant recevoir son Dieu en ce sacrifice qu'il faisait célébrer, il serait participant de sa communion, la croyant, depuis qu'il est au monde, être portée d'une plus religieuse affection envers son Dieu que lui l'accusé ; c'est pourquoi il pria alors Dieu et s'en remit à elle de son devoir, n'osant pas l'accomplir lui-même. » En disant ces paroles, ajoute le greffier, il jeta pleurs et larmes abondantes.

Il partit d'Angoulême le jour de Pâques et vint se loger au faubourg Saint-Jacques ; puis, pour se rapprocher du Louvre, au faubourg Saint-Honoré, à l'enseigne des *Trois-Pigeons*. Étant entré à l'hôtellerie des *Quinze-Vingts*, qui était à côté, il fut refusé parce qu'il y avait trop d'hôtes ; mais sur la table il aperçut un couteau. Ce couteau, tranchant des deux côtés par la pointe, lui sembla propre à exécuter sa volonté ; il le prit. Il le garda quinze jours ou trois semaines en un sac en sa pochette. Ayant rompu, à force de le tourmenter, le manche de baleine qui y était, il en fit mettre un autre de corne de cerf par le frère de son hôte, qui était tourneur.

Il se livrait pourtant en lui-même un violent combat. Il ne pouvait se taire sur son horrible projet. Il proposait des doutes, en termes généraux, à des religieux qu'il abordait; demandant si un homme ayant eu la tentation de tuer le roi, et s'en confessant au pénitencier ou à un prêtre ayant charge d'âmes, celui-ci serait tenu de le dénoncer à la justice. Il interrogeait aussi les soldats, leur demandant, au cas où le roi voudrait faire la guerre au souverain pontife, s'ils lui obéiraient. Les soldats répondaient qu'ils y étaient tenus, qu'ils feraient cette guerre-là aussi bien qu'une autre, et que si le roi avait tort, la responsabilité en retomberait sur lui. Tous ces propos expliquent suffisamment les avis qui parvinrent au roi, les bruits qui coururent la ville, auxquels on prêtait peu d'attention avant le crime, mais qui furent ensuite relevés avec soin et qui fortifièrent les soupçons de complot.

Il se désista encore de sa volonté, sortit de Paris, alla jusqu'à Étampes. Pendant qu'il cheminait à la hauteur du jardin de Chanteloup, une charrette marchait devant lui. Dans les angoisses auxquelles il était en proie, frappant la charrette de son couteau, il y rompit la pointe de la longueur d'un pouce. Au faubourg d'Étampes, il aperçut le calvaire, l'*Ecce homo*. Cette vue lui rendit sa résolution. Il entendit répéter de nouveau que le roi allait faire la guerre au pape et transférer le saint-siége à Paris. Il revint sur ses pas, refit sur une pierre la pointe de son couteau, rentra à Paris. Le couronnement de la reine Marie de Médicis allait avoir lieu à Saint-Denis. C'était une garantie, disait-on, qu'en cas d'accident survenant au roi, il n'éclaterait pas de troubles dans le royaume. Comme Ravaillac ne se proposait pas de troubler le royaume, mais prétendait au contraire le délivrer, il attendit que la reine eût été couronnée à Saint-Denis. Le lendemain, vendredi 14 mai, à quatre heures du soir, étant en embuscade dans le Louvre, entre les deux portes, il vit le roi sortir en carrosse, le suivit jusque devant les Innocents, et, au moment où le carrosse était forcé de s'arrêter ou du moins de marcher très-lentement à cause d'un embarras de voitures, il s'élança, passa son bras au-dessus de la roue et donna au roi deux coups de couteau dans le côté gauche.

On sait le deuil immense de la France, la terreur et la fureur du peuple. Tandis que Ravaillac assassinait Henri IV, parce que ce prince allait faire la guerre au pape, Paul V, apprenant cette mort, disait, les yeux pleins de larmes et la voix étouffée par les sanglots : « J'ai perdu mon bon fils aîné, prince grand, magnanime, sage et incomparable, vrai fils de l'Église et affectionné à ce saint-siége. »

On a dit que l'instruction fut écourtée, la condamnation brusquée. M. Poirson, dans le dernier volume de son *Histoire du règne de Henri IV*, fait bonne justice de ces assertions. Achille de Harlay présidait la commission, c'est dire qu'aucune corruption, ni aucune complaisance n'est admissible. On avait affaire à un assassin pris en flagrant délit et avouant son crime. Il n'y avait donc qu'à s'assurer s'il avait des complices. Sa prison, ses interrogatoires, ses tortures, durèrent treize jours. Le peuple exaspéré réclamait la mort du meurtrier avec une impatience à laquelle il eût été dangereux de résister plus longtemps. Les juges et le greffier, tant pendant le cours de l'instruction qu'après le jugement, lui firent subir dix-sept interrogatoires, le pressant de déclarer les instigateurs ou les confidents de l'attentat. Le président de Harlay le menaça, s'il ne les nommait pas, de faire venir son père et sa mère, qui seraient déchirés sous ses yeux. L'assassin fut troublé par cette menace, mais persista à soutenir qu'il n'avait ni confident, ni complice. On lui fit subir deux fois la question, une première fois extra-légalement à l'hôtel de Retz, au moyen de vis de carabine serrées et avec une telle violence qu'il eut les os des pouces rompus; une seconde fois à la fin de l'instruction et par l'ordre des juges. On lui mit les brodequins; trois coins furent enfoncés successivement. Le patient poussa de grands cris, mais ne varia point dans ses déclarations; il perdit la parole, s'évanouit, resta demi-mort. A chaque période de la torture, on interroge Ravaillac; ses réponses sont consignées dans le procès-verbal qu'on a publié. Ravaillac répond constamment, au milieu des plus horribles douleurs, que jamais ni Français ni étranger ne lui a conseillé ni persuadé de commettre l'attentat que seul il a résolu et seul il a commis; et que « s'il avait été induit à ce fait par quelqu'un de France ou de l'étranger, et qu'il fût tant abandonné de Dieu que de vouloir mourir sans le déclarer, il ne croirait pas être sauvé ni qu'il y eût de paradis pour lui ».

Deux docteurs en Sorbonne, les plus doctes et les plus honnêtes qu'il y eût alors, les docteurs Filsac et Gamaches, ne le quittèrent pas dans l'intervalle de plusieurs heures qui sépara la torture du supplice. Ils lui firent signer et avouer tout haut sa confession, où il affirmait encore n'avoir agi que de son propre mouvement et par la suggestion de l'esprit du mal.

A trois heures de l'après-midi, on le fit sortir de prison, et avant même que d'en sortir il put juger de la rage excitée par son crime. Il ne croyait pas à la fureur du peuple. Quand il entendit donner des ordres pour l'empêcher d'être déchiré dans le trajet, il dit avec orgueil qu'on n'aurait garde de le toucher, persuadé qu'on lui savait gré, au contraire, d'avoir délivré le royaume d'un monarque contre lequel il avait entendu tant de plaintes. Il fut bientôt détrompé. Il faillit être étranglé d'abord par les prisonniers. Puis, dans la cour du Palais et sur tout le chemin qu'il parcourut, la foule fut contenue avec peine; elle voulait le mettre en pièces, elle vomissait feux et flammes contre lui. La colère publique était montée à un degré inouï.

On le mena faire amende honorable à Notre-Dame, puis on le conduisit à la place de la Grève, où il souffrit les plus horribles supplices, qui ne pouvaient satisfaire encore la vengeance du peuple. Le feu fut mis à son bras; sa main droite percée de part en part d'un couteau rougi au feu de soufre. Ensuite, on lui déchira la poitrine et le gras des jambes avec des tenailles rougies. On arrosa les plaies avec du plomb fondu, de la cire, du soufre, de l'huile et de la poix bouillantes. Il poussait des hurlements affreux. La multitude criait qu'on allait trop vite, qu'il fallait le faire languir. Lorsque le clergé voulut réciter les prières accoutumées, elle s'y opposa, criant qu'il ne fallait pas prier pour ce méchant et traître parricide.

Après avoir subi ces effroyables tortures, au moment d'être tiré à quatre chevaux, Ravaillac demanda l'absolution à son confesseur, l'un des docteurs de Sorbonne. Celui-ci la lui refusa, en disant que cela lui était défendu en crime de lèse-majesté au premier chef, s'il ne voulait révéler ses fauteurs et complices. Il répondit qu'il n'en avait point, ainsi qu'il avait souvent protesté et protestait encore derechef. Le prêtre ne voulant pas passer outre : « Donnez-moi, dit le mourant, l'absolution, au moins à condition, au cas que ce que je dis soit vrai. — Je le veux, lui répondit le confesseur, mais à cette condition qu'au cas qu'il ne soit ainsi, votre âme, au sortir de cette vie que vous allez perdre, s'en va droit en enfer et au diable, ce que je vous dénonce de la part de Dieu comme certain et infaillible. — Je l'accepte et la reçois, dit-il, à cette condition. »

On fit tirer les chevaux par petites secousses pendant une demi-heure, et, dans les temps d'arrêt, le greffier l'admonesta encore à plusieurs reprises de dire la vérité. Le malheureux eut la force de répéter : « Il n'y a que moi qui l'ai fait ! » Un des chevaux étant trop fatigué pour continuer à tirer, un cavalier donna le sien. Au bout d'une grande heure d'écartèlement, Ravaillac fut enfin démembré, puis mis en pièces par la populace.

Soit que l'on considère les circonstances qui précédèrent l'attentat, soit que l'on considère celles qui le suivirent, il est évident que Ravaillac obéit à une impulsion personnelle et non à un mot d'ordre, qu'il agit pour son compte, sous l'empire de passions aveugles, et non pour le compte d'autrui. Ses fausses démarches, ses indiscrétions, ses incertitudes, eussent fait de cet homme l'agent de complot le plus invraisemblable. Rappelez-vous cet habit vert qui attire les yeux, ces visites à tous les personnages qui peuvent lui donner accès auprès du roi, ce dénûment qui le force une première fois à quitter Paris; au moment où il commit son crime, il n'avait plus que trois quarts d'écu; si l'occasion de l'exécuter ne s'était pas offerte, il eût été obligé, comme il l'a avoué, de repartir le lendemain pour Angoulême. Puis songez à ces dénégations persévérantes dans les tortures et en présence de la mort. La confession de ses angoisses et de ses hallucinations a, d'ailleurs, un caractère de vérité incontestable. Lorsqu'on examine ainsi le personnage de près, aucun doute n'est possible.

Ce n'est pourtant pas le sentiment qui a prévalu chez la plupart des historiens. Le goût des complications dramatiques entre pour beaucoup, assurément, dans l'opinion contraire. Mais ce qui l'a entretenue et fortifiée, c'est la tendance qui, au moment même de la catastrophe, fit naître et accrédita des bruits de complot. On se persuade malaisément qu'un événement qui a les plus graves conséquences politiques ait pour auteur un individu isolé et obscur, mû et poussé par de funèbres rêveries. On a peine à accepter le rôle du grain de sable dans les affaires de ce monde. Aussi, bien des rumeurs ne manquèrent pas de circuler à la mort de Henri IV, « dans l'horreur et l'indignation, comme dit Bossuet, qu'inspira un coup si soudain et si exécrable ». L'Estoile s'est fait, à son ordinaire, l'écho immédiat de ces rumeurs. Elles se renouvelèrent par la suite, et l'on chercha à leur donner plus de consistance. Sept mois après le supplice de Ravaillac, au mois de janvier 1611, Jacqueline de Voyer, dite la d'Escoman, épouse d'Isaac de la Varenne, femme faisant métier de la galanterie, adressa à la justice des dénonciations contre la marquise de Verneuil, Henriette d'Entragues. Elle fut traduite, non devant une commission, mais devant le parlement, devant la justice régulière du pays. Les chambres, assemblées et présidées par le vieil ami de Henri IV, Achille de Harlay, reçurent d'abord les dénonciations de la d'Escoman. Elle fut jugée ensuite par une chambre du parlement composée de dix-huit conseillers; elle fut déclarée calomniatrice, condamnée à la prison perpétuelle, et ceux qu'elle avait accusés furent déchargés et proclamés innocents (23 et 30 juillet 1611). L'accusation était, en effet, des moins vraisemblables. La marquise de Verneuil n'avait aucun intérêt au crime et en avait un immense à l'empêcher. Même après son refroidissement pour elle, le roi lui demeurait attaché par le lien d'une ancienne affection, par le lien bien autrement fort de leurs enfants. Henri mort, elle perdait tout appui; elle tombait à la merci de la reine, qui l'avait toujours détestée. Comment donc expliquer cette accusation ? Il est clair que la d'Escoman essaya d'exploiter ces rancunes de la régente, qui étaient bien connues. Elle crut que Marie de Médicis lui saurait gré de diriger contre une ancienne rivale les soupçons qui inquiétaient les esprits: elle fut déçue dans son calcul. Non-seulement la reine ne prit pas son parti, mais l'opinion publique ne la soutint pas davantage.

Quelques années plus tard, en 1615, une tentative analogue, mais plus politique, a lieu. Les circonstances ont changé. L'autorité de Marie de Médicis et du duc d'Épernon est ébranlée et impopulaire. Un aventurier nommé Pierre Dujardin, fils d'un plâtrier de Rouen, se faisant appeler capitaine et sieur de La Garde, après avoir été offrir ses services dans les diverses cours de l'Europe et n'avoir pu demeurer nulle part, rentrait en France. Voulant attirer l'attention sur lui et faire un coup d'éclat, il publie un factum dans lequel il accuse le conseil d'Espagne, le jésuite Alagona et le duc d'Épernon, d'avoir été les instigateurs de l'assassinat de Henri IV. Il y faisait le récit romanesque et incontestablement faux d'une rencontre qu'il aurait faite de Ravaillac à Naples en 1609. Il est enfermé à la Bastille, puis à la Conciergerie; il subit de nombreux interrogatoires. Aucune des ambitions rivales qui s'agitaient alors ne consent à s'armer, comme il l'espérait, de ses dénonciations. Le grand ennemi de l'Espagne et du duc d'Épernon, Richelieu, les méprise. Pierre Dujardin est rendu à la liberté après une captivité assez longue, et disparaît dans l'obscurité. La conduite du duc d'Épernon, qui eût été l'intermédiaire du conseil d'Espagne auprès de Ravaillac, ne prêtait nullement à ces attaques. Il avait empêché le peuple de massacrer Ravaillac au moment de l'assassinat; ce n'était pas l'acte d'un complice qui, si prudente qu'eût été son intervention, aurait toujours eu quelque révélation à craindre. On a dit que cette conduite était une preuve de sang-froid, une habileté; mais, avec de telles interprétations, il est évident qu'on n'a plus aucun moyen de juger les actions des hommes.

Les Concini, les favoris de la reine, tenus à l'écart par Henri IV, étaient seuls intéressés à la mort du roi; et Sully dirige, en effet, les soupçons sur eux dans ses *Mémoires;* mais il était impossible d'imaginer aucune relation entre ces étrangers et le maître d'école d'Angoulême. Quant à Marie de Médicis, quoique cette reine ne fasse pas dans l'histoire une figure très-sympathique, il n'y a pas la moindre présomption qui permette de mêler son nom à ce complot imaginaire. Mézeray accueillit le premier, avec une complaisante légèreté, quelques-unes des allégations contenues dans les factums de la d'Escoman et de Dujardin. Après lui, on se laissa de plus en plus attirer par cette source de mystères et de scandales. Pour la plupart des historiens, ces documents équivoques sont devenus des textes irréfragables. On en a pris ce qui convenait, scindant les témoignages, aissant de côté ce qui s'y trouve de trop absurde, arrangeant arbitrairement ce qu'ils offrent de contradictoire et d'inconciliable, opérant des raccords, remplissant les lacunes par des insinuations qui se transforment bientôt en des affirmations tranchantes. Voltaire avait bien vu ce qu'il fallait penser sur ce point, et ses conclusions, conformes à la réalité des choses, sont celles que l'histoire adoptera définitivement [1].

L. M.

[1]. Les pièces relatives au procès criminel de Ravaillac ont été souvent imprimées *in extenso*. Citons le petit volume qui a paru sous ce titre : « *Procès du très-meschant et detestable parricide Fr. Ravaillac, natif d'Angoulesme*, publié pour la première fois sur des manuscrits du temps, par P... D... A Paris, chez Auguste Aubry, l'un des libraires de la Société des Bibliophiles français, rue Dauphine, 16. — MDCCCLVIII. »

AVERTISSEMENT

POUR L'*ESSAI SUR LA POÉSIE ÉPIQUE.*

Cet *Essai sur la poésie épique*, dont l'*Essai sur les guerres civiles* devait faire partie [1], fut composé pour servir d'introduction à *la Henriade* [2]. L'auteur l'écrivit [3] et le fit imprimer [4] en anglais, et le fit traduire en français par l'abbé Desfontaines, qui commit un assez grand nombre de fautes dont Voltaire s'est plaint à plusieurs reprises. L'abbé Desfontaines prétendit ne pas être l'auteur de la traduction, qu'il attribue au comte de Plélo [5]. Il dit même que Voltaire n'écrivit pas son livre en anglais, mais en français; et qu'après l'avoir traduit lui-même en anglais, Voltaire fit corriger sa traduction par son maître d'anglais [6]. Voltaire n'a pas laissé sans réplique ces assertions, qui étaient tardives; car, en 1732, c'est avec le nom de l'abbé Desfontaines que la traduction de l'*Essai* avait été imprimée à la suite de *la Henriade*.

C'est à Paris que la traduction de l'*Essai* avait été imprimée [7] avec un avertissement que voici, aussi traduit de l'anglais :

AVERTISSEMENT DE L'AUTEUR.

« On regardera peut-être comme une espèce de présomption que, n'ayant

---

1. L'*Essai sur les guerres civiles* devait former la *seconde* partie, d'après la *Bibliothèque française*, tome XII, page 26; il en formait la première d'après le même journal, tome XIII, page 127.
2. *Bibliothèque française*, tome XII, page 26, et l'*Avertissement de l'auteur* transcrit dans le présent avertissement.
3. Voyez la note vers la fin du chapitre ix.
4. Je n'ai point vu d'édition en anglais de l'*Essai sur la poésie épique;* mais il est à croire qu'il en existe au moins une. 1° Ce fut en anglais que Rolli écrivit sa critique, dont je parle dans l'avant-dernier alinéa de cet avertissement; 2° la *Bibliothèque française*, tome XII, page 274, dit : « Le style de M. de V. n'a pas déplu aux Anglais; » 3° les premières phrases de l'*Avertissement de l'auteur* transcrit dans cet avertissement ne peuvent laisser aucun doute.
5. *Voltairomanie* (1738), in-12, page 26.
6. *Id.*, page 27.
7. En voici le titre : *Essai sur la poésie épique, traduit de l'anglais de M. de Voltaire, par M.* ***; Paris, Chaubert, 1728, in-12 de viij et 170 pages.

encore passé que dix-huit mois en Angleterre, j'ose écrire dans une langue que je prononce fort mal, et que j'entends à peine dans la conversation. Il me semble que je fais à présent ce que j'ai fait autrefois au collége lorsque j'écrivais en latin et en grec ; car il est certain que nous prononçons l'un et l'autre d'une manière pitoyable, et que nous serions hors d'état d'entendre ces deux langues si ceux qui les parlent suivaient la vraie prononciation des Romains et des Grecs. Au reste, je regarde la langue anglaise comme une langue savante qui mérite que les Français l'étudient avec la même application que les Anglais apprennent la langue française.

« Pour moi, j'ai étudié celle des Anglais par une espèce de devoir. Je me suis engagé de donner une relation de mon séjour en Angleterre [1], et je n'ai pas envie d'imiter Sorbières, qui, n'ayant passé que trois mois en ce pays, sans y rien connaître ni des mœurs ni du langage, s'est avisé d'en publier une relation qui n'est autre chose qu'une satire plate et misérable contre une nation qu'il ne connaissait point.

« La plupart de nos voyageurs européans parlent mal de leurs voisins, tandis qu'ils prodiguent la louange aux Persans et aux Chinois. C'est que nous aimons naturellement à rabaisser ceux qu'on peut mettre aisément en parallèle avec nous, et à élever au contraire ceux que l'éloignement met à couvert de notre jalousie.

« Cependant une relation de voyage est faite pour instruire les hommes, et non pour favoriser leur malignité. Il me semble que, dans cette sorte d'ouvrage, on devrait principalement s'étudier à faire mention de toutes les choses utiles et de tous les grands hommes du pays dont on parle, afin de les faire connaître utilement à ses compatriotes. Un voyageur qui écrit dans cette vue est un noble négociant qui transporte dans sa patrie les talents et les vertus des autres nations.

« Que d'autres décrivent exactement l'église de Saint-Paul, Westminster, etc.; je considère l'Angleterre par d'autres endroits : je la regarde comme le pays qui a produit un Newton, un Locke, un Tillotson, un Milton, un Boyle, et plusieurs autres hommes rares, morts ou vivants encore, dont la gloire dans la profession des armes, dans la politique, ou dans les lettres, mérite de s'étendre au delà des bornes de cette île.

« Pour ce qui est de cet *Essai sur la poésie épique* [2], c'est un discours que je publie comme une espèce d'introduction à mon *Henriade*, qui paraîtra incessamment. »

Cet *Avertissement* est réimprimé avec la traduction de l'*Essai*, par Desfontaines, à la suite de *la Henriade*, dans le tome Ier des *Œuvres de Voltaire*, 1732, in-8°. La note que je rapporte dans la note 2 ci-dessous est supprimée, et remplacée par celle-ci : « Elle (*la Henriade*) précède cet *Essai* dans cette édition. »

---

1. Ce fut le sujet des *Lettres philosophiques*.
2. On lit en note, dans l'édition de 1728 de cet Avertissement : « M. de Voltaire n'a point mis cet *Essai* à la tête de l'édition de son poëme, qui est imprimé à Londres, in-4°, et qui paraît depuis quelques mois. »

AVERTISSEMENT.

En reproduisant, en 1732, la traduction de l'abbé Desfontaines, Voltaire en corrigea les fautes, et l'intitula *Essai sur la poésie épique de toutes les nations écrit en anglais par M. de Voltaire en 1726, et traduit en français par M. l'abbé Desfontaines.*

Mais bientôt il revit ou plutôt refit tout son ouvrage en français, et le fit imprimer en 1733, tel, à quelques mots près, qu'on l'a toujours[1] donné depuis, et que je le reproduis.

Je ne dois point passer sous silence un singulier reproche fait à Voltaire par Harwood, dans sa *Biographia classica*. « Une chose digne de quelque remarque, dit-il, c'est que Voltaire, dans un de ses essais critiques, après avoir assuré que, selon l'opinion générale des critiques, le poëte romain a fait de larges emprunts à Apollonius de Rhodes pour la partie la plus brillante de *l'Énéide*, l'épisode de Didon et d'Énée, ajoute : *On doit vivement regretter que* les Argonautiques *ne soient pas venus jusqu'à nous.* » Dans le texte actuel du chapitre III on ne trouve pas le nom d'Apollonius. Ce nom est, il est vrai, dans la traduction de Desfontaines, mais non la phrase que rapporte Harwood. La faute de dire que *les Argonautiques* ne sont pas venus jusqu'à nous existe-t-elle dans l'original anglais? Il est permis de croire que non : car, comme l'a observé Chardon de La Rochette[2], si Voltaire eût commis une erreur aussi grossière, Rolli n'eût pas manqué de la relever dans la critique qu'il fit de *l'Essai* de Voltaire. Il faut donc, comme le dit encore Chardon de La Rochette, ranger l'assertion de Harwood « parmi les *Mensonges imprimés* ».

C'est peu après l'apparition de la traduction par l'abbé Desfontaines qu'on imprima à Paris un Examen de *l'Essai de M. de Voltaire sur la poésie épique, par M. Paul Rolli, traduit de l'anglais par M. L. A**** (*Antonini*); Paris, Rollin fils, 1728, in-12 de xvj et 135 pages.

Blessé de voir le *Télémaque* traité de roman, dans la *Conclusion* de *l'Essai sur la poésie épique*, un anonyme publia, quelques années après, une *Apologie du* Télémaque *contre les sentiments de M. de Voltaire;* Paris, P. Ribou, 1736, in-12 de 39 pages.

B.

---

1. La traduction de Desfontaines (et non le texte de Voltaire) se retrouve cependant dans un volume qui a ce singulier titre : *Ouvrages classiques de l'élégant poète M. Arouet, fameux sous le nom de Voltaire; nouvelle édition*, tome 1er; à Oxford, pour les académiciens, 1771, in-8°. Je ne sais si la collection a été continuée. Je ne crois pas que l'impression soit d'Oxford. (B.)

2. *Magasin encyclopédique*, 1807, II, 321.

ESSAI
SUR LA POÉSIE ÉPIQUE

CHAPITRE I.

DES DIFFÉRENTS GOUTS DES PEUPLES.

On a accablé presque tous les arts d'un nombre prodigieux de règles, dont la plupart sont inutiles ou fausses. Nous trouvons partout des leçons, mais bien peu d'exemples. Rien n'est plus aisé que de parler d'un ton de maître des choses qu'on ne peut exécuter : il y a cent poétiques contre un poëme. On ne voit que des maîtres d'éloquence, et presque pas un orateur. Le monde est plein de critiques, qui, à force de commentaires, de définitions, de distinctions, sont parvenus à obscurcir les connaissances les plus claires et les plus simples. Il semble qu'on n'aime que les chemins difficiles. Chaque science, chaque étude, a son jargon inintelligible, qui semble n'être inventé que pour en défendre les approches. Que de noms barbares! que de puérilités pédantesques on entassait il n'y a pas longtemps dans la tête d'un jeune homme, pour lui donner en une année ou deux une très-fausse idée de l'éloquence, dont il aurait pu avoir une connaissance très-vraie en peu de mois, par la lecture de quelques bons livres! La voie par laquelle on a si longtemps enseigné l'art de penser est assurément bien opposée au don de penser.

Mais c'est surtout en fait de poésie que les commentateurs et les critiques ont prodigué leurs leçons. Ils ont laborieusement écrit des volumes sur quelques lignes que l'imagination des poëtes a créées en se jouant. Ce sont des tyrans qui ont voulu asservir à leurs lois une nation libre, dont ils ne connaissent point le caractère; aussi ces prétendus législateurs n'ont fait souvent qu'embrouiller tout dans les États qu'ils ont voulu régler.

La plupart ont discouru avec pesanteur de ce qu'il fallait sentir avec transport ; et quand même leurs règles seraient justes, combien peu seraient-elles utiles ! Homère, Virgile, le Tasse, Milton, n'ont guère obéi à d'autres leçons qu'à celles de leur génie. Tant de prétendues règles, tant de liens, ne serviraient qu'à embarrasser les grands hommes dans leur marche, et seraient d'un faible secours à ceux à qui le talent manque. Il faut courir dans la carrière, et non pas s'y traîner avec des béquilles. Presque tous les critiques ont cherché dans Homère des règles qui n'y sont assurément point. Mais comme ce poëte grec a composé deux poëmes d'une nature absolument différente, ils ont été bien en peine pour concilier Homère avec lui-même. Virgile venant ensuite, qui réunit dans son ouvrage le plan de *l'Iliade* et celui de *l'Odyssée*, il fallut qu'ils cherchassent encore de nouveaux expédients pour ajuster leurs règles à *l'Énéide*. Ils ont fait à peu près comme les astronomes, qui inventaient tous les jours des cercles imaginaires, et créaient ou anéantissaient un ciel ou deux de cristal à la moindre difficulté.

Si un de ceux qu'on nomme savants, et qui se croient tels, venait vous dire : « Le poëme épique est une longue fable inventée pour enseigner une vérité morale, et dans laquelle un héros achève quelque grande action, avec le secours des dieux, dans l'espace d'une année ; » il faudrait lui répondre : Votre définition est très-fausse, car, sans examiner si *l'Iliade* d'Homère est d'accord avec votre règle, les Anglais[1] ont un poëme épique dont le héros, loin de venir à bout d'une grande entreprise par le secours céleste, en une année, est trompé par le diable et par sa femme en un jour, et est chassé du paradis terrestre pour avoir désobéi à Dieu. Ce poëme cependant est mis par les Anglais au niveau de *l'Iliade*, et beaucoup de personnes le préfèrent à Homère avec quelque apparence de raison.

Mais, me direz-vous, le poëme épique ne sera-t-il donc que le récit d'une aventure malheureuse ? Non : cette définition serait aussi fausse que l'autre. *L'Œdipe* de Sophocle, le *Cinna* de Corneille, *l'Athalie* de Racine, le *César* de Shakespeare, le *Caton* d'Addison, la *Mérope* du marquis Scipion Maffei, le *Roland* de Quinault, sont toutes de belles tragédies, et j'ose dire toutes d'une nature différente : on aurait besoin en quelque sorte d'une définition pour chacune d'elles.

Il faut dans tous les arts se donner bien de garde de ces défi-

---

1. Voyez ci-après le chapitre ix.

nitions trompeuses, par lesquelles nous osons exclure toutes les beautés qui nous sont inconnues, ou que la coutume ne nous a point encore rendues familières. Il n'en est point des arts, et surtout de ceux qui dépendent de l'imagination, comme des ouvrages de la nature. Nous pouvons définir les métaux, les minéraux, les éléments, les animaux, parce que leur nature est toujours la même; mais presque tous les ouvrages des hommes changent ainsi que l'imagination qui les produit. Les coutumes, les langues, le goût des peuples les plus voisins diffèrent: que dis-je! la même nation n'est plus reconnaissable au bout de trois ou quatre siècles. Dans les arts qui dépendent purement de l'imagination, il y a autant de révolutions que dans les États; ils changent en mille manières, tandis qu'on cherche à les fixer.

La musique des anciens Grecs, autant que nous en pouvons juger, était très-différente de la nôtre. Celle des Italiens d'aujourd'hui n'est plus celle de Luigi[1] et de Carissimi[2]: des airs persans ne plairaient pas assurément à des oreilles européanes. Mais, sans aller si loin, un Français accoutumé à nos opéras ne peut s'empêcher de rire la première fois qu'il entend du récitatif en Italie; autant en fait un Italien à l'Opéra de Paris; et tous deux ont également tort, ne considérant point que le récitatif n'est autre chose qu'une déclamation notée; que le caractère des deux langues est très-différent; que ni l'accent ni le ton ne sont les mêmes; que cette différence est sensible dans la conversation, plus encore sur le théâtre tragique, et doit par conséquent l'être beaucoup dans la musique. Nous suivons à peu près les règles d'architecture de Vitruve; cependant les maisons bâties en Italie par Palladio, et en France par nos architectes, ne ressemblent pas plus à celles de Pline et de Cicéron que nos habillements ne ressemblent aux leurs.

Mais, pour revenir à des exemples qui aient plus de rapport à notre sujet, qu'était la tragédie chez les Grecs? un chœur qui demeurait presque toujours sur le théâtre; point de divisions d'actes, très-peu d'action, encore moins d'intrigue. Chez les Français, c'est pour l'ordinaire une suite de conversations en cinq actes, avec une intrigue amoureuse. En Angleterre, la tragédie est véritablement une action; et si les auteurs de ce pays joignaient à l'activité qui anime leurs pièces un style naturel, avec de la décence et de la régularité, ils l'emporteraient bientôt sur les Grecs et sur les Français.

---

1. Contrapuntiste qui florissait vers 1650.
2. Compositeur du commencement du xvii⁰ siècle.

Qu'on examine tous les autres arts, il n'y en a aucun qui ne reçoive des tours particuliers du génie différent des nations qui les cultivent.

Quelle sera donc l'idée que nous devons nous former de la poésie épique? Le mot *épique* vient du grec ἔπος, qui signifie *discours*: l'usage a attaché ce nom particulièrement à des récits en vers d'aventures héroïques; comme le mot d'*oratio* chez les Romains, qui signifiait aussi *discours*, ne servit dans la suite que pour les discours d'appareil; et comme le titre d'*imperator*, qui appartenait aux généraux d'armée, fut ensuite conféré aux seuls souverains de Rome.

Le poëme épique, regardé en lui-même, est donc un récit en vers d'aventures héroïques. Que l'action soit simple ou complexe; qu'elle s'achève dans un mois ou dans une année, ou qu'elle dure plus longtemps; que la scène soit fixée dans un seul endroit, comme dans *l'Iliade;* que le héros voyage de mers en mers, comme dans *l'Odyssée;* qu'il soit heureux ou infortuné, furieux comme Achille, ou pieux comme Énée; qu'il y ait un principal personnage ou plusieurs; que l'action se passe sur la terre ou sur la mer; sur le rivage d'Afrique, comme dans *la Lusiada*[1]; dans l'Amérique, comme dans *l'Araucana*[2]; dans le ciel, dans l'enfer, hors des limites de notre monde, comme dans *le Paradis* de Milton; il n'importe: le poëme sera toujours un poëme épique, un poëme héroïque, à moins qu'on ne lui trouve un nouveau titre proportionné à son mérite. Si vous vous faites scrupule, disait le célèbre M. Addison, de donner le titre de poëme épique au *Paradis perdu* de Milton, appelez-le, si vous voulez, un poëme divin, donnez-lui tel nom qu'il vous plaira, pourvu que vous confessiez que c'est un ouvrage aussi admirable en son genre que *l'Iliade*.

Ne disputons jamais sur les noms. Irai-je refuser le nom de comédies aux pièces de M. Congrève ou à celles de Calderon, parce qu'elles ne sont pas dans nos mœurs? La carrière des arts a plus d'étendue qu'on ne pense. Un homme qui n'a lu que les auteurs classiques méprise tout ce qui est écrit dans les langues vivantes; et celui qui ne sait que la langue de son pays est comme ceux qui, n'étant jamais sortis de la cour de France, prétendent que le reste du monde est peu de chose, et que qui a vu Versailles a tout vu.

Mais le point de la question et de la difficulté est de savoir

---

1. Voyez ci-après, chapitre VI.
2. Voyez chapitre VIII.

sur quoi les nations polies se réunissent, et sur quoi elles diffèrent. Un poëme épique doit partout être fondé sur le jugement, et embelli par l'imagination : ce qui appartient au bon sens appartient également à toutes les nations du monde. Toutes vous diront qu'une action une et simple, qui se développe aisément et par degrés, et qui ne coûte point une attention fatigante, leur plaira davantage qu'un amas confus d'aventures monstrueuses. On souhaite généralement que cette unité si sage soit ornée d'une variété d'épisodes qui soient comme les membres d'un corps robuste et proportionné. Plus l'action sera grande, plus elle plaira à tous les hommes, dont la faiblesse est d'être séduits par tout ce qui est au delà de la vie commune. Il faudra surtout que cette action soit intéressante, car tous les cœurs veulent être remués; et un poëme parfait d'ailleurs, s'il ne touchait point, serait insipide en tout temps et en tout pays. Elle doit être entière, parce qu'il n'y a point d'homme qui puisse être satisfait s'il ne reçoit qu'une partie du tout qu'il s'est promis d'avoir.

Telles sont à peu près les principales règles que la nature dicte à toutes les nations qui cultivent les lettres ; mais la machine du merveilleux, l'intervention d'un pouvoir céleste, la nature des épisodes, tout ce qui dépend de la tyrannie de la coutume, et de cet instinct qu'on nomme goût, voilà sur quoi il y a mille opinions, et point de règles générales.

Mais, me direz-vous, n'y a-t-il point des beautés de goût qui plaisent également à toutes les nations? il y en a sans doute en très-grand nombre. Depuis le temps de la renaissance des lettres, qu'on a pris les anciens pour modèles, Homère, Démosthène, Virgile, Cicéron, ont en quelque manière réuni sous leurs lois tous les peuples de l'Europe, et fait de tant de nations différentes une seule république des lettres; mais, au milieu de cet accord général, les coutumes de chaque peuple introduisent dans chaque pays un goût particulier.

Vous sentez dans les meilleurs écrivains modernes le caractère de leur pays à travers l'imitation de l'antique : leurs fleurs et leurs fruits sont échauffés et mûris par le même soleil ; mais ils reçoivent du terrain qui les nourrit des goûts, des couleurs, et des formes différentes. Vous reconnaîtrez un Italien, un Français, un Anglais, un Espagnol, à son style, comme aux traits de son visage, à sa prononciation, à ses manières. La douceur et la mollesse de la langue italienne s'est insinuée dans le génie des auteurs italiens. La pompe des paroles, les métaphores, un style majestueux, sont, ce me semble, généralement parlant, le caractère des écrivains espagnols. La force, l'énergie, la hardiesse, sont plus particulières aux Anglais; ils sont surtout amoureux des allégories et des comparaisons. Les Français ont pour eux la clarté, l'exactitude, l'élégance : ils hasardent peu ; ils n'ont ni la force anglaise, qui leur paraîtrait une force gigantesque et monstrueuse, ni la douceur italienne, qui leur semble dégénérer en une mollesse efféminée.

De toutes ces différences naissent ce dégoût et ce mépris que les nations ont les unes pour les autres. Pour regarder dans tous ses jours cette différence qui se trouve entre les goûts des peuples voisins, considérons maintenant leur style.

On approuve avec raison en Italie ces vers imités de Lucrèce dans la troisième stance du premier chant de *la Jérusalem* :

> Così all' egro fanciul porgiamo aspersi
> Di soave licor gli orli del vaso :
> Succhi amari ingannato intanto ei beve,
> E dall' inganno suo vita riceve.

Cette comparaison du charme des fables qui enveloppent des leçons utiles, avec une médecine amère donnée à un enfant dans un vase bordé de miel, ne serait pas soufferte dans un poëme épique français. Nous lisons avec plaisir dans Montaigne qu'il faut emmieller la viande salubre à l'enfant. Mais cette image, qui nous plaît dans son style familier, ne nous paraîtrait pas digne de la majesté de l'épopée.

Voici un autre endroit universellement approuvé, et qui mérite de l'être : c'est dans la trente-sixième stance du chant seizième de *la Jérusalem*, lorsque Armide commence à soupçonner la fuite de son amant :

> Volea gridar: Dove, o crudel, me sola
> Lasci? Ma il varco al suon chiuse il dolore :
> Sì che tornò la flebile parola
> Più amara indietro a rimbombar sul core.

Ces quatre vers italiens sont très-touchants et très-naturels ; mais si on les traduit exactement, ce sera un galimatias en français. « Elle voulait crier : Cruel, pourquoi me laisses-tu seule? Mais la douleur ferma le chemin à sa voix ; et ces paroles douloureuses reculèrent avec plus d'amertume, et retentirent sur son cœur. »

Apportons un autre exemple tiré d'un des plus sublimes endroits du poëme singulier de Milton, dont j'ai déjà parlé ; c'est au premier livre (vers 56-67), dans la description de Satan et des enfers.

>   . . . . . Round he throws his baleful eyes
>   That witness'd huge affliction and dismay
>   Mix'd with obdurate pride and stedfast hate:
>   At once, as far as angels ken, he views
>   The dismal situation waste and wild;
>   A dungeon horrible on all sides round,
>   As one great furnace flam'd; yet from those flames
>   No light, but rather darkness visible
>   Serv'd only to discover sights of woe,
>   Regions of sorrow, doleful shades, where peace
>   And rest can never dwell, hope never comes
>   That comes to all, etc.

« Il promène de tous côtés ses tristes yeux, dans lesquels sont peints le désespoir et l'horreur, avec l'orgueil et l'irréconciliable haine. Il voit d'un coup d'œil, aussi loin que les regards des chérubins peuvent percer, ce séjour épouvantable, ces déserts désolés, ce donjon immense, enflammé comme une fournaise énorme. Mais de ces *flammes il ne sortait point de lumière; ce sont des ténèbres visibles*, qui servent seulement à découvrir des spectacles de désolation; des régions de douleur, dont jamais n'approchent le repos ni la paix, où l'on ne connaît point l'espérance connue partout ailleurs. »

Antonio de Solis, dans son excellente *Histoire de la conquête du Mexique*, après avoir dit que l'endroit où Montézume consultait ses dieux était une large voûte souterraine où de petits soupiraux laissaient à peine entrer la lumière, ajoute : *O permitian solamente la (luz), que bastava, para que se viesse la obscuridad*[1] : « Ou laissaient entrer seulement autant de jour qu'il en fallait pour voir l'obscurité. » Ces ténèbres visibles de Milton ne sont point condamnées en Angleterre, et les Espagnols ne reprennent point cette même pensée dans Solis. Il est très-certain que les Français ne souffriraient point de pareilles libertés. Ce n'est pas assez que l'on puisse excuser la licence de ces expressions; l'exactitude française n'admet rien qui ait besoin d'excuse.

Qu'il me soit permis, pour ne laisser aucun doute sur cette matière, de joindre un nouvel exemple à tous ceux que j'ai rapportés : je le prendrai dans l'éloquence de la chaire. Qu'un homme, comme le P. Bourdaloue, prêche devant une assemblée

---

1. Voir Ant. de Solis, liv. III, ch. xiv, col. 271, édition de 1704, in-fol.

de la communion anglicane, et qu'animant, par un geste noble, un discours pathétique, il s'écrie : « Oui, chrétiens, vous étiez bien disposés ; mais le sang de cette veuve que vous avez abandonnée ; mais le sang de ce pauvre que vous avez laissé opprimer ; mais le sang de ces misérables dont vous n'avez pas pris en main la cause ; ce sang retombera sur vous, et vos bonnes dispositions ne serviront qu'à rendre sa voix plus forte pour demander à Dieu vengeance de votre infidélité. Ah ! mes chers auditeurs, etc. » Ces paroles pathétiques, prononcées avec force, et accompagnées de grands gestes, feront rire un auditoire anglais : car autant qu'ils aiment sur le théâtre les expressions ampoulées et les mouvements forcés de l'éloquence, autant ils goûtent dans la chaire une simplicité sans ornement. Un sermon en France est une longue déclamation, scrupuleusement divisée en trois points, et récitée avec enthousiasme. En Angleterre, un sermon est une dissertation solide, et quelquefois sèche, qu'un homme lit au peuple sans geste et sans aucun éclat de voix. En Italie, c'est une comédie spirituelle. En voilà assez pour faire voir combien grande est la différence entre les goûts des nations.

Je sais qu'il y a plusieurs personnes qui ne sauraient admettre ce sentiment : ils disent que la raison et les passions sont partout les mêmes ; cela est vrai, mais elles s'expriment partout diversement. Les hommes ont en tout pays un nez, deux yeux, et une bouche : cependant l'assemblage des traits qui fait la beauté en France ne réussira pas en Turquie, ni une beauté turque à la Chine ; et ce qu'il y a de plus aimable en Asie et en Europe serait regardé comme un monstre dans le pays de la Guinée. Puisque la nature est si différente d'elle-même, comment veut-on asservir à des lois générales des arts sur lesquels la coutume, c'est-à-dire l'inconstance, a tant d'empire ? Si donc nous voulons avoir une connaissance un peu étendue de ces arts, il faut nous informer de quelle manière on les cultive chez toutes les nations. Il ne suffit pas, pour connaître l'épopée, d'avoir lu Virgile et Homère ; comme ce n'est point assez, en fait de tragédie, d'avoir lu Sophocle et Euripide.

Nous devons admirer ce qui est universellement beau chez les anciens ; nous devons nous prêter à ce qui était beau dans leur langue et dans leurs mœurs ; mais ce serait s'égarer étrangement que de les vouloir suivre en tout à la piste. Nous ne parlons point la même langue. La religion, qui est presque toujours le fondement de la poésie épique, est parmi nous l'opposé de leur mythologie. Nos coutumes sont plus différentes de celles des héros du siége de Troie que de celles des Américains. Nos combats, nos siéges, nos flottes, n'ont pas la moindre ressemblance ; notre philosophie est en tout le contraire de la leur. L'invention de la poudre, celle de la boussole, de l'imprimerie, tant d'autres arts qui ont été apportés récemment dans le monde, ont en quelque façon changé la face de l'univers. Il faut peindre avec des couleurs vraies comme les anciens, mais il ne faut pas peindre les mêmes choses.

Qu'Homère nous représente ses dieux s'enivrant de nectar, et riant sans fin de la mauvaise grâce dont Vulcain leur sert à boire, cela était bon de son temps, où les dieux étaient ce que les fées sont dans le nôtre ; mais assurément personne ne s'avisera aujourd'hui de représenter dans un poëme une troupe d'anges et de saints buvant et riant à table. Que dirait-on d'un auteur qui irait, après Virgile, introduire des harpies enlevant le dîner de son héros, et qui changerait de vieux vaisseaux en belles nymphes ? En un mot, admirons les anciens, mais que notre admiration ne soit pas une superstition aveugle : et ne faisons pas cette injustice à la nature humaine et à nous-mêmes, de fermer nos yeux aux beautés qu'elle répand autour de nous, pour ne regarder et n'aimer que ses anciennes productions, dont nous ne pouvons pas juger avec autant de sûreté.

Il n'y a point de monuments en Italie qui méritent plus l'attention d'un voyageur que *la Jérusalem* du Tasse. Milton fait autant d'honneur à l'Angleterre que le grand Newton. Camoëns est en Portugal ce que Milton est en Angleterre. Ce serait sans doute un grand plaisir, et même un grand avantage pour un homme qui pense, d'examiner tous ces poëmes épiques de différente nature, nés en des siècles et dans des pays éloignés les uns des autres. Il me semble qu'il y a une satisfaction noble à regarder les portraits vivants de ces illustres personnages grecs, romains, italiens, anglais, tous habillés, si je l'ose dire, à la manière de leur pays.

C'est une entreprise au delà de mes forces que de prétendre les peindre ; j'essayerai seulement de crayonner une esquisse de leurs principaux traits : c'est au lecteur à suppléer aux défauts de ce dessein. Je ne ferai que proposer : il doit juger ; et son jugement sera juste, s'il lit avec impartialité, et s'il n'écoute ni les préjugés qu'il a reçus dans l'école, ni cet amour-propre mal entendu qui nous fait mépriser tout ce qui n'est pas dans nos mœurs. Il verra la naissance, le progrès, la décadence de l'art ; il le verra ensuite sortir comme de ses ruines ; il le suivra dans tous ses changements ; il distinguera ce qui est beauté dans tous les temps et chez toutes les nations, d'avec ces beautés locales qu'on admire dans un pays, et qu'on méprise dans un autre. Il n'ira point demander à Aristote ce qu'il doit penser d'un auteur anglais ou portugais, ni à M. Perrault comment il doit juger de *l'Iliade*. Il ne se laissera point tyranniser par Scaliger ni par Le Bossu ; mais il tirera ses règles de la nature, et des exemples qu'il aura devant les yeux, et il jugera entre les dieux d'Homère et le dieu de Milton, entre Calypso et Didon, entre Armide et Ève.

Si les nations de l'Europe, au lieu de se mépriser injustement les unes les autres, voulaient faire une attention moins superficielle aux ouvrages et aux manières de leurs voisins, non pas pour en rire, mais pour en profiter, peut-être de ce commerce mutuel d'observations naîtrait ce goût général qu'on cherche si inutilement.

CHAPITRE II.

HOMÈRE.

Homère vivait probablement environ huit cent cinquante années avant l'ère chrétienne ; il était certainement contemporain d'Hésiode. Or Hésiode nous apprend qu'il écrivait dans l'âge qui suivait celui de la guerre de Troie, et que cet âge, dans lequel il vivait, finirait avec la génération qui existait alors. Il est donc certain qu'Homère fleurissait deux générations après la guerre de Troie ; ainsi il pouvait avoir vu dans son enfance quelques vieillards qui avaient été à ce siège, et il devait avoir parlé souvent à des Grecs d'Europe et d'Asie qui avaient vu Ulysse, Ménélas, et Achille.

Quand il composa *l'Iliade* (supposé qu'il soit l'auteur de tout cet ouvrage[1]), il ne fit donc que mettre en vers une partie de l'histoire et des fables de son temps. Les Grecs n'avaient alors que des poëtes pour historiens et pour théologiens ; ce ne fut même que quatre cents ans après Hésiode et Homère qu'on se réduisit à

---

1. Voyez l'*Histoire des poésies homériques, pour servir d'introduction aux observations sur l'Iliade et l'Odyssée*, par Dugas-Montbel, 1831, in-8°. Voltaire, en 1771, dans ses *Questions sur l'Encyclopédie*, reparla de l'*Iliade*. (B.)

écrire l'histoire en prose. Cet usage, qui paraîtra bien ridicule à beaucoup de lecteurs, était très-raisonnable : un livre, dans ces temps-là, était une chose aussi rare qu'un bon livre l'est aujourd'hui : loin de donner au public l'histoire in-folio de chaque village, comme on fait à présent, on ne transmettait à la postérité que les grands événements qui devaient l'intéresser. Le culte des dieux et l'histoire des grands hommes étaient les seuls sujets de ce petit nombre d'écrits. On les composa longtemps en vers chez les Égyptiens et chez les Grecs, parce qu'ils étaient destinés à être retenus par cœur, et à être chantés : telle était la coutume de ces peuples si différents de nous. Il n'y eut, jusqu'à Hérodote, d'autre histoire parmi eux qu'en vers, et ils n'eurent en aucun temps de poésie sans musique.

A l'égard d'Homère, autant ses ouvrages sont connus, autant est-on dans l'ignorance de sa personne. Tout ce qu'on sait de vrai, c'est que, longtemps après sa mort, on lui a érigé des statues et élevé des temples ; sept villes puissantes se sont disputé l'honneur de l'avoir vu naître ; mais la commune opinion est que de son vivant il mendiait dans ces sept villes, et que celui dont la postérité a fait un dieu a vécu méprisé et misérable, deux choses très-compatibles.

L'Iliade, qui est le grand ouvrage d'Homère, est plein de dieux et de combats peu vraisemblables. Ces sujets plaisent naturellement aux hommes ; ils aiment ce qui leur paraît terrible : ils sont comme les enfants qui écoutent avidement ces contes de sorciers qui les effrayent. Il y a des fables pour tout âge, et il n'y a point de nation qui n'ait eu les siennes. De ces deux sujets qui remplissent *l'Iliade*, naissent les deux grands reproches que l'on fait à Homère ; on lui impute l'extravagance de ses dieux, et la grossièreté de ses héros : c'est reprocher à un peintre d'avoir donné à ses figures les habillements de son temps. Homère a peint les dieux tels qu'on les croyait, et les hommes tels qu'ils étaient. Ce n'est pas un grand mérite de trouver de l'absurdité dans la théologie païenne ; mais il faudrait être bien dépourvu de goût pour ne pas aimer certaines fables d'Homère. Si l'idée des trois Grâces qui doivent toujours accompagner la déesse de la beauté, si la ceinture de Vénus, sont de son invention, quelles louanges ne lui doit-on pas pour avoir ainsi orné cette religion que nous lui reprochons ? Et si ces fables étaient déjà reçues avant lui, peut-on mépriser un siècle qui avait trouvé des allégories si justes et si charmantes ?

Quant à ce qu'on appelle grossièreté dans les héros d'Homère, on peut rire tant qu'on voudra de voir Patrocle, au neuvième livre de *l'Iliade*, mettre trois gigots de mouton dans une marmite, allumer et souffler le feu, et préparer le dîner avec Achille; Achille et Patrocle n'en sont pas moins éclatants. Charles XII, roi de Suède, a fait six mois sa cuisine à Demir-Tocca, sans perdre rien de son héroïsme; et la plupart de nos généraux, qui portent dans un camp tout le luxe d'une cour efféminée, auront bien de la peine à égaler ces héros qui faisaient leur cuisine eux-mêmes. On peut se moquer de la princesse Nausicaa, qui, suivie de toutes ses femmes, va laver ses robes et celles du roi et de la reine : on peut trouver ridicules que les filles d'Auguste aient filé les habits de leur père lorsqu'il était maître de la moitié de l'univers : cela n'empêchera pas qu'une simplicité si respectable ne vaille bien la vaine pompe, la mollesse, et l'oisiveté, dans lesquelles les personnes d'un haut rang sont nourries.

Que si l'on reproche à Homère d'avoir tant loué la force de ses héros, c'est qu'avant l'invention de la poudre, la force du corps décidait de tout dans les batailles; c'est que cette force est l'origine de tout pouvoir chez les hommes; c'est que, par cette supériorité seule, les nations du nord ont conquis notre hémisphère depuis la Chine jusqu'au mont Atlas. Les anciens se faisaient une gloire d'être robustes; leurs plaisirs étaient des exercices violents : ils ne passaient point leurs jours à se faire traîner dans des chars, à couvert des influences de l'air, pour aller porter languissamment d'une maison dans une autre leur ennui et leur inutilité. En un mot, Homère avait à représenter un Ajax et un Hector, non un courtisan de Versailles ou de Saint-James.

Après avoir rendu justice au fond du sujet des poëmes d'Homère, ce serait ici le lieu d'examiner la manière dont il les a traités, et d'oser juger du prix de ses ouvrages; mais tant de plumes savantes ont épuisé cette matière que je me bornerai à une seule réflexion dont ceux qui s'appliquent aux belles-lettres pourront peut-être tirer quelque utilité.

Si Homère a eu des temples, il s'est trouvé bien des infidèles qui se sont moqués de sa divinité. Il y a eu dans tous les siècles des savants, des raisonneurs, qui l'ont traité d'écrivain pitoyable, tandis que d'autres étaient à genoux devant lui.

Ce père de la poésie est depuis quelque temps un grand sujet de dispute en France. Perrault commença la querelle contre Despréaux; mais il apporta à ce combat des armes trop inégales : il composa son livre du *Parallèle des anciens et des modernes*[1], où

---

1. 1688, 4 vol. in-12.

l'on voit un esprit très-superficiel, nulle méthode, et beaucoup de méprises. Le redoutable Despréaux accabla son adversaire en s'attachant uniquement à relever ses bévues; de sorte que la dispute fut terminée par rire aux dépens de Perrault, sans qu'on entamât seulement le fond de la question. Houdard de Lamotte a depuis renouvelé la querelle[1]: il ne savait pas la langue grecque; mais l'esprit a suppléé en lui, autant qu'il est possible, à cette connaissance. Peu d'ouvrages sont écrits avec autant d'art, de discrétion, et de finesse, que ses dissertations sur Homère. Mme Dacier, connue par une érudition qu'on eût admirée dans un homme, soutint la cause d'Homère avec l'emportement d'un commentateur. On eût dit que l'ouvrage de M. de Lamotte était d'une femme d'esprit, et celui de Mme Dacier d'un homme savant. L'un, par son ignorance de la langue grecque, ne pouvait sentir les beautés de l'auteur qu'il attaquait; l'autre, toute remplie de la superstition des commentateurs, était incapable d'apercevoir des défauts dans l'auteur qu'elle adorait.

Pour moi, lorsque je lus Homère, et que je vis ces fautes grossières qui justifient les critiques, et ces beautés plus grandes que ces fautes, je ne pus croire d'abord que le même génie eût composé tous les chants de *l'Iliade*. En effet, nous ne connaissons, parmi les latins et parmi nous, aucun auteur qui soit tombé si bas après s'être élevé si haut. Le grand Corneille, génie pour le moins égal à Homère, a fait, à la vérité, *Pertharite*, *Suréna*, *Agésilas*, après avoir donné *Cinna* et *Polyeucte*: mais *Suréna* et *Pertharite* sont des sujets encore plus mal choisis que mal traités: ces tragédies sont très-faibles, mais non pas remplies d'absurdités, de contradictions, et de fautes grossières. Enfin j'ai trouvé chez les Anglais ce que je cherchais, et le paradoxe de la réputation d'Homère m'a été développé. Shakespeare, leur premier poëte tragique, n'a guère en Angleterre d'autre épithète que celle de divin. Je n'ai jamais vu à Londres la salle de la comédie aussi remplie à l'*Andromaque* de Racine, toute bien traduite qu'elle est par Philips, ou au *Caton* d'Addison, qu'aux anciennes pièces de Shakespeare. Ces pièces sont des monstres en tragédie. Il y en a qui durent plusieurs années; on y baptise au premier acte le héros, qui meurt de vieillesse au cinquième; on y voit des sorciers, des paysans, des ivrognes, des bouffons, des fossoyeurs qui creusent une fosse, et qui chantent des airs à boire en jouant avec des têtes de mort. Enfin imaginez ce que vous pourrez de plus

---

1. Voyez son *Discours sur Homère* en tête de son *Iliade*, 1714, in-12.

monstrueux et de plus absurde, vous le trouverez dans Shakespeare. Quand je commençais à apprendre la langue anglaise, je ne pouvais comprendre comment une nation si éclairée pouvait admirer un auteur si extravagant ; mais dès que j'eus une plus grande connaissance de la langue, je m'aperçus que les Anglais avaient raison, et qu'il est impossible que toute une nation se trompe en fait de sentiment, et ait tort d'avoir du plaisir. Ils voyaient comme moi les fautes grossières de leur auteur favori ; mais ils sentaient mieux que moi ses beautés, d'autant plus singulières que ce sont des éclairs qui ont brillé dans la nuit la plus profonde. Il y a cent cinquante années qu'il jouit de sa réputation. Les auteurs qui sont venus après lui ont servi à l'augmenter plutôt qu'ils ne l'ont diminuée. Le grand sens de l'auteur de *Caton*, et ses talents, qui en ont fait un secrétaire d'État, n'ont pu le placer à côté de Shakespeare. Tel est le privilége du génie d'invention : il se fait une route où personne n'a marché avant lui ; il court sans guide, sans art, sans règle ; il s'égare dans sa carrière, mais il laisse loin derrière lui tout ce qui n'est que raison et qu'exactitude. Tel à peu près était Homère : il a créé son art, et l'a laissé imparfait : c'est un chaos encore ; mais la lumière y brille déjà de tous côtés.

Le *Clovis* de Desmarets, *la Pucelle* de Chapelain, ces poëmes fameux par leur ridicule, sont, à la honte des règles, conduits avec plus de régularité que *l'Iliade*; comme le *Pyrame* de Pradon est plus exact que *le Cid* de Corneille. Il y a peu de petites Nouvelles où les événements ne soient mieux ménagés, préparés avec plus d'artifice, arrangés avec mille fois plus d'industrie que dans Homère ; cependant douze beaux vers de *l'Iliade* sont au-dessus de la perfection de ces bagatelles, autant qu'un gros diamant, ouvrage brut de la nature, l'emporte sur des colifichets de fer ou de laiton, quelque bien travaillés qu'ils puissent être par des mains industrieuses. Le grand mérite d'Homère est d'avoir été un peintre sublime. Inférieur de beaucoup à Virgile dans tout le reste, il lui est supérieur en cette partie. S'il décrit une armée en marche, « c'est un feu dévorant qui, poussé par les vents, consume la terre devant lui ». Si c'est un dieu qui se transporte d'un lieu à un autre, « il fait trois pas, et au quatrième il arrive au bout de la terre[1] ». Quand il décrit la ceinture de Vénus, il n'y a point de tableau de l'Albane qui approche de cette peinture riante. Veut-il fléchir la colère d'Achille, il personnifie les prières :

---

1. Livre XIII, vers 20-21.

« Elles sont filles du maître des dieux, elles marchent tristement, le front couvert de confusion, les yeux trempés de larmes, et ne pouvant se soutenir sur leurs pieds chancelants ; elles suivent de loin l'Injure, l'Injure altière, qui court sur la terre d'un pied léger, levant sa tête audacieuse. » C'est ici sans doute qu'on ne peut surtout s'empêcher d'être un peu révolté contre feu Lamotte Houdard de l'Académie française, qui, dans sa traduction d'Homère, étrangle tout ce beau passage, et le raccourcit ainsi en deux vers :

> On apaise les dieux ; mais, par des sacrifices,
> De ces dieux irrités on fait des dieux propices.

Quel malheureux don de la nature que l'esprit, s'il a empêché M. de Lamotte de sentir ces grandes beautés d'imagination, et si cet académicien si ingénieux a cru que quelques antithèses, quelques tours délicats pourraient suppléer à ces grands traits d'éloquence ! Lamotte a ôté beaucoup de défauts à Homère, mais il n'a conservé aucune de ses beautés ; il a fait un petit squelette d'un corps démesuré et trop plein d'embonpoint. En vain tous les journaux ont prodigué des louanges à Lamotte ; en vain avec tout l'art possible, et soutenu de beaucoup de mérite, s'était-il fait un parti considérable ; son parti, ses éloges, sa traduction, tout a disparu, et Homère est resté.

Ceux qui ne peuvent pardonner les fautes d'Homère en faveur de ses beautés sont la plupart des esprits trop philosophiques, qui ont étouffé en eux-mêmes tout sentiment. On trouve dans les *Pensées* de M. Pascal qu'il n'y a point de beauté poétique, et que, faute d'elle, on a inventé de grands mots, comme *fatal laurier*, *bel astre*[1], et que c'est cela qu'on appelle beauté poétique. Que prouve un tel passage, sinon que l'auteur parlait de ce qu'il n'entendait pas ? Pour juger des poëtes, il faut savoir sentir, il faut être né avec quelques étincelles du feu qui anime ceux qu'on veut connaître ; comme, pour décider sur la musique, ce n'est pas assez, ce n'est rien même de calculer en mathématicien la proportion des tons ; il faut avoir de l'oreille et de l'âme.

Qu'on ne croie point encore connaître les poëtes par les traductions ; ce serait vouloir apercevoir le coloris d'un tableau dans une estampe. Les traductions augmentent les fautes d'un ouvrage, et en gâtent les beautés. Qui n'a lu que Mme Dacier n'a point

---

1. Voltaire parle ailleurs de ces expressions de Pascal.

lu Homère; c'est dans le grec seul qu'on peut voir le style du poëte, plein de négligences extrêmes, mais jamais affecté, et paré de l'harmonie naturelle de la plus belle langue qu'aient jamais parlée les hommes. Enfin on verra Homère lui-même, qu'on trouvera, comme ses héros, tout plein de défauts, mais sublime[1]. Malheur à qui l'imiterait dans l'économie de son poëme! heureux qui peindrait les détails comme lui! et c'est précisément par ces détails que la poésie charme les hommes.

CHAPITRE III.

VIRGILE[2].

Il ne faut avoir aucun égard à la *Vie* de Virgile, qu'on trouve à la tête de plusieurs éditions des ouvrages de ce grand homme; elle est pleine de puérilités et de contes ridicules. On y représente Virgile comme une espèce de maquignon et de faiseur de prédictions, qui devine qu'un poulain qu'on avait envoyé à Auguste était né d'une jument malade; et qui, étant interrogé sur le secret de la naissance de l'empereur, répond qu'Auguste était fils d'un boulanger, parce qu'il n'avait été jusque-là récompensé de l'empereur qu'en rations de pain. Je ne sais par quelle fatalité la mémoire des grands hommes est presque toujours défigurée par des contes insipides. Tenons-nous-en à ce que nous savons certainement de Virgile. Il naquit l'an 684 de la fondation de Rome, dans le village d'Andez, à une lieue de Mantoue, sous le premier consulat du grand Pompée et de Crassus. Les ides d'octobre, qui étaient le 15 de ce mois, devinrent à jamais fameuses par sa naissance: *Octobris Maro consecravit idus,* dit Martial[3]. Il ne vécut que cinquante-deux ans, et mourut à Brindes comme il allait en Grèce pour mettre, dans la retraite, la dernière main à son *Énéide,* qu'il avait été onze ans à composer.

---

1. Voyez la première des *Stances sur les poëtes épiques.*
2. Voyez aussi ce qu'en 1771 Voltaire, dans ses *Questions sur l'Encyclopédie,* dit de Virgile.
3. Livre XII, épigramme 68.

VIRGILE.

Il est le seul de tous les poëtes épiques qui ait joui de sa réputation pendant sa vie. Les suffrages et l'amitié d'Auguste, de Mécène, de Tucca, de Pollion, d'Horace, de Gallus, ne servirent pas peu sans doute à diriger les jugements de ses contemporains, qui peut-être sans cela ne lui auraient pas rendu sitôt justice. Quoi qu'il en soit, telle était la vénération qu'on avait pour lui à Rome, qu'un jour, comme il vint paraître au théâtre après qu'on y eut récité quelques-uns de ses vers, tout le peuple se leva avec des acclamations, honneur qu'on ne rendait alors qu'à l'empereur. Il était né d'un caractère doux, modeste, et même timide; il se dérobait très-souvent, en rougissant, à la multitude qui accourait pour le voir. Il était embarrassé de sa gloire; ses mœurs étaient simples; il négligeait sa personne et ses habillements; mais cette négligence était aimable; il faisait les délices de ses amis par cette simplicité qui s'accorde si bien avec le génie, et qui semble être donnée aux véritables grands hommes pour adoucir l'envie.

Comme les talents sont bornés, et qu'il arrive rarement qu'on touche aux deux extrémités à la fois, il n'était plus le même, dit-on, lorsqu'il écrivait en prose. Sénèque le philosophe nous apprend que Virgile n'avait pas mieux réussi en prose que Cicéron ne passait pour avoir réussi en vers[1]. Cependant il nous reste de très-beaux vers de Cicéron[2]. Pourquoi Virgile n'aurait-il pu descendre à la prose, puisque Cicéron s'éleva quelquefois à la poésie?

Horace et lui furent comblés de biens par Auguste. Cet heureux tyran savait bien qu'un jour sa réputation dépendrait d'eux: aussi est-il arrivé que l'idée que ces deux grands écrivains nous ont donnée d'Auguste a effacé l'horreur de ses proscriptions; ils nous font aimer sa mémoire; ils ont fait, si j'ose le dire, illusion à toute la terre. Virgile mourut assez riche pour laisser des sommes considérables à Tucca, à Varius, à Mécénas, et à l'empereur même. On sait qu'il ordonna par son testament que l'on brûlât son *Énéide*, dont il n'était point satisfait; mais on se donna bien de garde d'obéir à sa dernière volonté. Nous avons encore les vers qu'Auguste composa au sujet de cet ordre que Virgile avait donné en mourant; ils sont beaux, et semblent partir du cœur:

Ergone supremis potuit vox improba verbis

---

1. Voici les paroles de M. A. Sénèque (*Controverses*, livre Iᵉʳ): « Virgilium illa felicitas ingenii in oratione soluta reliquit: Ciceronem eloquentia sua incarminibus destituit. » (B.)

2. Voyez la traduction de quelques-uns par Voltaire, t. IV du *Théâtre*, p. 206-207.

Tam dirum mandare nefas ? ergo ibit in ignes,
Magnaque doctiloqui morietur musa Maronis ? etc.

Cet ouvrage, que l'auteur avait condamné aux flammes, est encore, avec ses défauts, le plus beau monument qui nous reste de toute l'antiquité. Virgile tira le sujet de son poëme des traditions fabuleuses que la superstition populaire avait transmises jusqu'à lui, à peu près comme Homère avait fondé son *Iliade* sur la tradition du siége de Troie; car, en vérité, il n'est pas croyable qu'Homère et Virgile se soient soumis par hasard à cette règle bizarre que le P. Le Bossu a prétendu établir : c'est de choisir son sujet avant ses personnages, et de disposer toutes les actions qui se passent dans le poëme avant de savoir à qui on les attribuera. Cette règle peut avoir lieu dans la comédie, qui n'est qu'une représentation des ridicules du siècle, ou dans un roman frivole, qui n'est qu'un tissu de petites intrigues, lesquelles n'ont besoin ni de l'autorité de l'histoire, ni du poids d'aucun nom célèbre.

Les poëtes épiques, au contraire, sont obligés de choisir un héros connu, dont le nom seul puisse imposer au lecteur, et un point d'histoire qui soit par lui-même intéressant. Tout poëte épique qui suivra la règle de Le Bossu sera sûr de n'être jamais lu : mais heureusement il est impossible de la suivre; car si vous tirez votre sujet tout entier de votre imagination, et que vous cherchiez ensuite quelque événement dans l'histoire pour l'adapter à votre fable, toutes les annales de l'univers ne pourraient pas vous fournir un événement entièrement conforme à votre plan : il faudra de nécessité que vous altériez l'un pour le faire cadrer avec l'autre; et y a-t-il rien de plus ridicule que de commencer à bâtir pour être ensuite obligé de détruire?

Virgile rassembla donc dans son poëme tous ces différents matériaux qui étaient épars dans plusieurs livres, et dont on peut voir quelques-uns dans Denys d'Halicarnasse. Cet historien trace exactement le cours de la navigation d'Énée; il n'oublie ni la fable des harpies, ni les prédictions de Céléno, ni le petit Ascagne qui s'écrie que *les Troyens ont mangé leurs assiettes*, etc. Pour la métamorphose des vaisseaux d'Énée en nymphes, Denys d'Halicarnasse n'en parle point; mais Virgile lui-même prend soin de nous avertir que ce conte était une ancienne tradition, *Prisca fides facto, sed fama perennis :* il semble qu'il ait eu honte de cette fable puérile, et qu'il ait voulu se l'excuser à lui-même en se rappelant la croyance publique. Si on considérait dans cette vue plusieurs endroits de Virgile qui choquent au premier coup d'œil, on serait moins prompt à le condamner.

N'est-il pas vrai que nous permettrions à un auteur français, qui prendrait Clovis pour son héros, de parler de la sainte ampoule, qu'un pigeon apporta du ciel dans la ville de Reims pour oindre le roi, et qui se conserve encore avec foi dans cette ville? Un Anglais qui chanterait le roi Arthur n'aurait-il pas la liberté de parler de l'enchanteur Merlin? Tel est le sort de toutes ces anciennes fables où se perd l'origine de chaque peuple, qu'on respecte leur antiquité en riant de leur absurdité. Après tout, quelque excusable qu'on soit de mettre en œuvre de pareils contes, je pense qu'il vaudrait encore mieux les rejeter entièrement : un seul lecteur sensé que ces faits rebutent mérite plus d'être ménagé qu'un vulgaire ignorant qui les croit.

A l'égard de la construction de sa fable, Virgile est blâmé par quelques critiques, et loué par d'autres, de s'être asservi à imiter Homère. Pour moi, si j'ose hasarder mon sentiment, je pense qu'il ne mérite ni ces reproches ni ces louanges. Il ne pouvait éviter de mettre sur la scène les dieux d'Homère, qui étaient aussi les siens, et qui, selon la tradition, avaient eux-mêmes guidé Énée en Italie; mais assurément il les fait agir avec plus de jugement que le poëte grec : il parle comme lui du siége de Troie; mais j'ose dire qu'il y a plus d'art et des beautés plus touchantes dans la description que fait Virgile de la prise de cette ville, que dans toute *l'Iliade* d'Homère. On nous crie que l'épisode de Didon est d'après celui de Circé et de Calypso; qu'Énée ne descend aux enfers qu'à l'imitation d'Ulysse. Le lecteur n'a qu'à comparer ces prétendues copies avec l'original supposé, il y trouvera une prodigieuse différence. *Homère a fait Virgile*, dit-on; si cela est, c'est sans doute son plus bel ouvrage.

Il est bien vrai que Virgile a emprunté du grec quelques comparaisons, quelques descriptions, dans lesquelles même pour l'ordinaire il est au-dessous de l'original. Quand Virgile est grand, il est lui-même; s'il bronche quelquefois, c'est lorsqu'il se plie à suivre la marche d'un autre.

J'ai entendu souvent reprocher à Virgile de la stérilité dans l'invention : on le compare à ces peintres qui ne savent point varier leurs figures. Voyez, dit-on, quelle profusion de caractères Homère a jetés dans son *Iliade* : au lieu que, dans *l'Énéide*, le fort Cloanthe, le brave Gyas, et le fidèle Achate, sont des personnages insipides, des domestiques d'Énée, et rien de plus, dont les noms ne servent qu'à remplir quelques vers. Cette remarque me paraît juste; mais j'ose dire qu'elle tourne à l'avantage de Virgile. Il chante les actions d'Énée, et Homère l'oisiveté d'Achille. Le poëte grec était dans la nécessité de suppléer à l'absence de son principal héros; et, comme son talent était de faire des tableaux plutôt que d'ourdir avec art la trame d'une fable intéressante, il a suivi l'impulsion de son génie en représentant avec plus de force que de choix des caractères éclatants, mais qui ne touchent point. Virgile, au contraire, sentait qu'il ne fallait point affaiblir son principal personnage et le perdre dans la foule : c'est au seul Énée qu'il a voulu et qu'il a dû nous attacher; aussi ne nous le fait-il jamais perdre de vue. Toute autre méthode aurait gâté son poëme.

Saint-Évremond dit qu'Énée est plus propre à être le fondateur d'un ordre de moines que d'un empire. Il est vrai qu'Énée passe auprès de bien des gens plutôt pour un dévot que pour un guerrier; mais leur préjugé vient de la fausse idée qu'ils ont du courage. Ils ont les yeux éblouis de la fureur d'Achille, ou des exploits gigantesques des héros de roman. Si Virgile avait été moins sage, si au lieu de représenter le courage calme d'un chef prudent, il avait peint la témérité emportée d'Ajax et de Diomède, qui combattent contre des dieux, il aurait plu davantage à ces critiques ; mais il mériterait peut-être moins de plaire aux hommes sensés.

Je viens à la grande et universelle objection que l'on fait contre *l'Énéide :* les six derniers chants, dit-on, sont indignes des six premiers. Mon admiration pour ce grand génie ne me ferme point les yeux sur ce défaut; je suis persuadé qu'il le sentait lui-même, et que c'était la vraie raison pour laquelle il avait eu dessein de brûler son ouvrage. Il n'avait voulu réciter à Auguste que le premier, le second, le quatrième, et le sixième livre, qui sont effectivement la plus belle partie de *l'Énéide.* Il n'est point donné aux hommes d'être parfaits. Virgile a épuisé tout ce que l'imagination a de plus grand dans la descente d'Énée aux enfers; il a dit tout au cœur dans les amours de Didon; la terreur et la compassion ne peuvent aller plus loin que dans la description de la ruine de Troie : de cette haute élévation, où il était parvenu au milieu de son vol, il ne pouvait guère que descendre. Le projet du mariage d'Énée avec une Lavinie qu'il n'a jamais vue ne saurait nous intéresser après les amours de Didon; la guerre contre les Latins, commencée à l'occasion d'un cerf blessé, ne peut que refroidir l'imagination échauffée par la ruine de Troie. Il est bien difficile de s'élever quand le sujet baisse. Cependant il ne faut pas croire que les six derniers chants de *l'Énéide* soient sans beautés; il n'y en a aucun où vous ne reconnaissiez Virgile : ce que la force de son art a tiré de ce terrain ingrat est presque incroyable; vous voyez partout la main d'un homme sage qui lutte contre les difficultés; il dispose avec choix tout ce que la brillante imagination d'Homère avait répandu avec une profusion sans règle.

Pour moi, s'il m'est permis de dire ce qui me blesse davantage dans les six derniers livres de *l'Énéide*, c'est qu'on est tenté, en les lisant, de prendre le parti de Turnus contre Énée. Je vois en la personne de Turnus un jeune prince passionnément amoureux, prêt à épouser une princesse qui n'a point pour lui de répugnance; il est favorisé dans sa passion par la mère de Lavinie, qui l'aime comme son fils; les Latins et les Rutules désirent également ce mariage, qui semble devoir assurer la tranquillité publique, le bonheur de Turnus, celui d'Amate, et même de Lavinie : au milieu de ces douces espérances, lorsqu'on touche au moment de tant de félicités, voici qu'un étranger, un fugitif, arrive des côtes d'Afrique. Il envoie une ambassade au roi latin pour obtenir un asile; le bon vieux roi commence par lui offrir sa fille, qu'Énée ne lui demandait pas; de là suit une guerre cruelle; encore ne commence-t-elle que par hasard, et par une aventure commune et petite. Turnus, en combattant pour sa maîtresse, est tué impitoyablement par Énée; la mère de Lavinie au désespoir se donne la mort; et le faible roi latin, pendant tout ce tumulte, ne sait ni refuser ni accepter Turnus pour son gendre, ni faire la guerre ni la paix; il se retire au fond de son palais, laissant Turnus et Énée se battre pour sa fille, sûr d'avoir un gendre, quoi qu'il arrive.

Il eût été aisé, ce me semble, de remédier à ce grand défaut : il fallait peut-être qu'Énée eût à délivrer Lavinie d'un ennemi, plutôt qu'à combattre un jeune et aimable amant qui avait tant de droits sur elle; et qu'il secourût le vieux roi Latinus au lieu de ravager son pays. Il a trop l'air du ravisseur de Lavinie : j'aimerais qu'il en fût le vengeur; je voudrais qu'il eût un rival que je pusse haïr, afin de m'intéresser davantage au héros; une telle disposition eût été une source de beautés nouvelles; le père et la mère de Lavinie, cette jeune princesse même, eussent eu des personnages plus convenables à jouer. Mais ma présomption va trop loin, ce n'est point à un jeune peintre[1] à oser reprendre les défauts d'un Raphaël; et je ne puis pas dire, comme le Corrége : *Son pittore anch'io.*

---

1. Cette phrase ne se trouve pas dans la traduction par Desfontaines. Elle est dans l'édition de 1733; l'auteur avait alors trente-neuf ans. (B.)

CHAPITRE IV.

LUCAIN.

Après avoir levé nos yeux vers Homère et Virgile, il est inutile de les arrêter sur leurs copistes. Je passerai sous silence Statius et Silius Italicus, l'un faible, l'autre monstrueux imitateur de *l'Iliade* et de *l'Énéide;* mais il ne faut pas omettre Lucain, dont le génie original a ouvert une route nouvelle. Il n'a rien imité; il ne doit à personne ni ses beautés ni ses défauts, et mérite par cela seul une attention particulière.

Lucain était d'une ancienne maison de l'ordre des chevaliers : il naquit à Cordoue, en Espagne, sous l'empereur Caligula. Il n'avait encore que huit mois lorsqu'on l'amena à Rome, où il fut élevé dans la maison de Sénèque, son oncle. Ce fait suffit pour imposer silence à des critiques qui ont révoqué en doute la pureté de son langage; ils ont pris Lucain pour un Espagnol qui a fait des vers latins; trompés par ce préjugé, ils ont cru trouver dans son style des barbarismes qui n'y sont point, et qui, supposé qu'ils y fussent, ne peuvent assurément être aperçus par aucun moderne. Il fut d'abord favori de Néron, jusqu'à ce qu'il eût la noble imprudence de disputer contre lui le prix de la poésie, et le dangereux honneur de le remporter. Le sujet qu'ils traitaient tous deux était Orphée. La hardiesse qu'eurent les juges de déclarer Lucain vainqueur est une preuve bien forte de la liberté dont on jouissait dans les premières années de ce règne.

Tandis que Néron fit les délices des Romains, Lucain crut pouvoir lui donner des éloges; il le loue même avec trop de flatterie; et en cela seul il a imité Virgile, qui avait eu la faiblesse de donner à Auguste un encens que jamais un homme ne doit donner à un autre homme, tel qu'il soit. Néron démentit bientôt les louanges outrées dont Lucain l'avait comblé : il força Sénèque à conspirer contre lui : Lucain entra dans cette fameuse conjuration, dont la découverte coûta la vie à trois cents Romains du premier rang. Étant condamné à la mort, il se fit ouvrir les veines dans un bain chaud, et mourut en récitant des vers de sa *Pharsale*, qui exprimaient le genre de mort dont il expirait.

Il ne fut pas le premier qui choisit une histoire récente pour le sujet d'un poëme épique ; Varius, contemporain, ami, et rival de Virgile, mais dont les ouvrages ont été perdus, avait exécuté avec succès cette dangereuse entreprise. La proximité des temps, la notoriété publique de la guerre civile, le siècle éclairé, politique, et peu superstitieux, où vivaient César et Lucain, la solidité de son sujet, ôtaient à son génie toute liberté d'invention fabuleuse. La grandeur véritable des héros réels qu'il fallait peindre d'après nature était une nouvelle difficulté. Les Romains, du temps de César, étaient des personnages bien autrement importants que Sarpédon, Diomède, Mézence, et Turnus. La guerre de Troie était un jeu d'enfants en comparaison des guerres civiles de Rome, où les plus grands capitaines et les plus puissants hommes qui aient jamais été disputaient de l'empire de la moitié du monde connu.

Lucain n'a osé s'écarter de l'histoire ; par là il a rendu son poëme sec et aride. Il a voulu suppléer au défaut d'invention par la grandeur des sentiments ; mais il a caché trop souvent sa sécheresse sous de l'enflure. Ainsi il est arrivé qu'Achille et Énée, qui étaient peu importants par eux-mêmes, sont devenus grands dans Homère et dans Virgile, et que César et Pompée sont petits quelquefois dans Lucain. Il n'y a dans son poëme aucune description brillante comme dans Homère : il n'a point connu, comme Virgile, l'art de narrer, et de ne rien dire de trop ; il n'a ni son élégance ni son harmonie : mais aussi vous trouvez dans *la Pharsale* des beautés qui ne sont ni dans *l'Iliade* ni dans *l'Énéide;* au milieu de ses déclamations ampoulées, il y a de ces pensées mâles et hardies, de ces maximes politiques dont Corneille est rempli ; quelques-uns de ses discours ont la majesté de ceux de Tite-Live, et la force de Tacite. Il peint comme Salluste ; en un mot, il est grand partout où il ne veut point être poëte : une seule ligne telle que celle-ci, en parlant de César,

Nil actum reputans, si quid superesset agendum [1],

vaut bien assurément une description poétique.

Virgile et Homère avaient fort bien fait d'amener les divinités sur la scène : Lucain a fait tout aussi bien de s'en passer. Jupiter, Junon, Mars, Vénus, étaient des embellissements nécessaires aux actions d'Énée et d'Agamemnon ; on savait peu de chose de ces héros fabuleux : ils étaient comme ces vainqueurs des jeux olym-

---

1. *Pharsale*, livre II, vers 657.

piques que Pindare chantait, et dont il n'avait presque rien à dire; il fallait qu'il se jetât sur les louanges de Castor, de Pollux, et d'Hercule. Les faibles commencements de l'empire romain avaient besoin d'être relevés par l'intervention des dieux; mais César, Pompée, Caton, Labiénus, vivaient dans un autre siècle qu'Énée; les guerres civiles de Rome étaient trop sérieuses pour ces jeux d'imagination. Quel rôle César jouerait-il dans la plaine de Pharsale, si Iris venait lui apporter son épée, ou si Vénus descendait dans un nuage d'or à son secours?

Ceux qui prennent les commencements d'un art pour les principes de l'art même sont persuadés qu'un poëme ne saurait subsister sans divinités, parce que *l'Iliade* en est pleine; mais ces divinités sont si peu essentielles au poëme, que le plus bel endroit qui soit dans Lucain, et peut-être dans aucun poëte, est le discours de Caton, dans lequel ce stoïque ennemi des fables dédaigne d'aller voir le temple de Jupiter Ammon [1]. Je me sers de la traduction de Brébeuf, malgré ses défauts.

> Laissons, laissons, dit-il, un secours si honteux
> A ces âmes qu'agite un avenir douteux...
> Pour être convaincu que la vie est à plaindre,
> Que c'est un long combat dont l'issue est à craindre,
> Qu'un trépas glorieux vaut bien mieux que les fers [2],
> Je ne consulte point les dieux ni les enfers...
> Lorsque d'un rien fécond [3] nous passons jusqu'à l'être,
> Le ciel met dans nos cœurs tout ce qu'il faut connaître;
> Nous trouvons Dieu partout, partout il parle à nous;
> Nous savons ce qui fait ou détruit son courroux;
> Et chacun porte en soi ce conseil salutaire,
> Si le charme des sens ne le force à se taire.
> Croyons-nous qu'à ce temple un dieu soit limité?
> Qu'il ait dans ces sablons caché la vérité?
> Faut-il d'autre séjour à ce monarque auguste
> Que les cieux, que la terre, et que le cœur du juste?
> C'est lui qui nous soutient, c'est lui qui nous conduit:

---

1. *Pharsale*, livre IX, vers 565.
2. Voltaire, en citant Brébeuf, l'avait corrigé. Il avait mis:

> Qu'une mort glorieuse est préférable aux fers.

Je n'ai vu aucun inconvénient à rétablir le texte de Brébeuf. (B.)

3. Voltaire avait mis:

> Alors que du néant, etc. (B.)

> C'est sa main qui nous guide, et son feu qui nous luit ;
> Tout ce que nous voyons est cet Être suprême...
> C'est donc assez, Romains, de ces vives leçons
> Qu'il grave dans notre âme au point que nous naissons.
> Si nous n'y savons pas lire nos aventures,
> Percer avant le temps dans les choses futures,
> Loin d'appliquer en vain nos soins à les chercher,
> Ignorons sans douleur ce qu'il veut nous cacher.

Ce n'est donc point pour n'avoir pas fait usage du ministère des dieux, mais pour avoir ignoré l'art de bien conduire les affaires des hommes, que Lucain est si inférieur à Virgile. Faut-il qu'après avoir peint César, Pompée, Caton, avec des traits si forts, il soit si faible quand il les fait agir ! Ce n'est presque plus qu'une gazette pleine de déclamations : il me semble que je vois un portique hardi et immense qui me conduit à des ruines.

CHAPITRE V.

LE TRISSIN[1].

Après que l'empire romain eut été détruit par les Barbares, plusieurs langues se formèrent des débris du latin, comme plusieurs royaumes s'élevèrent sur les ruines de Rome. Les conquérants portèrent dans tout l'occident leur barbarie et leur ignorance ; tous les arts périrent, et lorsque après huit cents ans ils commencèrent à renaître, ils renaquirent Goths et Vandales. Ce qui nous reste malheureusement de l'architecture et de la sculpture de ces temps-là est un composé bizarre de grossièreté et de colifichets. Le peu qu'on écrivait était dans le même goût. Les moines conservèrent la langue latine pour la corrompre ; les Francs, les Vandales, les Lombards, mêlèrent à ce latin corrompu leur jargon irrégulier et stérile. Enfin la langue italienne, comme la fille aînée de la latine, se polit la première, ensuite l'espagnole, puis la française et l'anglaise se perfectionnèrent.

---

1. Né à Vicence le 8 juillet 1478.

La poésie fut le premier art qui fut cultivé avec succès. Dante et Pétrarque écrivirent dans un temps où l'on n'avait pas encore un ouvrage de prose supportable : chose étrange que presque toutes les nations du monde aient eu des poëtes avant que d'avoir aucune autre sorte d'écrivains! Homère fleurit chez les Grecs plus d'un siècle avant qu'il parût un historien. Les cantiques de Moïse sont le plus ancien monument des Hébreux. On a trouvé des chansons chez les Caraïbes, qui ignoraient tous les arts. Les Barbares des côtes de la mer Baltique avaient leurs fameuses rimes *runiques* dans les temps qu'ils ne savaient pas lire : ce qui prouve, en passant, que la poésie est plus naturelle aux hommes qu'on ne pense.

Quoi qu'il en soit, le Tasse était encore au berceau, lorsque le Trissin, auteur de la fameuse *Sophonisbe*, la première tragédie écrite en langue vulgaire, entreprit un poëme épique. Il prit pour son sujet « l'Italie délivrée des Goths par Bélisaire, sous l'empire de Justinien ». Son plan est sage et régulier ; mais la poésie y est faible. Toutefois l'ouvrage réussit, et cette aurore du bon goût brilla pendant quelque temps, jusqu'à ce qu'elle fût absorbée dans le grand jour qu'apporta le Tasse.

Le Trissin était un homme d'un savoir très-étendu et d'une grande capacité. Léon X l'employa dans plus d'une affaire importante. Il fut ambassadeur auprès de Charles-Quint ; mais enfin il sacrifia son ambition et la prétendue solidité des affaires à son goût pour les lettres, bien différent en cela de quelques hommes célèbres que nous avons vus quitter et même mépriser les lettres, après avoir fait fortune par elles. Il était avec raison charmé des beautés qui sont dans Homère ; et cependant sa grande faute est de l'avoir imité ; il en a tout pris, hors le génie. Il s'appuie sur Homère pour marcher, et tombe en voulant le suivre ; il cueille les fleurs du poëte grec, mais elles se flétrissent dans les mains de l'imitateur.

Le Trissin, par exemple, a copié ce bel endroit d'Homère où Junon, parée de la ceinture de Vénus, dérobe à Jupiter des caresses qu'il n'avait pas coutume de lui faire. La femme de l'empereur Justinien a les mêmes vues sur son époux dans l'*Italia liberata*[1]. « Elle commence par se baigner dans sa belle chambre ; elle met une chemise blanche, et, après une longue énumération de tous les affiquets d'une toilette, elle va trouver l'empereur, qui est assis sur un gazon dans un petit jardin ; elle lui

---

1. Chant III, vers 582, etc.

fait une menterie avec beaucoup d'agaceries, et enfin Justinien

>..... le diede un bascio
> Soave, e le gettò le braccia al collo,
> Ed ella stette, e sorridendo disse :
> « Signor mio dolce, or che volete fare ?
> Chè se venisse alcuno in questo luogo,
> E ci vedesse, avrei tanta vergogna,
> Chè più non ardirei levar la fronte.
> Entriamo nelle nostre usate stanze,
> Chiudiamo gli usci, e sopra il vostro letto
> Poniamci, e fate poi quel che vi piace. »
> L'imperator rispose: « Alma mia vita,
> Non dubitate de la vista altrui ;
> Chè qui non può venir persona umana
> Se non per la mia stanza, ed io la chiusi
> Come qui venni, ed ho la chiave a canto ;
> E penso, che ancor voi chiudeste l' uscio
> Che vien in esso dalle stanze vostre ;
> Perchè giammai non lo lasciate aperto. »
> E detto questo, subito abbracciolla ;
> Poi si colcar ne la minuta erbetta,
> La quale allegra gli fioria d'intorno, etc.

« L'empereur lui donna un doux baiser, et lui jeta les bras au cou. Elle s'arrêta, et lui dit en souriant : « Mon doux seigneur, que « voulez-vous faire? Si quelqu'un entrait ici, et nous découvrait, je « serais si honteuse que je n'oserais plus lever les yeux. Allons « dans notre appartement, fermons les portes, mettons-nous sur le « lit, et puis faites ce que vous voudrez. » L'empereur lui répondit : « Ma chère âme, ne craignez point d'être aperçue, personne ne « peut entrer ici que par ma chambre ; je l'ai fermée, et j'en ai la « clef dans ma poche : je présume que vous avez aussi fermé la « porte de votre appartement qui entre dans le mien ; car vous ne « le laissez jamais ouvert. » Après avoir ainsi parlé, il l'embrasse, et la jette sur l'herbe tendre, qui semble partager leurs plaisirs, et qui se couronne de fleurs. » Ainsi ce qui est décrit noblement dans Homère devient aussi bas et aussi dégoûtant dans le Trissin que les caresses d'un mari et d'une femme devant le monde.

Le Trissin semble n'avoir copié Homère que dans les détails des descriptions : il est très-exact à peindre les habillements et les meubles de ses héros ; mais il oublie leurs caractères. Je ne prétends pas parler de lui pour remarquer seulement ses fautes, mais pour lui donner l'éloge qu'il mérite d'avoir été le premier moderne en Europe qui ait fait un poëme épique régulier et sensé, quoique faible, et qui ait osé secouer le joug de la rime : de plus, il est le seul des poëtes italiens dans lequel il n'y ait ni jeux de mots ni pointes, et celui de tous qui a le moins introduit d'enchanteurs et de héros enchantés dans ses ouvrages ; ce qui n'était pas un petit mérite.

CHAPITRE VI.

LE CAMOËNS.

Tandis que le Trissin, en Italie, suivait d'un pas timide et faible les traces des anciens, le Camoëns, en Portugal, ouvrait une carrière toute nouvelle, et s'acquérait une réputation qui dure encore parmi ses compatriotes, qui l'appellent le *Virgile portugais*.

Camoëns, d'une ancienne famille portugaise, naquit en Espagne[1], dans les dernières années du règne célèbre de Ferdinand et d'Isabelle, tandis que Jean II régnait en Portugal. Après la mort de Jean, il vint à la cour de Lisbonne, la première année du règne d'Emmanuel le Grand, héritier du trône et des grands desseins du roi Jean. C'étaient alors les beaux jours du Portugal, et le temps marqué pour la gloire de cette nation.

Emmanuel, déterminé à suivre le projet, qui avait échoué tant de fois, de s'ouvrir une route aux Indes orientales par l'Océan, fit venir, en 1497, Vasco de Gama avec une flotte pour cette fameuse entreprise, qui était regardée comme téméraire et impraticable, parce qu'elle était nouvelle. Gama, et ceux qui eurent la hardiesse de s'embarquer avec lui, passèrent pour des insensés qui se sacrifiaient de gaieté de cœur. Ce n'était qu'un cri dans la ville contre le roi : tout Lisbonne vit partir avec indignation et avec larmes ces aventuriers, et les pleura comme morts. Cependant l'entreprise réussit, et fut le premier fondement du commerce que l'Europe fait aujourd'hui avec les Indes par l'Océan.

Camoëns n'accompagna point Vasco de Gama dans son expédition, comme je l'avais dit[2] dans mes éditions précédentes ; il

---

1. Louis Camoëns est né à Lisbonne en 1517. (B.)
2. Voltaire l'avait dit non-seulement dans l'ouvrage qu'il avait écrit en anglais, et que traduisit Desfontaines, mais dans les premières éditions qu'il donna lui-même en français. L'édition de 1742 est la première qui donna le texte actuel. (B.)

n'alla aux Grandes-Indes que longtemps après. Un désir vague de voyager et de faire fortune, l'éclat que faisaient à Lisbonne ses galanteries indiscrètes, ses mécontentements de la cour, et surtout cette curiosité assez inséparable d'une grande imagination, l'arrachèrent à sa patrie. Il servit d'abord volontaire sur un vaisseau, et il perdit un œil dans un combat de mer. Les Portugais avaient déjà un vice-roi dans les Indes. Camoëns étant à Goa en fut exilé par le vice-roi. Être exilé d'un lieu qui pouvait être regardé lui-même comme un exil cruel, c'était un de ces malheurs singuliers que la destinée réservait à Camoëns. Il languit quelques années dans un coin de terre barbare sur les frontières de la Chine, où les Portugais avaient un petit comptoir, et où ils commençaient à bâtir la ville de Macao. Ce fut là qu'il composa son poëme de la découverte des Indes, qu'il intitula *Lusiade*; titre qui a peu de rapport au sujet, et qui, à proprement parler, signifie *la Portugade*.

Il obtint un petit emploi à Macao même, et de là retournant ensuite à Goa, il fit naufrage sur les côtes de la Chine, et se sauva, dit-on, en nageant d'une main, et tenant de l'autre son poëme, seul bien qui lui restait. De retour à Goa, il fut mis en prison ; il n'en sortit que pour essuyer un plus grand malheur, celui de suivre en Afrique un petit gouverneur arrogant et avare : il éprouva toute l'humiliation d'en être protégé. Enfin il revint à Lisbonne avec son poëme pour toute ressource. Il obtint une petite pension d'environ huit cents livres de notre monnaie d'aujourd'hui ; mais on cessa bientôt de la lui payer. Il n'eut d'autre retraite et d'autre secours qu'un hôpital. Ce fut là qu'il passa le reste de sa vie, et qu'il mourut dans un abandon général. A peine fut-il mort qu'on s'empressa de lui faire des épitaphes honorables, et de le mettre au rang des grands hommes. Quelques villes se disputèrent l'honneur de lui avoir donné la naissance. Ainsi il éprouva en tout le sort d'Homère. Il voyagea comme lui ; il vécut et mourut pauvre, et n'eut de réputation qu'après sa mort. Tant d'exemples doivent apprendre aux hommes de génie que ce n'est point par le génie qu'on fait sa fortune et qu'on vit heureux.

Le sujet de *la Lusiade*, traité par un esprit aussi vif que le Camoëns, ne pouvait que produire une nouvelle espèce d'épopée. Le fond de son poëme n'est ni une guerre, ni une querelle de héros, ni le monde en armes pour une femme ; c'est un nouveau pays découvert à l'aide de la navigation.

Voici comme il débute : « Je chante ces hommes au-dessus du vulgaire, qui des rives occidentales de la Lusitanie, portés sur des mers qui n'avaient point encore vu de vaisseaux, allèrent étonner la Taprobane de leur audace; eux dont le courage patient à souffrir des travaux au delà des forces humaines établit un nouvel empire sous un ciel inconnu et sous d'autres étoiles. Qu'on ne vante plus les voyages du fameux Troyen qui porta ses dieux en Italie; ni ceux du sage Grec qui revit Ithaque après vingt ans d'absence; ni ceux d'Alexandre, cet impétueux conquérant. Disparaissez, drapeaux que Trajan déployait sur les frontières de l'Inde : voici un homme à qui Neptune a abandonné son trident; voici des travaux qui surpassent tous les vôtres.

« Et vous, nymphes du Tage, si jamais vous m'avez inspiré des sons doux et touchants, si j'ai chanté les rives de votre aimable fleuve, donnez-moi aujourd'hui des accents fiers et hardis; qu'ils aient la force et la clarté de votre cours; qu'ils soient purs comme vos ondes, et que désormais le dieu des vers préfère vos eaux à celles de la fontaine sacrée. »

Le poëte conduit la flotte portugaise à l'embouchure du Gange : il décrit, en passant, les côtes occidentales, le midi et l'orient de l'Afrique, et les différents peuples qui vivent sur cette côte; il entremêle avec art l'histoire du Portugal. On voit dans le troisième chant la mort de la célèbre Inez de Castro, épouse du roi don Pedro, dont l'aventure déguisée a été jouée depuis peu sur le théâtre de Paris[1]. C'est, à mon gré, le plus beau morceau du Camoëns; il y a peu d'endroits dans Virgile plus attendrissants et mieux écrits. La simplicité du poëme est rehaussée par des fictions aussi neuves que le sujet. En voici une qui, je l'ose dire, doit réussir dans tous les temps et chez toutes les nations.

Lorsque la flotte est prête à doubler le cap de Bonne-Espérance, appelé alors le promontoire des Tempêtes, on aperçoit tout à coup un formidable objet. C'est un fantôme qui s'élève du fond de la mer; sa tête touche aux nues; les tempêtes, les vents, les tonnerres, sont autour de lui; ses bras s'étendent au loin sur la surface des eaux : ce monstre, ou ce dieu, est le gardien de cet océan dont aucun vaisseau n'avait encore fendu les flots; il menace la flotte, il se plaint de l'audace des Portugais, qui viennent lui disputer l'empire de ces mers; il leur annonce toutes les calamités qu'ils doivent essuyer dans leur entreprise. Cela est grand en tout pays sans doute.

Voici une autre fiction qui fut extrêmement du goût des Portugais, et qui me paraît conforme au génie italien : c'est une île

---

[1]. *L'Inès de Castro* de Lamotte fut jouée, pour la première fois, le 6 avril 1723. (B.)

enchantée qui sort de la mer pour le rafraîchissement de Gama et de sa flotte. Cette île a servi, dit-on, de modèle à l'île d'Armide, décrite quelques années après par le Tasse. C'est là que Vénus, aidée des conseils du Père éternel, et secondée en même temps des flèches de Cupidon, rend les Néréides amoureuses des Portugais. Les plaisirs les plus lascifs y sont peints sans ménagement ; chaque Portugais embrasse une Néréide ; Thétis obtient Vasco de Gama pour son partage. Cette déesse le transporte sur une haute montagne, qui est l'endroit le plus délicieux de l'île, et de là lui montre tous les royaumes de la terre, et lui prédit les destinées du Portugal.

Camoëns, après s'être abandonné sans réserve à la description voluptueuse de cette île, et des plaisirs où les Portugais sont plongés, s'avise d'informer le lecteur que toute cette fiction ne signifie autre chose que le plaisir qu'un honnête homme sent à faire son devoir. Mais il faut avouer qu'une île enchantée, dont Vénus est la déesse, et où des nymphes caressent des matelots après un voyage de long cours, ressemble plus à un musico d'Amsterdam qu'à quelque chose d'honnête. J'apprends[1] qu'un traducteur du Camoëns prétend que dans ce poëme Vénus signifie la sainte Vierge, et que Mars est évidemment Jésus-Christ. A la bonne heure, je ne m'y oppose pas ; mais j'avoue que je ne m'en serais pas aperçu. Cette allégorie nouvelle rendra raison de tout ; on ne sera plus tant surpris que Gama, dans une tempête, adresse ses prières à Jésus-Christ, et que ce soit Vénus qui vienne à son secours. Bacchus et la vierge Marie se trouveront tout naturellement ensemble.

Le principal but des Portugais, après l'établissement de leur commerce, est la propagation de la foi, et Vénus se charge du succès de l'entreprise. A parler sérieusement, un merveilleux si absurde défigure tout l'ouvrage aux yeux des lecteurs sensés. Il semble que ce grand défaut eût dû faire tomber ce poëme ; mais la poésie du style et l'imagination dans l'expression l'ont soutenu ; de même que les beautés de l'exécution ont placé Paul Véronèse parmi les grands peintres, quoiqu'il ait placé des pères bénédictins et des soldats suisses dans des sujets de *l'Ancien-Testament* et [2] qu'il ait toujours péché contre le costume.

---

1. Cette phrase, celle qui la précède (sauf quelques mots), et celle qui la suit, ont été ajoutées dans l'édition de 1742. La traduction de *la Lusiade*, par Duperron de Castera, avait paru en 1735, trois volumes in-12. (B.)

2. Je rétablis le dernier membre de cette phrase d'après les éditions de 1733 et

Le Camoëns tombe presque toujours dans de telles disparates. Je me souviens que Vasco, après avoir raconté ses aventures au roi de Mélinde, lui dit : « O roi, jugez si Ulysse et Énée ont voyagé aussi loin que moi, et couru autant de périls : » comme si un barbare Africain des côtes de Zanguebar savait son Homère et son Virgile. Mais de tous les défauts de ce poëme le plus grand est le peu de liaison qui règne dans toutes ses parties ; il ressemble au voyage dont il est le sujet. Les aventures se succèdent les unes aux autres, et le poëte n'a d'autre art que celui de bien conter les détails ; mais cet art seul, par le plaisir qu'il donne, tient quelquefois lieu de tous les autres. Tout cela prouve enfin que l'ouvrage est plein de grandes beautés, puisque depuis deux cents ans il fait les délices d'une nation spirituelle qui doit en connaître les fautes.

CHAPITRE VII.

LE TASSE.

Torquato Tasso commença sa *Gerusalemme liberata* dans le temps que *la Lusiade* du Camoëns commençait à paraître. Il entendait assez le portugais pour lire ce poëme et pour en être jaloux ; il disait que le Camoëns était le seul rival en Europe qu'il craignît. Cette crainte, si elle était sincère, était très-mal fondée ; le Tasse était autant au-dessus de Camoëns que le Portugais était supérieur à ses compatriotes. Le Tasse eût eu plus de raison d'avouer qu'il était jaloux de l'Arioste, par qui sa réputation fut si longtemps balancée, et qui lui est encore préféré par bien des Italiens. Il y aura même quelques lecteurs qui s'étonneront que l'on ne place point ici l'Arioste parmi les poëtes épiques[1]. Il est vrai

---

autres. L'édition de 1738 porte : *contre la coutume ;* et c'est probablement cette faute d'impression qui aura décidé quelque éditeur, qui n'avait pas le texte, à supprimer le membre de phrase. (B.)

1. Voltaire a changé d'opinion sur le compte de l'Arioste. « Arioste est mon dieu (écrivait-il à Mme du Deffant le 15 janvier 1761) : tous les poëmes m'ennuient, hors le sien. Je ne l'aimais pas assez dans ma jeunesse, je ne savais pas assez l'italien. Le *Pentateuque* et l'Arioste font aujourd'hui le charme de ma vie. » Dix ans

que l'Arioste a plus de fertilité, plus de variété, plus d'imagination que tous les autres ensemble ; et si on lit Homère par une espèce de devoir, on lit et on relit l'Arioste pour son plaisir. Mais il ne faut pas confondre les espèces. Je ne parlerais point des comédies de *l'Avare* et du *Joueur* en traitant de la tragédie. *L'Orlando furioso* est d'un autre genre que *l'Iliade* et *l'Énéide*. On peut même dire que ce genre, quoique plus agréable au commun des lecteurs, est cependant très-inférieur au véritable poëme épique. Il en est des écrits comme des hommes. Les caractères sérieux sont les plus estimés, et celui qui domine son imagination est supérieur à celui qui s'y abandonne. Il est plus aisé de peindre des ogres et des géants que des héros, et d'outrer la nature que de la suivre.

Le Tasse naquit à Sorrento en 1544, le 11 mars, de Bernardo Tasso et de Porzia de Rossi. La maison dont il sortait était une des plus illustres d'Italie, et avait été longtemps une des plus puissantes. Sa grand'mère était une *Cornaro* : on sait assez qu'une

---

plus tard (dans ses *Questions sur l'Encyclopédie*, au mot Épopée, il reparle du *Roland le furieux*, et fait un grand éloge de ce *prodigieux* ouvrage. « Je n'avais pas osé autrefois le compter (Arioste) parmi les poëtes épiques... et je lui fais humblement réparation. » Bettinelli, dans ses *Lettere sopra gli epigrammi*, analysées par Suard (*Mélanges de littérature*, Paris, 1803, in-8°, tome Ier, pages 26-27), prétend que c'est lui qui décida Voltaire à modifier le jugement qu'il avait porté d'abord sur l'Arioste. Cela se peut : mais Voltaire, avant de connaître Bettinelli, avait déjà changé d'opinion sur l'Arioste et corrigé quelques expressions.

En 1733 il disait : « ..... parmi les poëtes épiques. Mais il faut qu'ils songent qu'en fait de tragédie il serait hors de propos de citer *l'Avare* et *le Grondeur*; et, quoi que plusieurs Italiens en disent, l'Europe ne mettra l'Arioste avec le Tasse que lorsqu'on placera *l'Énéide* avec *le Roman comique*, et Callot à côté du Corrége. Le Tasse naquit, etc. »

Eu 1738 il corrigea : « ..... Lorsqu'on placera *l'Énéide* avec *Don Quichotte*, et Callot à côté du Corrége. Le Tasse naquit, etc. »

En 1742 il disait : « ..... à côté du Corrége. L'Arioste est un poëte charmant, mais non pas un poëte épique. Je suis bien loin de rétrécir la carrière des arts, et de donner des exclusions; mais enfin, pour être poëte épique, il faut au moins avoir un but; et l'Arioste semble n'avoir que celui d'entasser fable sur fable ; c'est un recueil de choses extravagantes écrit d'un style enchanteur. Je n'ai pas osé placer Ovide parmi les poëtes épiques, parce que ses *Métamorphoses*, toutes consacrées qu'elles sont par la religion des anciens, ne font pas un tout, ne sont pas un ouvrage régulier : comment donc y placerais-je l'Arioste, dont les fables sont si fort au-dessous des *Métamorphoses*? Le Tasse naquit, etc. »

En 1746 il supprima presque tout ce qu'il avait ajouté en 1742. Il n'en conserva que la première phrase : « L'Arioste est un poëte charmant, mais non pas un poëte épique. »

En 1748, 1751, 1752, il supprima cette phrase, et s'en tint au texte de 1738.

C'est de 1756 qu'est le texte actuel. Mais ce n'est pas de ce texte que veut parler Bettinelli ; c'est de ce que Voltaire a dit dans son article Épopée. (B.)

8. — LA HENRIADE.

noble Vénitienne a d'ordinaire la vanité de ne point épouser un homme d'une qualité médiocre; mais toute cette grandeur passée ne servit peut-être qu'à le rendre plus malheureux. Son père, né dans le déclin de sa maison, s'était attaché au prince de Salerne, qui fut dépouillé de sa principauté par Charles-Quint. De plus, Bernardo était poëte lui-même; avec ce talent, et le malheur qu'il eut d'être domestique d'un petit prince, il n'est pas étonnant qu'il ait été pauvre et malheureux.

Torquato fut d'abord élevé à Naples. Son génie poétique, la seule richesse qu'il avait reçue de son père, se manifesta dès son enfance. Il faisait des vers à l'âge de sept ans. Bernardo, banni de Naples avec les partisans du prince de Salerne, et qui connaissait par une dure expérience le danger de la poésie et d'être attaché aux grands, voulut éloigner son fils de ces deux sortes d'esclavage. Il l'envoya étudier le droit à Padoue. Le jeune Tasse y réussit, parce qu'il avait un génie qui s'étendait à tout : il reçut même ses degrés en philosophie et en théologie. C'était alors un grand honneur, car on regardait comme savant un homme qui savait par cœur la Logique d'Aristote, et ce bel art de disputer pour et contre, en termes inintelligibles, sur des matières qu'on ne comprend point. Mais le jeune homme, entraîné par l'impulsion irrésistible du génie, au milieu de toutes ces études qui n'étaient point de son goût, composa, à l'âge de dix-sept ans, son poëme de *Renaud*, qui fut comme le précurseur de sa *Jérusalem*. La réputation que ce premier ouvrage lui attira le détermina dans son penchant pour la poésie. Il fut reçu dans l'académie des *Eterei* de Padoue sous le nom de *Pentito*, du repentant, pour marquer qu'il se repentait du temps qu'il croyait avoir perdu dans l'étude du droit, et dans les autres où son inclination ne l'avait pas appelé.

Il commença *la Jérusalem* à l'âge de vingt-deux ans. Enfin, pour accomplir la destinée que son père avait voulu lui faire éviter, il alla se mettre sous la protection du duc de Ferrare, et crut qu'être logé et nourri chez un prince pour lequel il faisait des vers était un établissement assuré. A l'âge de vingt-sept ans il alla en France, à la suite du cardinal d'Este. « Il fut reçu du roi Charles IX, disent les historiens italiens, avec des distinctions dues à son mérite, et revint à Ferrare comblé d'honneurs et de biens. » Mais ces biens et ces honneurs tant vantés se réduisaient à quelques louanges; c'est la fortune des poëtes. On prétend qu'il fut amoureux, à la cour de Ferrare, de la sœur du duc, et que cette passion, jointe aux mauvais traitements qu'il reçut dans cette cour, fut la source de cette humeur mélancolique qui le consuma vingt années, et qui fit passer pour fou un homme qui avait mis tant de raison dans ses ouvrages.

Quelques chants de son poëme avaient déjà paru sous le nom de *Godefroi;* il le donna tout entier au public à l'âge de trente ans, sous le titre plus judicieux de *la Jérusalem délivrée.* Il pouvait dire alors comme un grand homme de l'antiquité : J'ai vécu assez pour le bonheur et pour la gloire. Le reste de sa vie ne fut plus qu'une chaîne de calamités et d'humiliations. Enveloppé dès l'âge de huit ans dans le bannissement de son père, sans patrie, sans biens, sans famille, persécuté par les ennemis que lui suscitaient ses talents, plaint, mais négligé par ceux qu'il appelait ses amis, il souffrit l'exil, la prison, la plus extrême pauvreté, la faim même ; et, ce qui devait ajouter un poids insupportable à tant de malheurs, la calomnie l'attaqua et l'opprima. Il s'enfuit de Ferrare, où le protecteur qu'il avait tant célébré l'avait fait mettre en prison. Il alla à pied, couvert de haillons, depuis Ferrare jusqu'à Sorrento, dans le royaume de Naples, trouver une sœur qu'il y avait, et dont il espérait quelques secours, mais dont probablement il n'en reçut point, puisqu'il fut obligé de retourner à pied à Ferrare, où il fut emprisonné encore. Le désespoir altéra sa constitution robuste, et le rejeta dans des maladies violentes et longues, qui lui ôtèrent quelquefois l'usage de la raison. Il prétendit un jour avoir été guéri par le secours de la sainte Vierge et de sainte Scolastique, qui lui apparurent dans un grand accès de fièvre. Le marquis Manso di Villa rapporte ce fait comme certain. Tout ce que la plupart des lecteurs en croiront, c'est que le Tasse avait la fièvre.

Sa gloire poétique, cette consolation imaginaire dans des malheurs réels, fut attaquée de tous côtés. Le nombre de ses ennemis éclipsa pour un temps sa réputation. Il fut presque regardé comme un mauvais poëte. Enfin, après vingt années, l'envie fut lasse de l'opprimer ; son mérite surmonta tout. On lui offrit des honneurs et de la fortune, mais ce ne fut que lorsque son esprit, fatigué d'une suite de malheurs si longue, était devenu insensible à tout ce qui pouvait le flatter. Il fut appelé à Rome par le pape Clément VII, qui, dans une congrégation de cardinaux, avait résolu de lui donner la couronne de laurier et les honneurs du triomphe ; cérémonie bizarre, qui paraît ridicule aujourd'hui, surtout en France, et qui était alors très-sérieuse et très-honorable en Italie. Le Tasse fut reçu à un mille de Rome par les deux cardinaux neveux, et par un grand nombre de prélats et d'hommes de toutes conditions. On le conduisit à l'audience du pape : « Je désire, lui dit le pontife, que vous honoriez la couronne de laurier, qui a honoré jusqu'ici tous ceux qui l'ont portée. » Les deux cardinaux Aldobrandin, neveux du pape, qui aimaient et admiraient le Tasse, se chargèrent de l'appareil du couronnement; il devait se faire au Capitole : chose assez singulière, que ceux qui éclairent le monde par leurs écrits triomphent dans la même place que ceux qui l'avaient désolé par leurs conquêtes! Le Tasse tomba malade dans le temps de ces préparatifs; et, comme si la fortune avait voulu le tromper jusqu'au dernier moment, il mourut la veille du jour destiné à la cérémonie.

Le temps, qui sape la réputation des ouvrages médiocres, a assuré celle du Tasse. *La Jérusalem délivrée* est aujourd'hui chantée en plusieurs endroits de l'Italie, comme les poëmes d'Homère l'étaient en Grèce; et on ne fait nulle difficulté de le mettre à côté de Virgile et d'Homère, malgré ses fautes, et malgré la critique de Despréaux.

La Jérusalem paraît à quelques égards être copiée d'après *l'Iliade*; mais si c'est imiter que de choisir dans l'histoire un sujet qui a des ressemblances avec la fable de la guerre de Troie; si Renaud est une copie d'Achille, et Godefroi d'Agamemnon, j'ose dire que le Tasse a été bien au delà de son modèle. Il a autant de feu qu'Homère dans ses batailles, avec plus de variété. Ses héros ont tous des caractères différents comme ceux de *l'Iliade;* mais ses caractères sont mieux annoncés, plus fortement décrits, et mieux soutenus; car il n'y en a presque pas un seul qui ne se démente dans le poëte grec, et pas un qui ne soit invariable dans l'italien.

Il a peint ce qu'Homère crayonnait; il a perfectionné l'art de nuancer les couleurs, et de distinguer les différentes espèces de vertus, de vices, et de passions, qui ailleurs semblent être les mêmes. Ainsi Godefroi est prudent et modéré; l'inquiet Aladin a une politique cruelle; la généreuse valeur de Tancrède est opposée à la fureur d'Argant; l'amour, dans Armide, est un mélange de coquetterie et d'emportement; dans Herminie, c'est une tendresse douce et aimable. Il n'y a pas jusqu'à l'ermite Pierre qui ne fasse un personnage dans le tableau, et un beau contraste avec l'enchanteur Ismeno; et ces deux figures sont assurément au-dessus de Calchas et de Talthybius. Renaud est une imitation d'Achille : mais ses fautes sont plus excusables; son caractère est plus aimable, son loisir est mieux employé. Achille éblouit, et Renaud intéresse.

Je ne sais si Homère a bien ou mal fait d'inspirer tant de compassion pour Priam, l'ennemi des Grecs; mais c'est sans doute un coup de l'art d'avoir rendu Aladin odieux. Sans cet artifice, plus d'un lecteur se serait intéressé pour les mahométans contre les chrétiens ; on serait tenté de regarder ces derniers comme des brigands ligués pour venir, du fond de l'Europe, désoler un pays sur lequel ils n'avaient aucun droit, et massacrer de sang-froid un vénérable monarque âgé de quatre-vingts ans, et tout un peuple innocent qui n'avait rien à démêler avec eux.

C'était une chose bien étrange que la folie des croisades. Les moines prêchaient ces saints brigandages, moitié par enthousiasme, moitié par intérêt. La cour de Rome les encourageait par une politique qui profitait de la faiblesse d'autrui. Des princes quittaient leurs États, les épuisaient d'hommes et d'argent, et les laissaient exposés au premier occupant pour aller se battre en Syrie.

Tous les gentilshommes vendaient leurs biens, et partaient pour la Terre-Sainte avec leurs maîtresses. L'envie de courir, la mode, la superstition, concouraient à répandre dans l'Europe cette maladie épidémique. Les croisés mêlaient les débauches les plus scandaleuses et la fureur la plus barbare avec des sentiments tendres de dévotion ; ils égorgèrent tout dans Jérusalem, sans distinction de sexe ni d'âge ; mais quand ils arrivèrent au Saint-Sépulcre, ces monstres, ornés de croix blanches encore toutes dégouttantes du sang des femmes qu'ils venaient de massacrer après les avoir violées, fondirent tendrement en larmes, baisèrent la terre, et se frappèrent la poitrine : tant la nature humaine est capable de réunir les extrêmes !

Le Tasse fait voir, comme il le doit, les croisades dans un jour tout opposé. C'est une armée de héros qui, sous la conduite d'un chef vertueux, vient délivrer du joug des infidèles une terre consacrée par la naissance et la mort d'un Dieu. Le sujet de *la Jérusalem*, à le considérer dans ce sens, est le plus grand qu'on ait jamais choisi. Le Tasse l'a traité dignement ; il y a mis autant d'intérêt que de grandeur. Son ouvrage est bien conduit ; presque tout y est lié avec art ; il amène adroitement les aventures ; il distribue sagement les lumières et les ombres. Il fait passer le lecteur des alarmes de la guerre aux délices de l'amour, et de la peinture des voluptés il le ramène aux combats ; il excite la sensibilité par degrés ; il s'élève au-dessus de lui-même de livre en livre. Son style est presque partout clair et élégant, et lorsque son sujet demande de l'élévation, on est étonné comment la mollesse de la langue italienne prend un nouveau caractère sous ses mains, et se change en majesté et en force.

On trouve, il est vrai, dans *la Jérusalem*, environ deux cents vers où l'auteur se livre à des jeux de mots et à des concetti puérils ; mais ces faiblesses étaient une espèce de tribut que son génie payait au mauvais goût de son siècle pour les pointes, qui même a augmenté depuis lui, mais dont les Italiens sont entièrement désabusés.

Si cet ouvrage est plein de beautés qu'on admire partout, il y a aussi bien des endroits qu'on n'approuve qu'en Italie, et quelques-uns qui ne doivent plaire nulle part. Il me semble que c'est une faute par tout pays d'avoir débuté par un épisode qui ne tient en rien au reste du poëme ; je parle de l'étrange et inutile talisman que fait le sorcier Ismeno avec une image de la vierge Marie, et de l'histoire d'Olindo et de Sofronia. Encore si cette image de la Vierge servait à quelque prédiction ; si Olindo et Sofronia, prêts à être les victimes de leur religion, étaient éclairés d'en haut, et disaient un mot de ce qui doit arriver ; mais ils sont entièrement hors d'œuvre. On croit d'abord que ce sont les principaux personnages du poëme ; mais le poëte ne s'est épuisé à décrire leur aventure avec tous les embellissements de son art, et n'excite tant d'intérêt et de pitié pour eux, que pour n'en plus parler du tout dans le reste de l'ouvrage. Sophronie et Olinde sont aussi inutiles aux affaires des chrétiens que l'image de la Vierge l'est aux mahométans.

Il y a dans l'épisode d'Armide, qui d'ailleurs est un chef-d'œuvre, des excès d'imagination qui assurément ne seraient point admis en France ni en Angleterre : dix princes chrétiens métamorphosés en poissons, et un perroquet chantant des chansons de sa propre composition, sont des fables bien étranges aux yeux d'un lecteur sensé, accoutumé à n'approuver que ce qui est naturel. Les enchantements ne réussiraient pas aujourd'hui avec des Français ou des Anglais ; mais du temps du Tasse ils étaient reçus dans toute l'Europe, et regardés presque comme un point de foi par le peuple superstitieux d'Italie. Sans doute un homme qui vient de lire Locke ou Addison sera étrangement révolté de trouver dans *la Jérusalem* un sorcier chrétien qui tire Renaud des mains des sorciers mahométans. Quelle fantaisie d'envoyer Ubalde et son compagnon à un vieux et saint magicien, qui les conduit jusqu'au centre de la terre! Les deux chevaliers se promènent là sur le bord d'un ruisseau rempli de pierres précieuses de tout genre. De ce lieu on les envoie à Ascalon, vers une vieille qui les transporte aussitôt dans un petit bateau aux îles Canaries. Ils y arrivent sous la protection de Dieu, tenant dans leurs mains une baguette magique : ils s'acquittent de leur ambassade, et ramènent au camp des chrétiens le brave Renaud, dont toute l'armée avait grand besoin. Encore ces imaginations, dignes des contes de fées, n'appartiennent-elles pas au Tasse ; elles sont copiées de l'Arioste, ainsi que son Armide est une copie d'Alcine. C'est là surtout ce qui fait que tant de littérateurs italiens ont mis l'Arioste beaucoup au-dessus du Tasse.

Mais quel était ce grand exploit qui était réservé à Renaud ? Conduit par enchantement depuis le pic de Ténériffe jusqu'à Jérusalem, la Providence l'avait destiné pour abattre quelques vieux arbres dans une forêt : cette forêt est le grand merveilleux du poëme. Dans les premiers chants, Dieu ordonne à l'archange Michel de précipiter dans l'enfer les diables répandus dans l'air, qui excitaient des tempêtes, et qui tournaient son tonnerre contre les chrétiens en faveur des mahométans. Michel leur défend absolument de se mêler désormais des affaires des chrétiens. Ils obéissent aussitôt, et se plongent dans l'abîme ; mais bientôt après le magicien Ismeno les en fait sortir. Ils trouvent alors les moyens d'éluder les ordres de Dieu ; et, sous le prétexte de quelques distinctions sophistiques, ils prennent possession de la forêt, où les chrétiens se préparaient à couper le bois nécessaire pour la charpente d'une tour. Les diables prennent une infinité de différentes formes pour épouvanter ceux qui coupent les arbres. Tancrède trouve sa Clorinde enfermée dans un pin, et blessée du coup qu'il a donné au tronc de cet arbre ; Armide s'y présente à travers l'écorce d'un myrte, tandis qu'elle est à plusieurs milles dans l'armée d'Égypte. Enfin, les prières de l'ermite Pierre et le mérite de la contrition de Renaud rompent l'enchantement.

Je crois qu'il est à propos de faire voir comment Lucain a traité différemment dans sa *Pharsale* un sujet presque semblable. César ordonne à ses troupes de couper quelques arbres dans la forêt sacrée de Marseille, pour en faire des instruments et des machines de guerre. Je mets sous les yeux du lecteur les vers de Lucain et la traduction de Brébeuf, qui, comme toutes les autres traductions, est au-dessous de l'original [1] :

> Lucus erat, longo numquam violatus ab ævo,
> Obscurum cingens connexis aera ramis,
> Et gelidas alte summotis solibus umbras.
> Hunc non ruricolæ Panes, nemorumque potentes
> Silvani, nymphæque tenent ; sed barbara ritu

1. *Pharsale,* livre III, vers 399.

Sacra deum, structæ diris altaribus aræ;
Omnis et humanis lustrata cruoribus arbos.
Si qua fidem meruit superos mirata vetustas,
Illic et volucres metuunt insidere ramis,
Et lustris recubare feræ: nec ventus in illas
Incubuit silvas, excussaque nubibus atris
Fulgura: non ullis frondem præbentibus auris,
Arboribus suus horror inest. Tum plurima nigris
Fontibus unda cadit, simulacraque mœsta deorum
Arte carent, cæsisque extant informia truncis.
Ipse situs, putrique facit jam robore pallor
Attonitos : non vulgatis sacrata figuris
Numina sic metuunt: tantum terroribus addit,
Quos timeant, non nosse deos! Jam fama ferebat
Sæpe cavas motu terræ mugire cavernas,
Et procumbentes iterum consurgere taxos,
Et non ardentis fulgere incendia silvæ,
Roboraque amplexos circumfluxisse dracones.
Non illum cultu populi propiore frequentant,
Sed cessere deis. Medio cum Phœbus in axe est,
Aut cœlum nox atra tenet, pavet ipse sacerdos
Accessus, dominumque timet deprendere luci.

 Hanc jubet immisso silvam procumbere ferro :
Nam vicina operi, belloque intacta priori,
Inter nudatos stabat densissima montes.
Sed fortes tremuere manus, motique verenda
Majestate loci, si robora sacra ferirent,
In sua credebant redituras membra secures.
Implicitas magno Cæsar terrore cohortes
Ut vidit, primus raptam vibrare bipennem
Ausus, et aeriam ferro proscindere quercum,
Effatur merso violata in robora ferro :
« Jam ne quis vestrum dubitet subvertere silvam,
Credite me fecisse nefas. » Tunc paruit omnis
Imperiis non sublato secura pavore,
Turba, sed expensa superorum et Cæsaris ira.
Procumbunt orni, nodosa impellitur ilex,
Silvaque Dodones, et fluctibus aptior alnus,
Et non plebeios luctus testata cupressus.
Tum primum posuere comas, et fronde carentes
Admisere diem, propulsaque robore denso
Sustinuit se silva cadens. Gemuere videntes
Gallorum populi : muris sed clausa juventus
Exultat. Quis enim læsos impune putaret
Esse deos?

Voici la traduction de Brébeuf : on sait qu'il était plus ampoulé encore que Lucain ; il gâte souvent son original en voulant le surpasser ; mais il y a toujours dans Brébeuf quelques vers heureux :

> On voit auprès du camp une forêt sacrée,
> Formidable aux humains, et des temps révérée,
> Dont le feuillage sombre et les rameaux épais
> Du dieu de la clarté font mourir tous les traits.
> Sous la noire épaisseur des ormes et des hêtres,
> Les faunes, les sylvains, et les nymphes champêtres,
> Ne vont point accorder aux accents de la voix
> Le son des chalumeaux ou celui des hautbois.
> Cette ombre, destinée à de plus noirs offices,
> Cache aux yeux du soleil ses cruels sacrifices ;
> Et les vœux criminels qui s'offrent en ces lieux
> Offensent la nature en révérant les dieux.
> Là, du sang des humains on voit suer les marbres ;
> On voit fumer la terre, on voit rougir les arbres :
> Tout y parle d'horreur, et même les oiseaux
> Ne se perchent jamais sur ces tristes rameaux.
> Les sangliers, les lions, les bêtes les plus fières,
> N'osent pas y chercher leur bauge ou leurs tanières.
> La foudre, accoutumée à punir les forfaits,
> Craint ce lieu si coupable, et n'y tombe jamais.
> Là, de cent dieux divers les grossières images
> Impriment l'épouvante, et forcent les hommages ;
> La mousse et la pâleur de leurs membres hideux
> Semblent mieux attirer les respects et les vœux :
> Sous un air plus connu la Divinité peinte
> Trouverait moins d'encens, et ferait moins de crainte,
> Tant aux faibles mortels il est bon d'ignorer
> Les dieux qu'il leur faut craindre et qu'il faut adorer !
> Là, d'une obscure source il coule une onde obscure
> Qui semble du Cocyte emprunter la teinture.
> Souvent un bruit confus trouble ce noir séjour,
> Et l'on entend mugir les roches d'alentour :
> Souvent du triste éclat d'une flamme ensoufrée
> La forêt est couverte, et n'est pas dévorée ;
> Et l'on a vu cent fois les troncs entortillés
> De cérastes hideux et de dragons ailés.
> Les voisins de ce bois si sauvage et si sombre
> Laissent à ses démons son horreur et son ombre ;
> Et le druide craint, en abordant ces lieux,
> D'y voir ce qu'il adore, et d'y trouver ses dieux.
>
> Il n'est rien de sacré pour des mains sacriléges ;

Les dieux mêmes, les dieux n'ont point de priviléges :
César veut qu'à l'instant leurs droits soient violés,
Les arbres abattus, les autels dépouillés ;
Et de tous les soldats les âmes étonnées
Craignent de voir contre eux retourner leurs cognées.
Il querelle leur crainte, il frémit de courroux,
Et, le fer à la main, porte les premiers coups :
« Quittez, quittez, dit-il, l'effroi qui vous maîtrise ;
Si ces bois sont sacrés, c'est moi qui les méprise :
Seul j'offense aujourd'hui le respect de ces lieux,
Et seul je prends sur moi tout le courroux des dieux. »
A ces mots tous les siens, cédant à la contrainte,
Dépouillent le respect, sans dépouiller la crainte :
Les dieux parlent encore à ces cœurs agités ;
Mais, quand Jules commande, ils sont mal écoutés.
Alors on voit tomber sous un fer téméraire
Des chênes et des ifs aussi vieux que leur mère ;
Des pins et des cyprès, dont les feuillages verts
Conservent le printemps au milieu des hivers.
A ces forfaits nouveaux tous les peuples frémissent ;
A ce fier attentat tous les prêtres gémissent.
Marseille seulement, qui le voit de ses tours,
Du crime des Latins fait son plus grand secours.
Elle croit que les dieux, d'un éclat de tonnerre,
Vont foudroyer César, et terminer la guerre.

J'avoue que toute *la Pharsale* n'est pas comparable à *la Jérusalem délivrée;* mais au moins cet endroit fait voir combien la vraie grandeur d'un héros réel est au-dessus de celle d'un héros imaginaire, et combien les pensées fortes et solides surpassent ces inventions qu'on appelle des beautés poétiques, et que les personnes de bon sens regardent comme des contes insipides propres à amuser les enfants.

Le Tasse semble avoir reconnu lui-même sa faute, et il n'a pu s'empêcher de sentir que ces contes ridicules et bizarres, si fort à la mode alors, non-seulement en Italie, mais encore dans toute l'Europe, étaient absolument incompatibles avec la gravité de la poésie épique. Pour se justifier, il publia une préface dans laquelle il avança que tout son poëme était allégorique. L'armée des princes chrétiens, dit-il, représente le corps et l'âme ; Jérusalem est la figure du vrai bonheur, qu'on acquiert par le travail et avec beaucoup de difficulté ; Godefroi est l'âme ; Tancrède, Renaud, etc., en sont les facultés ; le commun des soldats sont les membres du corps ; les diables sont à la fois figures et figurés, *figura e figurato;*

Armide et Ismeno sont les tentations qui assiégent nos âmes; les charmes, les illusions de la forêt enchantée, représentent les faux raisonnements, *falsi sillogismi*, dans lesquels nos passions nous entraînent.

Telle est la clef que le Tasse ose donner de son poëme. Il en use en quelque sorte avec lui-même comme les commentateurs ont fait avec Homère et avec Virgile : il se suppose des vues et des desseins qu'il n'avait pas probablement quand il fit son poëme ; ou si, par malheur, il les a eus, il est bien incompréhensible comment il a pu faire un si bel ouvrage avec des idées si alambiquées.

Si le diable joue dans son poëme le rôle d'un misérable charlatan, d'un autre côté tout ce qui regarde la religion y est exposé avec majesté, et, si je l'ose dire, dans l'esprit de la religion ; les processions, les litanies, et quelques autres détails des pratiques religieuses, sont représentés dans *la Jérusalem délivrée* sous une forme respectable : telle est la force de la poésie, qui sait ennoblir tout, et étendre la sphère des moindres choses.

Il a eu l'inadvertance de donner aux mauvais esprits les noms de Pluton et d'Alecton, et d'avoir confondu les idées païennes avec les idées chrétiennes. Il est étrange que la plupart des poëtes modernes soient tombés dans cette faute : on dirait que nos diables et notre enfer chrétien auraient quelque chose de bas et de ridicule qui demanderait d'être ennobli par l'idée de l'enfer païen. Il est vrai que Pluton, Proserpine, Rhadamanthe, Tisiphone, sont des noms plus agréables que Belzébuth et Astaroth : nous rions du mot de *diable*, nous respectons celui de *furie*. Voilà ce que c'est que d'avoir le mérite de l'antiquité ; il n'y a pas jusqu'à l'enfer qui n'y gagne.

CHAPITRE VIII.

DON ALONZO DE ERCILLA.

Sur la fin du seizième siècle, l'Espagne produisit un poëme épique célèbre par quelques beautés particulières qui y brillent, aussi bien que par la singularité du sujet, mais encore plus remarquable par le caractère de l'auteur.

Don Alonzo de Ercilla y Cuniga, gentilhomme de la chambre de l'empereur Maximilien II, fut élevé dans la maison de Philippe II, et combattit à la bataille de Saint-Quentin, où les Français furent défaits. Philippe, qui n'était point à cette bataille, moins jaloux d'acquérir de la gloire au dehors que d'établir ses affaires au dedans, retourna en Espagne. Le jeune Alonzo, entraîné par une insatiable avidité du vrai savoir, c'est-à-dire de connaître les hommes et de voir le monde, voyagea par toute la France, parcourut l'Italie et l'Allemagne, et séjourna longtemps en Angleterre. Tandis qu'il était à Londres, il entendit dire que quelques provinces du Pérou et du Chili avaient pris les armes contre les Espagnols leurs conquérants. Je dirai, en passant, que cette tentative des Américains pour recouvrer leur liberté est traitée de rébellion par les auteurs espagnols. La passion qu'il avait pour la gloire, et le désir de voir et d'entreprendre des choses singulières, l'entraînèrent dans ces pays du nouveau monde. Il alla au Chili à la tête de quelques troupes, et il y resta pendant tout le temps de la guerre.

Sur les frontières du Chili, du côté du sud, est une petite contrée montagneuse nommée Araucana, habitée par une race d'hommes plus robustes et plus féroces que tous les autres peuples de l'Amérique : ils combattirent pour la défense de leur liberté avec plus de courage et plus longtemps que les autres Américains, et ils furent les derniers que les Espagnols soumirent. Alonzo soutint contre eux une pénible et longue guerre; il courut des dangers extrêmes; il vit et fit les actions les plus étonnantes, dont la seule récompense fut l'honneur de conquérir des rochers, et de réduire quelques contrées incultes sous l'obéissance du roi d'Espagne.

Pendant le cours de cette guerre, Alonzo conçut le dessein d'immortaliser ses ennemis en s'immortalisant lui-même. Il fut en même temps le conquérant et le poëte : il employa les intervalles de loisir que la guerre lui laissait à en chanter les événements; et, faute de papier, il écrivit la première partie de son poëme sur de petits morceaux de cuir, qu'il eut ensuite bien de la peine à arranger. Le poëme s'appelle *Araucana*, du nom de la contrée.

Il commence par une description géographique du Chili, et par la peinture des mœurs et des coutumes des habitants. Ce commencement, qui serait insupportable dans tout autre poëme, est ici nécessaire, et ne déplaît pas dans un sujet où la scène est par delà l'autre tropique, et où les héros sont des sauvages, qui nous auraient été toujours inconnus s'il ne les avait pas conquis et célébrés. Le sujet, qui était neuf, a fait naître des pensées neuves. J'en présenterai une au lecteur pour échantillon, comme une étincelle du beau feu qui animait quelquefois l'auteur.

« Les Araucaniens, dit-il, furent bien étonnés de voir des créatures pareilles à des hommes portant du feu dans leurs mains, et montés sur des monstres qui combattaient sous eux; ils les prirent d'abord pour des dieux descendus du ciel, armés du tonnerre, et suivis de la destruction; et alors ils se soumirent, quoique avec peine : mais dans la suite, s'étant familiarisés avec leurs conquérants, ils connurent leurs passions et leurs vices, et jugèrent que c'étaient des hommes : alors, honteux d'avoir succombé sous des mortels semblables à eux, ils jurèrent de laver leur erreur dans le sang de ceux qui l'avaient produite, et d'exercer sur eux une vengeance exemplaire, terrible, et mémorable. »

Il est à propos de faire connaître ici un endroit du deuxième chant, dont le sujet ressemble beaucoup au commencement de *l'Iliade*, et qui, ayant été traité d'une manière différente, mérite d'être mis sous les yeux des lecteurs qui jugent sans partialité. La première action de *l'Araucana* est une querelle qui naît entre les chefs des Barbares, comme, dans Homère, entre Achille et Agamemnon. La dispute n'arrive pas au sujet d'une captive; il s'agit du commandement de l'armée. Chacun de ces généraux sauvages vante son mérite et ses exploits; enfin la dispute s'échauffe tellement qu'ils sont près d'en venir aux mains : alors un des caciques, nommé Colocolo, aussi vieux que Nestor, mais moins favorablement prévenu en sa faveur que le héros grec, fait la harangue suivante :

«Caciques, illustres défenseurs de la patrie, le désir ambitieux de commander n'est point ce qui m'engage à vous parler. Je ne me plains pas que vous disputiez avec tant de chaleur un honneur qui peut-être serait dû à ma vieillesse, et qui ornerait mon déclin : c'est ma tendresse pour vous, c'est l'amour que je dois à ma patrie qui me sollicite à vous demander attention pour ma faible voix. Hélas! comment pouvons-nous avoir assez bonne opinion de nous-mêmes pour prétendre à quelque grandeur, et pour ambitionner des titres fastueux, nous qui avons été les malheureux sujets et les esclaves des Espagnols? Votre colère, caciques, votre fureur, ne devraient-elles pas s'exercer plutôt contre nos tyrans? Pourquoi tournez-vous contre vous-mêmes ces armes qui pourraient exterminer vos ennemis et venger notre patrie? Ah! si vous voulez périr, cherchez une mort qui vous procure de la gloire :

d'une main brisez un joug honteux, et de l'autre attaquez les Espagnols, et ne répandez pas dans une querelle stérile les précieux restes d'un sang que les dieux vous ont laissé pour vous venger. J'applaudis, je l'avoue, à la fière émulation de vos courages : ce même orgueil que je condamne augmente l'espoir que je conçois. Mais que votre valeur aveugle ne combatte pas contre elle-même, et ne se serve pas de ses propres forces pour détruire le pays qu'elle doit défendre. Si vous êtes résolus de ne point cesser vos querelles, trempez vos glaives dans mon sang glacé. J'ai vécu trop longtemps : heureux qui meurt sans voir ses compatriotes malheureux, et malheureux par leur faute! Écoutez donc ce que j'ose vous proposer : votre valeur, ô caciques! est égale; vous êtes tous également illustres par votre naissance, par votre pouvoir, par vos richesses, par vos exploits; vos âmes sont également dignes de commander, également capables de subjuguer l'univers; ce sont ces présents célestes qui causent vos querelles. Vous manquez de chef, et chacun de vous mérite de l'être; ainsi puisqu'il n'y a aucune différence entre vos courages, que la force du corps décide ce que l'égalité de vos vertus n'aurait jamais décidé, etc. » Le vieillard propose alors un exercice digne d'une nation barbare, de porter une grosse poutre, et de déférer à qui en soutiendrait le poids plus longtemps l'honneur du commandement.

Comme la meilleure manière de perfectionner notre goût est de comparer ensemble des choses de même nature, opposez le discours de Nestor à celui de Colocolo ; et, renonçant à cette adoration que nos esprits, justement préoccupés, rendent au grand nom d'Homère, pesez les deux harangues dans la balance de l'équité et de la raison.

Après qu'Achille, instruit et inspiré par Minerve, déesse de la sagesse, a donné à Agamemnon les noms d'ivrogne et de chien, le sage Nestor se lève pour adoucir les esprits irrités de ces deux héros, et parle ainsi [1] : Quelle satisfaction sera-ce aux Troyens lorsqu'ils entendront parler de vos discordes? Votre jeunesse doit respecter mes années, et se soumettre à mes conseils. J'ai vu autrefois des héros supérieurs à vous. Non, mes yeux ne verront jamais des hommes semblables à l'invincible Pirithoüs, au brave Cénéus, au divin Thésée, etc... J'ai été à la guerre avec eux, et, quoique je fusse jeune, mon éloquence persuasive avait du pouvoir sur leurs esprits; ils écoutaient Nestor : jeunes guerriers, écoutez donc

---

1. *Iliade*, livre Ier, vers 254.

les avis que vous donne ma vieillesse. Atride, vous ne devez pas garder l'esclave d'Achille : fils de Thétis, vous ne devez pas traiter avec hauteur le chef de l'armée. Achille est le plus grand, le plus courageux des guerriers ; Agamemnon est le plus grand des rois, etc. » Sa harangue fut infructueuse ; Agamemnon loua son éloquence, et méprisa son conseil.

Considérez, d'un côté, l'adresse avec laquelle le barbare Colocolo s'insinue dans l'esprit des caciques, la douceur respectable avec laquelle il calme leur animosité, la tendresse majestueuse de ses paroles, combien l'amour du pays l'anime, combien les sentiments de la vraie gloire pénètrent son cœur ; avec quelle prudence il loue leur courage en réprimant leur fureur ; avec quel art il ne donne la supériorité à aucun : c'est un censeur, un panégyriste adroit ; aussi tous se soumettent à ses raisons, confessant la force de son éloquence, non par de vaines louanges, mais par une prompte obéissance. Qu'on juge, d'un autre côté, si Nestor est si sage de parler tant de sa sagesse ; si c'est un moyen sûr de s'attirer l'attention des princes grecs, que de les rabaisser et de les mettre au-dessous de leur aïeux ; si toute l'assemblée peut entendre dire avec plaisir à Nestor qu'Achille est le plus courageux des chefs qui sont là présents. Après avoir comparé le babil présomptueux et impoli de Nestor avec le discours modeste et mesuré de Colocolo, l'odieuse différence qu'il met entre le rang d'Agamemnon et le mérite d'Achille, avec cette portion égale de grandeur et de courage attribuée avec art à tous les caciques, que le lecteur prononce[1] ; et s'il y a un général dans le monde qui souffre volontiers qu'on lui préfère son inférieur pour le courage ; s'il y a une assemblée qui puisse supporter sans s'émouvoir un harangueur qui, leur parlant avec mépris, vante leurs prédécesseurs à leurs dépens, alors Homère pourra être préféré à Alonzo dans ce cas particulier.

Il est vrai que si Alonzo est dans un seul endroit supérieur à Homère, il est dans tout le reste au-dessous du moindre des poëtes : on est étonné de le voir tomber si bas, après avoir pris un vol si haut. Il y a sans doute beaucoup de feu dans ses batailles, mais nulle invention, nul plan, point de variété dans les descrip-

---

1. M. Dugas-Montbel remarque qu'on ne peut prononcer en connaissance de cause sur le texte donné par Voltaire, *qui, après avoir donné une traduction élégante et soignée du discours de Colocolo, mutile impitoyablement celui de Nestor, et en supprime les plus beaux traits;* voyez les *Observations sur l'Iliade d'Homère*, par *Dugas-Montbel*, t. Ier, p. 35-39. (B.)

tions, point d'unité dans le dessein. Ce poëme est plus sauvage que les nations qui en font le sujet. Vers la fin de l'ouvrage, l'auteur, qui est un des premiers héros du poëme, fait pendant la nuit une longue et ennuyeuse marche, suivi de quelques soldats; et, pour passer le temps, il fait naître entre eux une dispute au sujet de Virgile, et principalement sur l'épisode de *Didon*. Alonzo saisit cette occasion pour entretenir ses soldats de la mort de Didon, telle qu'elle est rapportée par les anciens historiens; et, afin de mieux donner le démenti à Virgile, et de restituer à la reine de Carthage sa réputation, il s'amuse à en discourir pendant deux chants entiers.

Ce n'est pas d'ailleurs un défaut médiocre de son poëme d'être composé de trente-six chants très-longs. On peut supposer avec raison qu'un auteur qui ne sait ou qui ne peut s'arrêter n'est pas propre à fournir une telle carrière.

Un si grand nombre de défauts n'a pas empêché le célèbre Michel Cervantes de dire que *l'Araucana* peut être comparé avec les meilleurs poëmes d'Italie. L'amour aveugle de la patrie a sans doute dicté ce faux jugement à l'auteur espagnol. Le véritable et solide amour de la patrie consiste à lui faire du bien, et à contribuer à sa liberté autant qu'il nous est possible; mais disputer seulement sur les auteurs de notre nation, nous vanter d'avoir parmi nous de meilleurs poëtes que nos voisins, c'est plutôt sot amour de nous-mêmes qu'amour de notre pays.

CHAPITRE IX.

MILTON [1].

On trouvera ici, touchant Milton, quelques particularités omises dans l'abrégé de sa *Vie* qui est au-devant de la traduction française de son *Paradis perdu* [2]. Il n'est pas étonnant qu'ayant

---

1. Voyez aussi le long article que Voltaire, en 1771, consacra, dans ses *Questions sur l'Encyclopédie*, à Milton.
2. La traduction du *Paradis perdu*, par Dupré de Saint-Maur, ne parut qu'en 1729. Le premier alinéa du chapitre sur Milton est de 1733. (B.)

recherché avec soin en Angleterre tout ce qui regarde ce grand homme, j'aie découvert des circonstances de sa vie que le public ignore.

Milton, voyageant en Italie dans sa jeunesse, vit représenter à Milan une comédie intitulée *Adam, ou le Péché originel*, écrite par un certain Andreino[1], et dédiée à Marie de Médicis, reine de France. Le sujet de cette comédie était la chute de l'homme. Les acteurs étaient Dieu le père, les diables, les anges, Adam, Ève, le serpent, la Mort, et les sept Péchés mortels. Ce sujet, digne du génie absurde du théâtre de ce temps-là, était écrit d'une manière qui répondait au dessein.

La scène s'ouvre par un chœur d'anges, et Michel parle ainsi au nom de ses confrères : « Que l'arc-en-ciel soit l'archet du violon du firmament ; que les sept planètes soient les sept notes de notre musique ; que le Temps batte exactement la mesure ; que les vents jouent de l'orgue, etc. » Toute la pièce est dans ce goût. J'avertis seulement les Français qui en riront que notre théâtre ne valait guère mieux alors ; que *la Mort de saint Jean-Baptiste*, et cent autres pièces, sont écrites dans ce style ; mais que nous n'avions ni *Pastor fido* ni *Aminte*.

Milton, qui assista à cette représentation, découvrit, à travers l'absurdité de l'ouvrage, la sublimité cachée du sujet. Il y a souvent, dans des choses où tout paraît ridicule au vulgaire, un coin de grandeur qui ne se fait apercevoir qu'aux hommes de génie. Les sept Péchés mortels dansant avec le diable sont assurément le comble de l'extravagance et de la sottise ; mais l'univers rendu malheureux par la faiblesse d'un homme, les bontés et les vengeances du Créateur, la source de nos malheurs et de nos crimes, sont des objets dignes du pinceau le plus hardi : il y a surtout dans ce sujet je ne sais quelle horreur ténébreuse, un sublime sombre et triste qui ne convient pas mal à l'imagination anglaise. Milton conçut le dessein de faire une tragédie de la farce d'Andreino : il en composa même un acte et demi. Ce fait m'a été assuré par des gens de lettres, qui le tenaient de sa fille, laquelle est morte lorsque j'étais à Londres.

La tragédie de Milton commençait par ce monologue de Satan, qu'on voit dans le quatrième chant de son poëme épique :

---

1. Ginguené (*Biographie universelle*, II, 138) dit que c'est faire trop d'honneur à l'ouvrage d'Andreino que de prétendre que Milton y puisa l'idée de son poëme ; Johnson, dans sa *Vie de Milton*, regarde comme une *histoire bizarre et dénuée de fondement* le récit de Voltaire. (B.)

c'est lorsque cet esprit de révolte, s'échappant du fond des enfers, découvre le soleil qui sortait des mains du Créateur :

> Toi, sur qui mon tyran prodigue ses bienfaits [1],
> Soleil, astre de feu, jour heureux que je hais,
> Jour qui fais mon supplice, et dont mes yeux s'étonnent,
> Toi qui sembles le dieu des cieux qui t'environnent,
> Devant qui tout éclat disparaît et s'enfuit,
> Qui fais pâlir le front des astres de la nuit ;
> Image du Très-Haut, qui régla ta carrière,
> Hélas ! j'eusse autrefois éclipsé ta lumière ;
> Sous la voûte des cieux, élevé plus que toi,
> Le trône où tu t'assieds s'abaissait devant moi.
> Je suis tombé, l'orgueil m'a plongé dans l'abîme [2].

Dans le temps qu'il travaillait à cette tragédie, la sphère de ses idées s'élargissait à mesure qu'il pensait. Son plan devint immense sous sa plume ; et enfin, au lieu d'une tragédie, qui, après tout, n'eût été que bizarre et non intéressante, il imagina un poëme épique, espèce d'ouvrage dans lequel les hommes sont convenus d'approuver souvent le bizarre sous le nom de merveilleux.

Les guerres civiles d'Angleterre ôtèrent longtemps à Milton le loisir nécessaire pour l'exécution d'un si grand dessein. Il était né avec une passion extrême pour la liberté : ce sentiment l'empêcha toujours de prendre parti pour aucune des sectes qui avaient la fureur de dominer dans sa patrie ; il ne voulut fléchir sous le joug d'aucune opinion humaine ; et il n'y eut point d'Église qui pût se vanter de compter Milton pour un de ses membres. Mais il ne garda point cette neutralité dans les guerres civiles du roi et du parlement : il fut un des plus ardents ennemis de l'infortuné roi Charles Ier : il entra même assez avant dans la faveur de Cromwell ; et, par une fatalité qui n'est que trop commune, ce zélé républicain fut le serviteur d'un tyran. Il fut secrétaire d'Olivier Cromwell, de Richard Cromwell, et du parlement, qui dura jusqu'au temps de la restauration. Les Anglais employèrent sa plume pour justifier la mort de leur roi, et pour répondre au livre que Charles II avait fait écrire par Saumaise [3] au sujet de cet événement tragique. Jamais cause ne fut

---

1. *Paradis perdu*, liv. IV, v. 32.
2. Voltaire ajouta, en 1771, onze vers à ceux qu'on lit ici.
3. Le livre de Saumaise intitulé *Defensio regia*, imprimé en 1649, réimprimé en 1651, fut réfuté par l'ouvrage de Milton ayant pour titre *Defensio pro populo anglicano*, 1651, in-folio. (B.)

plus belle, et ne fut si mal plaidée de part et d'autre. Saumaise défendit en pédant le parti d'un roi mort sur l'échafaud, d'une famille royale errante dans l'Europe, et de tous les rois même de l'Europe, intéressés dans cette querelle. Milton soutint en mauvais déclamateur la cause d'un peuple victorieux, qui se vantait d'avoir jugé son prince selon les lois. La mémoire de cette révolution étrange ne périra jamais chez les hommes, et les livres de Saumaise et de Milton sont déjà ensevelis dans l'oubli. Milton, que les Anglais regardent aujourd'hui comme un poëte divin, était un très-mauvais écrivain en prose.

Il avait cinquante-deux ans lorsque la famille royale fut rétablie. Il fut compris dans l'amnistie que Charles II donna aux ennemis de son père ; mais il fut déclaré, par l'acte même d'amnistie, incapable de posséder aucune charge dans le royaume. Ce fut alors qu'il commença son poëme épique, à l'âge où Virgile avait fini le sien. A peine avait-il mis la main à cet ouvrage, qu'il fut privé de la vue. Il se trouva pauvre, abandonné, et aveugle, et ne fut point découragé. Il employa neuf années à composer *le Paradis perdu*. Il avait alors très-peu de réputation ; les beaux esprits de la cour de Charles II ou ne le connaissaient pas, ou n'avaient pour lui nulle estime. Il n'est pas étonnant qu'un ancien secrétaire de Cromwell, vieilli dans la retraite, aveugle, et sans biens, fût ignoré ou méprisé dans une cour qui avait fait succéder à l'austérité du gouvernement du Protecteur toute la galanterie de la cour de Louis XIV, et dans laquelle on ne goûtait que les poésies efféminées, la mollesse de Waller, les satires du comte de Rochester, et l'esprit de Cowley.

Une preuve indubitable qu'il avait très-peu de réputation, c'est qu'il eut beaucoup de peine à trouver un libraire qui voulût imprimer son *Paradis perdu* : le titre seul révoltait, et tout ce qui avait quelque rapport à la religion était alors hors de mode. Enfin Thompson[1] lui donna trente pistoles de cet ouvrage, qui a

1. Milton, le 26 avril 1667, vendit son manuscrit à Samuel Simmons pour cinq livres sterling payées comptant, avec promesse du libraire d'en payer cinq de plus quand il aurait vendu plus de treize cents exemplaires de la première édition, cinq autres après la vente d'un même nombre de la seconde, et enfin cinq après un pareil débit lors de la troisième. Il n'avait paru que deux éditions quand Milton mourut, le 10 novembre 1674 (vieux style), n'ayant ainsi reçu que quinze livres sterling. Sa veuve, en 1680, vendit tous ses droits moyennant huit livres sterling à S. Simmons. Celui-ci transporta, moyennant vingt-cinq livres sterling, tous ses droits à Brabazon Aylmer, qui les vendit à Jacob Tonson, une moitié le 17 avril 1683, et l'autre moitié le 24 mars 1690, moyennant une somme plus considérable. Voyez les *Vies de Milton et d'Addison*, par S. Johnson (traduit par Boulard), in-18, tome Ier, pages 100-101. (B.)

valu depuis plus de cent mille écus aux héritiers de ce Thompson. Encore ce libraire avait-il si peur de faire un mauvais marché, qu'il stipula que la moitié de ces trente pistoles ne serait payable qu'en cas qu'on fît une seconde édition du poëme, édition que Milton n'eut jamais la consolation de voir. Il resta pauvre et sans gloire : son nom doit augmenter la liste des grands génies persécutés de la fortune.

Le Paradis perdu fut donc négligé [1] à Londres, et Milton mourut sans se douter qu'il aurait un jour de la réputation. Ce fut le lord Somers et le docteur Atterbury, depuis évêque de Rochester, qui voulurent enfin que l'Angleterre eût un poëme épique. Ils engagèrent les héritiers de Thompson à faire une belle édition du *Paradis perdu*. Leur suffrage en entraîna plusieurs : depuis, le célèbre M. Addison écrivit en forme, pour prouver que ce poëme égalait ceux de Virgile et d'Homère. Les Anglais commencèrent à se le persuader, et la réputation de Milton fut fixée.

Il peut avoir imité plusieurs morceaux du grand nombre de poëmes latins faits de tout temps sur ce sujet, l'*Adamus exul* de Grotius, un nommé Mazen ou Mazenius [2], et beaucoup d'autres, tous inconnus au commun des lecteurs. Il a pu prendre dans le Tasse la description de l'enfer, le caractère de Satan, le conseil des démons : imiter ainsi, ce n'est point être plagiaire, c'est lutter, comme dit Boileau, contre son original ; c'est enrichir sa langue des beautés des langues étrangères ; c'est nourrir son génie et l'accroître du génie des autres ; c'est ressembler à Virgile, qui imita Homère. Sans doute Milton a jouté contre le Tasse avec des armes inégales ; la langue anglaise ne pouvait rendre l'harmonie des vers italiens,

> Chiama gli abitator dell' ombre eterne [3]
> Il rauco suon della tartarea tromba ;
> Treman le spaziose atre caverne,
> E l'aer cieco a quel romor rimbomba, etc...

Cependant Milton a trouvé l'art d'imiter heureusement tous ces beaux morceaux. Il est vrai que ce qui n'est qu'un épisode

---

1. Johnson observé que les livres ne se vendaient pas du temps de Milton comme aujourd'hui. La lecture n'était pas alors l'amusement général... Dans l'espace de quarante-un ans, depuis 1623 jusqu'à 1664, l'Angleterre se contenta de deux éditions des œuvres de Shakespeare, qui probablement ne formaient pas ensemble mille exemplaires. (B.)

2. Voltaire a reparlé, en 1771, *Du reproche de plagiat fait à Milton*. (B.)

3. Le Tasse, chant IV, stance III.

dans le Tasse est le sujet même dans Milton; il est encore vrai que sans la peinture des amours d'Adam et d'Ève, comme sans l'amour de Renaud et d'Armide, les diables de Milton et du Tasse n'auraient pas eu un grand succès. Le judicieux Despréaux, qui a presque toujours eu raison, excepté contre Quinault, a dit à tous les poëtes :

> Et quel objet enfin à présenter aux yeux [1]
> Que le diable toujours hurlant contre les cieux!

Je crois qu'il y a deux causes du succès que *le Paradis perdu* aura toujours : la première, c'est l'intérêt qu'on prend à deux créatures innocentes et fortunées qu'un être puissant et jaloux rend par sa séduction coupables et malheureuses; la seconde est la beauté des détails.

Les Français riaient encore quand on leur disait que l'Angleterre avait un poëme épique, dont le sujet était le diable combattant contre Dieu, et un serpent qui persuade à une femme de manger une pomme : ils ne croyaient pas qu'on pût faire sur ce sujet autre chose que des vaudevilles. Je fus le premier qui fis connaître aux Français quelques morceaux de Milton et de Shakespeare. M. Dupré de Saint-Maur donna une traduction en prose française de ce poëme singulier. On fut étonné de trouver, dans un sujet qui paraît si stérile, une si grande fertilité d'imagination; on admira les traits majestueux avec lesquels il ose peindre Dieu, et le caractère encore plus brillant qu'il donne au diable, on lut avec beaucoup de plaisir la description du jardin d'Éden, et des amours innocentes d'Adam et d'Ève. En effet, il est à remarquer que dans tous les autres poëmes l'amour est regardé comme une faiblesse; dans Milton seul il est une vertu. Le poëte a su lever d'une main chaste le voile qui couvre ailleurs les plaisirs de cette passion; il transporte le lecteur dans le jardin de délices; il semble lui faire goûter les voluptés pures dont Adam et Ève sont remplis : il ne s'élève pas au-dessus de la nature humaine, mais au-dessus de la nature humaine corrompue; et comme il n'y a point d'exemple d'un pareil amour, il n'y en a point d'une pareille poésie.

Mais tous les critiques judicieux, dont la France est pleine, se réunirent à trouver que le diable parle trop souvent et trop longtemps de la même chose. En admirant plusieurs idées sublimes, ils jugèrent qu'il y en a plusieurs d'outrées, et que l'auteur n'a

---

1. Boileau, *Art poétique*, chant III.

rendu que puériles en s'efforçant de les faire grandes. Ils condamnèrent unanimement cette futilité avec laquelle Satan fait bâtir une salle d'ordre dorique au milieu de l'enfer, avec des colonnes d'airain et de beaux chapiteaux d'or, pour haranguer les diables, auxquels il venait de parler tout aussi bien en plein air. Pour comble de ridicule, les grands diables, qui auraient occupé trop de place dans ce parlement d'enfer, se transforment en pygmées, afin que tout le monde puisse se trouver à l'aise au conseil.

Après la tenue des états infernaux, Satan s'apprête à sortir de l'abîme; il trouve la Mort à la porte, qui veut se battre contre lui. Ils étaient prêts à en venir aux mains, quand le Péché, monstre féminin, à qui des dragons sortent du ventre, court au-devant de ces deux champions : « Arrête, ô mon père! dit-il au diable; arrête, ô mon fils! dit-il à la Mort. — Et qui es-tu donc, répond le diable, toi qui m'appelles ton père? — Je suis le Péché, réplique ce monstre; tu accouchas de moi dans le ciel; je sortis de ta tête par le côté gauche; tu devins bientôt amoureux de moi; nous couchâmes ensemble; j'entraînai beaucoup de chérubins dans ta révolte; j'étais grosse quand la bataille se donna dans le ciel; nous fûmes précipités ensemble. J'accouchai dans l'enfer, et ce fut ce monstre que tu vois dont je fus père : il est ton fils et le mien. A peine fut-il né, qu'il viola sa mère, et qu'il me fit tous ces enfants que tu vois, qui sortent à tous moments de mes entrailles, qui y rentrent, et qui les déchirent. »

Après cette dégoûtante et abominable histoire, le Péché ouvre à Satan les portes de l'enfer; il laisse les diables sur le bord du Phlégéton, du Styx, et du Léthé : les uns jouent de la harpe, les autres courent la bague; quelques-uns disputent sur la grâce et sur la prédestination. Cependant Satan voyage dans les espaces imaginaires : il tombe dans le vide, et il tomberait encore si une nuée ne l'avait repoussé en haut. Il arrive dans le pays du chaos; il traverse le paradis des fous, *the paradise of fools* (c'est l'un des endroits qui ne sont point traduits en français); il trouve dans ce paradis les indulgences, les *Agnus Dei*, les chapelets, les capuchons, et les scapulaires des moines.

Voilà des imaginations dont tout lecteur sensé a été révolté; et il faut que le poëme soit bien beau d'ailleurs pour qu'on ait pu le lire, malgré l'ennui que doit causer cet amas de folies désagréables.

La guerre entre les bons et les mauvais anges a paru aussi aux connaisseurs un épisode où le sublime est trop noyé dans l'extravagant. Le merveilleux même doit être sage ; il faut qu'il conserve un air de vraisemblance, et qu'il soit traité avec goût. Les critiques les plus judicieux n'ont trouvé dans cet endroit ni goût, ni vraisemblance, ni raison : ils ont regardé comme une grande faute contre le goût la peine que prend Milton de peindre le caractère de Raphaël, de Michel, d'Abdiel, d'Uriel, de Moloch, de Nisroth, d'Astaroth, tous êtres imaginaires dont le lecteur ne peut se former aucune idée, et auxquels on ne peut prendre aucun intérêt. Homère, en parlant de ses dieux, les caractérisait par leurs attributs que l'on connaissait ; mais un lecteur chrétien a envie de rire quand on veut lui faire connaître à fond Nisroth, Moloch, et Abdiel. On a reproché à Homère de longues et inutiles harangues, et surtout les plaisanteries de ses héros : comment souffrir dans Milton les harangues et les railleries des anges et des diables pendant la bataille qui se donne dans le ciel ? Ces mêmes critiques ont jugé que Milton péchait contre le vraisemblable, d'avoir placé du canon dans l'armée de Satan, et d'avoir armé d'épées tous ces esprits, qui ne pouvaient se blesser ; car il arrive que, lorsque je ne sais quel ange a coupé en deux je ne sais quel diable, les deux parties du diable se réunissent dans le moment.

Ils ont trouvé que Milton choquait évidemment la raison par une contradiction inexcusable, lorsque Dieu le père envoie ses fidèles anges combattre, réduire, et punir les rebelles. « Allez, dit Dieu à Michel et à Gabriel ; poursuivez mes ennemis jusqu'aux extrémités du ciel ; précipitez-les, loin de Dieu et de leur bonheur, dans le Tartare, qui ouvre déjà son brûlant chaos pour les engloutir. » Comment se peut-il qu'après un ordre si positif la victoire reste indécise ? et pourquoi Dieu donne-t-il un ordre inutile ? Il parle, et n'est point obéi ; il veut vaincre, et on lui résiste : il manque à la fois de prévoyance et de pouvoir. Il ne devait point ordonner à ses anges de faire ce que son fils unique seul devait faire.

C'est ce grand nombre de fautes grossières qui fit sans doute dire à Dryden, dans sa préface sur *l'Énéide*, que Milton ne vaut guère mieux que notre Chapelain et notre Lemoyne ; mais aussi ce sont les beautés admirables de Milton qui ont fait dire à ce même Dryden que la nature l'avait formé de l'âme d'Homère et de celle de Virgile. Ce n'est pas la première fois qu'on a porté du même ouvrage des jugements contradictoires : quand on arrive à Versailles du côté de la cour, on voit un vilain petit bâtiment écrasé avec sept croisées de face, accompagné de tout ce que l'on a pu imaginer de plus mauvais goût; quand on le regarde du côté des jardins, on voit un palais immense, dont les beautés peuvent racheter les défauts.

Lorsque j'étais à Londres, j'osai composer en anglais un petit *Essai sur la poésie épique*[1], dans lequel je pris la liberté de dire que nos bons juges français ne manqueraient pas de relever toutes les fautes dont je viens de parler. Ce que j'avais prévu est arrivé, et la plupart des critiques de ce pays-ci ont jugé, autant qu'on le peut faire sur une traduction, que *le Paradis perdu* est un ouvrage plus singulier que naturel, plus plein d'imagination que de grâces, et de hardiesse que de choix, dont le sujet est tout idéal, et qui semble n'être pas fait pour l'homme.

CONCLUSION.

Nous n'avions point de poëme épique en France, et je ne sais même si nous en avons aujourd'hui. *La Henriade*, à la vérité, a été imprimée souvent; mais il y aurait trop de présomption à regarder ce poëme comme un ouvrage qui doit passer à la postérité, et effacer la honte qu'on a reprochée si longtemps à la France de n'avoir pu produire un poëme épique. C'est au temps seul à confirmer la réputation des grands ouvrages. Les artistes ne sont bien jugés que quand ils ne sont plus.

Il est honteux pour nous, à la vérité, que les étrangers se vantent d'avoir des poëmes épiques, et que nous, qui avons réussi en tant de genres, nous soyons forcés d'avouer, sur ce point, notre stérilité et notre faiblesse. L'Europe a cru les Français incapables de l'épopée; mais il y a un peu d'injustice à juger la France sur les Chapelain, les Lemoyne, les Desmarets, les Cassaigne, et les Scudéri. Si un écrivain, célèbre d'ailleurs, avait échoué dans cette entreprise; si un Corneille, un Despréaux, un Racine, avaient fait de mauvais poëmes épiques, on aurait raison de croire l'esprit français incapable de cet ouvrage : mais aucun de nos grands hommes n'a travaillé dans ce genre; il n'y a eu que les plus faibles qui aient osé porter ce fardeau, et ils ont succombé.

1. C'est en partie celui-ci même, qui, en plusieurs endroits, est une traduction littérale de l'ouvrage anglais. (*Note de Voltaire*, 1756.)

En effet, de tous ceux qui ont fait des poëmes épiques, il n'y en a aucun qui soit connu par quelque autre écrit un peu estimé. La comédie des *Visionnaires* de Desmarets est le seul ouvrage d'un poëte épique qui ait eu, en son temps, quelque réputation ; mais c'était avant que Molière eût fait goûter la bonne comédie. *Les Visionnaires* de Desmarets étaient réellement une très-mauvaise pièce, aussi bien que la *Mariamne* de Tristan, et *l'Amour tyrannique* de Scudéri, qui ne devaient leur réputation passagère qu'au mauvais goût du siècle.

Quelques-uns ont voulu réparer notre disette en donnant au *Télémaque* le titre de poëme épique ; mais rien ne prouve mieux la pauvreté que de se vanter d'un bien qu'on n'a pas : on confond toutes les idées, on transpose les limites des arts, quand on donne le nom de poëme à la prose. Le *Télémaque* est un roman[1] moral, écrit, à la vérité, dans le style dont on aurait dû se servir pour traduire Homère en prose ; mais l'illustre auteur du *Télémaque* avait trop de goût, était trop savant et trop juste pour appeler son roman du nom de poëme. J'ose dire plus, c'est que si cet ouvrage était écrit en vers français, je dis même en beaux vers, il deviendrait un poëme ennuyeux, par la raison qu'il est plein de détails que nous ne souffrons point dans notre poésie, et que de longs discours politiques et économiques ne plairaient assurément pas en vers français. Quiconque connaîtra bien le goût de notre nation sentira qu'il serait ridicule d'exprimer en vers[2] « qu'il faut distinguer les citoyens en sept classes : habiller la première de blanc avec une frange d'or, lui donner un anneau et une médaille ; habiller la seconde de bleu, avec un anneau et point de médaille ; la troisième de vert, avec une médaille, sans anneau et sans frange, etc. ; et enfin donner aux esclaves des habits gris brun ». Il ne conviendrait pas davantage de dire « qu'il faut qu'une maison soit tournée à un aspect sain, que les logements en soient dégagés, que l'ordre et la propreté s'y conservent, que l'entretien soit de peu de dépense, que chaque maison un peu considérable ait un salon et un petit péristyle, avec de petites chambres pour les hommes libres ». En un mot, tous les détails dans lesquels Mentor daigne entrer seraient aussi indignes d'un poëme épique qu'ils le sont d'un ministre d'État.

On a encore accusé longtemps notre langue de n'être pas

---

1. Cette expression donna naissance à *l'Apologie du Télémaque*, dont il est parlé dans le dernier alinéa de la page 304.
2. Livre XII.

assez sublime pour la poésie épique. Il est vrai que chaque langue a son génie, formé en partie par le génie même du peuple qui la parle, et en partie par la construction de ses phrases, par la longueur ou la brièveté de ses mots, etc. Il est vrai que le latin et le grec étaient des langues plus poétiques et plus harmonieuses que celles de l'Europe moderne ; mais, sans entrer dans un plus long détail, il est aisé de finir cette dispute en deux mots. Il est certain que notre langue est plus forte que l'italienne, et plus douce que l'anglaise. Les Anglais et les Italiens ont des poëmes épiques : il est donc clair que, si nous n'en avions pas, ce ne serait pas la faute de la langue française.

On s'en est aussi pris à la gêne de la rime, et avec encore moins de raison. *La Jérusalem* et le *Roland furieux* sont rimés, sont beaucoup plus longs que *l'Énéide*, et ont de plus l'uniformité des stances ; et non-seulement tous les vers, mais presque tous les mots finissent par une de ces voyelles, *a, e, i, o :* cependant on lit ces poëmes sans dégoût, et le plaisir qu'ils font empêche qu'on ne sente la monotonie qu'on leur reproche.

Il faut avouer qu'il est plus difficile à un Français qu'à un autre de faire un poëme épique ; mais ce n'est ni à cause de la rime, ni à cause de la sécheresse de notre langue. Oserai-je le dire ? c'est que de toutes les nations polies, la nôtre est la moins poétique. Les ouvrages en vers qui sont le plus à la mode en France sont les pièces de théâtre : ces pièces doivent être écrites dans un style naturel, qui approche assez de celui de la conversation. Despréaux n'a jamais traité que des sujets didactiques, qui demandent de la simplicité : on sait que l'exactitude et l'élégance font le mérite de ses vers, comme de ceux de Racine ; et lorsque Despréaux a voulu s'élever dans une ode, il n'a plus été Despréaux.

Ces exemples ont en partie accoutumé la poésie française à une marche trop uniforme ; l'esprit géométrique, qui de nos jours s'est emparé des belles-lettres, a encore été un nouveau frein pour la poésie. Notre nation, regardée comme si légère par des étrangers qui ne jugent de nous que par nos petits-maîtres, est de toutes les nations la plus sage, la plume à la main. La méthode est la qualité dominante de nos écrivains. On cherche le vrai en tout ; on préfère l'histoire au roman ; les *Cyrus*, les *Clélie*, et les *Astrée*, ne sont aujourd'hui lus de personne. Si quelques romans nouveaux paraissent encore, et s'ils font pour un temps l'amusement de la jeunesse frivole, les vrais gens de lettres les méprisent. Insensiblement il s'est formé un goût général qui donne assez l'exclusion aux imaginations de l'épopée ; on se moquerait également d'un auteur qui emploierait les dieux du paganisme, et de celui qui se servirait de nos saints : Vénus et Junon doivent rester dans les anciens poëmes grecs et latins ; sainte Geneviève, saint Denis, saint Roch, et saint Christophe, ne doivent se trouver ailleurs que dans notre légende. Les cornes et les queues des diables ne sont tout au plus que des sujets de raillerie ; on ne daigne pas même en plaisanter.

Les Italiens s'accommodent assez des saints, et les Anglais ont donné beaucoup de réputation au diable ; mais bien des idées qui seraient sublimes pour eux ne nous paraîtraient qu'extravagantes. Je me souviens que lorsque je consultai, il y a plus de douze ans[1], sur ma *Henriade* feu M. de Malezieux, homme qui joignait une grande imagination à une littérature immense, il me dit : « Vous entreprenez un ouvrage qui n'est pas fait pour notre nation ; *les Français n'ont pas la tête épique.* » Ce furent ses propres paroles, et il ajouta : « Quand vous écririez aussi bien que MM. Racine et Despréaux, ce sera beaucoup si on vous lit. »

C'est pour me conformer à ce génie sage et exact qui règne dans le siècle où je vis, que j'ai choisi un héros véritable au lieu d'un héros fabuleux ; que j'ai décrit des guerres réelles, et non des batailles chimériques ; que je n'ai employé aucune fiction qui ne soit une image sensible de la vérité. Quelque chose que je dise de plus sur cet ouvrage, je ne dirai rien que les critiques éclairés ne sachent ; c'est à *la Henriade* seule à parler en sa défense[2], et au temps seul de désarmer l'envie.

1. Toute *la Conclusion* parut en 1733 telle qu'elle est aujourd'hui, mais bien différente de ce qu'était la fin de *l'Essai* dans la traduction par Desfontaines. (B.)
2. C'est ici qu'en 1733 et 1742 finissait l'ouvrage ; dans les éditions de 1746, 1748, 1751, et 1752, on lit : « et le temps seul peut désarmer l'envie. » La version actuelle est de 1756. (B.)

FIN DE L'ESSAI SUR LA POÉSIE ÉPIQUE.

RÉPONSE

A LA CRITIQUE DE *LA HENRIADE*[1].

I. « Puisque l'illustre M. de Voltaire a fait connaître son génie parmi nous comme en France. »

Je ne suis point illustre.

II. « Je ne suis pas un juge compétent de la poésie française. »

Pourquoi en parles-tu donc?

III. « On est bientôt rassasié de leurs grands vers rimés, qu'ils appellent *bien tournés*, mais qui manquent presque tous de force et d'énergie. »

Cela n'est pas vrai. Corneille est plein de force et d'énergie.

IV. « Mais je prends la liberté de demander à M. de Voltaire pour quelle raison il a voulu choisir pour sujet d'un si beau poëme une si vilaine action, je veux dire le changement de religion de Henri IV. »

Par la raison que le sujet est beau dans Paris.

V. « Y a-t-il, en vérité, une chose plus lâche et plus indigne sur la terre que de changer de religion par intérêt? »

Ce n'est pas à moi à blâmer Henri IV.

VI. « Il (Henri IV) se fit protestant pour être chef de parti;... il se fit papiste pour sauver sa vie à la sainte journée de Barthé-

---

1. Cet intitulé n'est pas de Voltaire.

A la suite de l'édition de *la Henriade*, la Haye, 1728, in-12, on avait imprimé une *Critique de la Henriade*. C'est en marge d'un exemplaire de ce volume que Voltaire avait écrit ses réponses. Cet exemplaire appartenait, en 1826, à M. F. Fremeau, libraire de Reims, qui fit réimprimer, à Paris, le volume de 1728, en y ajoutant en marge de la *Critique* les notes marginales de Voltaire, jusqu'alors inédites, et qui ne pouvaient avoir de titre. J'ai dû leur en donner un en les produisant en forme d'ouvrage. C'est ce que j'ai fait aussi pour les *Notes de Voltaire sur les Remarques de La Mottraye*.

L'auteur de la *Critique de la Henriade* est un Anglais, ou du moins se donne pour tel dans les premières lignes de son écrit. Voyez ci-dessus page 5. (B.)

lemy;... il redevint protestant; et... il se fit papiste encore pour entrer dans Paris. C'est cette dernière action que M. de Voltaire a embellie avec toute la grandeur de son imagination. »

Je suis né catholique; si j'étais né mahométan, il faudrait bien que je louasse Mahomet.

VII. « Voilà M. de Voltaire qui, selon les principes de sa secte, dans laquelle il a été nourri, fait le panégyrique de Henri IV devenu catholique romain. »

Le critique est plagiaire; car j'ai employé cette pensée dans un de mes ouvrages.

VIII. « Cependant on ne veut pas souffrir son ouvrage en France, parce qu'il ne dit pas assez de mal de ces *méchants huguenots*. »

Je n'ai rien dit de tout cela.

IX. « Qu'on dise ce qu'on voudra; les Français font peut-être la révérence aux étrangers mieux que nous; mais nous les recevons mieux. »

Le docteur Burnet a été mieux reçu en France que moi en Angleterre.

X.   Oui, le crime sans doute est l'enfant de l'erreur,
     Oui, dans les différends où l'Europe se plonge,
     La trahison, le meurtre est le sceau du mensonge;
     Mais la compassion, la générosité,
     La liberté surtout vient de la vérité.

« Ces vers ne sont pas si bons que ceux de M. de Voltaire[1]. »
Il est vrai que ces vers sont mauvais.

XI. « . . . Un vieillard catholique qui prédit deux choses : l'une, que notre religion[2] sera bientôt détruite; l'autre, que Henri IV se fera papiste dans l'occasion. De ces deux prédictions, la première me semble difficile à accomplir; au contraire, il y a plus d'apparence que le papisme sera à sa fin plus tôt que le protestantisme. »

Je le souhaite de tout mon cœur; et ni moi ni mon ouvrage ne s'y opposent.

XII. « Les poëtes sont comme les théologiens : Dieu est leur machine. Il semble que ces deux professions aient pour but de nous tromper avec des paroles. »

---

1. Les vers 5-12 du chant II :

    Je ne décide point entre Genèves et Rome, etc. (B.)

2. On ne doit pas oublier que c'est un anglican qui parle. (B.)

Je vous supplie de croire que je ne parle de religion qu'en vers.

XIII. « Le troisième chant n'est pas, je crois, si poétique que le second ; mais il me paraît qu'il y a plus d'art. »

Vous avez raison.

XIV. « Je suis fâché que la peinture qu'Élisabeth fait du pape Sixte ne soit pas si belle que celle que fait le poëte, au chant IV, du même pape. »

Et moi aussi.

XV. « Allons ! quelques touches de votre pinceau sur cette infaillibilité. »

De tout mon cœur.

XVI. « Voici un chant digne d'attention ; un bon moine y assassine son roi. »

C'est l'infaillibilité, ou pour la souscription [1].

XVII. « . . . Il fait la même chose positivement que Mutius Scévola. Mais il a, par-dessus Scévola, l'avantage d'une révélation. Un ange de lumière lui apparaît de la part de Dieu. »

Ne voyez-vous pas que cette apparition poétique ne figure autre chose que l'imagination égarée d'un moine ?

XVIII. « Je ne saurais approuver l'opération magique dans ce cinquième chant. M. de Voltaire s'est déclaré ouvertement contre ces choses dans son *Essay on epic poetry*. »

Avec votre permission, ce sortilège n'est point dans le goût de *la Jérusalem*. Il est représenté comme une folie superstitieuse, et non comme *le Piomage* du Tasse.

XIX. « Ma foi, Mornay est plus grand que Henri IV. »

Point du tout ; le chapelain de milord Marlborough n'est-il pas plus grand que lui ?

XX. « La fin (du VIIe chant) est froide : il ne parle que de la France. »

Je suis né Français. Pourquoi ne voulez-vous pas que je parle de la France ?

XXI. « Je souhaiterais que M. de Voltaire eût fait comme son ami Camoëns le Portugais, lequel, en sa *Luziada*, ne s'arrête pas dans les limites du Portugal, mais permet à sa muse de courir par toute la terre, et parler de chaque nation. »

Je ne suis point si babillard.

---

1. Il est nécessaire de dire ici que l'auteur terminait la critique qui précède par ces mots : « Et je vous ferai une souscription pour ce seul endroit. » (B.)

XXII. « De plus, ce chant n'est ni assez varié, ni ne fait partie du tout. »

Vous vous trompez.

XXIII. « Donnez-moi les deux bouts de ce chant (le VIIIe), je vous quitte du milieu ; ce qui précède et qui suit la bataille est admirable, mais la bataille est froide. »

Volontiers ; la critique n'est pas mauvaise.

XXIV. « La clémence de Henri IV tire des larmes ; mais saint Louis fait rire. Il s'en va trouver le bon Dieu pour le prier d'envoyer Henri IV à la messe. »

Saint Louis allait à la messe aussi bien que vos ancêtres.

FIN DE LA RÉPONSE A LA CRITIQUE.

POËME DE FONTENOY

AVERTISSEMENT

POUR LE *POËME DE FONTENOY.*

La bataille de Fontenoy fut gagnée le 11 mai 1745. La nouvelle en arriva à Paris dans la nuit du 13 au 14, et l'approbation du censeur Crébillon est du 17 mai. On peut en regarder comme le premier jet une épître que Voltaire avait déjà adressée au duc de Richelieu. En quelques jours il parut plusieurs éditions, les unes sous le titre de *la Bataille de Fontenoy;* d'autres sous celui de *le Poëme de Fontenoy.* Prault donna les cinq premières dans le format in-4°, et les sixième et septième dans le format in-8°. L'ouvrage avait été réimprimé deux fois, à l'Imprimerie royale, in-4°, lorsque Prault publia une nouvelle édition, qu'il intitula neuvième. Des réimpressions avaient été faites à Lille, Lyon, Rouen, etc.; l'une des deux éditions de l'Imprimerie royale porte pour épigraphe, sur le frontispice, ces mots de Virgile: *Disce, puer, virtutem ex me.*

Du vivant de Voltaire, des éditeurs, dans un moment de distraction, transposèrent cette épigraphe, et la mirent à la dédicace. Elle y a été conservée longtemps : je la fis enfin disparaître en 1817; on ne doit pas s'étonner de ne pas la retrouver ici.

Voltaire, espérant obtenir la permission de faire imprimer à l'Imprimerie royale, alors au Louvre, sa *Henriade,* avait fait faire de belles gravures. Le frontispice représente Henri IV tenant dans ses bras le jeune Louis XV, et au bas de la planche on lit :

Disce, puer, virtutem ex me, verumque laborem[1].

La citation était aussi bien placée qu'elle le serait mal en tête de l'épître dédicatoire du *Poëme de Fontenoy,* et même en tête du poëme. Dans quelle bouche, en effet, y mettrait-on cette épigraphe? Serait-ce dans celle de Voltaire s'adressant à Louis XV, alors âgé de trente-cinq ans? Cela n'est pas soutenable. Serait-ce dans la bouche du roi, s'adressant au dauphin son fils? L'épigraphe a pu être ajoutée par le roi, ou en son nom, dans une édition faite à son imprimerie. Mais l'admettre dans des éditions faites ailleurs me paraît une inconvenance, pour ne pas dire une impertinence.

---

1. *Æn.,* liv. XII, vers 435.

AVERTISSEMENT.

C'est d'après la neuvième édition, donnée par Prault, que je rétablis en 1817 quatre vers sur la prise d'Ostende, et une note qui s'y rapporte.

J'ai cru inutile de signaler de quand datent les additions ou corrections faites successivement par l'auteur à ses différentes éditions. Je n'ai recueilli qu'une seule variante pour le *Discours préliminaire*, et deux pour le poëme.

Le nombre des écrits qui parurent sur le poëme de Voltaire est très-grand. Le plus remarquable, et le seul dont je parlerai, est une *Requête du curé de Fontenoy, au roi* (par l'avocat Marchant). Des critiques avaient blâmé comme peu poétique la grande quantité de noms propres répandus dans l'ouvrage. Le curé de Fontenoy se plaint

> Que sur ma paroisse on enterre
> Sept ou huit mille hommes pour rien;
> C'est mon casuel, c'est mon bien.
> Sur mes droits et mon honoraire
> On m'a fait encor d'autres torts;
> Un fameux monsieur de Voltaire
> A donné l'extrait mortuaire
> De tous les seigneurs qui sont morts.

Le cardinal Quirini (voyez tome III du *Théâtre*, page 487) avait projeté de traduire en vers latins le *Poëme de Fontenoy;* mais il y renonça, à cause du trop grand nombre de noms propres qu'il contient; quelques passages qu'il avait traduits ont été imprimés dans le *Mercure* (2ᵉ volume de décembre 1745).

B.

AU ROI

SIRE,

Je n'avais osé dédier à Votre Majesté les premiers essais de cet ouvrage ; je craignais surtout de déplaire au plus modeste des vainqueurs ; mais, sire, ce n'est point ici un panégyrique ; c'est une peinture fidèle d'une partie de la journée la plus glorieuse depuis la bataille de Bovines ; ce sont les sentiments de la France, quoique à peine exprimés ; c'est un poëme sans exagération, et de grandes vérités sans mélange de fiction ni de flatterie. Le nom de Votre Majesté fera passer cette faible esquisse à la postérité, comme un monument authentique de tant de belles actions faites en votre présence, à l'exemple des vôtres.

Daignez, sire, ajouter à la bonté que Votre Majesté a eue de permettre cet hommage celle d'agréer les profonds respects d'un de vos moindres sujets, et du plus zélé de vos admirateurs.

DISCOURS PRÉLIMINAIRE[1]

[2] Le public sait que cet ouvrage, composé d'abord avec la rapidité que le zèle inspire, reçut des accroissements à chaque édition qu'on en faisait. Toutes les circonstances de la victoire de Fontenoy, qu'on apprenait à Paris de jour en jour, méritaient d'être célébrées ; et ce qui n'était d'abord qu'une pièce de cent vers est devenu un poëme qui en contient plus de trois cent cinquante : mais on y a gardé toujours le même ordre, qui consiste dans la préparation, dans l'action, et dans ce qui la termine ; on n'a fait même que mettre cet ordre dans un plus grand jour, en traçant dans cette édition le portrait des nations dont était composée l'armée ennemie, et en spécifiant leurs trois attaques.

On a peint avec des traits vrais, mais non injurieux, les nations dont Louis XV a triomphé ; par exemple, quand on dit[3] des Hollandais qu'ils avaient autrefois brisé *le joug de l'Autriche cruelle,* il est clair que c'est de l'Autriche alors cruelle envers eux que l'on parle ; car assurément elle ne l'est pas aujourd'hui pour les

---

1. Les trois premières éditions étaient sans discours préliminaire.
2. Dans les sixième, septième et huitième éditions, le discours commençait ainsi :
« Ce poëme fut composé presque le même jour qu'on apprit à Paris la victoire que le roi avait remportée à Fontenoy ; et depuis on ajouta plusieurs traits à la pièce, à mesure qu'on savait quelque circonstance de ce grand événement, et qu'on faisait une nouvelle édition de l'ouvrage. La rapidité avec laquelle tant d'éditions furent épuisées à Paris et dans les provinces, en moins de quinze jours, n'est qu'un témoignage de l'intérêt qu'a pris la nation à la journée mémorable dont ce poëme était alors le seul monument. L'auteur n'a eu en vue que de rendre fidèlement ce qui était venu à sa connaissance, et son seul regret est de n'avoir pu, dans un si court espace de temps, et dans une pièce de si peu d'étendue, célébrer toutes les belles actions dont il a depuis entendu parler. Il ne pouvait dire tout ; mais au moins tout ce qu'il a dit est vrai. Ce n'était pas une occasion où les faits eussent besoin d'être altérés : la moindre flatterie eût déshonoré un ouvrage fondé sur la gloire du roi et de la nation.
« Tous ceux qui sont nommés, » etc.
3. Vers 53.

États-Généraux : et d'ailleurs la reine de Hongrie, qui ajoute tant à la gloire de la maison d'Autriche, sait combien les Français respectent sa personne et ses vertus, en étant forcés de la combattre.

Quand on dit[1] des Anglais, *et la férocité le cède à la vertu*, on a eu soin d'avertir en note, dans toutes les éditions, que le reproche de férocité ne tombait que sur le soldat.

En effet, il est très-véritable que lorsque la colonne anglaise déborda Fontenoy, plusieurs soldats de cette nation crièrent : « *No quarter*, point de quartier; » on sait encore que, quand M. de Séchelles seconda les intentions du roi avec une prévoyance si singulière, et qu'il fit préparer autant de secours pour les prisonniers ennemis blessés que pour nos troupes, quelques fantassins anglais s'acharnèrent encore contre nos soldats dans les chariots mêmes où l'on transportait les vainqueurs et les vaincus blessés. Les officiers, qui ont à peu près la même éducation dans toute l'Europe, ont aussi la même générosité ; mais il y a des pays où le peuple, abandonné à lui-même, est plus farouche qu'ailleurs. On n'en a pas moins loué la valeur et la conduite de cette nation, et surtout on n'a cité le nom de M. le duc de Cumberland[2] qu'avec l'éloge que sa magnanimité doit attendre de tout le monde.

Quelques étrangers ont voulu persuader au public que l'illustre Addison, dans son poëme de la campagne de Hochstedt, avait parlé plus honorablement de la maison du roi que l'auteur même du *Poëme de Fontenoy :* ce reproche a été cause qu'on a cherché l'ouvrage de M. Addison à la bibliothèque de Sa Majesté, et on a été bien surpris d'y trouver beaucoup plus d'injures que de louanges ; c'est vers le trois-centième vers. On ne les répétera point, et il est bien inutile d'y répondre : la maison du roi leur a répondu par des victoires. On est très-éloigné de refuser à un grand poëte et à un philosophe très-éclairé, tel que M. Addison, les éloges qu'il mérite ; mais il en mériterait davantage, et il aurait plus honoré la philosophie et la poésie, s'il avait plus ménagé dans son poëme des têtes couronnées, qu'un ennemi même doit toujours respecter, et s'il avait songé que les louanges données aux vaincus sont un laurier de plus pour les vainqueurs. Il est à croire que quand M. Addison fut secrétaire d'État le ministre se repentit de ces indécences échappées à l'auteur.

1. Vers 256.
2. Vers 248.

Si l'ouvrage anglais est trop rempli de fiel, celui-ci respire l'humanité : on a songé, en célébrant une bataille, à inspirer des sentiments de bienfaisance. Malheur à celui qui ne pourrait se plaire qu'aux peintures de la destruction, et aux images des malheurs des hommes!

Les peuples de l'Europe ont des principes d'humanité qui ne se trouvent point dans les autres parties du monde; ils sont plus liés entre eux; ils ont des lois qui leur sont communes; toutes les maisons des souverains sont alliées; leurs sujets voyagent continuellement, et entretiennent une liaison réciproque. Les Européans chrétiens sont ce qu'étaient les Grecs : ils se font la guerre entre eux; mais ils conservent dans ces dissensions tant de bienséance, et d'ordinaire de politesse, que souvent un Français, un Anglais, un Allemand, qui se rencontrent, paraissent être nés dans la même ville. Il est vrai que les Lacédémoniens et les Thébains étaient moins polis que le peuple d'Athènes; mais enfin toutes les nations de la Grèce se regardaient comme des alliées qui ne se faisaient la guerre que dans l'espérance certaine d'avoir la paix : ils insultaient rarement à des ennemis qui dans peu d'années devaient être leurs amis. C'est sur ce principe qu'on a tâché que cet ouvrage fût un monument de la gloire du roi, et non de la honte des nations dont il a triomphé. On serait fâché d'avoir écrit contre elles avec autant d'aigreur que quelques Français en ont mis dans leurs satires contre cet ouvrage d'un de leurs compatriotes : mais la jalousie d'auteur à auteur est beaucoup plus grande que celle de nation à nation.

On a dit[1] des Suisses qu'ils sont *nos antiques amis et nos concitoyens*, parce qu'ils le sont depuis deux cent cinquante ans. On a dit que les étrangers qui servent dans nos armées ont suivi l'exemple de la maison du roi et de nos autres troupes, parce qu'en effet c'est toujours à la nation qui combat pour son prince à donner cet exemple, et que jamais cet exemple n'a été mieux donné.

On n'ôtera jamais à la nation française la gloire de la valeur et de la politesse. On a osé imprimer que ce vers[2],

Je vois cet étranger, qu'on croit né parmi nous,

était un compliment à un général né en Saxe d'avoir l'air français.

1. Vers 260.
2. Vers 24. Dans le texte ce vers est un peu différent.

Il est bien question ici d'air et de bonne grâce! quel est l'homme qui ne voit évidemment que ce vers signifie que le général étranger est aussi attaché au roi que s'il était né son sujet?

Cette critique est aussi judicieuse que celle de quelques personnes qui prétendirent qu'il n'était pas honnête de dire que le général était dangereusement malade, lorsqu'en effet son courage lui fit oublier l'état douloureux où il était réduit, et le fit triompher de la faiblesse de son corps ainsi que des ennemis du roi.

Voilà tout ce que la bienséance en général permet qu'on réponde à ceux qui en ont manqué.

L'auteur n'a eu d'autre vue que de rendre fidèlement ce qui était venu à sa connaissance; et son seul regret est de n'avoir pu, dans un si court espace de temps, et dans une pièce de si peu d'étendue, célébrer toutes les belles actions dont il a depuis entendu parler. Il ne pouvait dire tout; mais du moins ce qu'il a dit est vrai : la moindre flatterie eût déshonoré un ouvrage fondé sur la gloire du roi et sur celle de la nation.

Le plaisir de dire la vérité l'occupait si entièrement, que ce ne fut qu'après six éditions qu'il envoya son ouvrage à la plupart de ceux qui y sont célébrés.

Tous ceux qui sont nommés n'ont pas eu les occasions de se signaler également. Celui qui, à la tête de son régiment, attendait l'ordre de marcher, n'a pu rendre le même service qu'un lieutenant général qui était à portée de conseiller de fondre sur la colonne anglaise, et qui partit pour la charger avec la maison du roi. Mais si la grande action de l'un mérite d'être rapportée, le courage impatient de l'autre ne doit pas être oublié : tel est loué en général sur sa valeur, tel autre sur un service rendu; on a parlé des blessures des uns, on a déploré la mort des autres.

Ce fut une justice que rendit le célèbre M. Despréaux [1] à ceux qui avaient été de l'expédition du passage du Rhin : il cite près de vingt noms; il y en a ici plus de soixante; et on en trouverait quatre fois davantage si la nature de l'ouvrage le comportait.

Il serait bien étrange qu'il eût été permis à Homère, à Virgile, au Tasse, de décrire les blessures de mille guerriers imaginaires, et qu'il ne le fût pas de parler des héros véritables qui viennent de prodiguer leur sang, et parmi lesquels il y en a plusieurs avec

---

1. Épître IV.

qui l'auteur avait eu l'honneur de vivre, et qui lui ont laissé de sincères regrets.

L'attention scrupuleuse qu'on a apportée, dans cette édition, doit servir de garant de tous les faits qui sont énoncés dans le poëme. Il n'en est aucun qui ne doive être cher à la nation et à toutes les familles qu'ils regardent. En effet, qui n'est touché sensiblement en lisant le nom de son fils, de son frère, d'un parent cher, d'un ami tué ou blessé, ou exposé dans cette bataille qui sera célèbre à jamais ; en lisant, dis-je, ce nom dans un ouvrage qui, tout faible qu'il est, a été honoré plus d'une fois des regards du monarque, et que Sa Majesté n'a permis qu'il lui fût dédié que parce qu'elle a oublié son éloge en faveur de celui des officiers qui ont combattu et vaincu sous ses ordres ?

C'est donc moins en poëte qu'en bon citoyen qu'on a travaillé. On n'a point cru devoir orner ce poëme de longues fictions, surtout dans la première chaleur du public, et dans un temps où l'Europe n'était occupée que des détails intéressants de cette victoire importante, achetée par tant de sang.

La fiction peut orner un sujet ou moins grand, ou moins intéressant, ou qui, placé plus loin de nous, laisse l'esprit plus tranquille. Ainsi lorsque Despréaux s'égaya dans sa description du passage du Rhin, c'était trois mois après l'action ; et cette action, toute brillante qu'elle fut, n'est à comparer ni pour l'importance ni pour le danger à une bataille rangée, gagnée sur un ennemi habile, intrépide, et supérieur en nombre, par un roi exposé, ainsi que son fils, pendant quatre heures au feu de l'artillerie.

Ce n'est qu'après s'être laissé emporter aux premiers mouvements de zèle, après s'être attaché uniquement à louer ceux qui ont si bien servi la patrie dans ce grand jour, qu'on s'est permis d'insérer dans le poëme un peu de ces fictions qui affaibliraient un tel sujet si on voulait les prodiguer ; et on ne dit ici en prose que ce que M. Addison lui-même a dit en vers dans son fameux poëme de la campagne d'Hochstedt.

On peut, deux mille ans après la guerre de Troie, faire apporter par Vénus à Énée des armes que Vulcain a forgées, et qui rendent ce héros invulnérable ; on peut lui faire rendre son épée par une divinité, pour la plonger dans le sein de son ennemi ; tout le conseil des dieux peut s'assembler, tout l'enfer peut se déchaîner ; Alecton peut enivrer tous les esprits des venins de sa rage : mais ni notre siècle, ni un événement si récent, ni un ouvrage si court, ne permettent guère ces peintures devenues les lieux communs de la poésie. Il faut pardonner à un citoyen pénétré de faire parler son cœur plus que son imagination ; et l'auteur avoue qu'il s'est plus attendri en disant [1] :

> Tu meurs, jeune Craon : que le ciel moins sévère
> Veille sur les destins de ton généreux frère !

que s'il avait invoqué les Euménides pour faire ôter la vie à un jeune guerrier aimable.

Il faut des divinités dans un poëme épique, et surtout quand il s'agit de héros fabuleux ; mais ici le vrai Jupiter, le vrai Mars, c'est un roi tranquille dans le plus grand danger, et qui hasarde sa vie pour un peuple dont il est le père ; c'est lui, c'est son fils, ce sont ceux qui ont vaincu sous lui, et non Junon et Juturne, qu'on a voulu et qu'on a dû peindre. D'ailleurs le petit nombre de ceux qui connaissent notre poésie savent qu'il est bien plus aisé d'intéresser le ciel, les enfers et la terre, à une bataille, que de faire reconnaître, et de distinguer, par des images propres et sensibles, des carabiniers qui ont de gros fusils rayés, des grenadiers, des dragons qui combattent à pied et à cheval ; de parler de retranchements faits à la hâte, d'ennemis qui s'avancent en colonne, d'exprimer enfin ce qu'on n'a guère dit encore en vers.

C'était ce que sentait M. Addison, bon poëte et critique judicieux. Il employa dans son poëme, qui a immortalisé la campagne d'Hochstedt, beaucoup moins de fictions qu'on ne s'en est permis dans le *Poëme de Fontenoy*. Il savait que le duc de Marlborough et le prince Eugène se seraient très-peu souciés de voir des dieux où il était question de grandes actions des hommes ; il savait qu'on relève par l'invention les exploits de l'antiquité, et qu'on court risque d'affaiblir ceux des modernes par de froides allégories : il a fait mieux, il a intéressé l'Europe entière à son action. Il en est à peu près de ces petits poëmes de trois cents ou de quatre cents vers sur les affaires présentes comme d'une tragédie : le fond doit être intéressant par lui-même, et les ornements étrangers sont presque toujours superflus.

On a dû spécifier les différents corps qui ont combattu, leurs armes, leur position, l'endroit où ils ont attaqué ; dire que la colonne anglaise a pénétré ; exprimer comment elle a été enfoncée par la maison du roi, les carabiniers, la gendarmerie, le régiment de Normandie, les Irlandais, etc. Si on n'était pas entré dans ces détails, dont le fond est si héroïque, et qui sont

1. Vers 113-114.

cependant si difficiles à rendre, rien ne distinguerait la bataille de Fontenoy d'avec celle de Tolbiac[1]. Despréaux, dans le passage du Rhin, a dit[2] :

> Revel les suit de près : sous ce chef redouté
> Marche des cuirassiers l'escadron indompté.

On a peint ici les carabiniers, au lieu de les appeler par leur nom, qui convient encore moins au vers que celui de cuirassiers. On a même mieux aimé, dans cette dernière édition, caractériser la fonction de l'état-major que de mettre en vers les noms des officiers de ce corps qui ont été blessés.

Cependant on a osé appeler la maison du roi par son nom, sans se servir d'aucune autre image. Ce nom de *maison du roi*, qui contient tant de corps invincibles, imprime une assez grande idée, sans qu'il soit besoin d'autre figure ; M. Addison même ne l'appelle pas autrement. Mais il y a encore une autre raison de l'avoir nommée, c'est la rapidité de l'action.

> Vous, peuple de héros dont la foule s'avance,
> . . . .
> Louis, son fils, l'État, l'Europe est en vos mains :
> Maison du roi, marchez, etc.[3]

Si on avait dit : *la maison du roi marche*, cette expression eût été prosaïque et languissante.

On n'a pas voulu un moment s'écarter dans cet ouvrage de la gravité du sujet. Despréaux, il est vrai, en traitant le passage du Rhin dans le goût de quelques-unes de ses épîtres, a joint le plaisant à l'héroïque ; car après avoir dit[4] :

> Un bruit s'épand qu'Enghien et Condé sont passés :
> Condé, dont le seul nom fait tomber les murailles,
> Force les escadrons, et gagne les batailles ;
> Enghien, de son hymen le seul et digne fruit, etc.,

il s'exprime ensuite ainsi[5] :

> Bientôt... mais Wurts s'oppose à l'ardeur qui m'anime.
> Finissons, il est temps : aussi bien si la rime

1. La bataille de Tolbiac fut gagnée par Clovis en 495.
2. Épître IV, vers 103-104.
3. Vers 174, 177.
4. Épître IV, vers 132-135.
5. *Id.*, vers 149-152.

Allait mal à propos m'engager dans Arnheim,
Je ne sais, pour sortir, de porte qu'Hildesheim.

Les personnes qui ont paru souhaiter qu'on employât dans le récit de la victoire de Fontenoy quelques traits de ce style familier de Boileau n'ont pas, ce me semble, assez distingué les lieux et les temps, et n'ont pas fait la différence qu'il faut faire entre une épître et un ouvrage d'un ton plus sérieux et plus sévère : ce qui a de la grâce dans le genre épistolaire n'en aurait point dans le genre héroïque.

On n'en dira pas davantage sur ce qui regarde l'art et le goût, à la tête d'un ouvrage où il s'agit des plus grands intérêts, et qui ne doit remplir l'esprit que de la gloire du roi et du bonheur de la patrie.

POËME DE FONTENOY

Quoi! du siècle passé le fameux satirique
Aura fait retentir la trompette héroïque,
Aura chanté du Rhin les bords ensanglantés,
Ses défenseurs mourants, ses flots épouvantés,
Son dieu même en fureur, effrayé du passage,
Cédant à nos aïeux son onde et son rivage :
Et vous, quand votre roi dans des plaines de sang
Voit la mort devant lui voler de rang en rang,
Tandis que, de Tournay foudroyant les murailles,
Il suspend les assauts pour courir aux batailles ;
Quand, des bras de l'hymen s'élançant au trépas,
Son fils, son digne fils, suit de si près ses pas ;
Vous, heureux par ses lois, et grands par sa vaillance,
Français, vous garderiez un indigne silence !
  Venez le contempler aux champs de Fontenoy.
O vous, Gloire, Vertu, déesses de mon roi,
Redoutable Bellone, et Minerve chérie,
Passion des grands cœurs, amour de la patrie,
Pour couronner Louis prêtez-moi vos lauriers ;
Enflammez mon esprit du feu de nos guerriers ;
Peignez de leurs exploits une éternelle image.
  Vous m'avez transporté sur ce sanglant rivage :
J'y vois ces combattants que vous conduisez tous ;
C'est là ce fier Saxon[1] qu'on croit né parmi nous,
Maurice, qui, touchant à l'infernale rive,
Rappelle pour son roi son âme fugitive,
Et qui demande à Mars, dont il a la valeur,

---

1. Le comte maréchal de Saxe, dangereusement malade, était porté dans une gondole d'osier quand ses douleurs et sa faiblesse l'empêchaient de se tenir à cheval. Il dit au roi, qui l'embrassa après le gain de la bataille, les même choses qu'on lui fait penser ici. (*Note de Voltaire.*)

De vivre encore un jour, et de mourir vainqueur.
Conservez, justes cieux, ses hautes destinées ;
Pour Louis et pour nous prolongez ses années.
　Déjà de la tranchée Harcourt[1] est accouru ;
Tout poste est assigné, tout danger est prévu.
Noailles[2], pour son roi plein d'un amour fidèle,
Voit la France en son maître, et ne regarde qu'elle.
Ce sang de tant de rois, ce sang du grand Condé,
D'Eu[3], par qui des Français le tonnerre est guidé[4],
Penthièvre[5], dont le zèle avait devancé l'âge,
Qui déjà vers le Mein signala son courage,
Bavière avec de Pons, Boufflers et Luxembourg,
Vont chacun dans leur place attendre ce grand jour :
Chacun porte l'espoir aux guerriers qu'il commande.
Le fortuné Danoy[6], Chabanes, Galerande,
Le vaillant Bérenger, ce défenseur du Rhin,
Colbert, et du Chaila, tous nos héros enfin[7],
Dans l'horreur de la nuit, dans celle du silence,
Demandent seulement que le péril commence.
　Le jour frappe déjà de ses rayons naissants
De vingt peuples unis les drapeaux menaçants.
Le Belge, qui jadis fortuné sous nos princes,
Vit l'abondance alors enrichir ses provinces ;
Le Batave prudent, dans l'Inde respecté,
Puissant par son travail et par sa liberté,
Qui, longtemps opprimé par l'Autriche cruelle,
Ayant brisé son joug, s'arme aujourd'hui pour elle ;
L'Hanovrien constant, qui, formé pour servir,
Sait souffrir et combattre, et surtout obéir ;
L'Autrichien, rempli de sa gloire passée,

---

1. M. le duc d'Harcourt avait investi Tournay. (*Note de Voltaire.*)
2. Maréchal de France. (*Id.*)
3. Grand-maître d'artillerie. (*Id.*)
4. Il était gouverneur du Languedoc Le roi, l'ayant envoyé tenir les états de la province, lui annonça qu'il serait payé de ses dépenses sur ses mémoires : M. le comte d'Eu ne voulut point y consentir. « Sire, dit-il au roi, ce que je tiens de l'État suffit pour les dépenses extraordinaires que son service peut exiger de moi. » (K.)
5. Il s'était signalé à la bataille de Dettingen. (*Note de Voltaire.*)
6. M. de Danoy fut retiré par sa nourrice d'une foule de morts et de mourants sur le champ de Malplaquet, deux jours après la bataille. C'est un fait certain : cette femme vint avec un passe-port, accompagnée d'un sergent du régiment du roi, dans lequel était alors cet officier. (*Id.*)
7. Les lieutenants-généraux, chacun à leur division. (*Id.*)

De ses derniers césars occupant sa pensée ;
Surtout ce peuple altier qui voit sur tant de mers
Son commerce et sa gloire embrasser l'univers,
Mais qui, jaloux en vain des grandeurs de la France,
Croit porter dans ses mains la foudre et la balance :
Tous marchent contre nous ; la valeur les conduit,
La haine les anime, et l'espoir les séduit.
   De l'empire français l'indomptable génie
Brave auprès de son roi leur foule réunie.
Des montagnes, des bois, des fleuves d'alentour,
Tous les dieux alarmés sortent de leur séjour,
Incertains pour quel maître en ces plaines fécondes
Vont croître leurs moissons, et vont couler leurs ondes.
La Fortune auprès d'eux, d'un vol prompt et léger,
Les lauriers dans les mains, fend les plaines de l'air ;
Elle observe Louis, et voit avec colère
Que sans elle aujourd'hui la valeur va tout faire.
   Le brave Cumberland, fier d'attaquer Louis,
A déjà disposé ses bataillons hardis :
Tels ne parurent point aux rives du Scamandre,
Sous ces murs si vantés que Pyrrhus mit en cendre,
Ces antiques héros qui, montés sur un char,
Combattaient en désordre, et marchaient au hasard :
Mais tel fut Scipion sous les murs de Carthage ;
Tel son rival et lui, prudents avec courage,
Déployant de leur art les terribles secrets,
L'un vers l'autre avancés, s'admiraient de plus près.
   L'Escaut, les ennemis, les remparts de la ville,
Tout présente la mort, et Louis est tranquille.
Cent tonnerres de bronze ont donné le signal :
D'un pas ferme et pressé, d'un front toujours égal,
S'avance vers nos rangs la profonde colonne
Que la terreur devance, et la flamme environne,
Comme un nuage épais qui sur l'aile des vents
Porte l'éclair, la foudre et la mort dans ses flancs.
Les voilà ces rivaux du grand nom de mon maître,
Plus farouches que nous, aussi vaillants peut-être,
Encor tout orgueilleux de leurs premiers exploits.
Bourbons, voici le temps de venger les Valois.
   Dans un ordre effrayant trois attaques formées
Sur trois terrains divers engagent les armées.
Le Français, dont Maurice a gouverné l'ardeur,

A son poste attaché, joint l'art à la valeur.
La mort sur les deux camps étend sa main cruelle :
Tous ses traits sont lancés, le sang coule autour d'elle ;
Chefs, officiers, soldats, l'un sur l'autre entassés,
Sous le fer expirants, par le plomb renversés,
Poussent les derniers cris en demandant vengeance.
Grammont, que signalait sa noble impatience,
Grammont dans l'Élysée emporte la douleur
D'ignorer en mourant si son maître est vainqueur :
De quoi lui serviront ces grands titres de gloire[1],
Ce sceptre des guerriers, honneurs de sa mémoire,
Ce rang, ces dignités, vanités des héros,
Que la mort avec eux précipite aux tombeaux?
Tu meurs, jeune Craon[2] : que le ciel moins sévère
Veille sur les destins de ton généreux frère !
Hélas ! cher Longaunay[3], quelle main, quel secours
Peut arrêter ton sang et ranimer tes jours !
Ces ministres de Mars[4], qui d'un vol si rapide
S'élançaient à la voix de leur chef intrépide,
Sont du plomb qui les suit dans leur course arrêtés ;
Tels que des champs de l'air tombent précipités
Des oiseaux tout sanglants, palpitants sur la terre.
Le fer atteint d'Havré[5] ; le jeune d'Aubeterre[6]
Voit de sa légion tous les chefs indomptés
Sous le glaive et le feu mourants à ses côtés.
Guerriers que Chabrillant avec Brancas rallie,
Que d'Anglais immolés vont payer votre vie !
Je te rends grâce, ô Mars ! dieu de sang, dieu cruel,
La race de Colbert[7], ce ministre immortel,

1. Il allait être maréchal de France. (*Note de Voltaire.*)
2. Dix-neuf officiers du régiment de Hainaut ont été tués ou blessés. Son frère, le prince de Beauvau, servait en Italie. (*Id.*)
3. M. de Longaunay, colonel des nouveaux grenadiers, mort depuis de ses blessures. (*Id.*)
4. Officiers de l'état-major, MM. de Puységur, de Mézières, de Saint-Sauveur, de Saint-George. (*Id.*)
5. Le duc d'Havré, colonel du régiment de la Couronne. (*Id.*)
6. M. le marquis d'Aubeterre, depuis ambassadeur à Rome. Il y fut chargé des négociations relatives à l'abolition de l'ordre des jésuites. Depuis il a été nommé commandant de Bretagne. La bonté de ses principes d'administration, son intégrité, son amour du bien, la douceur et la franchise de son caractère, lui ont mérité l'estime publique. (K.)
7. M. de Croissy, avec ses deux enfants, et son neveu M. Duplessis-Châtillon, blessés légèrement. (*Note de Voltaire.*)

Échappe en ce carnage à ta main sanguinaire.
Guerchy[1] n'est point frappé[2] : la vertu peut te plaire.
Mais vous, brave d'Aché[3], quel sera votre sort?
Le ciel sauve à son gré, donne et suspend la mort.

Infortuné Lutteaux, tout chargé de blessures,
L'art qui veille à ta vie ajoute à tes tortures ;
Tu meurs dans les tourments : nos cris mal entendus
Te demandent au ciel, et déjà tu n'es plus.

O combien de vertus que la tombe dévore!
Combien de jours brillants éclipsés à l'aurore!
Que nos lauriers sanglants doivent coûter de pleurs!
Ils tombent ces héros, ils tombent ces vengeurs;
Ils meurent, et nos jours sont heureux et tranquilles ;
La molle volupté, le luxe de nos villes,
Filent ces jours sereins, ces jours que nous devons
Au sang de nos guerriers, aux périls des Bourbons!
Couvrons du moins de fleurs ces tombes glorieuses ;
Arrachons à l'oubli ces ombres vertueuses.
Vous[4] qui lanciez la foudre et qu'ont frappé ses coups,
Revivez dans nos chants quand vous mourez pour nous.

---

1. Regnier de Guerchy, d'une ancienne famille de Bourgogne, et dont un des ancêtres avait été tué à la Saint-Barthélemy (voyez *la Henriade*, chant II, vers 275), fut fait colonel du régiment du roi après la bataille. Il le commanda pendant la guerre dernière, et se signala surtout à la retraite de Crevelt, où il sauva l'hôpital des blessés, et à celle de Minden. Sa valeur, une humanité dans la guerre rare même dans ce siècle, son amour de l'ordre et de la discipline, une probité également incorruptible dans les armées, à la cour et dans les affaires, le soin qu'il prenait de former dans son régiment des sujets utiles à la patrie, soit dans la carrière politique, soit dans l'état militaire, enfin la réunion de toutes les qualités d'un brave officier, d'un honnête homme et d'un bon citoyen, ont vérifié ce jugement de M. de Voltaire, qui ne pouvait être alors qu'une espèce de prophétie. Il fut nommé ambassadeur d'Angleterre après la dernière paix.
Nous nous sommes fait un devoir de rendre ici justice à la mémoire de M. le comte de Guerchy, parce qu'il a été calomnié à la fin de sa vie, et depuis sa mort, par un de ces êtres vils qui, à force d'impudence et de méchanceté, parviennent quelquefois à se donner une existence, et acquièrent par leurs excès mêmes une sorte de célébrité, honteuse il est vrai, mais qui peut en imposer à la multitude. (K.)
— Les noms de baptême du comte de Guerchy étaient Claude-Louis-François. Il était, en 1763, ambassadeur en Angleterre, et eut des discussions avec Treyssac de Vergy. C'est probablement ce Treyssac de Vergy que désignent les mots *un de ces êtres vils*. (B.)
2. Tous les officiers de son régiment (Royal-des-Vaisseaux) hors de combat; lui seul ne fut point blessé. (*Note de Voltaire.*)
3. M. d'Aché (on l'écrit d'Apcher), lieutenant général. — M. de Lutteaux, lieutenant général, mort dans les opérations du traitement de ses blessures. (*Id.*)
4. M. du Brocard, maréchal de camp, commandant l'artillerie. (*Id.*)

Eh! quel serait, grand Dieu! le citoyen barbare,
Prodigue de censure, et de louange avare,
Qui, peu touché des morts, et jaloux des vivants,
Leur pourrait envier mes pleurs et mon encens?
Ah! s'il est parmi nous des cœurs dont l'indolence,
Insensible aux grandeurs, aux pertes de la France,
Dédaigne de m'entendre et de m'encourager,
Réveillez-vous, ingrats, Louis est en danger.
   Le feu qui se déploie, et qui, dans son passage,
S'anime en dévorant l'aliment de sa rage,
Les torrents débordés dans l'horreur des hivers,
Le flux impétueux des menaçantes mers,
Ont un cours moins rapide, ont moins de violence
Que l'épais bataillon qui contre nous s'avance,
Qui triomphe en marchant, qui, le fer à la main,
A travers les mourants s'ouvre un large chemin.
Rien n'a pu l'arrêter; Mars pour lui se déclare.
Le roi voit le malheur, le brave, et le répare.
Son fils, son seul espoir... Ah! cher prince, arrêtez;
Où portez-vous ainsi vos pas précipités?
Conservez cette vie au monde nécessaire.
Louis craint pour son fils[1], le fils craint pour son père,
Nos guerriers tout sanglants frémissent pour tous deux,
Seul mouvement d'effroi dans ces cœurs généreux.
   Vous[2] qui gardez mon roi, vous qui vengez la France,
Vous, peuple de héros, dont la foule s'avance,
Accourez, c'est à vous de fixer les destins;
Louis, son fils, l'État, l'Europe est en vos mains.
   Maison du roi, marchez, assurez la victoire;
Soubise[3] et Pecquigny[4] vous mènent à la gloire.

---

1. Un boulet de canon couvrit de terre un homme entre le roi et monseigneur le dauphin; et un domestique de M. le comte d'Argenson fut atteint d'une balle de fusil derrière eux. (*Note de Voltaire.*)

2. Les gardes, les gendarmes, les chevau-légers, les mousquetaires, sous M. de Montesson, lieutenant général; deux bataillons de gardes françaises et suisses, etc. (*Id.*)

3. M. le prince de Soubise prit sur lui de seconder M. le comte de La Marck dans la défense obstinée du poste d'Antoin; il alla ensuite se mettre à la tête des gendarmes, comme M. de Pecquigny à la tête des chevau-légers : ce qui contribua beaucoup au gain de la bataille. (*Id.*)

4. Depuis duc de Chaulnes. Il fut membre honoraire de l'Académie des sciences. On a de lui un ouvrage intitulé *Art de diviser les instruments de mathématiques*, dans lequel il propose des moyens ingénieux pour rendre ces divisions plus sûres

Paraissez, vieux soldats¹, dont les bras éprouvés
Lancent de loin la mort, que de près vous bravez.
Venez, vaillante élite, honneur de nos armées;
Partez, flèches de feu, grenades² enflammées.
Phalanges de Louis, écrasez sous vos coups
Ces combattants si fiers, et si dignes de vous.
Richelieu, qu'en tous lieux emporte son courage,
Ardent, mais éclairé, vif à la fois et sage,
Favori de l'Amour, de Minerve et de Mars,
Richelieu³ vous appelle, il n'est plus de hasards ;
Il vous appelle; il voit d'un œil prudent et ferme
Des succès ennemis et la cause et le terme ;
Il vole, et sa vertu secondant vos grands cœurs,
Il vous marque la place où vous serez vainqueurs.

D'un rempart de gazon, faible et prompte barrière
Que l'art oppose à peine à la fureur guerrière,
La Marck⁴, La Vauguyon⁵, Choiseul, d'un même effort
Arrêtent une armée, et repoussent la mort.
D'Argenson, qu'enflammaient les regards de son père,
La gloire de l'État, à tous les siens si chère,
Le danger de son roi, le sang de ses aïeux,
Assaillit par trois fois ce corps audacieux,
Cette masse de feu qui semble impénétrable.
On l'arrête; il revient, ardent, infatigable ;
Ainsi qu'aux premiers temps par leurs coups redoublés

---

et plus exactes. Il avait un véritable talent pour cette partie de la mécanique qui s'occupe de la perfection et de l'exactitude des instruments délicats. Son fils en a montré de plus grands pour la physique, pour la chimie, et les arts qui en dépendent. (K.)

1. Carabiniers, corps institué par Louis XIV. Ils tirent avec des carabines rayées. On sait avec quel éloge le roi les a nommés dans sa lettre. (*Note de Voltaire.*) — La lettre où le roi fait l'éloge des carabiniers est celle qu'il écrivit au camp devant Tournay, le 16 mai 1745, aux archevêques et évêques, pour qu'ils eussent à faire chanter un *Te Deum*. Elle est dans le *Mercure* de mai 1745, page 211. (B.)

2. Grenadiers à cheval, commandés par M. le chevalier de Grille; ils marchaient à la tête de la maison du roi. (*Note de Voltaire.*)

3. Le marquis d'Argenson, qui n'a point quitté le roi pendant la bataille, a écrit à M. de Voltaire ces propres mots : « C'est M. de Richelieu qui a donné ce conseil, et qui l'a exécuté. » (*Id.*)

4. M. le comte de La Marck, au poste d'Antoin. (*Id.*)

5. MM. de La Vauguyon, Choiseul-Meuse, etc., aux retranchements faits à la hâte dans le village de Fontenoy. M. de Créqui n'était point à ce poste, comme on l'avait dit d'abord, mais à la tête des carabiniers. (*Id.*) — C'était dans la variante du vers 172 que Voltaire avait parlé inexactement de Créqui. (B.)

Les béliers enfonçaient les remparts ébranlés.
　Ce brillant escadron[1], fameux par cent batailles,
Lui par qui Catinat fut vainqueur à Marsailles,
Arrive, voit, combat, et soutient son grand nom.
Tu suis du Chastelet, jeune Castelmoron[2],
Toi qui touches encore à l'âge de l'enfance,
Toi qui, d'un faible bras qu'affermit ta vaillance,
Reprends ces étendards déchirés et sanglants,
Que l'orgueilleux Anglais emportait dans ses rangs.
C'est dans ces rangs affreux que Chevrier expire.
Monaco perd son sang, et l'Amour en soupire.
Anglais, sur du Guesclin deux fois tombent vos coups :
Frémissez à ce nom si funeste pour vous.
　Mais quel brillant héros, au milieu du carnage,
Renversé, relevé, s'est ouvert un passage?
Biron[3], tels on voyait dans les plaines d'Ivry
Tes immortels aïeux suivre le grand Henri ;
Tel était ce Crillon[4], chargé d'honneurs suprêmes,
Nommé brave autrefois par les braves eux-mêmes ;
Tels étaient ces d'Aumonts, ces grands Montmorencys,
Ces Créquis si vantés renaissant dans leurs fils[5] ;
Tel se forma Turenne au grand art de la guerre,
Près d'un autre Saxon[6], la terreur de la terre,
Quand la justice et Mars, sous un autre Louis,
Frappaient l'aigle d'Autriche et relevaient les lis.
　Comment ces courtisans doux, enjoués, aimables,
Sont-ils dans les combats des lions indomptables?

---

1. Quatre escadrons de la gendarmerie arrivèrent après sept heures de marche, et attaquèrent. (*Note de Voltaire.*)

2. Un cheval fougueux avait emporté le porte-étendard dans la colonne anglaise. M. de Castelmoron, âgé de quinze ans, lui cinquième, alla le reprendre au milieu du camp des ennemis. M. de Bellet commandait ces escadrons de gendarmerie ; il eut un cheval tué sous lui, aussi bien que M. de Chimènes, en reformant une brigade. (*Id.*) — Voltaire écrivait *Chimènes,* comme on le prononçait, le nom du marquis de Ximenès, mort en 1817. Ximenès remercia Voltaire de l'avoir mentionné. (B.)

3. M. le duc de Biron eut le commandement de l'infanterie, quand M. de Lutteaux fut hors de combat ; il chargea successivement à la tête de presque toutes les brigades. (*Note de Voltaire.*)

4. Le duc de Crillon. Il vient de prendre Mahon, et le roi d'Espagne l'a récompensé de cette conquête importante (1782), en lui donnant la grandesse, le titre de capitaine général, et surtout en le chargeant du siége de Gibraltar. (K.)

5. M. de Luxembourg, M. de Logni, et M. de Tingry. (*Note de Voltaire.*)

6. Le duc de Saxe-Weimar, sous qui le vicomte de Turenne fit ses premières campagnes. M. de Turenne est arrière-neveu de ce grand homme. (*Id.*)

Quel assemblage heureux de grâces, de valeur!
Boufflers, Meuse, d'Ayen, Duras, bouillants d'ardeur,
A la voix de Louis courez, troupe intrépide.
Que les Français sont grands quand leur maître les guide!
Ils l'aiment, ils vaincront; leur père est avec eux :
Son courage n'est point cet instinct furieux,
Ce courroux emporté, cette valeur commune;
Maître de son esprit, il l'est de la fortune;
Rien ne trouble ses sens, rien n'éblouit ses yeux :
Il marche; il est semblable à ce maître des dieux
Qui, frappant les Titans et tonnant sur leurs têtes,
D'un front majestueux dirigeait les tempêtes;
Il marche, et sous ses coups la terre au loin mugit,
L'Escaut fuit, la mer gronde, et le ciel s'obscurcit.
 Sur un nuage épais que, des antres de l'Ourse,
Les vents affreux du nord apportent dans leur course,
Les vainqueurs des Valois descendent en courroux :
« Cumberland, disent-ils, nous n'espérons qu'en vous ;
Courage, rassemblez vos légions altières;
Bataves, revenez, défendez vos barrières;
Anglais, vous que la paix semble seule alarmer,
Vengez-vous d'un héros qui daigne encor l'aimer :
Ainsi que ses bienfaits craindrez-vous sa vaillance? »
Mais ils parlent en vain; lorsque Louis s'avance
Leur génie est dompté, l'Anglais est abattu,
Et la férocité[1] le cède à la vertu.
 Clare avec l'Irlandais, qu'animent nos exemples,
Venge ses rois trahis, sa patrie, et ses temples.
Peuple sage et fidèle, heureux Helvétiens[2],
Nos antiques amis et nos concitoyens,
Votre marche assurée, égale, inébranlable,
Des ardents Neustriens[3] suit la fougue indomptable.
 Ce Danois[4], ce héros qui, des frimas du Nord,

---

1. Ce reproche de férocité ne tombe que sur le soldat, et non sur les officiers, qui sont aussi généreux que les nôtres. On m'a écrit que, lorsque la colonne anglaise déborda Fontenoy, plusieurs soldats de ce corps criaient : « *No quarter, no quarter!* Point de quartier! » *(Note de Voltaire.)*
2. Les régiments de Diesbach, de Betens et de Courten, etc., avec des bataillons des gardes suisses. *(Id.)*
3. Le régiment de Normandie, qui revenait à la charge sur la colonne anglaise, tandis que la maison du roi, la gendarmerie, les carabiniers, etc., fondaient sur elle. *(Id.)*
4. M. de Lowendahl. *(Id.)*

Par le dieu des combats fut conduit sur ce bord,
Admire les Français qu'il est venu défendre ;
Mille cris redoublés près de lui font entendre :
« Rendez-vous, ou mourez, tombez sous notre effort. »
C'en est fait, et l'Anglais craint Louis et la mort.

Allez, brave d'Estrée[1], achevez cet ouvrage ;
Enchaînez ces vaincus échappés au carnage ;
Que du roi qu'ils bravaient ils implorent l'appui :
Ils seront fiers encore, ils n'ont cédé qu'à lui[2].

Bientôt vole après eux ce corps fier et rapide[3]
Qui, semblable au dragon qu'il eut jadis pour guide,
Toujours prêt, toujours prompt, de pied ferme, en courant,
Donne de deux combats le spectacle effrayant.
C'est ainsi que l'on voit, dans les champs des Numides,
Différemment armés, des chasseurs intrépides ;
Les coursiers écumants franchissent les guérets ;
On gravit sur les monts, on borde les forêts ;
Les piéges sont dressés ; on attend, on s'élance ;
Le javelot fend l'air, et le plomb le devance.
Les léopards sanglants, percés de coups divers,
D'affreux rugissements font retentir les airs ;
Dans le fond des forêts ils vont cacher leur rage.

Ah! c'est assez de sang, de meurtre, de ravage ;
Sur des morts entassés c'est marcher trop longtemps :
Noailles[4], ramenez vos soldats triomphants ;
Mars voit avec plaisir leurs mains victorieuses
Traîner dans notre camp ces machines affreuses,
Ces foudres ennemis contre nous dirigés :
Venez lancer ces traits que leurs mains ont forgés ;
Qu'ils renversent par vous les murs de cette ville,
Du Batave indécis la barrière et l'asile,

---

1. M. le comte d'Estrées à la tête de sa division, et M. de Brionne à la tête de son régiment, avaient enfoncé les grenadiers anglais, le sabre à la main. (*Note de Voltaire.*)

2. Depuis saint Louis, aucun roi de France n'avait battu les Anglais en personne, en bataille rangée. (*Id.*)

3. On envoya quelques dragons à la poursuite : ce corps était commandé par M. le duc de Chevreuse, qui s'était distingué au combat de Sahy, où il avait reçu trois blessures. L'opinion la plus vraisemblable sur l'origine du mot *dragon* est qu'ils portèrent un dragon dans leurs étendards, sous le maréchal de Brissac, qui institua ce corps dans les guerres du Piémont. (*Id.*)

4. Le comte de Noailles attaqua de son côté la colonne d'infanterie anglaise avec une brigade de cavalerie, qui prit ensuite des canons. (*Id.*)

Ces premiers fondements¹ de l'empire des lis,
Par les mains de mon roi pour jamais affermis.
  Déjà Tournay se rend, déjà Gand s'épouvante :
Charles-Quint s'en émeut ; son ombre gémissante
Pousse un cri dans les airs, et fuit de ce séjour
Où pour vaincre autrefois le ciel le mit au jour :
Il fuit ; mais quel objet pour cette ombre alarmée !
Il voit ces vastes champs couverts de notre armée ;
L'Anglais deux fois vaincu, cédant de toutes parts,
Dans les mains de Louis laissant ses étendards ;
Le Belge en vain caché dans ses villes tremblantes ;
Les murs de Gand² tombés sous ses mains foudroyantes ;
Et son char de victoire, en ces vastes remparts,
Écrasant le berceau du plus grand³ des césars ;
Ostende, qui jadis a, durant trois années⁴,
Bravé de cent assauts les fureurs obstinées,
En dix jours à Louis cédant ses murs ouverts,
Et l'Anglais frémissant sur le trône des mers.
Français, heureux guerriers, vainqueurs doux et terribles,
Revenez, suspendez dans nos temples paisibles
Ces armes, ces drapeaux, ces étendards sanglants ;
Que vos chants de victoire animent tous nos chants :
Les palmes dans les mains nos peuples vous attendent ;
Nos cœurs volent vers vous, nos regards vous demandent :
Vos mères, vos enfants, près de vous empressés,
Encor tout éperdus de vos périls passés,
Vont baigner, dans l'excès d'une ardente allégresse,
Vos fronts victorieux de larmes de tendresse.
Accourez, recevez, à votre heureux retour,
Le prix de la vertu par les mains de l'amour.

1. Tournay, principale ville des Français sous la première race, dans laquelle on a trouvé le tombeau de Childéric. (*Note de Voltaire.*)
2. La ville de Gand soumise à Sa Majesté le 11 juillet, après la défaite d'un corps d'Anglais par M. du Chaila, à la tête des brigades de Crillon et de Normandie, le régiment de Grassin. (*Id.*)
3. Des césars modernes. (*Id.*) — Comme Voltaire l'a dit dans un vers ci-dessus, c'est à Gand que Charles-Quint avait reçu le jour. (B.)
4. Elle fut prise en 1604 par Ambroise Spinola, après trois ans et trois mois de siége. (*Note de Voltaire.*)

FIN DU POËME DE FONTENOY.

VARIANTES

DU *POËME DE FONTENOY*.

Vers 172. — Après ce vers, dans les premières éditions on lisait :

> D'un rempart de gazon, faible et prompte barrière
> Que l'art oppose à peine à la fureur guerrière,
> La Vauguyon et Créqui, d'un indomptable effort,
> Arrêtent une armée et repoussent la mort.

Une note apprenait que les mots *un rempart de gazon* désignent les redoutes.

Ces vers, qui étaient encore dans la cinquième édition, ne sont plus dans la sixième. Ils furent changés comme inexacts, et transposés ; voyez la note 5 de la page 389. (B.)

Vers 308. — Après ce vers, il y avait :

> Français, heureux Français, peuple doux et paisible,
> C'est peu qu'en vous guidant Louis soit invincible ;
> C'est peu que, le front calme et la mort dans les mains,
> Il ait lancé la foudre avec des yeux sereins ;
> C'est peu d'être vainqueur, il est modeste et tendre ;
> Il honore de pleurs le sang qu'il vit répandre ;
> Entouré de héros qui suivirent ses pas,
> Il prodigue l'éloge et ne le reçoit pas ;
> Il veille sur des jours hasardés pour lui plaire.
> Le monarque est un homme, et le vainqueur un père.
> Ces captifs tout sanglants, portés par nos soldats,
> Par leur main triomphante arrachés au trépas,
> Après ces jours de sang, d'horreur et de furie,
> Ainsi qu'en leurs foyers, au sein de leur patrie,
> Des plus tendres bienfaits éprouvent les douceurs,
> Consolés, secourus, servis par les vainqueurs.
> O grandeur véritable ! ô victoire nouvelle !
> Eh ! quel cœur ulcéré d'une haine cruelle,
> Quel farouche ennemi peut n'aimer pas mon roi,
> Et ne pas souhaiter d'être né sous sa loi ?
> Il étendra son bras, et calmera l'Empire.
> Déjà Vienne se tait, déjà Londres l'admire.

La Bavière, confuse au bruit de ses exploits,
Gémit d'avoir quitté le protecteur des rois.
Naple est en sûreté, la Sardaigne en alarmes.
Tous les rois de son sang triomphent par ses armes;
Et de l'Èbre à la Seine en tous lieux on entend :
« Le plus aimé des rois est aussi le plus grand. »
Ah! qu'on ajoute encore à ce titre suprême
Ce nom si cher au monde et si cher à lui-même,
Ce prix de ses vertus qui manque à sa valeur,
Ce titre auguste et saint de pacificateur!
Que de ses jours si beaux, de qui nos jours dépendent,
La course soit tranquille, et les bornes s'étendent!
    Ramenez ce héros, ô vous qui l'imitez,
Guerriers qu'il vit combattre et vaincre à ses côtés.
* Les palmes dans les mains, etc.

LETTRE CRITIQUE[1]

D'UNE BELLE DAME

A UN BEAU MONSIEUR DE PARIS

SUR LE POËME DE LA BATAILLE DE FONTENOY

(1745)

Je ne sais pas, monsieur, pourquoi j'ai pu lire jusqu'au bout ce poëme de la bataille de Fontenoy. C'est un ouvrage qui roule tout entier sur des faits vrais et récents : y a-t-il rien de plus insipide pour des esprits comme les nôtres, si solidement nourris de la lecture du *Prince Titi*[2] et de *Zerbinette*?

Vous vous souvenez que nous étions à l'Opéra le jour qu'on donna cette vilaine bataille, et que nous fîmes un souper délicieux qui dura quatre heures, après quoi nous gagnâmes cent louis au cavagnole, en nous plaignant *furieusement* et *infiniment* de la misère du temps.

L'auteur du poëme prétend que nous avons beaucoup d'obligation au roi de gagner des batailles en personne, et de prendre des villes, afin que nous jouissions tranquillement à Paris du fruit de ses travaux, et des dangers où il s'expose. Quelle sottise ! Je voudrais bien savoir si les dames de Londres se réjouissent moins parce que le duc de Cumberland a été bien battu. Je ne sais qui a fait cette rapsodie, mais il connaît bien mal le monde.

Que m'importe, à moi, que quatre ou cinq officiers de l'état-

---

1. Les éditeurs de Kehl avaient placé cette *Lettre critique* dans la *Correspondance* à la suite d'une lettre au marquis d'Argenson du 25 juin 1745. Mais dans l'*errata* faisant partie de leur soixante-et-dixième volume in-8°, ils disaient : « Cette réponse aux détracteurs du *Poëme de Fontenoy* aurait été mieux placée dans les notes, à la suite de ce poëme. Mais l'original de cette pièce, écrit de la main de l'auteur, a été communiqué trop tard. »

2. Ouvrage de Saint-Hyacinthe, 1735 et 1736, 2 vol. in-12; 1752, 3 vol. in-12.

major aient été blessés? j'ai bien affaire qu'on me les nomme! Ils ont versé, dit-on, leur sang pour nous sous les yeux de leur roi, et les louanges qu'on leur donne sont une juste récompense et un aiguillon de la gloire; mais, si cela était, il aurait dû nous donner une liste des morts et des blessés. J'ai un parent, lieutenant de milice, qui a reçu un coup de fusil dans la manche. Pourquoi parle-t-il plutôt des autres que de mon parent? J'aurais été fort aise de trouver là son nom; mais toutes les choses qui ne m'intéressent pas personnellement, ou qui ne sont pas des romans nouveaux, m'ennuient *épouvantablement, horriblement*.

On dit que M. le maréchal de Saxe est fort content de l'endroit qui le regarde; je le trouve bien indulgent.

> Maurice, qui, touchant à l'infernale rive,
> Rappelle pour son roi son âme fugitive,
> Et qui demande à Mars, dont il a la valeur,
> De vivre encore un jour, et de mourir vainqueur.
>
> (Vers 25-28.)

M. l'abbé de *** nous a fait remarquer judicieusement le ridicule de nommer un homme par son nom de baptême, et de le faire ensuite prier le dieu Mars. J'ai bien senti l'impertinence de dire qu'un maréchal de France est prêt à *descendre sur l'infernale rive*, quand il est dangereusement malade. Je trouve fort mauvais, moi, lorsque j'ai la migraine après avoir joué toute la nuit, qu'on vienne me dire que j'ai mauvais visage. On prétend qu'en effet M. le maréchal de Saxe, après la victoire, dit au roi qu'il n'avait demandé au ciel que ce jour de vie, pour voir triompher Sa Majesté: permis à lui de penser de cette façon; mais, en vérité, cela est bien déplacé dans un poëme, qui ne doit donner que des idées douces et riantes.

Pourquoi dit-il que le duc de Grammont

> ..... dans l'Élysée emporte la douleur
> D'ignorer en mourant si son maître est vainqueur?
>
> (Vers 107-108.)

Voilà un sentiment que je n'ai vu dans aucun des petits romans que je lis. Je voudrais bien savoir si on a de ces idées-là quand on a la cuisse emportée d'un boulet de canon. On me répond à cela que le duc de Grammont aimait véritablement le roi, et qu'il pouvait très-bien avoir eu de pareils sentiments à sa mort: faible réponse, misérable évasion, dont vous sentez la petitesse.

Je me soucie fort peu qu'il me nomme tous les lieutenants généraux qui étaient chacun à leur poste. Ne voilà-t-il pas une chose bien extraordinaire d'être à son poste! Un franc pédant, qui est tout plein de son Homère, nous a voulu persuader que c'est ainsi que ce vieux Grec s'y prenait dans son roman de *l'Iliade*, et que Virgile l'avait imité; vous savez comme nous l'avons reçu avec son Homère et son Virgile: je ne crois pas qu'on s'avise de les citer dorénavant devant vous ni devant moi. J'entends dire à de fort habiles gens que ces rêveurs-là sont tout à fait passés de mode, et qu'un homme qui écrirait dans leur goût ne serait pas toléré aujourd'hui. On dit qu'ils poussaient le ridicule jusqu'à faire une description détaillée des blessures d'anciens héros imaginaires: si cela est, il est bien clair que rien n'est plus impertinent que de parler des blessures que nos officiers ont reçues réellement depuis peu, puisque Virgile ne parlait que de gens qui avaient été blessés deux mille ans auparavant.

On m'a assuré qu'Homère employait un livre tout entier à faire l'énumération de toutes les troupes de la Grèce: pourquoi donc ne peindre qu'en peu de vers les grenadiers, les carabiniers, la maison du roi, les dragons? S'il y avait eu davantage de ces peintures, il est vrai que je n'aurais jamais lu cet ouvrage; et c'est précisément ce que je voulais: car, en vérité, je l'ai lu malgré moi, et je ne sais pas pourquoi quelques personnes, à l'article de M. du Brocard, de M. de Craon, et du duc de Grammont, ont versé des larmes. On ne peut s'attendrir ainsi que par esprit de cabale: mais je vous réponds que nous en ferons une bien violente contre l'auteur et ses adhérents.

Premièrement, nous dirons qu'il est Anglais; et on le voit assez par l'épithète de brave qu'il donne au duc de Cumberland, qui est venu attaquer Sa Majesté. Nous déchaînerons contre lui tout Paris, qu'il a si indignement attaqué par ces détestables vers:

> Ils tombent ces héros, ils tombent ces vengeurs;
> Ils meurent, et nos jours sont heureux et tranquilles:
> La molle volupté, le luxe de nos villes,
> Filent ces jours sereins, ces jours que nous devons
> Au sang de nos guerriers, aux périls des Bourbons.
>
> (*Vers* 140, etc.)

C'est moi, sans doute, et toute ma société, qu'il a eus en vue; mais nous le perdrons à la cour de Hanovre. Nous ferons voir à toute la terre que son ouvrage est plein de mensonges.

Il y a un jeune officier[1] dont il dit dans ses notes que le cheval a été tué sous lui, et nous savons de science certaine, par le gazetier de Cologne, que ce cheval n'a eu que trois balles dans le corps, et qu'un maréchal a promis, foi d'homme d'honneur, de le guérir. Il y a bien d'autres impostures pareilles, qu'on relèvera, aussi bien que l'insolence de faire cinq ou six éditions de cette pièce ridicule, pour faire plaisir à son libraire. Encore je lui pardonnerais s'il avait dit quelque petit mot de moi, et s'il avait parlé de ma beauté à propos de la bataille de Fontenoy. Il pouvait très-bien dire qu'un de ces jeunes officiers, dont il vante les grâces, a été amoureux deux jours d'une de mes cousines, et qu'il voulut même lui faire une infidélité pour moi, le premier jour : et assurément on peut dire que ma cousine ne me valait pas ; elle a trois ans et demi de plus que moi, et elle est toute engoncée. C'est de quoi je veux vous entretenir ce soir à fond, car, en vérité, je suis très-fâchée contre ma cousine.

Adieu, monsieur, le cavagnole[2] m'attend.

1. Le marquis de Ximenès.
2. Jeu de cartes fort en vogue.

ODES

ODES

ODE I.

SUR SAINTE GENEVIÈVE.

(Imitation d'une ode latine, par le R. P. Lejai[1].)

(1709[2])

Qu'aperçois-je ! est-ce une déesse
Qui s'offre à mes regards surpris ?
Son aspect répand l'allégresse,
Et son air charme mes esprits.
Un flambeau brillant de lumière,
Dont sa chaste main nous éclaire,
Jette un feu nouveau dans les airs.
Quels sons, quelles douces merveilles,
Viennent de frapper mes oreilles
Par d'inimitables concerts ?

Un chœur d'esprits saints l'environne,
Et lui prodigue des honneurs ;
Les uns soutiennent sa couronne,
Les autres la parent de fleurs.
O miracle ! ô beautés nouvelles !
Je les vois, déployant leurs ailes,

---

1. Professeur de rhétorique de Voltaire.
2. La première édition est in-4°, et ne porte point de date ; mais on lit au bas : FRANÇOIS AROUET, *étudiant en rhétorique, et pensionnaire au collège de Louis le Grand ;* ce qui indique l'époque de sa composition. Mercier de Saint-Léger la réimprima en 1759, dans le recueil A, B, C, tome III, page 203. Cette ode n'est pas dans les éditions de Kehl. C'est en 1817, dans l'édition en douze volumes in-8°, qu'elle fut admise dans les *OEuvres de Voltaire.* (B.)

Former un trône sous ses pieds.
Ah! je sais qui je vois paraître!
France, pouvez-vous méconnaître
L'héroïne que vous voyez?

Oui, c'est vous que Paris révère
Comme le soutien de ses lis :
Geneviève, illustre bergère,
Quel bras les a mieux garantis?
Vous qui, par d'invisibles armes,
Toujours au fort de nos alarmes
Nous rendîtes victorieux,
Voici le jour où la mémoire
De vos bienfaits, de votre gloire,
Se renouvelle dans ces lieux.

Du milieu d'un brillant nuage
Vous voyez les humbles mortels
Vous rendre à l'envi leur hommage,
Prosternés devant vos autels;
Et les puissances souveraines
Remettre entre vos mains les rênes
D'un empire à vos lois soumis.
Reconnaissant et plein de zèle,
Que n'ai-je su, comme eux fidèle,
Acquitter ce que j'ai promis!

Mais, hélas! que ma conscience
M'offre un souvenir douloureux!
Une coupable indifférence
M'a pu faire oublier mes vœux.
Confus, j'en entends le murmure.
Malheureux! je suis donc parjure!
Mais non; fidèle désormais,
Je jure ces autels antiques,
Parés de vos saintes reliques,
D'accomplir les vœux que j'ai faits[1].

---

1. Lors de la réimpression faite en 1759, Fréron (*Année littéraire*, 1759, tome VI, page 137) fit sur cette strophe la singulière remarque que voici : « Ces vœux sont de faire hommage de tous ses écrits à sainte Geneviève, qu'il appelle

Vous, tombeau sacré que j'honore,
Enrichi des dons de nos rois,
Et vous, bergère que j'implore,
Écoutez ma timide voix.
Pardonnez à mon impuissance,
Si ma faible reconnaissance
Ne peut égaler vos faveurs.
Dieu même, à contenter facile,
Ne croit point l'offrande trop vile
Que nous lui faisons de nos cœurs.

Les Indes, pour moi trop avares,
Font couler l'or en d'autres mains :
Je n'ai point de ces meubles rares
Qui flattent l'orgueil des humains.
Loin d'une fortune opulente,
Aux trésors que je vous présente
Ma seule ardeur donne du prix ;
Et si cette ardeur peut vous plaire,
Agréez que j'ose vous faire
Un hommage de mes écrits.

Eh quoi ! puis-je dans le silence
Ensevelir ces nobles noms
De protectrice de la France
Et de ferme appui des Bourbons ?
Jadis nos campagnes arides,
Trompant nos attentes timides,
Vous durent leur fertilité ;
Et, par votre seule prière,
Vous désarmâtes la colère
Du ciel contre nous irrité.

La Mort même, à votre présence,
Arrêtant sa cruelle faux,
Rendit des hommes à la France,
Qu'allaient dévorer les tombeaux.
Maîtresse du séjour des ombres,
Jusqu'au plus profond des lieux sombres

sa bergère. Croyez-vous que tous ses ouvrages méritent en effet d'être dédiés à cette sainte ? » (B.)

Vous fîtes révérer vos lois.
Ah! n'êtes-vous plus notre mère,
Geneviève? ou notre misère
Est-elle moindre qu'autrefois?

Regardez la France en alarmes,
Qui de vous attend son secours!
En proie à la fureur des armes,
Peut-elle avoir d'autre recours?
Nos fleuves, devenus rapides
Par tant de cruels homicides,
Sont teints du sang de nos guerriers;
Chaque été forme des tempêtes
Qui fondent sur d'illustres têtes,
Et frappent jusqu'à nos lauriers.

Je vois en des villes brûlées
Régner la mort et la terreur;
Je vois des plaines désolées
Aux vainqueurs mêmes faire horreur.
Vous qui pouvez finir nos peines,
Et calmer de funestes haines,
Rendez-nous une aimable paix!
Que Bellone, de fers chargée
Dans les enfers soit replongée,
Sans espoir d'en sortir jamais!

ODE II.

SUR LE VŒU DE LOUIS XIII[1].

(1712)

Du Roi des rois la voix puissante
S'est fait entendre dans ces lieux.
L'or brille, la toile est vivante,
Le marbre s'anime à mes yeux.
Prêtresses de ce sanctuaire,
La Paix, la Piété sincère,
La Foi, souveraine des rois,
Du Très-Haut filles immortelles,
Rassemblent en foule autour d'elles
Les Arts animés par leurs voix.

O Vierges, compagnes des justes,
Je vois deux héros prosternés[2]
Dépouiller leurs bandeaux augustes
Par vos mains tant de fois ornés.

---

1. Ce fut Louis XIV qui accomplit le vœu de son père, en faisant construire le chœur de l'église Notre-Dame de Paris.

Cette ode, faite en 1712, concourut pour le prix de poésie de l'Académie française, adjugé en 1714. L'auteur à dix-huit ans fut vaincu par l'abbé du Jarry, qui en avait soixante-cinq, et dont le poëme commençait ainsi :

> Enfin le jour paraît où le saint tabernacle
> D'ornements enrichi nous offre un beau spectacle, etc.

Le reste était dans ce goût. Ces vers-ci étaient surtout fort remarquables :

> Pôles glacés, brûlants, où sa gloire connue
> Jusqu'aux bornes du monde est chez vous parvenue, etc. (K.)

— La pièce de l'abbé du Jarry a été le sujet d'observations de Voltaire. (B.)

2. Les statues de Louis XIII et de Louis XIV sont aux deux côtés de l'autel. (*Note de Voltaire.*)

Mais quelle puissance céleste
Imprime sur leur front modeste
Cette suprême majesté,
Terrible et sacré caractère
Dans qui l'œil étonné révère
Les traits de la Divinité?

L'un voua ces fameux portiques;
Son fils vient de les élever.
Oh! que de projets héroïques
Seul il est digne d'achever!
C'est lui, c'est ce sage intrépide
Qui triompha du sort perfide
Contre sa vertu conjuré :
Et de la discorde étouffée
Vint dresser un nouveau trophée
Sur l'autel qu'il a consacré [1].

Telle autrefois la cité sainte
Vit le plus sage des mortels
Du Dieu qu'enferma son enceinte
Dresser les superbes autels;
Sa main, redoutable et chérie,
Loin de sa paisible patrie
Écartait les troubles affreux;
Et son autorité tranquille
Sur un peuple à lui seul docile
Faisait luire des jours heureux.

O toi, cher à notre mémoire,
Puisque Louis te doit le jour,
Descends du pur sein de la gloire,
Des bons rois éternel séjour;
Revois les rivages illustres
Où ton fils depuis tant de lustres
Porte ton sceptre dans ses mains;
Reconnais-le aux vertus suprêmes
Qui ceignent de cent diadèmes
Son front respectable aux humains.

---

1. La paix faite avec l'empereur, dans le temps que le chœur a été achevé. (*Note de Voltaire.*)

Viens : la Chicane insinuante,
Le Duel armé par l'Affront,
La Révolte pâle et sanglante,
Ici ne lèvent plus le front.
Tu vis leur cohorte effrénée
De leur haleine empoisonnée
Souffler leur rage sur tes lis;
Leurs dents, leurs flèches, sont brisées,
Et sur leurs têtes écrasées
Marche ton invincible fils.

Viens sous cette voûte nouvelle,
De l'art ouvrage précieux;
Là brûle, allumé par son zèle,
L'encens que tu promis aux cieux.
Offre au Dieu que son cœur révère
Ses vœux ardents, sa foi sincère,
Humble tribut de piété.
Voilà les dons que tu demandes :
Grand Dieu! ce sont là les offrandes
Que tu reçois dans ta bonté.

Les rois sont les vives images
Du Dieu qu'ils doivent honorer.
Tous lui consacrent des hommages;
Combien peu savent l'adorer!
Dans une offrande fastueuse
Souvent leur piété pompeuse
Au ciel est un objet d'horreur;
Sur l'autel que l'Orgueil lui dresse
Je vois une main vengeresse
Montrer l'arrêt de sa fureur[1].

Heureux le roi que la couronne
N'éblouit point de sa splendeur;
Qui, fidèle au Dieu qui la donne,
Ose être humble dans sa grandeur;
Qui, donnant aux rois des exemples,
Au Seigneur élève des temples,

---

1. « Apparuerunt digiti quasi manus hominis scribentis. » [Daniel, chap. V, vers. 5.] (*Note de Voltaire.*)

Des asiles aux malheureux :
Dont la clairvoyante justice
Démêle et confond l'artifice
De l'hypocrite ténébreux!

Assise avec lui sur le trône,
La Sagesse est son ferme appui.
Si la Fortune l'abandonne,
Le Seigneur est toujours à lui :
Ses vertus seront couronnées
D'une longue suite d'années,
Trop courte encore à nos souhaits ;
Et l'Abondance dans ses villes
Fera germer ses dons fertiles,
Cueillis par les mains de la Paix.

PRIÈRE POUR LE ROI[1].

Toi qui formas Louis de tes mains salutaires,
Pour augmenter ta gloire, et pour combler nos vœux,
Grand Dieu, qu'il soit encor l'appui de nos neveux,
    Comme il fut celui de nos pères!

---

1. Toutes les pièces de concours devaient finir par une prière pour le roi. (K.)

ODE III.

SUR LES MALHEURS DU TEMPS[1].

(1713)

Aux maux les plus affreux le ciel nous abandonne :
Le désespoir, la mort, la faim[2] nous environne ;
Et les dieux, contre nous soulevés tant de fois,
Équitables vengeurs des crimes de la terre,
      Ont frappé du tonnerre
      Les peuples et les rois.

Des plaines de Tortose[3] aux bords du Borysthène
Mars a conduit son char, attelé par la Haine :
Les vents contagieux ont volé sur ses pas ;
Et, soufflant de la mort les semences funestes,
      Ont dévoré les restes
      Échappés aux combats.

D'un monarque puissant la race fortunée
Remplissait de son nom l'Europe consternée :
Je n'ai fait que passer, ils étaient disparus[4] ;

---

1. Ceci n'est pas une pièce de concours comme la précédente. Le poëte nous peint en toute vérité la désolation du royaume dans les dernières années du règne de Louis XIV. (G. A.)

2. Variante :
    Le désespoir, la faim, la mort...

3. Variante :
    Des rivages de l'Èbre...

4. Variante :
    J'ai passé : de la terre ils étaient disparus,
    Et le peuple abattu, que sa misère étonne,
      Les cherche près du trône.

Racine a dit dans *Esther*, acte III, scène IX :
    Je n'ai fait que passer, il n'était déjà plus.

Voltaire, dans son épître à Villette, intitulée *les Adieux du Vieillard*, a replacé le premier des trois vers que je donne ici en variante. (B.)

Et le peuple abattu, que ce malheur étonne,
　　　Les cherche auprès du trône,
　　　Et ne les trouve plus[1].

Peuples, reconnaissez la main qui vous accable ;
Ce n'est point du destin l'arrêt irrévocable,
C'est le courroux des dieux, mais facile à calmer :
Méritez d'être heureux, osez quitter le vice ;
　　　C'est par ce sacrifice
　　　Qu'on peut le désarmer.

Rome, en sages héros autrefois si fertile ;
Rome, jadis des rois la terreur ou l'asile ;
Rome fut vertueuse et dompta l'univers :
Mais l'Orgueil et le Luxe, enfants de la Victoire,
　　　Du comble de la gloire
　　　L'ont mise dans les fers[2].

Quoi ! verra-t-on toujours de ces tyrans serviles,
Oppresseurs insolents des veuves, des pupilles,
Élever des palais dans nos champs désolés ?
Verra-t-on cimenter leurs portiques durables
　　　Du sang des misérables
　　　Devant eux immolés ?

Élevés dans le sein d'une infâme avarice,
Leurs enfants ont sucé le lait de l'Injustice,
Et dans les tribunaux vont juger les humains :
Malheur à qui, fondé sur la seule innocence,
　　　A mis son espérance
　　　En leurs indignes mains !

Des nobles cependant l'ambition captive
S'endort entre les bras de la Mollesse oisive,
Et ne porte aux combats que des corps languissants.
Cédez, abandonnez à des mains plus vaillantes
　　　Ces piques trop pesantes
　　　Pour vos bras impuissants.

---

1. Le dauphin et son fils, le duc de Bourgogne et sa femme, venaient de mourir tous quatre. (G. A.)
2. Variante :
　　　　La plongèrent aux fers.

SUR LES MALHEURS DU TEMPS.

Voyez cette beauté sous les yeux de sa mère[1];
Elle apprend en naissant l'art dangereux de plaire,
Et d'exciter en nous de funestes penchants;
Son enfance prévient le temps d'être coupable :
   Le Vice trop aimable
   Instruit ses premiers ans.

Bientôt, bravant les yeux de l'époux qu'elle outrage,
Elle abandonne aux mains d'un courtisan volage
De ses trompeurs appas le charme empoisonneur :
Que dis-je ! cet époux, à qui l'hymen la lie,
   Trafiquant l'infamie,
   La livre au déshonneur.

Ainsi vous outragez les dieux et la nature !
Oh ! que ce n'était pas de cette source impure
Qu'on vit naître les Francs, des Scythes successeurs,
Qui, du char d'Attila détachant la Fortune,
   De la cause commune
   Furent les défenseurs !

Le citoyen alors savait porter les armes ;
Sa fidèle moitié, qui négligeait ses charmes,
Pour son retour heureux préparait des lauriers,
Recevait de ses mains sa cuirasse sanglante,
   Et sa hache fumante
   Du trépas des guerriers.

Au travail endurci leur superbe courage
Ne prodigua jamais un imbécile hommage
A de vaines beautés, à leurs yeux sans appas ;
Et d'un sexe timide et né pour la mollesse
   Ils plaignaient la faiblesse,
   Et ne l'adoraient pas.

De ces sauvages temps l'héroïque rudesse
Leur dérobait encor[2] la délicate adresse

---

1. Cette strophe a quelque rapport avec les vers d'Horace (livre III, ode VI) :
   Motus doceri gaudet Ionios
   Matura virgo. (B.)

2. Variante :
   Leur laissait ignorer...

D'excuser leurs forfaits par un subtil détour;
Jamais en n'entendit leur bouche peu sincère
  Donner à l'adultère
  Le tendre nom d'amour.

Mais insensiblement l'adroite Politesse,
Des cœurs efféminés souveraine maîtresse,
Corrompit de nos mœurs l'austère pureté,
Et, du subtil Mensonge empruntant l'artifice,
  Bientôt à l'injustice
  Donna l'air d'équité.

Le Luxe à ses côtés marche avec arrogance;
L'or qui naît sous ses pas s'écoule en sa présence :
Le fol Orgueil le suit: compagnon de l'Erreur,
Il sape des États la grandeur souveraine,
  De leur chute certaine
  Brillant avant-coureur[1].

---

[1]. Comme on le voit, il y a dans cette ode bien des réminiscences d'*Athalie*.

ODE IV.

LE VRAI DIEU[1].

Se peut-il que dans ses ouvrages
L'homme aveugle ait mis son appui,
Et qu'il prodigue ses hommages
A des dieux moins divins que lui?
Jusqu'à quand, par d'affreux blasphèmes,
Rendrons-nous des honneurs suprêmes
Aux métaux qu'ont formés nos mains?
Jusqu'à quand l'encens de la terre
Ira-t-il grossir le tonnerre
Prêt à tomber sur les humains?

Descends des demeures divines,
Grand Dieu : les temps sont accomplis ;
L'Erreur enfin sur ses ruines
Va voir des temples rétablis.
Un jour pur commence à paraître ;
Sur la terre un Dieu vient de naître

---

1. C'est sous le nom d'Arouet que cette ode est imprimée dans le *Nouveau Choix de pièces de poésie*, 1715, deux parties, petit in-8°. Elle fait aussi partie du *Portefeuille trouvé*, ou *Tablettes d'un curieux*, 1757, deux volumes in-12. Elle a même été admise dans *la Collection complète des OEuvres de M. de Voltaire*, 1770-75, 48 vol. in-8° ; c'est au tome XXIII qu'elle se trouve, ainsi que l'ode *Sur sainte Geneviève*.

En 1773, Voltaire, dans sa note quatrième du *Dialogue de Pégase et du Vieillard*, désavoua l'ode intitulée *le Vrai Dieu*, et dit que l'auteur était un jésuite nommé Lefèvre ; mais il ne parle pas de l'ode *Sur sainte Geneviève*, qu'on ne peut lui contester.

Le *Mercure* de janvier 1773, tome I, pages 5-10, contient une ode signée Lefèvre, et intitulée *le Triomphe de la Religion*.

Voltaire désavoue encore l'ode sur *le Vrai Dieu* dans sa *Lettre de M. de La Visclède*. L'édition des *OEuvres de Voltaire*, Paris, Lefèvre et Déterville, 1817, 42 vol. in-8° (y compris la table), est la première qui contienne l'ode intitulée *le Vrai Dieu*. (B.)

Pour nous arracher au tombeau.
De l'enfer les monstres terribles,
Abaissant leurs têtes horribles,
Tremblent au pied de son berceau.

Mais l'homme, constant dans sa rage,
S'oppose à sa félicité;
Amoureux de son esclavage,
Il s'endort dans l'iniquité.
Je vois ses mains infortunées,
Aux palmes du ciel destinées,
S'offrir à des fers odieux.
Il boit dans la coupe infernale,
Et l'épais venin qu'elle exhale
Dérobe le jour à ses yeux.

Ne peut-il des nuages sombres
Percer la longue obscurité?
Son Dieu porte à travers les ombres
Le flambeau de la vérité.
Ouvre les yeux, homme infidèle;
Suis le Dieu puissant qui t'appelle :
Mais tu te plais à l'ignorer.
Affermi dans l'ingratitude,
Tu voudrais que l'incertitude
Te dispensât de l'adorer.

Mets le comble à tes injustices,
Il n'est plus temps de reculer;
Ses vertus condamnent tes vices :
Il faut le suivre, ou l'immoler.
L'Erreur, la Colère, l'Envie,
Tout s'est armé contre sa vie.
Que tardes-tu? perce son flanc.
De ses jours il t'a rendu maître;
Et qui l'a bien pu méconnaître
Craindra-t-il de verser son sang?

Ciel! déjà ta rage exécute
Ce qu'a présagé ma douleur;
Ton juge, à tous les maux en butte,
Va succomber sous ta fureur.

LE VRAI DIEU.

Je vous vois, victime innocente,
Sous le faix d'une croix pesante,
Vous traîner jusqu'au triste lieu.
Tout est prêt pour le sacrifice :
Vous semblez, de vos maux complice,
Oublier que vous êtes Dieu.

O toi dont la course céleste
Annonce aux hommes ton auteur,
Soleil! en cet état funeste
Reconnais-tu ton Créateur?
C'est à toi de punir la terre :
Si le ciel suspend son tonnerre,
Ta clarté doit s'évanouir.
Va te cacher au sein de l'onde :
Peux-tu donner le jour au monde,
Quand ton Dieu cesse d'en jouir?

Mais quel prodige me découvre
Les flambeaux obscurs de la nuit?
Le voile du temple s'entr'ouvre,
Le ciel gronde, le jour s'enfuit.
La terre, en abîmes ouverte,
Avec regret se voit couverte
Du sang d'un Dieu qui la forma;
Et la Nature consternée
Semble à jamais abandonnée
Du feu divin qui l'anima.

Toi seul, insensible à tes peines,
Tu chéris l'instant de ta mort.
Grand Dieu! grâce aux fureurs humaines,
L'univers a changé de sort.
Je vois des palmes éternelles
Croître en ces campagnes cruelles
Qu'arrosa ton sang précieux.
L'homme est heureux d'être perfide,
Et, coupables d'un déicide,
Tu nous fais devenir des dieux.

ODE V.

LA CHAMBRE DE JUSTICE[1]

ÉTABLIE AU COMMENCEMENT DE LA RÉGENCE, EN 1715.

Toi dont le redoutable Alcée
Suivait les transports et la voix,
Muse, viens peindre à ma pensée
La France réduite aux abois.
Je me livre à ta violence;
C'est trop, dans un lâche silence,
Nourrir d'inutiles douleurs.
Je vais, dans l'ardeur qui m'enflamme,
Flétrir le tribunal infâme
Qui met le comble à nos malheurs.

Une tyrannique industrie
Épuise aujourd'hui son savoir;
Son implacable barbarie
Se mesure sur son pouvoir.
Le délateur, monstre exécrable,
Est orné d'un titre honorable,
A la honte de notre nom;
L'esclave fait trembler son maître;
Enfin nous allons voir renaître
Les temps de Claude et de Néron.

En vain l'Auteur de la nature
S'est réservé le fond des cœurs,
Si l'orgueilleuse créature
Ose en sonder les profondeurs.

---

1. P.-A. de Laplace, né à Calais en 1707, mort à Paris en 1793, avait, sur un exemplaire de cette pièce, écrit : « M. de Querlon m'a assuré que cette ode était de M. de Voltaire. » C'est sur cette seule autorité que, depuis 1817, *la Chambre de Justice* a été imprimée dans les *OEuvres de Voltaire*. L'édition Lefèvre et Déterville est la première des *OEuvres de Voltaire* qui contienne *la Chambre de Justice*. (B.)

LA CHAMBRE DE JUSTICE.

Une ordonnance criminelle
Veut qu'en public chacun révèle
Les opprobres de sa maison ;
Et, pour couronner l'entreprise,
On fait d'un pays de franchise
Une immense et vaste prison.

Quel gouffre sous mes pas s'entr'ouvre !
Quels spectres me glacent d'effroi !
L'enfer ténébreux se découvre :
C'est Tysiphone, je la voi.
La Terreur, l'Envie, et la Rage,
Guident son funeste passage :
Des foudres partent de ses yeux ;
Elle tient dans ses mains perfides
Un tas de glaives homicides
Dont elle arme des furieux.

Déjà la troupe meurtrière
Commence ses sanglants exploits ;
Elle ouvre l'affreuse carrière
Par le renversement des lois.
Contre la force et l'imposture
La foi, la candeur, la droiture,
Sont des asiles impuissants.
Tout cède à l'horrible tempête ;
S'il tombe une coupable tête,
On égorge mille innocents.

Tel, sortant du mont de Sicile,
Un torrent de soufre enflammé
Engloutit un terrain fertile
Et son habitant alarmé ;
Tel un loup, fumant de carnage,
Enveloppe dans son ravage
Les bergers avec les troupeaux ;
Telle était, moins terrible encore,
La fatale boîte où Pandore
Cachait à nos yeux tous les maux.

Dans cet odieux parallèle
Ne rencontrez-vous pas vos traits,

ODE V.

Magistrats d'un nouveau modèle,
Que l'enfer en courroux a faits;
Vils partisans de la Fortune,
Que le cri du faible importune,
Par qui les bons sont abattus,
Chez qui la Cruauté farouche,
Les Préjugés au regard louche,
Tiennent la place des Vertus?

Nous périssons : tout se dérange;
Tous les états sont confondus.
Partout règne un désordre étrange :
On ne voit qu'hommes éperdus;
Leurs cœurs sont fermés à la joie;
Leurs biens vont devenir la proie
De leurs ennemis triomphants.
O désespoir! notre patrie
N'est plus qu'une mère en furie
Qui met en pièces ses enfants.

Je sens que mes craintes redoublent;
Le ciel s'obstine à nous punir.
Que d'objets affligeants me troublent!
Je lis dans le sombre avenir.
Bientôt les guerres intestines,
Les massacres, et les rapines,
Deviendront les jeux des mortels.
On souillera le sanctuaire :
Les dieux d'une terre étrangère
Vont déshonorer nos autels.

Vieille erreur, respect chimérique,
Sortez de nos cœurs mutinés;
Chassons le sommeil léthargique
Qui nous a tenus enchaînés.
Peuple! que la flamme s'apprête;
J'ai déjà, semblable au prophète,
Percé le mur d'iniquité :
Volez, détruisez l'Injustice;
Saisissez au bout de la lice
La désirable Liberté.

ODE VI.

A MONSIEUR LE DUC DE RICHELIEU

SUR L'INGRATITUDE[1].

(1736)

O toi, mon support et ma gloire,
Que j'aime à nourrir ma mémoire
Des biens que ta vertu m'a faits,
Lorsqu'en tous lieux l'ingratitude
Se fait une pénible étude
De l'oubli honteux des bienfaits !

Doux nœuds de la reconnaissance,
C'est par vous que dès mon enfance
Mon cœur à jamais fut lié ;
La voix du sang, de la nature,
N'est rien qu'un languissant murmure
Près de la voix de l'amitié.

Eh ! quel est en effet mon père ?
Celui qui m'instruit, qui m'éclaire,
Dont le secours m'est assuré ;
Et celui dont le cœur oublie

---

1. Cette ode doit être de 1736. On trouve quatre strophes de même mesure dans la lettre de Voltaire à Tressan, du 21 octobre 1736. On peut croire que ces quatre strophes et l'ode ont été faites en même temps, pendant que Voltaire était en veine sur le sujet. La correspondance de l'année 1736 ne contient aucune lettre à Richelieu. Il est probable cependant qu'en envoyant l'ode, Voltaire y aura joint une lettre. La première édition des OEuvres de Voltaire qui contienne cette pièce est celle de Dresde, 1752, 7 vol. in-12. Les douze strophes y sont telles qu'on les lit aujourd'hui, mais il doit y avoir eu des éditions antérieures. (B.)

Les biens répandus sur sa vie,
C'est là le fils dénaturé.

Ingrats, monstres que la nature
A pétris d'une fange impure
Qu'elle dédaigna d'animer,
Il manque à votre âme sauvage
Des humains le plus beau partage ;
Vous n'avez pas le don d'aimer.

Nous admirons le fier courage
Du lion fumant de carnage,
Symbole du dieu des combats.
D'où vient que l'univers déteste
La couleuvre bien moins funeste?
Elle est l'image des ingrats.

Quel monstre plus hideux s'avance?
La Nature fuit et s'offense
A l'aspect de ce vieux giton ;
Il a la rage de Zoïle,
De Gacon[1] l'esprit et le style,
Et l'âme impure de Chausson.

C'est Desfontaines, c'est ce prêtre
Venu de Sodome à Bicêtre,
De Bicêtre au sacré vallon :
A-t-il l'espérance bizarre
Que le bûcher qu'on lui prépare
Soit fait des lauriers d'Apollon?

Il m'a dû l'honneur et la vie,
Et, dans son ingrate furie,
De Rousseau lâche imitateur,
Avec moins d'art et plus d'audace,
De la fange où sa voix coasse
Il outrage son bienfaiteur.

---

1. Gacon était un misérable écrivain satirique, universellement méprisé. (*Note de Voltaire*, 1752.) Chausson a laissé un nom immortel. (*Id.*, 1775.)
— Dans les éditions de 1752, 1756, etc., après le mot *méprisé*, on lisait : « Chausson fut brûlé publiquement pour le même crime pour lequel l'abbé Desfontaines fut mis à Bicêtre. » (B.)

SUR L'INGRATITUDE.

Qu'un Hibernois[1], loin de la France,
Aille ensevelir dans Bysance
Sa honte à l'abri du croissant;
D'un œil tranquille et sans colère,
Je vois son crime et sa misère;
Il n'emporte que mon argent.

Mais l'ingrat dévoré d'envie,
Trompette de la calomnie,
Qui cherche à flétrir mon honneur,
Voilà le ravisseur coupable,
Voilà le larcin détestable
Dont je dois punir la noirceur.

Pardon, si ma main vengeresse
Sur ce monstre un moment s'abaisse
A lancer ces utiles traits,
Et si de la douce peinture
De ta vertu brillante et pure
Je passe à ces sombres portraits.

Mais lorsque Virgile et le Tasse
Ont chanté dans leur noble audace
Les dieux de la terre et des mers,
Leur muse, que le ciel inspire,
Ouvre le ténébreux empire,
Et peint les monstres des enfers.

1. Un abbé irlandais, fils d'un chirurgien de Nantes, qui se disait de l'ancienne maison de Macarti, ayant subsisté longtemps des bienfaits de notre auteur, et lui ayant emprunté deux mille livres en 1732, s'enfuit aussitôt avec un Écossais, nommé Ramsay, qui se disait aussi des bons Ramsay, et avec un officier français, nommé Mornay; ils passèrent tous trois à Constantinople, et se firent circoncire chez le comte de Bonneval. (*Note de Voltaire*, 1752.) Remarquez qu'aucun de ces folliculaires, de ces trompettes de scandale qui fatiguaient Paris de leurs brochures, n'a écrit contre cette apostasie; mais ils ont jeté feu et flamme contre les Bayle, les Montesquieu, les Diderot, les d'Alembert, les Helvétius, les Buffon, contre tous ceux qui ont éclairé le monde. (*Id.*, 1775.)
— Une note du second chant de *la Guerre civile de Genève* est consacrée à l'abbé Macarti. (B.)

VARIANTES

DE L'ODE VI.

Vers 24. — L'auteur a supprimé la strophe suivante, qui était la cinquième dans la première édition :

> Je crois voir ces plaines stériles
> Dont nos cultures inutiles
> N'ont pu fertiliser le sein ;
> Ou le bronze informe et rebelle,
> Indocile à la main fidèle
> Qui conduit les traits du burin.

Vers 30. — La première édition contenait les strophes suivantes, que l'auteur a fait disparaître :

> Tel fut ce plagiaire habile
> Et de Marot et de d'Ouville,
> Connu par ses viles chansons :
> Semblable à l'infâme Locuste,
> Qui, sous les successeurs d'Auguste,
> Fut illustre par ses poisons.

> Dis-nous, Rousseau, quel premier crime
> Entraîna tes pas dans l'abîme
> Où j'ai vu Saurin te plonger ?
> Ah ! ce fut l'oubli des services :
> Tu fus ingrat, et tous les vices
> Vinrent en foule t'assiéger.

> Aussitôt le dieu qui m'inspire
> T'arracha le luth et la lyre
> Qu'avaient déshonorés tes mains :
> Tu n'es plus qu'un reptile immonde,
> Rebut du Parnasse et du monde,
> Rongé de tes propres venins.

> En vain la triste Hypocrisie
> Des fureurs de ta frénésie

VARIANTES DE L'ODE VI.

Veut couvrir les traits odieux ;
Ton cœur n'en est que plus coupable,
Et, dans la noirceur qui t'accable,
Ton esprit moins ingénieux.

Des forêts le tyran sauvage,
Vieux, languissant, et plein de rage,
Périssant de faim dans les bois,
Pour tromper les troupeaux paisibles,
Prétendit par ses cris horribles
Des pasteurs imiter la voix.

Les faibles troupeaux en gémirent ;
Mais quand les pasteurs entendirent
Ses détestables hurlements,
On écrasa dans son repaire
Cet hypocrite sanguinaire,
Pour prix de ses déguisements.

Oh ! qu'en sa fureur impuissante
Une âme abattue et tremblante
Donne de mépris et d'horreur,
Quand le style, glacé par l'âge,
En vain ranimé par la rage,
Languit énervé de froideur !

Il faut que ma main vengeresse
Sur ce monstre un moment s'abaisse
A lancer ces utiles traits ;
Il faut de la douce peinture
De la vertu brillante et pure
Passer à d'horribles portraits.

Quel monstre plus hideux s'avance, etc.

Vers 42. — Après cette strophe, on lit dans les premières éditions :

Vieux, languissant, et sans courage,
Souvent, dans un accès de rage
Qui l'enflamme et dont il périt,
Un chien, de sa gueule édentée,
Horrible, écumante, empestée,
Poursuit la main qui le nourrit.

Il me dut l'honneur et la vie ;
Et dans son ingrate furie,
De Rousseau lâche imitateur,
Ami traître, ennemi timide,
Des flots de sa bile insipide
Il veut couvrir son bienfaiteur.

Pardon si ma main vengeresse, etc.

Dernier vers. — La strophe qui suit, et que l'auteur a supprimée, terminait l'ode :

>Raphaël, Rubens, Michel-Ange,
>Sous les pieds du divin archange
>Ont montré le diable abattu ;
>Et, par un heureux artifice,
>Massillon peint l'horreur du vice
>Pour mieux embellir la vertu.

ODE VII.

SUR LE FANATISME.

Charmante et sublime Émilie [1],
Amante de la Vérité,
Ta solide philosophie
T'a prouvé la Divinité.
Ton âme, éclairée et profonde,
Franchissant les bornes du monde,
S'élance au sein de son auteur.
Tu parais son plus bel ouvrage ;
Et tu lui rends un digne hommage,
Exempt de faiblesse et d'erreur.

Mais si les traits de l'Athéisme
Sont repoussés par ta raison,
De la coupe du Fanatisme
Ta main renverse le poison :
Tu sers la justice éternelle,
Sans l'âcreté de ce faux zèle
De tant de dévots malfaisants [2],
Tel qu'un sujet sincère et juste
Sait approcher d'un trône auguste
Sans les vices des courtisans.

---

1. Cette ode est de l'année 1732. Elle est adressée à l'illustre marquise du Châtelet, qui s'est rendue par son génie l'admiration de tous les vrais savants et de tous les bons esprits de l'Europe. (*Note de Voltaire*, 1748.)

— Cette ode est mentionnée dans la lettre à Cideville, du 30 mai 1736; elle était alors intitulée *Ode sur la superstition*. C'est le titre qu'elle a encore dans les éditions de 1740 et 1741.

Dans les éditions antérieures à 1751, et données du vivant de Mme du Châtelet, au lieu d'*Émilie*, le premier vers portait *Aspasie*. La substitution d'un nom à l'autre rend presque inutile la note. (B.)

2. Faux dévots. (*Note de Voltaire*, 1742.)

Ce Fanatisme sacrilége
Est sorti du sein des autels;
Il les profane, il les assiége,
Il en écarte les mortels.
O Religion bienfaisante,
Ce farouche ennemi se vante
D'être né dans ton chaste flanc!
Mère tendre, mère adorable,
Croira-t-on qu'un fils si coupable
Ait été formé de ton sang?

On a vu souvent des athées
Estimables dans leurs erreurs;
Leurs opinions infectées
N'avaient point corrompu leurs mœurs.
Spinosa fut toujours fidèle
A la loi pure et naturelle
Du Dieu qu'il avait combattu;
Et ce Desbarreaux qu'on outrage [1],
S'il n'eut pas les clartés du sage,
En eut le cœur et la vertu.

Je sentirais quelque indulgence
Pour un aveugle audacieux
Qui nierait l'utile existence
De l'astre qui brille à mes yeux.
Ignorer ton être suprême,
Grand Dieu! c'est un moindre blasphème,
Et moins digne de ton courroux,
Que de te croire impitoyable,
De nos malheurs insatiable,
Jaloux, injuste comme nous.

Lorsqu'un dévot atrabilaire,
Nourri de superstition,
A, par cette affreuse chimère,

---

1. Il était conseiller au parlement : il paya à des plaideurs les frais de leur procès qu'il avait trop différé de rapporter. (*Note de Voltaire*, 1742.) — Dans les éditions de Kehl et suivantes, au lieu de cette note on lit : « Dans le temps qu'il était conseiller au parlement, les parties pressant le jugement d'un procès dont il était rapporteur, il brûla les pièces, et donna la somme pour laquelle on plaidait. » Voltaire a parlé de ce trait dans son *Siècle de Louis XIV*. (B.)

SUR LE FANATISME.

Corrompu sa religion,
Le voilà stupide et farouche;
Le fiel découle de sa bouche,
Le Fanatisme arme son bras;
Et, dans sa piété profonde,
Sa rage immolerait le monde
A son Dieu, qu'il ne connaît pas.

Ce sénat proscrit dans la France,
Cette infâme Inquisition,
Ce tribunal où l'ignorance
Traîna si souvent la raison;
Ces Midas en mitre, en soutane,
Au philosophe de Toscane
Sans rougir ont donné des fers.
Aux pieds de leur troupe aveuglée,
Abjurez, sage Galilée,
Le système de l'univers.

Écoutez ce signal terrible
Qu'on vient de donner dans Paris[1];
Regardez ce carnage horrible,
Entendez ces lugubres cris;
Le frère est teint du sang du frère,
Le fils assassine son père,
La femme égorge son époux;
Leurs bras sont armés par des prêtres.
O ciel! sont-ce là les ancêtres
De ce peuple léger et doux?

Jansénistes et molinistes,
Vous qui combattez aujourd'hui
Avec les raisons des sophistes,
Leurs traits, leur bile, et leur ennui,
Tremblez qu'enfin votre querelle
Dans vos murs un jour ne rappelle
Ces temps de vertige et d'horreur;
Craignez ce zèle qui vous presse:

---

1. Le rédacteur de *la Bigarrure*, en reproduisant, en 1752, dans son tome XIX, page 76, quelques strophes de l'ode sur *le Fanatisme*, y ajouta une note de sa façon sur les massacres de la Saint-Barthélemy. Il dit que le nombre des victimes fut de trente mille; Voltaire porte le compte un peu plus haut. (B.)

On ne sent pas dans son ivresse
Jusqu'où peut aller sa fureur.

Malheureux, voulez-vous entendre
La loi de la religion?
Dans Marseille il fallait l'apprendre
Au sein de la contagion,
Lorsque la tombe était ouverte,
Lorsque la Provence, couverte
Par les semences du trépas,
Pleurant ses villes désolées
Et ses campagnes dépeuplées,
Fit trembler tant d'autres États.

Belsunce [1], pasteur vénérable,
Sauvait son peuple périssant;
Langeron, guerrier secourable,
Bravait un trépas renaissant;
Tandis que vos lâches cabales
Dans la mollesse et les scandales
Occupaient votre oisiveté
De la dispute ridicule
Et sur Quesnel et sur la bulle [2],
Qu'oubliera la postérité.

Pour instruire la race humaine
Faut-il perdre l'humanité?
Faut-il le flambeau de la Haine
Pour nous montrer la Vérité?
Un ignorant, qui de son frère
Soulage en secret la misère,
Est mon exemple et mon docteur;
Et l'esprit hautain qui dispute,
Qui condamne, qui persécute,
N'est qu'un détestable imposteur.

---

1. M. de Belsunce, évêque de Marseille, et M. de Langeron, commandant, allaient porter eux-mêmes les secours et les remèdes aux pestiférés moribonds, dont les médecins et les prêtres n'osaient approcher. (*Note de Voltaire*, 1748.)
2. Bulle *Unigenitus*.

VARIANTES

DE L'ODE VII.

Vers 5 :

    Tu connais cet Être suprême ;
    Dans ton cœur est sa bonté même ;
    Dans ton esprit est sa grandeur.
    Tu parais, etc.

Vers 31 :

    On a vu souvent des athées
    Sociables dans leurs erreurs ;
    Leurs opinions infectées
    N'avaient point corrompu leurs mœurs.
    Spinosa fut doux, simple, aimable ;
    Le Dieu que son esprit coupable
    Avait follement combattu,
    Prenant pitié de sa faiblesse,
    Lui laissa l'humaine sagesse,
    Et les ombres de la vertu.

    Au vaste empire de la Chine
    Il est un peuple de lettrés
    Qui de la nature divine
    Combat les attributs sacrés [1].
    O vous ! qui de notre hémisphère
    Portez le flambeau salutaire
    A ces faux sages d'Orient,
    Parlez ; est-il plus de justice,
    Plus de candeur, et moins de vice,
    Chez nos dévots de l'Occident !

    Je sentirais, etc.

La strophe *On a vu souvent des athées,* est citée par Voltaire dans le XVIe article de son *Fragment sur l'Histoire générale,* avec quelques différences.

[1]. M. de Voltaire croyait alors, d'après quelques ouvrages de moines, que les lettrés chinois étaient athées : il a depuis été le premier qui nous ait désabusés de cette erreur. (K.)

Vers 55 :

> Son âme alors est endurcie ;
> Sa raison s'enfuit obscurcie ;
> Rien n'a plus sur lui de pouvoir :
> Sa justice est folle et cruelle ;
> Il est dénaturé par zèle,
> Et sacrilége par devoir.

Vers 65 :

> Cette troupe folle, inhumaine,
> Qui tient le bon sens à la gêne
> Et l'innocence dans les fers,
> Par son zèle absurde aveuglée
> Osa condamner Galilée
> Pour avoir connu l'univers.
>
> Ce Bacon, qui fut de la poudre
> L'innocent et sage inventeur,
> Ne put jamais se faire absoudre
> Au consistoire de l'erreur.
> Les chrétiens ont vu sur la terre
> Le trouble, un concile, et la guerre,
> Pour la forme d'un capuchon ;
> Et leurs églises divisées
> Du sang des pasteurs arrosées,
> Pour les sophismes de Platon.

Vers 94 :

> Vous riez des sages d'Athènes
> Que la terre a trop respectés,
> Vous dissipez leurs ombres vaines
> Par vos immortelles clartés.
> Mais au moins, dans leur nuit profonde,
> Conducteurs aveugles du monde,
> Ils n'étaient point persécuteurs.
> Imitez l'esprit pacifique
> Et du Lycée et du Portique,
> Quand vous condamnez leurs erreurs.
>
> Enfants ingrats d'un même père,
> Si vous prétendez le servir,
> Si vous aspirez à lui plaire,
> Est-ce à force de vous haïr ?
> Est-ce en déchirant l'héritage
> Qu'un père si tendre et si sage
> Du haut des cieux nous a transmis ?
> L'amour était votre partage
> Cruels ! auriez-vous plus de rage,
> Si vous étiez nés ennemis ?

Vers 108 :

> De ces disputes furieuses
> Sur des chimères épineuses
> *Qu'oubliera la postérité.

Dans votre pédantesque audace,
Digne de votre faux savoir,
Vous argumentez sur la grâce,
Et vous êtes loin de l'avoir.
*Un ignorant, qui de son frère
* Soulage en secret la misère,
Qui fuit la cour et les flatteurs,
Doux, clément, sans être timide :
Voilà mon apôtre et mon guide ;
Les autres sont des imposteurs.

ODE VIII.

SUR LA PAIX DE 1736[1].

L'Etna renferme le tonnerre
Dans ses épouvantables flancs ;
Il vomit le feu sur la terre,
Il dévore ses habitants.
Fuyez, Dryades gémissantes,
Ces campagnes toujours brûlantes,
Ces abîmes toujours ouverts,
Ces torrents de flamme et de soufre,
Échappés du sein de ce gouffre
Qui touche aux voûtes des enfers.

Plus terrible dans ses ravages,
Plus fier dans ses débordements,
Le Pô renverse ses rivages
Cachés sous ses flots écumants :
Avec lui marchent la Ruine,
L'Effroi, la Douleur, la Famine,
La Mort, les Désolations ;
Et, dans les fanges de Ferrare,
Il entraîne à la mer avare
Les dépouilles des nations.

Mais ces débordements de l'onde,
Et ces combats des éléments,
Et ces secousses qui du monde

---

1. Dans les éditions de 1742 et 1748, cette pièce est intitulée *Ode sur la paix de* 1737. Dans les éditions antérieures, on lisait seulement *Ode sur la paix*. L'édition de 1751 est la première qui donne à cette ode son titre actuel. Le traité de paix ne fut signé que le 18 novembre 1738 ; mais les préliminaires sont du 3 octobre 1735 ; la déclaration est du 15 mai 1736.

Ont ébranlé les fondements,
Fléaux que le ciel en colère
Sur ce malheureux hémisphère
A fait éclater tant de fois,
Sont moins affreux, sont moins sinistres,
Que l'ambition des ministres
Et que les discordes des rois.

De l'Inde aux bornes de la France,
Le soleil, en son vaste tour,
Ne voit qu'une famille immense,
Que devrait gouverner l'Amour.
Mortels, vous êtes tous des frères;
Jetez ces armes mercenaires :
Que cherchez-vous dans les combats?
Quels biens poursuit votre imprudence?
En aurez-vous la jouissance
Dans la triste nuit du trépas?

Encor si pour votre patrie
Vous saviez vous sacrifier!
Mais non; vous vendez votre vie
Aux mains qui daignent la payer.
Vous mourez pour la cause inique
De quelque tyran politique
Que vos yeux ne connaissent pas;
Et vous n'êtes, dans vos misères,
Que des assassins mercenaires
Armés pour des maîtres ingrats.

Tels sont ces oiseaux de rapine,
Et ces animaux malfaisants,
Apprivoisés pour la ruine
Des paisibles hôtes des champs :
Aux sons d'un instrument sauvage,
Animés, ardents, pleins de rage,
Ils vont, d'un vol impétueux,
Sans choix, sans intérêt, sans gloire,
Saisir une folle victoire
Dont le prix n'est jamais pour eux.

O superbe, ô triste Italie!

Que tu plains ta fécondité !
Sous tes débris ensevelie,
Que tu déplores ta beauté !
Je vois tes moissons dévorées
Par les nations conjurées
Qui te flattaient de te venger :
Faible, désolée, expirante,
Tu combats d'une main tremblante
Pour le choix d'un maître étranger.

Que toujours armés pour la guerre
Nos rois soient les dieux de la paix ;
Que leurs mains portent le tonnerre,
Sans se plaire à lancer ses traits.
Nous chérissons un berger sage,
Qui, dans un heureux pâturage,
Unit les troupeaux sous ses lois.
Malheur au pasteur sanguinaire
Qui les expose en téméraire
A la dent du tyran des bois !

Eh ! que m'importe la victoire
D'un roi qui me perce le flanc,
D'un roi dont j'achète la gloire
De ma fortune et de mon sang !
Quoi ! dans l'horreur de l'indigence,
Dans les langueurs, dans la souffrance,
Mes jours seront-ils plus sereins
Quand on m'apprendra que nos princes
Aux frontières de nos provinces
Nagent dans le sang des Germains ?

Colbert, toi qui dans ta patrie
Amenas les arts et les jeux ;
Colbert, ton heureuse industrie
Sera plus chère à nos neveux
Que la vigilance inflexible
De Louvois, dont la main terrible
Embrasait le Palatinat,
Et qui, sous la mer irritée,
De la Hollande épouvantée
Voulait anéantir l'État.

Que Louis jusqu'au dernier âge
Soit honoré du nom de *Grand;*
Mais que ce nom s'accorde au sage,
Qu'on le refuse au conquérant.
C'est dans la paix que je l'admire,
C'est dans la paix que son empire
Florissait sous de justes lois,
Quand son peuple aimable et fidèle
Fut des peuples l'heureux modèle,
Et lui le modèle des rois.

VARIANTES

DE L'ODE VIII.

Vers 5. — Voltaire, le 18 octobre 1736, soumettait à d'Olivet quelques passages de cette pièce, et donnait cette version des six derniers vers de la première strophe :

> Le tigre, acharné sur sa proie,
> Sent d'une impitoyable joie
> Son âme horrible s'enflammer.
> Notre cœur n'est point né sauvage :
> Grands dieux ! si l'homme est votre image,
> Il n'était fait que pour aimer.

Ces six derniers vers furent ensuite reportés dans une strophe qui fut retranchée depuis ; voyez la variante suivante. (B.)

Vers 31. — Cette strophe et la suivante ont remplacé celles-ci :

> Que de nations fortunées
> Reposaient au sein des beaux-arts,
> Avant qu'au haut des Pyrénées
> Tonnât la trompette de Mars !
> Des Jeux la troupe enchanteresse,
> Les Plaisirs, les chants d'allégresse,
> Régnaient dans nos brillants palais,
> Tandis que les flûtes champêtres
> Mollement, à l'ombre des hêtres,
> Vantaient les charmes de la paix.

> Paix aimable, éternel partage
> Des heureux habitants des cieux,
> Vous étiez l'unique avantage
> Qui pouviez nous approcher d'eux.
> Ce tigre, acharné sur sa proie,
> Sent d'une impitoyable joie
> Son âme horrible s'enflammer ;
> Notre cœur n'est point né sauvage :
> Grand Dieu ! si l'homme est ton image,
> C'est qu'il était fait pour aimer.

Vers 95. — Dans sa lettre à d'Olivet, du 18 octobre 1736, Voltaire proposait cette autre version :

> Que la politique inflexible
> De Louvois prudent et terrible,
> Qui brûlait le Palatinat. (B.)

ODE IX.

A MESSIEURS DE L'ACADÉMIE DES SCIENCES,

Qui ont été sous l'équateur et au cercle polaire
mesurer des degrés de latitude [1].

O Vérité sublime! ô céleste Uranie!
Esprit né de l'esprit qui forma l'univers,
Qui mesures des cieux la carrière infinie,
   Et qui pèses les airs :

Tandis que tu conduis sur les gouffres de l'onde
Ces voyageurs savants, ministres de tes lois,
De l'ardent équateur ou du pôle du monde,
   Entends ma faible voix.

Que font tes vrais enfants? Vainqueurs de la nature,
Ils arrachent son voile ; et ces rares esprits
Fixent la pesanteur, la masse, et la figure,
   De l'univers surpris.

Les enfers sont émus au bruit de leur voyage :
Je vois paraître au jour les ombres des héros,
De ces Grecs renommés qu'admira le rivage
   De l'antique Colchos.

---

[1]. La date de 1735, que les éditeurs de Kehl avaient mise à cette ode, est celle de l'expédition. C'est le 16 mai 1735 que s'étaient embarqués à la Rochelle, pour le Pérou, Bouguer, Godin, et la Condamine. Leur opération dura longtemps, et un écrit de Bouguer ne parut qu'en 1749, in-4°. Dès 1738 Maupertuis avait publié le résultat des observations faites au pôle. L'ode de Voltaire n'est donc que de 1738. Frédéric l'en remercie dans sa lettre du 14 septembre 1738. *Le Pour et Contre* (de l'abbé Prévost), tome XVI, daté de 1738, donne comme une nouveauté l'*Ode pour Messieurs de l'Académie des sciences*, etc. Les éditions de Kehl sont les premières où elle est intitulée *Ode à Messieurs de l'Académie des sciences*, etc.

ODE IX.

Argonautes fameux, demi-dieux de la Grèce,
Castor, Pollux, Orphée, et vous, heureux Jason,
Vous de qui la valeur, et l'amour, et l'adresse,
  Ont conquis la toison;

En voyant les travaux et l'art de nos grands hommes,
Que vous êtes honteux de vos travaux passés!
Votre siècle est vaincu par le siècle où nous sommes:
  Venez, et rougissez.

Quand la Grèce parlait, l'univers en silence
Respectait le mensonge ennobli par sa voix;
Et l'Admiration, fille de l'Ignorance,
  Chanta de vains exploits[1].

Heureux qui les premiers marchent dans la carrière!
N'y fassent-ils qu'un pas, leurs noms sont publiés;
Ceux qui trop tard venus la franchissent entière
  Demeurent oubliés.

Le Mensonge réside au temple de Mémoire;
Il y grava, des mains de la Crédulité[2],
Tous ces fastes des temps destinés pour l'histoire
  Et pour la vérité.

Uranie, abaissez ces triomphes des fables:
Effacez tous ces noms qui nous ont abusés;
Montrez aux nations les héros véritables
  Que vous seule instruisez.

Le Génois qui chercha, qui trouva l'Amérique,
Cortez qui la vainquit par de plus grands travaux,

---

1. En effet, il n'y a pas un de nos capitaines de vaisseau, pas un seul de nos pilotes, qui ne soit cent fois plus instruit que tous les Argonautes. Hercule, Thésée, et tous les héros de la guerre de Troie, n'auraient pas tenu devant six bataillons commandés par le grand Condé, ou Turenne, ou Marlborough. Thalès et les Pythagore n'étaient pas dignes d'étudier sous Newton. *Alcine* et *Armide* valent mieux que toutes les poésies grecques ensemble. Mais les premiers venus s'emparent du temple de la Gloire, le temps les y affermit, et les derniers trouvent la place prise. *Note de Voltaire*, 1775.)

2. Variante:
  Ses mains ont tout écrit, et la postérité
 N'aura plus désormais de place pour l'histoire
  Et pour la vérité.

En voyant des Français l'entreprise héroïque
   Ont prononcé ces mots :

« L'ouvrage de nos mains n'avait point eu d'exemples,
Et par nos descendants ne peut être imité ;
Ceux à qui l'univers a fait bâtir des temples
   L'avaient moins mérité.

« Nous avons fait beaucoup, vous faites davantage ;
Notre nom doit céder à l'éclat qui vous suit.
Plutus guida nos pas dans ce monde sauvage ;
   La vertu vous conduit. »

Comme ils parlaient ainsi, Newton dans l'empyrée,
Newton les regardait, et du ciel entr'ouvert :
« Confirmez, disait-il, à la terre éclairée
   Ce que j'ai découvert[1].

« Tandis que des humains le troupeau méprisable,
Sous l'empire des sens indignement vaincu,
De ses jours indolents traînant le fil coupable,
   Meurt sans avoir vécu,

« Donnez un digne essor à votre âme immortelle ;
Éclairez des esprits nés pour la vérité.
Dieu vous a confié la plus vive étincelle
   De la Divinité.

« De la raison qu'il donne il aime à voir l'usage ;
Et le plus digne objet des regards éternels,
Le plus brillant spectacle est l'âme du vrai sage
   Instruisant les mortels.

« Mais surtout écartez ces serpents détestables,
Ces enfants de l'Envie, et leur souffle odieux ;
Qu'ils n'empoisonnent pas ces âmes respectables
   Qui s'élèvent aux cieux.

« Laissez un vil Zoïle aux fanges du Parnasse

---

1. Cette expédition, qui eut pour résultat de constater l'aplatissement des pôles, mit fin à toute discussion sur la physique de Newton. (G. A.)

De ses coassements[1] importuner le ciel,
Agir avec bassesse, écrire avec audace,
  Et s'abreuver de fiel.

« Imitez ces esprits, ces fils de la lumière,
Confidents du Très-Haut, qui vivent dans son sein,
Qui jettent comme lui sur la nature entière
  Un œil pur et serein. »

---

1. Toutes les éditions données du vivant de l'auteur et les éditions de Kehl portent *croassement*. L'édition Desoër, en douze volumes in-8° (plus un de table), est la première où l'on ait mis *coassement* : c'est le cri des grenouilles. *Croassement* est le cri des corbeaux. Cette faute est probablement des imprimeurs des pays étrangers, à qui Voltaire était obligé de faire imprimer ses *OEuvres*. Les trois dernières strophes de l'ode ne sont pas dans le tome XVI de *Pour et Contre*. (B.)

ODE X.

AU ROI DE PRUSSE,

SUR SON AVÉNEMENT AU TRONE[1].

(1740)

Est-ce aujourd'hui le jour le plus beau de ma vie?
Ne me trompé-je point dans un espoir si doux?
Vous régnez. Est-il vrai que la philosophie
    Va régner avec vous?

Fuyez loin de son trône, imposteurs fanatiques,
Vils tyrans des esprits, sombres persécuteurs,
Vous dont l'âme implacable et les mains frénétiques
    Ont tramé tant d'horreurs.

Quoi! je t'entends encore, absurde Calomnie!
C'est toi, monstre inhumain, c'est toi qui poursuivis
Et Descartes, et Bayle, et ce puissant génie[2]
    Successeur de Leibnitz.

---

1. Frédéric le Grand était devenu roi de Prusse le 31 mai 1740, jour de la mort de son père. L'ode sur son avénement était composée douze jours après; voyez la lettre à d'Argental, du 12 juin 1740. (B.)

2. Wolff, chancelier de l'université de Halle. Il fut chassé sur la dénonciation d'un théologien, et rétabli ensuite. Voyez la préface de l'*Histoire de Brandebourg*, où il est dit « qu'il a noyé le système de Leibnitz dans un fatras de volumes, et dans un déluge de paroles ». (*Note de Voltaire*, 1756.)

— On avait fait accroire à Frédéric-Guillaume Ier que la doctrine de Wolff sur le libre arbitre était cause que plusieurs de ses soldats avaient déserté. Wolff était un homme très-savant, métaphysicien obscur, et géomètre médiocre; mais ses ouvrages, faits avec méthode, supérieurs à ce qu'on avait en Allemagne avant lui, formant enfin un cours complet de philosophie (ce que personne n'avait encore osé entreprendre), lui avaient fait une réputation prodigieuse. On le comparait à Leibnitz, parce qu'il avait développé et fait connaître dans les écoles quelques-unes de ses opinions. Aussi fut-il accusé d'athéisme, quoiqu'il eût prouvé l'existence d'un Dieu aussi bien et plus longuement qu'aucun philosophe. (K.)

Tu prenais sur l'autel un glaive qu'on révère,
Pour frapper saintement les plus sages humains.
Mon roi va te percer du fer que le vulgaire
    Adorait dans tes mains.

Il te frappe, tu meurs; il venge notre injure;
La vérité renaît, l'erreur s'évanouit;
La terre élève au ciel une voix libre et pure;
    Le ciel se réjouit.

Et vous, de Borgia détestables maximes,
Science d'être injuste à la faveur des lois,
Art d'opprimer la terre, art malheureux des crimes,
    Qu'on nomme l'art des rois[1];

Périssent à jamais vos leçons tyranniques!
Le crime est trop facile, il est trop dangereux.
Un esprit faible est fourbe; et les grands politiques
    Sont les cœurs généreux.

Ouvrons du monde entier les annales fidèles,
Voyons-y les tyrans, ils sont tous malheureux;
Les foudres qu'ils portaient dans leurs mains criminelles
    Sont retombés sur eux.

Ils sont morts dans l'opprobre, ils sont morts dans la rage;
Mais Antonin, Trajan, Marc-Aurèle, Titus,
Ont eu des jours sereins, sans nuit et sans orage,
    Purs comme leurs vertus.

Tout siècle eut ses guerriers; tout peuple a dans la guerre
Signalé des exploits par le sage ignorés.
Cent rois que l'on méprise ont ravagé la terre :
    Régnez, et l'éclairez.

On a vu trop longtemps l'orgueilleuse ignorance,
Écrasant sous ses pieds le mérite abattu,
Insulter aux talents, aux arts, à la science,
    Autant qu'à la vertu.

---

1. Allusion au *Prince*, de Machiavel, que Frédéric avait réfuté. (G. A.)

AU ROI DE PRUSSE.

Avec un ris moqueur, avec un ton de maître,
Un esclave de cour, enfant des Voluptés,
S'est écrié souvent : Est-on fait pour connaître ?
        Est-il des vérités ?

Il n'en est point pour vous, âme stupide et fière ;
Absorbé dans la nuit, vous méprisez les cieux.
Le Salomon du Nord apporte la lumière ;
        Barbare, ouvrez les yeux.

VARIANTES

DE L'ODE X.

Vers 1ᵉʳ. — Voici la pièce telle qu'elle a été envoyée au roi :

> Enfin voici le jour le plus beau de ma vie,
> Que le monde attendait et que vous seul craignez,
> Le grand jour où la terre est par vous embellie,
> Le jour où vous régnez.
>
> Fuyez, disparaissez, révérends fanatiques,
> Sous le nom de dévots lâches persécuteurs,
> Séducteurs insolents, dont les mains frénétiques
> Ont tramé tant d'horreurs.
>
> J'entends, je vois trembler la sombre Hypocrisie ;
> C'est toi, monstre inhumain, etc.

Vers 25 :

> Politique imprudente autant que tyrannique,
> De votre faux éclat cachez le jour affreux ;
> Redoutez un héros de qui la politique
> Est d'être vertueux.

Vers 37. — Au lieu des quatre dernières strophes, l'auteur avait mis celles-ci :

> Ils renaîtront en vous ces vrais héros de Rome ;
> A les remplacer tous vous êtes destiné :
> Régnez, vivez heureux ; que le plus honnête homme
> Soit le plus fortuné.
>
> Un philosophe règne. Ah! le siècle où nous sommes
> Le désirait sans doute, et n'osait l'espérer.
> Seul il a mérité de gouverner les hommes :
> Il sait les éclairer.
>
> On voit des souverains vieillis dans l'ignorance,
> Idoles sans vertus, sans oreilles, sans yeux,
> Que sur l'autel du vice un vil flatteur encense,
> Images des faux dieux.
>
> Quelle est du Dieu vivant la véritable image ?
> Vous, des talents, des arts, et des vertus l'appui ;
> Vous, Salomon du Nord, plus savant et plus sage,
> Et moins faible que lui.

ODE XI.

SUR LA MORT DE L'EMPEREUR CHARLES VI[1].

(1740)

Il tombe pour jamais ce cèdre dont la tête
Défia si longtemps les vents et la tempête,
Et dont les grands rameaux ombrageaient tant d'États.
   En un instant frappée,
   Sa racine est coupée
   Par la faux du trépas.

Voilà ce roi des rois et ses grandeurs suprêmes :
La mort a déchiré ses trente diadèmes,
D'un front chargé d'ennuis dangereux ornement.
   O race auguste et fière !
   Un reste de poussière
   Est ton seul monument.

Son nom même est détruit, le tombeau le dévore ;
Et si le faible bruit s'en fait entendre encore,

---

1. L'empereur Charles VI avait conclu, peu de temps avant sa mort, une paix désavantageuse avec les Turcs : il punit ses généraux qui n'avaient été que malheureux, quelques officiers qui avaient rendu des places qu'ils étaient chargés de défendre, et fit faire le procès aux *plénipotentiaires qui avaient signé cette paix.* Sa mort les sauva. On a prétendu qu'ils avaient reçu des ordres secrets de la grande-duchesse, depuis impératrice-reine. Il est du moins certain qu'ils l'avaient servie. Il était aisé de prévoir la mort prochaine de l'empereur, l'orage qui allait s'élever contre sa fille, et la nécessité de s'assurer de la paix avec les Turcs, beaucoup moins politiques, mais souvent plus fidèles observateurs des traités que les princes chrétiens. (K.)
— Le traité de paix entre le sultan et l'empereur est du 1er septembre 1739; Charles VI mourut dans la nuit du 19 au 20 octobre 1740. Dans quelques éditions la pièce est intitulée « *Ode sur la mort de l'empereur Charles VI*, 2 novembre 1740 ». Cette date du 2 novembre ne peut être que la date de la composition de l'ode. (B.)

On dira quelquefois : « Il régnait, il n'est plus[1] ! »
   Éloges funéraires
   De tant de rois vulgaires
   Dans la foule perdus.

Ah! s'il avait lui-même, en ces plaines fumantes
Qu'Eugène ensanglanta de ses mains triomphantes,
Conduit de ses Germains les nombreux armements,
   Et raffermi l'Empire,
   De qui la gloire expire
   Sous les fiers Ottomans!

S'il n'avait pas langui dans sa ville alarmée,
Redoutable en sa cour aux chefs de son armée,
Punissant ses guerriers par lui-même avilis;
   S'il eût été terrible
   Au sultan invincible,
   Et non pas à Wallis[2] !

Ou si, plus sage encore, et détournant la guerre,
Il eût par ses bienfaits ramené sur la terre
Les beaux jours, les vertus, l'abondance, et les arts,
   Et cette paix profonde
   Que sut donner au monde
   Le second des Césars!

La Renommée alors, en étendant ses ailes,
Eût répandu sur lui les clartés immortelles
Qui de la nuit du temps percent les profondeurs;
   Et son nom respectable
   Eût été plus durable
   Que ceux de ses vainqueurs.

Je ne profane point les dons de l'harmonie :
Le sévère Apollon défend à mon génie

---

1. C'est à peu près l'épitaphe de Colas, qui est dans les poésies de Gombaud :

> Colas est mort de maladie :
> On veut que je plaigne son sort.
> Que diable veut-on que j'en die ?
> Colas vivait, Colas est mort. (B.)

2. Le comte de Wallis avait perdu, le 21 juillet 1739, la bataille de Croska. (B.)

De verser, en bravant et les mœurs et les lois,
> Le fiel de la satire
> Sur la tombe où respire
> La majesté des rois.

Mais, ô Vérité sainte! ô juste Renommée!
Amour du genre humain dont mon âme enflammée
Reçoit avidement les ordres éternels!
> Dictez à la mémoire
> Les leçons de la gloire,
> Pour le bien des mortels.

Rois, la Mort vous appelle au tribunal auguste
Où vous êtes pesés aux balances du juste.
Votre siècle est témoin; le juge est l'avenir:
> Demi-dieux mis en poudre,
> Lui seul peut vous absoudre,
> Lui seul peut vous punir.

ODE XII.

A LA REINE DE HONGRIE

MARIE-THÉRÈSE D'AUTRICHE[1].

(1742)

Fille de ces héros que l'Empire eut pour maîtres,
Digne du trône auguste où l'on vit tes ancêtres,
Toujours près de leur chute et toujours affermis;
  Princesse magnanime,
  Qui jouis de l'estime
  De tous tes ennemis :

Le Français généreux, si fier et si traitable,
Dont le goût pour la gloire est le seul goût durable,
Et qui vole en aveugle où l'honneur le conduit,
  Inonde ton empire,
  Te combat et t'admire,
  T'adore et te poursuit.

Par des nœuds étonnants l'altière Germanie,
A l'empire français malgré soi réunie,
Fait de l'Europe entière un objet de pitié[2];
  Et leur longue querelle

---

1. Ceci est une ode de diplomate. Elle fut faite le 30 juin 1742, au moment où le cardinal de Fleury cherchait à se rapprocher de l'Autriche, qu'il combattait malgré lui. On sait que, deux mois et demi après, la politique cauteleuse de Fleury ayant été éventée par l'Autriche elle-même, Voltaire fut envoyé en mission secrète auprès du roi de Prusse. Voyez, sur toutes ces affaires, la *Correspondance* à cette époque, et le chap. VII du *Précis du Siècle de Louis XV*. (G. A.)
— Dans plusieurs éditions, après l'intitulé de la pièce, on lit : « Faite le 30 juin de 1742. » (B.)

2. La France soutenait Charles-Albert de Bavière contre Marie-Thérèse. (G. A.)

                    Fut cent fois moins cruelle
                    Que leur triste amitié.

Ainsi de l'équateur et des antres de l'Ourse
Les vents impétueux emportent dans leur course
Des nuages épais l'un à l'autre opposés;
                    Et, tandis qu'ils s'unissent,
                    Les foudres retentissent
                    De leurs flancs embrasés.

Quoi! des rois bienfaisants ordonnent ces ravages!
Ils annoncent le calme, ils forment les orages!
Ils prétendent conduire à la félicité
                    Les nations tremblantes,
                    Par les routes sanglantes
                    De la calamité!

O vieillard vénérable[1], à qui les destinées
Ont de l'heureux Nestor accordé les années,
Sage que rien n'alarme et que rien n'éblouit,
                    Veux-tu priver le monde
                    De cette paix profonde
                    Dont ton âme jouit?

Ah! s'il pouvait encore, au gré de sa prudence,
Tenant également le glaive et la balance,
Fermer, par des ressorts aux mortels inconnus,
                    De sa main respectée,
                    La porte ensanglantée
                    Du temple de Janus!

Si de l'or des Français les sources égarées,
Ne fertilisant plus de lointaines contrées,
Rapportaient l'abondance au sein de nos remparts,
                    Embellissaient nos villes,
                    Arrosaient les asiles
                    Où languissent les arts!

Beaux-Arts, enfants du Ciel, de la Paix et des Grâces,
Que Louis en triomphe amena sur ses traces,

---

1. Le cardinal de Fleury. (*Note de Voltaire*, 1748.)

ODE XII.

Ranimez vos travaux, si brillants autrefois,
    Vos mains découragées,
    Vos lyres négligées,
  Et vos tremblantes voix.

De l'immortalité vos succès sont le gage.
Tous ces traités rompus et suivis du carnage,
Ces triomphes d'un jour, si vains, si célébrés,
    Tout passe, et tout retombe
    Dans la nuit de la tombe;
  Et vous seuls demeurez[1].

---

1. Dans une ancienne édition on trouve une strophe de plus, qui terminait l'ode :

    Le ciel entend mes vœux, un nouveau jour m'éclaire;
    L'âme du grand Armand*, qui vous servit de père,
    Pour ranimer nos chants reparaît aujourd'hui :
      Rois, suivez son exemple;
      Vous, prêtres de son temple**,
      Soyez dignes de lui. (K.)

— Je n'ai pas vu l'ancienne édition dont les éditeurs de Kehl parlent dans la note qu'on vient de lire. Je n'ai pas trouvé la strophe dans les éditions de 1746, 1748, 1751, 1752, 1756, etc. (B.)

---

* Le cardinal de Richelieu. (K.)

** La Sorbonne, au lieu de profiter de cet avis, s'est empressée de censurer et de dénoncer, comme des ennemis publics, tous ceux qui cultivaient les lettres avec quelque succès. Heureusement ces libelles étaient écrits dans un latin barbare, traduit, pour la commodité des dévotes, dans un français tel que les docteurs avaient pu l'apprendre dans leurs antichambres.
Voyez la satire intitulée *les Trois Empereurs en Sorbonne*. (K.)

ODE XIII.

LA CLÉMENCE DE LOUIS XIV ET DE LOUIS XV

DANS LA VICTOIRE[1].

Devoir des rois, leçon des sages,
Vertu digne des immortels,
Clémence, de quelles images
Dois-je décorer tes autels?
Dans les débris du Capitole
Irai-je chercher ton symbole?
Rome seule a-t-elle un Titus?
Les Trajans et les Marc-Aurèles
Sont-ils les stériles modèles
Des inimitables vertus?

Ce monarque brillant, illustre,
Digne en effet du nom de grand,
Louis, ne dut-il tant de lustre
Qu'aux triomphes du conquérant?
Il le doit à ces arts utiles
Dont Colbert enrichit nos villes,
Aux bienfaits versés avec choix,
A ses vaisseaux maîtres de l'onde,
A la paix qu'il donnait au monde,
Aux exemples qu'il donne aux rois.

Imitez, maîtres de la terre,
Et sa justice et sa bonté ;
Que les maux cruels de la guerre

---

1. On trouve la raison de cette ode au chapitre xvi du *Précis du Siècle de Louis XV*.
   La première édition des *OEuvres de Voltaire* qui contienne cette pièce est l'édition de Kehl. Elle y est sans date, et à la place où je l'ai laissée. Je la crois de 1745. (B.)

ODE XIII.

Soient ceux de la nécessité ;
Que dans les horreurs du carnage
Le vainqueur généreux soulage
L'ennemi que son bras détruit.
Héros entourés de victimes,
Vos exploits sont autant de crimes,
Si la paix n'en est pas le fruit.

La Paix est fille de la Guerre.
Ainsi les rapides éclairs
Par les vents et par le tonnerre
Épurent les champs et les airs ;
Ainsi les alcyons paisibles,
Après les tempêtes horribles,
Sur les eaux chantent leurs amours ;
Ainsi quand Nimègue étonnée
Vit par Louis la paix donnée [1],
L'Europe entière eut de beaux jours.

Telle est la brillante carrière
Qu'ouvrit le dernier de nos rois ;
Son fils la remplit tout entière
Par sa clémence et ses exploits :
Comme lui bienfaiteur du monde,
Son cœur est la source féconde
De la publique utilité ;
Comme lui conquérant et sage,
Il sait combattre avec courage,
Et secourir avec bonté.

Adorateurs de la Clémence,
Transportez-vous à Fontenoy.
Le jour luit, le combat commence ;
Bellone admire votre roi.
Voyez cette phalange altière,
Dans sa marche tranquille et fière,
En tous nos rangs porter la mort ;
Et Louis, plus inébranlable,
Par son courage inaltérable
Changer et maîtriser le sort.

---

1. La paix de Nimègue est du 10 auguste 1678.

Ce jour est le jour de la gloire,
Il est celui de la vertu :
Louis, au sein de la victoire,
Pleure son rival abattu.
Les succès n'ont rien qui l'enivre,
Il sait qu'un héros ne doit vivre
Que pour le bonheur des humains ;
Parmi les feux qui l'environnent,
Sous les lauriers qui le couronnent,
L'olive est toujours dans ses mains.

Guerriers frappés de son tonnerre
Et secourus par ses bienfaits,
Dans les bras sanglants de la Guerre
Il daigne demander la paix.
Par quelles maximes funestes
Préférez-vous aux dons célestes
Les fléaux qu'il veut détourner ?
O victimes de sa justice,
Quoi ! vous voulez qu'il vous punisse,
Quand il ne veut que pardonner !

ODE XIV.

LA FÉLICITÉ DES TEMPS,

ou

L'ÉLOGE DE LA FRANCE[1].

(1746)

Est-il encor des satiriques
Qui, du présent toujours blessés,
Dans leurs malins panégyriques
Exaltent les siècles passés ;
Qui, plus injustes que sévères,
D'un crayon faux peignent leurs pères
Dégénérant de leurs aïeux,
Et leurs contemporains coupables,
Suivis d'enfants plus condamnables,
Menacés de pires neveux[2] ?

Silence, imposture outrageante ;

---

1. Voltaire, reçu à l'Académie française le 9 mai 1746, lut, dans la séance publique du 25 août, cette ode, qu'on imprime ordinairement sans titre. Celui que j'ai mis est celui que donne le *Mercure* de septembre 1746, où il est rendu compte de la séance. (B.)

2. Traduction de ces vers d'Horace (livre III, ode vi) :

>   Ætas parentum, pejor avis, tulit
>   Nos nequiores, mox daturos
>   Progeniem vitiosiorem.

M. de Voltaire est un des premiers philosophes qui aient osé prononcer cette vérité si consolante que, depuis plusieurs siècles, le genre humain en Europe a fait des pas très-sensibles vers la sagesse et le bonheur, et qu'il doit ces avantages aux progrès des sciences et de la philosophie.

On trouvera, à la fin de l'opuscule intitulé *Des Conspirations contre les peuples*, une parodie de ces mêmes vers d'Horace. (K.)

Déchirez-vous, voiles affreux ;
Patrie auguste et florissante,
Connais-tu des temps plus heureux ?
De la cime des Pyrénées
Jusqu'à ces rives étonnées
Où la Mort vole avec l'Effroi,
Montre ta gloire et ta puissance ;
Mais pour mieux connaître la France,
Qu'on la contemple dans son roi.

Quelquefois la grandeur trop fière,
Sur son front portant les dédains,
Foule aux pieds, dans sa marche altière,
Les rampants et faibles humains.
Les Prières humbles, tremblantes,
Pâles, sans force, chancelantes,
Baissant leurs yeux mouillés de pleurs,
Abordent ce monstre farouche,
Un indigne éloge à la bouche,
Et la haine au fond de leurs cœurs.

Favori du dieu de la guerre,
Héros dont l'éclat nous surprend,
De tous les vainqueurs de la terre
Le plus modeste est le plus grand.
O modestie ! ô douce image
De la belle âme du vrai sage !
Plus noble que la majesté,
Tu relèves le diadème,
Tu décores la valeur même,
Comme tu pares la beauté.

Nous l'avons vu ce roi terrible
Qui, sur des remparts foudroyés [1],
Présentait l'olivier paisible
A ses ennemis effrayés :
Tel qu'un dieu guidant les orages,
D'une main portant les ravages
Et les tonnerres destructeurs,
De l'autre versant la rosée

---

1. A Anvers.

ODE XIV.

Sur la terre fertilisée,
Couverte de fruits et de fleurs.

L'airain gronde au loin sur la Flandre,
Il n'interrompt point nos loisirs,
Et quand sa voix se fait entendre,
C'est pour annoncer nos plaisirs ;
Les muses en habit de fêtes,
De lauriers couronnant leurs têtes,
Éternisent ces heureux temps ;
Et, sous le bonheur qui l'accable,
La Critique est inconsolable
De ne plus voir de mécontents.

Venez, enfants des Charlemagnes,
Paraissez, ombres des Valois ;
Venez contempler ces campagnes
Que vous désoliez autrefois :
Vous verrez cent villes superbes
Aux lieux où d'inutiles herbes
Couvraient la face des déserts,
Et sortir d'une nuit profonde
Tous les arts, étonnant le monde
De miracles toujours divers.

Au lieu des guerres intestines
De quelques brigands forcenés,
Qui se disputaient les ruines
De leurs vassaux infortunés,
Vous verrez un peuple paisible,
Généreux, aimable, invincible ;
Un prince au lieu de cent tyrans ;
Le joug porté sans esclavage ;
Et la concorde heureuse et sage
Du roi, des peuples, et des grands.

Souvent un laboureur habile,
Par des efforts industrieux,
Sur un champ rebelle et stérile
Attira les faveurs des cieux ;
Sous ses mains la terre étonnée
Se vit de moissons couronnée

Dans le sein de l'aridité ;
Bientôt une race nouvelle
De ces champs préparés pour elle
Augmenta la fécondité.

Ainsi Pyrrhus après Achille
Fit encore admirer son nom ;
Ainsi le vaillant Paul-Émile
Fut suivi du grand Scipion ;
Virgile, au-dessus de Lucrèce,
Aux lieux arrosés du Permesse
S'éleva d'un vol immortel ;
Et Michel-Ange vit paraître,
Dans l'art que sa main fit renaître,
Les prodiges de Raphaël.

Que des vertus héréditaires
A jamais ornent ce séjour !
Vous avez imité vos pères ;
Qu'on vous imite à votre tour.
Loin ce discours lâche et vulgaire [1],
Que toujours l'homme dégénère,
Que tout s'épuise et tout finit :
La nature est inépuisable,
Et le Travail infatigable
Est un dieu qui la rajeunit.

---

1. Voltaire cite les six derniers vers de cette strophe (mais avec quelques variantes) dans l'article HÉMISTICHE de l'*Encyclopédie*. Dans un des volumes du *Lycée, ou Cours de littérature* de Laharpe (xviiie siècle, ch. viii, section 1re), ces six vers sont donnés comme *les seuls qu'on ait retenus d'une ode de la jeunesse* de l'auteur. C'est peut-être la citation qu'avait faite Voltaire qui a induit Laharpe en erreur. (B.)

VARIANTES

DE L'ODE XIV.

Vers 11 :

> Patrie aimable et triomphante,
> Confondez ces traits pleins d'horreur ;
> De votre splendeur éclatante
> Percez les voiles de l'erreur.
> De la cime, etc.

Vers 21 :

> Dans l'Asie esclave et guerrière
> La majesté des souverains,
> Toujours sombre, toujours altière,
> Foule aux pieds les faibles humains.
> Les prières, etc.

Vers 31 :

> Rois puissants, foudres de la guerre,
> Héros dont l'éclat, etc.

Vers 40. — Après la quatrième strophe, on lisait :

> Mais, sous cette aimable apparence,
> Souvent on nourrit dans son cœur
> La froide et dure indifférence,
> Funeste fille du bonheur.
> Du haut d'un trône inaccessible,
> Qu'il est aisé d'être insensible
> Aux voix plaintives des douleurs,
> Aux cris de la misère humaine,
> Qui percent avec tant de peine
> Dans le tumulte des grandeurs !

> C'est au faîte des grandeurs même,
> C'est sur un trône de lauriers,
> Que l'heureux vainqueur qui vous aime

Gémit sur ses braves guerriers,
Sur ces victimes de sa gloire,
Qui, dans les bras de la victoire,
Et dans les horreurs du tombeau,
Formaient ce mélange terrible
Du carnage le plus horrible
Et du triomphe le plus beau.

La Discorde, avec épouvante,
Le voit sur des murs foudroyés
Offrir l'olive bienfaisante
'A ses ennemis effrayés, etc.

ODE XV.

SUR LA MORT

DE S. A. S. Mme LA PRINCESSE DE BAREITH[1].

(1759)

Lorsqu'en des tourbillons de flamme et de fumée
Cent tonnerres d'airain, précédés des éclairs,
De leurs globes brûlants renversent une armée ;
Quand de guerriers mourants les sillons sont couverts,
   Tous ceux qu'épargna la foudre,
   Voyant rouler dans la poudre
   Leurs compagnons massacrés,
   Sourds à la Pitié timide,
   Marchent d'un pas intrépide
   Sur leurs membres déchirés.

Ces féroces humains, plus durs, plus inflexibles
Que l'acier qui les couvre au milieu des combats,

---

1. Voyez la *Note de M. Morza*, page 467.
 Frédérique-Sophie-Wilhelmine, sœur de Frédéric II, roi de Prusse, née le 3 juillet 1709, est morte le 14 octobre 1758. Frédéric, qui avait la plus grande amitié pour la margrave, écrivit à Voltaire : « Rassemblez, je vous prie, toutes vos forces pour élever un monument à son honneur. » Voltaire envoya au roi les vers qui sont dans la lettre de décembre 1758.
 Ces vers ne satisfirent pas Frédéric. « Je désire, écrivait-il à Voltaire le 23 janvier 1759, quelque chose de plus éclatant et de public. Il faut que toute l'Europe pleure avec moi une vertu trop peu connue; il ne faut point que mon nom partage cet éloge; il faut que tout le monde sache qu'elle est digne de l'immortalité, et c'est à vous de l'y placer. On dit qu'Apelle était le seul digne de peindre Alexandre : je crois votre plume la seule digne de rendre ce service à celle qui sera le sujet éternel de mes larmes. »
 Ce fut alors que Voltaire envoya son ode, datée du 4 février 1759. Le roi de Prusse, dans sa lettre du 22 avril 1759, fait quelques observations sur cette pièce. (B.)

S'étonnent à la fin de devenir sensibles,
D'éprouver la pitié qu'ils ne connaissaient pas,
      Lorsque la Mort en silence
      D'un pas terrible s'avance
      Vers un objet plein d'attraits,
      Quand ces yeux qui dans les âmes
      Lançaient les plus douces flammes
      Vont s'éteindre pour jamais.

Une famille entière, interdite, éplorée,
Se presse en gémissant vers un lit de douleurs ;
La victime l'attend, pâle, défigurée,
Tendant une main faible à ses amis en pleurs.
      Tournant en vain la paupière
      Vers un reste de lumière
      Qu'elle gémit de trouver [1],
      Elle présente sa tête ;
      La faux redoutable est prête,
      Et la Mort va la lever.

Le coup part, tout s'éteint : c'en est fait, il ne reste
De tant de dons heureux, de tant d'attraits si chers,
De ces sens animés d'une flamme céleste,
Qu'un cadavre glacé, la pâture des vers.
      Ce spectacle lamentable,
      Cette perte irréparable
      Vous frappe d'un coup plus fort
      Que cent mille funérailles
      De ceux qui, dans les batailles,
      Donnaient et souffraient la mort.

O Bareith ! ô vertus ! ô grâces adorées !
Femme sans préjugés, sans vice, et sans erreur,
Quand la mort t'enleva de ces tristes contrées,
De ce séjour de sang, de rapine, et d'horreur,
      Les nations acharnées
      De leurs haines forcenées
      Suspendirent les fureurs ;
      Les discordes s'arrêtèrent ;

---

1. Virgile (*Æn.*, liv. IV, v. 692) a dit :
    Quæsivit cœlo lucem, ingemuitque reperta. (B.)

ODE XV.

　　Tous les peuples s'accordèrent
　　A t'honorer de leurs pleurs.

De la douce Vertu tel est le sûr empire;
Telle est la digne offrande à tes mânes sacrés.
Vous qui n'êtes que grands, vous qu'un flatteur admire,
Vous traitons-nous ainsi lorsque vous expirez?
　　La mort que Dieu vous envoie
　　Est le seul moment de joie
　　Qui console nos esprits.
　　Emportez, âmes cruelles,
　　Ou nos haines éternelles,
　　Ou nos éternels mépris.

Mais toi dont la vertu fut toujours secourable,
Toi dans qui l'héroïsme égala la bonté,
Qui pensais en grand homme, en philosophe aimable,
Qui de ton sexe enfin n'avais que la beauté,
　　Si ton insensible cendre
　　Chez les morts pouvait entendre
　　Tous ces cris de notre amour,
　　Tu dirais dans ta pensée:
　　Les dieux m'ont récompensée
　　Quand ils m'ont ôté le jour.

C'est nous, tristes humains, nous qui sommes à plaindre,
Dans nos champs désolés et sous nos boulevards,
Condamnés à souffrir, condamnés à tout craindre
Des serpents de l'Envie et des fureurs de Mars.
　　Les peuples foulés gémissent,
　　Les arts, les vertus périssent,
　　On assassine les rois;
　　Tandis que l'on ose encore,
　　Dans ce siècle que j'abhorre,
　　Parler de mœurs et de lois!

Hélas! qui désormais dans une cour paisible
Retiendra sagement la Superstition,
Le sanglant Fanatisme, et l'Athéisme horrible,
Enchaînés sous les pieds de la Religion?
　　Qui prendra pour son modèle
　　La loi pure et naturelle

Que Dieu grava dans nos cœurs ?
Loi sainte, aujourd'hui proscrite
Par la fureur hypocrite
D'ignorants persécuteurs !

Des tranquilles hauteurs de la philosophie
Ta pitié contemplait avec des yeux sereins
Ces fantômes changeants du songe de la vie,
Tant de travaux détruits, tant de projets si vains ;
Ces factions indociles
Qui tourmentent dans nos villes
Nos citoyens obstinés ;
Ces intrigues si cruelles
Qui font des cours les plus belles
Un séjour d'infortunés.

Du temps qui fuit toujours tu fis toujours usage :
O combien tu plaignais l'infâme oisiveté
De ces esprits sans goût, sans force, et sans courage,
Qui meurent pleins de jours, et n'ont point existé !
La vie est dans la pensée :
Si l'âme n'est exercée,
Tout son pouvoir se détruit ;
Ce flambeau sans nourriture
N'a qu'une lueur obscure,
Plus affreuse que la nuit.

Illustres meurtriers, victimes mercenaires,
Qui, redoutant la honte et maîtrisant la peur,
L'un par l'autre animés aux combats sanguinaires,
Fuiriez si vous l'osiez, et mourez par honneur ;
Une femme, une princesse,
Dans sa tranquille sagesse
Du sort dédaignant les coups,
Souffrant ses maux sans se plaindre,
Voyant la mort sans la craindre,
Était plus brave que vous.

Mais qui célébrera l'amitié courageuse,
Première des vertus, passion des grands cœurs,
Feu sacré dont brûla ton âme généreuse,
Qui s'épurait encore au creuset des malheurs ?

ODE XV.

    Rougissez, âmes communes,
    Dont les diverses fortunes
    Gouvernent les sentiments,
    Frêles vaisseaux sans boussole,
    Qui tournez au gré d'Éole,
    Plus légers que ses enfants.

Cependant elle meurt, et Zoïle respire !
Et des lâches Séjans un lâche imitateur
A la vertu tremblante insulte avec empire ;
Et l'hypocrite en paix sourit au délateur !
    Le troupeau faible des sages,
    Dispersé par les orages,
    Va périr sans successeurs ;
    Leurs noms, leurs vertus, s'oublient,
    Et les enfers multiplient
    La race des oppresseurs.

Tu ne chanteras plus, solitaire Sylvandre,
Dans ce palais des arts où les sons de ta voix
Contre les préjugés osaient se faire entendre,
Et de l'humanité faisaient parler les droits ;
    Mais, dans ta noble retraite,
    Ta voix, loin d'être muette,
    Redouble ses chants vainqueurs,
    Sans flatter les faux critiques,
    Sans craindre les fanatiques,
    Sans chercher des protecteurs.

Vils tyrans des esprits, vous serez mes victimes,
Je vous verrai pleurer à mes pieds abattus ;
A la postérité je peindrai tous vos crimes
De ces mâles crayons dont j'ai peint les vertus.
    Craignez ma main raffermie :
    A l'opprobre, à l'infamie,
    Vos noms seront consacrés,
    Comme le sont à la gloire
    Les enfants de la Victoire
    Que ma muse a célébrés.

NOTE DE M. MORZA[1]

SUR L'ODE PRÉCÉDENTE.

La princesse à qui on a élevé ce monument en méritait un plus beau, et les monstres dont on daigne parler à la fin de cette ode méritent une punition plus sévère.

Dans les beaux jours de la littérature, il y avait, à la vérité, de plats critiques comme aujourd'hui. Claveret écrivait contre Corneille; Subligny et Visé attaquaient toutes les pièces de Racine; chaque siècle a eu ses Zoïles et ses Garasses : mais on ne vit jamais que dans nos jours une troupe infâme de délateurs vomir hardiment leurs impostures, et en inventer encore de nouvelles quand les premières ont été confondues; cabaler insolemment, attaquer jusque dans les tribunaux les gens de lettres dont ils ne peuvent attaquer la gloire; porter l'audace de la calomnie jusqu'à les accuser de penser en secret tout le contraire de ce qu'ils écrivent en public; et vouloir rendre odieux, par leurs imputations, le nom respectable de philosophe.

La manie de ces délations a été poussée au point de dire et d'imprimer que les philosophes sont dangereux dans un État.

Et qui sont ces hardis délateurs? tantôt c'est un pédant jésuite[2]

---

1. Morza est un des noms sous lesquels Voltaire se cacha quelquefois, croyant ne pas être reconnu et pouvoir dire plus librement la vérité. C'est sous ce nom qu'il donna les notes sur la tragédie des *Lois de Minos* (voyez tome VI du *Théâtre*, page 160) et celles sur les *Cabales* ainsi que sur le *Dialogue de Pégase et du Vieillard*. Jusqu'en 1771, la note était sans intitulé à la suite de l'ode. Dans l'édition in-4° (tome XVIII, daté de 1771), elle est à la même place, mais intitulée *Réflexions*. Ce ne fut qu'en 1773, en réimprimant l'*Ode* dans le même volume que *les Lois de Minos*, qu'il donna la *Note* comme étant de *M. de Morza*. Dès 1761 il en avait changé le début. L'addition nouvelle qui est à la fin est de 1773. (B.)

2. Le P. Berthier, qui est le sujet de la *Relation de la maladie, de la confession, etc., du jésuite Berthier*, ayant, dans les *Mémoires de Trévoux*, rendu compte de l'*Ode sur la mort de la princesse de Bareith*, s'était surtout attaché à défendre la religion révélée et le *Journal de Trévoux*, deux choses qu'on ne peut dire homogènes. Il paraît que Voltaire répliqua par un *Avis à frère Berthier et à monsieur le rédacteur des Nouvelles ecclésiastiques*. Voltaire en parle dans sa lettre à

qui compromet la société dont il est, et qui ose parler de morale, tandis que ses confrères sont accusés et punis d'un parricide ; tantôt c'est le factieux auteur d'une gazette nommée *Ecclésiastique*, qui, pour quelques écus par mois, a calomnié les Buffon, les Montesquieu, et jusqu'à un ministre d'État (M. d'Argenson), auteur d'un livre excellent sur une partie du droit public. C'est une troupe d'écrivains affamés qui se vantent de défendre le christianisme à quinze sous par tome, qui accusent d'irréligion le sage et savant auteur des *Essais sur Paris*, et qui enfin sont forcés de lui demander pardon juridiquement [1].

C'est surtout le misérable auteur d'un libelle intitulé *l'Oracle des philosophes* [2], qui prétend avoir été admis à la table d'un homme qu'il n'a jamais vu, et dans l'antichambre duquel il ne serait pas souffert ; qui se vante d'avoir été dans un château, lequel n'a jamais existé ; et qui, pour prix du bon accueil qu'il dit avoir reçu dans cette seule maison en sa vie, divulgue les secrets qu'il suppose lui avoir été confiés dans cette maison... Ce polisson, nommé Guyon, se donne ainsi lui-même de gaieté de cœur pour un malhonnête homme. N'ayant point d'honneur à perdre, il ne songe qu'à regagner par le débit d'un mauvais libelle l'argent qu'il a perdu à l'impression de ses mauvais livres. L'opprobre le couvre, et il ne le sent pas ; il ne sent que le dépit honteux de n'avoir pu même vendre son libelle. C'est donc à cet excès de turpitude qu'on est parvenu dans le métier d'écrivain !

---

d'Argental, du 3 juin 1759. Quelques personnes ont cru, et j'ai beaucoup trop légèrement adopté cette opinion, que cet *Avis à frère Berthier*, etc., n'était autre que la *Note* qui est à la suite de l'*Ode*. Mais je crois que l'*Avis* est autre que la *Note*.

Montjoye, auteur d'un *Éloge de Berthier*, 1817, in-8°, regrette de ne pouvoir lire à ses auditeurs la *Réponse de Voltaire, parce que malheureusement elle est souillée de sales obscénités*. Montjoye a été plus heureux que moi s'il a vu cette réponse ; mais Montjoye n'est pas toujours exact. Ainsi, dans son *Éloge*, page 136, à l'occasion de la pension que, le 9 décembre 1782, l'assemblée du clergé accorda à Berthier, Montjoye s'écrie : « Le croirez-vous, messieurs, et oserai-je vous le révéler? Cette modique pension, si justement méritée, si tard accordée, souleva l'âme haineuse de Voltaire, si près lui-même du terme de sa carrière. Ce fut pour lui une occasion de lancer de nouveaux sarcasmes et contre celui qui avait été honoré de cette faveur, et contre ceux qui l'avaient décernée. » Malheureusement pour ces exclamations, Voltaire était mort depuis quatre ans et demi quand la pension fut accordée à Berthier. Cette circonstance fait, ce me semble, sentir la nécessité qu'il y avait de restituer les notes à chacun, ou du moins d'en donner les dates. (B.)

1. Voyez les *Honnêtetés littéraires*, dans les *Mélanges, Dixième Honnêteté*. — Voyez aussi dans la *Correspondance* la lettre au roi Stanislas, du 15 auguste 1760.

2. L'abbé Guyon. Voyez les *Honnêtetés littéraires*, dans les *Mélanges, Vingt-quatrième Honnêteté*.

Ces valets de libraires, gens de la lie du peuple et la lie des auteurs, les derniers des écrivains inutiles, et par conséquent les derniers des hommes, sont ceux qui ont attaqué le roi, l'État, et l'Église, dans leurs feuilles scandaleuses écrites en faveur des convulsionnaires. Ils fabriquent leurs impostures, comme les filous commettent leurs larcins, dans les ténèbres de la nuit, changeant continuellement de nom et de demeure, associés à des recéleurs, fuyant à tout moment la justice, et, pour comble d'horreur, se couvrant du manteau de la religion, et, pour comble de ridicule, se persuadant qu'ils lui rendent service.

Ces deux partis, le janséniste et le moliniste, si fameux longtemps dans Paris, et si dédaignés dans l'Europe, fournissent des deux côtés les plumes vénales dont le public est si fatigué ; ces champions de la folie, que l'exemple des sages et les soins paternels du souverain n'ont pu réprimer, s'acharnent l'un contre l'autre avec toute l'absurdité de nos siècles de barbarie, et tout le raffinement d'un temps également éclairé dans la vertu et dans le crime ; et, après s'être ainsi déchirés, ils se jettent sur les philosophes : ils attaquent la raison, comme des brigands réunis volent un honnête homme pour partager ses dépouilles.

Qu'on me montre dans l'histoire du monde entier un philosophe qui ait ainsi troublé la paix de sa patrie : en est-il un seul, depuis Confucius jusqu'à nos jours, qui ait été coupable, je ne dis pas de cette rage de parti et de ces excès monstrueux, mais de la moindre cabale contre les puissances, soit séculières, soit ecclésiastiques? Non, il n'y en eut jamais, et il n'y en aura jamais. Un philosophe fait son premier devoir d'aimer son prince et sa patrie ; il est attaché à sa religion, sans s'élever outrageusement contre celles des autres peuples ; il gémit de ces disputes insensées et fatales qui ont coûté autrefois tant de sang, et qui excitent aujourd'hui tant de haines. Le fanatique allume la discorde, et le philosophe l'éteint. Il étudie en paix la nature ; il paye gaiement les contributions nécessaires à l'État ; il regarde ses maîtres comme les députés de Dieu sur la terre, et ses concitoyens comme ses frères : bon mari, bon père, bon maître, il cultive l'amitié ; il sait que, si l'amitié est *un besoin de l'âme,* c'est le plus noble besoin des âmes les plus belles, que c'est un contrat entre les cœurs, contrat plus sacré que s'il était écrit, et qui nous impose les obligations les plus chères : il est persuadé que les méchants ne peuvent aimer.

Ainsi le philosophe, fidèle à tous ses devoirs, se repose sur l'innocence de sa vie. S'il est pauvre, il rend la pauvreté respectable ; s'il est riche, il fait de ses richesses un usage utile à la société. S'il fait des fautes, comme tous les hommes en font, il s'en repent, et il se corrige. S'il a écrit librement dans sa jeunesse, comme Platon, il cultive la sagesse comme lui dans un âge avancé; il meurt en pardonnant à ses ennemis, et en implorant la miséricorde de l'Être suprême.

Qu'il soit du sentiment de Leibnitz sur les monades et sur les indiscernables, ou du sentiment de ses adversaires; qu'il admette les idées innées, avec Descartes, ou qu'il voie tout dans le Verbe, avec Malebranche; qu'il croie au plein, qu'il croie au vide, ces innocentes spéculations exercent son esprit, et ne peuvent nuire en aucun temps à aucun homme. Mais plus il est éclairé, plus les esprits contentieux et absurdes redoutent son mépris; et voilà la source secrète et véritable de cette persécution qu'on a suscitée quelquefois aux plus pacifiques et aux plus estimables des mortels. Voilà pourquoi les factieux, les enthousiastes, les fourbes, les pédants orgueilleux, ont si souvent étourdi le monde de leurs clameurs; ils ont frappé à toutes les portes; ils ont pénétré chez les personnes les plus respectables; ils les ont séduites, ils ont animé la vertu même contre la vertu; et un sage a été quelquefois tout étonné d'avoir persécuté un sage.

Quand l'évêque irlandais Berkeley se fut trompé sur le calcul différentiel, et que le célèbre Jurin eut confondu son erreur, Berkeley écrivit que les géomètres n'étaient pas chrétiens; quand Descartes eut trouvé de nouvelles preuves de l'existence de Dieu, Descartes fut accusé juridiquement d'athéisme; dès que ce même philosophe eut adopté les idées innées, nos théologiens l'anathématisèrent pour s'être écarté de l'opinion d'Aristote et de l'axiome de l'école que *rien n'est dans l'entendement qui n'ait été dans les sens.* Cinquante ans après, la mode changea; ils traitèrent de matérialistes ceux qui revinrent à l'ancienne opinion d'Aristote et de l'école.

A peine Leibnitz eut-il proposé son système, rédigé depuis dans *la Théodicée*, que mille voix crièrent qu'il introduisait le fatalisme, qu'il renversait la créance de la chute de l'homme, qu'il détruisait les fondements de la religion chrétienne. D'autres philosophes ont-ils combattu le système de Leibnitz, on leur a dit : Vous insultez la Providence.

Lorsque milord Shaftesbury assura que l'homme était né avec l'instinct de la bienveillance pour ses semblables, on lui imputa de nier le péché originel. D'autres[1] ont-ils écrit que l'homme est

---

1. François, duc de La Rochefoucauld, auteur des *Maximes*. (B.)

né avec l'instinct de l'amour-propre, on leur a reproché de détruire toute vertu.

Ainsi, quelque parti qu'ait pris un philosophe, il a toujours été en butte à la calomnie, fille de cette jalousie secrète dont tant d'hommes sont animés, et que personne n'avoue. Enfin de quoi pourra-t-on s'étonner depuis que le jésuite Hardouin[1] a traité d'athées les Pascal, les Nicole, les Arnauld, et les Malebranche ?

Qu'on fasse ici une réflexion. Les Romains, ce peuple le plus religieux de la terre, nos vainqueurs, nos maîtres, et nos législateurs, ne connurent jamais la fureur absurde qui nous dévore ; il n'y a pas dans l'histoire romaine un seul exemple d'un citoyen romain opprimé pour ses opinions ; et nous, sortis à peine de la barbarie, nous avons commencé à nous acharner les uns contre les autres dès que nous avons appris, je ne dis pas à penser, mais à balbutier les pensées des anciens. Enfin depuis les combats des réalistes et des nominaux, depuis Ramus assassiné par les écoliers de l'université de Paris pour venger Aristote, jusqu'à Galilée emprisonné, et jusqu'à Descartes banni d'une ville batave, il y a de quoi gémir sur les hommes, et de quoi se déterminer à les fuir.

Ces coups ne paraissent d'abord tomber que sur un petit nombre de sages obscurs dédaignés ou écrasés pendant leur vie par ceux qui ont acheté des dignités à prix d'or ou à prix d'honneur ; mais il est trop certain que si vous rétrécissez le génie, vous abâtardissez bientôt une nation entière. Qu'était l'Angleterre avant la reine Élisabeth, dans le temps qu'on employait l'autorité sur la prononciation de l'*epsilon?* L'Angleterre était alors la dernière des nations policées en fait d'arts utiles et agréables, sans aucun bon livre, sans manufactures, négligeant jusqu'à l'agriculture, et très-faible même dans sa marine ; mais dès qu'on laissa un libre essor au génie, les Anglais eurent des Spenser, des Shakespeare, des Bacon, et enfin des Locke et des Newton.

On sait que tous les arts sont frères, que chacun d'eux en éclaire un autre, et qu'il en résulte une lumière universelle. C'est par ces mutuels secours que le génie de l'invention s'est communiqué de proche en proche ; c'est par là qu'enfin la philosophie a secouru la politique, en donnant de nouvelles vues pour les manufactures, pour les finances, pour la construction des vaisseaux. C'est par là que les Anglais sont parvenus à mieux cultiver la terre qu'aucune nation, et à s'enrichir par la science de l'agriculture comme par celle de la marine ; le même génie entrepre-

---

1. Voyez le *Dictionnaire philosophique* au mot ATHÉISME.

nant et persévérant, qui leur fait fabriquer des draps plus forts que les nôtres, leur fait aussi écrire des livres de philosophie plus profonds. La devise du célèbre ministre d'État Walpole, *fari quæ sentiat*, est la devise des philosophes anglais. Ils marchent plus ferme et plus loin que nous dans la même carrière ; ils creusent à cent pieds le sol que nous effleurons. Il y a tel livre français qui nous étonne par sa hardiesse, et qui paraîtrait écrit avec timidité s'il était confronté avec ce que vingt auteurs anglais ont écrit sur le même sujet.

Pourquoi l'Italie, la mère des arts, de qui nous avons appris à lire, a-t-elle langui près de deux cents ans dans une décadence déplorable? C'est qu'il n'a pas été permis jusqu'à nos jours à un philosophe italien d'oser regarder la vérité à travers son télescope ; de dire, par exemple, que le soleil est au centre de notre monde, et que le blé ne pourrit point dans la terre pour y germer[1]. Les Italiens ont dégénéré jusqu'au temps de Muratori et de ses illustres contemporains. Ces peuples ingénieux ont craint de penser ; les Français n'ont osé penser qu'à demi ; et les Anglais, qui ont volé jusqu'au ciel, parce qu'on ne leur a point coupé les ailes, sont devenus les précepteurs des nations. Nous leur devons tout, depuis les lois primitives de la gravitation, depuis le calcul de l'infini, et la connaissance précise de la lumière, si vainement combattue, jusqu'à la nouvelle charrue et à l'insertion de la petite vérole, combattues encore.

Il faudrait savoir un peu mieux distinguer le dangereux et l'utile, la licence et la sage liberté, abandonner l'école à son ridicule, et respecter la raison. Il a été plus facile aux Hérules, aux Vandales, aux Goths, et aux Francs, d'empêcher la raison de naître, qu'il ne le serait aujourd'hui de lui ôter sa force quand elle est née. Cette raison épurée, soumise à la religion et à la loi, éclaire enfin ceux qui abusent de l'une et de l'autre ; elle pénètre lentement, mais sûrement ; et au bout d'un demi-siècle une nation est surprise de ne plus ressembler à ses barbares ancêtres.

Peuple nourri dans l'oisiveté et dans l'ignorance, peuple si aisé à enflammer et si difficile à instruire, qui courez des farces du cimetière de Saint-Médard aux farces de la foire ; qui vous passionnez tantôt pour un Quesnel, tantôt pour une actrice de la Comédie italienne ; qui élevez une statue en un jour, et le lendemain la couvrez de boue ; peuple qui dansez et chantez en mur-

---

1. Dans sa première aux Corinthiens, ch. xv, vers. 36, saint Paul dit : « Quod seminas non vivificatur, nisi prius moriatur. » (B.)

murant, sachez que vous vous seriez égorgé sur la tombe du diacre ou sous-diacre Pâris, et dans vingt autres occasions aussi belles, si les philosophes n'avaient, depuis environ soixante ans, adouci un peu les mœurs, en éclairant les esprits par degrés ; sachez que ce sont eux (et eux seuls) qui ont éteint enfin les bûchers, et détruit les échafauds où l'on immolait autrefois et le prêtre Jean Hus, et le moine Savonarole, et le chancelier Thomas Morus, et le conseiller Anne du Bourg, et le médecin Michel Servet, et l'avocat général de Hollande Barneveldt, et la maréchale d'Ancre, et le pauvre Morin, qui n'était qu'un imbécile, et Vanini même, qui n'était qu'un fou argumentant contre Aristote, et tant d'autres victimes enfin dont les noms seuls feraient un immense volume : registre sanglant de la plus infernale superstition et de la plus abominable démence (1761 et 1759).

Addition nouvelle de M. Morza sur ce vers de la huitième strophe :

On assassine les rois.

On se souvient de ceux qui, aux pieds d'une Vierge Marie très-fêtée en Pologne, et dont il est difficile à un Français de prononcer le nom, firent serment, en 1771, d'assassiner le roi ; ils remplirent leur serment, autant qu'ils purent, avec le secours de la bonne mère.

Les philosophes qui avaient obtenu du révérend père Malagrida, du révérend père Mathos, et du révérend père Alexandre, en confession, la permission de tirer des coups de fusil par derrière au roi de Portugal, n'étaient-ils pas aussi de très-savants hommes, et qui savaient leur Lucrèce par cœur?

Si Damiens n'étudia point en philosophie, il est avéré du moins qu'il étudia en théologie, car il répondit dans ses interrogatoires, page 135 : « Quel motif l'a déterminé? A dit : La religion ; » et page 405 : « Qu'il a cru faire une œuvre méritoire ; que c'étaient tous ces prêtres qu'il entendait qui le disaient dans le palais. »

Voilà les mêmes réponses qu'ont faites tous les assassins de tant de princes, en remontant depuis Damiens jusqu'au pieux Aod, qui vint enfoncer de la main gauche un poignard jusqu'au manche dans le ventre de son roi Églon, de la part du Seigneur.

Et, après ces exemples, de pauvres philosophes oseraient se plaindre que de petits abbés leur disent des sottises (1773)!

VARIANTES

DE L'ODE XV.

Vers 13 :

> D'éprouver la pitié qu'ils ne connaissaient pas.
> Quand la Mort, qu'ils ont bravée,
> Dans cette foule abreuvée
> Du sang qu'ils ont répandu,
> Vient, d'un pas lent et tranquille,
> Seule, aux portes d'un asile
> Où repose la vertu.

> Une famille, etc.

Vers 50. — Après la cinquième strophe, on lisait la suivante, que l'auteur a retranchée :

> Des veuves, des enfants, sur ces rives funestes,
> Au milieu des débris des murs et des remparts,
> Cherchant de leurs parents les pitoyables restes,
> Ramassaient en tremblant leurs ossements épars.
> Ton nom seul est dans leur bouche,
> C'est ta perte qui les touche,
> Ta perte est leur seul effroi ;
> Et ces familles errantes,
> Dans la misère expirantes,
> Ne gémissent que sur toi.

Vers 80. — L'auteur a retranché cette strophe, qui était après la huitième :

> Beaux-arts, où fuirez-vous ? troupe errante et céleste,
> De l'Olympe usurpé chassés par des Titans ;
> Beaux-arts ? elle adoucit votre destin funeste :
> Puisqu'elle eut du génie, elle aima les talents ;
> Ces talents que Dieu dispense,
> Avilis sous l'ignorance,
> Gémissant sous l'oppresseur ;
> Ces enfants de la lumière
> Que l'imposture grossière
> Offusque de sa noirceur.

VARIANTES DE L'ODE XV.

Vers 120. — Dans sa lettre au roi de Prusse, du 30 mars 1759, Voltaire donne une autre version de cette strophe. (B.)

Dernier vers. — Après cette strophe, on en lisait, dans la première édition, encore une autre que l'auteur a retranchée, et que voici :

> Auguste et cher objet d'intarissables larmes,
> Une main plus illustre, un crayon plus heureux,
> Peindra tes grands talents, tes vertus, et tes charmes,
> Et te fera régner chez nos derniers neveux.
>   Pour moi, dont la voix tremblante
>   Dans ma vieillesse pesante
>   Peut à peine s'exprimer,
>   Ma main tremblante, accablée,
>   Grave sur ton mausolée :
>   Ci-gît qui savait aimer.

VARIANTE DE LA NOTE DE M. MORZA.

Page 467, ligne 3. — Dans la première édition, cette note (qui n'était pas donnée sous le nom de Morza) commençait ainsi :

« L'auguste famille de Mme la margrave de Bareith a ordonné expressément qu'on publiât ce faible éloge d'une princesse qui en méritait un plus beau. Je l'expose au public, c'est-à-dire au très-petit nombre des amateurs de la poésie et des véritables connaisseurs, qui savent que cet art est encore plus difficile qu'infructueux ; ils pardonneront la langueur de cet ouvrage à celle de mon âge et de mes talents. Mon cœur, qui m'a toujours conduit, m'a fait répandre plus de larmes que de fleurs sur la tombe de cette princesse ; la reconnaissance est le premier des devoirs, je ne m'en suis écarté avec personne. Son Altesse Royale n'avait cessé en aucun temps de m'honorer de sa bienveillance et de son commerce ; elle envoya son portrait à ma nièce, et à moi quinze jours avant sa mort, lorsqu'elle ne pouvait plus écrire. Jamais une si belle âme ne sut mieux faire les choses décentes et nobles, et réparer les désagréables. Sujets, étrangers, amis, et ennemis, tous lui ont rendu justice, tous honorent sa mémoire : pour moi, si je n'ai pas vécu auprès d'elle, c'est que la liberté est un bien qu'on ne doit sacrifier à personne, surtout dans la vieillesse.

« J'avoue donc hautement ce petit ouvrage, et je déclare en même temps (non pas à l'univers, à qui le P. Castel s'adressait toujours, mais à quelques gens de lettres, qui font la plus petite partie de l'univers) que je ne suis l'auteur d'aucun des ouvrages que l'ignorance et la mauvaise foi m'attribuent depuis longtemps.

« Un jeune homme, connu dans son pays par son esprit et par ses talents, fit imprimer l'année passée une ode sur les victoires du roi de

Prusse ; et comme le nom de ce jeune étranger commence par un V, ainsi que le mien, cette ode fut réimprimée à Ratisbonne, à Nuremberg, sous mon nom. On la traduisit à Londres, on m'en fit honneur partout : c'est un honneur qu'assurément je ne mérite pas. Chaque auteur a son style ; celui de cette ode n'est pas le mien ; mais ce qui est encore plus contraire à mon état, à mon devoir, à ma place, à mon caractère, c'est que la pièce sort du profond respect qu'on doit aux couronnes avec qui le roi de Prusse est en guerre ; il n'est permis à personne de s'exprimer comme on fait dans cet écrit. On doit d'ailleurs avertir tous les auteurs que nous ne sommes plus dans un temps où l'usage permettait à l'enthousiasme de la poésie de louer un prince aux dépens d'un autre. L'ode sur la prise de Namur, dans laquelle Boileau raille très-indiscrètement le roi d'Angleterre Guillaume III, ne réussirait pas aujourd'hui ; et Lamotte fut très-blâmé de n'avoir pas rendu justice à l'immortel prince Eugène dans une ode au duc de Vendôme.

On ne peut trop louer trois sortes de personnes,
Les dieux, sa maîtresse, et son roi.

C'est la maxime d'Ésope et de La Fontaine : mais il ne faut dire d'injures ni aux autres dieux, ni aux autres rois, ni aux autres femmes.

« On m'a imputé encore je ne sais quel poëme sur *la Religion naturelle*, imprimé dans Paris, avec le titre de Berlin, par ces imprimeurs qui impriment tout, et publié aussi sous la première lettre de mon nom. Les brouillons et les délateurs ont beau faire, je n'ai jamais écrit ni en vers ni en prose sur la religion naturelle ou révélée ; mais je composai, dans le palais d'un roi et sous ses yeux, en 1751, un poëme sur *la Loi naturelle,* principe de toute religion, sur cette loi primitive que Dieu a gravée dans nos cœurs, et qui nous enseigne à frémir du mal que nous faisons à nos semblables ; ouvrage très-inférieur à son sujet, mais dont tout homme doit chérir la morale pure, et dans lequel il doit respecter le nom qui est à la tête.

« Que nous nous éloignons tous tant que nous sommes de cette loi naturelle, et de la raison qui en est la source ! Je ne parle pas ici des guerres qui inondent de sang le monde entier depuis qu'il est peuplé ; je parle de nous autres gens paisibles qui l'inondons de nos mauvais écrits, de nos plates disputes, et de nos sottes querelles ; je parle de ces graves fous qui enseignent que quatre et quatre font neuf, de nous qui sommes encore plus fous qu'eux quand nous perdons notre temps à vouloir leur faire entendre que quatre et quatre font huit, et des maîtres fous qui, pour nous mettre d'accord, décident que quatre et quatre font dix.

« D'autres fous mourant de faim composent tous les matins dans leur grenier une des cent mille feuilles qui s'impriment journellement dans notre Europe, croyant fermement, avec frère Castel, que toute la terre a les yeux sur eux, et ne se doutant pas que le soir leurs belles productions périssent à jamais, tout comme les miennes.

« Pendant que ces infatigables araignées font partout leurs toiles, il y en a deux ou trois cents autres qui recueillent soigneusement ces fils qu'on a balayés, et qui en composent ce qu'on appelle des journaux; de façon que, depuis l'an 1666, nous avons environ dix mille journaux au moins, dans lesquels on a conservé près de trois cent mille extraits de livres inconnus : et, ce qui est fort à l'honneur de l'esprit humain, c'est que tout cela se fait pour gagner dix écus, pendant que ces messieurs auraient pu en gagner cent à labourer la terre.

« Il faut excepter sans doute le *Journal des Savants*, uniquement dicté par l'amour des lettres, et le judicieux Bayle, l'éternel honneur de la raison humaine, et quelques-uns de ses sages imitateurs. J'excepte encore mes amis; mais je ne puis excepter frère Berthier, principal auteur du *Journal de Trévoux*, qui n'est point du tout mon ami.

« Il faut savoir qu'il y a non-seulement un *Journal de Trévoux*, mais encore un *Dictionnaire de Trévoux* : par conséquent il y a eu un peu de jalousie de métier entre les ignorants qui ont fait pour de l'argent le *Dictionnaire de Trévoux*, et les savants qui ont entrepris le *Dictionnaire de l'Encyclopédie*, je ne sais pourquoi. Outre ces terribles savants, nous sommes une cinquantaine d'empoisonneurs, lieutenants généraux des armées du roi, commandants d'artillerie, prélats, magistrats, professeurs, académiciens, de belles dames même, et moi, cultivateur de la terre et partisan séditieux de la nouvelle charrue, qui tous avons conspiré contre l'État, en envoyant au magasin encyclopédique d'énormes articles. Quelques-uns sont remplis de longues déclamations qui n'apprennent rien ; et beaucoup de nos méchants confrères ont manqué à la principale règle d'un dictionnaire, qui est de se contenter d'une définition courte et juste, d'un précepte clair et vrai, et de deux ou trois exemples utiles. Notre fureur de dire plus qu'il ne faut a enflé le dictionnaire, et en a fait un objet de papier et d'encre de plus de trois cent mille écus.

« Aussitôt les adverses parties ont soulevé la ville et la cour contre les entrepreneurs; on les a accablés des plus horribles injures. On a poussé la cruauté jusqu'à dire à Versailles qu'ils étaient des philosophes. Qu'est-ce que des philosophes ? a dit une grande dame. Un homme grave a répondu : Madame, ce sont des gens de sac et de corde, qui examinent, dans quelques lignes d'un livre en vingt volumes in-folio, si les atomes sont insécables ou sécables, si on pense toujours quand on dort, si l'âme est dans la glande pinéale ou dans le corps calleux, si l'ânesse de Balaam était animée par le diable, selon le sentiment du révérend Père Bougeant, et autres choses semblables, capables de mettre le trouble dans les consciences timorées des tailleurs scrupuleux de Paris, et des pieuses revendeuses à la toilette, qui ne manqueront pas d'acheter ce livre, et de le lire assidûment. On a fourni des mémoires par lesquels on démontre que si le venin n'est pas expressément dans les tomes imprimés, il se trouvera dans les articles des autres tomes, qu'il en résultera infailliblement des séditions et la ruine du royaume, et qu'enfin rien n'a jamais été plus dangereux dans un État que des philosophes.

« Pour dire le vrai, la cabale la plus acharnée a osé accuser d'une cabale des hommes qui ne se sont jamais vus, et qui, dispersés à une grande distance les uns des autres, cultivent en paix la raison et les lettres.

« Hélas! quel temps l'auteur du *Journal de Trévoux* et ceux de son parti prennent-ils pour accuser les philosophes d'être dangereux dans un État! Quelques philosophes auraient-ils donc trempé dans ces détestables attentats qui ont saisi d'horreur l'Europe étonnée? Auraient-ils eu part aux ouvrages innombrables de ces théologiens d'enfer, qui ont mis plus d'une fois le couteau dans des mains parricides ? Attisèrent-ils autrefois les feux de la Ligue et de la Fronde ? Ont-ils... Je m'arrête. Que le gazetier de Trévoux ne force point les hommes éclairés à une récrimination juste et terrible; que ses supérieurs mettent un frein à son audace. J'estime et j'aime plusieurs de ses confrères ; c'est avec regret que je lui fais sentir son imprudence, qui lui attire de dures vérités. Quel emploi pour un prêtre, pour un religieux, de vendre tous les mois à un libraire un recueil de médisances et de jugements téméraires !

« Si le *Journal de Trévoux* excite le mépris et l'indignation, ce n'est pas qu'on ait moins d'horreur pour ses adversaires les auteurs de la *Gazette ecclésiastique,* eux qui ont outragé si souvent le célèbre Montesquieu, et tant d'honnêtes gens; eux qui, dans leurs libelles séditieux, ont attaqué le roi, l'État, et l'Église; qui fabriquent cette gazette scandaleuse comme les filous exécutent leurs larcins, dans les ténèbres de la nuit; changeant continuellement de nom et de demeure, associés à des recéleurs ; fuyant à tout moment la justice; et pour comble d'horreur se couvrant du manteau de la religion, et pour comble de ridicule se persuadant qu'ils lui rendent service.

« Ces deux partis, le janséniste et le moliniste, etc. » (Le reste comme ci-dessus, page 469.)

Page 473, ligne 15. — Dans la première édition on lisait, par forme de post-scriptum :

« P. S. Sur une lettre reçue du roi de Prusse, je suis en droit de réfuter ici quelques mensonges imprimés. J'en choisirai trois dans la foule. La première erreur est celle d'un homme qui malheureusement a employé tout son esprit et toutes ses lumières à pallier dans un livre plein de recherches savantes les suites de la révocation de l'édit de Nantes, suites plus funestes que ne le voulait un monarque sage; il a voulu encore (qui le croirait !) diminuer, excuser les horreurs de la Saint-Barthélemy, que l'enfer ne pourrait approuver s'il s'assemblait pour juger les hommes.

« Cet écrivain avance dans son livre [1] que les mémoires de Brandebourg n'ont pas été écrits par le roi de Prusse. Je suis obligé de dire à la face de l'Europe, sans crainte d'être démenti par personne, que ce monarque seul a été l'historien de ses États. L'honneur qu'on veut me faire d'avoir part à

---

1. Page 84 de l'Apologie de la révocation de l'édit de Nantes et des massacres de la Saint-Barthélemy. (*Note de Voltaire.*) — L'ouvrage de Cavayrac est intitulé *Apologie de Louis XIV et de son conseil sur la révocation de l'édit de Nantes, avec une dissertation sur la journée de la Saint-Barthélemy,* 1758, in-8°. (B.)

son ouvrage ne m'est point dû ; je n'ai servi qu'à lui aplanir les difficultés de notre langue, dans un temps où je la parlais mieux qu'aujourd'hui, parce que les instructions des académiciens mes confrères étaient plus fraîches dans ma mémoire. Je n'ai été que son grammairien ; s'il m'arracha à ma patrie, à ma famille, à mes amis, à mes emplois, à ma fortune, si je lui sacrifiai tout, j'en fus récompensé en étant le confident de ses ouvrages ; et quant à l'honneur qu'il daigna me faire de me demander à mon roi pour être au nombre de ses chambellans, ceux qui me l'ont reproché ne savent pas que cette dignité était nécessaire à un étranger dans sa cour.

« Le même auteur [1] accuse d'infidélité les mémoires de Brandebourg, sur ce que l'illustre auteur dit que le roi son grand-père recueillit vingt mille Français dans ses États : rien n'est plus vrai. Le critique ignore que celui qui a fait l'histoire de sa patrie connaît le nombre de ses sujets comme celui de ses soldats.

« A qui doit-on croire, ou à celui qui écrit au hasard qu'il n'y eut pas dix mille Français réfugiés dans les provinces de la maison de Prusse, ou au souverain qui a dans ses archives la liste des vingt mille personnes auxquelles on donna des secours, et qui les méritèrent si bien en apportant chez lui tant d'arts utiles ?

« Ce critique ajoute qu'il n'y a pas eu cinquante familles françaises réfugiées à Genève. Je connais cette ville florissante, voisine de mes terres ; je certifie, sur le rapport unanime de tous ses citoyens que j'ai eu l'honneur de voir à ma campagne, magistrats, professeurs, négociants, qu'il y a eu beaucoup au delà de mille familles françaises dans Genève ; et, de ces familles à qui l'auteur reproche leur *misère vagabonde,* j'en connais plusieurs qui ont acquis de très-grandes richesses par des travaux honorables.

« La plupart des calculs de cet auteur ne sont pas moins erronés. Celui qui a eu le malheur d'être l'apologiste de la Saint-Barthélemy, celui qui a été forcé de falsifier toute l'histoire ancienne pour établir la persécution, celui-là, dis-je, méritait-il de trouver la vérité ?

« S'il y a eu parmi les catholiques un homme capable de préconiser les massacres de la Saint-Barthélemy, nous venons de voir dans le parti opposé un écrivain anonyme qui, avec beaucoup moins d'esprit et de connaissances, et non moins d'inhumanité, a essayé de justifier les meurtres que son parti commettait autrefois, lorsque des fanatiques errants immolaient d'autres fanatiques qui ne rêvaient pas de la même manière qu'eux.

« Quel est le plus condamnable, ou d'un siècle ignorant et barbare dans lequel on commettait de telles cruautés, ou d'un siècle éclairé et poli dans lequel on les approuve ?

« C'est ainsi que des ennemis de l'humanité écrivent sur plus d'une matière depuis quelques années ; et ce sont ces livres qu'on tolère ! Il semble que des démons aient conspiré pour étouffer en nous toute pitié, et pour nous ravir la paix dans tous les genres et dans toutes les conditions.

« Ce n'est pas assez que le fléau de la guerre ensanglante et bouleverse

---

1. Page 84. (*Note de Voltaire.*)

une partie de l'Europe, et que ses secousses se fassent sentir aux extrémités de l'Asie et de l'Amérique, il faut encore que le repos des villes soit continuellement troublé par des misérables qui veulent se venger de leur obscurité en se déchaînant contre toute espèce de mérite. Ces taupes, qui soulèvent un pied de terre dans leurs trous, tandis que les puissances du siècle ébranlent le monde, ne sont pas éclairées par la lumière qu'on leur présente ici, mais on se croira trop heureux si ce peu de vérités peut germer dans l'esprit de ceux qui, étant appelés aux emplois publics, doivent aimer la modération, et avoir le fanatisme en horreur. »

— Une réponse à ce post-scriptum parut longues années après. Elle est intitulée *Post-scriptum d'un morceau de prose que M. de Voltaire avait fait imprimer à la suite de la première édition qu'il donna de son Ode sur la mort de la princesse de Bareith,* et est imprimée dans une brochure ayant pour titre : *Lettre du docteur Chlévalès à M. de Voltaire,* 1772, in-8°, et qu'on réimprima sous ce titre : *Qu'on y réponde, ou Lettre du docteur Chlévalès à M. de Voltaire,* 1772, in-8°.

Voltaire avait supprimé son post-scriptum dès 1761. (B.)

ODE XVI.

A LA VÉRITÉ[1].

(1766)

Vérité, c'est toi que j'implore;
Soutiens ma voix, dicte mes vers.
C'est toi qu'on craint et qu'on adore,
Toi qui fais trembler les pervers.
Tes yeux veillent sur la justice;
Sous tes pieds tombe l'artifice,
Par la main du Temps abattu :
Témoin sacré, juge inflexible,
Tu mis ton trône incorruptible
Entre l'audace et la vertu.

Qu'un autre[2] en sa fougue hautaine,
Insultant aux travaux de Mars,
Soit le flatteur du prince Eugène,
Et le Zoïle des Césars ;
Qu'en adoptant l'erreur commune,
Il n'impute qu'à la fortune

---

1. Lorsque cette pièce fut imprimée, en 1771, page 363 d'un volume intitulé *Épîtres, Satires, Contes, Odes et Pièces fugitives du poëte philosophe*, on mit en note : « Cette ode est de l'année 1762, dans le temps de l'affreuse aventure des Calas. »
Les éditeurs de Kehl disent qu'elle est de 1765, *dans le temps de la réhabilitation des Calas*. La réhabilitation des Calas est du 9 mars 1765. Mais l'*Ode à la vérité* est de 1766, si une lettre du 8 décembre a été bien classée, par les éditeurs de Kehl, à l'année 1766. (B.)
Voyez la note I de la page 484.
2. J.-B. Rousseau, dans son *Ode à la Fortune*, « si vantée dans les colléges », disent les éditeurs de Kehl. (B.)

Les succès des plus grands guerriers,
Et que du vainqueur du Granique
Son éloquence satirique
Pense avoir flétri les lauriers.

Illustres fléaux de la terre,
Qui dans votre cours orageux
Avez renversé par la guerre
D'autres brigands moins courageux,
Je vous hais; mais je vous admire :
Gardez cet éternel empire
Que la gloire a sur nos esprits ;
Ce sont les tyrans sans courage
A qui je ne dois pour hommage
Que de l'horreur et du mépris.

Kouli-Kan ravage l'Asie,
Mais en affrontant le trépas :
Tout mortel a droit sur sa vie ;
Qu'il expire sous mille bras ;
Que le brave immole le brave.
Le guerrier qui frappa Gustave [1]
Ailleurs eût rampé sous ses lois ;
Et, dans ces fameuses journées
Au droit du glaive destinées,
Tout soldat est égal aux rois.

Mais que ce fourbe sanguinaire,
De Charles-Quint l'indigne fils [2],
Cet hypocrite atrabilaire,
Entouré d'esclaves hardis,
Entre les bras de sa maîtresse
Plongé dans la flatteuse ivresse
De la volupté qui l'endort,
Aux dangers dérobant sa tête,
Envoie en cent lieux la tempête,
Les fers, la discorde, et la mort :

Que Borgia, sous sa tiare

---

1. Le duc de Saxe-Lauenbourg.
2. Philippe II.

A LA VÉRITÉ.

Levant un front incestueux,
Immole à sa fureur avare
Tant de citoyens vertueux,
Et que la sanglante Italie
Tremble, se taise, et s'humilie
Aux pieds de ce tyran sacré :
O terre! ô peuples qu'il offense!
Criez au ciel, criez vengeance;
Armez l'univers conjuré.

O vous tous qui prétendez être
Méchants avec impunité,
Vous croyez n'avoir point de maître :
Qu'est-ce donc que la Vérité?
S'il est un magistrat injuste,
Il entendra la voix auguste
Qui contre lui va prononcer;
Il verra sa honte éternelle
Dans les traits d'un burin fidèle
Que le temps ne peut effacer.

Quel est parmi nous le barbare?
Ce n'est point le brave officier
Qui de Champagne ou de Navarre
Dirige le courage altier :
C'est un pédant morne et tranquille,
Gonflé d'un orgueil imbécile,
Et qui croit avoir mérité
Mieux que les Molé vénérables
Le droit de juger ses semblables,
Pour l'avoir jadis acheté.

Arrête, âme atroce, âme dure,
Qui veux dans tes graves fureurs
Qu'on arrache par la torture
La vérité du fond des cœurs.
Torture! usage abominable
Qui sauve un robuste coupable,
Et qui perd le faible innocent,
Du faîte éternel de son temple
La Vérité qui vous contemple
Détourne l'œil en gémissant.

ODE XVI.

Vérité, porte à la Mémoire,
Répète aux plus lointains climats
L'éternelle et fatale histoire
Du supplice affreux des Calas ;
Mais dis qu'un monarque propice,
En foudroyant cette injustice,
A vengé tes droits violés.
Et vous, de Thémis interprètes,
Méritez le rang où vous êtes ;
Aimez la justice, et tremblez.

Qu'il est beau, généreux d'Argence[1],
Qu'il est digne de ton grand cœur
De venger la faible innocence
Des traits du calomniateur !
Souvent l'Amitié chancelante
Resserre sa pitié prudente ;
Son cœur glacé n'ose s'ouvrir ;
Son zèle est réduit à tout craindre :
Il est cent amis pour nous plaindre,
Et pas un pour nous secourir.

Quel est ce guerrier intrépide ?
Aux assauts je le vois voler ;
A la cour je le vois timide :
Qui sait mourir n'ose parler.
La Germanie et l'Angleterre
Par cent mille coups de tonnerre
Ne lui font pas baisser les yeux :
Mais un mot, un seul mot l'accable ;
Et ce combattant formidable
N'est qu'un esclave ambitieux.

Imitons les mœurs héroïques
De ce ministre des combats,
Qui de nos chevaliers antiques

---

1. Le marquis d'Argence avait écrit de son château de Dirac, près d'Angoulême, le 20 juillet 1765, une lettre par laquelle il réfutait les assertions affreuses de l'*Année littéraire* contre les Calas.
Si, comme on a raison de le présumer, ce fut cette lettre qui donna naissance à l'ode, c'est une raison de croire que la lettre de Voltaire, classée au 8 décembre 1766, est du 8 décembre 1765. (B)

A le cœur, la tête, et le bras;
Qui pense et parle avec courage,
Qui de la Fortune volage
Dédaigne les dons passagers,
Qui foule aux pieds la calomnie,
Et qui sait mépriser l'envie,
Comme il méprisa les dangers [1].

1. Le duc de Choiseul-Stainville, ministre de la guerre, et qui, pendant quelque temps, eut aussi le ministère des affaires étrangères et celui de la marine. (B.)

ODE XVII.

GALIMATIAS PINDARIQUE

SUR UN CARROUSEL DONNÉ PAR L'IMPÉRATRICE DE RUSSIE.

(1766[1])

Sors du tombeau, divin Pindare,
Toi qui célébras autrefois
Les chevaux de quelques bourgeois
Ou de Corinthe ou de Mégare ;
Toi qui possédas le talent
De parler beaucoup sans rien dire ;
Toi qui modulas savamment
Des vers que personne n'entend,
Et qu'il faut toujours qu'on admire.

Mais commence par oublier
Tes petits vainqueurs de l'Élide ;
Prends un sujet moins insipide ;
Viens cueillir un plus beau laurier.
Cesse de vanter la mémoire
Des héros dont le premier soin
Fut de se battre à coups de poing
Devant les juges de la Gloire.

---

1. Le titre que je donne à cette pièce est celui qu'elle a dans les éditions données du vivant de l'auteur, en 1770, 1771, 1775. Quant à la date, c'est celle que lui donnent les éditions de Kehl. Mais je remarquerai que dans les éditions de 1770, 1771, 1775, au lieu de 1766, on lit 1768, date qui me paraît plus probable, soit pour époque du carrousel, soit pour époque de la composition de la pièce. Voltaire a fait l'éloge de la magnificence de ce carrousel de Catherine II (dans le chapitre xcix de l'*Essai sur les mœurs*). Mais le passage où il en parle n'existait pas encore dans l'édition in-4°, qui est de 1768 : nouvelle raison pour rejeter la date de 1706. (B.)

GALIMATIAS PINDARIQUE.

La Gloire habite de nos jours
Dans l'empire d'une amazone;
Elle la possède, et la donne :
Mars, Thémis, les Jeux, les Amours,
Sont en foule autour de son trône.
Viens chanter cette Thalestris[1]
Qu'irait courtiser Alexandre.
Sur tes pas je voudrais m'y rendre,
Si je n'étais en cheveux gris.

Sans doute, en dirigeant ta course
Vers les sept étoiles de l'Ourse,
Tu verras, dans ton vol divin,
Cette France si renommée
Qui brille encor dans son déclin ;
Car ta muse est accoutumée
A se détourner en chemin.

Tu verras ce peuple volage,
De qui la mode et le langage
Règnent dans vingt climats divers;
Ainsi que ta brillante Grèce
Par ses arts, par sa politesse,
Servit d'exemple à l'univers.

Mais il est encor des barbares
Jusque dans le sein de Paris ;
Des bourgeois pesants et bizarres,
Insensibles aux bons écrits ;
Des fripons aux regards austères,
Persécuteurs atrabilaires
Des grands talents et des vertus ;
Et, si dans ma patrie ingrate
Tu rencontres quelque Socrate,
Tu trouveras vingt Anitus[2].

Je m'aperçois que je t'imite.

1. Thalestris, reine des Amazones, sortit de ses États pour venir voir Alexandre le Grand, auquel elle avoua de bonne foi qu'elle désirait avoir des enfants de lui, se croyant digne de donner des héritiers à son empire. *Quinte-Curce.* (*Note de Voltaire,* 1770.)
2. Anitus fut le délateur et l'accusateur calomnieux de Socrate. (*Id.,* 1770.)

ODE XVII.

Je veux aux campagnes du Scythe
Chanter les jeux, chanter les prix
Que la nouvelle Thalestris
Accorde aux talents, au mérite ;
Je veux célébrer la grandeur,
Les généreuses entreprises,
L'esprit, les grâces, le bonheur,
Et j'ai parlé de nos sottises.

ODE XVIII.

SUR LA GUERRE DES RUSSES

CONTRE LES TURCS,

EN 1768.

L'homme n'était pas né pour égorger ses frères ;
Il n'a point des lions les armes sanguinaires :
La nature en son cœur avait mis la pitié.
De tous les animaux seul il répand des larmes,
      Seul il connaît les charmes
      D'une tendre amitié.

Il naquit pour aimer : quel infernal usage
De l'enfant du Plaisir fit un monstre sauvage ?
Combien les dons du ciel ont été pervertis !
Quel changement, ô dieux ! la Nature étonnée,
      Pleurante et consternée,
      Ne connaît plus son fils.

Heureux cultivateurs de la Pensylvanie,
Que par son doux repos votre innocente vie
Est un juste reproche aux barbares chrétiens !
Quand, marchant avec ordre au bruit de leur tonnerre,
      Ils ravagent la terre,
      Vous la comblez de biens.

Vous leur avez donné d'inutiles exemples.
Jamais un Dieu de paix ne reçut dans vos temples
Ces horribles tributs d'étendards tout sanglants :
Vous croiriez l'offenser, et c'est dans nos murailles
      Que le dieu des batailles
      Est le dieu des brigands.

ODE XVIII.

Combattons, périssons, mais pour notre patrie.
Malheur aux vils mortels qui servent la furie
Et la cupidité des rois déprédateurs !
Conservons nos foyers ; citoyens sous les armes,
   Ne portons les alarmes
   Que chez nos oppresseurs.

Où sont ces conquérants que le Bosphore enfante?
D'un monarque abruti la milice insolente
Fait avancer la Mort aux rives du Tyras[1] ;
C'est là qu'il faut marcher, Roxelans invincibles ;
   Lancez vos traits terribles,
   Qu'ils ne connaissent pas.

Frappez, exterminez les cruels janissaires,
D'un tyran sans courage esclaves téméraires ;
Du malheur des mortels instruments malheureux,
Ils voudraient qu'à la fin, par le sort de la guerre,
   Le reste de la terre
   Fût esclave comme eux.

La Minerve du Nord vous enflamme et vous guide ;
Combattez, triomphez sous sa puissante égide.
Gallitzin vous commande, et Byzance en frémit :
Le Danube est ému, la Tauride est tremblante ;
   Le sérail s'épouvante,
   L'univers applaudit.

---

1. Fleuve de la Sarmatie d'Europe, aujourd'hui le Niester ou Dniester. (K)

ODE XIX.

ODE PINDARIQUE.

A PROPOS DE LA GUERRE PRÉSENTE EN GRÈCE[1].

Au fond d'un sérail inutile
Que fait parmi ses icoglans
Le vieux successeur imbécile
Des Bajazets et des Orcans ?
Que devient cette Grèce altière,
Autrefois savante et guerrière,
Et si languissante aujourd'hui ;
Rampante aux genoux d'un Tartare,
Plus amollie, et plus barbare,
Et plus méprisable que lui ?

Tels n'étaient point ces Héraclides,
Suivants de Minerve et de Mars,
Des Persans vainqueurs intrépides,
Et favoris de tous les arts ;
Eux qui, dans la paix, dans la guerre,
Furent l'exemple de la terre

---

1. Le titre que j'ai restitué à cette pièce est celui qu'elle a dans la dix-neuvième partie des *Nouveaux Mélanges*, publiée en 1774 ; dans l'édition in-4° (tome XX, daté de 1774), et dans le tome XII de l'édition encadrée de 1775 ; elle y est sans date. Elle a celle de 1768 dans les éditions de Kehl et les réimpressions faites depuis lors.

Fréron l'imprima dans l'*Année littéraire*, 1770, t. VI, p. 113, et l'intitule *Ode Pindar-Eutraphique au sujet de la guerre présente en Grèce, par le secrétaire du prince Dolgorouki, juin* 1770. Il est à croire que ce titre est celui que porte l'édition originale. Mais n'ayant pu me procurer cette édition originale, je n'ai pas osé m'appuyer de l'autorité de Fréron.

L'*Année littéraire* contient six notes, dont quelques-unes peuvent être de Voltaire, mais que je n'ai pas reproduites, par la raison que je ne les ai pas vues ailleurs.

La version donnée par Fréron contient une strophe de plus, que je rapporte dans la note suivante, et présente une variante pour le dernier vers de toute la pièce.

Quant à la date, j'adopte très-volontiers celle de 1770, d'après Fréron. (B.)

Et les émules de leurs dieux,
Lorsque Jupiter et Neptune
Leur asservirent la fortune,
Et combattirent avec eux.

Mais quand sous les deux Théodoses
Tous ces héros dégénérés
Ne virent plus d'apothéoses
Que de vils pédants tonsurés,
Un délire théologique
Arma leur esprit frénétique
D'anathèmes et d'arguments;
Et la postérité d'Achille,
Sous la règle de saint Basile,
Fut l'esclave des Ottomans.

Voici le vrai temps des croisades.
Français, Bretons, Italiens,
C'est trop supporter les bravades
Des cruels vainqueurs des chrétiens.
Un ridicule fanatisme
Fit succomber votre héroïsme
Sous ces tyrans victorieux.
Écoutez Pallas qui vous crie :
« Vengez-moi ! vengez ma patrie !
Vous irez après aux saints lieux [1].

« Je veux ressusciter Athènes.
Qu'Homère chante vos combats,
Que la voix de cent Démosthènes
Ranime vos cœurs et vos bras.
Sortez, renaissez, Arts aimables,
De ces ruines déplorables

---

1. Après cette quatrième strophe, l'*Année littéraire* donne celle que voici :

« La voix de Jupiter mon père
A déjà fait changer le sort ;
Calisto, qui lui fut si chère,
Vient d'armer les enfants du Nord.
Neptune sur la mer Égée
A conduit vers Sparte affligée
Un peuple nouveau de soldats.
Joignez vos troupes invincibles
A ces Roxelans plus terribles
Que les vengeurs de Ménélas. (B.)

Qui vous cachaient sous leurs débris;
Reprenez votre éclat antique,
Tandis que l'opéra-comique
Fait les triomphes de Paris.

« Que des badauds la populace
S'étouffe à des processions,
Que des imposteurs à besace
Président aux convulsions,
Je rirai de cette manie;
Mais je veux que dans Olympie
Phidias, Pigalle, ou Vulcain,
Fassent admirer à la terre
Les noirs sourcils du dieu mon père,
Et mettent la foudre en sa main.

« C'est par moi que l'on peut connaître
Le monde antique et le nouveau;
Je suis la fille du grand Être,
Et je naquis de son cerveau.
C'est moi qui conduis Catherine
Quand cette étonnante héroïne,
Foulant à ses pieds le turban,
Réunit Thémis et Bellone,
Et rit avec moi, sur son trône,
De la Bible, et de l'Alcoran.

« Je dictai l'*Encyclopédie*,
Cet ouvrage qui n'est pas court,
A d'Alembert, que j'étudie,
A mon Diderot, à Jaucourt;
J'ordonne encore au vieux Voltaire
De percer de sa main légère
Les serpents du sacré vallon;
Et, puisqu'il m'aime et qu'il me venge,
Il peut écraser dans la fange
Le lourd Nonotte et l'abbé Guion[1]. »

---

1. Dans l'*Année littéraire* le dernier vers se lit ainsi:

C****, La B*******, et F*****;

ce qui, d'après le nombre des étoiles, signifie évidemment

Coger, La Beaumelle, et Fréron. (B.)

ODE XX.

L'ANNIVERSAIRE DE LA SAINT-BARTHÉLEMY[1],

POUR L'ANNÉE 1772.

Tu reviens après deux cents ans,
Jour affreux, jour fatal au monde ;
Que l'abîme éternel du temps
Te couvre de sa nuit profonde !
Tombe à jamais enseveli [2]
Dans le grand fleuve de l'oubli,
Séjour de notre antique histoire !
Mortels, à souffrir condamnés,
Ce n'est que des jours fortunés
Qu'il faut conserver la mémoire.

C'est après le triumvirat
Que Rome devint florissante.

---

1. Ce titre est celui que porte la pièce dans la XIVᵉ partie des *Nouveaux Mélanges*, publiée en 1774; dans le tome XX de l'édition in-4°, daté de 1774; dans le tome XIII de l'édition encadrée ou de 1775, et dans toutes les réimpressions faites depuis. L'édition originale est intitulée *Stances pour le 24 août 1772, par M. de V****, in-8° de 4 pages ; réimprimées peu après à la suite des *Réflexions philosophiques sur le procès de mademoiselle Camp;* elles ont en tête ces mots : *Pour le 24 auguste ou aoust 1772.*

Les *Mémoires secrets* en parlent dès le 28, et cela n'est pas étonnant. Voltaire écrivait à Mᵐᵉ du Deffant, le 10 auguste 1772 : « Nous voici bientôt à l'anniversaire centenaire de la Saint-Barthélemy. J'ai envie de faire un bouquet pour le jour de cette belle fête. » Le 14, il envoya les stances à Mᵐᵉ d'Épinay, en lui écrivant : « Voici un bouquet pour la Saint-Barthélemy ; une bonne âme m'a fait ce présent quelques jours à l'avance. »

Le 14 mai, date de l'assassinat de Henri IV, et le 24 auguste, anniversaire de la Saint-Barthélemy, n'étaient pas des jours ordinaires pour le philosophe de Ferney. « J'ai toujours, écrivait-il à M. de Schomberg le 31 auguste 1769, la fièvre vers le 24 de ce mois, comme vers le 14 mai. » — « Je ne sais, écrivait-il à d'Argental le 5 septembre 1774, par quelle fatalité singulière j'ai la fièvre tous les ans... le 24, jour de la Saint-Barthélemy. » (B.)

2. C'est une imitation du passage de Stace : *Excidat illa dies,* etc.

Un poltron, tyran de l'État,
L'embellit de sa main sanglante.
C'est après les proscriptions
Que les enfants des Scipions
Se croyaient heureux sous Octave.
Tranquille et soumis à sa loi,
On vit danser le peuple-roi
En portant des chaînes d'esclave.

Virgile, Horace, Pollion,
Couronnés de myrte et de lierre,
Sur la cendre de Cicéron
Chantaient les baisers de Glycère;
Ils chantaient dans les mêmes lieux
Où tombèrent cent demi-dieux
Sous des assassins mercenaires;
Et les familles des proscrits
Rassemblaient les Jeux et les Ris
Entre les tombeaux de leurs pères.

Bellone a dévasté nos champs
Par tous les fléaux de la guerre :
Cérès par ses dons renaissants
A bientôt consolé la terre.
L'enfer engloutit dans ses flancs
Les déplorables habitants
De Lisbonne aux flammes livrée;
Abandonna-t-on son séjour?...
On y revint, on fit l'amour,
Et la perte fut réparée.

Tout mortel a versé des pleurs;
Chaque siècle a connu les crimes;
Ce monde est un amas d'horreurs,
De coupables, et de victimes.
Des maux passés le souvenir
Et les terreurs de l'avenir
Seraient un poids insupportable :
Dieu prit pitié du genre humain;
Il le créa frivole et vain,
Pour le rendre moins misérable.

ODE XXI.

SUR LE PASSÉ ET LE PRÉSENT[1].

JUIN 1775.

Si la main des rois et des prêtres
Ébranla le monde en tout temps,
Et si nos coupables ancêtres
Ont eu de coupables enfants,
O triste muse de l'histoire,
Ne grave plus à la mémoire
Ce qui doit périr à jamais !
Tu n'as vu qu'horreur et délire.
Les annales de chaque empire
Sont les archives des forfaits[2].

La Fable est encor plus funeste ;
Ses mensonges sont plus cruels.
Tantale, Atrée, Égisthe, Oreste,
N'épouvantez plus les mortels.
Que je hais le divin Achille,
Sa colère en malheurs fertile,
Et tous ces ridicules dieux
Que vers le ruisseau du Scamandre
Du haut du ciel on fait descendre
Pour inspirer un furieux !

---

1. La date de juin 1775 est donnée à cette pièce dans une note de l'édition encadrée, tome XIII, page 410. (B.)
— Voltaire célèbre dans cette ode le commencement du règne de Louis XVI. (G. A.)
2. Henri Grégoire, conventionnel, ancien évêque de Blois, etc., mort le 28 mai 1831, disait plus énergiquement : « L'histoire des rois est le martyrologe des peuples. » (B.)

Josué, je hais davantage
Tes sacrifices inhumains.
Quoi ! trente rois [1] dans un village
Pendus par tes dévotes mains !
Quoi ! ni le sexe, ni l'enfance,
De ton exécrable démence
N'ont pu désarmer la fureur !
Quoi ! pour contempler ta conquête,
A ta voix le soleil s'arrête !
Il devait reculer d'horreur.

Mais de ta horde vagabonde
Détournons mes yeux éperdus.
O Rome ! ô maîtresse du monde !
Verrai-je en toi quelques vertus ?
Ce n'est pas sous l'infâme Octave ;
Ce n'est pas lorsque Rome esclave
Succombait avec l'univers,
Ou quand le Sixième Alexandre [2]
Donnait dans l'Italie en cendre
Des indulgences et des fers.

L'innocence n'a plus d'asile :
Le sang coule à mes yeux surpris,
Depuis les vêpres de Sicile
Jusqu'aux matines de Paris [3].
Est-il un peuple sur la terre
Qui dans la paix ou dans la guerre
Ait jamais vu des jours heureux ?
Nous pleurons ainsi que nos pères,
Et nous transmettons nos misères
A nos déplorables neveux.

C'est ainsi que mon humeur sombre
Exhalait ses tristes accents ;
La nuit, me couvrant de son ombre,
Avait appesanti mes sens :
Tout à coup un trait de lumière

---

1. Il y en eut même trente et un de pendus. (B.)
2. Borgia, pape sous le nom d'Alexandre VI.
3. La Saint-Barthélemy ; le signal fut donné à minuit.

ODE XXI.

Ouvrit ma débile paupière,
Qui cherchait en vain le repos ;
Et, des demeures éternelles,
Un génie étendant ses ailes
Daigna me parler en ces mots :

« Contemple la brillante aurore
Qui t'annonce enfin les beaux jours :
Un nouveau monde est près d'éclore ;
Até[1] disparaît pour toujours.
Vois l'auguste Philosophie,
Chez toi si longtemps poursuivie,
Dicter ses triomphantes lois.
La Vérité vient avec elle
Ouvrir la carrière immortelle
Où devaient marcher tous les rois.

« Les cris affreux du fanatique
N'épouvantent plus la raison ;
L'insidieuse Politique
N'a plus ni masque ni poison.
La douce, l'équitable Astrée
S'assied, de grâces entourée,
Entre le trône et les autels ;
Et sa fille, la Bienfaisance,
Vient de sa corne d'abondance
Enrichir les faibles mortels. »

Je lui dis : « Ange tutélaire,
Quels dieux répandent ces bienfaits ?
— C'est un seul homme[2]. » Et le vulgaire
Méconnaît les biens qu'il a faits !
Le peuple, en son erreur grossière,
Ferme les yeux à la lumière,
Il n'en peut supporter l'éclat.
Ne recherchons point ses suffrages :
Quand il souffre, il s'en prend aux sages ;
Est-il heureux, il est ingrat.

---

1. Até, fille de Jupiter, était la déesse du mal ; voyez *Iliade*, chant VII.
2. Turgot.

On prétend que l'humaine race,
Sortant des mains du Créateur,
Osa, dans son absurde audace,
S'élever contre son auteur.
Sa clameur fut si téméraire
Qu'à la fin Dieu, dans sa colère,
Se repentit de ses bienfaits.
O vous que l'on voit de Dieu même
Imiter la bonté suprême,
Ne vous en repentez jamais !

FIN DES ODES.

STANCES

AVERTISSEMENT

Dans une édition complète des Œuvres, ce sont les doubles emplois qu'il faut éviter autant que possible. Dans quelques éditions, le nombre des pièces intitulées STANCES s'élève à plus de cinquante. Je n'en donne que trente-huit; encore y a-t-il deux doubles emplois (les numéros VIII et X, voyez pages 512 et 515). Les stances à Mme du Châtelet, envoyées dans une lettre à Cideville, du 11 juillet 1741, y sont imprimées telles qu'elles existaient alors. L'auteur les a depuis corrigées et augmentées. Les Stances au roi de Prusse sont rapportées dans les *Mémoires pour servir à la Vie de M. de Voltaire*. Ces deux doubles emplois étaient nécessaires.

Voici au reste l'indication des lettres où se trouvent les stances que je n'ai pas répétées; je les désigne ici par leur premier vers.

Que devient, mon cher Cideville.
(Lettre à Cideville, 20 septembre 1735.)

Tandis qu'aux fanges du Parnasse.
(A Tressan, 21 octobre 1736.)

O nouvelle effroyable! ô tristesse profonde!
(A Frédéric, 26 février 1739.)

Ombre aimable, charmant espoir!
(Au même, 26 octobre 1740.)

Vous en souviendrez-vous, grand homme que vous êtes?
(Au même, 31 décembre 1740.)

Je croyais autrefois que nous n'avions qu'une âme.
(Au même, 5 mai 1741.)

Vous dont le précoce génie.
(Au même, 3 août 1741.)

Quels talents divers elle allie!
(A des Issarts, 19 février 1750.)

Brisons ma lyre et ma trompette.
(A Cideville, 19 février 1756.)

Qui les a faits ces vers doux et coulants.
(A Mme du Bocage, 2 février 1759.)

En tout pays on se pique.
(A Albergati, 19 juin 1760.)

AVERTISSEMENT.

Que je suis touché! que j'aspire!
(A Charles-Théodore, 14 avril 1761.)

Est-ce une fille? est-ce un garçon?
(Au même, 9 juin 1761.)

Pourquoi, généreux prince.
(A Christian VII, 3 février 1767.)

C'en est trop d'avoir tout ce feu.
(A Frédéric, 9 mars 1770.)

Lattaignant chanta les belles.
(A Lattaignant, 16 mai 1778.)

Quant aux stances intitulées *les Pour, les Que, les Qui, les Quoi, les Oui, les Non,* je les ai laissées, avec les autres Pompignades, dans les *Poésies mêlées.*

B.

STANCES

I.

STANCES SUR LES POËTES ÉPIQUES[1].

A MADAME

LA MARQUISE DU CHATELET.

Plein de beautés et de défauts,
Le vieil Homère a mon estime;
Il est, comme tous ses héros,
Babillard, outré, mais sublime.

Virgile orne mieux la raison,
A plus d'art, autant d'harmonie;
Mais il s'épuise avec Didon,
Et rate à la fin Lavinie.

De faux brillants, trop de magie,
Mettent le Tasse un cran plus bas;
Mais que ne tolère-t-on pas
Pour Armide et pour Herminie?

Milton, plus sublime qu'eux tous,
A des beautés moins agréables;
Il semble chanter pour les fous,
Pour les anges, et pour les diables.

---

1. Les cinq premières stances sont, pour le plus tard, de 1731. La cinquième est citée comme déjà connue dans la lettre de Voltaire à Cideville, du 13 août 1731. Je crois que la sixième est de 1733. (B.)

Après Milton, après le Tasse,
Parler de moi serait trop fort;
Et j'attendrai que je sois mort,
Pour apprendre quelle est ma place.

Vous en qui tant d'esprit abonde,
Tant de grâce et tant de douceur,
Si ma place est dans votre cœur,
Elle est la première du monde.

II.

A MONSIEUR DE FORCALQUIER[1].

Vous philosophe! ah, quel projet!
N'est-ce pas assez d'être aimable?
Aurez-vous bien l'air en effet
D'un vieux raisonneur vénérable?

D'inutiles réflexions
Composent la philosophie.
Eh! que deviendra votre vie
Si vous n'avez des passions?

C'est un pénible et vain ouvrage
Que de vouloir les modérer;
Les sentir et les inspirer
Est à jamais votre partage.

L'esprit, l'imagination,
Les grâces, la plaisanterie,
L'amour du vrai, le goût du bon,
Voilà votre philosophie.

---

1. Ce doit être celui qui eut les cheveux coupés par un boulet de canon au siége de Kehl, et à qui, à cette occasion, Voltaire adressa dix vers qui sont dans les *Poésies mêlées*. (B.)

Si quelque secte a le mérite
De fixer votre esprit divin,
C'est l'école de Démocrite,
Qui se moquait du genre humain.

III.

AU MÊME.

AU NOM DE MADAME LA MARQUISE DU CHATELET,

A QUI IL AVAIT ENVOYÉ UNE PAGODE CHINOISE.

Ce gros Chinois en tout diffère
Du Français qui me l'a donné;
Son ventre en tonne est façonné,
Et votre taille est bien légère.

Il a l'air de s'extasier
En admirant notre hémisphère;
Vous aimez à vous égayer
Pour le moins sur la race entière
Que Dieu s'avisa d'y créer.

Le cou penché, clignant les yeux,
Il rit aux anges d'un sot rire;
Vous avez de l'esprit comme eux:
Je le crois, et je l'entends dire.

Peut-être, en vous parlant ainsi,
C'est vous donner trop de louanges;
Mais il se pourrait bien aussi
Que je fais trop d'honneur aux anges.

IV.

A MONSEIGNEUR LE PRINCE DE CONTI.

POUR UN NEVEU DU P. SANADON, JÉSUITE[1].

Votre âme, à la vertu docile,
Eut de moi plus d'une leçon ;
Je fus autrefois le Chiron
Qui guidait cet aimable Achille.

Mon pauvre neveu Sanadon,
Connu de vous dans votre enfance,
N'a pour ressource que mon nom,
Vos bontés, et son espérance.

A vos pieds je voudrais bien fort
L'amener pour vous rendre hommage ;
Mais j'ai le malheur d'être mort,
Ce qui s'oppose à mon voyage.

Votre cœur n'est point endurci,
Et sur vous mon espoir se fonde :
Je ne peux rien dans l'autre monde,
Vous pouvez tout dans celui-ci.

Je pourrais me faire un mérite
D'avoir pour vous bien prié Dieu :
Mais jeune prince aime fort peu
Les *oremus* d'un vieux jésuite.

Je ne sais d'où dater ma lettre.
Si par vous mes vœux sont reçus,
En paradis vous m'allez mettre,
Mais en enfer par un refus.

---

[1]. Le P. Sanadon est supposé parler lui-même de l'autre monde. (K.)

Non, mon neveu seul misérable
Est seul à souffrir condamné ;
Car qui n'a rien se donne au diable :
Empêchez qu'il ne soit damné.

V.

AU PRÉSIDENT HÉNAULT,

EN LUI ENVOYANT LE MANUSCRIT DE MÉROPE.

Juin 1740[1].

Lorsqu'à la ville un solitaire envoie
Des fruits nouveaux, honneur de ses jardins,
Nés sous ses yeux et plantés de ses mains,
Il les croit bons, et prétend qu'on le croie.

Quand par le don de son portrait flatté
La jeune Aminte à ses lois vous engage,
Elle ressemble à la Divinité
Qui veut vous faire adorer son image.

Quand un auteur, de son œuvre entêté,
Modestement vous en fait une offrande,
Que veut de vous sa fausse humilité?
C'est de l'encens que son orgueil demande.

Las! je suis loin de tant de vanité.
A tous ces traits gardez de reconnaître
Ce qui par moi vous sera présenté :
C'est un tribut, et je l'offre à mon maître.

1. Voltaire était alors à Bruxelles.

VI.

AU ROI DE PRUSSE.

SUR M. HONY, MARCHAND DE VIN[1].

A Bruxelles, le 26 auguste 1740.

Le voilà ce monsieur Hony,
Que Bacchus a comblé de gloire ;
Il prétend qu'il sera honni,
S'il ne peut vous donner à boire.

Il garde un mépris souverain
Pour Phébus et pour sa fontaine,
Et dit qu'un verre de son vin
Vaut le Permesse et l'Hippocrène.

Je crois que quelques rois jaloux,
Et quelques princes de l'Empire,
Pour essayer de vous séduire,
Ont député Hony vers vous.

Comme on leur dit que la Sagesse
A grand soin de vous éclairer,
Ils ont voulu vous enivrer,
Pour vous réduire à leur espèce.

Cher Hony, cette trahison
Est un bien faible stratagème ;
Jamais Bacchus et l'Amour même
Ne pourront rien sur sa raison.

Le dieu des amours et le vôtre,
Hony, sont les dieux du plaisir ;

---

1. Frédéric écrivait à Voltaire, le 16 mai 1739 : « Mon marchand de vin, Hony, vous rendra cette lettre. » Ce n'est donc pas, comme on l'a dit trop souvent, Voltaire qui adressa Hony au roi de Prusse, en 1740. La réponse de Frédéric à ces stances fait partie de sa lettre du 5 septembre 1740. (B.)

Tous deux sont faits pour le servir :
Mais il ne sert ni l'un ni l'autre.

Sans doute Bacchus et l'Amour
Ne sont point ennemis du sage;
Il les reçoit sur son passage,
Sans leur permettre un long séjour.

VII.

AU MÊME.

A Berlin, ce 2 décembre 1740.

Adieu, grand homme; adieu, coquette,
Esprit sublime et séducteur,
Fait pour l'éclat, pour la grandeur,
Pour les muses, pour la retraite.

Adieu, vainqueur ou protecteur
Du reste de la Germanie,
De moi très-chétif raisonneur,
Et de la noble poésie.

Adieu, trente âmes dans un corps
Que les dieux comblèrent de grâce,
Qui réunissez les trésors
Qu'on voit divisés au Parnasse.

Adieu, vous dont l'auguste main,
Toujours au travail occupée,
Tient, pour l'honneur du genre humain,
La plume, la lyre, et l'épée.

Vous qui prenez tous les chemins
De la gloire la plus durable,
Avec nous autres si traitable,
Si grand avec les souverains!

Vous qui n'avez point de faiblesse,
Pas même celle de blâmer
Ceux qu'on voit un peu trop aimer
Ou leurs erreurs où leur maîtresse!

Adieu; puis-je me consoler
Par votre amitié noble et pure?
Le roi me fait un peu trembler;
Mais le grand homme me rassure.

VIII.

A MADAME DU CHATELET[1].

(1741[2])

Si vous voulez que j'aime encore,
Rendez-moi l'âge des amours;
Au crépuscule de mes jours
Rejoignez, s'il se peut, l'aurore.

Des beaux lieux où le dieu du vin
Avec l'Amour tient son empire,
Le Temps, qui me prend par la main,
M'avertit que je me retire.

De son inflexible rigueur[3]
Tirons au moins quelque avantage.
Qui n'a pas l'esprit de son âge
De son âge a tout le malheur.

---

1. Huit de ces stances furent envoyées à Cideville le 11 juillet 1741.
2. Voltaire avait alors quarante-sept ans.
3. Au lieu de cette strophe et de la suivante, on lisait d'abord :

>> Que le matin touche à la nuit!
>> Je n'eus qu'une heure; elle est finie.
>> Nous passons : la race qui suit
>> Déjà par une autre est suivie.

STANCES.

Laissons à la belle jeunesse
Ses folâtres emportements :
Nous ne vivons que deux moments ;
Qu'il en soit un pour la sagesse.

Quoi ! pour toujours vous me fuyez,
Tendresse, illusion, folie,
Dons du ciel, qui me consoliez
Des amertumes de la vie !

On meurt deux fois, je le vois bien[1] :
Cesser d'aimer et d'être aimable,
C'est une mort insupportable ;
Cesser de vivre, ce n'est rien.

Ainsi je déplorais la perte
Des erreurs de mes premiers ans ;
Et mon âme, aux désirs ouverte,
Regrettait ses égarements[2].

Du ciel alors daignant descendre,
L'Amitié vint à mon secours ;
Elle était peut-être aussi tendre,
Mais moins vive que les Amours.

Touché de sa beauté nouvelle,
Et de sa lumière éclairé,
Je la suivis ; mais je pleurai
De ne pouvoir plus suivre qu'elle.

---

1. Houdard de Lamotte a dit :

>On meurt deux fois dans ce bas monde ;
>La première en perdant les faveurs de Vénus.
>J'ai bien moins peur de la seconde :
>C'est un bien quand on n'aime plus.

2. Variante :
>Rappelait ses enchantements.

IX.

A M. VAN HAREN[1],

DÉPUTÉ DES ÉTATS-GÉNÉRAUX.

(1743)

Démosthène au conseil, et Pindare au Parnasse,
L'auguste Vérité marche devant tes pas;
Tyrtée a dans ton sein répandu son audace,
Et tu tiens sa trompette, organe des combats.

Je ne puis t'imiter; mais j'aime ton courage.
Né pour la liberté, tu penses en héros :
Mais qui naquit sujet ne doit penser qu'en sage,
Et vivre obscurément s'il veut vivre en repos.

Notre esprit est conforme aux lieux qui l'ont vu naître :
A Rome on est esclave; à Londres, citoyen.
La grandeur d'un Batave est de vivre sans maître;
Et mon premier devoir est de servir le mien.

---

1. Une longue critique des douze vers de Voltaire est imprimée dans la *Bibliothèque française,* tome XXXVII, pages 111-118. (B.) — Ces vers furent faits à la Haye, pendant la mission secrète dont Voltaire avait été chargé par le cabinet de Versailles. Voyez la *Correspondance* à cette époque, et la *Vie de Voltaire* par Condorcet. (G. A.)

X.

A FRÉDÉRIC, ROI DE PRUSSE,

Pour en obtenir la grâce d'un Français détenu depuis longtemps
dans les prisons de Spandau.

(1743 [1])

Génie universel, âme sensible et ferme,
Grand homme, il est sous vous de malheureux mortels;
Mais quand à ses vertus on n'a point mis de terme,
On en met aux tourments des plus grands criminels.

Depuis vingt ans entiers faut-il qu'on abandonne
Un étranger mourant au poids affreux des fers?
Pluton punit toujours, mais Jupiter pardonne:
N'imiterez-vous plus que le dieu des enfers?

Voyez autour de vous les Prières tremblantes,
Filles du Repentir, maîtresses des grands cœurs,
S'étonner d'arroser de larmes impuissantes
La généreuse main qui sécha tant de pleurs.

Ah! pourquoi m'étaler avec magnificence
Ce spectacle brillant où triomphe Titus?
Pour embellir la fête égalez sa clémence,
Et l'imitez en tout; ou ne le vantez plus.

---

1. Ces stances sont rapportées, mais avec quelques différences, dans les *Mémoires pour servir à la Vie de M. de Voltaire*. Le prisonnier de Spandau était un gentilhomme franc-comtois nommé Courtilz. (B.)

XI.

A MADAME LA MARQUISE DE POMPADOUR.

A Étioles, juillet 1745.

Il sait aimer, il sait combattre ;
Il envoie en ce beau séjour
Un brevet digne d'Henri Quatre,
Signé Louis, Mars, et l'Amour [1].

Mais les ennemis ont leur tour ;
Et sa valeur et sa prudence
Donnent à Gand le même jour
Un brevet de ville de France [2].

Ces deux brevets si bien venus
Vivront tous deux dans la mémoire :
Chez lui les autels de Vénus
Sont dans le temple de la Gloire.

---

1. Par ce brevet Mme d'Étioles était créée marquise de Pompadour.
2. La ville de Gand avait été prise par l'armée française le 11 juillet 1745.

XII.

STANCES IRRÉGULIÈRES.

A SON ALTESSE ROYALE LA PRINCESSE DE SUÈDE,

ULRIQUE DE PRUSSE,

SŒUR DE FRÉDÉRIC LE GRAND [1].

Janvier 1747.

Souvent la plus belle princesse
Languit dans l'âge du bonheur;
L'étiquette de la grandeur,
Quand rien n'occupe et n'intéresse,
Laisse un vide affreux dans le cœur.

Souvent même un grand roi s'étonne,
Entouré de sujets soumis,
Que tout l'éclat de sa couronne
Jamais en secret ne lui donne
Ce bonheur qu'elle avait promis.

On croirait que le jeu console;
Mais l'Ennui vient à pas comptés,
A la table d'un cavagnole [2],
S'asseoir entre des majestés [3].

---

1. On voit par des lettres à d'Argental et à Hénault, de février 1748, que ces stances ont été composées plus d'un an auparavant; il n'y avait point alors de dauphine. La princesse de Saxe n'arriva qu'en février 1747; l'infante d'Espagne était morte le 22 juillet 1746. C'est donc par erreur que, dans le *Nouveau Magasin français*, 1751, février, page 51, et même dans quelques éditions des *OEuvres de Voltaire*, on a donné ces stances comme adressées à Mme la dauphine, infante d'Espagne. Voltaire, dans sa lettre au président Hénault, dit les avoir faites « pour une princesse très-aimable qui tient sa cour à quelque quatre cents lieues d'ici ». Il paraît, au reste, qu'on avait dit à la cour que les stances avaient été adressées à la dauphine, et qu'il était question d'exiler l'auteur. Voyez la lettre à d'Argental, du 14 février 1748. (B.)

2. Jeu à la mode à la cour. (*Note de Voltaire*, 1752.)

3. Dans sa lettre au président Hénault, de février 1748, Voltaire cite ainsi cette strophe :

On croirait que le jeu console;
Mais l'Ennui vient à pas comptés
S'asseoir entre des majestés
A la table d'un cavagnole. (B.)

On fait tristement grande chère,
Sans dire et sans écouter rien,
Tandis que l'hébété vulgaire
Vous assiége, vous considère,
Et croit voir le souverain bien.

Le lendemain, quand l'hémisphère
Est brûlé des feux du soleil,
On s'arrache aux bras du sommeil
Sans savoir ce que l'on va faire.

De soi-même peu satisfait,
On veut du monde; il embarrasse :
Le plaisir fuit; le jour se passe
Sans savoir ce que l'on a fait.

O temps ! ô perte irréparable!
Quel est l'instant où nous vivons!
Quoi! la vie est si peu durable,
Et les jours paraissent[1] si longs !

Princesse au-dessus de votre âge,
De deux cours auguste ornement,
Vous employez utilement
Ce temps qui si rapidement
Trompe la jeunesse volage.

Vous cultivez l'esprit charmant
Que vous a donné la nature;
Les réflexions, la lecture,
En font le solide aliment,
Le bon usage, et la parure.

S'occuper, c'est savoir jouir :
L'oisiveté pèse et tourmente.
L'âme est un feu qu'il faut nourrir,
Et qui s'éteint s'il ne s'augmente.

---

1. Variante :
        Et les jours paraîtraient...

XIII.

A MADAME DU BOCAGE[1].

(1748)

Milton, dont vous suivez les traces,
Vous prête ses transports divins :
Ève est la mère des humains,
Et vous êtes celle des Grâces.

Comment n'eût-elle pas séduit
La raison la plus indomptable?
Vous lui donnez tout votre esprit;
Adam était bien pardonnable.

Ève le rendit criminel,
Et vous méritez des louanges;
Ève séduisit un mortel,
Et vous auriez séduit les anges.

Sa faute a perdu l'univers :
Elle ne doit plus nous déplaire;
Et son erreur nous devient chère
Dès que nous lui devons vos vers.

Ève, par sa coquetterie,
Nous a fermé le paradis;
L'Amour, les Grâces, le Génie,
Nous l'ont rouvert par vos écrits.

1. Ces stances furent adressées par Mme Denis à Mme du Bocage, qui lui avait envoyé son poëme du *Paradis terrestre*. (K.)

XIV.

SUR LE LOUVRE[1].

(1749)

Monument imparfait de ce siècle vanté
Qui sur tous les beaux-arts a fondé sa mémoire,
Vous verrai-je toujours, en attestant sa gloire,
Faire un juste reproche à sa postérité ?

Faut-il que l'on s'indigne alors qu'on vous admire,
Et que les nations qui veulent nous braver,
Fières de nos défauts, soient en droit de nous dire
Que nous commençons tout, pour ne rien achever ?

Mais, ô nouvel affront ! quelle coupable audace[2]
Vient encore avilir ce chef-d'œuvre divin ?
Quel sujet entreprend d'occuper une place[3]
Faite pour admirer les traits du souverain !

Louvre, palais pompeux dont la France s'honore !
Sois digne de Louis, ton maître et ton appui ;
Sors de l'état honteux où l'univers t'abhorre,
Et dans tout ton éclat montre-toi comme lui[4].

---

1. Ces stances ont été imprimées à la page 159 de l'opuscule intitulé *l'Ombre du grand Colbert, le Louvre, et la ville de Paris, dialogue* (par La Font de Saint-Yenne), 1749, in-12 ; et c'est cette version de 1749 qui a été reproduite jusqu'ici. L'édition de 1752 de *l'Ombre du grand Colbert* contient une version différente des deux dernières strophes, que j'ai adoptée ainsi que les notes qui l'accompagnaient. (B.)
2. On élevait alors, dans le milieu de la cour du Louvre, le bâtiment que l'on y voit aujourd'hui. (*Note de Voltaire*, 1752.) — Ce bâtiment, bâti avant 1749, fut démoli en 1756 (voyez *l'Année littéraire*, 1756, IV, 68). Voltaire l'appelle la maison de Moletus ; je ne sais qui Voltaire désigne sous ce nom de Moletus. (B.)
3. On avait projeté, dans le plan du Louvre, de placer au milieu de la cour une statue du roi. (*Note de Voltaire*, 1752.)
4. Louis XV revenait alors à Paris, victorieux, triomphant, et pacifique. (*Id.*, 1752.)
— La victoire de Fontenoy est de 1745 : la paix d'Aix-la-Chapelle est du 18 oc-

XV.

IMPROMPTU

FAIT A UN SOUPER DANS UNE COUR D'ALLEMAGNE.

(1750[1])

Il faut penser, sans quoi l'homme devient,
Malgré son âme, un vrai cheval de somme :
Il faut aimer, c'est ce qui nous soutient ;
Sans rien aimer, il est triste d'être homme.

Il faut avoir douce société
De gens savants, instruits sans suffisance,
Et de plaisirs grande variété,
Sans quoi les jours sont plus longs qu'on ne pense.

Il faut avoir un ami qu'en tout temps,
Pour son bonheur, on écoute, on consulte,
Qui puisse rendre à notre âme en tumulte
Les maux moins vifs et les plaisirs plus grands.

Il faut, le soir, un souper délectable,
Où l'on soit libre, où l'on goûte à propos
Les mets exquis, les bons vins, les bons mots ;
Et sans être ivre il faut sortir de table.

tobre 1748. — Dans l'édition de 1749, voici quelles étaient les deux dernières strophes :

> Sous quels débris honteux, sous quel amas rustique
> On laisse ensevelis ces chefs-d'œuvre divins !
> Quel barbare a mêlé la bassesse gothique
> A toute la grandeur des Grecs et des Romains ?
>
> Louvre, palais pompeux dont la France s'honore,
> Sois digne de ce roi, ton maître et ton appui ;
> Embellis les climats que sa vertu décore,
> Et dans tout ton éclat montre-toi comme lui.

Une note sur le troisième vers de la troisième strophe disait qu'il regardait « le bâtiment neuf au milieu de la cour ». (B.)

1. Date du second voyage à Berlin.

Il faut, la nuit, tenir entre deux draps
Le tendre objet que votre cœur adore,
Le caresser, s'endormir dans ses bras,
Et le matin recommencer encore[1].

Mes chers amis, avouez que voilà
De quoi passer une assez douce vie :
Or, dès l'instant que j'aimai ma Sylvie,
Sans trop chercher j'ai trouvé tout cela.

XVI.

AU ROI DE PRUSSE.

(1750)

La mère de la Mort, la Vieillesse pesante,
A de son bras d'airain courbé mon faible corps;
Et des maux qu'elle entraîne une suite effrayante
De mon âme immortelle attaque les ressorts.

Je brave tes assauts, redoutable Vieillesse;
Je vis auprès d'un sage, et je ne te crains pas :
    Il te prêtera plus d'appas
Que le plaisir trompeur n'en donne à la jeunesse.

Coulez, mes derniers jours, sans trouble, sans terreur;
Coulez près d'un héros dont le mâle génie
Me fait goûter en paix le songe de la vie,
Et dépouille la Mort de ce qu'elle a d'horreur.

Ma raison, qu'il éclaire, en est plus intrépide;
Mes pas par lui guidés en sont plus affermis :

---

1. Variante :
    Il faut, la nuit, dire tout ce qu'on sent
    Au tendre objet que votre cœur adore;
    Se réveiller pour en redire autant,
    Se rendormir pour y songer encore.

Un mortel que Pallas couvre de son égide
    Ne craint point les dieux ennemis.

O philosophe-roi, que ma carrière est belle!
J'irai de Sans-Souci, par des chemins de fleurs,
Aux champs élysiens parler à Marc-Aurèle
    Du plus grand de ses successeurs.

A Salluste jaloux je lirai votre histoire;
A Lycurgue, vos lois; à Virgile, vos vers;
J'étonnerai les morts, ils ne pourront me croire :
Nul d'eux n'a rassemblé tant de talents divers.

Mais, lorsque j'aurai vu les ombres immortelles,
N'allez pas, après moi, confirmer mes récits.
Vivez, rendez heureux ceux qui vous sont soumis,
Et n'allez que fort tard auprès de vos modèles.

XVII.

AU MÊME [1].

(1751)

Par le cerveau le souverain des dieux,
Selon ma Bible, accoucha d'une fille :
Vos six jumeaux me sont plus précieux;
J'adorerai cette auguste famille.

On vous connaît à leur force, à leurs traits,
A leurs beautés, à leur noble harmonie;
Les élever, cultiver leur génie,
    Qui le pourra? celui qui les a faits.

1. Ces stances furent faites en réponse à un petit billet par lequel le roi de Prusse annonçait être accouché de *six jumeaux*, c'est-à-dire de *l'Art de la guerre*, poëme en six chants. (B.)

Ils sont tous nés pour instruire et pour plaire ;
Ces six enfants sont frères des neuf Sœurs ;
Et nous dirons, comme chez nos docteurs :
« Le fils est Dieu, nous l'égalons au père. »

XVIII.

AU MÊME.

(1751)

Jadis l'amant de Madeleine
Changea l'eau claire en mauvais vin :
Vos eaux, par un art plus divin,
Deviennent les eaux d'Hippocrène.

J'en devrais boire un verre ou deux ;
Car certaine humeur scorbutique,
Qui n'est point du tout poétique,
Rend mon esprit très-langoureux.

Roi, philosophe, auteur fameux,
Grand homme, et surtout homme aimable,
Buvez, soyez toujours heureux,
Et je serai moins misérable [1].

---

1. Dans ses vers *Sur l'usage de la vie*, qui sont à la suite de la *Défense du mondain*, Voltaire a dit :

> Si mes amis sont heureux,
> Je serai moins misérable.

XIX.

AU MÊME.

(1751)

Roi des beaux vers et des guerriers,
N'allez point à bride abattue ;
Je crains qu'Apollon ne vous tue
En vous couronnant de lauriers.

Que votre Pégase s'arrête ;
Souffrez de moi la vérité :
Votre estomac débilité
N'est pas digne de votre tête.

Les rois sont hommes comme nous.
L'homme machine est bien fragile.
Grand roi, l'estomac est pour vous
Ce qu'est le talon pour Achille.

Hélas! chaque homme a son défaut :
J'en ai beaucoup, et je vous jure
Que je combats comme il le faut
Pour dompter en moi la nature.

Jusqu'ici j'ai mal profité :
Que le ciel, à qui je m'adresse,
Vous rende enfin votre santé,
Et m'accorde votre sagesse.

XX.

AU MÊME.

(1751)

Vainqueur des préjugés, vainqueur dans les combats,
Enfant de Marc-Aurèle, et rival de Lucrèce,
Quel étonnant génie a conduit tous vos pas
Du faîte de la gloire au sein de la sagesse!

C'est de vous que j'apprends à maîtriser le sort;
Par vos grandes leçons ma raison raffermie
Fait de mes derniers jours les beaux jours de ma vie,
Et brave, ainsi que vous, les horreurs de la mort.

Dieux justes (s'il en est!) quoi! cette âme si belle
N'est-il[1] qu'un composé de vos quatre éléments?
L'esprit de ce grand homme est-il une étincelle
  Qui s'évapore avec les sens?

Rentrez, esprits communs, dans la nuit éternelle;
Périssez tout entiers, soyez anéantis.
Ame de Frédéric, vous êtes immortelle,
Ainsi que ses vertus, sa gloire, et ses écrits.

XXI.

AU MÊME.

(1751)

Du bas de votre beau vallon,
Qui devient un bel hôpital,

---

[1]. Cette faute est dans le manuscrit. (*Note de Boissonade.*)

Je renvoie à Mars-Apollon
Ses beaux vers en original.

Vous êtes le dieu d'Hélicon,
Le dieu de la société;
Et je vous dis pour oraison :
« Soyez le dieu de la santé. »

XXII.

AU MÊME.

QUI L'AVAIT INVITÉ A DÎNER.

(1752)

A votre table divine
En vain je suis appelé,
Quand chez moi l'homme machine[1]
De tourments est accablé.

Que votre philosophie,
Que votre esprit courageux,
M'inspire et me fortifie
Dans ces combats douloureux !

Que vos lumières brillantes
M'éclairent malgré mes maux,
Comme ces lampes ardentes
Qui brûlaient dans les tombeaux !

Ici, sous les yeux d'un sage,
Que je vive sagement ;
Que je souffre avec courage ;
Que je meure en vous aimant[2] !

---

1. Un des familiers de Frédéric, La Mettrie, avait publié *l'Homme machine*. (G. A.)
2. Quelques semaines après avoir écrit ces vers, Voltaire se brouillait avec Frédéric, et quittait Berlin. (G. A.)

XXIII.

A MADAME DENIS[1].

Aux Délices, 1755.

L'art n'y fait rien ; les beaux noms, les beaux lieux,
Très-rarement nous donnent le bien-être.
Est-on heureux, hélas ! pour le paraître,
Et suffit-il d'en imposer aux yeux ?

J'ai vu jadis l'abbesse de La Joie,
Malgré ce titre, à la douleur en proie ;
Dans Sans-Souci certain roi renommé
Fut de soucis quelquefois consumé.

Il n'en est pas ainsi de mes retraites ;
Loin des chagrins, loin de l'ambition,
De mes plaisirs elles portent le nom :
Vous le savez, car c'est vous qui les faites.

---

1. Ces vers furent aussi adressés à de Bordes, dans une lettre dont on ne connaît que ce passage :

« Vous avez fait assurément nos délices, monsieur, quand vous avez bien voulu passer quelques jours avec l'oncle et la nièce ; ils n'ont qu'un reproche à vous faire, c'est de ne vous avoir pu posséder assez longtemps.

« L'oncle et la nièce vous embrassent ; la nièce dit que les vers sont pour elle. Partagez en revenant ici. » (G. A.)

— On trouve aussi ces vers dans le tome III, page 145, des *OEuvres de Bordes ;* dans la dixième partie des *Nouveaux Mélanges ;* dans l'édition in-4°, t. XVIII, p. 491 ; dans l'édition encadrée, ou de 1775, ces vers sont imprimés avec l'adresse *A M...*

Les éditeurs de Kehl sont les premiers qui aient mis pour adresse *A madame Denis.* (B.)

XXIV.

LES TORTS[1].

(1757)

Non, je n'ai point tort d'oser dire
Ce que pensent les gens de bien ;
Et le sage qui ne craint rien
A le beau droit de tout écrire.

J'ai, quarante ans, bravé l'empire
Des lâches tyrans des esprits ;
Et, dans votre petit pays,
J'aurais grand tort de me dédire.

Je sais que souvent le Malin
A caché sa queue et sa griffe
Sous la tiare d'un pontife,
Et sous le manteau d'un Calvin.

Je n'ai point tort quand je déteste
Ces assassins religieux,
Employant le fer et les feux
Pour servir le Père céleste.

Oui, jusqu'au dernier de mes jours,
Mon âme sera fière et tendre :

---

1. Dans une lettre à Thieriot, du 26 mars 1757, Voltaire se vantait d'avoir fait imprimer à Genève, *avec approbation*, que Calvin avait une *âme atroce*. Cette lettre avait été imprimée dans le *Mercure* de mai 1757. Les mots *âme atroce* n'ont jamais été dans l'*Essai sur les mœurs*. Mais la publication de la lettre à Thieriot fit scandale à Genève, et occasionna des tracasseries à Voltaire. Un Genevois, nommé Rival, lui adressa des vers où il lui disait :

> Quant à vous, célèbre Voltaire,
> Vous eûtes tort, c'est mon avis.
> Vous vous plaisez dans ce pays ;
> Fêtez le saint qu'on y révère, etc., etc.

C'est en réponse à la pièce de Rival, que Voltaire a reproduite dans le *Commentaire historique*, qu'il publia ces stances, intitulées *les Torts*. (B.)

J'oserai gémir sur la cendre
Et des Servets et des Dubourgs [1].

De cette horrible frénésie
A la fin le temps est passé :
Le Fanatisme est terrassé ;
Mais il reste l'Hypocrisie.

Farceurs à manteaux étriqués,
Mauvaise musique d'église,
Mauvais vers, et sermons croqués,
Ai-je tort si je vous méprise?

XXV.

A MONSIEUR LE CHEVALIER DE BOUFFLERS,

QUI LUI AVAIT ENVOYÉ UNE PIÈCE DE VERS
INTITULÉE LE CŒUR.

Certaine dame honnête [2], et savante, et profonde,
    Ayant lu le traité du cœur,
Disait en se pâmant : « Que j'aime cet auteur!
Ah! je vois bien qu'il a le plus grand cœur du monde!

« De mon heureux printemps j'ai vu passer la fleur :
    Le cœur pourtant me parle encore :
Du nom de Petit-Cœur quand mon amant m'honore,
    Je sens qu'il me fait trop d'honneur. »

Hélas! faibles humains, quels destins sont les nôtres!
    Qu'on a mal placé les grandeurs!
    Qu'on serait heureux si les cœurs
Étaient faits les uns pour les autres!

---

1. Dubourg, conseiller-clerc du parlement, pendu et brûlé à Paris, comme Servet à Genève. (*Note de Voltaire*, 1776.)
2. Mme Cramer-Dellon.

Illustre chevalier, vous chantez vos combats,
    Vos victoires, et votre empire;
Et dans vos vers heureux, comme vous pleins d'appas,
    C'est votre cœur qui vous inspire.

Quand Lisette vous dit : « Rodrigue, as-tu du cœur? »
Sur l'heure elle l'éprouve, et dit avec franchise :
    « Il eut encor plus de valeur
    Quand il était homme d'église. »

XXVI.

A M. DEODATI DE TOVAZZI[1].

A Ferney, le 1ᵉʳ février 1761.

Étalez moins votre abondance,
Votre origine, et vos honneurs;
Il ne sied pas aux grands seigneurs
De se vanter de leur naissance.

L'Italie instruisit la France;
Mais, par un reproche indiscret,
Nous serions forcés à regret
A manquer de reconnaissance.

Dès longtemps sortis de l'enfance,
Nous avons quitté les genoux
D'une nourrice en décadence
Dont le lait n'est plus fait pour nous.

Nous pourrions devenir jaloux
Quand vous parlez notre langage :

---

1. Deodati de Tovazzi ayant publié une *Dissertation sur l'excellence de la langue italienne*, Voltaire prit la défense de la langue française dans une assez longue lettre qui est dans la *Correspondance*. Peu de jours après, il écrivit ces stances, qu'il appelle son *Ultimatum* dans sa lettre à Damilaville, du 3 mars 1761. (B.)

Puisqu'il est embelli par vous,
Cessez donc de lui faire outrage.

L'égalité contente un sage.
Terminons ainsi le procès :
Quand on est égal aux Français,
Ce n'est pas un mauvais partage.

XXVII.

A MONSIEUR BLIN DE SAINMORE[1].

(1761)

Mon amour-propre est vivement flatté
De votre écrit ; mon goût l'est davantage.
On n'a jamais, par un plus doux langage,
Avec plus d'art blessé la vérité.

Pour Gabrielle, en son apoplexie,
D'autres diront qu'elle parle longtemps[2] ;
Mais ses discours sont si vrais, si touchants,
Elle aime tant, qu'on la croirait guérie.

Tout lecteur sage avec plaisir verra
Qu'en expirant la belle Gabrielle
Ne pense point que Dieu la damnera,
Pour aimer trop un amant digne d'elle.

Avoir du goût pour le roi très-chrétien,
C'est œuvre pie, on n'y peut rien reprendre :
Le paradis est fait pour un cœur tendre,
Et les damnés sont ceux qui n'aiment rien.

---

1. Adrien-Michel-Hyacinthe Blin de Sainmore, né le 15 février 1733, mort le 26 septembre 1807, avait publié à la fin de 1761 une héroïde intitulée *Lettre de Gabrielle d'Estrées à Henri IV*, qu'il fit réimprimer en 1766. (B.)
2. Voltaire trouvait que Blin de Sainmore avait beaucoup fait parler la belle Gabrielle ; voyez sa lettre à Damilaville, du 6 décembre 1761.

XXVIII.

A L'IMPÉRATRICE DE RUSSIE CATHERINE II,

A L'OCCASION DE LA PRISE DE CHOCZIM PAR LES RUSSES,

EN 1769.

Fuyez, vizirs, bachas, spahis, et janissaires :
Si le nonce du pape, allié du mufti,
Se damnait en armant vos troupes sanguinaires,
Catherine a vaincu, le nonce est converti.

Il doit l'être du moins ; il doit sans doute apprendre
A ne plus réunir la mitre et le turban.
Malheureux Polonais ! le fer de l'Ottoman
Mettait donc par vos mains la république en cendre !

De vos vrais intérêts devenez plus jaloux.
Rome et Constantinople ont été trop fatales :
Il est temps de finir ces horribles scandales ;
Vous serez désormais fortunés malgré vous.

Bientôt de Gallitzin la vigilante audace
Ira dans son sérail éveiller Moustapha,
Mollement assoupi sur son large sofa,
Au lieu même où naquit le fier dieu de la Thrace.

O Minerve du Nord ! ô toi, sœur d'Apollon !
Tu vengeras la Grèce en chassant ces infâmes,
Ces ennemis des arts, et ces geôliers des femmes.
Je pars ; je vais t'attendre aux champs de Marathon.

XXIX.

A MADAME LA DUCHESSE DE CHOISEUL.

SUR LA FONDATION DE VERSOY[1].

(1769)

Madame, un héros destructeur,
S'il est grand, n'est qu'un grand coupable[2];
J'aime bien mieux un fondateur :
L'un est un dieu, l'autre est un diable.

Dites bien à votre mari
Que des neuf Filles de Mémoire
Il sera le seul favori,
Si de fonder il a la gloire.

Didon, que j'aime tendrement,
Sera célèbre d'âge en âge ;
Mais quand Didon fonda Carthage,
C'est qu'elle avait beaucoup d'argent.

Si le vainqueur de l'Assyrie
Avait eu pour surintendant
Un conseiller du parlement[3],
Nous n'aurions point Alexandrie.

Nos très-sots aïeux autrefois
Ont fondé de pieux asiles
Pour mes moines de saint François ;
Mais ils n'ont point fondé de villes.

---

1. Port sur le lac de Genève, que créait alors le duc de Choiseul. (G. A.)
2. Variante :
   N'est à mes yeux qu'un grand coupable.

3. L'abbé Terray, d'abord conseiller-clerc au parlement, puis contrôleur général des finances, avait fait rendre un édit portant suspension du payement des rescriptions. On ne les recevait pas même dans les nouveaux emprunts. Voltaire avait alors en portefeuille deux cent mille francs de rescriptions. (B.)

Envoyez-nous des Amphions,
Sans quoi nos peines sont perdues;
A Versoy nous avons des rues,
Et nous n'avons point de maisons.

Sur la raison, sur la justice,
Sur les grâces, sur la douceur,
Je fonde aujourd'hui mon bonheur;
Et vous êtes ma fondatrice.

XXX.

A MONSIEUR SAURIN,

DE L'ACADÉMIE FRANÇAISE.

Sur ce que le général des capucins avait agrégé l'auteur à l'ordre de saint François, en reconnaissance de quelques services qu'il avait rendus à ces moines.

(1770)

Il est vrai, je suis capucin;
C'est sur quoi mon salut[1] se fonde :
Je ne veux pas, dans mon déclin,
Finir comme les gens du monde.

Mon malheur est de n'avoir plus
Dans mes nuits ces bonnes fortunes,
Ces nobles grâces des élus,
Chez mes confrères si communes.

Je ne suis point frère Frapart[2],

---

1. C'est d'après une copie de la main de Wagnière que j'ai mis ici *salut*. Toutes les éditions portent *bonheur*. (B.)
2. Sur ce mot, voyez chant V de *la Pucelle*, tome IX, page 98, note 2.

Confessant sœur Luce[1] ou sœur Nice ;
Je ne porte point le cilice
De saint Grisel, de saint Billard[2].

J'achève doucement ma vie ;
Je suis prêt à partir demain,
En communiant de la main
Du bon curé de *Mélanie*[3].

Dès que monsieur l'abbé Terray[4]
A su ma capucinerie,
De mes biens il m'a délivré :
Que servent-ils dans l'autre vie ?

J'aime fort cet arrangement ;
Il est leste et plein de prudence.
Plût à Dieu qu'il en fît autant
A tous les moines de la France !

---

1. La pièce que Saurin avait adressée à Voltaire contenait vingt et un vers, dont voici les 5ᵉ, 6ᵉ, et 7ᵉ :

> Par la grâce du saint capuce,
> Tu seras près de la sœur Luce
> Aussi jeune qu'en tes écrits. (B.)

2. Billard, caissier général des postes à la fin du règne de Louis XV, était renommé pour sa dévotion. Il s'approchait de la sainte table tous les trois ou quatre jours, et fit, en 1769, une banqueroute frauduleuse de plusieurs millions. Il fut, en 1772, condamné au bannissement, et mis au carcan sur la place de Grève pendant deux heures.

L'abbé Grisel, sous-pénitencier de l'église de Paris, confesseur de l'archevêque, directeur de dévotes illustres, était le confident de Billard. Plus heureux que Billard, il avait été mis en liberté en septembre 1771, était rentré dans ses fonctions à l'archevêché, et avait dit à Notre-Dame une messe où il y eut grande affluence. (B.)

3. Drame de Laharpe.

4. Voyez la note 3, page 534.

XXXI.

A MADAME NECKER[1].

Quelle étrange idée est venue
Dans votre esprit sage, éclairé ?
Que vos bontés l'ont égaré !
Et que votre peine est perdue !

A moi chétif une statue !
Je serais d'orgueil enivré.
L'ami Jean-Jacque a déclaré
Que c'est à lui qu'elle était due[2].

Il la demande avec éclat.
L'univers, par reconnaissance,
Lui devait cette récompense :
Mais l'univers est un ingrat.

C'est vous que je figurerai
En beau marbre, d'après nature,
Lorsqu'à Paphos je reviendrai,
Et que j'aurai la main plus sûre.

Ah ! si jamais de ma façon
De vos attraits on voit l'image,
On sait comment Pygmalion
Traitait autrefois son ouvrage.

---

1. A propos de la souscription pour la statue du patriarche. Mme Necker fut la présidente de la commission des gens de lettres souscripteurs. (G. A.)
— La statue de Voltaire, dont il est question dans ces stances, ne fut achevée qu'en 1776. Voltaire alors adressa à Mme Necker une épître. La statue est aujourd'hui dans la Bibliothèque de l'Institut. On lit au bas :

A MONSIEUR DE VOLTAIRE PAR LES GENS DE LETTRES
SES COMPATRIOTES ET SES CONTEMPORAINS 1776.
(B.)

2. Voyez l'écrit intitulé *J.-J. Rousseau à Christophe de Beaumont, archevêque de Paris.*

XXXII.

A MONSIEUR HOURCASTREMÉ.

(1770)

L'amour, les plaisirs, et l'ivresse,
Respirent dans vos heureux chants ;
C'est parmi la vive jeunesse
Qu'Apollon se plut en tout temps.

Les muses, ainsi que les belles,
Dédaignent les vœux d'un vieillard ;
En vain j'irais même après elles,
Et vous les fixez d'un regard.

Elles cessent de me sourire ;
Vos accords ont su les charmer.
Eh bien ! je vous cède ma lyre ;
Vos doigts sont faits pour l'animer.

XXXIII.

A MONSIEUR DE ***,

En réponse à des vers que la Société de la Tolérance de Bordeaux
lui avait envoyés.

Vous voulez donc édifier
Un beau temple à la Tolérance !
Je prétends y sacrifier :
C'est ma sainte de préférence.

A vos maçons j'ai pu fournir
Des pierres pour cette entreprise ;

Les dévots s'en voulaient servir
Pour me lapider dans l'église.

Mais je sais ce qu'ont ordonné
Les maximes de l'Évangile :
En bon chrétien j'ai pardonné
Au méchant comme à l'imbécile.

XXXIV.

A MADAME LULLIN,

DE GENÈVE [1].

A Ferney, le 16 novembre 1773.

Hé quoi ! vous êtes étonnée
Qu'au bout de quatre-vingts hivers
Ma muse faible et surannée
Puisse encor fredonner des vers ?

Quelquefois un peu de verdure
Rit sous les glaçons de nos champs ;
Elle console la nature,
Mais elle sèche en peu de temps [2].

Un oiseau peut se faire entendre
Après la saison des beaux jours ;
Mais sa voix n'a plus rien de tendre,
Il ne chante plus ses amours.

1. Ces stances circulèrent et ont été imprimées comme adressées à Mme du Deffant : ce qui blessa beaucoup cette dame, qui ne pouvait digérer qu'on l'appelât *bergère* et *ma chère*. Ce n'est que depuis 1817 qu'on leur a mis leur véritable adresse. (B.)
2. Après la seconde stance, l'auteur a retranché celle-ci :

>Du sein d'un ténébreux nuage
>Un rayon s'échappe et nous luit ;
>Mais bientôt il cède à l'orage
>Qui nous replonge dans la nuit.

Ainsi je touche encor ma lyre,
Qui n'obéit plus à mes doigts;
Ainsi j'essaye encor ma voix
Au moment même qu'elle expire.

« Je veux dans mes derniers adieux,
Disait Tibulle à son amante,
Attacher mes yeux sur tes yeux [1],
Te presser de ma main mourante. »

Mais quand on sent qu'on va passer,
Quand l'âme fuit avec la vie,
A-t-on des yeux pour voir Délie,
Et des mains pour la caresser?

Dans ce moment chacun oublie
Tout ce qu'il a fait en santé.
Quel mortel s'est jamais flatté
D'un rendez-vous à l'agonie?

Délie elle-même à son tour
S'en va dans la nuit éternelle,
En oubliant qu'elle fut belle,
Et qu'elle a vécu pour l'amour.

Nous naissons, nous vivons, bergère,
Nous mourrons sans savoir comment :
Chacun est parti du néant :
Où va-t-il?... Dieu le sait, ma chère.

---

1. Les vers de Tibulle sont rapportés tome VI du *Théâtre*, page 426.

XXXV.

LES DÉSAGRÉMENTS DE LA VIEILLESSE.

Oui, je sais qu'il est doux de voir dans ses jardins
Ces beaux fruits incarnats et de Perse et d'Épire,
De savourer en paix la séve de ses vins,
  Et de manger ce qu'on admire.
J'aime fort un faisan qu'à propos on rôtit;
De ces perdreaux maillés le fumet seul m'attire;
Mais je voudrais encore avoir de l'appétit.

Sur le penchant fleuri de ces fraîches cascades,
Sur ces prés émaillés, dans ces sombres forêts,
Je voudrais bien danser avec quelques dryades;
  Mais il faut avoir des jarrets.

J'aime leurs yeux, leur taille, et leurs couleurs vermeilles,
Leurs chants harmonieux, leur sourire enchanteur;
Mais il faudrait avoir des yeux et des oreilles :
On doit s'aller cacher quand on n'a que son cœur.

Vous serez comme moi quand vous aurez mon âge,
Archevêques, abbés, empourprés cardinaux,
  Princes, rois, fermiers généraux;
Chacun avec le temps devient tristement sage :

  Tous nos plaisirs n'ont qu'un moment.
Hélas! quel est le cours et le but de la vie?
  Des fadaises, et le néant.
 O Jupiter, tu fis en nous créant
  Une froide plaisanterie!

XXXVI.

AU ROI DE PRUSSE,

Sur un buste en porcelaine, fait à Berlin, représentant l'auteur, et envoyé par Sa Majesté, en janvier 1775 [1].

Épictète au bord du tombeau
A reçu ce présent des mains de Marc-Aurèle.
    Il a dit : « Mon sort est trop beau :
J'aurai vécu pour lui ; je lui mourrai fidèle.

« Nous avons cultivé tous deux les mêmes arts
    Et la même philosophie ;
Moi sujet, lui monarque et favori de Mars,
Et tous les deux parfois objets d'un peu d'envie.

« Il rendit plus d'un roi de ses exploits jaloux ;
Moi, je fus harcelé des gredins du Parnasse.
Il eut des ennemis, il les dissipa tous ;
Et la troupe des miens dans la fange coasse.

    « Les cagots m'ont persécuté ;
Les cagots à ses pieds frémissaient en silence.
Lui sur le trône assis, moi dans l'obscurité,
    Nous préchâmes la tolérance.

« Nous adorions tous deux le Dieu de l'univers ;
    Car il en est un, quoi qu'on dise :
    Mais nous n'avions pas la sottise
De le déshonorer par des cultes pervers.

« Nous irons tous les deux dans la céleste sphère,
Lui fort tard, moi bientôt. Il obtiendra, je croi,
Un trône auprès d'Achille, et même auprès d'Homère ;
Et j'y vais demander un tabouret pour moi. »

---

1. Ce buste était, en 1822, chez Mme la marquise de Villette. (B.)

XXXVII.

STANCES[1] _

Sur l'alliance renouvelée entre la France et les cantons helvétiques,
jurée dans l'église de Soleure, le 15 auguste 1877.

Quelle est dans ces lieux saints cette solennité
  Des fiers enfants de la Victoire?
Ils marchent aux autels de la Fidélité,
  De la Valeur, et de la Gloire.

Tels on vit ces héros qui, dans les champs d'Ivry,
Contre la Ligue et Rome, et l'enfer, et sa rage,
  Vengeaient les droits du grand Henri,
  Et l'égalaient dans son courage.

C'est un dieu bienfaisant, c'est un ange de paix
Qui vient renouveler cette auguste alliance.
Je vois des jours nouveaux marqués par des bienfaits,
Par de plus douces mœurs, et la même vaillance.

On joint le caducée au bouclier de Mars,
  Sous les auspices de Vergenne.
O monts helvétiens! vous êtes les remparts
  Des beaux lieux qu'arrose la Seine.

Les meilleurs citoyens sont les meilleurs guerriers.
Ainsi Philadelphie étonne l'Angleterre;
  Elle unit l'olive aux lauriers,
Et défend son pays en condamnant la guerre.

Si le ciel la permet, c'est pour la liberté.
Dieu forma l'homme libre alors qu'il le fit naître;
L'homme, émané des cieux pour l'immortalité,
  N'eut que Dieu pour père et pour maître.

---

1. Ces stances ont été imprimées, pour la première fois, dans le *Journal de politique et de littérature* du 15 octobre 1777. (B.)

On est libre en effet sous d'équitables lois;
Et la félicité, s'il en est dans ce monde,
Est d'être en sûreté, dans une paix profonde,
Avec de tels amis et le meilleur des rois.

XXXVIII.

STANCES OU QUATRAINS,

POUR TENIR LIEU DE CEUX DE PIBRAC, QUI ONT UN PEU VIEILLI.

Tout annonce d'un Dieu l'éternelle existence;
On ne peut le comprendre, on ne peut l'ignorer.
La voix de l'univers annonce sa puissance,
Et la voix de nos cœurs dit qu'il faut l'adorer.

  Mortels, tout est pour votre usage;
  Dieu vous comble de ses présents.
  Ah! si vous êtes son image,
  Soyez comme lui bienfaisants.

Pères, de vos enfants guidez le premier âge;
Ne forcez point leur goût, mais dirigez leurs pas.
Étudiez leurs mœurs, leurs talents, leur courage:
On conduit la nature, on ne la change pas.

Enfant, crains d'être ingrat; sois soumis, doux, sincère:
Obéis si tu veux qu'on t'obéisse un jour.
Vois ton Dieu dans ton père; un Dieu veut ton amour.
Que celui qui t'instruit te soit un nouveau père.

  Qui s'élève trop s'avilit;
  De la vanité naît la honte.
  C'est par l'orgueil qu'on est petit:
  On est grand quand on le surmonte.

  Fuyez l'indolente Paresse;
C'est la rouille attachée aux plus brillants métaux.

STANCES.

L'Honneur, le Plaisir même, est le fils des Travaux ;
Le Mépris et l'Ennui sont nés de la Mollesse.

Ayez de l'ordre en tout : la carrière est aisée
Quand la règle conduit Thémis, Phébus, et Mars ;
La règle austère et sûre est le fil de Thésée
Qui dirige l'esprit au dédale des arts.

L'esprit fut en tout temps le fils de la Nature.
Il faut dans ses atours de la simplicité ;
Ne lui donnez jamais de trop grande parure :
Quand on veut trop l'orner on cache sa beauté.

Soyez vrai, mais discret ; soyez ouvert, mais sage,
Et, sans la prodiguer, aimez la vérité :
    Cachez-la sans duplicité ;
    Osez la dire avec courage.

    Réprimez tout emportement ;
    On se nuit alors qu'on offense ;
    Et l'on hâte son châtiment,
    Quand on croit hâter sa vengeance.

    La politesse est à l'esprit
    Ce que la grâce est au visage :
De la bonté du cœur elle est la douce image
    Et c'est la bonté qu'on chérit.

Le premier des plaisirs et la plus belle gloire,
    C'est de prodiguer les bienfaits :
Si vous en répandez, perdez-en la mémoire ;
Si vous en recevez, publiez-le à jamais.

La dispute est souvent funeste autant que vaine ;
A ces combats d'esprit craignez de vous livrer.
Que le flambeau divin, qui doit vous éclairer,
Ne soit pas en vos mains le flambeau de la haine.

De l'émulation distinguez bien l'envie :
L'une mène à la gloire, et l'autre au déshonneur ;
    L'une est l'aliment du génie,
    Et l'autre est le poison du cœur.

Par un humble maintien, qu'on estime et qu'on aime,
Adoucissez l'aigreur de vos rivaux jaloux.
    Devant eux rentrez en vous-même,
    Et ne parlez jamais de vous.

Toutes les passions s'éteignent avec l'âge ;
    L'amour-propre ne meurt jamais.
Ce flatteur est tyran, redoutez ses attraits,
Et vivez avec lui sans être en esclavage.

FIN DES STANCES.

LE
TEMPLE DU GOUT

(1734)

AVERTISSEMENT

Le Temple du Goût [1] a fait à M. de Voltaire plus d'ennemis peut-être que ceux de ses ouvrages où il a combattu les préjugés les plus puissants et les plus funestes.

On ne pardonna point à l'auteur de *la Henriade*, d'*Œdipe*, de *Brutus*

1. Voltaire lui-même, dans une de ses notes (voyez note 1, page 535), dit que cet ouvrage fut composé en 1731; mais il était encore manuscrit à la fin de 1732, lorsque l'auteur l'envoya à Cideville (voyez sa lettre du 8 décembre 1732). Ce fut en mars ou avril 1733 que *le Temple du Goût* parut imprimé : l'auteur l'avait fait imprimer sans permission; il en convient lui-même dans sa lettre à Thieriot, du 1er mai 1733, où il dit *avoir fait imprimer sans une permission scellée avec de la cire jaune*. Toutes les critiques qu'on en fit, et qui furent présentées à l'approbation du sceau ou de la police, furent arrêtées, ce qui ne les empêcha pas toutes de paraître. Voici celles que j'ai vues :

I. *Observations critiques sur le Temple du Goust*, 1733, in-8° de 16 pages; elles parurent en avril 1733. L'éloge de Roy, qu'on fait dans la dernière phrase, fit attribuer à cet auteur les *Observations*, qui paraissent être de l'abbé Desfontaines, ou tout au moins de son ami Castre d'Auvigny. Une *seconde édition augmentée* parut à la suite de l'*Essai d'apologie*, etc. (voyez n° III).

II. *Lettre de M.*** à son ami. sur le Temple du Goust de M. de Voltaire* (1733), in-8° de 7 pages. Cette *Lettre* est de l'abbé Goujet.

III. *Essai d'apologie des auteurs censurés dans le Temple du Goust de M. de Voltaire*, in-8° de 32 pages, y compris la seconde édition des *Observations critiques*, qui commencent page 15. L'abbé Desfontaines fut au moins l'éditeur de l'*Essai d'apologie*.

IV. *Entretien de deux Gascons à la promenade, sur le Temple du Goust;* à Éphèse, aux dépens des héritiers d'Érostrate, 1733, in-8°, dialogue en vers dont l'auteur est un Provençal nommé Perrin, ancien secrétaire du maréchal de Villars.

V. *Le Temple du Goust*, comédie (par Romagnesi et Nivau), représentée, pour la première fois, par les comédiens italiens ordinaires du roi, le 11 juillet 1733. Paris, Briasson, 1733, in-8°.

VI. *Le Temple du Goust*, comédie, à la Haye, par la compagnie, 1733, in-8° de ij et 34 pages.

Voltaire, dans sa lettre à Thieriot, du 9 février 1736, attribue cette comédie à Delaunay; mais elle est de l'abbé d'Allainval. Quoique portant l'adresse de la Haye, elle avait été imprimée à Mantes, chez Tellier, qui, quelques années auparavant, avait été condamné au carcan par contumace, pour avoir imprimé les *Nouvelles ecclésiastiques*. Lorsqu'il eut obtenu sa grâce, les jésuites lui firent imprimer la comédie antijanséniste intitulée *la Femme docteur*, afin, lui dirent-ils, de réparer le mal qu'il avait fait par l'impression des *Nouvelles ecclésiastiques*.

Dans la comédie de d'Allainval, Voltaire figure sous le nom de Momus; un peret de *Zaïre*, d'oser juger les poëtes du siècle passé, trouver des défauts dans Corneille, dans Racine, dans Despréaux, et apprécier ce qu'on était convenu d'admirer. Cependant un demi-siècle s'est écoulé, et il n'y a peut-être pas un seul des jugements du *Temple du Goût* qui ne soit devenu l'opinion générale des hommes éclairés.

Nous croyons devoir dire un mot des variantes de ce poëme.

La Critique conseillait à M. de Voltaire de ne point faire de vers dans sa vieillesse, et de ne pas aller en Allemagne. Il n'a point profité de ces conseils, et nous y aurions beaucoup perdu s'il avait suivi le premier. Il a laissé subsister ces vers pour éviter apparemment qu'on lui reprochât de les avoir ôtés : mais il a supprimé

> Donnez plus d'intrigue à Brutus,
> Plus de vraisemblance à Zaire;

parce que ces conseils de la Critique étaient moins l'expression de son jugement qu'un sacrifice qu'il faisait à l'opinion publique du moment.

Il a supprimé également quelques louanges qui n'étaient que des compliments de société, et qui, dans un ouvrage lu par toute l'Europe et destiné pour la postérité, auraient contrasté avec les jugements sévères, mais justes, que contient le reste du poëme.

Il n'a pas cru devoir conserver non plus les éloges qu'il avait donnés d'abord au cardinal de Fleury, parce que le cardinal se rendit, peu de temps après, l'instrument de la haine des cagots contre M. de Voltaire, quoiqu'il les méprisât autant que M. de Voltaire lui-même pouvait les mépriser.

Toutes les fois qu'un homme de lettres loue un ministre ou un prince, il conserve le droit d'effacer ses éloges s'ils cessent de les mériter.

K.

sonnage appelé Kafener est évidemment Falkener, à qui est dédiée *Zaïre;* voyez tome Ier, du *Théâtre*, page 547.

Beaucoup d'épigrammes furent lancées contre *le Temple du Goût*. Boindin, qui se reconnut dans Bardus ou Bardou, avait aussi fait une comédie qu'il intitula *Polichinelle sur le Parnasse*, et qu'il lut en plein café. Boindin voulait aussi faire graver un dessin où tous les personnages du *Temple du Goût* figuraient. Polichinelle est au milieu, Rollin est immédiatement au-dessous, ayant à ses côtés les demoiselles Lecouvreur et Sallé; Voltaire était représenté en malade. Le lieu de la scène est orné de seringues et autres instruments des apothicaires. (B.)

Voyez Gustave Desnoiresterres, *Voltaire à Cirey*, pp. 15-18.

LETTRE A M. CIDEVILLE

SUR *LE TEMPLE DU GOUT*[1].

Monsieur, vous avez vu et vous pouvez rendre témoignage comment cette bagatelle fut conçue et exécutée. C'était une plaisanterie de société. Vous y avez eu part comme un autre : chacun fournissait ses idées, et je n'ai guère eu d'autre fonction que celle de les mettre par écrit.

M. de *** disait que c'était dommage que Bayle eût enflé son dictionnaire de plus de deux cents articles de ministres et de professeurs luthériens ou calvinistes; qu'en cherchant l'article de César, il n'avait rencontré que celui de Jean Césarius[2], professeur à Cologne; et qu'au lieu de Scipion, il avait trouvé six grandes pages sur Gaspard Scioppius. De là on concluait, à la pluralité des voix, à réduire Bayle en un seul tome dans la bibliothèque du Temple du Goût.

Vous m'assuriez tous que vous aviez été assez ennuyés en lisant l'*Histoire de l'Académie française;* que vous vous intéressiez fort peu à tous les détails des ouvrages de Balesdens, de Porchères, de Bardin, de Baudoin, de Faret, de Colletet, et d'autres pareils grands hommes, et je vous en crus sur votre parole. On ajoutait qu'il n'y a guère aujourd'hui de femmes d'esprit qui n'écrivent de meilleures lettres que Voiture; on disait que Saint-Évremond n'aurait jamais dû faire de vers, et qu'on ne devait pas imprimer toute sa prose. C'est le sentiment du public éclairé; et moi, qui trouve toujours tous les livres trop longs, et surtout les miens, je réduisais aussitôt tous ces volumes à très-peu de pages.

Je n'étais en tout cela que le secrétaire du public. Si ceux qui

---

1. Voltaire, dans sa lettre à Cideville, du 12 avril 1733, qualifiant de *Préface du Temple du Goût* la *Lettre* qui le précède, j'ai dû la laisser à cette place, et non la porter dans la *Correspondance*. (B.)

2. La manière dont Bayle a écrit ces deux noms les lui a fait placer à quelque distance l'un de l'autre; c'est ce que n'a pas aperçu Voltaire. *Cæsarius* est le premier article de la lettre C; *César* est le soixante-douzième. (B.)

perdent leur cause se plaignent, ils ne doivent pas s'adresser à celui qui a écrit l'arrêt.

Je sais que des politiques ont regardé cette innocente plaisanterie du *Temple du Goût* comme un grave attentat. Ils prétendent qu'il n'y a qu'un malintentionné qui puisse avancer que le château de Versailles n'a que sept croisées de face sur la cour, et soutenir que Le Brun, qui était premier peintre du roi, a manqué de coloris.

Des rigoristes disent qu'il est impie de mettre des filles de l'Opéra, Lucrèce, et des docteurs de Sorbonne, dans *le Temple du Goût*.

Des auteurs auxquels on n'a point pensé crient à la satire, et se plaignent que leurs défauts sont désignés, et leurs grandes beautés passées sous silence ; crime irrémissible qu'ils ne pardonneront de leur vie ; et ils appellent *le Temple du Goût* un libelle diffamatoire.

On ajoute qu'il est d'une âme noire de ne louer personne sans un petit correctif, et que, dans cet ouvrage dangereux, nous n'avons jamais manqué de faire quelque égratignure à ceux que nous avons caressés.

Je répondrai en deux mots à cette accusation : Qui loue tout n'est qu'un flatteur ; celui-là seul sait louer, qui loue avec restriction.

Ensuite, pour mettre de l'ordre dans nos idées, comme il convient dans ce siècle éclairé, je dirai qu'il faudrait un peu distinguer entre la critique, la satire, et le libelle.

Dire que le *Traité des Études*[1] est un livre à jamais utile, et que par cette raison même il en faut retrancher quelques plaisanteries et quelques familiarités peu convenables à ce sérieux ouvrage ; dire que *les Mondes*[2] est un livre charmant et unique, et qu'on est fâché d'y trouver que le jour est une beauté blonde, et la nuit une beauté brune, et d'autres petites douceurs : voilà, je crois, de la critique.

Que Despréaux ait écrit[3],

> Si je pense exprimer un auteur sans défaut,
> La raison dit Virgile, et la rime Quinault ;

c'est de la satire, et de la satire même assez injuste en tous sens

---

1. Par Rollin.
2. *Entretiens sur la pluralité des mondes*, par Fontenelle, publiés pour a première fois en 1686.
3. Satire II, vers 19-20.

(avec le respect que je lui dois) ; car la rime de défaut n'est point assez belle pour rimer avec Quinault ; et il est aussi peu vrai de dire que Virgile est sans défaut, que de dire que Quinault est sans naturel et sans grâces.

Les couplets de Rousseau, *le Masque de Laverne* [1], et telle autre horreur, certains ouvrages de Gacon ; voilà ce qui s'appelle un libelle diffamatoire.

Tous les honnêtes gens qui pensent sont critiques, les malins sont satiriques, les pervers font des libelles ; et ceux qui ont fait avec moi *le Temple du Goût* ne sont assurément ni malins ni méchants.

Enfin voilà ce qui nous amusa pendant plus de quinze jours. Les idées se succédaient les unes aux autres ; on changeait tous les soirs quelque chose, et cela a produit sept ou huit Temples du Goût absolument différents [2].

Un jour nous y mettions les étrangers, le lendemain nous n'admettions que les Français. Les Maffei, les Pope, les Bononcini, ont perdu à cela plus de cinquante vers, qui ne sont pas fort à regretter. Quoi qu'il en soit, cette plaisanterie n'était point du tout faite pour être publique.

Une des plus mauvaises et des plus infidèles copies d'un des plus négligés brouillons de cette bagatelle, ayant couru dans le monde, a été imprimée sans mon aveu ; et celui qui l'a donnée, quel qu'il soit, a très-grand tort.

Peut-être fait-on plus mal encore de donner cette nouvelle édition ; il ne faut jamais prendre le public pour confident de ses amusements : mais la sottise est faite, et c'est un des cas où l'on ne peut faire que des fautes.

Voici donc une faute nouvelle ; et le public aura une petite esquisse (si cela même peut en mériter le nom), telle qu'elle a été faite dans une société où l'on savait s'amuser sans la ressource du jeu, où l'on cultivait les belles-lettres sans esprit de parti, où l'on aimait la vérité plus que la satire, et où l'on savait louer sans flatterie.

S'il avait été question de faire un traité du Goût, on aurait prié les de Cotte et les Boffrand de parler d'architecture, les Coypel de définir leur art avec esprit, les Destouches de dire quelles sont les grâces de la musique, les Crébillon de peindre

---

1. C'est le titre d'une des *Allégories* de J.-B. Rousseau, qui, dans plusieurs éditions, est intitulée *la Francinade*.
2. Voyez les variantes.

la terreur qui doit animer le théâtre : pour peu que chacun d'eux eût voulu dire ce qu'il sait, cela aurait fait un gros in-folio. Mais on s'est contenté de mettre en général les sentiments du public dans un petit écrit sans conséquence, et je me suis chargé uniquement de tenir la plume.

Il me reste à dire un mot sur notre jeune noblesse, qui emploie l'heureux loisir de la paix à cultiver les lettres et les arts; bien différente en cela des augustes Visigoths, leurs ancêtres, qui ne savaient pas signer leurs noms. S'il y a encore dans notre nation si polie quelques barbares et quelques mauvais plaisants qui osent désapprouver des occupations si estimables, on peut assurer qu'ils en feraient autant s'ils le pouvaient. Je suis très-persuadé que quand un homme ne cultive point un talent, c'est qu'il ne l'a pas; qu'il n'y a personne qui ne fît des vers s'il était né poëte, et de la musique s'il était né musicien.

Il faut seulement que les graves critiques, aux yeux desquels il n'y a d'amusement honorable dans le monde que le lansquenet et le biribi, sachent que les courtisans de Louis XIV, au retour de la conquête de Hollande, en 1672, dansèrent à Paris sur le théâtre de Lulli, dans le jeu de paume de Bellcaire, avec les danseurs de l'Opéra, et que l'on n'osa pas en murmurer. A plus forte raison doit-on, je crois, pardonner à la jeunesse d'avoir eu de l'esprit dans un âge où l'on ne connaissait que la débauche.

Omne tulit punctum qui miscuit utile dulci [1].

Je suis, etc.

---

[1]. Horace, *de Arte poetica*, vers 343.

LE TEMPLE DU GOUT [1]

Le cardinal oracle de la France,
Non ce Mentor qui gouverne aujourd'hui,
Mais ce Nestor qui du Pinde est l'appui,
Qui des savants a passé l'espérance,
Qui les soutient, qui les anime tous,
Qui les éclaire, et qui règne sur nous
Par les attraits de sa douce éloquence;
Ce cardinal qui sur un nouveau ton
En vers latins fait parler la sagesse,
Réunissant Virgile avec Platon,
Vengeur du ciel, et vainqueur de Lucrèce [2];

ce cardinal, enfin, que tout le monde doit reconnaître à ce portrait, me dit un jour qu'il voulait que j'allasse avec lui au Temple du Goût. « C'est un séjour, me dit-il, qui ressemble au *Temple de l'Amitié* [3], dont tout le monde parle, où peu de gens vont, et que la plupart de ceux qui y voyagent n'ont presque jamais bien examiné. »

Je répondis avec franchise :
« Hélas! je connais assez peu
Les lois de cet aimable dieu;
Mais je sais qu'il vous favorise.

---

1. Cet ouvrage fut composé en 1731. Il en a été fait plusieurs éditions; celle-ci est incomparablement la meilleure, la plus ample, et la plus correcte. (*Note de Voltaire*, édition de 1748.) — Voyez la note de la page 549.
2. *L'Anti-Lucrèce* n'avait point encore été imprimé; mais on en connaissait quelques morceaux, et cet ouvrage avait une très-grande réputation. (*Id.*, 1752.)
— Lorsque Voltaire appela le cardinal de Polignac *vainqueur de Lucrèce*, ce fut après avoir entendu seulement vingt vers que l'auteur de *l'Anti-Lucrèce* lui avait lus, et qui semblaient fort beaux à l'auditeur. Voyez la lettre à Mme du Deffant, du 13 octobre 1759, où *l'Anti-Lucrèce* est appelé poëme sans poésie et philosophie sans raison. La première édition de *l'Anti-Lucrèce* est de 1745. (B.)
3. Voltaire a fait un ouvrage sous ce titre : voyez tome IX, page 372.

>   Entre vos mains il a remis
>   Les clefs de son beau paradis ;
>   Et vous êtes, à mon avis,
>   Le vrai pape de cette église :
>   Mais de l'autre pape et de vous
>   (Dût Rome se mettre en courroux)
>   La différence est bien visible ;
>   Car la Sorbonne ose assurer
>   Que le saint-père peut errer,
>   Chose, à mon sens, assez possible ;
>   Mais pour moi, quand je vous entends
>   D'un ton si doux et si plausible
>   Débiter vos discours brillants,
>   Je vous croirais presque infaillible.

— Ah ! me dit-il, l'infaillibilité est à Rome pour les choses qu'on ne comprend point, et dans le Temple du Goût pour les choses que tout le monde croit entendre. Il faut absolument que vous veniez avec moi. — Mais, insistai-je encore, si vous me menez avec vous, je m'en vanterai à tout le monde.

>   Sur ce petit pèlerinage
>   Aussitôt on demandera
>   Que je compose un gros ouvrage.
>   Voltaire simplement fera
>   Un récit court, qui ne sera
>   Qu'un très-frivole badinage.
>   Mais son récit on frondera ;
>   A la cour on murmurera ;
>   Et dans Paris on me prendra
>   Pour un vieux conteur de voyage
>   Qui vous dit d'un air ingénu
>   Ce qu'il n'a ni vu ni connu,
>   Et qui vous ment à chaque page. »

Cependant, comme il ne faut jamais se refuser un plaisir honnête dans la crainte de ce que les autres en pourront penser, je suivis le guide qui me faisait l'honneur de me conduire.

>   Cher Rothelin [1], vous fûtes du voyage,
>   Vous que le goût ne cesse d'inspirer,

---

1. L'abbé de Rothelin, de l'Académie française. (*Note de Voltaire*, 1752.)
— Charles d'Orléans de Rothelin, descendant de Dunois, était aussi de l'Académie des inscriptions. Né en 1691, il est mort en 1744. (B.)

LE TEMPLE DU GOUT.

> Vous dont l'esprit si délicat, si sage,
> Vous dont l'exemple a daigné me montrer
> Par quels chemins on peut sans s'égarer
> Chercher ce goût, ce dieu que dans cet âge
> Maints beaux esprits font gloire d'ignorer.

Nous rencontrâmes en chemin bien des obstacles. D'abord nous trouvâmes MM. Baldus, Scioppius, Lexicocrassus, Scriblerius ; une nuée de commentateurs qui restituaient des passages, et qui compilaient de gros volumes à propos d'un mot qu'ils n'entendaient pas.

> Là j'aperçus les Dacier, les Saumaises [1],
> Gens hérissés de savantes fadaises,
> Le teint jauni, les yeux rouges et secs,
> Le dos courbé sous un tas d'auteurs grecs,
> Tout noircis d'encre, et coiffés de poussière.
> Je leur criai de loin par la portière :
> « N'allez-vous pas dans le Temple du Goût
> Vous décrasser ? — Nous, messieurs ? point du tout ;
> Ce n'est pas là, grâce au ciel, notre étude :
> Le goût n'est rien ; nous avons l'habitude
> De rédiger au long de point en point
> Ce qu'on pensa ; mais nous ne pensons point. »

Après cet aveu ingénu, ces messieurs voulurent absolument

---

1. Dacier avait une littérature fort grande : il connaissait tout des anciens, hors la grâce et la finesse : ses commentaires ont partout de l'érudition, et jamais de goût ; il traduit grossièrement les délicatesses d'Horace.
Si Horace I, 5) dit à sa maîtresse :

> Miseri, quibus
> Intentata nites !

Dacier dit : « Malheureux ceux qui se laissent attirer par cette bonace, sans vous connaître ! » Il traduit

> Nunc est bibendum, nunc pede libero
> Pulsanda tellus (I, 37).

« C'est à présent qu'il faut boire, et que sans rien craindre il faut danser de toute sa force ; »

> Mox juniores quærit adulteros (III, 6),

« Elles ne sont pas plutôt mariées qu'elles cherchent de nouveaux galants. » Mais quoiqu'il défigure Horace, et que ses notes soient d'un savant peu spirituel, son livre est plein de recherches utiles, et on loue son travail en voyant son peu de génie. (*Note de Voltaire*, 1733.)

Saumaise est un auteur savant qu'on ne lit plus guère. Il commence ainsi sa défense du roi d'Angleterre Charles Ier : « Anglais, qui vous renvoyez les têtes des rois comme des *balles de paume*, qui jouez à la *boule* avec des *couronnes*, et qui vous servez de *sceptres comme de marottes*. » (*Id.*, 1742.)

nous faire lire certains passages de Dictys de Crète et de Métrodore de Lampsaque, que Scaliger avait estropiés. Nous les remerciâmes de leur courtoisie, et nous continuâmes notre chemin. Nous n'eûmes pas fait cent pas, que nous trouvâmes un homme entouré de peintres, d'architectes, de sculpteurs, de doreurs, de faux connaisseurs, de flatteurs. Ils tournaient le dos au Temple du Goût.

> D'un air content l'orgueil se reposait,
> Se pavanait sur son large visage ;
> Et mon Crassus tout en ronflant disait :
> « J'ai beaucoup d'or, de l'esprit davantage ;
> Du goût, messieurs, j'en suis pourvu sur tout ;
> Je n'appris rien, je me connais à tout ;
> Je suis un aigle en conseil, en affaires ;
> Malgré les vents, les rocs, et les corsaires,
> J'ai dans le port fait aborder ma nef :
> Partant il faut qu'on me bâtisse en bref
> Un beau palais fait pour moi, c'est tout dire,
> Où tous les arts soient en foule entassés,
> Où tout le jour je prétends qu'on m'admire.
> L'argent est prêt ; je parle, obéissez. »
> Il dit, et dort. Aussitôt la canaille
> Autour de lui s'évertue et travaille.
> Certain maçon, en Vitruve érigé,
> Lui trace un plan d'ornements surchargé,
> Nul vestibule, encor moins de façade ;
> Mais vous aurez une longue enfilade ;
> Vos murs seront de deux doigts d'épaisseur,
> Grands cabinets, salon sans profondeur,
> Petits trumeaux, fenêtres à ma guise,
> Que l'on prendra pour des portes d'église ;
> Le tout boisé, verni, blanchi, doré,
> Et des badauds à coup sûr admiré.
> « Réveillez-vous, monseigneur, je vous prie,
> Criait un peintre ; admirez l'industrie
> De mes talents ; Raphaël n'a jamais
> Entendu l'art d'embellir un palais :
> C'est moi qui sais ennoblir la nature ;
> Je couvrirai plafonds, voûte, voussure,
> Par cent magots travaillés avec soin,
> D'un pouce ou deux, pour être vus de loin. »
> Crassus s'éveille ; il regarde, il rédige,
> A tort, à droit, règle, approuve, corrige.
> A ses côtés un petit curieux,
> Lorgnette en main, disait : « Tournez les yeux,

Voyez ceci, c'est pour votre chapelle;
Sur ma parole achetez ce tableau,
C'est Dieu le père en sa gloire éternelle,
Peint galamment dans le goût de Wateau [1]. »

Et cependant un fripon de libraire,
Des beaux esprits écumeur mercenaire,
Tout Bellegarde à ses yeux étalait,
Gacon, Le Noble, et jusqu'à Desfontaines,
Recueils nouveaux, et journaux à centaines :
Et monseigneur voulait lire, et bâillait.

Je crus en être quitte pour ce petit retardement, et que nous allions arriver au temple sans autre mauvaise fortune : mais la route est plus dangereuse que je ne pensais. Nous trouvâmes bientôt une nouvelle embuscade.

Tel un dévot infatigable,
Dans l'étroit chemin du salut,
Est cent fois tenté par le diable
Avant d'arriver à son but.

C'était un concert que donnait un homme de robe, fou de la musique, qu'il n'avait jamais apprise, et encore plus fou de la musique italienne, qu'il ne connaissait que par de mauvais airs inconnus à Rome, et estropiés en France par quelques filles de l'Opéra.

Il faisait exécuter alors un long récitatif français, mis en musique par un Italien qui ne savait pas notre langue. En vain on lui remontra que cette espèce de musique, qui n'est qu'une déclamation notée, est nécessairement asservie au génie de la langue, et qu'il n'y a rien de si ridicule que des scènes françaises chantées à l'italienne, si ce n'est de l'italien chanté dans le goût français.

« La nature féconde, ingénieuse, et sage,
Par ses dons partagés ornant cet univers,
Parle à tous les humains, mais sur des tons divers.
Ainsi que son esprit tout peuple a son langage,
Ses sons et ses accents à sa voix ajustés,
Des mains de la nature exactement notés :

---

1. Wateau est un peintre flamand qui a travaillé à Paris, où il est mort il y a quelques années. Il a réussi dans les petites figures qu'il a dessinées, et qu'il a très-bien groupées; mais il n'a jamais rien fait de grand, il en était incapable. (*Note de Voltaire*, 1733.) — Il est mort à Nogent-sur-Marne en 1721. (B.)

> L'oreille heureuse et fine en sent la différence.
> Sur le ton des Français il faut chanter en France.
> Aux lois de notre goût Lulli sut se ranger;
> Il embellit notre art, au lieu de le changer. »

A ces paroles judicieuses, mon homme répondit en secouant la tête. « Venez, venez, dit-il ; on va vous donner du neuf. » Il fallut entrer, et voilà son concert qui commence.

> Du grand Lulli vingt rivaux fanatiques,
> Plus ennemis de l'art et du bon sens,
> Défiguraient sur des tons glapissants
> Des vers français en fredons italiques.
> Une bégueule en lorgnant se pâmait;
> Et certain fat, ivre de sa parure,
> En se mirant chevrotait, fredonnait,
> Et, de l'index battant faux la mesure,
> Criait bravo lorsque l'on détonnait.

Nous sortîmes au plus vite : ce ne fut qu'au travers de bien des aventures pareilles que nous arrivâmes enfin au Temple du Goût.

> Jadis en Grèce on en posa
> Le fondement ferme et durable,
> Puis jusqu'au ciel on exhaussa
> Le faîte de ce temple aimable :
> L'univers entier l'encensa.
> Le Romain, longtemps intraitable,
> Dans ce séjour s'apprivoisa ;
> Le musulman, plus implacable,
> Conquit le temple, et le rasa [1].
> En Italie on ramassa
> Tous les débris que l'infidèle
> Avec fureur en dispersa.
> Bientôt François Premier osa
> En bâtir un sur ce modèle ;
> Sa postérité méprisa
> Cette architecture si belle.
>   Richelieu vint, qui répara
> Le temple abandonné par elle.
> Louis le Grand le décora :

---

1. Quand Mahomet II prit Constantinople en 1453, tous les Grecs qui cultivaient les arts se réfugièrent en Italie. Ils y furent principalement accueillis par les maisons de Médicis, d'Este et de Bentivoglio, à qui l'Italie doit sa politesse et sa gloire. (*Note de Voltaire*, 1733.)

Colbert, son ministre fidèle,
Dans ce sanctuaire attira
Des beaux-arts la troupe immortelle.
L'Europe jalouse admira
Ce temple en sa beauté nouvelle ;
Mais je ne sais s'il durera.
　　Je pourrais décrire ce temple,
Et détailler les ornements
Que le voyageur y contemple ;
Mais n'abusons point de l'exemple
De tant de faiseurs de romans ;
Surtout fuyons le verbiage
De monsieur de Félibien [1],
Qui noie éloquemment un rien
Dans un fatras de beau langage.
Cet édifice précieux
N'est point chargé des antiquailles
Que nos très-gothiques aïeux
Entassaient autour des murailles
De leurs temples, grossiers comme eux [2] :
Il n'a point les défauts pompeux
De la chapelle de Versaille [3],
Ce colifichet fastueux,
Qui du peuple éblouit les yeux,
Et dont le connaisseur se raille.

Il est plus aisé de dire ce que ce temple n'est pas, que de faire connaître ce qu'il est. J'ajouterai seulement, en général, pour éviter la difficulté :

Simple en était la noble architecture ;
Chaque ornement, à sa place arrêté,
Y semblait mis par la nécessité :
L'art s'y cachait sous l'air de la nature ;
L'œil satisfait embrassait sa structure,
Jamais surpris, et toujours enchanté [4].

1. Félibien a fait, sur la peinture, cinq volumes, où on trouve moins de choses que dans le seul volume de Piles. (*Note de Voltaire*, édition d'Amsterdam.)

2. Le portail de Notre-Dame est chargé de plus d'ornements qu'on n'en voit dans les bâtiments de Michel-Ange, de Palladio, et du vieux Mansard. (*Id.*, 1733.)

3. La chapelle de Versailles n'est dans aucune proportion : elle est longue et étroite à un excès ridicule. (*Id.*, 1733.)

4. Quand on entre dans un édifice bâti selon les véritables règles de l'architecture, toutes les proportions étant observées, rien ne paraît ni trop grand, ni trop petit, et le tout semble s'agrandir insensiblement à mesure qu'on le considère ; il arrive tout le contraire dans les monuments gothiques. (*Id.*, 1733.)

Le temple était environné d'une foule de virtuoses, d'artistes, et de juges de toute espèce, qui s'efforçaient d'entrer, mais qui n'entraient point :

> Car la Critique, à l'œil sévère et juste,
> Gardant les clefs de cette porte auguste,
> D'un bras d'airain fièrement repoussait
> Le peuple goth qui sans cesse avançait.

Oh ! que d'hommes considérables, que de gens du bel air, qui président si impérieusement à de petites sociétés, ne sont point reçus dans ce temple, malgré les dîners qu'ils donnent aux beaux esprits, et malgré les louanges qu'ils reçoivent dans les journaux !

> On ne voit point dans ce pourpris
> Les cabales toujours mutines
> De ces prétendus beaux esprits
> Qu'on vit soutenir dans Paris
> Les Pradons et les Scudéris [1]
> Contre les immortels écrits
> Des Corneilles et des Racines.

On repoussait aussi rudement ces ennemis obscurs de tout mérite éclatant, ces insectes de la société, qui ne sont aperçus que parce qu'ils piquent. Ils auraient envié également Rocroy au grand Condé, Denain à Villars, et *Polyeucte* à Corneille ; ils auraient exterminé Le Brun pour avoir fait le tableau de la famille de Darius. Ils ont forcé le célèbre Le Moine à se tuer pour avoir fait l'admirable salon d'Hercule. Ils ont toujours dans les mains la ciguë que leurs pareils firent boire à Socrate.

> L'Orgueil les engendra dans les flancs de l'Envie.
> L'Intérêt, le Soupçon, l'infâme Calomnie,
> Et souvent les dévots, monstres plus odieux,
> Entr'ouvrent en secret d'un air mystérieux

---

1. Scudéri était, comme de raison, ennemi déclaré de Corneille. Il avait une cabale qui le mettait fort au-dessus de ce père du théâtre. Il y a encore un mauvais ouvrage de Sarrasin fait pour prouver que je ne sais quelle pièce de Scudéri, nommée *l'Amour tyrannique*, était le chef-d'œuvre de la scène française. Ce Scudéri se vantait qu'il y avait eu quatre portiers tués à une de ses pièces, et il disait qu'il ne céderait à Corneille qu'en cas qu'on eût tué cinq portiers au *Cid* et aux *Horaces*.

A l'égard de Pradon, on sait que sa *Phèdre* fut d'abord beaucoup mieux reçue que celle de Racine, et qu'il fallut du temps pour faire céder la cabale au mérite. (*Note de Voltaire*, 1733.)

Les portes des palais à leur cabale impie.
C'est là que d'un Midas ils fascinent les yeux;
Un fat leur applaudit, un méchant les appuie :
Le mérite indigné, qui se tait devant eux,
Verse en secret des pleurs, que le temps seul essuie.

Ces lâches persécuteurs s'enfuirent en voyant paraître mes deux guides. Leur fuite précipitée fit place à un spectacle plus plaisant : c'était une foule d'écrivains de tout rang, de tout état, et de tout âge, qui grattaient à la porte, et qui priaient la Critique de les laisser entrer. L'un apportait un roman mathématique, l'autre une harangue à l'Académie; celui-ci venait de composer une comédie métaphysique, celui-là tenait un petit recueil de ses poésies, imprimé depuis longtemps incognito, avec une longue approbation[1] et un privilége. Cet autre venait présenter un mandement en style précieux, et était tout surpris qu'on se mît à rire au lieu de lui demander sa bénédiction. « Je suis le révérend P. Albertus Garassus, disait un moine noir; je prêche mieux que Bourdaloue : car jamais Bourdaloue ne fit brûler de livres; et moi j'ai déclamé avec tant d'éloquence contre Pierre Bayle, dans une petite province toute pleine d'esprit, j'ai touché tellement les auditeurs, qu'il y en eut six qui brûlèrent chacun leur Bayle. Jamais l'éloquence n'obtint un si beau triomphe. — Allez, frère Garassus, lui dit la Critique, allez, barbare; sortez du Temple du Goût; sortez de ma présence, Visigoth moderne, qui avez insulté celui que j'ai inspiré. — J'apporte ici *Marie Alacoque*, disait un homme fort grave[2]. — Allez souper avec elle, répondit la déesse. »

Un raisonneur avec un fausset aigre
Criait : « Messieurs, je suis ce juge intègre
Qui toujours parle, arguë, et contredit;
Je viens siffler tout ce qu'on applaudit. »
Lors la Critique apparut, et lui dit :
« Ami Bardou, vous êtes un grand maître,
Mais n'entrerez en cet aimable lieu;

---

1. La plupart des mauvais livres sont imprimés avec des approbations pleines d'éloges. Les censeurs des livres manquent en cela de respect au public. Leur devoir n'est pas de dire si un livre est bon, mais s'il n'y a rien contre l'État. (*Note de Voltaire*, 1733.) — Dans l'édition de 1742, l'auteur réduisit sa note à ces mots : « Beaucoup de mauvais livres sont imprimés avec des approbations pleines d'éloges. » (B.)

2. Languet de Gergy (Jean-Joseph), évêque de Soissons en 1715, et archevêque de Sens en 1730, auteur de la *Vie de la vénérable mère Marguerite-Marie* (née Alacoque), 1729, in-4°.

Vous y venez pour fronder notre dieu :
Contentez-vous de ne le pas connaître. »

M. Bardou[1] se mit alors à crier : « Tout le monde est trompé et le sera; il n'y a point de dieu du Goût, et voici comme je le prouve. » Alors il proposa, il divisa, il subdivisa, il distingua, il résuma; personne ne l'écouta, et l'on s'empressait à la porte plus que jamais.

Parmi les flots de la foule insensée
De ce parvis obstinément chassée,
Tout doucement venait Lamotte-Houdard[2],
Lequel disait d'un ton de papelard :
« Ouvrez, messieurs, c'est mon *Œdipe* en prose.
Mes vers sont durs, d'accord, mais forts de chose[3] :
De grâce, ouvrez; je veux à Despréaux
Contre les vers dire avec goût deux mots. »

La Critique le reconnut à la douceur de son maintien et à la dureté de ses derniers vers, et elle le laissa quelque temps entre Perrault et Chapelain, qui assiégeaient la porte depuis cinquante ans, en criant contre Virgile.

Dans le moment arriva un autre versificateur, soutenu par deux petits satyres, et couvert de lauriers et de chardons.

« Je viens, dit-il[4], pour rire et pour m'ébattre,
Me rigolant, menant joyeux déduit,
Et jusqu'au jour faisant le diable à quatre.

— Qu'est-ce que j'entends là ? dit la Critique. — C'est moi, reprit le rimeur. J'arrive d'Allemagne pour vous voir, et j'ai pris la saison du printemps :

---

1. Bardou est le nom d'un méchant poëte ridiculisé par Boileau. Voltaire, dans son *Siècle de Louis XIV* (Catalogue des écrivains, article Lamotte), apprend que sous le nom de Bardou c'est Boindin qu'il a voulu peindre. (B.)

2. Houdard de Lamotte fit, en 1728, un *OEdipe* en prose et un *OEdipe* en vers. A l'égard de son *OEdipe* en prose, personne, que je sache, n'a pu le lire. Son *OEdipe* en vers fut joué trois fois. Il est imprimé avec ses autres œuvres dramatiques, et l'auteur a eu soin de mettre dans un avertissement que cette pièce a été interrompue au milieu du plus grand succès. (*Note de Voltaire*, 1733.) Cet auteur a fait d'autres ouvrages estimés, quelques odes très-belles, de jolis opéras, et des dissertations très-bien écrites. (*Id.*, 1739.)

3. Fontenelle avait appelé Lamotte un poëte fort de choses. (B.)

4. Vers de Rousseau. (*Note de Voltaire*, 1739.) — Ces vers sont dans l'*Épithalame* qui fait partie de ses Œuvres. (B.)

> Car les jeunes zéphirs, de leurs chaudes haleines,
> Ont fondu l'écorce des eaux [1]. »

Plus il parlait ce langage, moins la porte s'ouvrait. « Quoi ! l'on me prend donc, dit-il,

> Pour [2] une grenouille aquatique,
> Qui du fond d'un petit thorax
> Va chantant, pour toute musique,
> Brekeke, kake, koax, koax, koax ?

— Ah, bon Dieu ! s'écria la Critique, quel horrible jargon ! » Elle ne put d'abord reconnaître celui qui s'exprimait ainsi. On lui dit que c'était Rousseau, dont les muses avaient changé la voix, en punition de ses méchancetés : elle ne pouvait le croire, et refusait d'ouvrir.

Elle ouvrit pourtant en faveur de ses premiers vers ; mais elle s'écria :

> « O vous, messieurs les beaux esprits,
> Si vous voulez être chéris
> Du dieu de la double montagne,
> Et que toujours dans vos écrits
> Le dieu du goût vous accompagne,
> Faites tous vos vers à Paris,
> Et n'allez point en Allemagne. »

Puis, me faisant approcher, elle me dit tout bas : « Tu le connais ; il fut ton ennemi, et tu lui rends justice [3].

> Tu vis sa muse indifférente,
> Entre l'autel et le fagot,
> Manier d'une main savante
> De David la harpe imposante,
> Et le flageolet de Marot.
> Mais n'imite pas la faiblesse
> Qu'il eut de rimer trop longtemps :
> Les fruits des rives du Permesse
> Ne croissent que dans le printemps,

---

1. Vers de Rousseau. (*Note de Voltaire*, 1739.) — Livre III, ode VII, strophe 1. (B.)
2. Vers de Rousseau. (*Note de Voltaire*, 1739.) — Dans la fable intitulée *le Rossignol et la Grenouille*. (B.)
3. Tout le monde ne fut pas de l'avis de la Critique, et bien des gens trouvèrent au moins la « justice » rigoureuse. Brossette, à qui tous les livres nouveaux étaient dépêchés à mesure qu'ils paraissaient, écrit au président Bouhier : « Je parierais bien que Voltaire a entrepris principalement cette satire pour se venger de Rousseau, qui y est cruellement et, j'ose le dire, injustement traité. »

> Et la froide et triste vieillesse
> N'est faite que pour le bon sens. »

Après m'avoir donné cet avis, la Critique décida que Rousseau passerait devant Lamotte en qualité de versificateur, mais que Lamotte aurait le pas toutes les fois qu'il s'agirait d'esprit et de raison.

Ces deux hommes si différents n'avaient pas fait quatre pas que l'un pâlit de colère, et l'autre tressaillit de joie, à l'aspect d'un homme qui était depuis longtemps dans ce temple, tantôt à une place, tantôt à une autre.

> C'était le discret Fontenelle,
> Qui, par les beaux-arts entouré,
> Répandait sur eux, à son gré,
> Une clarté douce et nouvelle.
> D'une planète, à tire-d'aile,
> En ce moment il revenait
> Dans ces lieux où le Goût tenait
> Le siège heureux de son empire :
> Avec Quinault il badinait;
> Avec Mairan il raisonnait;
> D'une main légère il prenait
> Le compas, la plume, et la lyre.

« Eh quoi! s'écria Rousseau, je verrai ici cet homme contre qui j'ai fait tant d'épigrammes! Quoi! le bon Goût souffrira dans son temple l'auteur des *Lettres du ch. d'Her....*, d'une Passion d'automne, d'un Clair de lune, d'un Ruisseau amant de la prairie, de la tragédie d'*Aspar*, d'*Endymion*, etc.! — Hé! non, dit la Critique ; ce n'est pas l'auteur de tout cela que tu vois; c'est celui des *Mondes*, livre qui aurait dû t'instruire ; de *Thétis et Pélée*, opéra qui excite inutilement ton envie ; de l'Histoire de l'académie des sciences, que tu n'es pas à portée d'entendre. »

Rousseau alla faire une épigramme ; et Fontenelle le regarda avec cette compassion philosophique qu'un esprit éclairé et étendu ne peut s'empêcher d'avoir pour un homme qui ne sait que rimer ; et il alla prendre tranquillement sa place entre Lucrèce et Leibnitz [1]. Je demandai pourquoi Leibnitz était là : on

---

1. Leibnitz, né à Leipsick le 23 juin 1646, mort à Hanovre le 14 novembre 1716. Nul homme de lettres n'a fait tant d'honneur à l'Allemagne. Il était plus universel que Newton, quoiqu'il n'ait peut-être pas été si grand mathématicien. Il joignait à une profonde étude de toutes les parties de la physique un grand goût pour les

me répondit que c'était pour avoir fait d'assez bons vers latins, quoiqu'il fût métaphysicien et géomètre, et que la Critique le souffrait en cette place pour tâcher d'adoucir, par cet exemple, l'esprit dur de la plupart de ses confrères.

Cependant la Critique, se tournant vers l'auteur des *Mondes*, lui dit : « Je ne vous reprocherai pas certains ouvrages de votre jeunesse, comme font ces cyniques jaloux ; mais je suis la Critique, vous êtes chez le dieu du Goût, et voici ce que je vous dis de la part de ce dieu, du public, et de la mienne ; car nous sommes à la longue toujours tous trois d'accord :

> Votre muse sage et riante
> Devrait aimer un peu moins l'art :
> Ne la gâtez point par le fard ;
> Sa couleur est assez brillante. »

A l'égard de Lucrèce, il rougit d'abord en voyant le cardinal son ennemi ; mais à peine l'eut-il entendu parler, qu'il l'aima ; il courut à lui, et lui dit en très-beaux vers latins ce que je traduis ici en assez mauvais vers français :

> « Aveugle que j'étais ! je crus voir la nature ;
> Je marchai dans la nuit, conduit par Épicure ;
> J'adorai comme un dieu ce mortel orgueilleux
> Qui fit la guerre au ciel, et détrôna les dieux.
> L'âme ne me parut qu'une faible étincelle
> Que l'instant du trépas dissipe dans les airs.
> Tu m'as vaincu : je cède ; et l'âme est immortelle,
> Aussi bien que ton nom, mes écrits, et tes vers. »

Le cardinal répondit à ce compliment très-flatteur dans la langue de Lucrèce. Tous les poëtes latins qui étaient là le prirent pour un ancien Romain, à son air et à son style ; mais les poëtes français sont fort fâchés qu'on fasse des vers dans une langue qu'on ne parle plus, et disent que, puisque Lucrèce, né à Rome, embellissait Épicure en latin, son adversaire, né à Paris, devait le combattre en français. Enfin, après beaucoup de ces retardements agréables, nous arrivâmes jusqu'à l'autel et jusqu'au trône du dieu du Goût.

---

belles-lettres ; il faisait même des vers français. Il a paru s'égarer en métaphysique ; mais il a cela de commun avec tous ceux qui ont voulu faire des systèmes. Au reste, il dut sa fortune à sa réputation. Il jouissait de grosses pensions de l'empereur d'Allemagne, de celui de Moscovie, du roi d'Angleterre, et de plusieurs autres souverains. (*Note de Voltaire*, 1733.)

Je vis ce dieu qu'en vain j'implore,
Ce dieu charmant que l'on ignore
Quand on cherche à le définir;
Ce dieu qu'on ne sait point servir
Quand avec scrupule on l'adore;
Que La Fontaine fait sentir,
Et que Vadius cherche encore.
Il se plaisait à consulter
Ces grâces simples et naïves
Dont la France doit se vanter;
Ces grâces piquantes et vives
Que les nations attentives
Voulurent souvent imiter;
Qui de l'art ne sont point captives;
Qui régnaient jadis à la cour,
Et que la nature et l'amour
Avaient fait naître sur nos rives.
Il est toujours environné
De leur troupe tendre et légère;
C'est par leurs mains qu'il est orné,
C'est par leurs charmes qu'il sait plaire;
Elles-mêmes l'ont couronné
D'un diadème qu'au Parnasse
Composa jadis Apollon
Du laurier du divin Maron,
Du lierre et du myrte d'Horace,
Et des roses d'Anacréon.

Sur son front règne la sagesse;
Le sentiment et la finesse
Brillent tendrement dans ses yeux;
Son air est vif, ingénieux :
Il vous ressemble enfin, Sylvie,
A vous que je ne nomme pas,
De peur des cris et des éclats
De cent beautés que vos appas
Font dessécher de jalousie.

Non loin de lui, Rollin dictait [1]

---

1. Charles Rollin, ancien recteur de l'Université et professeur royal, est le premier homme de l'Université qui ait écrit purement en français pour l'instruction de la jeunesse, et qui ait recommandé l'étude de notre langue, si nécessaire, et cependant si négligée dans les écoles. Son livre du *Traité des études* respire le bon goût et la saine littérature presque partout. On lui reproche seulement de descendre dans des minuties. Il ne s'est guère éloigné du bon goût que quand il a voulu plaisanter (t. III, liv. VI, part. III, chap. 2, art. I, sect. I) en parlant de Cyrus : « Aussitôt, dit-il, on équipe le petit Cyrus en échanson; il s'avance gravement, la serviette sur l'épaule, et tenant la coupe délicatement entre trois doigts...

LE TEMPLE DU GOUT.

Quelques leçons à la jeunesse,
Et, quoique en robe, on l'écoutait,
Chose assez rare à son espèce.
Près de là, dans un cabinet
Que Girardon et le Puget [1]
Embellissaient de leur sculpture,
Le Poussin sagement peignait [2],
Le Brun fièrement dessinait [3];
Le Sueur entre eux se plaçait [4] :
On l'y regardait sans murmure ;
Et le dieu, qui de l'œil suivait
Les traits de leur main libre et sûre,
En les admirant se plaignait
De voir qu'à leur docte peinture,
Malgré leurs efforts, il manquait
Le coloris de la nature :

« J'ai appréhendé, dit le petit Cyrus, que cette liqueur ne fût du poison. — Du poi-« son ! et comment cela ? — Oui, mon papa. » En un autre endroit (liv. VII, part. I, art. II), en parlant des jeux qu'on peut permettre aux enfants : « Une balle, un ballon, un sabot, sont fort de leur goût... » Et liv. VII, part. II, ch. 2, art. IV : « Depuis le toit jusqu'à la cave, tout parlait latin chez Robert Estienne. » Il serait à souhaiter qu'on corrigeât ces mauvaises plaisanteries dans la première édition qu'on fera de ce livre, si estimable d'ailleurs. (*Note de Voltaire*, 1752.)

1. Girardon mettait dans ses statues plus de grâce, et le Puget plus d'expression. Les bains d'Apollon sont de Girardon, ainsi que le mausolée du cardinal de Richelieu en Sorbonne, l'un des chefs-d'œuvre de la sculpture moderne. Le Milon et l'Andromède sont du Puget. (*Id.*, 1733.)

2. Le Poussin, né aux Andelys en 1594, n'eut de maître que son génie et quelques estampes de Raphaël qui lui tombèrent entre les mains. Le désir de consulter la belle nature dans les antiques le fit aller à Rome, malgré les obstacles qu'une extrême pauvreté mettait à ce voyage. Il y fit beaucoup de chefs-d'œuvre, qu'il ne vendait que sept écus pièce. Appelé en France par le secrétaire d'État des Noyers, il y établit le bon goût de la peinture ; mais, persécuté par ses envieux, il s'en retourna à Rome, où il mourut avec une grande réputation, et sans fortune. Il a sacrifié le coloris à toutes les autres parties de la peinture. Ses sacrements sont trop gris : cependant il y a dans le cabinet de M. le duc d'Orléans un ravissement de saint Paul, du Poussin, qui fait pendant avec la vision d'Ézéchiel, de Raphaël, et qui est d'un coloris assez fort. Ce tableau n'est point déparé du tout par celui de Raphaël, et on les voit tous deux avec un égal plaisir. (*Id.*, 1733.)

3. Le Brun, disciple de Vouet, n'a péché que dans le coloris. Son tableau de la famille d'Alexandre est beaucoup mieux colorié que ses batailles. Ce peintre n'a pas un si grand goût de l'antique que le Poussin et Raphaël, mais il a autant d'invention que Raphaël et plus de vivacité que le Poussin. Les estampes des batailles d'Alexandre sont plus recherchées que celles des batailles de Constantin par Raphaël et par Jules Romain. (*Id.*, 1733.)

4. Eustache Le Sueur était un excellent peintre, quoiqu'il n'eût point été en Italie. Tout ce qu'il a fait était dans le grand goût; mais il manquait encore de beau coloris.

Ces trois peintres sont à la tête de l'école française. (*Id.*, 1733.)

Sous ses yeux, des Amours badins
Ranimaient ces touches savantes
Avec un pinceau que leurs mains
Trempaient dans les couleurs brillantes
De la palette de Rubens [1].

Je fus fort étonné de ne pas trouver dans le sanctuaire bien des gens qui passaient, il y a soixante ou quatre-vingts ans, pour être les plus chers favoris du dieu du Goût. Les Pavillon, les Benserade, les Pellisson, les Segrais [2], les Saint-Évremond, les Balzac, les Voiture, ne me parurent pas occuper les premiers rangs. « Ils les avaient autrefois, me dit un de mes guides ; ils brillaient avant que les beaux jours des belles-lettres fussent arrivés ; mais peu à peu ils ont cédé aux véritablement grands hommes : ils ne font plus ici qu'une assez médiocre figure. » En effet, la plupart n'avaient guère que l'esprit de leur temps, et non cet esprit qui passe à la dernière postérité.

Déjà de leurs faibles écrits
Beaucoup de grâces sont ternies :
Ils sont comptés encore au rang des beaux esprits,
Mais exclus du rang des génies.

Segrais voulut un jour entrer dans le sanctuaire, en récitant ce vers de Despréaux,

« Que Segrais dans l'églogue en charme les forêts ; »

mais la Critique, ayant lu par malheur pour lui quelques pages

---

1. Rubens égale le Titien pour le coloris ; mais il est fort au-dessous de nos peintres français pour la correction du dessin. (*Note de Voltaire*, 1733.)

2. Segrais est un poëte très-faible ; on ne lit point ses églogues, quoique Boileau les ait vantées. Son *Énéide* est du style de Chapelain. Il y a un opéra de lui, c'est Roland et Angélique, sous le titre de *l'Amour guéri par le temps*. On voit ces vers dans le prologue :

Pour couronner leur tête
En cette fête,
Allons dans nos jardins,
Avec les lis de Charlemagne,
Assembler les jasmins
Qui parfument l'Espagne.

La *Zaïde* est un roman purement écrit, et entre les mains de tout le monde (*note de Voltaire*, 1733) ; mais il n'est pas de lui. (*Id.*, 1739.) — Il le disait lui-même : « La Princesse de Clèves, dit-il dans le *Segraisiana*, page 9, est de Mme de La Fayette.... Zaïde, qui a paru sous mon nom, est aussi d'elle ; il est vrai que j'y ai eu quelque part, mais seulement pour la disposition du roman. » (B.)

de son *Énéide* en vers français, le renvoya assez durement, et laissa venir à sa place Mme de La Fayette [1], qui avait mis sous le nom de Segrais le roman aimable de *Zaïde* et celui de *la Princesse de Clèves*.

On ne pardonne pas à Pellisson d'avoir dit gravement tant de puérilités dans son *Histoire de l'Académie française*, et d'avoir rapporté comme des bons mots des choses assez grossières [2]. Le doux mais faible Pavillon fait sa cour humblement à Mme Deshoulières, qui est placée fort au-dessus de lui. L'inégal [3] Saint-Évremond n'ose parler de vers à personne. Balzac assomme de longues phrases hyperboliques Voiture [4] et Benserade, qui lui répondent

---

1. Voici ce que M. Huet, évêque d'Avranches, rapporte, page 204 de ses *Commentaires*, édition d'Amsterdam : « Mme de La Fayette négligea si fort la gloire qu'elle méritait, qu'elle laissa *Zaïde* paraître sous le nom de Segrais; et lorsque j'eus rapporté cette anecdote, quelques amis de Segrais, qui ne savaient pas la vérité, se plaignirent de ce trait comme d'un outrage fait à sa mémoire. Mais c'était un fait dont j'avais longtemps été témoin oculaire, et c'est ce que je suis en état de prouver par plusieurs lettres de Mme de La Fayette, et par l'original du manuscrit de la *Zaïde*, dont elle m'envoyait les feuilles à mesure qu'elle les composait. » (*Note de Voltaire*, 1733.)

2. Voici ce que Pellisson rapporte comme des bons mots : « Sur ce qu'on parlait de marier Voiture, fils d'un marchand de vin, à la fille d'un pourvoyeur de chez le roi :

> Oh! que ce beau couple d'amants
> Va goûter de contentements!
> Que leurs délices seront grandes!
> Ils seront toujours en festins;
> Car si La Prou fournit les viandes,
> Voiture fournira les vins. »

Il ajoute que Mme Desloges, jouant au jeu des proverbes, dit à Voiture : « Celui-ci ne vaut rien, percez-nous-en d'un autre. » (*Id.*, 1733.) Son *Histoire de l'Académie* est remplie de pareilles minuties, écrites languissamment : et ceux qui lisent ce livre sans prévention sont bien étonnés de la réputation qu'il a eue. Mais il y avait alors quarante personnes intéressées à le louer. (*Id.*, 1739.)

3. On sait à quel point Saint-Évremond était mauvais poëte. Ses comédies sont encore plus mauvaises. Cependant il avait tant de réputation qu'on lui offrit cinq cents louis pour imprimer sa comédie de *Sir Politik*. (*Id.*, 1733.)

4. Voiture est celui de tous ces illustres du temps passé qui eut le plus de gloire, et celui dont les ouvrages le méritent le moins, si vous en exceptez quatre ou cinq petites pièces de vers, et peut-être autant de lettres. Il passait pour écrire des lettres mieux que Pline, et ses lettres ne valent guère mieux que celles de Le Pays et de Boursault.

Voici quelques-uns de ses traits : « Lorsque vous me déchirez le cœur et que vous le mettez en mille pièces, il n'y en a pas une qui ne soit à vous, et un de vos souris confit mes plus amères douleurs. Le regret de ne vous plus voir me coûte, sans mentir, plus de cent mille larmes. Sans mentir, je vous conseille de vous faire roi de Madère. Imaginez-vous le plaisir d'avoir un royaume tout de sucre! A dire le vrai, nous y vivrions avec beaucoup de douceur. »

Il écrit à Chapelain : « Et notez, quand il me vient en la pensée que c'est au

par des pointes et des jeux de mots dont ils rougissent eux-mêmes le moment d'après. Je cherchais le fameux comte de Bussy. Mme de Sévigné, qui est aimée de tous ceux qui habitent le temple, me dit que son cher cousin, homme de beaucoup d'esprit, un peu trop vain, n'avait jamais pu réussir à donner au dieu du Goût cet excès de bonne opinion que le comte de Bussy avait de messire Roger de Rabutin.

> Bussy, qui s'estime et qui s'aime
> Jusqu'au point d'en être ennuyeux,
> Est censuré dans ces beaux lieux
> Pour avoir, d'un ton glorieux,
> Parlé trop souvent de lui-même [1].
> Mais son fils, son aimable fils,
> Dans le temple est toujours admis,
> Lui qui, sans flatter, sans médire,
> Toujours d'un aimable entretien,
> Sans le croire, parle aussi bien
> Que son père croyait écrire.
> Je vis arriver en ce lieu
> Le brillant abbé de Chaulieu,
> Qui chantait en sortant de table.
> Il osait caresser le dieu
> D'un air familier, mais aimable.
> Sa vive imagination
> Prodiguait, dans sa douce ivresse,
> Des beautés sans correction [2],

plus judicieux homme de notre siècle, au père de *la Lionne* et de *la Pucelle* que j'écris, les cheveux me dressent si fort à la tête qu'il semble d'un hérisson. »
Souvent rien n'est si plat que sa poésie.

> Nous trouvâmes près Sercotte,
> Cas étrange, et vrai pourtant,
> Des bœufs qu'on voyait broutant
> Dessus le haut d'une motte ;
> Et plus bas quelques cochons,
> Et bon nombre de moutons.

Cependant Voiture a été admiré, parce qu'il est venu dans un temps où l'on commençait à sortir de la barbarie, et où l'on courait après l'esprit sans le connaître. Il est vrai que Despréaux l'a comparé à Horace ; mais Despréaux était jeune alors. Il payait volontiers ce tribut à la réputation de Voiture, pour attaquer celle de Chapelain, qui passait alors pour le plus grand génie de l'Europe (*note de Voltaire*, 1733), et Despréaux a rétracté depuis ces éloges. (*Id.*, 1752.)

1. Il écrivit au roi : « Sire, un homme comme moi, qui a de la naissance, de l'esprit, et du courage... J'ai de la naissance, et l'on dit que j'ai de l'esprit pour faire estimer ce que je dis. » (*Id.*, 1733.)

2. L'abbé de Chaulieu, dans une épître au marquis de La Fare, connue dans le public sous le titre du *Déiste*, dit :

> J'ai vu de près le Styx, j'ai vu les Euménides ;

> Qui choquaient un peu la justesse,
> Mais respiraient la passion.
>   La Fare [1], avec plus de mollesse,
> En baissant sa lyre d'un ton,
> Chantait auprès de sa maîtresse
> Quelques vers sans précision,
> Que le plaisir et la paresse
> Dictaient sans l'aide d'Apollon.
> Auprès d'eux le vif Hamilton [2],
> Toujours armé d'un trait qui blesse,
> Médisait de l'humaine espèce,
> Et même d'un peu mieux, dit-on.
>   L'aisé, le tendre Saint-Aulaire [3],
> Plus vieux encor qu'Anacréon,
> Avait une voix plus légère;
> On voyait les fleurs de Cythère
> Et celles du sacré vallon
> Orner sa tête octogénaire.

> Déjà venaient frapper mes oreilles timides
> Les affreux cris du chien de l'empire des morts.

Le moment d'après il fait le portrait d'un confesseur, et parle du Dieu d'Israël.

> Lorsqu'au bord de mon lit une voix menaçante,
> Des volontés du ciel interprète lassante...

Voilà bien le confesseur. Dans une autre pièce sur la Divinité, il dit :

> D'un Dieu, moteur de tout, j'adore l'existence :
> Ainsi l'on doit passer avec tranquillité
> Les ans que nous départ *l'aveugle destinée*.

Ces remarques sont exactes, et M. de Saint-Marc s'est trompé en disant dans son édition de Chaulieu qu'elles ne l'étaient pas. On trouve dans ses poésies beaucoup de contradictions pareilles. Il n'y a pas trois pièces écrites avec une correction continue; mais les beautés de sentiment et d'imagination qui y sont répandues en rachètent les défauts.

L'abbé de Chaulieu mourut en 1720, âgé de près de quatre-vingts ans, avec beaucoup de courage d'esprit. (*Note de Voltaire*, 1733.)

1. Le marquis de La Fare, auteur des mémoires qui portent son nom, et de quelques pièces de poésie qui respirent la douceur de ses mœurs, était plus aimable homme qu'aimable poëte. Il est mort en 1718. Ses poésies sont imprimées à la suite des œuvres de l'abbé de Chaulieu, son intime ami (*Id.*, 1733), avec une préface très-partiale et pleine de défauts. (*Id.*, 1739.) — Toutes les éditions du *Temple du Goût*, depuis 1733 jusqu'en 1817, portent ici 1718. Je me suis permis le premier, et peut-être ai-je eu tort, de mettre 1713, non que cette date soit la véritable date de la mort de La Fare, mais parce que c'est celle que Voltaire a mise dans son *Siècle de Louis XIV*; c'était corriger Voltaire par lui-même. La Fare est mort en 1712. (B.)

2. Le comte Antoine Hamilton, né à Caen en Normandie, a fait des vers pleins de feu et de légèreté. Il était fort satirique. (*Note de Voltaire*, 1739.)

3. M. de Saint-Aulaire, à l'âge de plus de quatre-vingt-dix ans, faisait encore des chansons aimables. (*Id.*, 1742.)

Le dieu aimait fort tous ces messieurs, et surtout ceux qui ne se piquaient de rien : il avertissait Chaulieu de ne se croire que le premier des poëtes négligés, et non pas le premier des bons poëtes.

Ils faisaient conversation avec quelques-uns des plus aimables hommes de leur temps. Ces entretiens n'ont ni l'affectation de l'hôtel de Rambouillet[1], ni le tumulte qui règne parmi nos jeunes étourdis.

> On y sait fuir également
> Le précieux, le pédantisme,
> L'air empesé du syllogisme,
> Et l'air fou de l'emportement.
> C'est là qu'avec grâce on allie
> Le vrai savoir à l'enjouement,
> Et la justesse à la saillie ;
> L'esprit en cent façons se plie ;
> On sait lancer, rendre, essuyer
> Des traits d'aimable raillerie ;
> Le bon sens, de peur d'ennuyer,
> Se déguise en plaisanterie.

Là se trouvait Chapelle, ce génie plus débauché encore que délicat, plus naturel que poli, facile dans ses vers, incorrect dans son style, libre dans ses idées. Il parlait toujours au dieu du Goût sur les mêmes rimes. On dit que ce dieu lui répondit un jour :

> « Réglez mieux votre passion
> Pour ces syllabes enfilées,
> Qui, chez Richelet étalées,
> Quelquefois sans invention,
> Disent avec profusion
> Des riens en rimes redoublées. »

Ce fut parmi ces hommes aimables que je rencontrai le président de Maisons, homme très-éloigné de dire des riens, homme aimable et solide, qui avait aimé tous les arts.

> « O transports ! ô plaisirs ! ô moments pleins de charmes !
> Cher Maisons ! m'écriai-je en l'arrosant de larmes,
> C'est toi que j'ai perdu, c'est toi que le trépas,
> A la fleur de tes ans, vint frapper dans mes bras.

---

1. Despréaux alla réciter ses ouvrages à l'hôtel de Rambouillet. Il y trouva Chapelain, Cottin, et quelques gens de pareil goût, qui le reçurent fort mal. (*Note de Voltaire*, 1733.)

La mort, l'affreuse mort fut sourde à ma prière.
Ah! puisque le destin nous voulait séparer,
C'était à toi de vivre, à moi seul d'expirer.
Hélas! depuis le jour où j'ouvris la paupière,
Le ciel pour mon partage a choisi les douleurs ;
Il sème de chagrins ma pénible carrière :
La tienne était brillante, et couverte de fleurs.
Dans le sein des plaisirs, des arts, et des honneurs,
Tu cultivais en paix les fruits de ta sagesse ;
Ma vertu n'était point l'effet de ta faiblesse ;
Je ne te vis jamais offusquer ta raison
Du bandeau de l'exemple et de l'opinion.
L'homme est né pour l'erreur: on voit la molle argile
Sous la main du potier moins souple et moins docile
Que l'âme n'est flexible aux préjugés divers,
Précepteurs ignorants de ce faible univers.
Tu bravas leur empire, et tu ne sus te rendre
Qu'aux paisibles douceurs de la pure amitié ;
Et dans toi la nature avait associé
A l'esprit le plus ferme un cœur facile et tendre. »

Parmi ces gens d'esprit nous trouvâmes quelques jésuites. Un janséniste dira que les jésuites se fourrent partout ; mais le dieu du Goût reçoit aussi leurs ennemis, et il est assez plaisant de voir dans ce temple Bourdaloue qui s'entretient avec Pascal sur le grand art de joindre l'éloquence au raisonnement. Le père Bouhours est derrière eux, marquant sur des tablettes toutes les fautes de langage et toutes les négligences qui leur échappent.

Le cardinal ne put s'empêcher de dire au père Bouhours :

« Quittez d'un censeur pointilleux
La pédantesque diligence ;
Aimons jusqu'aux défauts heureux
De leur mâle et libre éloquence :
J'aime mieux errer avec eux
Que d'aller, censeur scrupuleux,
Peser des mots dans ma balance. »

Cela fut dit avec beaucoup plus de politesse que je ne le rapporte ; mais nous autres poëtes, nous sommes souvent très-impolis, pour la commodité de la rime.

Je ne m'arrêtai pas dans ce temple à voir les seuls beaux esprits.

Vers enchanteurs, exacte prose,
Je ne me borne point à vous ;

> N'avoir qu'un goût est peu de chose
> Beaux-arts, je vous invoque tous;
> Musique, danse, architecture,
> Que vous m'inspirez de désirs!
> Art de graver, docte peinture,
> Beaux-arts, vous êtes des plaisirs;
> Il n'en est point qu'on doive exclure.

Je vis les muses présenter tour à tour, sur l'autel du dieu, des livres, des dessins, et des plans de toute espèce. On voit sur cet autel le plan de cette belle façade du Louvre, dont on n'est point redevable au cavalier Bernini, qu'on fit venir inutilement en France avec tant de frais, et qui fut construite par Perrault et par Louis Le Vau, grands artistes trop peu connus. Là est le dessin de la porte Saint-Denis, dont la plupart des Parisiens ne connaissent pas plus la beauté que le nom de François Blondel, qui acheva ce monument; cette admirable fontaine[1], qu'on regarde si peu, et qui est ornée des précieuses sculptures de Jean Goujon, mais qui le cède en tout à l'admirable fontaine de Bouchardon, et qui semble accuser la grossière rusticité de toutes les autres; le portail de Saint-Gervais[2], chef-d'œuvre d'architecture, auquel il manque une église, une place, et des admirateurs, et qui devrait immortaliser le nom de Desbrosses, encore plus que le palais du Luxembourg, qu'il a aussi bâti. Tous ces monuments, négligés par un vulgaire toujours barbare, et par les gens du monde toujours légers, attirent souvent les regards du dieu.

On nous fit voir ensuite la bibliothèque de ce palais enchanté: elle n'était pas ample. On croira bien que nous n'y trouvâmes pas

> L'amas curieux et bizarre
> De vieux manuscrits vermoulus,
> Et la suite inutile et rare
> D'écrivains qu'on n'a jamais lus.
> Le dieu daigna de sa main même
> En leur rang placer ces auteurs
> Qu'on lit, qu'on estime, et qu'on aime,
> Et dont la sagesse suprême
> N'a ni trop ni trop peu de fleurs.

---

1. La fontaine Saint-Innocent. L'architecture est de Lescot, abbé de Claigny, et les sculptures de Jean Goujon. (*Note de Voltaire*, 1733 et 1748.)
2. Le 6 mai 1733, Voltaire écrit à Cideville : « Je vais demeurer vis-à-vis le seul ami que *le Temple du Goût* m'a fait, vis-à-vis le portail de Saint-Gervais. »

Presque tous les livres y sont corrigés et retranchés de la main des muses. On y voit entre autres l'ouvrage de Rabelais, réduit tout au plus à un demi-quart.

Marot, qui n'a qu'un style, et qui chante du même ton les psaumes de David et les merveilles d'Alix, n'a plus que huit ou dix feuillets. Voiture et Sarrasin n'ont pas à eux deux plus de soixante pages.

Tout l'esprit de Bayle se trouve dans un seul tome, de son propre aveu; car ce judicieux philosophe, ce juge éclairé de tant d'auteurs et de tant de sectes, disait souvent qu'il n'aurait pas composé plus d'un in-folio, s'il n'avait écrit que pour lui, et non pour les libraires[1].

Enfin on nous fit passer dans l'intérieur du sanctuaire. Là, les mystères du dieu furent dévoilés; là, je vis ce qui doit servir d'exemple à la postérité : un petit nombre de véritablement grands hommes s'occupaient à corriger ces fautes de leurs écrits excellents, qui seraient des beautés dans les écrits médiocres.

L'aimable auteur du *Télémaque* retranchait des répétitions et des détails inutiles dans son roman moral, et rayait le titre de poëme épique que quelques zélés indiscrets lui donnent; car il avoue sincèrement qu'il n'y a point de poëme en prose[2].

L'éloquent Bossuet voulut bien rayer quelques familiarités échappées à son génie vaste, impétueux, et facile, lesquelles déparent un peu la sublimité de ses oraisons funèbres; et il est à remarquer qu'il ne garantit point tout ce qu'il a dit de la prétendue sagesse des anciens Égyptiens.

> Ce grand, ce sublime Corneille,
> Qui plut bien moins à notre oreille
> Qu'à notre esprit, qu'il étonna;
> Ce Corneille, qui crayonna[3]
> L'âme d'Auguste et de Cinna,
> De Pompée et de Cornélie.
> Jetait au feu sa *Pulchérie*,
> *Agésilas,* et *Suréna,*

---

1. C'est ce que Bayle lui-même écrivit au sieur des Maizeaux. (*Note de Voltaire,* 1742.)

2. Jamais l'illustre Fénelon n'avait prétendu que son *Télémaque* fût un poëme; il connaissait trop les arts pour les confondre ainsi : lisez sur ce sujet une Dissertation de l'abbé Fraguier, imprimée dans les *Mémoires de l'Académie des inscriptions.* (*Id.*, 1733.) — C'est dans le tome VI de ces *Mémoires,* page 265, qu'est le *Discours pour établir qu'il ne peut y avoir de poëme en prose.* (B.)

3. Terme dont Corneille se sert dans une de ses épîtres. (*Note de Voltaire,* 1739.)

Et sacrifiait sans faiblesse
Tous ces enfants infortunés,
Fruits languissants de sa vieillesse,
Trop indignes de leurs aînés.
　　Plus pur, plus élégant, plus tendre,
Et parlant au cœur de plus près,
Nous attachant sans nous surprendre,
Et ne se démentant jamais,
Racine observe les portraits
De Bajazet, de Xipharès,
De Britannicus, d'Hippolyte.
A peine il distingue leurs traits :
Ils ont tous le même mérite,
Tendres, galants, doux, et discrets;
Et l'amour, qui marche à leur suite,
Les croit des courtisans français.
　　Toi, favori de la nature,
Toi, La Fontaine, auteur charmant,
Qui, bravant et rime et mesure,
Si négligé dans ta parure,
N'en avais que plus d'agrément,
Sur tes écrits inimitables
Dis-nous quel est ton sentiment;
Éclaire notre jugement
Sur tes contes et sur tes fables.

La Fontaine, qui avait conservé la naïveté de son caractère, et qui, dans le temple du Goût, joignait un sentiment éclairé à cet heureux et singulier instinct qui l'inspirait pendant sa vie, retranchait quelques-unes de ses fables. Il accourcissait presque tous ses contes, et déchirait les trois quarts d'un gros recueil d'œuvres posthumes, imprimées par ces éditeurs qui vivent des sottises des morts.

Là régnait Despréaux, leur maître en l'art d'écrire,
Lui qu'arma la raison des traits de la satire,
Qui, donnant le précepte et l'exemple à la fois,
Établit d'Apollon les rigoureuses lois.
Il revoit ses enfants avec un œil sévère :
De la triste *Équivoque* il rougit d'être père,
Et rit des traits manqués du pinceau faible et dur
Dont il défigura le vainqueur de Namur [1].

---

[1]. Voltaire a répété ce vers en 1769, dans son *Epître à Boileau*.

Lui-même il les efface, et semble encor nous dire :
Ou sachez vous connaître, ou gardez-vous d'écrire.

Despréaux, par un ordre exprès du dieu du Goût, se réconciliait avec Quinault, qui est le poëte des grâces, comme Despréaux est le poëte de la raison.

Mais le sévère satirique
Embrassait encore en grondant
Cet aimable et tendre lyrique,
Qui lui pardonnait en riant.

« Je ne me réconcilie point avec vous, disait Despréaux, que vous ne conveniez qu'il y a bien des fadeurs dans ces opéras si agréables. — Cela peut bien être, dit Quinault ; mais avouez aussi que vous n'eussiez jamais fait *Atys* ni *Armide*.

Dans vos scrupuleuses beautés
Soyez vrai, précis, raisonnable ;
Que vos écrits soient respectés :
Mais permettez-moi d'être aimable. »

Après avoir salué Despréaux, et embrassé tendrement Quinault, je vis l'inimitable Molière, et j'osai lui dire :

« Le sage, le discret Térence
Est le premier des traducteurs ;
Jamais dans sa froide élégance
Des Romains il n'a peint les mœurs.
Tu fus le peintre de la France :
Nos bourgeois à sots préjugés,
Nos petits marquis rengorgés
Nos robins toujours arrangés,
Chez toi venaient se reconnaître ;
Et tu les aurais corrigés,
Si l'esprit humain pouvait l'être.

— Ah ! disait-il, pourquoi ai-je été forcé d'écrire quelquefois pour le peuple ? Que n'ai-je toujours été le maître de mon temps ! j'aurais trouvé des dénoûments plus heureux ; j'aurais moins fait descendre mon génie au bas comique. »

C'est ainsi que tous ces maîtres de l'art montraient leur supériorité, en avouant ces erreurs auxquelles l'humanité est soumise, et dont nul grand homme n'est exempt.

Je connus alors que le dieu du Goût est très-difficile à satisfaire, mais qu'il n'aime point à demi. Je vis que les ouvrages qu'il critique le plus en détail sont ceux qui en tout lui plaisent davantage.

> Nul auteur avec lui n'a tort
> Quand il a trouvé l'art de plaire ;
> Il le critique sans colère,
> Il l'applaudit avec transport.
>   Melpomène, étalant ses charmes,
> Vient lui présenter ses héros ;
> Et c'est en répandant des larmes
> Que ce dieu connaît leurs défauts.
>   Malheur à qui toujours raisonne,
> Et qui ne s'attendrit jamais !
> Dieu du Goût, ton divin palais
> Est un séjour qu'il abandonne.

Quand mes conducteurs s'en retournèrent, le dieu leur parla à peu près dans ce sens ; car il ne m'est pas donné de dire ses propres mots :

> « Adieu, mes plus chers favoris :
> Comblés des faveurs du Parnasse,
> Ne souffrez pas que dans Paris
> Mon rival usurpe ma place.
>   Je sais qu'à vos yeux éclairés
> Le faux goût tremble de paraître ;
> Si jamais vous le rencontrez,
> Il est aisé de le connaître :
>   Toujours accablé d'ornements,
> Composant sa voix, son visage,
> Affecté dans ses agréments,
> Et précieux dans son langage,
>   Il prend mon nom, mon étendard ;
> Mais on voit assez l'imposture,
> Car il n'est que le fils de l'art ;
> Moi, je le suis de la nature. »

FIN DU TEMPLE DU GOUT.

VARIANTES

DU *TEMPLE DU GOUT*

Page 555, ligne 2. — Premières éditions :

> Le cardinal oracle de la France,
> Non ce Mentor qui gouverne aujourd'hui,
> Juste à la cour, humble dans sa puissance,
> Maître de tout, et plus maître de lui,
> Mais ce Nestor, etc.

Page 556, ligne 19. — Premières éditions :

« Il est bon que vous observiez de près un dieu que vous voulez servir.

> Vous l'avez pris pour votre maître,
> Il l'est, ou du moins, le doit être;
> Mais vous l'encensez de trop loin,
> Et nous allons prendre le soin
> De vous le faire mieux connaître. »

Je remerciai Son Éminence de sa bonté, et je lui dis : « Monseigneur, je suis extrêmement indiscret : si vous me menez avec vous, je m'en vanterai à tout le monde.

> Et si, dans son malin vouloir,
> Quelque critique veut savoir
> En quels lieux, en quel coin du monde,
> Est bâti ce divin manoir,
> Que faudra-t-il que je réponde? »

Le cardinal me répliqua que le temple était dans le pays des beaux-arts, qu'il voulait absolument que je l'y suivisse, et que je fisse ma relation avec sincérité; que s'il arrivait qu'on se moquât un peu de moi, il n'y aurait pas grand mal à cela, et que je le rendrais bien, si je voulais. J'obéis, et nous partîmes.

Page 558, ligne 13. — Une édition d'Amsterdam, J. Desbordes, 1733, porte :

> On me prendrait pour le vrai dieu du Goût. (B.)

Page 559, ligne 6. — Édition de 1733 :

>   Et cependant un fripon de libraire,
>   Des beaux esprits écumeur mercenaire,
>   Vendeur adroit de sottise et de vent,
>   En souriant d'une mine matoise,
>   Lui mesurait des livres à la toise ;
>   Car monseigneur est surtout fort savant.

Ibid., ligne 20 :

C'était un concert que l'on donnait dans une maison de campagne bizarrement située, et bâtie de même. Le maître de la maison, voyant de loin le carrosse du cardinal, et sachant que Son Éminence venait d'Italie, vint le prier du concert. Il lui dit en peu de mots beaucoup de mal de **Lulli**, de **Destouches**, et de **Campra**, et l'assura qu'à son concert il n'y aurait point de musique française. Le cardinal lui remontra en vain que la musique italienne, la française, et la latine, étaient fort bonnes, chacune dans leur genre ; qu'il n'y a rien de si ridicule que de l'italien chanté à la française, si ce n'est peut-être le français chanté à l'italienne : « Car, lui dit-il avec ce ton de voix aimable fait pour orner la raison,

>   La nature, féconde, ingénieuse et sage, etc. »

Page 560, ligne 27. — L'édition d'Amsterdam, J. Desbordes, contient ici deux vers de plus :

>   Doux vainqueur, il y déposa
>   Sa barbarie insupportable. (B.)

Page 561, ligne 7. — L'édition d'Amsterdam, après le vers,

>   Mais je ne sais s'il durera,

contient ce qui suit :

Ce serait ici le lieu de m'étendre sur la structure de cet édifice, et de parler d'architrave et d'archivolte, si j'avais formé le dessein de n'être pas lu :

>   Évitons le long verbiage
>   De monsieur de Félibien,
>   Qui noie, etc.

Les éditions de Kehl donnent cette autre variante :

« C'est cela même, dit le cardinal ; mais, puisqu'il est question de goût, défiez-vous un peu des rimes redoublées : elles ont l'air de la facilité, elles soutiennent l'harmonie, elles charment l'oreille ; mais il faut qu'elles disent quelque chose à l'esprit, sans quoi ce n'est plus qu'un abus de la rime ; c'est un arbre couvert de feuilles, qui n'aurait point de fruits. L'aimable Chapelle est tombé lui-même quelquefois dans ce défaut ; et plusieurs de ses petites pièces n'ont d'autre mérite que celui de beaucoup de familiarité, et du retour des mêmes rimes,

>   Qui chez Richelet étalées,
>   Et des esprits sages sifflées,

> Bien souvent sans invention,
> Disent avec profusion, etc. » (B.)

Page 561, ligne 27 :

Il est plus aisé de dire ce que ce temple n'est pas que de faire connaître ce qu'il est. Je n'ose en faire une longue description, et épuiser les termes d'architecture; car c'est surtout en parlant du temple du Goût qu'il ne faut pas ennuyer :

> Dieu nous garde du verbiage
> De monsieur de Félibien,
> Qui noie éloquemment un rien
> Dans un fatras de beau langage.

Il vaut mieux éviter le détail, qui serait ici très-hors d'œuvre. Je me bornerai donc à dire :

> Simple en était la noble architecture, etc.

Page 562, ligne 9 :

Là ne sont point reçus les petits-maîtres, qui assistent à un spectacle sans l'entendre, ou qui n'écoutent les meilleures choses que pour en faire de froides railleries. Bien des gens qui ont brillé dans de petites sociétés, qui ont régné chez certaines femmes, et qui se sont fait appeler grands hommes, sont tout surpris d'être refusés : ils restent à la porte, et adressent en vain leurs plaintes à quelques seigneurs, ou soi-disant tels, ennemis jurés du vrai mérite, qui les néglige, et protecteurs ardents des esprits médiocres, dont ils sont encensés. On repousse aussi très-rudement tous ces petits satiriques obscurs qui, dans la démangeaison de se faire connaître, insultent les auteurs connus, qui font secrètement une mauvaise critique d'un bon ouvrage; petits insectes dont on ne soupçonne l'existence que par les efforts qu'ils font pour piquer. Heureux encore les véritables gens de lettres, s'ils n'avaient pour ennemis que cette engeance! Mais, à la honte de la littérature et de l'humanité, il y a des gens qui s'animent d'une vraie fureur contre tout mérite qui réussit; qui s'acharnent à le décrier et à le perdre; qui vont dans les lieux publics, dans les maisons des particuliers, dans les palais des princes, semer les rumeurs les plus fausses avec l'air de vérité; calomniateurs de profession, monstres ennemis des arts et de la société. Ces lâches persécuteurs s'enfuirent en voyant paraître le cardinal de Polignac et l'abbé de Rothelin : ils n'ont jamais pu avoir accès auprès de ces deux hommes; ils ont pour eux cette haine timide que les cœurs corrompus ont pour les cœurs droits et pour les esprits justes.

Ibid., ligne 21. — Premières éditions :

On repoussait plus fièrement ces hommes injustes et dangereux, ces ennemis de tout mérite, qui haïssent sincèrement ce qui réussit, de quelque nature qu'il puisse être. Leurs bouches distillent la médisance et la calomnie. Ils disent que *Télémaque* est un libelle contre Louis XIV, et *Esther* une satire contre le ministère [1] : ils donnent de nouvelles clefs de La Bruyère, ils infectent tout ce qu'ils touchent.

Page 563, ligne 4 :

> Un fat leur applaudit, un méchant les appuie ;
> Et le mérite en pleurs, persécuté par eux,
> Renonce en soupirant aux beaux-arts qu'on décrie.

Ces lâches persécuteurs s'enfuirent en voyant paraître le cardinal de Polignac et l'abbé de Rothelin : ils n'ont jamais pu avoir accès auprès de ces deux hommes ; ils ont pour eux cette haine timide que les cœurs corrompus ont pour les cœurs droits et pour les esprits justes. Leur fuite précipitée, etc.

Ibid., ligne 17. — Les premières éditions portent :

« Je suis le révérend père..., criait l'un. — Faites un peu place à monseigneur, disait l'autre. »

> Un raisonneur avec un' fausset aigre, etc.

— Le texte actuel parut, pour la première fois, en 1756. Par les noms d'Albertus Garassus, Voltaire désigne un brave Iroquois jésuite nommé Aubert, qui (vers 1750) prêcha si vivement contre Bayle à Colmar que sept personnes apportèrent chacune leur Bayle, et le brûlèrent. Voyez lettres à d'Argens, du 3 mars 1754. (B.)

Page 564, ligne 21. — Édition de 1733 :

Rousseau parut en revenant d'Allemagne : il avait été autrefois dans le temple ; mais quand il voulut y rentrer,

> Il eut beau tristement redire
> Ses vers durement façonnés,
> Hérissés de traits de satire,
> On lui ferma la porte au nez.

Rousseau se fâcha d'autant plus que la déesse avait raison : elle lui disait des vérités ; il répondit par des injures, et lui cria :

> « Ah ! je connais votre cœur équivoque ;
> Respect le cabre, amour ne l'adoucit,
> Et ressemblez à l'œuf cuit dans sa coque :
> Plus on l'échauffe, et plus il se durcit. »

Il vomit plusieurs de ses nouvelles épigrammes, qui sont toutes dans ce goût. Lamotte les entendit : il en rit, mais point trop fort, et avec discrétion. Rousseau, furieux, lui reprocha à son tour tous les mauvais vers que

---

1. On a fait réellement ces reproches à Fénelon et à Racine, dans de misérables libelles que personne ne lit plus aujourd'hui, et auxquels la malignité donna de la vogue dans leur temps. (*Note de Voltaire*, 1733.)

cet académicien avait faits en sa vie ; et cette dispute aurait duré longtemps entre eux si la Critique ne leur avait imposé silence, et ne leur avait dit : « Écoutez : vous, Lamotte, brûlez votre *Iliade*, vos tragédies, et toutes vos dernières odes, les trois quarts de vos fables et de vos opéras ; prenez à la main vos premières odes, quelques morceaux de prose dans lesquels vous avez presque toujours raison, hors quand vous parlez de vous et de vos vers. Je vous demande surtout une demi-douzaine de vos fables, *l'Europe galante*; avec cela, entrez hardiment.

« Vous, Rousseau, brûlez vos opéras, vos comédies, vos dernières allégories, odes, épigrammes germaniques, ballades, sonnets : jurez de ne plus écrire, et venez vous mettre au-dessus de Lamotte en qualité de versificateur : mais toutes les fois qu'il s'agira d'esprit et de raisonnement, vous vous placerez fort au-dessous de lui. » Lamotte fit la révérence, Rousseau tourna la bouche, et tous deux entrèrent à ces conditions.

— Dans une autre édition de 1733, après ce vers,

On lui ferma la porte au nez.

on lisait :

Il fut fort étonné de ce procédé, et jura de s'en venger par quelque nouvelle allégorie contre le genre humain, qu'il hait par représailles. Il s'écriait en rougissant :

« Adoucissez cette rigueur extrême :
Je viens chercher Marot mon compagnon ;
J'eus comme lui quelque peu de guignon.
Le dieu qui rime est le seul dieu qui m'aime :
Connaissez-moi ; je suis toujours le même.
Voici des vers contre l'abbé Bignon[1] ;
J'ai tout frondé, Vienne, Paris, Versailles ;
J'ai rétracté l'éloge de Noailles[2].
Du dieu Pluton lisez le jugement[3],

---

[1]. Il faut apprendre au lecteur qu'il y a dans les Œuvres de Rousseau une mauvaise épigramme contre M. l'abbé Bignon, qui est regardé dans l'Europe, depuis quarante ans, comme le protecteur le plus zélé des lettres. Rousseau a tâché, dans cette épigramme, de tourner en ridicule une vertu si respectable ; et voici comme il définit ce sage prélat, bibliothécaire du roi :

C'est celui qui sous Apollon
Prend soin des haras du Parnasse,
Et qui fait provigner la race
Des bidets du sacré vallon.

(*Note de Voltaire*, 1733.)

[2]. Il avait autrefois fait des vers pour M. le duc de Noailles, où il avait dit :

Oh ! qu'il chansonne bien !
Serait-ce point Apollon delphien ?
Venez, voyez : tant a beau le corsage, etc.

Mais dans le même temps, ayant écrit une lettre contre M. le duc de Noailles, qui songeait à lui faire avoir un emploi, ce seigneur lui retira sa protection. Rousseau étant banni de France, fit depuis une pièce qu'il intitula la *Palinodie*, ouvrage généralement méprisé. (*Id., ibid.*)

[3]. Le *Jugement de Pluton*, allégorie de Rousseau, dans laquelle il se répand en invectives contre le parlement, qui ne l'avait pourtant condamné qu'au bannissement. Cette pièce est

Où j'ai *sanglé* messieurs du parlement.
Ô vous, Critique! ô vous, déesse utile!
C'était pour vous que j'étais inspiré :
En tout pays, en tout temps abhorré,
Je n'ai que vous désormais pour asile. »

La Critique entendit ces paroles, rouvrit la porte, et parla ainsi :

« Rousseau, connais mieux la critique :
Je suis juste, et ne fus jamais
Semblable à ce monstre caustique
Qui t'arma de ses lâches traits,
Trempés au poison satirique
Dont tu t'enivres à longs traits.
Autrefois de ta félonie
Thémis te donna le guerdon :
Par arrêt ta muse est bannie
Pour certains couplets de chanson,
Et pour un fort mauvais facton
Que te dicta la calomnie.
Mais par l'équitable Apollon
Ta rage fut bien mieux punie :
Il t'ôta le peu de génie
Dont tu dis qu'il t'avait fait don :
Il te priva de l'harmonie;
Et tu n'as plus rien aujourd'hui
Que la fureur et la manie
De rimer encor malgré lui
Des vers tudesques qu'il renie.
O vous, messieurs les beaux esprits,
Si vous voulez être chéris
Du dieu de la double montagne,
Et que dans vos galants écrits
Le dieu du Goût vous accompagne,
Faites tous vos vers à Paris,
Et n'allez point en Allemagne. »

Page 565, ligne 10. — Édition de 1733 :

« Ah, bon Dieu, s'écria la Critique, quel horrible jargon! » Elle fit ouvrir la porte pour voir l'animal qui avait un cri si singulier. Quel fut son étonnement quand tout le monde lui dit que c'était Rousseau! Elle lui ferma la porte au plus vite. Le rimeur désespéré lui criait dans son style marotique :

« Eh! montrez-vous un peu moins difficile.

---

d'un style dur et rebutant. Il y a encore je ne sais quelle épigramme de lui sur cet auguste corps.

Si de Noé l'un des enfants maudit,
De son seigneur perdit la sauvegarde,
Ce ne fut point pour avoir, comme on dit,
Surpris son père en posture gaillarde;
Mais c'est qu'ayant fait cacher sa guimbarde
Au fond de l'arche, en guise de relais,
Il en tira cette espèce bâtarde
Qu'on nomme gens de robe et de palais.

(*Note de Voltaire*, 1733.)

J'ai près de vous mérité d'être admis;
Reconnaissez mon humeur et mon style :
Voici des vers contre tous mes amis.
O vous, Critique ! ô vous, déesse utile !
C'était par vous que j'étais inspiré :
En tout pays, en tout temps abhorré,
Je n'ai que vous désormais pour asile. »

A ces paroles, la Critique fit ouvrir le temple, parut d'un air de juge, et parla ainsi au cynique :

« Rousseau, tu m'as trop méconnue :
Jamais ma candeur ingénue
A tes écrits n'a présidé.
Ne prétends pas qu'un dieu t'inspire,
Quand ton esprit n'est possédé
Que du démon de la satire.
Pour certains couplets de chanson,
Et pour un fort mauvais facton,
Ta mordante muse est bannie [1] :
Mais par l'équitable Apollon
Ta rage est encor mieux punie :
Il t'ôta le peu de génie
Dont tu dis qu'il t'avait fait don :
Il te priva de l'harmonie;
Et tu n'as plus rien aujourd'hui
Que la faiblesse et la manie
De forger encor malgré lui
Des vers tudesques qu'il renie.

Lamotte entendait tout cela; il riait, mais point trop fort, et avec discrétion. Rousseau lui reprochait avec fureur tous les mauvais vers que cet académicien avait faits en sa vie. « Souviens-toi du *cornet fatidique* [2], disait Rousseau avec un sourire amer. — Eh ! n'oubliez pas l'*œuf cuit dans sa coque* [3], répondait doucement Lamotte. » La dispute aurait duré longtemps si la Critique ne leur avait imposé silence, et ne leur avait dit : « Écoutez : prenez tous deux à la main vos premières œuvres, et brûlez les dernières. Rousseau, placez-vous au-dessus de Lamotte en qualité de versificateur;

---

1. Voyez le factum de M. Saurin, de l'Académie des sciences, contre Rousseau, avec l'arrêt qui condamne ce dernier comme calomniateur. (*Note de Voltaire*, édition d'Amsterdam.)

2.
Plus loin une main frénétique
Chasse du cornet fatidique
L'oracle roulant du destin.

(LAMOTTE.) (*Note de Voltaire*, 1733.)

— Ces vers de Lamotte terminent la 5ᵉ strophe de son ode intitulée *la Fuite de soi-même*. (B.)

3.
Ah ! je connais votre cœur équivoque;
. . . .
Et ressemblez à l'œuf cuit dans sa coque.

(*Note de Voltaire*, 1733.)

— Voyez les Œuvres de J.-B. Rousseau, liv. II, épigramme 5. (B.)

mais toutes les fois qu'il s'agira d'esprit et de raison, vous vous mettrez fort au-dessous de lui. » Ni l'un ni l'autre ne fut content de sa décision.

J'étais présent à cette scène; la Critique m'aperçut : « Ah! ah! me dit-elle, vous êtes bien hardi d'entrer. » Je lui répondis humblement : « Dangereuse déesse, je ne suis ici que parce que ces messieurs l'ont voulu; je n'aurais jamais osé y venir seul. — Je veux bien, dit-elle, vous y souffrir à leur considération; mais tâchez de profiter de tout ce qui se fait ici.

> Surtout gardez-vous bien de rire
> Des auteurs que vous avez vus;
> Cent petits rimeurs ingénus
> Crieraient bien vite à la satire.
> Corrigez-vous sans les instruire :
> Donnez plus d'intrigue à *Brutus,*
> Plus de vraisemblance à *Zaïre;*
> Et, croyez-moi, n'oubliez plus
> Que vous avez fait *Artémire.* »

Je vis bien qu'elle allait en dire davantage; elle me parlait déjà d'un certain Philoctète : je m'esquivai, et je laissai avancer un homme qui valait mieux que Rousseau, Lamotte, et moi.

> C'était le sage Fontenelle,
> Qui, par les beaux-arts entouré, etc.

— Autre variante :

« Ah, bon Dieu! s'écria la Critique, quel horrible jargon! » On lui dit que c'était Rousseau, dont les dieux avaient changé la voix en ce cri ridicule, pour punition de ses méchancetés; elle lui ferma la porte au nez au plus vite. Il fut fort étonné de ce procédé, et jura de s'en venger par quelque nouvelle allégorie contre le genre humain, qu'il hait par représailles; il s'écriait en rougissant :

> « Adoucissez cette rigueur extrême :
> Je viens chercher Marot mon compagnon;
> J'eus comme lui quelque peu de guignon :
> Le dieu qui rime est le seul dieu qui m'aime.
> Connaissez-moi; je suis toujours le même :
> Voici des vers contre l'abbé Bignon [1].
> O vous, Critique! ô vous, déesse utile!
> C'était par vous que j'étais inspiré :
> En tout pays, en tout temps abhorré,
> Je n'ai que vous désormais pour asile. »

La Critique entendit ces paroles, rouvrit la porte, et parla ainsi :

> « Rousseau, connais mieux la Critique :
> Je suis juste, et ne fus jamais
> Semblable à ce monstre caustique
> Qui t'arma de ses lâches traits,

---

1. Conseiller d'État, homme d'un mérite reconnu dans l'Europe, et protecteur des sciences. Rousseau avait fait contre lui quelques mauvais vers. (*Note de Voltaire,* 1733.)

> Trempés au poison satirique
> Dont tu t'enivres à longs traits.
> Autrefois de ta félonie
> Thémis te donna le guerdon :
> Par arrêt ta muse est bannie[1]
> Pour certains couplets de chanson,
> Et pour un fort mauvais facton
> Que te dicta la calomnie.
> Mais par l'équitable Apollon
> Ta rage fut bientôt punie :
> Il t'ôta le peu de génie
> Dont tu dis qu'il t'avait fait don :
> Il te priva de l'harmonie ;
> Et tu n'as plus rien aujourd'hui
> Que la faiblesse et la manie
> De rimer encor malgré lui
> Des vers tudesques, qu'il renie. »

Page 567, ligne 16. — Édition de 1733 :

A l'égard de Lucrèce, il fut embarrassé en voyant son ennemi ; il le regarda d'un œil un peu fâché, surtout quand il vit combien il est aimable, et comme il paraît fait pour avoir raison.

> Son rival charmant lui parla
> Avec sa grâce naturelle,
> Et cependant il y mêla
> Un peu de catholique zèle.
> « Çà, dit-il, puisque vous voilà,
> L'âme a bien l'air d'être immortelle :
> Que répondez-vous à cela ?
> — Ah ! laissons ces disputes-là,
> Dit le vieux chantre d'Epicure.
> J'ai fort mal connu la nature :
> Mais ne me poussez point à bout ;
> Que votre muse me pardonne :
> Vous êtes chez le dieu du Goût,
> Non sur les bancs de la Sorbonne. »

Ces messieurs n'argumentèrent donc point, et épargnèrent une dispute aux gens de goût, qui n'aiment pas volontiers l'argument.

Lucrèce récita seulement quelques-uns de ses beaux vers, qui ne prouvent rien ; le cardinal dit aussi des siens, ce qui lui arrive trop rarement à

---

1. Rousseau fut condamné à l'amende honorable et au bannissement perpétuel, pour des couplets infâmes faits contre ses amis, et dont il accusa M. Saurin, de l'Académie des sciences, d'être l'auteur. Le factum de Rousseau passe pour être extrêmement mal écrit ; celui de M. Saurin est un chef-d'œuvre d'esprit et d'eloquence. (*Note de Voltaire*, 1733.) Rousseau, banni de France, s'est brouillé avec tous ses protecteurs, et a continué de déclamer inutilement contre ceux qui faisaient honneur à la France par leurs ouvrages, comme MM. de Fontenelle, Crébillon, Destouches, Dubos, etc., etc. (*Id.*, 1739.) — Quant aux vers qu'il fit depuis sa sortie de France, il est constant qu'ils ne sont pas de la force des autres. Son style est dur, corrompu, et plein des défauts mêmes qu'il avait tant reprochés à Lamotte. Quant à son bannissement de France, il est absurde de penser que le Châtelet et le parlement l'aient unanimement condamné sans des preuves convaincantes. (*Id.*, 1752.)

Paris : on leur applaudit également à tous deux. De rapporter ce qui fut dit à cette occasion par les Grecs et les Latins qui étaient là et qui les entendaient, cela serait beaucoup trop long ; il n'est ici question que des Français.

La Critique m'aperçut : « Ah! ah! me dit-elle, vous êtes bien hardi d'entrer. » Je lui répondis humblement : « Dangereuse déesse, je ne suis ici que parce que ces messieurs l'ont voulu ; je n'aurais jamais osé y venir seul. — Je veux bien, dit-elle, vous y souffrir à leur considération ; mais tâchez de profiter de tout ce qui se fait ici.

> Surtout gardez-vous bien de rire
> Des auteurs que vous avez vus ;
> Cent petits rivaux inconnus
> Crieraient bientôt à la satire.
> Corrigez-vous, sans les instruire.
> Donnez plus d'intrigue à *Brutus,*
> Plus de vraisemblance à *Zaïre;*
> Et, croyez-moi, n'oubliez plus
> Que vous avez fait *Artémire.* »

Je vis bien qu'elle en allait dire davantage ; elle me parlait déjà d'un certain Philoctète : je m'esquivai, etc.

— Après « il n'est ici question que des Français », on lisait dans une autre édition :

Cependant le cardinal et l'abbé étaient arrivés à l'autel du dieu, et je m'y glissai sous leur protection.

> Je vis ce dieu tout à mon aise;
> Je vis ses naïves beautés,
> Ses élégantes propretés.
> Ses atours n'ont rien qui ne plaise ;
> Mais s'il est mis à la française,
> Si par nos mains il est orné,
> Ce dieu toujours est couronné
> D'un diadème qu'au Parnasse, etc.

Page 568, vers 28. — Premières éditions :

> Sur son front règne la sagesse,
> Son air est tendre, ingénieux ;
> Les amours ont mis dans ses yeux
> Le sentiment et la finesse.
> Le Maure à ses autels chantait[1] ;
> Pélissier près d'elle exprimait
> De Lulli toute la tendresse;
> Légère et forte en sa souplesse,
> La vive Camargo[2] sautait
> A ces sons brillants d'allégresse
> Et de Rébel et de Mouret;

---

1. Mlles Le Maure et Pélissier, célèbres chanteuses de l'Opéra. (*Note de Voltaire,* 1733.)
2. Mlle Camargo, la première qui ait dansé comme un homme. (*Id.,* 1733.)

Lecouvreur [1] plus loin récitait
Avec cette grâce divine
Dont autrefois elle ajoutait
De nouveaux charmes à Racine.

Colbert, l'amateur et le protecteur de tous les arts, rassemblait autour de lui les connaisseurs. Tous félicitaient le cardinal de Polignac [2] sur ce salon de Marius qu'il a déterré dans Rome, et dont il vient d'orner la France.

Colbert attachait souvent sa vue sur cette belle façade du Louvre, dont Perrault et Le Vau se disputent encore l'invention. Il soupirait de ce qu'un si beau monument périssait sans être achevé. « Ah! disait-il, pourquoi a-t-on forcé la nature pour faire du château de Versailles un favori sans mérite, tandis qu'on pourrait, en achevant le Louvre, égaler en bon goût Rome ancienne et moderne? »

On voyait sur un autel le plan du Luxembourg, de ce portail si noble [3] auquel il manque une place, une église, et des admirateurs; de cette fontaine qui fut un chef-d'œuvre du goût dans un temps d'ignorance; de cet arc de triomphe qu'on admirerait dans Rome, et auquel le nom vulgaire de la porte Saint-Denis ôte tout son mérite auprès de la plupart des Parisiens. Cependant le dieu s'amusait à faire construire le modèle d'un palais parfait. Il joignait l'architecture du palais de Maisons au dedans de l'hôtel de Lassay, dont il a conseillé lui-même la situation, les proportions, et les embellissements, au maître aimable de cet édifice, et auquel il ajoutait quelques commodités.

Je demandais tout bas pourquoi il y a eu, à proportion, moins de bons architectes en France que de bons sculpteurs. Le cardinal, qui connaît tous les arts, daigna répondre ainsi : « Premièrement, les sculpteurs et les peintres ont toute la liberté de leur génie, au lieu que les architectes sont souvent gênés par le terrain, et encore plus par le caprice du maître. En second lieu, les sculpteurs et les peintres, faisant beaucoup plus d'ouvrages, ont bien plus d'occasions de se corriger. Cent particuliers étaient en état d'employer le pinceau du Poussin, de Jouvenet, de Santerre, de Boulogne, de Wateau, et même aujourd'hui nos peintres modernes travaillent presque tous pour de simples citoyens; mais il faut être roi ou surintendant pour exercer le génie d'un Mansard ou d'un Desbrosses. Enfin le succès du

---

1. Adrienne Lecouvreur, la meilleure actrice qu'ait jamais eue, avant elle, la Comédie-Française pour le tragique; et la première qui ait introduit au théâtre la déclamation naturelle. (*Note de Voltaire*, 1733.)
— Dans une autre édition de 1733, la note est conçue ainsi :
« Adrienne Lecouvreur, la meilleure actrice que le Théâtre-Français ait jamais eue et aura peut-être jamais, est enterrée sur le bord de la Seine, à la Grenouillère, près d'un terrain appartenant à M. le comte de Maurepas. On l'y porta à minuit dans un fiacre, avec une escouade de guet, au lieu de prêtres. » (B.)
2. M. de Polignac, ayant conjecturé qu'un certain terrain de Rome avait été autrefois la maison de Marius, fit fouiller dans cet endroit. L'on trouva, à plusieurs pieds sous terre, un salon entier, avec plusieurs statues très-bien conservées. Parmi ces statues, il y en a dix qui font une suite complète, et qui représentent Achille déguisé en fille à la cour de Lycomède, et reconnu par l'artifice d'Ulysse. Cette collection est unique dans l'Europe par la rareté et la beauté. (*Note de Voltaire*, 1733.) A la mort du cardinal de Polignac, le roi de Prusse en fit l'acquisition. (*Id.*, 1761.)
3. Saint-Gervais. (B.)

peintre est dans le dessin de son tableau, celui du sculpteur est dans son modèle en terre; le modèle de l'architecte, au contraire, est trompeur, parce que le bâtiment, regardé ensuite à une plus grande distance, fait un effet tout différent, et que la perspective aérienne en change les proportions : en un mot, il en est souvent du plan en relief d'un édifice comme de la plupart des machines, qui ne réussissent qu'en petit. »

Page 569, vers 2. — Édition de 1733 :

> Mais, malgré l'austère sagesse
> De la morale qu'il prêchait,
> Pélissier en ces lieux chantait;
> Et cependant, avec mollesse,
> Sallé[1] le temple parcourait
> D'un pas guidé par la justesse.

Page 570, ligne 6. — Édition de 1733 :

> C'est ce dieu qu'implore et révère
> Toute la troupe des acteurs
> Qui représentent sur la terre,
> Et ceux qui viennent dans la chaire
> Endormir leurs chers auditeurs,
> Et ceux qui livrent les auteurs
> Aux sifflets bruyants du parterre.
> C'est là que je vous vis, aimable Lecouvreur;
> Vous, fille de l'amour, fille de Melpomène;
> Vous dont le souvenir règne encor sur la scène,
> Et dans tous les esprits, et surtout dans mon cœur.
> Ah! qu'en vous revoyant une volupté pure,
> Un bonheur sans mélange enivra tous mes sens!
> Qu'à vos pieds en ces lieux je fis fumer d'encens!
> Car, il faut le redire à la race future,
> Si les saintes fureurs d'un préjugé cruel
> Vous ont pu dans Paris priver de sépulture,
> Dans le temple du Goût vous avez un autel.

Mes deux guides disaient qu'ils ne pouvaient en conscience donner à une actrice le même encens que moi; mais ils avaient trop de justice pour me désapprouver.

Page 571, ligne 21 :

On y examine si les arts se plaisent mieux dans une monarchie que dans une république, si l'on peut se passer aujourd'hui du secours des anciens, si les livres ne sont point trop multipliés, si la comédie et la tragédie ne sont point épuisées. On examine quelle est la vraie différence entre l'homme de talent et l'homme d'esprit, entre le critique et le satirique, entre l'imitateur et le plagiaire.

---

1. Mlle Sallé, excellente danseuse qui exprime les passions. (*Note de Voltaire*, 1733.)

Quelquefois même on laisse parler longtemps la même personne, mais ce cas arrive très-rarement ; heureusement pour moi on se rassemblait en ce moment autour de la fameuse Ninon de Lenclos.

> Ninon, cet objet si vanté,
> Qui si longtemps sut faire usage
> De son esprit, de sa beauté,
> Et du talent d'être volage,
> Faisait alors, avec gaîté,
> A ce charmant aréopage,
> Un discours sur la volupté.
> Dans cet art elle était maîtresse :
> L'auditoire était enchanté,
> Et tout respirait la tendresse.
> Mes deux guides, en vérité,
> Auraient volontiers écouté ;
> Mais, hélas ! ils sont d'une espèce
> Qui leur ôte la liberté,
> Et les condamne à la sagesse.

Ils me laissèrent entendre le sermon de Ninon. Je courus ensuite vers la Lecouvreur, et mes conducteurs s'amusèrent à parler de littérature avec quelques jésuites qu'ils rencontrèrent. Un janséniste dira que les jésuites se fourrent partout ; mais la vérité est que de tous les religieux les jésuites sont ceux qui entendent le mieux les belles-lettres, et qu'ils ont toujours réussi dans l'éloquence et dans la poésie. Le dieu voit de très-bon œil beaucoup de ces pères, mais à condition qu'ils ne diront plus tant de mal de Despréaux, et qu'ils avoueront que les *Lettres provinciales* sont la plus ingénieuse, aussi bien que la plus cruelle, et, en quelques endroits, la plus injuste satire qu'on ait jamais faite.

On se doute assez que les bienfaiteurs du temple y ont une place honorable : mais croirait-on que Colbert y est mieux traité que le cardinal de Richelieu ? C'est que Colbert protégea tous les beaux-arts sans être jaloux des artistes, et qu'il ne favorisa que de grands hommes ; car il se dégoûta bien vite de Chapelain, et encouragea Despréaux. Le cardinal de Richelieu, au contraire, fut jaloux du grand Corneille ; et, au lieu de s'en tenir, comme il le devait, à protéger les beaux vers, il s'amusa à en faire de mauvais avec Chapelain, Desmarets, et Colletet [1]. Je m'aperçus même que ce grand

---

1. Non-seulement le cardinal de Richelieu fit quelquefois travailler Chapelain à des ouvrages de théâtre, mais il s'appropria un mauvais prologue de ce Chapelain ; c'était le prologue d'un très-ridicule poëme dramatique intitulé *les Tuileries*. Ce cardinal fit bâtir la salle du Palais-Royal pour représenter la tragédie de *Mirame*, dont il avait donné le sujet, et dans laquelle il avait fait plus de cinq cents vers. Il se servait de Desmarets, de Colletet, de Faret, pour composer des tragédies dont il leur donnait le plan. Il admit quelque temps le grand Corneille dans cette troupe ; mais le mérite de Corneille se trouva incompatible avec ces poëtes, et il fut aussitôt exclu. Ce cardinal avait si peu de goût qu'il récompensa ces vers impertinents de Colletet :

> La cane s'humecter de la bourbe de l'eau,
> D'une voix enrouée et d'un battement d'aile
> Animer le canard qui languit auprès d'elle.

Il voulait seulement, pour rendre ces vers parfaits, qu'on mît *barboter* au lieu d'*humecter*. *Note de Voltaire*, 1733.)

ministre était moins gracieusement accueilli par le dieu du Goût qu'un certain duc son neveu, qui vient très-souvent dans le temple. Les connaisseurs en belles-lettres disent pour raison

> Que dans ce charmant sanctuaire
> L'honneur de protéger les beaux-arts qu'on chérit,
> Mais auxquels on ne s'entend guère,
> L'autorité du ministère,
> L'éclat, l'intrigue et le crédit,
> Ne sauraient égaler les charmes de l'esprit,
> Et le don fortuné de plaire.

Les connaisseurs en galanterie ajoutent que Son Éminence [1] fit jadis l'amour en vrai pédant, et que son neveu s'y prend d'une manière assurément tout opposée. Il y a dans cette demeure bien des habitants qui, comme lui, n'ont fait aucun ouvrage :

> Qui, sagement livrés aux douceurs du loisir,
> Ont passé de leurs jours les moments délectables
> A recevoir, à donner du plaisir.
> De chanter et d'écrire ils ont été capables;
> Mais pour être en ce temple, et pour y réussir,
> Qu'ont-ils fait? ils étaient aimables.

C'est entre ces voluptueux et les artistes qu'on trouve le facile, le sage, l'agréable La Faye : heureux qui pourrait, comme lui, passer les dernières années de sa vie tantôt en composant des vers aisés et pleins de grâce, tantôt écoutant ceux des autres sans envie et sans mépris; ouvrant son cabinet à tous les arts, et sa maison aux seuls hommes de bonne compagnie ! Combien de particuliers dans Paris pourraient lui ressembler dans l'usage de leur fortune ! mais le goût leur manque; ils jouissent insipidement, ils ne savent qu'être riches.

Devant le dieu est un grand autel, où les muses viennent présenter tour à tour des livres, des dessins, et des ornements de toute espèce : on y voyait tous les opéras de Lulli, et plusieurs opéras de Destouches et de Campra. Le dieu eût désiré quelquefois, dans Destouches, une musique plus forte; souvent, dans Campra, un récitatif mieux déclamé; et de temps en temps, dans Lulli, quelques airs moins froids. Tantôt les muses, tantôt les Pélissier et les Le Maure, chantent ces opéras charmants : le temple résonne de leurs voix touchantes; tout ce qui est dans ces beaux lieux applaudit par un léger murmure, plus flatteur que ne le seraient les acclamations emportées du peuple. Les mauvais auteurs et leurs amis prêtent l'oreille autour du temple, entendent à peine quelques sons, et sifflent pour se venger.

---

1. Le cardinal de Richelieu fit soutenir des thèses sur l'*amour* chez sa nièce la duchesse d'Aiguillon : il y avait un président, un répondant, et des argumentants. Il y a à Paris une copie de ces thèses chez un curieux; elles sont divisées en plusieurs positions, comme les thèses de collége : la première position est « qu'il ne faut point parler d'un véritable amour après sa fin, parce qu'un véritable amour est sans fin ». (*Note de Voltaire*, 1733.)

Le dessin de Versailles se trouve, à la vérité, sur l'autel; mais il est accompagné d'un arrêt du dieu, qui ordonne qu'on abatte au moins tout le côté de la cour, afin qu'on n'ait point à la fois en France un chef-d'œuvre de mauvais goût et de magnificence. Par le même arrêt, le dieu ordonne que les grands morceaux d'architecture très-déplacés et très-cachés dans les bosquets de Versailles soient transportés à Paris pour orner des édifices publics.

Une des choses que le dieu aime davantage, c'est un recueil d'estampes d'après les plus grands maîtres; entreprise utile au genre humain, qui multiplie à peu de frais le mérite des meilleurs peintres, qui fait revivre à jamais dans tous les cabinets de l'Europe des beautés qui périraient sans le secours de la gravure, et qui peut faire connaître toutes les écoles à un homme qui n'aura jamais vu de tableaux.

> Crozat préside à ce dessin;
> Il conduit le docte burin
> De la Gravure scrupuleuse,
> Qui, d'une main laborieuse,
> Immortalise sur l'airain
> Du Carrache la touche heureuse,
> Et la belle âme du Poussin.

Dans le temps que nous arrivâmes, le dieu s'amusait à faire élever en relief le modèle d'un palais parfait; il joignait l'architecture extérieure du château de Maisons avec les dedans de l'hôtel de Lassay, lequel, par sa situation, ses proportions, et ses embellissements, est digne du maître aimable qui l'occupe, et qui lui-même a conduit l'ouvrage.

Tous les amateurs considéraient ce modèle avec attention. Parmi eux était le président de Maisons, qui, depuis le moment fatal où il a été enlevé à ses amis et aux beaux-arts dont il faisait les délices, jouit auprès du dieu du Goût de l'immortalité qu'il mérite [1]. Quelle fut ma félicité de le revoir, de pouvoir prendre encore de ses leçons, et de jouir de son utile entretien !

« O transport! ô plaisirs, etc. »

Page 575, ligne 39 :

« Permettez que je continue mes petites observations, répondit le P. Bouhours. Ce sont les grands hommes qu'il faut critiquer, de peur que les fautes qu'ils font contre les règles ne servent de règles aux petits écrivains; ce sont les défauts du Poussin et de Le Sueur qu'il faut relever, et non ceux de Rouet et de Vignon; et dès que votre *Anti-Lucrèce* sera imprimé, soyez sûr de ma critique.

---

1. René de Longueil de Maisons, président du parlement, mort à Paris en 1731, à l'âge de trente ans, et n'ayant laissé pour héritier qu'un enfant de quelques mois, mort l'année suivante. Il avait eu du goût pour tous les arts dès sa première jeunesse; il avait un jardin de plantes plus complet et mieux entretenu que celui du roi ne l'était alors. Il commençait un cabinet de tableaux. Il s'amusait quelquefois à faire des vers, et même de la musique; il était excellent critique, peu aimé de ceux qui ne le connaissaient pas, et chéri avec la plus vive tendresse de ses amis, qui en parlent encore les larmes aux yeux (*Note de Voltaire*, 1783.)

— Eh bien, examinez, vétillez tant qu'il vous plaira, dit en passant un jeune duc qui revenait du sermon de Ninon, et qui en paraissait tout pénétré : pour moi, je n'ai pas la force de rien censurer d'aujourd'hui. »

Cet homme que Ninon avait rendu si indulgent,

> C'est lui qui, d'un esprit vif, aimable et facile,
> D'un vol toujours brillant sut passer tour à tour
> Du temple des beaux-arts au temple de l'Amour,
> Mais qui fut plus content de ce dernier asile.
> Des mains des Grâces présenté,
> En Allemagne, en Italie,
> Il charma l'Europe adoucie,
> Dont son oncle fut redouté.

Il est même encore mieux reçu dans le temple du Goût que cet oncle si vanté, qui rétablit les beaux-arts en France de la même main dont il abaissa ou perdit tous ses ennemis. Ce terrible ministre, craint, haï, envié, admiré à l'excès de toutes les cours et de la sienne, est redouté jusque dans le temple du Goût, dont il est restaurateur : on craint à tout moment qu'il ne lui prenne fantaisie d'y faire entrer Chapelain, Colletet, Faret, et Desmarets, avec lesquels ils faisait autrefois de méchants vers.

Quand je vis que le cardinal de Richelieu n'avait pas toutes les préférences, je m'écriai : « C'est donc ici comme ailleurs, et l'inclination l'emporte partout sur les bienfaits ! » Alors j'entendis quelqu'un qui me dit :

> « Établir, conserver, mouvoir, arrêter tout,
> Donner la paix au monde, ou fixer la victoire,
> C'est ce qui m'a conduit au temple de la Gloire
> Bien plutôt qu'au temple du Goût. »

Page 575, ligne 40. — Édition de 1733 :

Ce qui me charmait davantage dans cette demeure délicieuse, c'était de voir avec quelle heureuse agilité l'esprit se promène sur différents plaisirs, en parcourant de suite les arts, et caressant tant de beautés diverses.

> On y passe facilement
> De la musique à la peinture,
> De la physique au sentiment,
> Du tragique au simple agrément,
> De la danse à l'architecture.
> Tel Homère peignait ses dieux
> Planant sur la terre et sur l'onde,
> Et, cent fois plus prompt que nos yeux,
> S'élançant du centre des cieux
> Jusqu'au bout de l'axe du monde.

Aussi serais-je trop long si je disais tout ce que je vis dans ce temple. Grâce au siècle de Louis XIV, une foule de grands hommes en tout genre, qui avaient honoré ce beau siècle, s'étaient rangés avec mes deux guides autour du grand Colbert. « Je n'ai exécuté, disait ce ministre, que la moindre partie de ce que je méditais ; j'aurais voulu que Louis XIV eût employé aux embellissements nécessaires de sa capitale les trésors ensevelis dans Versailles, et prodigués pour forcer la nature. Si j'avais vécu plus longtemps, Paris aurait pu surpasser Rome en magnificence et en bon goût, comme il la surpasse en grandeur : ceux qui viendront après moi feront ce que j'ai seulement imaginé. Alors le royaume sera rempli des monuments de tous les beaux-arts. Déjà les grands chemins qui conduisent à la capitale sont des promenades délicieuses, ombragées de grands arbres l'espace de plusieurs milles, et ornées même de fontaines [1] et de statues. Un jour vous n'aurez plus de temples gothiques; les salles [2] de vos spectacles seront dignes des ouvrages immortels qu'on y représente ; de nouvelles places, et des marchés publics construits sous des colonnades, décoreront Paris comme l'ancienne Rome ; les eaux seront distribuées dans toutes les maisons comme à Londres; les inscriptions de Santeul ne seront plus la seule chose que l'on admirera dans vos fontaines ; la sculpture étalera partout ses beautés [3] durables, et annoncera aux étrangers la gloire de la nation, le bonheur du peuple, la sagesse et le goût de ses conducteurs. » Ainsi parlait ce grand ministre.

Qui n'aurait applaudi? quel cœur français n'eût été ému à de tels discours ? On finit par donner de justes éloges et par souhaiter un succès heureux aux grands desseins que le magistrat [4] de la ville de Paris a formés pour la décoration de cette capitale.

Enfin, après une conversation utile, dans laquelle on louait avec justice ce que nous avons, et dans laquelle on regrettait, avec non moins de justice, ce que nous n'avons pas, il fallut se séparer. J'entendis le dieu qui disait à ses deux amis, en les embrassant :

> « Adieu, mes plus chers favoris,
> Par qui ma gloire est établie;
> Tant que vous serez dans Paris,
> Je n'ai pas peur que l'on m'oublie :

---

1. Sur le chemin de Juvisy on a élevé deux fontaines dont l'eau retombe dans de grands bassins : des deux côtés du chemin sont deux morceaux de sculpture ; l'un est de Coustou, et est fort estimé : il est triste que son ouvrage ne soit pas de marbre, mais seulement de pierre. (*Note de Voltaire*, 1733.)

2. Les salles de tous les spectacles de Paris sont sans magnificence, sans goût, sans commodités, ingrates pour la voix, incommodes pour les acteurs et pour les spectateurs : ce n'est qu'en France qu'on a l'impertinente coutume de faire tenir debout la plus grande partie de l'auditoire. (*Id.*, 1733.)

3. C'était en effet le dessein de ce grand homme. Un de ses projets était de faire une grande place de l'hôtel de Soissons ; on aurait creusé au milieu de la place un vaste bassin qu'on aurait rempli des eaux qu'il devait faire venir par de nouveaux aqueducs. Du milieu de ce bassin, entouré d'une balustrade de marbre, devait s'élever un rocher sur lequel quatre fleuves de marbre auraient repandu l'eau, qui eût retombé en nappe dans le bassin, et qui de là se serait distribuée dans les maisons des citoyens. Le marbre destiné à cet incomparable monument était acheté; mais ce dessein fut oublié avec M. Colbert, qui mourut trop tôt pour la France. (*Id.*, 1733.)

4. M. Turgot, président au parlement, prévôt des marchands, qui a déjà embelli cette capitale, a fait marché avec des entrepreneurs pour agrandir le quai derrière le Palais, le continuer jusqu'au pont de l'île, et joindre l'île au reste de la ville par un beau pont de pierre : il n'y a point de citoyen dans Paris qui ne doive s'empresser à contribuer de tout son pouvoir à l'exécution de pareils desseins, qui servent à notre commodité, à nos plaisirs, et à notre gloire. (*Id.*, 1733.)

> Mais prêchez, je vous en supplie,
> Certains prétendus beaux esprits,
> Qui, du faux goût toujours épris,
> Et toujours me faisant insulte,
> Ont tout l'air d'avoir entrepris
> De traiter mes lois et mon culte
> Comme l'on traite leurs écrits. »

Il les pria de faire ses compliments à un jeune prince qu'il aime tendrement ; et, s'échauffant à son nom avec un peu d'enthousiasme, que ce dieu ne dédaigne pas quelquefois, mais qu'il sait toujours modérer, il prononça ces vers avec vivacité :

> « Que toujours Clermont[1] s'illumine
> Des vives clartés de ma loi;
> Lui, sa sœur, les Amours et moi,
> Nous sommes de même origine.
> Conti, sachez à votre tour
> Que vous êtes né pour me plaire
> Aussi bien qu'au dieu de l'amour.
> J'aimai jadis votre grand-père;
> Il fut le charme de ma cour :
> De ce héros suivez l'exemple;
> Que vos beaux jours me soient soumis;
> Croyez-moi, venez dans ce temple,
> Où peu de princes sont admis.
> Vous, noble jeunesse de France,
> Secondez les chants des beaux-arts,
> Tandis que les foudres de Mars
> Se reposent dans le silence;
> Que dans ces fortunés loisirs
> L'esprit et la délicatesse,
> Nouveaux guides de la jeunesse,
> Soient l'âme de tous vos plaisirs.
> Je vois Thalie et Melpomène[2]
> Vous suivre en secret quelquefois,
> Et quitter Gaussin et Dufresne
> Pour venir entendre vos voix,
> Et vous applaudir sur la scène.
> Que des muses à vos genoux
> Les lauriers à jamais fleurissent;
> Que ces arbres s'enorgueillissent
> De se voir cultivés par vous.

1. M. le comte de Clermont, prince du sang, a fondé, à l'âge de vingt ans, une académie des arts, composée de cent personnes qui s'assemblent chez lui, et il donne une protection marquée aux gens de lettres. On ne saurait trop proposer un tel exemple aux jeunes princes. (*Note de Voltaire*, 1733.)

2. Il y a plus de vingt maisons dans Paris dans lesquelles on représente des tragédies et des comédies : on a fait même beaucoup de pièces nouvelles pour ces sociétés particulières. On ne saurait croire combien est utile cet amusement, qui demande beaucoup de soin et d'attention : il forme le goût de la jeunesse, il donne de la grâce au corps et à l'esprit, il contribue au talent de la parole, il retire les jeunes gens de la debauche, en les accoutumant aux plaisirs purs de l'esprit. (*Id.*, 1733.)

Transportez le Pinde à Cythère :
Brassac[1], chantez ; gravez, Caylus[2] :
Ne craignez point, jeune Surgère[3],
D'employer des soins assidus
Aux beaux vers que vous savez faire ;
Et que tous les sots confondus,
A la cour et sur la frontière,
Désormais ne prétendent plus
Qu'on déroge et qu'on dégénère
En suivant Minerve et Phébus. »

— Dans une des premières éditions on lisait :

« Se reposent dans le silence.
Brassac, sois toujours mon soutien ;
Sous tes doigts j'accordai ta lyre :
De l'amour tu chantes l'empire,
Et tu composes dans le mien.
Caylus, tous les arts te chérissent[4] ;
Je conduis tes brillants dessins,
Et les Raphaëls s'applaudissent

1. M. le chevalier de Brassac non-seulement a le talent très-rare de faire la musique d'un opéra, mais il a le courage de le faire jouer et de donner cet exemple à la jeune noblesse française. Il y a déjà longtemps que les Italiens, qui ont été nos maîtres en tout, ne rougissent pas de donner leurs ouvrages au public. Le marquis Maffei vient de rétablir la gloire du théâtre italien ; le baron d'Astorga et le prélat qui est aujourd'hui archevêque de Piso ont fait plusieurs opéras fort estimés. (*Note de Voltaire*, 1733.) — L'opéra de Brassac était intitulé *le Triomphe de l'Amour*, et fut représenté sans succès le 14 avril 1733. Les paroles étaient de Moncrif. On croit que Brassac n'y a fait que deux ou trois airs, et que le reste de la musique est de Rebel fils, maître d'orchestre, et de Francœur cadet, violon à l'Opéra. Aussi disait-on que l'ouvrage était des quatre fils Aymon. (B.)

2. M. le comte de Caylus est célèbre par son goût pour les arts, et par la faveur qu'il donne à tous les bons artistes ; il grave lui-même et met une expression singulière dans ses dessins. Les cabinets des curieux sont pleins de ses estampes. M. de Saint-Maurice, officier des gardes, grave aussi, et se sert avec avantage du burin : il a fait une estampe d'après Le Nain, qui est un chef-d'œuvre. (*Note de Voltaire*, 1733.)

3. M. de La Rochefoucauld, marquis de Surgères, a fait une comédie intitulée *l'École du monde*. Cette pièce est sans contredit bien écrite et pleine de traits que le célèbre duc de La Rochefoucauld, auteur des *Maximes*, aurait approuvés. (*Id.*, 1733.) — Son *Voyage à Surgères* (en prose et en vers) a été imprimé dans un volume de *Lettres inédites* publié par Sorieys, 1802, in-8º.

4. Ce fut M. de Caylus qui demanda la suppression des quatre vers qui le concernent. (B.) Le résultat fut autre que ne l'avait attendu le poète : au lieu de faire plaisir, l'éloge déplut. M. de Caylus, particulièrement, laissa voir son chagrin, que la malveillance exagéra au point de lui prêter une épigramme où on lui faisait envoyer un louis à Voltaire pour le payer de sa peine et n'être pas forcé de dire du bien de son *Temple*. Rien n'était moins dans le caractère de Caylus. L'auteur, à qui cependant il ne cacha point sa pensée, tout en s'efforçant de ne pas le blesser, offrit à cet ombrageux de mettre un carton à l'édition d'Amsterdam. « Je préfère le plaisir de vous obéir à celui que j'avais de vous louer. Je n'ai pas cru qu'une louange si juste pût vous offenser. Vos ouvrages sont publics ; ils honorent les cabinets des curieux. » Tout cela pouvait être vrai ; mais le comte ne fut sensible qu'à cette promesse de suppression. Il finissait sa réponse à la lettre de Voltaire par cette phrase qui fait sourire, mais qui dut faire plisser la lèvre à l'auteur du *Temple du Goût* : « Je vous remercie encore une fois de votre politesse ; vous y mettrez le comble si je ne me trouve point dans votre nouvelle édition. » Cette anecdote est tout un trait de mœurs. La publicité était le fait des lettrés et des artistes de profession qu'elle mettait à leur place ; un honnête homme pouvait bien rimer quelques vers, même les montrer aux gens ; mais il jouait sa considération et faisait incontestablement acte de mauvais goût en cherchant plus qu'un succès de salon et d'intimes, et en donnant au public le pouvoir et le droit de le juger et de le siffler. Les choses ont bien changé depuis. (G. D.)

> De se voir gravés par tes mains.
> Jeune d'Étampe[1], et vous, Surgère,
> Employez vos soins assidus[2]
> Aux beaux vers que vous savez faire, etc. »

Page 577, ligne 2. — Dans l'édition de Desbordes, 1733, on lit :

Presque toutes les éditions sont corrigées et retranchées de la main des muses. Les trois quarts de Rabelais au moins sont renvoyés à la *Bibliothèque bleue;* et le reste, tout bizarre qu'il est, ne laisse pas de faire rire quelquefois le dieu du goût. Marot, etc.

— Voltaire est bien revenu de sa sévérité envers Rabelais : voyez sa lettre à Mme du Deffant, du 12 avril 1760, et les *Lettres à S. A. Mgr le prince de* ***, en 1767, dans les *Mélanges*.

Ibid., ligne 14. — Dans l'édition de Desbordes, on lit :

Saint-Évremond, qui parle si délicatement de religion, si solidement de bagatelles, et qui écrit de si longues lettres à la belle Mme Mazarin, est confiné dans un très-petit volume ; encore n'y trouve-t-on pas la *Conversation du P. Canaye*, qui appartient à Charleval. *La Conjuration de Venise*, seul ouvrage qui puisse donner un nom à l'abbé de Saint-Real, est à côté de Salluste. Il n'y a point encore d'écrivain français que les muses aient pu mettre à côté de Tacite. Enfin l'on nous fit passer, etc.

Ibid., ligne 23. — Dans l'édition de Desbordes, 1733, dont j'ai déjà parlé, on lisait :

Bossuet, le seul Français véritablement éloquent entre tant de bons écrivains en prose, qui pour la plupart ne sont qu'élégants, Bossuet voulait bien retrancher quelques familiarités échappées à son génie vaste et docile, qui déparent la beauté de ses *Oraisons funèbres*.

— Une édition antérieure à celle de Desbordes portait seulement :

Bossuet ennoblissait beaucoup de familiarités qui avilissent quelquefois ses sublimes *Oraisons funèbres*. Pierre Corneille joignait enfin l'esprit de discernement à son vaste génie, et il convenait que *Suréna* n'est point égal à *Polyeucte*.

— La tirade sur Racine n'était alors aussi qu'en prose. (B.)

---

1. M. le marquis d'Étampes, qu'on nomme M. de La Ferté-Imbault, permettra, malgré son extrême modestie, qu'on dise qu'il a fait, à l'âge de dix-huit ans, une tragédie dont les vers sont très-harmonieux, dans le temps que de vieux poètes de profession étaient assez déraisonnables pour écrire contre l'harmonie. (*Note de Voltaire*, 1733.)

2. Dans les versions avant l'impression on lisait :

> Ne craignez point, jeune Surgère,
> D'employer des soins assidus
> Aux beaux vers que vous voulez faire. B.]

TABLE

DES MATIÈRES CONTENUES DANS CE VOLUME.

                                                                                                 Pages.

LA HENRIADE. — AVERTISSEMENT pour la présente édition III

AVERTISSEMENT de Beuchot 1

PRÉFACE POUR LA HENRIADE, par M. de Marmontel. 13

AVANT-PROPOS SUR LA HENRIADE, par le roi de Prusse. 22

TRADUCTION D'UNE LETTRE de M. Antoine Cocchi, lecteur de Pise, à M. Rinuccini, secrétaire d'État de Florence, sur *la Henriade*. . . 29

HISTOIRE ABRÉGÉE des événements sur lesquels est fondée la fable du poëme de *la Henriade*. 33

IDÉE DE LA HENRIADE. 39

CHANT PREMIER.— Henri III, réuni avec Henri de Bourbon, roi de Navarre, contre la Ligue, ayant déjà commencé le blocus de Paris, envoie secrètement Henri de Bourbon demander du secours à Élisabeth, reine d'Angleterre. Le héros essuie une tempête. Il relâche dans une île, où un vieillard catholique lui prédit son changement de religion et son avénement au trône. Description de l'Angleterre et de son gouvernement. 43

VARIANTES du chant premier. 59

CHANT DEUXIÈME. — Henri le Grand raconte à la reine Élisabeth l'histoire des malheurs de la France : il remonte à leur origine, et entre dans le détail des massacres de la Saint-Barthélemy. 66

VARIANTES du chant deuxième. 88

CHANT TROISIÈME. — Le héros continue l'histoire des guerres civiles de France. Mort funeste de Charles IX. Règne de Henri III. Son caractère. Celui du fameux duc de Guise, connu sous le nom de *Balafré*. Bataille de Coutras. Meurtre du duc de Guise. Extrémités où Henri III est réduit. Mayenne est le chef de la Ligue. D'Aumale en est le héros. Réconciliation de Henri III et de Henri roi de Navarre. Secours que promet la reine Élisabeth. Sa réponse à Henri de Bourbon. . . . 89

VARIANTES du chant troisième. 105

TABLE DES MATIÈRES.

Pages

CHANT QUATRIÈME. — D'Aumale était près de se rendre maître du camp de Henri III, lorsque le héros, revenant d'Angleterre, combat les ligueurs, et fait changer la fortune.

La Discorde console Mayenne, et vole à Rome pour y chercher du secours. Description de Rome, où régnait alors Sixte-Quint. La Discorde y trouve la Politique; elle revient avec elle à Paris, soulève la Sorbonne, anime les Seize contre le Parlement, et arme les moines. On livre à la main du bourreau des magistrats qui tenaient pour le parti des rois. Troubles et confusion horrible dans Paris. 108

VARIANTES du chant quatrième. 127

CHANT CINQUIÈME. — Les assiégés sont vivement pressés. La Discorde excite Jacques Clément à sortir de Paris pour assassiner le roi. Elle appelle du fond des enfers le démon du Fanatisme, qui conduit ce parricide. Sacrifice des ligueurs aux esprits infernaux. Henri III est assassiné. Sentiments de Henri IV. Il est reconnu roi par l'armée. . 133

VARIANTES du chant cinquième. 146

CHANT SIXIÈME. — Après la mort de Henri III, les états de la Ligue s'assemblent dans Paris pour choisir un roi. Tandis qu'ils sont occupés de leurs délibérations, Henri IV livre un assaut à la ville; l'assemblée des états se sépare; ceux qui la composaient vont combattre sur les remparts; description de ce combat. Apparition de saint Louis à Henri IV. 150

VARIANTES du chant sixième. 163

CHANT SEPTIÈME. — Saint Louis transporte Henri IV en esprit au ciel et aux enfers, et lui fait voir, dans le palais des Destins, sa postérité et les grands hommes que la France doit produire. 168

VARIANTES du chant septième. 190

CHANT HUITIÈME. — Le comte d'Egmont vient de la part du roi d'Espagne au secours de Mayenne et des ligueurs. Bataille d'Ivry, dans laquelle Mayenne est défait, et d'Egmont tué. Valeur et clémence de Henri le Grand. 198

VARIANTES du chant huitième. 218

CHANT NEUVIÈME. — Description du temple de l'Amour : la Discorde implore son pouvoir pour amollir le courage de Henri IV. Ce héros est retenu quelque temps auprès de Mme d'Estrées, si célèbre sous le nom de la belle Gabrielle. Mornay l'arrache à son amour, et le roi retourne à son armée. 227

VARIANTES du chant neuvième. 239

CHANT DIXIÈME. — Retour du roi à son armée : il recommence le siége. Combat singulier du vicomte de Turenne et du chevalier d'Aumale. Famine horrible qui désole la ville. Le roi nourrit lui-même les habitants qu'il assiége. Le ciel récompense enfin ses vertus. La Vérité vient l'éclairer. Paris lui ouvre ses portes, et la guerre est finie. 243

VARIANTES du chant dixième. 259

TABLE DES MATIÈRES.

Pages

Avertissement pour l'*Essai sur les guerres civiles de France*. 264
Essai sur les guerres civiles de France. 265
Dissertation sur la mort de Henri IV. 284
Extrait du procès criminel fait à François Ravaillac. 289
    Extrait du procès-verbal de la question. 291
    État des recherches historiques (1877). 292
Avertissement pour l'*Essai sur la poésie épique* 302
    Essai sur la poésie épique. — Chapitre premier. Des différents goûts des peuples. 305
    Chap. II.   Homère. 314
    — III.   Virgile. 320
    — IV.   Lucain. 326
    — V.   Le Trissin. 329
    — VI.   Le Camoëns 332
    — VII.   Le Tasse. 336
    — VIII.   Don Alonzo de Ercilla. 347
    — IX.   Milton. 352
    Conclusion. 360
Réponse à la Critique de *la Henriade*. 364

Poëme de Fontenoy. — Avertissement pour le *Poëme de Fontenoy*. 371
    Au Roi. 373
    Discours préliminaire 375
    Poëme de Fontenoy. 383
    Variantes du *Poëme de Fontenoy*. 394
    Lettre critique d'une belle dame à un beau monsieur de Paris sur le *Poëme de la bataille de Fontenoy*. 397

ODES.

Ode I.   Sur sainte Geneviève. 403
— II.   Sur le vœu de Louis XIII. 407
— III.   Sur les malheurs du temps. 411
— IV.   Le vrai Dieu. 415
— V.   La Chambre de justice établie au commencement de la Régence, en 1715. 418
— VI.   A monsieur le duc de Richelieu, sur l'Ingratitude. . . . 421
    Variantes de l'ode VI. 424

TABLE DES MATIÈRES.

		Pages
ODE VII.	Sur le Fanatisme.	427
	VARIANTES de l'ode VII.	431
— VIII.	Sur la paix de 1736.	434
	VARIANTES de l'ode VIII.	438
— IX.	A Messieurs de l'Académie des sciences, qui ont été sous l'équateur et au cercle polaire mesurer des degrés de latitude.	439
— X.	Au roi de Prusse.	443
	VARIANTES de l'ode X.	446
— XI.	Sur la mort de l'empereur Charles VI.	447
— XII.	A la reine de Hongrie Marie-Thérèse d'Autriche.	450
— XIII.	La Clémence de Louis XIV et de Louis XV dans la victoire.	453
— XIV.	La Félicité des temps, ou l'Éloge de la France.	456
	VARIANTES de l'ode XIV.	460
— XV.	Sur la mort de S. A. S. Mme la princesse de Bareith.	462
	NOTE DE M. MORZA sur l'ode précédente.	467
	VARIANTES de l'ode XV.	474
	VARIANTE de la note de M. Morza.	475
— XVI.	A la Vérité.	481
— XVII.	Galimatias pindarique sur un carrousel donné par l'impératrice de Russie.	486
— XVIII.	Sur la guerre des Russes contre les Turcs, en 1768.	489
— XIX.	Ode pindarique à propos de la guerre présente en Grèce.	491
— XX.	L'Anniversaire de la Saint-Barthélemy pour l'année 1772.	494
— XXI.	Sur le Passé et le Présent (juin 1775).	496

STANCES.

AVERTISSEMENT.		503
I.	*Stances sur les poètes épiques.* — A madame la marquise du Châtelet.	505
II.	A M. de Forcalquier.	506
III.	Au même.	507
IV.	A monseigneur le prince de Conti, pour un neveu du P. Sanadon, jésuite.	508
V.	Au président Hénault, en lui envoyant le manuscrit de *Mérope*.	509
VI.	Au roi de Prusse, sur M. Hony, marchand de vin.	510
VII.	Au même.	511
VIII.	A madame du Châtelet.	512
IX.	A M. Van Haren, député des États-Généraux.	514
X.	A Frédéric, roi de Prusse, pour en obtenir la grâce d'un Français détenu depuis longtemps dans les prisons de Spandau.	515
XI.	A Mme la marquise de Pompadour.	516

TABLE DES MATIÈRES.

		Pages
XII.	*Stances irrégulières.* — A S. A. R. la princesse de Suède, Ulrique de Prusse, sœur de Frédéric le Grand.	517
XIII.	A madame du Bocage.	519
XIV.	Sur le Louvre.	520
XV.	Impromptu	521
XVI.	Au roi de Prusse.	522
XVII.	Au même.	523
XVIII.	Id.	524
XIX.	Id.	525
XX.	Id.	526
XXI.	Id.	526
XXII.	Id. qui l'avait invité à dîner	527
XXIII.	A madame Denis.	528
XXIV.	Les Torts.	529
XXV.	A M. le chevalier de Boufflers, qui lui avait envoyé une pièce de vers intitulée *le Cœur*.	530
XXVI.	A M. Deodati de Tovazzi.	531
XXVII.	A M. Blin de Sainmore.	532
XXVIII.	A l'impératrice de Russie, Catherine II, à l'occasion de la prise de Choczim par les Russes.	533
XXIX.	A Mme la duchesse de Choiseul, sur la fondation de Versoy.	534
XXX.	A. M. Saurin, de l'Académie française.	535
XXXI.	A madame Necker.	537
XXXII.	A M. Hourcastremé.	538
XXXIII.	A M. de ***, en réponse à des vers que la Société de la Tolérance de Bordeaux lui avait envoyés.	538
XXXIV.	A madame Lullin, de Genève.	539
XXXV.	Les Désagréments de la vieillesse	541
XXXVI.	Au roi de Prusse sur un buste en porcelaine, fait à Berlin, représentant l'auteur, et envoyé par Sa Majesté, en janvier 1775.	542
XXXVII.	Stances sur l'alliance renouvelée entre la France et les cantons helvétiques, jurée dans l'église de Soleure, le 15 auguste 1777.	543
XXXVIII.	Stances ou quatrains pour tenir lieu de ceux de Pibrac, qui ont un peu vieilli	544

LE TEMPLE DU GOUT. — Avertissement	549
Lettre a M. Cideville sur *le Temple du Goût*.	551
Le Temple du Gout.	555
Variantes du *Temple du Goût*.	581

FIN DE LA TABLE.

PARIS. — Impr. J. CLAYE. — A. QUANTIN et C⁹, rue St-Benoît. — [1266.]

www.ingramcontent.com/pod-product-compliance
Lightning Source LLC
Chambersburg PA
CBHW060407230426
43663CB00008B/1414